盐都年鉴

YANDU ALMANAC

盐城市盐都区人民政府 主办
盐都年鉴编纂委员会 编制

2016

（总第18卷）

方志出版社
Publishing House of Local Records

图书在版编目(CIP)数据

盐都年鉴.2016/《盐都年鉴》编辑部编.—北京:
方志出版社,2016.11
ISBN 978-7-5144-2172-9

Ⅰ.①盐… Ⅱ.①盐… Ⅲ.①区(城市)—盐城—
2016—年鉴 Ⅳ.①Z525.33

中国版本图书馆CIP数据核字(2016)第267892号

盐都年鉴(2016)

编　　者:《盐都年鉴》编辑部
责任编辑:张　颢

出 版 人:冀祥德
出 版 者:方志出版社
地址　北京市朝阳区潘家园东里9号(国家方志馆4层)
邮编　100021
网址　http://www.fzph.org
发　　行:方志出版社发行中心
电话　(010)67110500
经　　销:各地新华书店
印　　刷:南京顺和印刷有限责任公司

开　　本:889×1194　1/16
印　　张:23
字　　数:992千字
版　　次:2016年11月第1版　2016年11月第1次印刷
印　　数:0001~1000册

ISBN 978-7-5144-2172-9　　定价:228.00元

《盐都年鉴》编纂机构及人员名单

编纂委员会

主任委员	吴本辉				
副主任委员	葛建华	张云云(女)	王益林	王长江	
委　　员	郝汉金	徐金文	徐永生	邵仁鸿	孔　军
	张正红	徐文才	王建忠	陈广勤	唐　玲(女)
	陈玉堂	王其华	王安根	李庆銮	徐洪顺
	杨佩礼	马大庆	王　勇	陈　镖	熊新华
	倪自祥	蔡金道	孙云华		

编　辑　部

主　　编	王长江			
执行主编	许建新			
编　　辑	许建新	唐　华	刘　菲(女)	陆叶青(女)
封面设计	张南海	赵　雪(女)		
文字编排	马　丽(女)	卞英英(女)		

《盐都年鉴》编辑部地址:盐城市新都路618号盐都行政中心一楼

电话:0515—88116072　88426071(传真)

邮箱:yddsb123@126.com　　xjx8182056@126.com

Q Q:211521116(盐都年鉴群)

邮编:224005

荣誉盐都

- 国家生态区
- 国家火炬盐都输变电装备特色产业基地
- 全国食品原料基地县
- 全省社区卫生服务先进区
- 全省发展现代高效农业成效显著县
- 全省学前教育改革发展示范区
- 全省义务教育优质均衡发展区
- 全省公共体育服务示范区
- 全省青少年校园足球试点县
- 全省乡村旅游创新发展示范区

数字盐都

- 总面积：1015平方千米
- 年末总人口：71.41万人
- 地区生产总值：407.06亿元
- 规模以上工业增加值：214.6亿元
- 固定资产投资：307.5亿元
- 进出口总额：55400万美元
- 社会消费品零售总额：187.8亿元
- 人均地区生产总值：63411元
- 财政总收入：59.84亿元
- 一般公共预算收入：36.48亿元
- 城镇居民可支配收入：30316元
- 农民人均纯收入：17271元

2015年12月30日，中国共产党盐城市盐都区第十三届委员会第八次全体会议

2016年1月7日，盐城市盐都区第十五届人民代表大会第五次会议

2016 年 1 月 6 日，中国人民政治协商会议盐城市盐都区第十三届委员会第五次会议

2016 年 7 月 19 日，中国共产党盐城市盐都区第十四次代表大会

2015 年 5 月 22 日，科技部副部长曹健林（左一）、江苏省副省长徐南平（右一）共同为盐城国家高新技术产业开发区揭牌

2015 年 5 月 22 日，盐城国家高新技术产业开发区建设推进大会在盐都文化艺术中心召开

2015年9月22日，科技部原部长、中国发明协会理事长朱丽兰，市委书记朱克江在首届世界发明创新论坛开幕式上共同为盐城国家高新区成为中国发明创业(华东)基地揭牌

2016年3月30日，星光科技有限公司开工仪式

2015 年 9 月 6 日，盐城高新区智能终端产业园 10 个重大项目集中开工

2016 年 3 月 30 日，盐城高新区智能终端项目集中开竣工仪式

盐城万达广场效果图

2015 年 5 月 20 日，位于盐城高新区的可隆科技特汽车配件项目竣工投产

2015 年 5 月 27 日，江苏兴宇控股集团与北京居然之家投资控投集团在明城锦江大酒店举行战略合作签约仪式，双方将合作建设居然之家盐城店

2016 年 2 月 14 日，市长王荣平（中）在中恒宠物调研

2016 年 5 月 27 日，智能终端招商推介会

KC MAIN ASS'Y
KC LINE

世钟汽配

江苏东九重工股份有限公司
JIANGSU DONGJIU HEAVY INDUSTRY CO.,LTD.

东九重工

裕信汽配

智能终端创业园

乐洲科技

华星光电

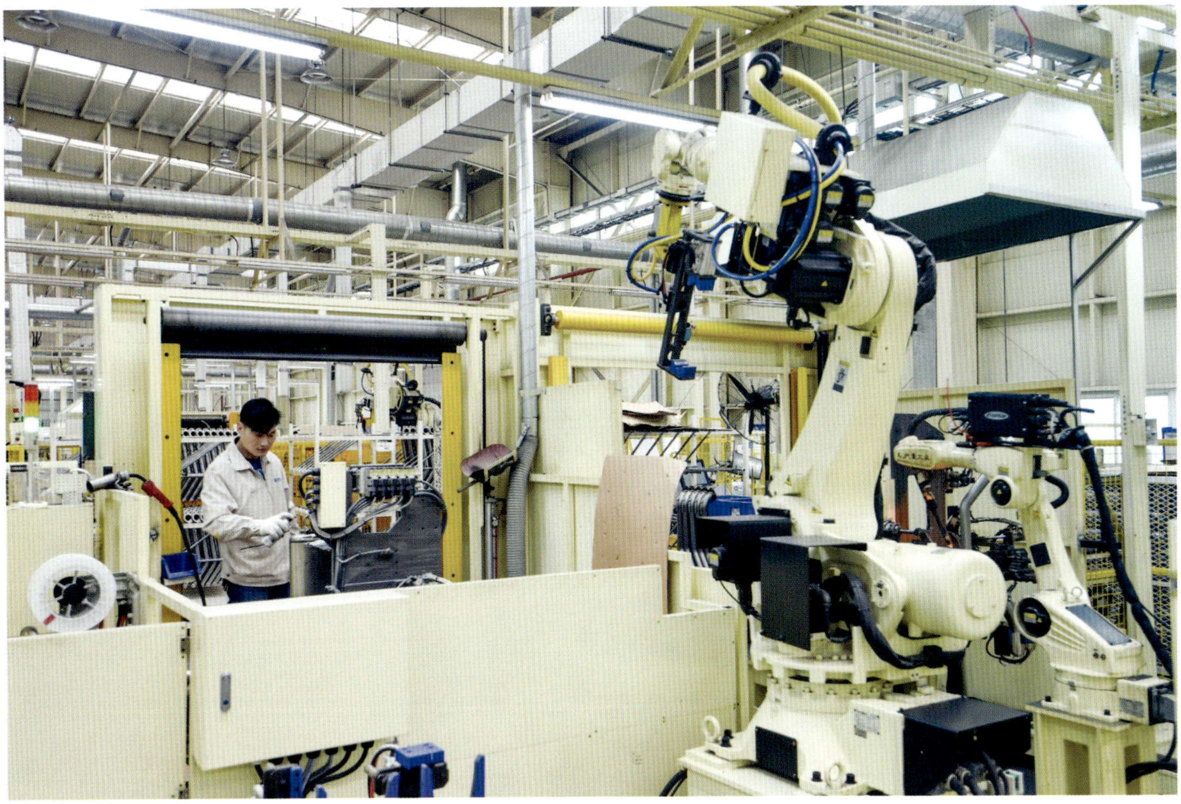

星宇物产

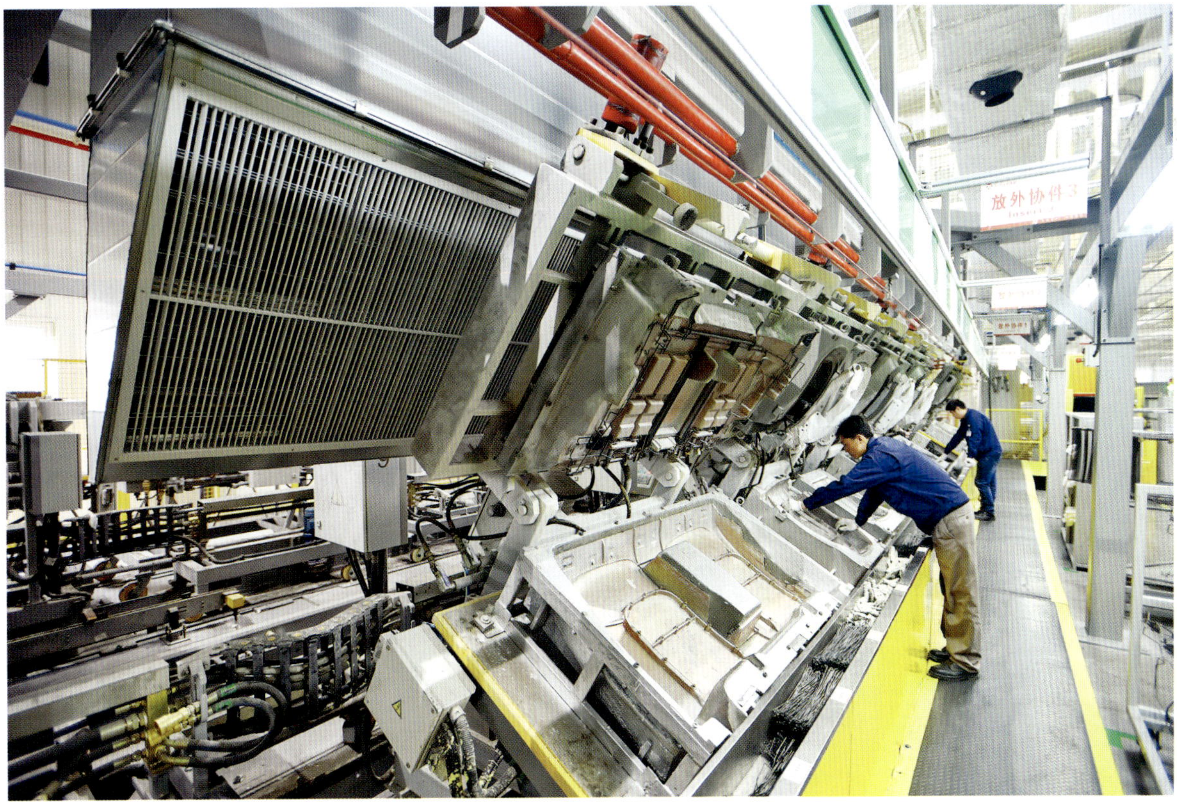

东风李尔

2016年4月5日，由区委宣传部、市文联和区文广新局主办，市作协、区文联、区作协和《盐渎》杂志社承办的“祝贺盐都籍著名作家曹文轩荣获2016年‘国际安徒生奖’座谈会”在盐都文化艺术中心举行

曹文轩 著
马戏团
红瓦黑瓦
草房子
山羊不吃天堂草
根鸟
狗牙雨
青铜葵花
野风车
细米
我们的麦场主
马戏团

曹文轩画本
CAO WENXUAN PICTORIAL
THE STRAW HUT 草房子
秃鹤不是一只鹤
曹文轩 著

曹文轩 著
水边的文字屋
水边的文字屋
铁皮狗
红纱灯
黄琉璃
青瓦大街
鸭宝河

大王鸽
曹文轩 编
写在雪地上的书

曹文轩 著
细米
细米
青铜葵花
狗牙雨
红瓦黑瓦
草房子
野风车
根鸟
山羊不吃天堂草

2015 年 1 月 12 日，区委书记羊维达向郝龙斌赠送剪纸

2015 年 11 月 16 日，区长吴本辉会见郝柏村

2016 年 2 月 4 日，新春招聘会

2015 年 12 月 18 日，区红十字会向四川凉山彝族自治州四合中心小学学生捐赠 166000 元款物

2015 年 9 月 19 日，中国大纵湖首届户外露营节暨大纵湖“绿丘”露营地开营仪式

2016年4月22日,区新四军研究会与有关方面举办纪念成立叶挺县70周年座谈会

鞍湖街道胡乔木生平陈列馆

2015 年 9 月 11 日，农业部副部长于康震、副省长徐鸣调研陈长荣大闸蟹养殖基地

2015 年 10 月 14 日，省乡村旅游工作推进会在三官村召开

龙冈第三届金秋采摘节

仰徐葡萄节

2015 年 9 月，孙益海被公安部授予二级英模

秦南泾口狮舞赛

2015 年 8 月 9 日，市委朱克江书记视察尚庄绍琪书屋

2015 年 12 月 31 日，朱克江走访居民

倪杨村

润都公园

杨侍儿童乐园

三官望湖阁

盐都区地图

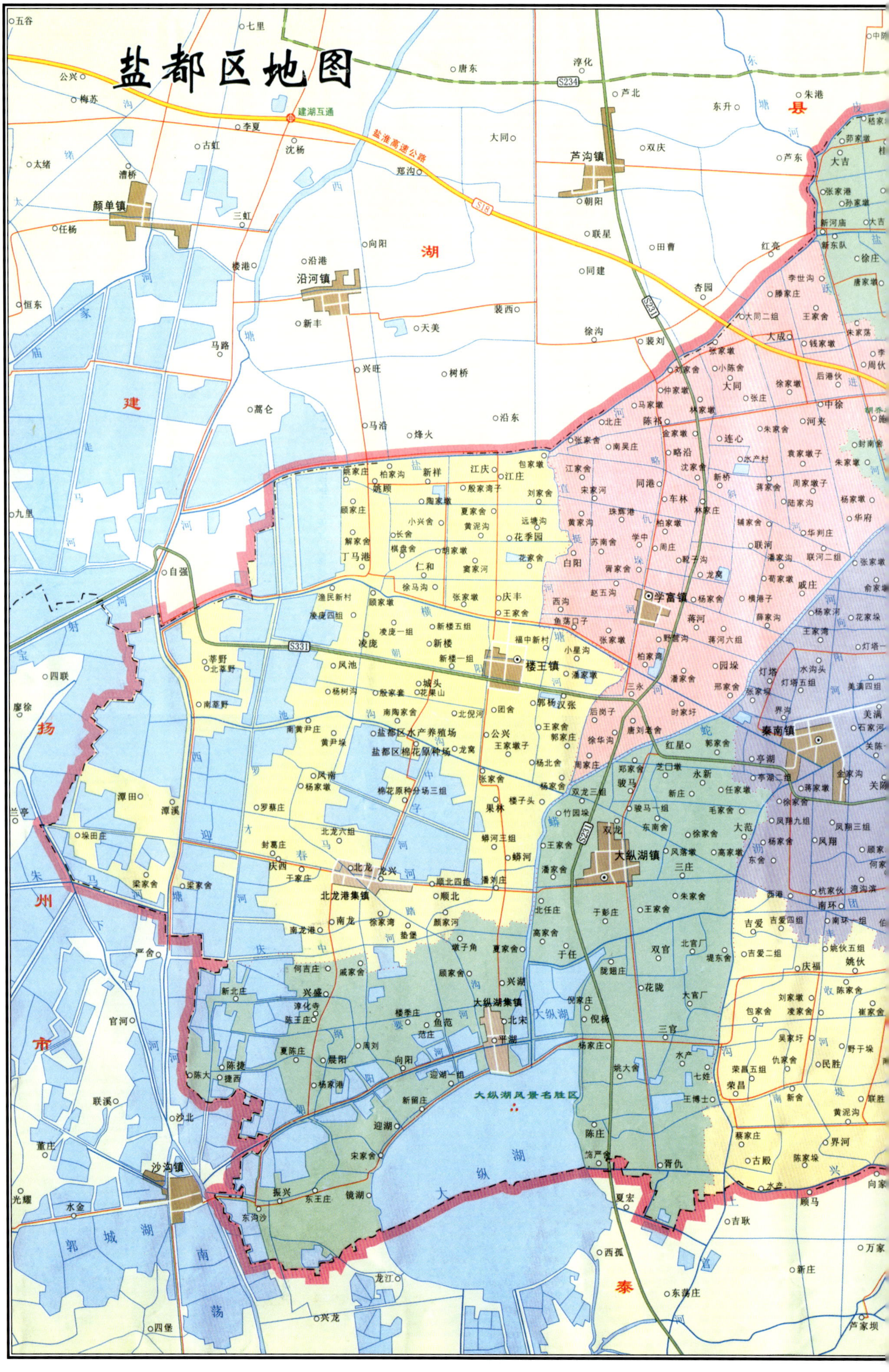

五谷
七里
唐东
淳化
S234
公兴
梅苏
建湖互通
芦北
朱港
东升
李夏
盐淮高速公路
大同
芦沟镇
双庆
芦东
古虹
沈杨
太绪
郑沟
漕桥
颜单镇
S18
朝阳
三虹
任杨
向阳
联星
田曹
红亮
湖
沿港
同建
楼港
沿河镇
杏园
恒东
裴西
新丰
天美
徐沟
S231
马路
裴刘
兴旺
树桥
建
蒿仑
马沿
沿东
烽火
姚家庄
柏家沟
新祥
江庆
江庄
包家墩
姚顾
殷家湾子
刘家舍
陶家墩
顾家庄
夏家舍
小兴舍
黄泥沟
远塘沟
长舍
花季园
解家舍
棋盘舍
胡家墩
丁马港
花家舍
仁和
窦家河
自强
徐马沟
张家墩
庆丰
渔民新村
顾家墩
王家舍
凌庞四组
凌庞一组
新楼五组
鱼荡口子
福中新村
凌庞
新楼
小星沟
S331
莘野
北莘野
风池
新楼一组
楼王镇
潘家墩
四联
城头
花果山
杨树沟
殷家套
南莘野
北倪河
郭杨
汉张
南陶家舍
团舍
廖徐
扬
盐都区水产养殖场
王家舍
南黄尹庄
公兴
郭家庄
黄尹垛
盐都区棉花原种场
龙窝
王家墩子
杨北舍
风南
杨家墩
张家舍
杨家舍
棉花原种分场三组
谭田
谭溪
罗蔡庄
果林
楼子头
兰亭
北龙六组
垛田庄
封葛庄
蟒河三组
蟒河
庆西
北龙
龙兴
王家庄
顺北四组
潘刘庄
梁家舍
梁家舍
州
北龙港集镇
顺北
南龙
徐家湾
颜家河
南龙港
垫堡
严舍
墩子角
夏家舍
何吉庄
戚家舍
顾家舍
兴湖
兴盛
新北庄
淳化寺
大纵湖集镇
陈王庄
楼季庄
鱼范
北宋
官河
范庄
平湖
市
夏陈庄
周刘
晨阳
向阳
陈捷
陈大
捷西
迎湖一组
杨家港
联溪
新留庄
沙北
迎湖
董庄
宋家舍
沙沟镇
光耀
振兴
东王庄
镜湖
水金
东沟沙
郭
城
湖
南
荡
龙江
兴龙
四堡
大纵湖风景名胜区
湖
纵
大
泰
夏宏
西孤
东荡庄
县
稽家
荀家墩
大吉
张家港
孙家墩
新河庙
大吉
新东队
徐庄
李世沟
唐家墩
滕家庄
大同二组
王家舍
朱家荡
大成
钱家墩
张家墩
刘家墩
小陈舍
后港伙
周伙
大同
徐家墩
仲家墩
林家墩
张庄
马家墩
陈祁
中徐
北庄
连心
朱家舍
河夹
张家舍
南吴庄
金家墩
略沿
水产村
袁家墩子
封南舍
朱家墩
江家舍
沈家舍
新桥
周家墩子
宋家河
同港
蒋家舍
杨家墩
珠辉港
车林
林家庄
陆家沟
黄家沟
柏家墩
辅家舍
华府
学中
华判庄
苏南舍
周庄
联河
潘家沟
联河二组
张家墩
白阳
靴子沟
胥家舍
龙窝
蔺家墩
戚庄
俞家墩
赵五沟
学富镇
杨家舍
横港子
西沟
蒋河
薛家沟
杨家河
花家垛
野营沟
蒋河六组
王家湾
灯塔一组
张家墩
柏家湾
园垛
灯塔
水沟头
灯塔五组
邢家舍
美满四组
三永
潘家舍
张家墩
后岗子
时家圩
界沟
美满
秦南镇
石家河
徐华沟
唐刘老舍
红星
郭家舍
亭湖
周家庄
郑家舍
芝门墩
永新
骏马
新庄
任家墩
李湖二组
金家沟
双龙三组
蒋家墩
竹园垛
骏马一组
毛家舍
徐家舍
S231
双龙
东南舍
大范
凤翔九组
徐家舍
凤翔三组
王家舍
大纵湖镇
风落墩
高家墩
杨家舍
凤翔
顾家
东舍
潘家舍
三庄
西港
杭家伙
湾沟滨
北任庄
朱家舍
南环
南环一组
于彭庄
王家舍
吉爱
吉爱四组
高家舍
北官厂
姚伙五组
于任
双官
吉爱二组
姚伙
堤东舍
庆福
陇翅庄
花陇
陈家舍
刘家墩
大官厂
包家舍
凌家舍
崔家舍
倪家庄
大纵湖
倪杨
三官
吴家圩
野于垛
杨家庄
水产
仇家舍
民胜
姚大舍
荣昌五组
七姓
荣昌
新舍
联胜
王博士
黄泥沟
陈庄
蔡家庄
界河
施严舍
古殿
陈家垛
胥仇
兴
向家
水产
顾马
吉耿
万家
新庄
芦家坝

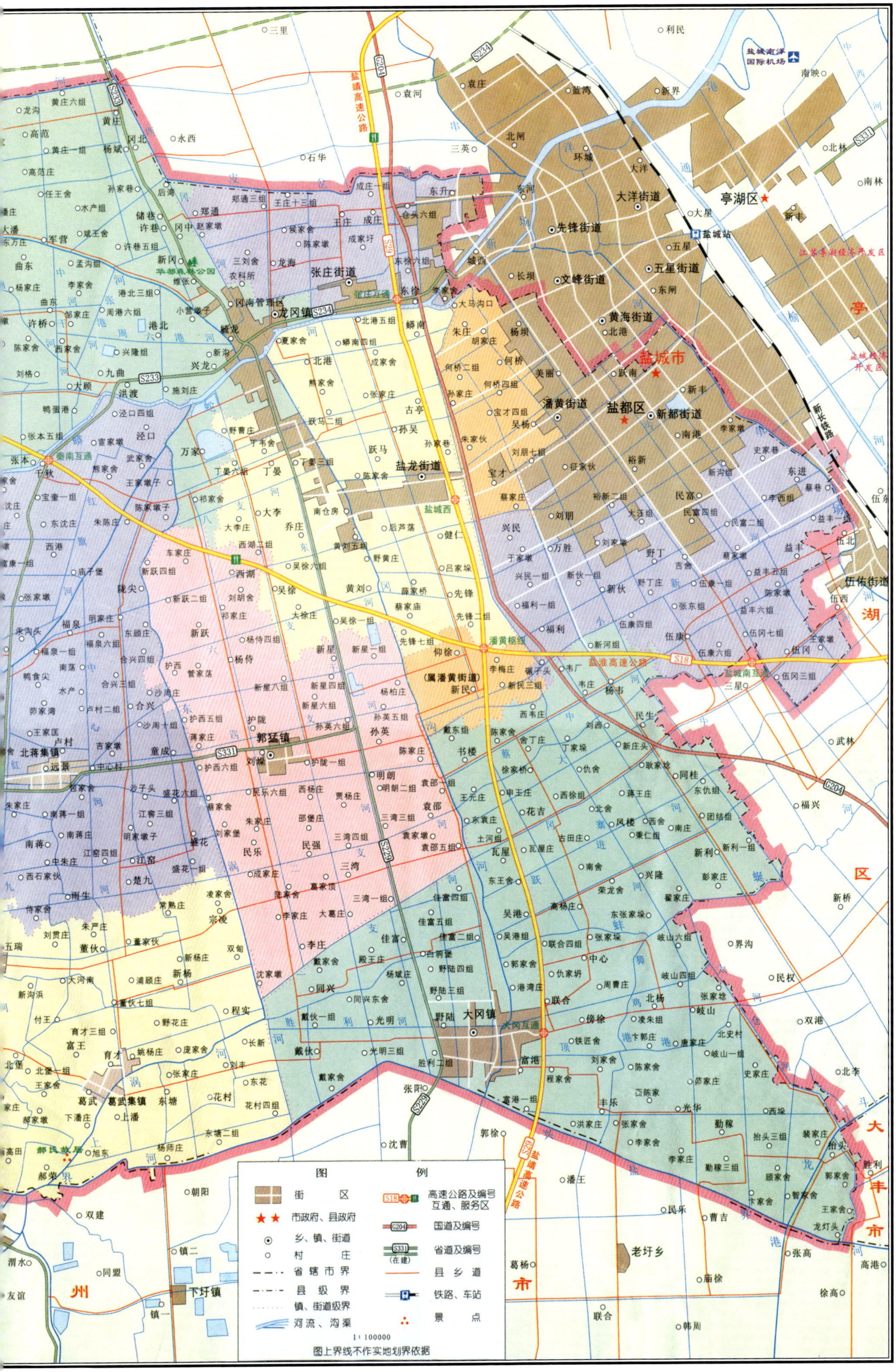
盐城市
亭湖区
盐都区
江苏亭湖经济开发区
盐城经济开发区
盐城南洋国际机场
盐城站
新长铁路
盐靖高速公路
盐淮高速公路
大洋街道
先锋街道
五星街道
文峰街道
黄海街道
新都街道
潘黄街道
盐龙街道
伍佑街道
张庄街道
龙冈镇
郭猛镇
北蒋集镇
大冈镇
葛武集镇
下圩镇
老圩乡
（属潘黄街道）
盐城西
潘黄枢纽
大冈互通
学富森林公园
郝氏故居
亭
湖
区
大
丰
市
州
市
图 例
街 区
市政府、县政府
乡、镇、街道
村 庄
省 辖 市 界
县 级 界
镇、街道级界
河流、沟渠
高速公路及编号 互通、服务区
国道及编号
省道及编号 (在建)
县 乡 道
铁路、车站
景 点
1：100000
图上界线不作实地划界依据

盐城市区图
射阳县
亭湖区
盐城经济
大洋湾旅游风景区
盐城南洋国际机场
盐渎公园
盐城汽车客运站
盐城站
新洋港
串场河
欢乐谷游乐园
盐城市环保产业园

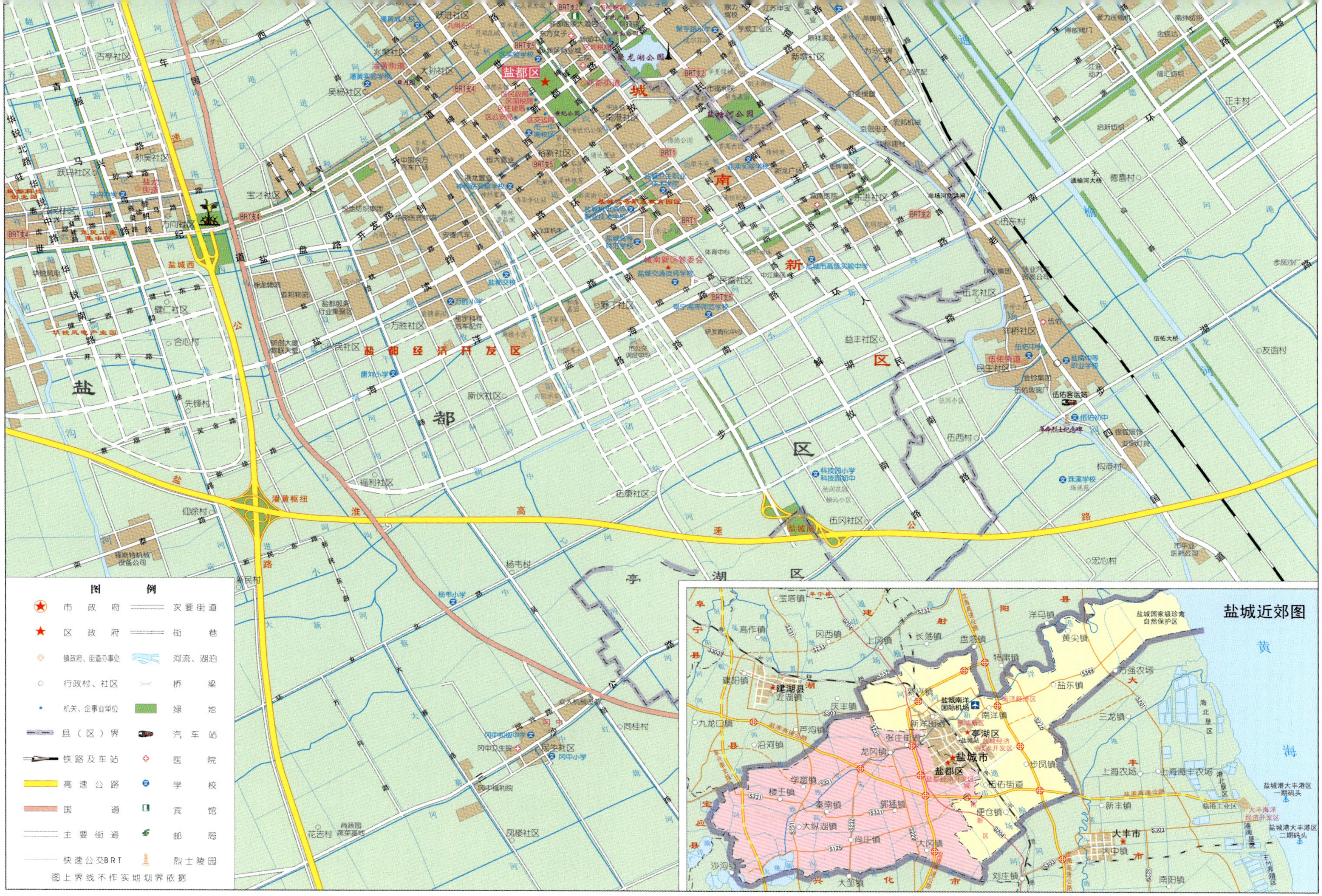
盐城近郊图
图例
市政府
区政府
镇政府、街道办事处
行政村、社区
机关、企事业单位
县（区）界
铁路及车站
高速公路
国道
主要街道
快速公交BRT
次要街道
街巷
河流、湖泊
桥梁
绿地
汽车站
医院
学校
宾馆
邮局
烈士陵园
图上界线不作实地划界依据
盐都区
盐都经济开发区
盐城市
亭湖区
建湖县
大丰市
黄海
盐城南洋国际机场
盐城国家级珍禽自然保护区
潘黄枢纽
盐城西
龙湖公园
伍佑镇
步凤镇
南洋镇
大冈镇
龙冈镇
楼王镇
秦南镇
学富镇
尚庄镇
大纵湖镇
郭猛镇
新丰镇
刘庄镇
洋马镇
黄尖镇
盐东镇
三龙镇
上冈镇
庆丰镇
冈西镇
高作镇
宝塔镇
钟庄镇
沿河镇
九龙口镇
芦沟镇
大中镇
大丰港
上海农场

东徐八组
古轮公司
三里窑
文峰中学
文峰街道
郑家庄
东徐五组
东徐社区
西景园
垂钓
长坝村
万方名城
新港湾花园
鼎尚商务广场
兴盛华庭
双元村
广济医院
盐都公园
体育中心
大庆新村
二三四省道
李家舍
蟒蛇河防洪闸
朱庄三组
前进新村
荣盛公馆
文峰医院
新亚汽车站
肝胆医院
蟒蛇河大桥
北夏庄
大马沟河
前进街道
宋家港花园
东升社区
四方园
盐都汽车站
瑞都新城
市急救医疗中心
盐城体校
盐都党校
盐都皮
盐城砖瓦三厂
西夏庄
蟒南三组
蟒南二组
蟒南一组
杨坝一组
市二小南校区
双元公寓
盐南新村
新苑宾馆
朱庄村
朱庄二组
胡家庄
桃源居
姑苏苑
市中心血站
清华园
新阜名邸
盐城工商局
蟒南四组
成家庄
蟒南村
金家舍
南朱家庄
旭日社区
六一幼儿园
柴沟帮
朱庄一组
家家爱家具广场
耿伙
东张庄
杨坝社区
陈佛舍
盛世华城
市质量技术监督局
盐城实验小学
蟒南五组
孙家庄
曙光化工
翠洲嘉园
八菱华庭
新苑小区
南苑小区
蟒南六组
何桥一组
何桥村
王港初中
李家舍
伟厦花苑
清沁苑
何家桥
何桥小学
西城逸品
金庭苑
富康花园
东张家庄
南夏庄
何桥二组
美丽社区
潘黄烈士陵园
跃进
郝家庄
潘黄成人校
古亭四组
古亭三组
何桥三组
何桥四组
城南污水处理厂
圆梦小区
西孙庄
刘家庄
兆泉社区
陈家墩
古亭村
虹米行
陈家庄
何桥三组
吴杨一组
马家桥
潘黄街道
大孙社区
潘黄小学
潘黄国土所
瓦屋舍
宝才四组
吴杨三组
潘黄中学
日月园
新都商贸城
陶舍
吴家舍
吴杨社区
华逸汽贸
加拿大威尔盐城豪都化
仇家舍
神龙客运站
跃马四组
孙吴三组
宝才三组
吴杨二组
唐笑集团
兰园公墓管理处
东驻马基
朱家伙
车苑华庭
桑力太阳能
中联印
孙家巷
中国东方汽车广场
西驻马基五
孙吴社区
照丰机床公司
神州河畔·景园
盐都区教育服务中心
永宁国际汽车城
刘朋村五组
港龙置业
宝才三组
紫金国际大(在建)
跃马村
孙吴一组
好人鞋业
高家舍
悦达纺织集团有限公司
马沟中学
盐龙街道
润欣毛纺
大马沟桥
铂金商务广场(未建)
明可达灯饰世帅王服饰
益民三组
新区国土所
悦达纺织工业园
宝才社区
方向一组
周家桥
日盛纺织
益民社区
方向二组
华晓医药物流
万胜村
商家庄
宝才一组
刘朋社区
中恒宠物用品
方向社区
刘朋西小区
安得汽车长源动力机械
马沟小学
益民四组
锅炉制造
盐西收费站
蔡家庄
盐城大圆
国家能源海上风电研发中心
盐城西
方向三组
广成建设发展有限公司
华诚惠钢结构制造
宝鼎电动工具
兴民三组
吴家舍
吉能达环保机械
兴民四组
承天钢结构
启恒户外用品
闽航贸易
海通机械制造
万胜三组
恒力组合机床
民营科技园
健仁四组
蒂菱体温计
恒力机电工业园
健仁村
瑞华公司
新蓝天产业园
兴民村
李家墩
刘迁庄
宋家庄
星宇汽车部件有限公司
蔡家舍
于家墩
万胜村
健仁七组
星河纺织
万胜三组
新民一组
逸夫小学
先锋三组
唐刘河
新伙一组
新伙村
福利一组
福利二组
兰园公墓
新伙八组
新伙
后徐庄
福利二组
浦家桥
福利五组
庙徐舍
倪钦
图例
市政府
区政府
镇政府、街道办事处
行政村及社区居委会
机关、企事业单位
区（县）界
铁路
高速公路
国道
主要道路
次要道路
河流、湖泊
桥梁
绿地
汽车站
人行闸、车行闸
医院
学校
宾馆
亭
快速公交BRT
图上界线不作实地划界依据

盐都区城区图
五星创业园
新河五组
友谊公园
串场河大桥
东闸村
东圣花园
纺南新村
金水湾花园
盐渎公园
经济开发区中学
东风悦达起亚汽车第二工厂区
盐城开发大桥
盐城经济技术开发区
嘉利花园
明日家园
大新河公园（建设中）
巨墩九组
水城
幼儿园
公园观邸
南新河桥
时代明都苑
中国海盐博物馆
新河村
大兴小区
同洲医院
开发区人民医院
港汇国际公寓
新墩五组
界河二组
界河村
文华名城
大宇花苑
菱化纤
市交通技师学院
开发区国土分局
苏源工业园
盐经开国税局
海悦温泉宾馆
新丰社区
市车管所
永大药业
汽车南站
石嘉实业
盐城出口加工区一期
界河三组
界河六组
盐都中学
市行政审批中心
阳光世纪城
恒悦皮塑制品
市市政工程构件
盐城市
紫薇花园
成华学校
益莱·金色水岸
新墩小学
高力国际家居港
市检察院
城南公园
科技馆
创美家量贩
东湖贸易区
亭威工业区
交巡二大队
新墩四组
赣江路
界河五组
新城
雅都金陵大酒店
中行城南支行
水绿名苑
聚亭路小学
森宝包装
市民广场
瑞尔花园
新墩花园
力马空调
城南新区建设指挥部
博物馆
盐城花木场
盐城商业城
市三院新区医院
聚龙湖公园
新墩八组
新墩村
广播电视塔
华夏绿城
新城变电所
区财政局
国际大酒店
新都街道新区管委会
观湖一号
阳光·御园
新墩四组
金鹰国际花园
凤凰汇广场
市福利院
鑫都高层组团
新墩二组
市健身中心
现代文武学校
明珠苑
兴业模塑
世纪公园
南港小区
盐城市幼儿园城南分园
新墩二组
盐渎河公园
凤鸣缇香·御湖
南港村
香苑小区
盐城市初级中学南校区
江苏双惠
金庭世纪广场
记者家园
南港二组
新墩一组
福裕小区
日月路小学
恒荣世家
海德公园（中庚）
香苑小区西区
市一中南校区
天润星城
都市豪庭
李东组
裕新大厦
通达置业
康乐苑
盐渎路学校
海乐场
学林雅苑
全美置业
天润花园
锦城丽景
盐城卫生职业技术学院
中南世纪城（在建）
裕新村
裕新小区
天润湾
三墩
盐城高等职业教育园区
盐城市城南（新区）医院
串场河防洪闸
火电集团电站阀门总厂
盐城机电高等职业技术学院
城南新区公交回车场
盐城纺织职业技术学院
光明花苑
数控机床
盐城市天和置业（在建）
友谊组
盐城高等师范学校
盐城市体育中心（在建）
城南高中
大新汽车配件
宝光材料研究所
蔡湖湾
盐城交通技师学院
益丰一组
大汪组
城洁开发公司
野丁小区
市体校
伍北二组
伍北社区
伍北三组
和泰嘉园
阜宁高等师范学校
益丰三组
三河佳苑
叁玖舍
益丰四组
益丰村
福利中心
吉舍
公园组
太阳组
蔡桂阳庄
安科置业
益丰二组
野丁村
野丁庄北舍
中心组
蔡家舍
益丰五组
伍康一组
陈家墩
伍佑镇初级中学
野丁庄
伍西一组
纵沟桥
伍康三组
益丰六组
伍西二组
伍冈小区
伍西村
伍康张东组
伍冈六组
陈家舍
伍康四组
伍康二组
西堡中学
伍冈六组
伍西小学
亭湖区

编辑说明

一、《盐都年鉴》是盐城市盐都区人民政府主办,《盐都年鉴》编纂委员会编辑的综合性资料工具书,创刊于1994年。《盐都年鉴(1983—1996)》和《盐都年鉴(1996—1999)》为综合年鉴,2001年起一年一鉴。《盐都年鉴(2016)》是《盐都年鉴》第18卷,采用四色印刷,三栏排版。

二、《盐都年鉴(2016)》以马克思列宁主义、毛泽东思想、邓小平理论、“三个代表”重要思想、科学发展观为指导,全面、系统地记载2015年盐城市盐都区政治、经济、文化、社会等方面取得的新成就、新经验和需要解决的新问题,为各界人士了解盐都、研读盐都、建设盐都,提供一部信息量大、准确度高的地情材料,为各级领导决策提供参考依据,为开展对外交往、招商选资以及全民创业提供窗口和桥梁,为广大干群和青少年提供乡土教材,为续修地方志积累资料。

三、全书采用分栏法编辑,条目式纪事体。按事业、行业性质设立栏目,分栏目、分目、条目3个结构层次,共设31个栏目、273个分目、1482个条目。正文中共有134张图片,39个表格。

四、组织机构及领导人名录,收录中共盐城市盐都区委、区人大、区政府、区政协及其列入党政序列(含直属单位、人民团体和双管单位)副科(局)级以上机构的党政负责人以及纪委书记和纪检组长;镇(区、街道)领导人名录收录对象为党委(党工委)、人大、政府(管委会、办事处)正副职,纪委书记,以及组织委员、宣传委员、统战委员、政法委员、人武部长。凡任职时间为2015年1月至12月的,一律不标明时间。各村(居)书记、主任均为2015年年底在职人员。

五、人物栏目收录盐都籍或在盐都境内工作的全国人大代表、全国“五一”劳动奖章获得者、省(部)级授予的劳动模范、先进工作者和表彰的先进个人。同时,本书将在社会上有较大影响的盐都籍(或在盐都工作和学习过)的个人代表也收录在新闻人物中。以前年鉴已经收入的人物,该年鉴只作简述。荣誉栏收录受省(部)、市(厅)级表彰的先进单位和市(厅)级表彰的先进个人。

六、年鉴中所使用的资料由全区各部门、各单位、各镇(区、街道)专人撰稿和提供,并经单位负责人审定,撰稿人姓名统一在条目、资料后署名。年鉴中出现“区、区内、区属、区某某局”的“区”都指“盐城市盐都区”,“镇(区、街道)”中的“区”专指“新区”或“盐城高新技术开发区”,“市一中”指“盐城市第一中学”,“市三院”指“盐城市第三人民医院”,“市二小”指“盐城市第二小学”。

七、统计资料由区统计局提供。因统计口径不尽相同,有些数据稍有差异。特载栏目中的领导讲话报告以及文件选编栏目中的重要文件摘录基本保持原状,对有关数据未作改动。数据中的计量单位除耕地、地域等面积部分使用亩或公顷,其余一律使用国际单位。

《盐都年鉴》编辑部

2016年8月

总目

Head

目　录

Contents

区情总貌

特　载

大事记

盐都概况

中共盐城市盐都区委员会

老干部工作

保密工作

档案管理

信访工作

党史编研

盐城市盐都区人民代表大会

综　述

重要会议

重要工作

盐城市盐都区人民政府

综　述

重要会议

重要工作

盐城市盐都区妇女联合会

盐城市盐都区科学技术协会

盐城市盐都区文学艺术界联合会

盐城市盐都区红十字会

盐城市盐都区工商联(总商会)

盐城市盐都区归侨侨眷联合会

盐城市盐都区残疾人联合会

盐城市盐都区老促会(扶贫协会)

盐城市盐都区退休干部协会

盐城市盐都区老龄协会

盐城市盐都区慈善会

盐城市盐都区老年人体育协会

盐城市盐都区殡葬协会

武装与安全

人民武装

武装警察

人民防空

民兵预备役

法　　治

综　　述

综治法治

公　安

检　察

法　院

司法行政

人口　资源　环境

城乡建设　交通　供电

科技成果

教育　体育

综　述

学前教育

九年制义务教育

高中教育

职业教育与社会教育

盐都广播电视大学

文化　新闻

医疗保险

工伤、生育保险

收入与消费

社会救济

社会救助

双拥优抚安置

社会行政管理

婚姻家庭

消费者权益保护

民族宗教事务

老龄工作

关心下一代工作

盐都诗书画社

防震减灾

气象服务

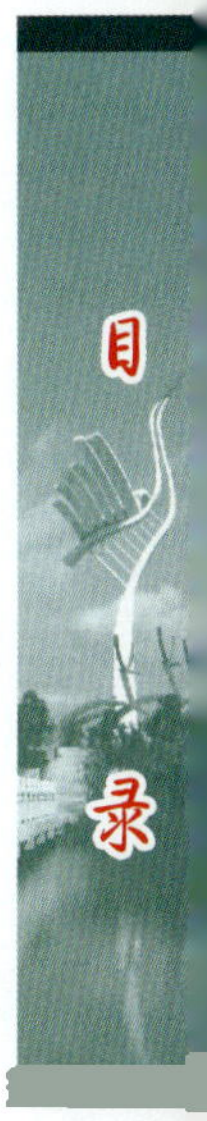

镇、街道、区

盐龙街道

新　区

冈中街道

潘黄街道

滨湖街道

葛武街道

龙冈镇

鞍湖街道

大冈镇

张庄街道

大纵湖镇

附 录

荣誉栏

文件选编

统计资料

索 引

Contents

General Situation

Reform and Opening & Foreign Trade and Park Construction

Yancheng Yandu District Committee of the Communist Party of China

Yancheng Yandu District People's Congress

Yancheng Yandu District People's Government

Yancheng Yandu District Committee of the Chinese People's Political Consultative Conference

Inspecting Discipline and Supervision

Democratic Party

Mass Organization

Armed Forces and Security

Rule by Law

Population, Resources and Environment

Urban and Rural Construction & Communication and Transportation

Information Construction

Agriculture

Culture and News

Health

People's lives & Social Affairs

Town, Street and Sub-district

Figures

Appendix

Index

特　　载
Special Articles

·领导讲话和报告摘要·

提升发展内涵　建设五大盐都 奋力开启率先全面建成小康社会新征程

——在区委十三届八次全体会议上的讲话

（2015年12月30日）

区委书记　羊维达

这次全会是在两个五年规划承前启后、全面小康进程继往开来的关键时刻召开的一次重要会议。主要任务是，深入学习贯彻党的十八届五中全会和习近平总书记系列重要讲话精神，按照中央经济工作会议和省、市委部署要求，科学谋划“十三五”发展，统筹安排2016年工作，动员全区上下立足新起点、锐意谋跨越、奋力促提升，共同谱写全面建成小康社会新篇章。

一、充分肯定“十二五”成就和2015年工作，始终坚定加快发展的信心和决心

即将过去的“十二五”，是盐都发展史上综合实力提升最快、转型发展进展最大、人民群众得到实惠最多的五年。面对错综复杂的宏观经济环境和艰巨繁重的改革发展任务，我们在市委、市政府的坚强领导下，团结带领全区人民，开拓创新，务实奋进，圆满完成了“十二五”既定目标任务，经济社会发展“稳”的特征更加明显，“进”的态势越发良好，创造了盐都历史上又一个黄金发展期。回顾五年历程，最鼓舞人心的成绩，是取得了全面小康的领先性位次。我们始终把建成不含水分、人民群众得实惠、老百姓认可的全面小康作为执政为民的信念追求，持续做大经济总量、加大民生投入，推动城乡居民收入同步增长、人民生活水平不断提高，2012年4月在苏北地区率先跨入小康门槛，2014年底全面建成小康社会综合得分苏北第一，在全面小康进程中书写下浓墨重彩的一笔。最振奋人心的实践，是取得了国家高新区创建的标志性胜利。我们始终把高新区建设作为加快转型升级、推动产业迈向中高端的现实抓手，举全区之力汇集政策、资金、人才、项目等要素，持续掀起“以升促建、以建助升”热潮，高新区对全区经济的贡献率不断提高，在全省开发区综合排名持续前移，今年2月成功跻身“国家队”，创造了筹建时间最短、建设速度最快、获批效率最高等多个“江苏之最”，在盐都发展史上再树一座重要里程碑。最温暖人心的收获，是取得了

"十个全覆盖"的阶段性成效。我们始终把保障和改善民生作为一切工作的出发点和落脚点，每年将七成以上的一般公共预算支出用于民生改善，2014年启动的创业平台、区域供水、城乡公交、环境治理、公共文化、优质教育、卫生惠民、社会保险、托底救助、网格管理"十个全覆盖"民生建设工程，三年计划两年基本完成，群众生活一年更比一年好。最深入人心的变化，是取得了生态环境的显著性改善。我们始终把良好的生态环境作为可持续发展的最好资源和最大本钱，以壮士断腕的决心坚决淘汰落后产能，以决战决胜的信心全面提升环境品质，饮用水源保护系列工程协同推进，农村环境综合整治高分通过省市全域考核验收，造林实绩连续五年全市第一，2014年创成省级生态区，今年率先全市通过国家生态区考核验收，我们生活的家园天更蓝了、地更绿了、水更净了、空气更清新了。

2015年，在严峻复杂的经济形势和持续不减的下行压力面前，全区上下团结拼搏、克难奋进，以令人瞩目的崭新业绩为"十二五"完美收官画上句号。稳健增长显现新成效。倾力重抓"项目载体突破年"活动，扎实开展沪深德韩专题招商推介，统筹推进列市"三重""三百""双十"工程和区八大类重点工程项目，全年新签约、新开工、新竣工亿元以上产业项目分别为65个、55个、46个。一批标志性项目扎实推进，总投资150亿元的智能终端产业园启动建设，总投资60亿元的万达广场落户开建。预计全年实现地区生产总值407亿元，增长10.8%；规模以上工业增加值205亿元，增长11.3%；服务业增加值160亿元，增长12.8%；一般公共预算收入36亿元，增长15.5%；固定资产投资290亿元，增长24.4%；城镇居民人均可支配收入30600元，增长9.4%；农村居民人均可支配收入17600元，增长11.4%，经济运行总体平稳、稳中有进、稳中有好，主要经济指标保持在合理区间。转型发展形成新优势。高新区成功承办第一届世界发明创新论坛，并被确定为中国发明创业(华东)基地，智能终端、高端装备、新能源三大新兴产业加速集聚，"一核一轴一心"聚力突破。新产业、新业态、新模式、新技术"四新"经济竞相发展，智能终端产业园一期首批15个项目进场装修，电商快递产业园入驻项目65个、快递日处理量占全市60%以上，中恒宠物实现跨境电子商务交易额5300万美元，3D打印、工业机器人、惠普软件创新基地等一批项目纷纷落地。新增中国驰名商标3件，新认定国家高新技术企业26家，驰翔齿轮、蔚联机械、汉印机电3家企业在"新三板"挂牌，恒力机床为首架国产大飞机的制造提供唯一国产成套设备。"515"人才计划全面推进，全年共引进"千人计划"专家1人、领军人才40人、专门人才830人；自主申报入选国家"外专千人计划"专家1人，实现零的突破。城乡统筹开创新局面。投入120多亿元，开工建设公园绿地、防洪防汛、医院学校等105项城建重点工程。国家绿化模范城市通过创建验收，大纵湖获批省级湿地公园。双新大道城乡统筹示范带实施六大类65个项目，完成投资18.5亿元。各类新型农业经营主体迅速发展，适度规模经营加快推进，农业现代化综合排名位居苏中、苏北前列；粮食生产实现"十二连增"，被认定为省"亩产吨粮县"。全省乡村旅游工作推进会在我区召开，获批最美中国·绿色生态乡村旅游目的地和全省首家乡村旅

田头调研

游创新发展示范区，“畅游盐都金秋行”十大节庆活动获得圆满成功，年游客接待量、旅游总收入增幅都在40%以上。深化改革实现新突破。新政务服务中心投入使用，33家行政审批职能部门、20家中介机构和8家便民服务单位入驻办公，实现部门进驻、项目集中、授权到位三个“100%”；全面推进审批权力清单及网上公示制度，行政审批事项压减30%。全口径财政预算体系初步构建，区本级财政预决算、部门预决算、“三公”经费预决算首度公开，公车改革全面启动。农村土地确权登记颁证工作有序展开，粮食购销企业改革稳步推进；区镇两级农村产权流转交易服务体系基本建成，实现交易额3100万元。高新区10亿元企业债、农发行20亿元城镇化项目、区国投公司10亿元中期票据等低成本直接融资类和政策性贷款类项目正式获批，8个项目列入国家、省PPP项目库，制约经济社会发展的资金瓶颈得到有效破解。民生事业取得新进展。10大类28件为民办实事项目实施到位，完成投资7.5亿元。教育现代化建设综合得分全市第一，荣获全国文化先进县(区)。市三院与6家基层医疗卫生机构合作建立“医疗联合体”推进顺利，镇村卫生基础设施标准化建设全面提速。331省道盐都段全线通车，开通镇村公交线路21条，群众出行更加绿色便捷。新增城镇就业1.25万人、社保等各类参保人员4.7万人。完成棚户区和农村危房改造1196户、渔民上岸150户。法治盐都、平安盐都建设扎实推进，社会大局和谐稳定。党的建设迈上新台阶。切实推进全面从严治党，严格落实“两个责任”，深化惩治和预防腐败体系建设，严肃查办了一批违规、违纪、违法案件，进一步形成风清气正的政治生态。深入开展“三严三实”专题教育，巩固拓展党的群众路线教育实践活动成果，组织开展奢侈浪费、为官不为等专项整治，作风效能持续优化。全面启动“基层党建示范带”建设，实施村级党群服务中心提档升级三年计划，基层战斗堡垒作用更加彰显。支持人大、政协依法按章履行职能，积极发挥监督作用。促进统战、对台、人武、工会、共青团、妇联、老干部、党史、档案、关工委等工作有效开展。推进“厚德盐都”建设，涌现出“中国好人”程来品、武红梅等一批先进典型。

回首几年来的发展历程和工作实践，我们由衷地感到：事在人为，成在“三心”。

我们立足区情、审时度势，精心谋划引领发展。区委统揽全局、着眼大事，准确把握国家宏观经济走势和政策走向，深刻认识新常态下速度变化、结构优化、动力转化的基本特征，抓住用好“一带一路”、沿海发展等重大机遇和城市转型、产业转移等重要契机，与时俱进提出“一个目标、两高追求、四区建设”发展思路和“打造新高地、迈上新台阶”总定位，科学安排“六大推进”“三突出三强化”工作举措，全力以赴推动经济与社会全面进步、增长与转型协调并进、改革与稳定有机统一，努力实现中高速增长、迈向中高端水平。从国家高新区的如期创成到智能终端产业园的快速落地，从“四新”经济的持续突破到乡村旅游的风生水起，从深化改革的渐次推开到创新创牌的累累硕果，从全民创业的如火如荼到镇村经济的蓬勃发展，从新型城镇化的扎实推进到城乡一体化的稳步实施，从产业链、园区化专职招商的卓有成效到“追高求新、非大即特”招商理念的成功实践，盐都始终在抢抓机遇中争得主动、在应对挑战中跨越发展，顺利布局和完成了一系列大事要事，这关键得益于谋划的超前、周密与精准。“事前定则不困，行前定则不疚。”奋战“十三五”，整装再出发，盐都更加需要用精心谋划为发展定好向、为改革掌好舵、为民生护好航，不断开创全面建成小康社会的新境界。

我们秉公用权、务实为民，公心决策造福一方。无论是研究部署工作，还是制订出台政策，都把有利盐都发展作为最高衡量标准，都把人民群众满意当作不懈目标追求。我们始终坚持决策的民主原则，严格贯彻执行民主集中制，公正用权、公平处事，凡“四重一大”事项都经过集体讨论，接受各方监督，最大限度地发挥集体决策优势，最大可能地降低决策不当风险，自觉习惯在“放大镜”下开展工作、在“聚光灯”下行使权力。我们始终坚持决策的民意基础，自觉接地气，主动下基层，问政于民、问计于民、问需于民，推动改革路径由政府“端菜”向民众“点菜”转变、发展取向由“做大蛋糕”向“分好蛋糕”并重，不断赢得人民群众的信任支持，造浓共图发展的社会氛围。我们始终坚持决策的民生导向，把幸福指数、社会进步等民生“潜绩”作为发展的根本目的，多出富民之策，多行爱民之举，坚持每年兴办一批民生实事，对城乡公交、校车安全、大病救助等群众最期盼、最急需的事项，敢拍板敢决策，认准了就动手，干不成不松手，以实事密切党群关系，以干事赢得民众拥护。“公者千古，私者一时。”任何时候，我们都要牢固树立科学发展观和正确政绩观，以公正公平公道之心去履职、去决策，努力汇集起发展的新动能，凝聚起改革的正能量。

我们崇尚实干、善做善成，用心落实创业成事。坚持求真务实、真抓实干，夙兴夜寐、久久为功，努力创造经得起实践、人民和历史检验的发展业绩。我们激情干事的氛围更浓了。各级干部自觉增强责任感、使命感，干在实处、走在前列，对交办的任务立说立行、雷厉风行，对既定的工作全力以赴、志在必得，对出台的新政主动对接、执行有力，“上级有要求有布置，下级快回应快落实”成为部门创优的工作常态、板块进位的自觉追求。我们敢于担当的品质更优了。面对工作中的急难险重，各层各级善于负责、勇于担责，在征地、拆迁等矛盾面前不逃避、不推诿，在资金、用地等制约面前不气馁、不蛮干，想方设法找对策，不遗余力破难题，以“钉钉子”精神，啃下“硬骨头”，攻克“硬任务”，牢牢把握主动权、打好主动仗。我们锐意创新的精神更强了。在竞争激烈、不进则退的现实面前，全区上下解放思想、奋发进取，在快招商中抓专职，在兴产业中争高端，在聚要素中攻融资，向深化改革要动力、结构调整要潜力、机制创新要活力，推动经济社会持续健康发展。“一分部署，九分落实。”事实证明，谋划决策的成效，取决于推动落实的程度。只要我们一心一意谋发展，心无旁骛抓落实，就一定能续写好“打造新高地、迈上新台阶”的辉煌篇章。

成绩令人振奋，经验弥足珍贵。盐都发生的每一点变化、取得的每一点进步，无不凝聚着全区人民的智慧和汗水，无

走访慰问大纵湖镇敬老院

不体现着全区各级党政组织的努力和奉献，无不包含着广大老同志、各民主党派、各人民团体和社会各界人士的关心和支持。在此，我代表区委，向所有投身、支持盐都发展的同志们、朋友们，表示衷心的感谢和崇高的敬意！

在肯定成绩的同时，我们也清醒地认识到存在的问题。主要是：经济稳健运行的支撑力还不强，规模企业增长面不宽，部分重点企业利润下滑；发展接续动力还不足，招商选资突破不快，重特大项目数量不多；经济外向度还不高，进出口增幅有所下降，出口竞争力不强；房地产市场回暖的基础还不稳固，去库存的压力依然较大；"四风"问题还时有反复，少数党员干部缺少担当意识，存在为官不为思想，等等。在今后的工作中，我们必须采取有效措施切实加以解决。

二、牢牢把握"十三五"发展理念，奋力开启率先全面建成小康社会新征程

理念是行动的先导。党的十八届五中全会提出创新、协调、绿色、开放、共享的发展理念，这"五大发展理念"集中反映了我们党对经济社会发展规律认识的深化，为全面建成小康社会、向着第一个百年奋斗目标迈进，提供了理论指导和行动指南。站在两个五年规划的交汇点上，我们要展开的是一幅盐都发展的新画卷，必须用新思路寻找新出路、以新理念指导新实践，始终坚持把创新作为引领发展的第一动力，把协调作为持续健康发展的内在要求，把绿色作为永续发展的必要条件，把开放作为繁荣发展的必由之路，把共享作为全面建成小康社会的根本要求，努力赶超走前列，奋力作为开新局，在率先全面建成小康社会征程中再创佳绩、再立新功。

"十三五"面临的外部环境复杂多变，既充满机遇，又富有挑战。世界经济仍将延续疲弱复苏态势，经历深度调整，不确定性、不稳定性比较大。我国经济发展面临着很多困难和挑战，经济减速还没触底，下行压力依然较大，但发展长期向好的基本面没有变，经济韧性好、潜力足、回旋余地大，新动力正在强化，新业态不断出现。我区已进入工业化中后期、城镇化加速期，处于大有作为的重要战略机遇期，"一带一路"、长江经济带、长三角一体化等国家战略叠加效应的不断释放，为我区开放开发提供了新的机遇和广阔空间。"十二五"期间我区在新兴产业培育、传统产业提升、载体平台打造、生态环境改善等方面做了大量富有成效的工作，也为经济持续健康发展打下了坚实基础。我们要准确把握宏观经济大势，突出认识新常态、适应新常态、引领新常态这个大逻辑，统一思想、深化认识，克服困难、闯过关口，锐意改革、大胆创新，在调整变化中捕捉新机遇，在扬长避短中增创新优势，全力推动经济社会发展再上新台阶。

"十三五"时期我区总体发展思路是，紧紧围绕"五位一体"总体布局和"四个全面"战略布局，坚持发展是第一要务，以"五大发展理念"为引领，以"强富美高"为方向，以提高发展质量和效益为中心，紧盯一个总目标，率先全市全面建成小康社会；突出一个总定位，打造新高地、迈上新台阶；实施"五大战略"，产业兴区战略、创新驱动战略、绿色发展战略、民生优先战略、依法治区战略；建设"五大盐都"，创业盐都、开放盐都、生态

盐都、幸福盐都、厚德盐都。

——建设活力迸发的创业盐都。人才、资金、技术和信息等要素合理顺畅流动，众创空间建设、主体培育、企业孵化等工作成效明显，打造一批在苏北乃至全省有影响力和竞争力的产业标杆，构建具有中高端水平的现代产业体系，经济保持中高速增长，综合实力显著增强，“创业盐都”活力充分释放。

——建设合作包容的开放盐都。打开胸襟，拓宽视野，实施更深层次、更大空间的开放，重要领域和关键环节改革取得实质性成果，全方位开放新格局基本形成，开放型经济主要指标增幅高于全市平均水平，利用外资、对外贸易保持全市领先，“开放盐都”取得显著成效。

——建设绿色宜居的生态盐都。生态投入增幅高于GDP增幅，能源资源使用效率大幅提高，主要污染物排放总量大幅减少，形成以绿色增长为标志的发展模式、绿色产业为主体的产业结构、绿色宜居为底色的城乡环境、绿色低碳为代表的生活方式，创成国家生态文明建设示范区，“生态盐都”成为靓丽品牌。

——建设共建共享的幸福盐都。破解民生发展难题，补齐民生急需短板，就业空间不断拓展、质量不断提高，居民人均可支配收入增收超万元，教育、医疗、文化、交通、社会保障等公共服务更加普惠均衡、更加优质便捷，全区人民的获得感、自豪感和幸福感显著增强，“幸福盐都”深得百姓认同。

——建设文明向上的厚德盐都。践行社会主义核心价值观，弘扬传统美德、恪守社会公德、遵从职业道德、培育家庭美德、修炼个人品德，公民思想文化素养明显提高，文化事业产业繁荣发展，法治建设扎实推进，社会治理水平和公共安全感明显提升，社会大局和谐稳定，“厚德盐都”结出丰硕成果。

建设“五大盐都”，实现“十三五”发展目标，必须认真落实好中央“六个坚持”原则，深刻理解、准确把握、自觉践行“五大发展理念”，破解难题、厚植优势，推动实现更高质量、更有效率、更加公平、更可持续的发展。要坚定信心、凝聚力量，实现“小康要率先”目标。瞄准小康覆盖领域全面、覆盖人口全面、覆盖区域全面的目标，精准发力，精准施策，不仅实现时间概念上的率先，更要实现发展水平和质量上的率先，把各项指标数据转化成群众看得见、摸得着的实惠和福利，让每一项小康指标的进步都有分量、有质量、有含金量。要抢抓机遇、奋发图强，赢得“发展快转型”主动。把转型发展作为引领新常态的内在要求，作为跨越赶超的主要路径，强化“早转早主动、不转没出路”理念，以重建重构的宏大气魄和战略眼光抓转型升级，调整优化需求结构、产业结构和要素投入结构，切实提高经济发展的质量和效益。要严字当头、实干为先，焕发“状态再提振”激情。牢固确立时不我待的紧迫意识、舍我其谁的担当精神、敢为人先的创新勇气，进一步提振精气神、锤炼好作风、展现新作为，把改革发展的各项任务抓实抓细抓到位，将“十三五”规划的美好蓝图变成生动现实。

三、扎实推进明年重点工作，确保实现“十三五”发展良好开局

2016年是全面建成小康社会决胜阶段的开局之年，也是推进结构性改革的攻坚之年。全区工作总的指导思想是：全面贯彻党的十八大和十八届三中、四中、五中全会精神，深入贯彻习近平总书记系列重要讲话特别是视察江苏重要讲话精神，加强和改善党对经济工作的领导，牢固树立和贯彻落实创新、协调、绿色、开放、共享的发展理念，适应经济发展新常态，坚持改革开放，坚持稳中求进工作总基调，坚持稳增长、调结构、惠民生、防风险，着力加强结构性改革，落实去产能、去库存、去杠杆、降成本、补短板五大任务，全面展开“打造新高地、迈上新台阶”生动实践，努力建设创业开放生态幸福厚德的美丽盐都。

主要预期目标是：地区生产总值增长10%，规模以上工业增加值增长11%，服务业增加值增长13%，一般公共预算收入增长12%，固定资产投资增长16%，进出口总额增长10%，全社会研发投入占GDP比重达到1.96%，高新技术产业产值占规模工业产值比重达30%，新增城镇就业1.3万人，城乡居民收入增长与经济增长保持同步，节能减排等各类约束性指标完成市下达任务。

围绕上述目标要求和重点工作，致力谋求“六大提升”：

1.扩大有效投入，提升经济运行向好性。把发展重心转到提升质量效益上来，扎实抓好实体经济，保持有效投资力度，推动全区经济发展速稳质优、行稳致远。千方百计强企业增实力。现有企业是稳中求进最可靠的力量、最现实的基础。要强化“五个对接”，推动企业转型升级、提质增效。强化与智能制造的对接，支持企业技术改造和设备更新，推进明斯特搬运机器人、苏力涂装机器人生产线等项目的研发与产业化，加速星宇科技、悦达纺织等企业的智能化改造，倾力开发一批智能装备产品、打造一批智能生产车间；强化与行业龙头企业的对接，扎实开展“百企联姻”行动，推动剑桥涂装、亚特电缆等10个项目与大企业合作重组，鼓励更多中小企业融入国内外知名企业产业链、供应链；强化与资本市场的对接，推进中恒宠物在主板上市，康杰机械、华盛电气等10家企业在“新三板”挂牌，引导更多中小企业与基金、风投、券商等投资机构开展合作；强化与科研院所的对接，支持兰丰科技、中色锐毕利等企业“牵手”知名高校、科研机构，全年新签产学研合作项目100个，转化科技成果80个；强化与“互联网+”的对接，鼓励骨干企业通过互联网与产业链各环节紧密协同，提高设计能力、改造生产流程、创新管理模式、拓宽销售渠道，开展订单式、专属化的定制生产，进一步打开市场、叫响品牌。应对经济下行压力，最需要政企携手、共克时艰，要在全区范围内开展“暖企行动”，加大政策、要素的扶持力度，帮助企业降成本、提信心、稳预期，助推企业产销两旺、良性发展。坚定不移抓招商推项目。把大招商、强推进、快见效作为项目建设的主旋律，打好项目招引攻坚战，掀起项目建设新热潮。立足“追高求新、非大即特”，不断提高专业化、市场化、精细化招商水平，全面推行园区招商、专业招商、产业招商“三位一体”招商模式，围绕智能终端、高端装备、新能源、汽车配件、电商物流、现代农业等领域，紧盯大公司、大集团和行业领军企业，积极主攻投资规模大、带动能力强的基地型旗舰型项目，着力招引科技含

量高、市场前景广的高新技术项目；继续拓展区域招商、委托招商、活动招商等方式方法，挖掘盐都在外人脉资源，深化与深圳手机行业协会、昆山台协会、德国茨威考市工商会等方面的合作，组织开展京沪广深等地专题招商推介活动，确保全年新招引亿元以上产业项目60个。切实提高利用外资质量水平，推动引进资金与引进先进技术、智力资源相结合，聚焦德韩港台，重点招引国外优势产业和世界500强企业，引导外资投向战略性新兴产业、现代服务业、先进制造业、基础设施等领域，提升利用外资综合效益。全力加快项目建设，对年内计划新开工、新竣工项目，按照时间节点要求细化落实“工作清单”“责任清单”，全面推行“一名领导挂钩、一个班子专抓、一套方案运作”契约式服务，确保智创园二期、峰汇智联科技等重点项目快开快建快达效。持之以恒建平台拓空间。主动抢抓国家战略机遇，推进全方位对内对外开放。按照设施一流、功能完善、服务高效、环境优美的标准，进一步优化各类园区的产业规划、功能布局和结构形态，全方位提升科技、信息、物流等公共服务功能，大力度创建国家和省级牌子，增强园区“虹吸效应”。发挥国家高新区品牌优势和对外开放主阵地作用，加快中韩产业园联动区、中德盐都产业园、台湾中小企业科技园的规划落地和开工建设，加强与北京、上海、深圳、苏南等地跨区域商务合作和园区共建，在融合发展中争取更多平台资源、承接一批重大项目。拓展国际化视野，推动中恒宠物、驰翔齿轮等企业的海外公司尽快运营，鼓励区内企业以独资、参股、并购等方式，在境外设立加工贸易企业、贸易窗口，全方位参与国际市场的竞争与合作。

2.聚力结构改革，提升区域发展竞争力。立足盐都发展实际和阶段性特征，以融合为方向，以创新为动力，着力加强供给侧改革，提高供给体系质量和效率，加快培育新的发展动能，改造提升传统比较优势，增强持续增长动力，推动区域生产力水平整体改善。产城融合作示范。产城融合是转型发展的重大命题，也是重塑优势的重大战略。要以高新区创成国家级产城融合示范区为目标，整合盐龙、盐渎、潘黄三个街道资源，推动“做强产业”与“做靓城市”良性互动、协调并进，努力探索可借鉴、可推广的经验与模式。坚持以产兴城，智能终端要抢抓珠三角、长三角产业转移机遇，力争新引进研发、生产、应用、配套等方面的骨干企业20家以上，产业规模达50亿元；高端装备要放大现有企业优势，主攻远程控制系统、自动化成套生产线，快速提升产业能级；新能源要以风电和新能源电池为主攻方向，积极打造风电全产业链条，培育一批新能源汽车高端配件、绿色动力电池研发和制造企业，力争年内把三大新兴产业的销售占比提高到25%以上。坚持以城促产，强化高新产业区、融合发展区、生态涵养区“三区”联动，推动“一核一轴一心”率先突破，重点打造盐渎路产业发展带、世纪大道综合配套服务带和青年路生活配套服务带，大力发展楼宇经济、注册经济、总部经济，促进人气快速集聚，为城市提升创造消费需求，为产业创新提供有力支撑。“四新”经济创特色。策应“中国制造2025”战略部署和“互联网+”行动计划，大力培育“四新”经济，加快构建以先进制造业和现代服务业为主干的产业体系。聚焦高端导向和市场需求，重抓制造业服务化。以服务化改变产品形态，引导东九重工、柚尊家具等企业从产品制造为核心转向提供产品、服务和整体解决方案并重，加快实现由“卖产品”向“卖产品+服务”转变；以服务化引导业态创新，推动云计算、大数据、物联网等信息技术在生产领域的深度应用，鼓励企业开展技术创新、管理创新和商业模式创新；以服务化培育骨干企业，依托组合机床、精密齿轮等制造业优势，拓展服务外包、信息服务、研发设计等增值环节，提升专业化、高端化服务供给规模和质量水平。落实相关促进产业结构调整升级意见，重抓生产性服务业。繁荣电商快递业，促进电商与快递企业融合发展、快速集聚，做大宠物银行垂直电商和跨境电商平台，推动阿里巴巴村淘、恩源科技等项目加快运营；壮大现代物流业，支持亚邦、神龙等骨干企业整合资源做强物流网络，鼓励天地汇等第四方物流企业打造 “互联网+物流”O2O信息平台，确保主营业务收入超80亿元；做强汽车服务业，引导传统4S店建立网上销售平台，发展精品车综合市场和汽车后服务市场，力争产业规模突破百亿大关。创新创业强引擎。主动融入“双创”大潮，集众智、聚众力，形成大众创业、万众创新的强大合力和鲜明导向。坚定实施创新驱动战略。以定报企业研发机构全覆盖为目标，推动建立技术研究院、重点实验室等机构，力争建成省级以上科技公共服务平台3家，省级以上研发机构10家；以“名企、名品、名牌”为导向，推动盐都制造从产品经营向品牌经营转变，争创国家级科技品牌2个、国家高新技术企业20家；以“515”人才计划为引领，制定更加灵活、更具针对性的引才政策和激励措施，新招引创新创业高层次领军人才50名以上。持续掀起全民创业热潮。加快全民创业园建设，新建标准厂房30万平方米，入驻新办企业及转型项目100个以上；建设一批创新工场、创客空间，打造低成本、便利化、全要素、开放式的创业服务平台；实施“万千百”培训计划，多方培育市场主体，形成精英创业、草根创业、众筹创业百花齐放的生动局面。把返乡创业作为重中之重，引导在外创业有成人士、高校毕业生等回乡创业，推动企业回迁、人才回归、资金回流，年内实现在外能人回乡创业50人左右、大学生创客创业100人以上。各级各部门要扮演好“后台服务器”角色，主动为创新者遮风挡雨，对创业者倾力相助，让“双创”创得了、留得下、做得大。乡村旅游塑品牌。紧扣打造新的支柱性产业目标，大力发展“美丽经济”。按照“一湖一带一圈”规划要求，强化全区景点、线路、资源的统筹与整合，科学布局生态湿地、休闲体验、乡村度假、养生养老等旅游产品和业态，进一步做好蟒蛇河水上旅游风光带发展规划论证工作，推动全区旅游发展格局向“一湖两带一圈”扩容升级。坚持精品、亮点、特色取向，加快东晋古城、炬通温泉度假村等重点项目建设，推动大纵湖旅游经济区创建国家AAAAA级景区和国家级旅游度假区，龙冈桃花园、杨侍生态园等争创国家AAAA级景区，三官农庄、泾口湿地风情园、仰徐乡村乐园等创成省五星乡村旅游区，打造农家乐升级版，办好旅游节庆活动，不断增加旅游消费供给的多样性和丰富性。顺应融合、创新、智慧趋势，扎实推进“旅游+”行动，探索旅游与文化、健康、养老相融合的“多业兴旅”新模式；坚持市场化运作和多元化营销，鼓励工商资本和社会资本投资旅游产业，谋求与国内外龙头旅游企业的合作；推动旅游与互联网的深度融合，实现智能导游、在线预订等功能全覆盖，使“智慧宜游”成为盐都旅游的显著特征。

3.坚持统筹共进，提升城乡一体融合度。秉承协调发展理念，在更高层次上统筹城乡规划、产业布局、基础设施和公共服务，着力构建生产空间集约高效、生活空间宜居适度的现代城乡新格局。以人为本建设新型城镇。按照全面启动、重点提升、示范带动的思路，扎实推进以人为核心的城镇化，力争户籍人口城镇化率达到60%。新城区要以智慧、人文、宜居为方向，进一步优化医疗教育、科技金融、文体休闲等功能布局，配套建设公园绿地、城市地下综合管廊等公共设施，加快万达广场、碧桂园、翔宇国际等城市综合体建设，继续实施棚户区和城中村改造；积极落实关于促进房地产健康发展的实施意见和激励措施，利用货币化安置和保障等方式，打通保障房、安置房和商品房通道，加大去库存力度，通过加快农民工市民化，推进以满足新市民为出发点的住房制度改革，扩大有效需求，稳定房地产市场。各重点镇要以精致、集约、特色为要求，科学规划集镇空间、产业园区和功能形态，大力实施老镇区改造，有序推进新镇区建设，不断提高集镇的承载能力和发展质量。各重点村和特色村要以生产、生活、生态为重点，提升功能配套，做美村庄环境，加强对传统村落和古老民居的保护，传承文化、彰显特色、留住乡愁。双新大道和331省道城乡统筹示范带作为连接城乡的重要纽带，要加快实施产业发展、基础设施、公共服务、新型社区、生态环境、农村改革六大类重点项目，辐射带动全区一半左右的腹地加快实现城乡一体化。因地制宜壮大镇村经济。镇村经济是盐都发展的重要基石，镇村经济“水涨”，全区经济自然会“船高”，协调发展也才有可能。发挥镇村比较优势，用足用活相关支持政策，培植一镇一品、一村一特，致力建设一批工业主导型、商贸带动型、现代农业型、生态旅游型镇村，逐步构建具有盐都特色的“块状经济”版图。拓展镇村经济业态，在做大做强鞋机、输变电、涂装、齿轮、阀门、医疗用品等传统特色产业的同时，着力发展农村电商、服务外包、仓储物流等业态，让镇村要素动起来、业态活起来。建优镇村经济载体，全面推广“一镇一院一产业”模式，加快特色园区提档升级，打造镇村产业发展高地。壮大村级集体经济，盘活校舍、厂房、土地等资源资产，有效拓宽增收渠道。优质高效发展现代农业。加快农业产业化步伐，以现代农业园区为载体，精心打造产加销、农工贸一体的“接二连三”产业链条，加快淘宝村级服务站建设，推动大闸蟹等特色农产品上网销售、走出国门。引导农村土地规范有序流转，新增联耕联种面积30万亩，新发展家庭农场等各类新型农业经营主体200家，适度规模经营比重提高5个百分点。加强农田基础设施建设，加快中低产田改造、标准良田建设，解决农机通达“最后一匡田”问题。台创园要积极引进台湾精致农业、种源农业，提速推进台海花卉港、兰博园等重点项目，在全省争当率先实现农业现代化的排头兵。七星农场要加快建立“龙头企业+合作社+家庭农场”的新型经营机制，扩大物联网技术应用区域和范围，在创新绿色发展路径上当好示范。推进农业社会化服务，是发展现代农业的必然要求和紧迫任务。要加速构建新型农业社会化服务体系，为农业生产提供产前产中产后全程覆盖、综合配套、便捷高效的服务，不断提高农业组织化程度和现代化水平。改善生态打造宜居环境。扎实开展国家生态文明建设示范区创建活动，从生产和生活两头入手、治理和保护两手齐抓、约束和激励两端发力，积极构建绿色增长模式、绿色产业结构、绿色生活方式。实施大气质量提升工程，开展建筑工地扬尘等专项整治，做好秸秆“双禁”和综合利用工作，建设国家级大气污染监测站；实施绿化提升工程，新增成片林1万亩，确保林木覆盖率提高1个百分点；实施水环境质量提升工程，加强饮用水源保护和日常监测，全面完成城市河道综合整治和农村河道疏浚年度任务；实施城乡环境提升工程，继续开展城市环境综合整治行动，进一步完善“五位一体”农村环境长效管护机制；实施生态园区提升工程，对重点园区全面实行生态化改造，推进节能减排，发展循环经济，让良好生态成为最普惠的民生福祉。

4.强化综合施策，提升深化改革含金量。加大重要领域和关键环节改革力度，在更宽层面、更深层次推出精准度和含金量更高的改革措施。完善商事制度，在“宽进”上做文章。深入推进“三证合一”“先照后证”“一照一码”等工商登记制度改革，放宽住所登记条件管制，建立“一窗受理、一表填报、联合办理、证照统发”模式，提高市场主体登记管理的信息化、便利化水平。全面推行涉企收费一表一卡制度，梳理印发涉企收费项目目录及标准，将企业付费登记卡的实施范围扩大到所有工业企业，切实减轻企业运行负担。出台支持小微企业发展的各项措施，精简申报事项和手续，让小微企业能便利地享受免税、小额贷款担保、创业奖励等各项红利。优化资源配置，在“高效”上下功夫。整合扶持重点产业、行业的专项资金，成立产业发展政府投资母基金，按照“1+N”模式，设立多个产业子基金、并购子基金、创业子基金、信用保障基金等，带动社会资金投放到战略性新兴产业和大众创新创业领域，有效发挥财政杠杆作用与乘数效应。积极运用市场机制、经济手段、法治办法持续化解过剩产能，对已停产半停产、连年亏损、资不抵债、靠民间借贷存活的“僵尸企业”，因企制宜、分类有序推进兼并重组、债务重组，尽可能变包袱为财富，让存量资产成为优势企业跨越的“弹跳板”。扩大农村产权流转交易服务的品种和范围，推动集体资产资源全部进入区镇两级平台交易；开展农业贷款政策性担保和补偿试点，探索农村金融服务新模式；组建镇级集体资产经营公司，继续推进社区股份合作制改革，赋予村民更多财产权利。加快国有粮食购销企业改革节奏，提升盐粮集团市场竞争力。深化“医疗联合体”建设，推进分级诊疗、远程诊疗、预约诊疗服务，促进优质医疗资源向镇村下沉、与基层共享。探索多元办学模式，加快高新区中学建设；完善“区管校用”教师管理制度，建立校长教师分片区流动机制，实现区域内师资合理配置、良性互动。深化为企服务，在“便捷”上出新招。优化行政审批服务，严格落实“五张清单”，深化容缺预审、联审联办、并联审批，实行多图联审、多评合一，不断提升行政服务效率。积极承接市级权力下放，对承接的项目流程全面梳理规范，科学设定办理环节，再造审批流程，缩短审批时限。加快推进“互联网+政务”，推进行政审批服务事项向网上平台集中，让企业和群众充分享受便捷的网上政务服务。建立“三重”项目热线，全方位、全天候为客商提供政策帮助，为企业解决实际困难。发展科技银行、创业银行、小贷公司等金融服务机构，创新小微企业信贷风险分担模式，建立政府、银行和担保机构合作机制，引导更多的金融活水流向实体经济。创新投融资机制，在“调优”上见实效。做强融资平台，推动盐高新集团、城镇化公司向实体化转型、向市场化迈进。拓展融资领域，重点围绕旅游开发、养老产业、水利河道疏浚、棚户区改造、土地综合治理、新型城镇化建设等国家支持领域和项目开展融资。优化融资结构，扩大企业债、公司债、中期票据等直接融资比重，争取政策性和开发性银行贷款，推广政府和社会资本合作(PPP)模式，构建以低成本、长期限信贷为主导的融资新格局。强化风险控制，注重资金有效投入和绩效评价，严控债务规模，规范举债行为，有序压降债务成本，主动防范债务风险，努力实现“控规模、调结构、降成本、强规范、保兑现、可持续”目标。

5.增进民生福祉，提升人民群众获得感。将民生作为做好经济社会发展工作的“指南针”，继续加大民生领域投入，让盐都的发展更有“温度”，让老百姓的幸福更有“质感”。倾力办好惠民实事。按照量力而行、急需先行的原则，高效实施十大类36件为民办实事工程。抓好高校毕业生、返乡农民工、零就业家庭等群体的就业帮扶工作，提高就业质量，增加居民收入。加强食品药品日常监管，保障公众饮食用药安全。实施125省道四期、盐渎路跨宁靖盐高速大桥等交通建设“十大工程”，着力形成内通外畅的交通网络。完善“政府购买服务”公交运营模式，优化市镇公交线路，整合镇村公交资源，提升城乡公交一体化水平。积极推进渔民上岸和农村危旧房改造，努力改善群众居住条件。建设22项城市防洪工程，扩大城市防洪范围，提高全区防洪安保能力。协调发展社会事业。全面提升医疗保障水平，推动医疗、医保、医药“三医联动”，完善大病保险制度，强化基本医保、大病保险、医疗救助的衔接配合，将新农合人均筹资标准提高到580元，参合率保持100%。加快推进区公共卫生服务中心、市三院北院急诊楼建设，继续实施村居卫生室达标工程。加强智慧校园建设，提升整体办学条件，积极创建省教育现代化示范区。完善基本公共体育服务体系，提高万人拥有公共体育设施面积。全面实施一对夫妇可生育两个孩子政策，促进人口均衡发展。大力推进精准扶贫。按照“标准再提高、重点再聚焦、内涵再拓展、底线再织牢”的基本思路，严格依照规定程序，对低收入人口进行“地毯式”排查，做到符合条件的一户不漏、不符合条件的一个不进。在精准识别的基础上，有劳动能力的低收入农户全部落实党员干部结对帮扶，帮助他们因地制宜发展生产、转移就业；没有劳动能力的，通过社会保障进行兜底，绝不让一个困难群众在全面小康建设路上掉队。对经济薄弱村落实四套班子领导和部门挂钩、工商企业结对、第一书记驻村帮扶，支持发展增收项目，在公益性债务化解、集体土地收益、税收返还、税费减免、财政扶持等方面释放更多政策红利，促进持续增收。着力健全保障体系。推动全民参保登记与社会保险全覆盖，推进企业职工、城乡居民社会保险扩面提标。提高各类救助对象保障标准，确保全区所有弱势群体和困难群众得到及时有效救助。健全居家养老服务体系，采取公建民营、民办公助、政府补贴等多种方式兴办养老服务机构，在镇级卫生院探索实施医养结合新模式，推动养老服务事业和产业同步发展。健全留守儿童关爱服务体系，在困难帮扶、学习辅导、心理疏导、情感陪伴等方面给予更多关爱。加快发展慈善、老龄、残疾人等事业，让改革发展成果惠及更多群众。

6.追求文明和谐，提升社会治理满意率。把建设文化强区摆上突出位置，把创新社会治理作为迫切任务，推动物质文明和精神文明协调发展，民主建设与法治建设互促并进。加强思想文化建设。积极培育和践行社会主义核心价值观，选树好人典型、开展志愿服务、倡导文明礼仪，为“五大盐都”建设提供强大精神动力和丰富道德滋养。健全社会舆情引导机制，弘扬主旋律，传播正能量。强化诚信政府、诚信企业建设，统筹整合信用信息资源，完善诚信“红黑名单”制度，努力营造褒扬诚信、惩戒失信的社会环境。大力繁荣文化事业，加快图书馆、文化馆、博物馆数字化建设，推动水乡博物馆建成开放，造就一批优秀文艺人才，创作一批具有盐都特色的文化精品，持续推进全民阅读，建设“书香盐都”。加快发展文化产业，依托文化创意产业园等载体，大力发展现代传媒、广告服务、节庆会展等产业，争创省级重点文化产业园区。推进民主政治建设。积极发展党内民主，坚决贯彻执行民主集中制和区委常委会议事决策规则，切实提高党委总揽全局、协调各方的能力。支持人大及其常委会依法履行职能，强化对区域经济发展、惠民实事工程、资源环境保护等重点工作监督，督办事关改革发展稳定大局和群众切身利益的建议，切实发挥代表作用，充分体现人民意志，依法维护人民利益。坚持和完善中国共产党领导的多党合作和政治协商制度，积极构建程序合理、环节完整的协商民主体系，支持政协组织更好地发挥协调关系、汇聚力量、建言献策、服务大局的重要作用，不断巩固和发展民主团结的政治局面。加强基层民主建设，规范基层民主议事程序，健全基层议事规则和民主管理制度，全面推行村居“四议两公开”，切实保障群众的知情权、参与权和监督权。深化法治盐都建设。扎实推进依法行政，全面落实区、镇两级政府及其工作部门权力清单，完善政府法律顾问制度，推动各级行政机关严格按照法定权限和法定程序履行职责、行使权力。守好公正司法防线，全面推进审判、检务、警务“三公开”，努力让人民群众在每一个司法案件中感受到公平正义。继续推进法治宣传“新六进”活动，建优阵地、造浓氛围，努力形成办事依法、遇事找法、解决问题用法、化解矛盾靠法的良好法治环境。提高社会治理水平。加强三级社会服务平台建设，积极推行"政社互动"模式，构建良性和谐社会治理格局。健全社会矛盾预警调解机制和领导干部接访下访制度，及时排查化解矛盾纠纷，依法打击非访闹访，决不无原则地"花钱买平安"。建立风险预警机制，加强困难企业资金链、破产企业处置、社会非法集资等重点领域风险防控，做到早预判、早介入、早处置，力争把各类风险降到最低。全面落实安全生产责任，紧盯交通、消防、电梯、天然气等关键环节和人员密集场所等重点部位，开展隐患排查整治，加大监管执法力度，坚决遏制重特大事故发生。深化平安盐都建设，打造立体化、现代化社会治安防控体系升级版，严厉打击各类违法犯罪活动，维护社会大局和谐稳定，让人民群众生活得更加安全、更有尊严、更为幸福。

四、切实加强党的建设，构筑全面建成小康社会的坚强保障

实现"十三五"宏伟目标，完成新一年各项任务，关键在党，关键在人，关键在各级干部。我们要始终把抓好党建作为最大的政绩，坚持党要管党丝毫不松懈，从严治党一刻不放松，着力提升党建工作整体水平，切实以优良的党风带动政风社风，凝聚起率先全面建成小康社会的强大合力。

与时俱进增强履职尽责能力。面对新形势、新任务和新挑战，领导干部要想干事创业、有所建树，就必须增强本领、提升能力。要增强把控方向、统筹谋划能力，善于把上级决策部署与本地本部门实际结合起来，善于把当前需要与长远发展统一起来，善于把局部利益放到全局利益中去考量，做到悟得透中央精神、看得清发展大势、谋得好发展全局、抓得住主要矛盾、解决好突出问题、聚得起前进力量。要增强学习政策、争取资源能力，主动把握发展动向，密切关注国家和省市根据形势变化出台的新政策、新举措，深入研究债务置换、财税金融改革、农民工市民化等事项，加大对上协调对接力度，为盐都发展争取更多的资金、项目和优惠政策。要增强深入一线、服务发展能力，时刻掂量自己岗位职务的分量，在其位谋其政，任其职尽其责，主动深入招商、拆迁、民生、维稳一线，既做"指挥员"，更做"战斗员"，确保工作在一线展开、问题在一线解决、成效在一线体现。要增强真抓实干、狠抓落实能力，进一步细化分解"十三五"及年度工作任务，做到人人有责任、个个有压力，按照确定的目标、既定的部署，一抓到底、抓出成效，全力推动各项工作取得新进步。

坚定不移提升基层党建水平。基层党组织是党的全部工作和战斗力的基础，要坚持重心下移、力量下沉，把管党治党责任落实到基层、举措覆盖到基层，推动基层组织全面过硬、全面进步。要始终把建好带头人队伍作为夯实基层基础的首要任务，以区镇党委换届为契机，着力优化科级领导班子和干部队伍结构，把德才兼备的优秀村居、社区书记充实到镇级领导班子，通过岗位锻炼、培训教育、强化管理等途径，进一步加强村居、社区带头人和后备干部队伍建设。要建强党在基层的战斗堡垒，切实加大在产业园区、非公企业、新社会组织等建立党组织力度，重点推进"基层党建示范带"23个示范点建设，创新组织设置，强化硬件保障，增强服务功能，培育可学习、可复制的基层党建示范典型。要增强基层组织的凝聚力、战斗力，完善基层干部报酬待遇稳定增长机制，健全基层党建工作经费保障制度，提高基层干部带民富、解民忧、促和谐的能力，让他们在群众中更有威信、更有号召力。要深入开展"真情家家到、争当五大员""双融双解"等活动，做强"580"党员志愿者服务平台、村党群服务中心等线上线下载体，高效开展便民惠民行动，解决好联系服务群众"最后一公里"问题，做优做强盐都党建品牌。

从严从实加强机关作风建设。持续巩固党的群众路线教育实践活动成果，自觉践行"三严三实"要求，驰而不息抓好中央八项规定和省市区委十项规定的落实。要坚持抓常抓细抓长，把作风建设的具体要求落实到每一个环节、每一个步骤、每一项制度，做到每月一轮普遍查、重要时节联动查、关键部位设点查、发现问题追踪查，以滴水穿石、绳锯木断的韧劲，抓铁有痕、踏石留印的力度，把作风建设引向深入。要加大专项整治力度，重点抓好省委巡视组反馈意见的整改落实，巩固深化为官不为、庸懒散拖、奢侈浪费等专项治理成果，对作风问题比较突出的部门单位，实行驻点督办、追踪问效，确保问题得到根本解决，确保政令畅通令行禁止。要进一步提振精神状态，始终保持马上就办、立说立行的工作激情，继续发扬恪尽职守、夙夜在公的实干精神，自觉树立勇争一流、勇攀新高的进取意识，推进各个领域、各个层面、各项工作的争先创优。要坚决打破"洗碗效应"，让"想干事找办法"的得重用，让"不想干事找理由"的靠边站，真正做到以发展论英雄、凭实绩用干部，用靠实工作、真实数字、踏实做事、务实行动回应人民群众期盼。

重拳治腐营造风清气正环境。反腐倡廉建设永远在路上。要硬化廉政建设责任，各级党委（党组）严格履行党风廉政建设主体责任，把握主体责任不偏向、推进主体责任不拖沓、落实主体责任不懈怠；各级纪委认真履行监督责任，执好纪、把好关、问好责；对出现区域性、系统性腐败案件的地方和部门单位，"一案双查"、责任倒查，既追究当事人直接责任，又严肃追究领导责任和监督责任。要绷紧廉洁从政之弦，贯彻落实新修订的廉洁自律准则和纪律处分条例，把纪律挺在前面，以纪律管住大多数，对苗头性问题及时批评提醒，对违反纪律的人和事严肃处理纠正，真正让铁规发力、禁令生威。要加大治腐肃贪力度，坚决落实"四不"刚性要求，下大力气拔"烂树"、治"病树"、正"歪树"，发现一起查处一起，发现多少查处多少，让想搞腐败的人断了念头，让搞了腐败的人付出代价。这里要强调的是，领导干部是推动盐都事业发展的中坚力量，要发挥好"关键少数"的关键作用，坚定理想信念，锤炼党性品格，严守党的政治纪律和政治规矩，切实做到对党忠诚始终如一、勤政为民真情实意、严守纪律心甘情愿、管党治党敢于担当，带头立正身、讲原则、守纪律、拒腐蚀，一级带一级、一级抓一级，推动形成崇廉尚实、干事创业、政通人和的良好政治生态。

盐城市盐都区人大常委会工作报告

——2016年1月8日在盐城市盐都区第十五届人民代表大会第五次会议上

区人大常委会主任　穆　芹

2015年，区人大常委会坚持以党的十八大和十八届三中、四中、五中全会精神为指导，紧扣区委十三届六次全会提出的“打造新高地、迈上新台阶”战略定位和“三突出三强化”部署要求，以服务发展大局为己任，以推进依法治区为根本，以促进民生改善为重点，切实履行宪法和法律赋予的职责，为推动全区全面建设小康社会进程作出了积极贡献。一年来，区人大常委会召开常委会议10次，听取和审议“一府两院”工作报告12项，组织评议工作部门2个、执法检查5次、代表视察12次，进行专题调研8次，提出审议意见30条，作出决议决定8项，任免国家机关工作人员54人次，举办法制培训讲座2次，较好地完成了区十五届人大四次会议确定的各项任务。

一、围绕工作中心，全力服务经济发展

贯彻区委决策部署，聚焦改革发展大局，积极履职，主动作为，推动全区经济社会平稳健康发展。

促进经济稳健增长。保持经济平稳较快发展，关系到“十二五”顺利收官。听取和审议国民经济社会发展计划执行情况报告，视察推进重大项目和重点工程建设，推动全面落实“稳中求进”工作总基调，积极适应经济发展新常态，把稳增长、转方式、调结构放在更加突出的位置，倾力主攻好项目、对症施策解难题、稳定企业增长面，不断增强内生动力和发展后劲，切实提高经济运行的质量和效益。科学编制“十三五”规划纲要，事关我区未来五年发展。全程关注、跟踪了解规划编制情况，在广泛听取民意的基础上进行认真审议，集思广益，凝聚共识，力求规划纲要顺应时代要求、符合盐都实际、贴近社情民意，为最终通过区人代会审查批准打好基础。加强土地利用管理，关乎可持续发展大计。听取和审议全区集约节约用地情况，促进相关部门把保障供地与保护耕地有机统一起来，深入挖掘用地潜力，推进集中集约开发，不断提高节地水平和产出效益。

助力产业转型升级。创成国家高新区，是我区“十二五”最振奋人心的实践。认真审议十五届四次人代会关于“突出项目招选、人才引培、科技创新、企业转型，举全区之力加快高新区核心区建设”1号议案，将其作为促进全区经济转型升级的切入点。经过广泛深入调研，就议案处理提出四条意见，即“理顺体制，适应升格发展新形势；突出重点，建设集聚发展新高地；把握关键，打造转型发展新引擎；凝聚合力，实现高端发展新跨越”，并采取代表视察、听取汇报、现场调研等举措跟踪督促办理。区政府举全区之力、以会战之势，聚焦“三重”项目，培育“四新”经济，高新区核心区建设初具形象。着眼农业提质增效，听取和审议农产品品牌建设工作，推进农业规模化、产业化、标准化发展，提升有机、绿色、无公害品牌农产品的市场公信力。视察台资企业生产经营情况，建议加大项目招引力度，提升服务台企水平，营造良好发展环境，促进更多台资企业投资落户、发展壮大。

推动依法科学理财。加强全口径预决算审查监督，是党的十八大和十八届三中全会的部署要求。按照新《预算法》相关规定，主动提前介入财政预算编制，进一步规范政府财政预算管理行为，积极推动依法理财、科学理财，充分发挥财政对经济社会发展的支撑保障引导作用。督促落实全口径预算管理要求，从预算管理的源头入手，进一步做实预算编制、调整、审查、批准和监督执行等工作，有力推进财政预算管理工作更加科学、更加规范，预算编制质量和执行水平大幅提升。坚持民生财政属性，关注社会事业发展，进一步推动政府有关部门优化财政支出结构，将财力更多地向“三农”、教育、社保、卫生等民生领域倾斜。力推财政预决算审议意见落实到位，跟踪督促审计问题及时整改，进一步构建规范有序的财务管理机制和严格有效的预算

约束机制。

二、推进依法治区，切实维护公平正义

把全面推进依法治区作为应尽之责，认真履行法律监督职能，倾力推动“一府两院”依法行政、公正司法。

保障法律实施。协同抓好全区“六五”普法验收，推动开展“12.4”国家宪法日宣传，努力营造尊法守法学法用法的社会氛围。举办《行政诉讼法》知识讲座，组织“一府两院”领导、人大常委会组成人员、各镇（街道）和部门负责人、区镇人大代表共400多人参加，促进了这部新修订的法律在我区顺利实施。采用听取汇报与实地察看、问卷调查与重点检查相结合的方式，对国家《预算法》《安全生产法》《渔业法》及江苏省《渔业管理条例》《机动车排气污染防治条例》《保护和促进台湾同胞投资条例》贯彻执行情况进行检查，针对法律条例执行过程中的存在问题提出科学合理的建议，进一步维护了法律法规的严肃性和权威性。加强规范性文件备案审查工作，对区政府报送的规范性文件认真审查、及时备案，依法规范抽象行政行为。

促进依法行政。根据代表推荐并经区委同意，2015年对区环保局、国税局开展了工作评议。在评议中，坚持上下联动、内外结合，广泛邀请代表参与，积极推进自查自纠和问题整改，并对评议意见落实情况进行满意度测评。两个被评单位把接受评议作为改进工作的契机，努力促进作风转变，切实解决存在问题，提升依法行政水平。区环保局全面开展饮用水源保护区及饮用水源地环境隐患整治，一级保护区内的排污口已全部清理，二级保护区内的企业排污口均实施封堵，有效保障了大市区饮用水源安全。区国税局试行营业执照、机构代码证、税务登记证“三证合一”办理，建立预约服务、绿色通道等六大机制，明确分局与地方政府的对接关系，更好地服务纳税人和地方发展。调研全区行政首长出庭应诉情况，促进各级领导干部增强法治观念，提高依法行政能力和水平，进一步加快法治政府建设。

强化司法监督。听取和审议法院行政诉讼工作，组织代表听庭评议行政审判案件，促进区法院依法化解行政纠纷，平等保护行政机关和相对人双方的合法权益，提升司法公信力。视察人民陪审员工作，督促区法院依法安排人民陪审员参与庭审，推进司法民主，促进司法公正。组织代表专题视察检察院反渎职侵权工作，强调在惩治渎职犯罪的同时，加强对重点领域、重点部门、重点岗位、重点环节的预防教育，不断提升反渎实效，促进公职人员严格履职、规范行为。调研视察治安巡防工作，建议相关部门完善防控体系，筑牢基层基础，不断提升公众安全感。

重视来信来访。把做好人大信访工作作为倾听民声、为民解忧的重要途径，积极推动社会矛盾化解。按照信访制度要求，规范信访工作程序，加大信访督办力度，明确专人协调处理，确保批转信访件有回执、有答复、有结果。常委会领导带头接访和阅批重要信访件，并深入挂钩镇村，驻点指导信访积案和突出矛盾化解。一年来，共接收处理来信32件，接待处理来访85人次，化解了一批矛盾纠纷，为维护社会和谐稳定发挥了积极作用。

三、聚焦民生幸福，积极回应社会关切

高度重视基层民生需求，密切关注百姓所急所盼，不懈推进社会事业发展，致力让群众在共建共享中有更多获得感。

关注民生热点难点。跟踪监督国家生态区创建，督促落实污水处理责任主体和运行体制，全面推行农村环境综合整治“五位一体”长效管护责任制，去年4月我区在全市率先通过国家生态区考核验收。继续督促开展饮用水源环境整治和“清水走廊”建设行动，专题调研农村水环境综合整治工作，组织视察区水务公司及部分镇（街道）城乡供水一体化后续管理情况，持续推进供水设施建设，着力改善水环境，不断提升源水水质，保护群众生命健康。视察学校安全工作，重点对交通安全、饮食安全、人身安全和消防安全进行监督检查，督促其健全防控机制和预案管理措施，切实保障校园安全工作落实到位。

推进社会事业发展。视察基层医疗卫生机构建设，推动深化医疗机构改革，优化镇村卫生资源配置，提升医疗卫生服务能力。审议公共文化服务体系建设情况，推进文化惠民工程，力促文化事业和文化产业全面发展，让城乡居民更为便捷地享受到公共文化服务。视察住房公积金扩面工作，推动住房公积金制度进一步向各类企业覆盖，帮助更多职工解决住房困难、改善住房条件。视察人防工作，督促完善应急疏散预案，切实做到安不忘危、有备无患。组织代表视察政府为民办实事工程实施情况，支持政府按期保质推进项目建设，圆满兑现对人民群众的庄重承诺。

关爱社会弱势群体。视察社会救助工作，深入基层检查最低生活保障制度落实情况，了解医疗、住房、教育、法律援助等专项救助和临时救助情况，建议进一步完善社会救助体系，规范救助运行机制，充分发挥社会救助托底保障、救急解难作用，努力让全区困难群众的生活有保障、有盼头、有尊严。调研全区残疾人保障工作，要求全面落实残疾人保障救助政策，重视残疾人教育培训、就业指导和康复设施建设，鼓励引导残疾人自立自强，切实维护残疾人的合法权益。

四、强化服务保障，提高代表履职能力

坚持代表主体地位，改进代表工作方式，完善代表服务机制，有效发挥代表服务改革发展、推进民主法治的作用。

加强代表工作指导。认真安排每季度代表组活动，提前下发通知明确活动主题及相关要求，常委会领导分片督查指导各代表组开展活动情况，切实提高活动质量。深化“代表之家”建设，指导各镇（街道）根据情况变化和工作实际进行合理调整，全面落实“五有”要求提高规范化建设水平。省人大常委会领导亲临潘黄街道“代表之家”视察指导，给予充分肯定；郭猛镇杨侍村“代表之家”先后接待新疆、浙江、上海等地人大参观学习。

丰富代表活动内容。采取组织学习培训、举办法制讲座、寄送刊物资料等形式，保障代表知情知政，提高代表履职能力。主动邀请代表参加视察调研、执法检查、工作评议、听庭评案等活动，扩大代表对常委会工作的参与度。以“一个载体、两项制度”建设为抓手，有序安排代表接待选民和向选民述职，加强代表与选民的联系，察民情、听民声，积极建言献策。全面开展创先争优活动，评选出一批先进代表组、优秀人大代表、优秀人大工作者和优秀代表议案建议，进一步激发了代表的履职热情。

提高建议督办质量。积极推行代表建议对口督办，在会议交办、适时催办、登门督办的基础上，将72件建议按其内容进行划分，由人大相关委办对口检查、跟踪督办，促进承办部门及时做好建议办理工作。继续坚持重点建议重点督办，常委会领导分别选择一件事关经济发展大局和群众切身利益的重点建议，牵头组织督查，推进办理到位。评选代表建议办理先进单位，推行代表建议办理结果公示，力促提高办理质量和效率，代表们提出的建议、批评和意见均在规定期限内办结答复，办成的48件，占66.7%，列入规划逐步解决的22件，占30.5%，因政策和客观条件所限作情况说明的2件，占2.8%。

五、践行“三严三实”，全面加强自身建设

把践行“三严三实”作为自觉追求，切实加强区镇人大工作和建设，全力促进人大工作创新和机关作风转变。

抓实专题教育。按照区委统一要求，常委会党组认真开展“三严三实”专题教育活动。党组负责同志亲自讲授“自觉践行‘三严三实’，不断提高人大工作水平”专题党课，党组成员认真排查自身存在的“不严不实”问题，集体进行“严以修身”“严以律己”“严以用权”学习研讨和谈心谈话活动。坚持求真务实，把专题教育成效体现在改进工作作风、服务发展大局上。常委会领导分别挂钩高新区重大项目、重点工程建设，可融科技特项目率先建成投产；牵头服务分工联系镇(街道)规模以上企业，积极帮助破解难题，促进企业平稳运行；关心支持驻点干部在经济薄弱村开展工作，慰问救助困难群众，助推村级经济发展。

贯彻规范要求。2015年，中央18号、省委26号、市委33号文件相继出台，对加强县乡人大工作和建设作出全面部署。

全国总工会财贸经纺烟草工会主席秦鲁隼调研龙冈镇工会工作

常委会党组及时向区委汇报、向组织部和编办通报上述三个文件以及省、市人大座谈会精神，并向常委会全体委员和区“一府两院”领导、各镇(街道)人大负责人进行集中传达，还先后接受了省、市人大领导牵头进行的专项检查。通过学习贯彻文件精神、系统明确规范要求，区镇人大工作和建设得到明显加强，人大专职队伍配备引起重视，人大监督工作氛围日益改善，人大履职方式程序更为规范。与此同时，常态邀请镇(街道)人大主席(主任)列席区人大常委会会议，定期召开镇(街道)人大工作座谈交流会，有效促进了区镇人大工作联动和基层人大共同提高。

推进工作创新。为有力有序有效地加强工作监督，在全市县(区)级人大中率先出台关于讨论决定重大事项的规定，进一步规范了人大常委会讨论决定重大事项的范围、内容、程序和要求。为更好行使人大人事任免权，在严格履行任前法律知识考试、拟任职发言、颁发任命书等原有规范程序的基础上，及时学习《江苏省实施宪法宣誓制度办法》，认真落实宪法宣誓组织工作规程，切实强化人大任免的法定性和规范化。为促进代表真正为民履职，在坚持搞好区代表述职的同时，启动市代表向原选举单位述职工作，已有5名代表接受述职测评。为强化人大审议意见办理跟踪问效，对过去一年作出的7项30条审议意见办理情况集中进行再督查、再报告、再审议和满意度测评，促进了工作落实。

深化调研宣传。围绕经济社会发展、民主法制建设、民生热点问题，组织议题调研6次，深入基层单位，广泛听取意见，为区委科学决策提供有益参考。配合市人大就重大事项决定权行使、人大信息化建设等开展专题调研，并成功接待了来我区集体调研农村改革工作的30多位全国人大代表。积极参加全市人大工作理论研讨，7篇文章入选研讨会论文选编，其中3篇文章获奖。认真办好常委会会报，全面改版盐都人大网站，高质量完成《盐城人大》盐都专版组稿任务，录制《依法履职促发展》碟片，编印《人大代表风采录》专辑，积极利用电视、报刊等媒体开展宣传，进一步提升了人大工作的影响力。

各位代表！区人大常委会过去一年取得的成绩，是区委正确领导的结果，是常委会全体组成人员和各位代表共同努力的结果。我们的工作也得到了“一府两院”及有关部门和各镇(街道)人大的积极配合，得到了全区人民的大力支持。在此，我谨代表区人大常委会，向大家表示诚挚的敬意和衷心的感谢！

我们也清醒地认识到，对照区委对人大工作的要求，相比代表和群众的期望，区人大常委会工作还有差距。主要是：人大监督成效有待继续提高，代表主体作用有待更好发挥，加强区镇人大工

作和建设的系列措施有待深化落实，常委会自身的履职能力有待进一步提升。我们将在今后的工作中不断加以改进。

2016年是全面建成小康社会决胜阶段的开局之年，也是推进结构性改革的攻坚之年。常委会将紧紧围绕“四个全面”战略布局和“强富美高”发展方向，认真贯彻区委十三届八次全会精神，按照贯彻“五大发展理念”、建设“五大盐都”、谋求“六大提升”的总要求，切实履行宪法和法律赋予的各项职权，更加注重促进改革创新开放，更加注重协调城乡一体化发展，更加注重推进生态文明建设，更加注重保障改善民生，更加注重加强社会主义民主法治，为盐都实现“十三五”发展良好开局提供有力保障。

1.坚持五大发展理念，推动全面小康社会建设。积极践行创新、协调、绿色、开放、共享五大发展理念，突出对产业转型、城乡统筹、生态建设、民生改善等方面工作开展监督，推动经济社会持续健康发展。力促经济转型升级。听取和审议计划和预算执行情况、审计工作报告，审查和批准2015年区级财政决算，组织视察政府实事工程、重大项目工程实施情况和高新区“四新”经济重点项目建设，跟踪监督全区集约节约用地情况，调研政府性债务情况，推动稳增长、调结构、提效益。力促城乡协调发展。审议推进“最后一匡田”通达工程建设工作，调研全区农业机械化发展情况，进一步推广联耕联种模式，促进农作物秸秆还田，发展绿色生态农业，加快农业产业化、机械化、规模化进程。力促生态盐都建设。听取和审议美丽乡村建设情况，视察乡村旅游工作、农村环境综合整治“五位一体”长效管理机制落实情况，让盐都的天更蓝、地更绿、水更清。力促增进百姓福祉。听取和审议中医药事业发展情况，扶持和促进传统中医药事业发展；组织视察体育工作，推动全民健身运动开展；听取精准扶贫实施方案报告，调研少数民族居民创业经营情况，视察退伍军人优抚和安置工作，推动各项服务、扶持、优待政策落实到位，力促同步小康不掉队；调研社会保障基金运行及保值增值情况，充分发挥社保资金对群众基本生活的保障作用。

2.坚持依法治国方略，加快法治盐都建设进程。把推进依法治区作为落实“四个全面”战略布局的重要抓手，加快民主法治建设进程，为盐都改革开放和全面小康社会建设保驾护航。听取和审议全区“七五”普法启动工作情况，加强法律法规宣传教育，深化国家宪法日宣传，致力让法治成为全社会的信仰。实行新任命人员向宪法宣誓制度，促进国家机关工作人员特别是领导干部学好宪法、铭记誓言、心严行实。推动法律法规贯彻实施，开展《电力法》贯彻实施情况执法检查，依法对政府规范性文件进行备案审查，维护法律的统一性和权威性。强化政法工作监督，视察法院立案工作、检察院控申工作、公安局网络安全保卫情况，进一步推进依法行政、公正司法。重视群众来信来访，加大涉法涉诉信访的督办力度，维护群众合法权益。

3.坚持人民主体地位，服务保障代表积极履职。继续坚持常委会组成人员联系代表、代表联系选民“双联系”制度，拓宽代表知情知政渠道，扩大代表对常委会活动的参与度。实行无固定收入代表执行代表职务补贴机制，支持和保障代表依法履职。加强代表联络机构建设，建立健全网络平台，深入开展代表接待选民、代表向选民述职活动，全面开展市人大代表向原选举单位述职，进一步密切代表与群众联系。创新议案建议督办方式，实行领导领衔督办、工委对口督办、代表协力督办三维立体式督办机制，结合评选最佳办理单位，推动承办部门与代表面对面沟通，加大办理工作力度，进一步提高建议办成率和代表认可度。组织先进代表组、优秀代表、优秀人大工作者和优秀议案、建议评选活动，不断激发代表履职热情。依法开展区镇人大换届选举，加强选举全过程监督，充分保障人民当家作主的权利。

4.坚持抓好文件落实，创新机制激发工作活力。按照中央和省、市委关于加强县乡人大工作和建设的文件要求，以改革创新精神不断拓展区镇人大工作的方法路径，更好发挥区镇人大的职能作用。依法行使重大事项决定权，科学界定重大事项范围，严格规范讨论、决定流程，及时把党委的重大决策部署变成地方国家权力机关的决议决定，化为全体人民的统一意志和共同行动。注重提高常委会会议质量，逐步探索“听、审、问、评”相结合的议事模式，形成具体实在、有“干货”、有“含金量”的审议意见，同时加大跟踪问效力度，推动审议意见落到实处。进一步监督新《预算法》实施，努力增强监督实效，按照全口径、全覆盖、全过程、全公开的要求，创新预算审查监督方式，为人民看好“钱袋子”；探索开展专题询问，完善工作评议机制，综合运用多种监督手段，不断提高人大监督效能。

走访慰问因病致贫的困难群众潘仁华

政府工作报告

——2016年1月7日在盐城市盐都区第十五届人民代表大会第五次会议上

区　长　吴本辉

“十二五”时期工作回顾

“十二五”是我区综合实力提升最快、转型发展力度最大、群众得到实惠最多的时期。五年来，面对错综复杂的宏观经济环境和艰巨繁重的改革发展任务，我们在上级党政组织和区委的坚强领导下，在区人大和区政协的支持监督下，团结带领广大干群，坚持“两高”追求，突出“四区”建设，围绕“打造新高地、迈上新台阶”总定位，始终把握稳中求进总基调，积极适应经济发展新常态，统筹抓好稳增长、促改革、调结构、惠民生、防风险等各项工作，圆满完成了“十二五”确定的目标任务。

过去五年，是经济发展稳中求进、综合实力显著增强的五年。牢牢把握工作主动权，抢抓机遇、克难求进，全区经济呈现出“换挡不失速、量增质更优”的发展态势。经济总量持续跃升。2015年预计完成地区生产总值407亿元、固定资产投资290亿元、一般公共预算收入36.5亿元、规模以上工业增加值205亿元、服务业增加值160亿元。列市考核的11项主要指标年均增幅都在两位数以上。与“十一五”末相比，一般公共预算收入、规模以上工业增加值、固定资产投资分别增长2.8倍、2倍和2.5倍。2014年年底，全面建成小康社会综合得分苏北第一。创新能力日益提升。创成国家科技富民强县试点区、国家知识产权强县工程试点区和省创新型试点区，高新区获批省知识产权示范园区，大冈、龙冈、大纵湖、郭猛被确定为省创新型试点镇。建成国家级研发机构4家、省级研发机构78家，获评省科学技术奖6项，“苏科贷”立项数和贷款额连续两年全省第一，国家高新技术企业、省民营科技企业和省级以上高新技术产品培育数均居全市第一。获批国家专利优秀奖2项，万人发明专利拥有量从0.72件提高到3.4件。人才工作走在全市前列，累计引进创新创业领军人才156人，82个人才项目获得市级以上立项资助。发展活力不断释放。整合设立“两办两中心”，区政务服务中心完成改造升级、创成国家级行政服务标准化试点单位。加强审批权力清单管理，实施“三证合一”“一证一码”登记制度，推行“容缺预审”“并联审批”，项目审批时限压缩30%。农村土地确权登记颁证有序推进，小型水利工程管理体制改革基本到位，区镇两级农村产权流转交易服务体系初步建成，在全国率先开展农业贷款弱抵质押和风险补偿试点。成立高新区中小企业信用担保公司，设立中小微企业应急互助资金，创业银行、科技银行投入运行。直接融资、政策性贷款取得重要突破，盐高投企业债和城镇化项目、区国投企业债和中期票据等正式获批，8个项目列入国家、省PPP项目库。全口径财政预算体系初步形成，区本级财政预决算、部门预决算、“三公”经费预决算首度公开，公车改革全面推进。开放合作深入拓展。签约韩国可隆、美国李尔、日本住友理工等外资项目85个，累计注册外资到账是“十一五”的1.5倍，集聚韩资企业27家，成为全市重要的汽车产业配套基地。新增外贸企业76家，进出口总额翻了两番，中恒宠物、盐电阀门被省认定为国际知名品牌。境外投资实现零的突破，中恒宠物在美国、比利时等国成立4家分公司，驰翔齿轮成功并购1家澳大利亚资源公司。对外合作空间扩大，中韩产业园盐都联动区加快推进，与德国茨维考市缔结友好城市。

过去五年，是转型升级步伐加快、发展质效不断提升的五年。三次产业结构进一步优化，二三产业占比从86.8%提高到90%，其中三产占比年均提高1.6个百分点。园区建设实现大突破。高新区龙头引领作用凸显，2015年成功获批国家高新区，正式迈入国家创新体系。专业园区影响力不断扩大，城西南现代物流园创成省级重点物流基地和现代服务业集聚区，电商快递产业园从无到有、迅猛发展，跻身省电子商务示范基地。特色园区集聚效应显现，大纵湖、张庄、龙冈、大冈等工业园区相继被认定为国家级特色产业基地。全民创业园蓬勃兴起，6个新规划的全民创业园建成标准厂房30万平方米，区中小企业园成为国家级科技企业孵化器和省创新创业示范基地。产业转型步入快车道。"四新"经济异军突起，智能终端产业园首批15个项目开工建设，西锐3D打印、工业机器人、惠普软件创新基地等项目纷纷落地，中恒宠物被商务部评为全省唯一跨境电子商务示范企业。现代服务业提速发展，悦达摩比斯、亚邦物流等重大项目建成投运，东方汽车广场汽车销量占大市区的60%以上。乡村旅游活力迸发，游客接待量、旅游总收入年均增幅都在25%以上，成功承办全省乡村旅游现场推进会，被确定为"最美中国·绿色生态乡村旅游目的地"和全省首家乡村旅游创新发展示范区，杨侍生态园、龙冈桃花园等一批旅游景点建成开放，大纵湖景区获批省级旅游度假区。企业升级取得新成效。每年组织实施"千百十"工程，推动企业技改扩能、股改上市、挂大靠强、两化融合，华鸥实业和剑桥涂装被认定为省科技小巨人企业，恒力机床为C919大飞机制造，提供唯一国产成套设备；翔宇疏浚在港交所成功上市，驰翔齿轮、蔚联机械、汉印机电在"新三板"挂牌；锐毕利实业与中国铝业、华盛电气与德国SGB、苏力集团与中国联合工程公司成功实现合作重组；认定国家两化融合示范（试点）企业3家、省级57家，规模以上工业企业应用电子商务比例达70%。品牌创建捷报频传，新创中国驰名商标7件，省著名商标增加到33件。

过去五年，是统筹发展扎实推进、城乡面貌深刻变化的五年。坚持示范引领、重点突破，城乡一体化有序推进。现代农业加快发展。农业现代化综合排名位居苏北、苏中前列。秦南农民综合服务合作社成为部级试点，创成省级以上示范合作社11家、示范家庭农场5家。高效设施农业面积占比提高到18.9%，连续三年被评为省高效农业发展先进县，盐都现代农业产业园、现代渔业产业园获批省级农业园区。农业产业化龙头企业增至142家，其中省级重点龙头企业7家，大纵湖镇鱼范村创成省级电子商务示范村。大纵湖大闸蟹、龙冈茌梨、葛武嫩姜片成功注册国家地理标志证明商标，自主培育的扬育粳2号被农业部认定为"超级稻"。农机作业"最后一亩田"通达工程快速推进，农业综合机械化水平提高到81%。粮食生产实现十二连增，被省认定为"亩产吨粮县"。城乡建设内涵提升。城镇空间布局更加优化，常住人口城镇化率从54.3%提高到60.5%。新城区展示新风貌，启动高新区116平方公里战略规划编制和中心区建设，460项重点城建项目按时竣工，恒大名都、碧桂园等品牌居住项目和万达广场、麦德龙等功能性项目相继落户，公园绿地、健身步道、公共自行车站点等公益配套项目建成使用。新镇区呈现新气象，大冈、大纵湖创成全国重点镇，所有镇全部建成市级新型小城镇。新农村增添新魅力，建成三官、泾口等一批特色村，杨侍被命名为中国最美休闲乡村，仰徐、三湾获评省最具魅力休闲乡村。节约集约用地水平不断提高，国土资源综合动态智能监管系统在全省推广。基础设施日臻完善。城乡交通实现互联互通，双新大道、新331省道、229省道等骨干道路全面建成，青年路跨宁靖盐高速大桥、振兴路和双新北路跨蟒蛇河大桥建成通车，五年新增一级公路109公里、改建县乡公路154公里、提档升级农村公路482公里，等级公路密度超过全省平均水平，市镇公交和镇村公交率先苏北实现全覆盖。防洪排涝能力显著提升，中央财政小型农田水利重点县等项目顺利实施，新建闸站138座，城市防洪标准达到"五十年一遇"，农村排涝模数由0.8提高到1.0以上。区域集中供水通村达户，铺设供水管网4000多公里，农村居民用上了与城市区同源同质同网的自来水。

过去五年，是生态建设持续发力、人居环境明显改善的五年。把生态文明建设作为可持续发展的重要举措，在全市率先通过国家生态区考核验收。绿色盐都彰显底色。连续四年被省表彰为造林绿化成效显著县，林木覆盖率从11.1%提高到21.6%，大纵湖获批省级湿地公园。国家园林城市、全国绿化模范城市创建硕果累累，润都、丽都和大马沟生态公园建成开放，创成省市级园林式单位（小区）136家，城市绿化覆盖率提高到45.2%。生态镇村创建名列全市前茅，市级生态镇实现全覆盖，9个镇（街道）创成国家生态镇；建成市级以上生态村218个，其中国家级4个、省级8个。低碳发展成效突出。累计实施各类资源综合利用项目63个、结构减排项目18个，淘汰落后设备920台（套），建成省级循环经济试点企业46家、市级85家，单位GDP能耗下降18.8%，污染物减排量全市第一。建成郭猛、大冈、尚庄等集镇污水处理厂7座，城镇污水集中处理率提升到85%。秸秆禁烧连续两年实现卫星监测"零火点"、省市巡查"零通报"，被省认定为秸秆综合利用示范区。环境整治深入推进。创建国家卫生城市综合得分位列大市区第一。城乡河道三年整治行动顺利实施，整治城市河道21条，疏浚农村河道1861条。农村环境综合整治和"清洁乡村"行动一次性高分通过省市全域验收，创成省三星级"康居乡村"4个、二星级32个、一星级235个和环境整洁村887个。在全市率先建成"组保洁、村收集、镇转运、区处理"的垃圾处理体系，农村环境"五位一体"长效管护机制全面实施，农村生活垃圾收运智能管理的做法全国推广。

过去五年，是人民生活显著提高、社会大局和谐稳定的五年。每年实施一批重大民生项目，民生支出占一般公共预算支出的比重达到75.2%。保障水平稳步提升。就业再就业更加充分，年均新增城镇就业万人以上，城乡居民人均可支配收入分别达到30600元、17600元。社会保障体系更加完善，新增各类参保人员24.59万人，被征地农民基本生活保障制度全面落实；农村居民大病保险启动实施，新农合人均筹资标准从180元提高到480元，保持苏北领先水平；建成各类保障房6200套，城镇住房保障覆盖率达20.6%。社会救助体系更加健全，在全市率先建成发现、比对、救助三大机制，城乡低保标准分别提高到每月490元和380元；居家养老实现区域全覆盖，荣获全国养老示范县（区）。社会事业协调共进。教育现代化建设综合得分全市第一，创成省首批义务教育优质均衡发展区、省学前教育改革发展示范区和省首批公共体育服务体系示范区，新建中小学6所，乡镇公办幼儿园实现全覆盖；在全市率先启动国标校车安全工程，"先路后车"模式全省推广。创成全国慢性病综合防治示范区、省农民健康工程先进区和省卫生服务先进区，被表彰为全国社区中医药工作先进单位，市三院升格为三级医院。龙冈镇获评国家人口与计划生育依法行政示范乡镇。创成全国文化先进区、省公共文化服务体系示范区，区图书馆、文化馆被评为国家一级馆，文化站镇镇达省标，文化信息资源共享工程和农家书屋村村全覆盖，淮剧团被表彰为全国服务农村服务基层先进集体，淮剧《半车老师》荣获第十三届中国戏剧节优秀剧目奖和省首届文华大奖。社会治理全面加强。创成省级法律援助服务示范窗口，获评省级民主法治示范村（居）77个，仰徐、三官被授予全国民主法治示范村。“政社互动”“网格+网络”社会治理新模式扎实推进，区镇村三级社会服务平台建成使用，“技防城”建设通过省级验收，连续十一年获评省平安县（区）；“三解三促一加强”“双融双解”和领导干部接访下访形成常态，“阳光信访”全面推行，积案化解结案率100%。大纵湖荣获全国文明镇，涌现出“中国好人”程来品、武红梅等一批先进典型。持续加大对涉羟犯罪、非法集资的防范和打击力度，扎实抓好安全生产监督管理，重大公共安全事故得到有效遏制。与此同时，统计、物价、人武、双拥、保险、气象、邮政、电信、扶贫、防震减灾、消防、妇儿、残联、慈善、红十字、民族宗教、关心下一代等工作也都取得了新成绩。

各位代表，回首“十二五”奋斗历程，我们坚持精心谋划、公心决策、用心落实，取得了来之不易的成绩，积累了弥足珍贵的经验，这些都是我们做好今后工作的宝贵财富。

——始终把攻坚克难、事在人为作为促进发展的责任担当。在竞争中抢抓机遇、乘势而上，在挑战前趋利避害、迎难而进。面对区划调整的新变化，我们不等待、不观望、不争论，以“再创业”的决心和勇气，举全区之力共建高新区，用一年多的时间成功跻身“国家队”，打造了高端发展新引擎。面对区域竞争的新态势，我们瞄准消费升级趋势，成功催生了智能终端、电商快递和乡村旅游产业，抢占了新一轮发展制高点。面对经济下行的新挑战，我们坚持用改革的办法破除审批、服务等体制机制障碍，用创新的举

调研督查禁毒工作

措突破土地、资金等要素瓶颈制约，为保障发展提供了有力支撑。实践表明，只要我们锐意进取、久久为功，任何困难都阻挡不了前进的步伐。

——始终把招商选资、快上项目作为促进发展的现实抓手。牢固树立“项目为王”理念，想方设法扩大有效投入，努力为转型发展赢得主动。我们坚持项目招引不动摇，成立14个专职招商局，建立项目评估制度，突出为高新区合力招商，引进实施了一批科技含量高、带动能力强的“四新”经济项目。我们坚持向上争取不松劲，准确把握投资导向，精心编排对接项目，落实“条线对口跟踪、板块合力跟进”责任，每年争取政策资金都在10亿元以上。我们坚持加快项目推进不懈怠，深入开展八大类重点工程、“三重”项目和“三百”工程攻坚会战，培育了一大批新的经济增长点。实践表明，只要我们把项目投资作为拉动经济增长的关键所在，就一定能够实现跨越发展。

——始终把统筹协调、示范引领作为促进发展的重要路径。坚持典型引路，大力整合资源，扎实推进城乡一体化，积极探索可复制的发展模式。我们注重促进城乡均衡发展，突出双新大道示范带建设，以郭猛、大纵湖和仰徐、泾口等试点镇村为引领，打造了一批特色鲜明的小城镇和新型农村社区。我们注重协调推进生态文明建设，从农村环境连片整治的点上突破，到农村环境综合整治的面上开花，再到“五位一体”长效管护机制的全面建立，显著改善了全区生态环境质量。我们注重用工业化理念谋划农业农村发展，抓园区、创特色，育主体、塑品牌，进一步增强了镇村经济活力。实践表明，只要我们坚持科学的发展理念，大胆探索、勇于创新，就一定能够走出一条统筹发展的现实路径。

——始终把共建共享、改善民生作为促进发展的根本目的。面对社会转型加快、利益分配调整的深刻变革，坚持发展为民理念，致力让人民群众共享改革发展成果。在决策上，我们对国民经济发展规划、重大基础设施建设等大事要事，深入了解民意，多方征求意见，力求政府决策顺应发展大势、切合区情实际。在资金上，我们认真编制民生预算，每年将新增财力的90%以上投向民生领域。在项目上，我们紧扣群众所需所盼，组织实施城乡公交、环境治理、卫生惠民、居家养老等民生建设“十个全覆盖”工程，取得了阶段性成效。实践表明，只要我们秉承以人为本的理念，坚持不懈办实事、做好事、解难事，就能最大限度地赢得民心、凝聚合力。

——始终把依法行政、勤政廉洁作为促进发展的基本要求。以人民满意为根本取向，推进管理创新和效能提升，致力打造务实高效清廉政府。我们从严规范行政行为，坚持政府常务会学法制度，出台重大行政决策程序规定，加大政务公开力度，政府工作始终运行在法治的轨道上。我们从严转变工作作风，认真开展群众路线教育实践活动，深入践行“三严三实”，提振精气神、增强执行力，在招商选资、项目推进和各类创建上展现出奋发进取的精神风貌。我们从严强化廉洁自律，严格执行中央八项规定和省市区委十项规定，加强审计监督和行政监察，干净做事、清白做人已成为各级干部的共识。实践表明，我们只有高标准、严要求、作表率，才能更好地肩负起造福一方的重任。

各位代表，“十二五”发展所取得的成绩，是上级党政组织和区委正确领导的结果，是区人大、区政协和社会各界支持监督的结果，是全区干群同心同德、奋力拼搏的结果。在此，我谨代表区人民政府向各位代表和委员，向全区工人、农民、知识分子、各级干部和离退休老同志，向驻盐都部队官兵、驻盐都单位干部职工，向各民主党派、人民团体和社会各界人士，向来盐都投资创业的各位客商和关心支持盐都经济社会发展的各级领导、海内外朋友，表示衷心的感谢和崇高的敬意！

在肯定成绩的同时，我们也清醒地看到，全区经济社会发展中还存在一些深层次的矛盾和问题，主要表现为：新兴产业支撑力还不强，新型业态规模还不大，产业结构调整任务还很艰巨；重特大项目不多，出口总量偏小，企业转型升级不快，经济稳健运行的基础还不牢固；房地产去库存压力依然较大；社会治理面临新的问题，影响社会稳定的潜在风险不容忽视；“四风”问题还时有反复，少数干部缺乏责任担当意识。对于这些问题，我们将高度重视，并采取切实有效措施认真加以解决。

“十三五”奋斗目标和主要战略

各位代表，承前启后，继往开来，我们必须把思想和行动统一到中央、省市对经济形势的总体判断上来，胸怀大局、把握大势，精心谋划、真抓实干，奋力开创盐都发展新局面。“十三五”政府工作总的指导思想是：全面贯彻党的十八大和十八届三中、四中、五中全会精神，深入贯彻习近平总书记系列重要讲话特别是视察江苏时的重要讲话精神，紧紧围绕“五位一体”总体布局和“四个全面”战略布局，坚持发展第一要务，以提高质量和效益为中心，以“五大发展理念”为引领，以“强富美高”为方向，围绕“率先全市全面建成小康社会”总目标，突出“打造新高地、迈上新台阶”总定位，深入实施产业兴区、创新驱动、绿色发展、民生优先、依法治区五大战略，加快建设活力迸发的创业盐都、合作包容的开放盐都、绿色宜居的生态盐都、共建共享的幸福盐都、文明向上的厚德盐都。

“十三五”主要奋斗目标是：经济保持中高速增长，地区生产总值年均增长10%左右，一般公共预算收入年均增长10%以上，固定资产投资年均增长15%，注册外资实际到账年均增长10%，进出口总额年均增长10%；产业迈上中高端水平，三次产业结构调整到8:47:45，新兴产业年均增长20%以上，信息化发展水平超过90%，全社会研发投入占GDP比重提高到2.6%，科技进步贡献率提高到65%；群众幸福感显著增强，城乡常住居民人均可支配收入分别达到49000元、29000元，生态质量和人居环境明显改善，社会治理水平和公众安全感不断提升，展现出经济实力强、创业活力足、开放程度高、百姓生活富、生态环境美、社会风气好、法治意识浓的全新面貌。

实现“十三五”发展目标，我们必须坚持把创新作为引领发展的第一动力，把协调作为持续健康发展的内在要求，把绿色作为永续发展的必要条件，把开放作为繁荣发展的必由之路，把共享作为全面建成小康社会的根本要求，凝心聚力、奋发图强，深入实施“五大战略”，努力将“十三五”发展蓝图变为生动现实。

实施产业兴区战略。以“中国制造2025”为引领，着眼“高轻优强绿”取向，加快形成以先进制造业和现代服务业为主的现代产业体系。集聚发展新兴产业，把智能终端、高端装备、新能源产业尽快发展到百亿级规模。高端发展传统产业，引导企业技改升级、重组上市、创建品牌，加快形成一批带动能力强的“专精特新”企业。提速发展现代服务业，培育壮大智慧物流、电子商务、乡村旅游等多种业态，电商快递产业园创成全国电子商务示范基地。提升发展现代农业，扩大适度规模经营，推进“接二连三”，到2020年基本实现农业现代化。

实施创新驱动战略。把创新贯穿于发展全过程，全面推进产业、企业、市场创新，开拓发展新空间，培育发展新动能。完善区域创新体系，强化高新区创新主阵地作用，推进创新型乡镇建设，创成国家知识产权强县工程示范区。增强企业创新能力，实施创新型企业培育工程，推进中小科技企业“小升高”计划，到2020年实现规模以上工业企业研发机构全覆盖。打造一流创新平台，放大国家级科技企业孵化器效应，建设一批“众创空间”和创业园区，推动更多创新资源集聚和创新成果转化。

实施绿色发展战略。以盐城建设国家可持续发展实验区为引领，突出盐都生态优势，优化国土空间布局，争创国家生态文明建设示范区。推动绿色生产，鼓励应用新能源、新设备、节能新技术，实施循环经济项目，开展清洁生产审计，到2020年高新区创成国家级生态工业园区。保护绿色生态，深入实施“天蓝、地绿、水清”工程，“十三五”末林木覆盖率提升到24%，让盐都好空气成为“盐城蓝”城市标识的重要支撑。倡导绿色生活，推进绿色消费革命，打造一批绿色企业、绿色社区、绿色学校和绿色家庭，逐步形成品质卓越的宜居环境。

实施民生优先战略。围绕“七个更”目标，深入实施民生幸福工程，让群众生活一年更比一年好。推动城乡发展一体化，均衡配置资源，提升新城区、新镇区、新园区、新社区建设层次，促进全面协调发展。确保困难人口不掉队，实施低收入农户和经济薄弱村脱贫致富奔小康工程，到“十三五”末按省定标准全部脱贫。推进公共服务同分享，坚持普惠性、保基本、均等化、可持续方向，繁荣发展社会事业，提高公共服务共建能力和共享水平。促进社会保障能力大提升，完善社会保险制度，健全社会救助体系，实现社会保障全面覆盖。

实施依法治区战略。发挥法治在新一轮改革发展中的规范作用，提升区域法治化水平，创成省级法治建设示范区。加强法治政府建设，深化行政管理体制改革，依法全面履行政府职责，建立健全权责统一、运行高效的行政体制。推进法治社会建设，深入开展"七五"普法，营造"守法光荣、违法可耻"的浓烈氛围，增强全民法治信仰，维护社会公平正义。完善法治市场环境，确立平等保护理念，健全公平开放透明的市场规则，促进社会资源公平分配、市场主体竞相发展。

各位代表，美好蓝图已经绘就，发展战略已经明确，关键在于抓好落实。我们坚信，只要全区上下解放思想、开拓创新，同心同德、接力奋斗，就一定能够实现"十三五"奋斗目标！

2016年工作安排

2016年是全面建成小康社会决胜阶段的开局之年，也是推进结构性改革的攻坚之年。根据中央和省市区委的部署要求，我们将深入践行创新、协调、绿色、开放、共享的发展理念，围绕供给侧结构性改革这一重点，坚持稳中求进总基调，全面落实去产能、去库存、去杠杆、降成本、补短板五大任务，以"六大提升"的新成效，实现"十三五"良好开局。综合分析各种因素，确定全区经济社会发展的主要预期目标是：地区生产总值增长10%，规模以上工业增加值增长11%，服务业增加值增长13%，一般公共预算收入增长12%，固定资产投资增长16%，进出口总额增长10%，全社会研发投入占GDP比重达1.96%，高新技术产业产值占规模工业产值比重达30%，城乡居民收入增长与经济增长保持同步，节能减排完成市下达任务。为了实现上述目标，重点做好七个方面工作：

一、强化创新驱动，激发转型升级新动能。以提高供给体系质量和效率为方向，加速优势产业集聚，转换经济增长动力，增强区域核心竞争力。全力打造高端载体。突出高新区首位度，继续聚集资源、聚合力量，做优产业发展载体。构建新的规划体系，推进总体战略规划、产业发展规划、土地利用规划"多规合一"，强化高新产业、融合发展、生态涵养"三区"联动，率先突破"一核一轴一心"，重点打造盐渎路产业发展带、世纪大道综合配套服务带和青年路生活配套服务带。加快基础设施建设，实施盐渎路跨宁靖盐高速大桥、纬五路跨冈沟河大桥、华锐路北延等重点工程，加速形成内联外通的路网框架。提升创新平台层次，提速建设智创园二期、科技广场等项目，加快形成"苗圃—孵化器—加速器"的科技孵化链条。强化功能项目配套，推进邻里中心、保税仓库建设，支持金融机构、购物中心、信息咨询等商务商业网点入驻，争创国家产城融合示范区。聚力培育"四新"经济。主攻三大新兴产业，加快智能终端产业园建设，年内新招项目20个，力争产业规模突破50亿元；放大高端装备产业骨干企业优势，主攻远程控制系统、自动化成套生产线，快速提升产业能级；以风电和新能源电池为重点，引培一批新能源汽车高端配件、绿色动力电池研发和制造企业，力争把三大新兴产业占比提高到25%以上。推动制造业服务化，鼓励开展技术创新、管理创新和商业模式创新，重点引导东九重工、柚尊家具等企业外包非核心业务，实现价值链向研发设计、售后服务、方案解决等高端环节延伸。培育服务业新业态，做大宠物银行垂直电商和跨境电商，加快建设恩源科技、顺丰智慧电商物流园等项目，支持天地汇等物流企业打造"互联网+物流"O2O信息平台，电商快递产业园、城西南现代物流园主营业务收入分别突破20亿元和80亿元。推广众创、众包、众扶、众筹新模式，建设一批创新工场、创客空间、创业咖啡等"众创空间"，有效汇聚资源，推进分享经济成长。致力推动企业升级。按照"五个对接"要求，强化政策引导，助推企业做大做强。大力支持企业设备更新和智能改造，推动星宇科技、日升纺织等企业打造智能车间，抓好苏力涂装机器人、明斯特搬运机器人等项目的研发及产业化，全年实施重点技改项目100个，新增规模以上工业企业40家；鼓励规模企业对接资本市场，力促中恒宠物在主板上市，康杰机械、华盛电气等10家企业在"新三板"挂牌；开展"百企联姻"行动，推动剑桥涂装、亚特电缆等10家企业与行业龙头合作重组，加入国内外知名企业产业链和供应链；支持企业"牵手"知名高校、科研院所，全年新签约产学研合作项目100个，转化科技成果80项；实施企业互联网化提升计划，加快电商平台建设，规模以上工业企业网上销售份额提高10个百分点以上。引导企业实施品牌战略，新创驰名商标2件，悦达纺织争创省长质量奖。深入开展"暖企行动"，在税收、社保、物流等方面降低实体经济企业成本，助力转型升级、良性发展。对资不抵债、扭亏无望的"僵尸企业"，因企施策、分类处置，让存量资产尽快活起来。大力推进创新创业。坚持不懈推动科技创新，力推智能终端产业研究院、惠普软件创新基地等建成运营，新设省级企业研究生工作站8家，创建省级企业工程技术研究中心5家、省级以上企业技术中心4家，争创国家级科技品牌2个、国家高新技术企业20家，专利授权量突破1000件。持续掀起全民创业热潮，实施"万千百"培训计划，推进在外能人回乡创业，新建多层标准厂房30万平方米，新增入园项目100个以上，培育工业一般纳税人企业260家。推进"雄鹰人才计划"，引进国家"千人计划"专家3名以上、"双创"人才50名，实施高层次人才创业项目10个以上。

二、扩大有效投入，拓展经济发展新空间。坚持项目带动，广泛吸纳资金，提高投资质量，培育新的增长点。持续突破招商选资。研究把握新常态下的招商规律，瞄准专业化、精细化方向，提高项目招选实效。以产业为龙头、园区为载体，开展精准招商，突出智能终端、高端装备、新能源、汽车配件、电商物流、现代农业等关键领域，按照"追高求新、非大即特"要求，细化编排招商目录，将专职招商与专业园区建设有机结合，招引更多大项目、好项目落户。以驻点为方式、活动为抓手，开展定向招商，突出台湾、韩国、德国和北京、上海、深圳、苏州等重点区域，充实和组建驻外招商队伍，紧盯央企、外企和行业领军企业，组织四季招商推介活动，做到有目标地"走出去"、有重点地"请进来"。以企业为主体、服务为依托，开展链式招商，突出现有优势产业向

省旅游局局长秦景安调研三官农家乐

两端延伸，搭建企业家交流平台，优化为企服务机制，借力区内骨干企业以商引商，做大产业规模、拉长产业链条。全年新招引亿元以上产业项目60个，力争突破投资超10亿元重特大项目。倾力重抓项目推进。从头抓紧，倒逼安排，细化“时间表”、绘制“路线图”、落实“责任单”，推动在手项目快开快建快达效。强化序时意识，对列市“三重”项目、“双十”工程、“三百”工程和区八大类重点工程、为民办实事项目，详尽列出每月投资额和形象进度，力促万达广场、峰汇智联、大兴汽配等重点项目加快建设。强化服务意识，全面推行“一名领导挂钩、一个班子专抓、一套方案运作”的契约式服务，开辟重点企业技改、重大项目建设“绿色通道”。强化效能意识，认真抓好项目开工的要素保障，定期组织集中开工，形成在手一批、在建一批、竣工一批的梯次推进格局。全年新开工亿元以上产业项目50个、竣工40个。培育新型消费业态。通过创新消费模式，丰富群众生活，释放内需潜力。加快盐渎街道商务商贸区、潘黄街道青年路商贸产业带建设，大力发展金融保险等生产性服务业和批零住餐等生活性服务业，提速集聚人气商气。抢抓税收征管体制改革机遇，进一步做大做强汽车服务业，建成后服务综合市场，打造全产业链汽车消费新模式，力争东方汽车广场产业规模突破100亿元。建成阿里巴巴村淘服务中心、京东盐城馆等一批电商项目，把网络零售额占社会消费品零售总额的比例提高到10%。依托盐城中小文化企业集聚区等平台，重点发展现代传媒、文化创意等产业，加速打造省级重点文化产业园和广告创意产业园。顺应人口老龄化趋势，培育发展健康养老产业。提升经济外向水平。抓住“一带一路”、长江经济带等国家战略机遇，利用好国际国内两个市场、两种资源，构建全方位对外开放新格局。重抓外资利用，加快中韩产业园盐都联动区、中德产业园和台湾中小企业科技园建设，跟踪对接车载电子元器件等一批外资项目，新批投资超千万美元项目8个，其中超3000万美元项目2个。培育外贸新亮点，鼓励斑竹袜业、南纬服装等企业扩大自营出口，支持盐电阀门、艾斯特体育等企业打造自主品牌，培植进出口超千万美元企业13家，新设境外投资企业2家。拓宽对外合作空间，深化与德国茨维考市友城交流，加强与中国发明协会、深圳手机行业协会、昆山台协会、韩国汽车产业协会的合作，致力实现资源共享、平台共建、互利共赢。

三、推动改革落地，增强体制机制新活力。创造性地落实中央和省市关于全面深化改革的决策部署，突出重点领域，狠抓关键环节，推动各项改革措施落地见效。在行政管理体制改革上再发力。围绕提高机关运转效能，优化高新区管理机构，调整城市管理和交通运输执法体制。围绕为市场主体松绑添劲，再精简一批审批事项，重点推进高新区承接落实市级审批权限。围绕为企业清障减负，推行“三书合一”“多评合一”和“多图联审”，推动行政审批服务事项向网上平台集中，加快构建线上线下、虚实结合、区镇村联网的政务服务新体系。在财税金融改革上出新招。加大政府性基金预算、国有资本经营预算与一般公共预算间的统筹力度，稳步推进公务卡结算制度改革。发挥财政杠杆作用和乘数效应，设立政府投资母基金，引导发展股权投资基金，带动社会资金投向战略性新兴产业和大众创业万众创新领域。实体化运作盐高投集团和城镇化公司，抓住政策“窗口期”，扩大企业债、公司债、中期票据等直接融资比重，推广PPP模式，构建以低成本、长期限信贷为主导的融资新格局；严格政府举债审批程序，实行预算管理，开展绩效评价，控制债务规模，有效防范风险。扩大农村金融服务覆盖面，组建农业贷款政策性担保公司，规范农民资金互助合作，争创省金融生态优秀区。拓宽政府购买服务范围，制定指导性目录，形成公共服务供给的多元化格局。在农业农村改革上抓深化。基本完成农村土地承包经营权确权登记颁证，推进农村土地承包经营权、农村集体资产所有权和使用权、农村集体资源租赁权等流转交易市场化。创新农业社会化服务，探索农业生产全程托管模式，全年新增为农综合服务组织50家以上。开展农户宅基地退出补偿试点，推进村级集体资产股份量化。完善小型水利工程管理体制，推进国有粮食购销企业改革和供销社综合改革。在社会事业领域改革上求突破。深化城市公立医院改革，推进“医疗联合体”建设，建立基层首诊、双向转诊制度，促进优质医疗资源向基层倾斜。探索医养结合新模式，提升养老和卫生资源综合使用效率。推动区文化馆、图书馆、博物馆建立法人治理结构和理事会制度，健全公共图书馆总分馆制，扩大公共文化设施免费开放范围。探索高新区中学“公有民营”办学体制，加强校长教师交流，实现区内师资良性互动。

四、坚持城乡统筹，树立协调发展新标杆。优化空间布局和功能定位，促进资源均衡配置，加快城乡一体化发展。推动现代农业提质增效。以保障农产品有效供给为重点，加快农业转方式、调结构。紧扣打造现代农业样板区，统筹抓好“两带一园一村”建设，台创园重点引进台湾精致农业、种源农业，七星农场探索建立“龙头企业+合作社+家庭农场”的新型经营机制。推动农村土地规范有序流转，实施联耕联种“211”工程，新发展家庭农场等新型经营主体200家，培训职业农民2000人，把新型农业经营主体适度规模经营比重提高到54%。加快农业“接二连三”，规划建设新的农产品加工集中区，

慰问值班民警

扩大大闸蟹、小龙虾等特色农产品网上销售，全年发展农业产业化龙头企业8家，创建省级电商示范镇1个、示范村2个，村村建成阿里巴巴村淘服务站，实现“网货下乡”和“农产品进城”双向流通。强化农产品质量建设，推进标准化生产，新增农业“三品”22个，力促仰徐草莓、张庄葡萄创建地理标志产品。加强农田基础设施建设，新建机耕桥602座、灌排闸站42座，完成农机作业“最后一匡田”通达工程。提升镇村经济发展质态。把镇村经济作为城乡协调发展的重要基石，坚持宜工则工、宜农则农、宜商则商、宜游则游，构建“一镇一业”“一村一品”发展格局。拓展镇村经济业态，重点培育农村电商、仓储物流和乡村旅游。提升镇级特色产业，全面推广“一镇一院一产业”模式，推动6个特色产业拉长链条、拓宽领域，确保开票销售突破50亿元。壮大村级集体经济，推动激励扶持政策落地惠农，支持村(居)盘活资金、资产和资源，发展多种形式的经营项目，有效拓宽增收渠道。加快新型城镇化进程。以人为核心全面提升城镇化的内涵和质量。立足高新宜业、生态宜居，推进高新区盐龙、盐渎、潘黄街道基础设施衔接、功能板块融合和重要资源共享，加快城市路网、绿化美化、人文景观等107项城建重点项目建设，实施城市地下综合管廊、海绵城市等试点示范工程，打造“智慧、生态、集约”的魅力新城。立足产业兴旺、功能完善，推动大冈、大纵湖等重点镇改造老镇区、建设新镇区、发展新园区，打造特色鲜明、经济繁荣的精品小镇。立足生产方便、生活配套，有序推进153个农民集中居住点的规划与建设，推动双新大道和新331省道城乡统筹示范带互动发展，打造一批环境整洁、乡情浓郁的康居乡村和美丽乡村。积极落实促进房地产健康发展的政策意见，加快农民工市民化，建立购租并举住房制度，实施货币化拆迁安置，引导企业调整营销策略，有效打通供需通道，化解房地产库存，保持房地产市场可持续发展。推进125省道四期等项目建设，继续实施农村公路提档升级工程，优化公交线路，提高群众出行满意度。

五、建设生态文明，打造绿色发展新样本。以创建国家生态文明建设示范区为统领，处理好环境保护和经济发展的关系，加快形成绿色生产方式和生活方式。推动低碳循环发展。统筹节能减排和结构调整，严格执行环评、能评和资源保护制度，推进重点工业园区循环化改造，鼓励企业应用节能新技术、新工艺，年内通过清洁生产企业审核8家、认定能源审计企业5家，高新区创成省级生态工业园区。完善污水收集管网，加快秦南、龙冈污水处理厂建设，进一步提高城镇污水集中处理率。实施绿色生活行动计划，发展绿色能源，推广绿色建筑，倡导绿色出

行，鼓励绿色消费。推进农村建设用地减量化，盘活存量土地，提升产出效益，争创省土地节约集约利用模范区。建设绿色美丽家园。继续抓好秸秆“双禁”和综合利用，淘汰小型燃煤锅炉，强化建筑扬尘治理，建设国家级大气环境监测站。实施造林绿化“33322”工程，林木覆盖率再提高1个百分点。启动新一轮“清水走廊”建设，推进农村河道综合整治，完成城市河道整治三年行动计划。实施农村环境整治改善提升行动，健全“五位一体”长效管护机制，开展城乡生活垃圾分类收集试点，加快大吉垃圾发电厂异地搬迁，让盐都的天更蓝、地更绿、水更净、空气更清新。做强乡村旅游品牌。把绿色资源变成发展优势，大力培育“美丽经济”，持续打造新的支柱产业。强化旅游资源整合，做好蟒蛇河水上旅游风光带规划论证，拓展休闲体验、乡村度假、观光农业等旅游产品，丰富旅游消费供给，争创全国休闲农业与乡村旅游示范区。加快推进东晋古城、炬通温泉度假村等项目建设，推动大纵湖景区创建5A级景区和国家级旅游度假区，杨侍生态园、仰徐乡村乐园、泾口湿地风情园创建省五星级乡村旅游区。开展农家乐星级评定，新发展农家乐(客栈)50家。创新旅游发展方式，探索旅游与文化、健康、养老相融合的多业兴旅新模式，推进智慧旅游建设，实现智能导游、在线预订等功能全覆盖，扩大盐都旅游的知名度和影响力。

六、注重共建共享，增进人民群众新福祉。坚持补短板、保基本、兜底线、促公平，尽心尽力办好十大类36件民生实事，不折不扣兑现民生承诺，让人民群众有更多的获得感。健全社会保障体系。加快人力资源市场建设，重抓高校毕业生、返乡农民工、就业困难人员、城镇“零就业”家庭等重点群体就业，年内新增城镇就业1.3万人。全面实施全民参保登记计划，进一步健全“五险合征”扩面征缴机制，完善大病保险政策，把新农合人均筹资标准提高到580元。推进区社会福利院二期工程，提升居家养老服务水平，开展“急难”救助，实现托底救助全覆盖。拓宽法律援助渠道和范围，实施法律援助650件。完成棚户区改造450户、渔民上岸100户，改造农村危房300户。大力推进“精准扶贫”，对照省定标准，全面排查低收入人口和经济薄弱村，在精准识别的基础上，分类落实结对帮扶和兜底保障措施，确保“一个不少、一户不落”。增强公共服务能力。重抓全省首批教育现代化示范区创建，推进崇礼路幼儿园、义丰小学、郭猛幼儿园、葛武幼儿园建设，实施初中教育质量建设工程和普通高中教育教学质量建设三年行动计划，促进各类教育普惠优质协调发展。加快区公共卫生服务中心、市三院北院急诊楼建设，实施区卫生信息化二期工程，提前完成村卫生室(站)标准化建设三年计划，市三院争创三甲医院。加快“三馆”数字化建设，实施镇村文化活动场所提升工程，开展政府文艺奖评选，办好“馆站乡村行”“艺术展演月”等活动。全面落实二孩政策，促进家庭幸福和人口均衡发展。提升社会治理水平。加快诚信体系建设，加强对个人和单位的信用管理，推动“诚信盐都网”和区信用信息平台投入运行。开展“美丽盐都人”评选活动，宣传最美人物、道德模范和身边好人。加强民主法治建设，推进法治社会“456”特色创建，扎实做好第十一届村（居）委会换届选举工作。积极推行“政社互动”模式，完善三级社会服务平台，构建一站式受理、一条龙服务、一揽子解决“三制合一”服务架构；改进社区治理方式，建设一批示范社区。完善领导干部接访下访制度，健全群众利益表达、协调、保护机制，及时排查化解矛盾纠纷。全面加强安全生产标准化建设，强化交通、消防、电梯、天然气等关键领域和人员密集场所等重点部位的安全监管，坚决遏制重特大事故发生。深化“平安盐都”建设，大力实施技防“村村通”工程，严厉打击涉羟等各类违法犯罪活动，全面提升公众安全感，进一步巩固和谐稳定的良好局面。

七、加强自身建设，塑创勤廉政府新形象。面对经济社会新常态和人民群众新期待，必须与时俱进加强政府自身建设，为盐都新一轮跨越发展提供坚强保障。提升履职能力。针对经济发展结构、方式和动力的深刻变化，因时而动、顺势而为，切实增强干事创业本领。着力提高研判形势的能力，深刻领会中央提出的五大政策支柱、五项供给侧改革任务，善于分析政策、市场、资源等外部环境趋势性变化，把握大逻辑、适应新常态，做到认识深一层、适应快一步、引领高一着。着力提高破解难题的能力，多到基层、企业、农村深入调查研究，做到发展中的困难和各方面的诉求了然于胸，使谋划的举措更有效、政策的落实更有力。着力提高科学统筹的能力，学会“弹钢琴”、善抓“牛鼻子”，既干当前最急迫的实事，更抓打基础、利长远的大事，增强工作的系统性和协调性。坚持依法行政。把依法行政作为政府工作的基本准则，严格依照法定权限和程序行使权力、履行职责。进一步健全依法科学民主决策机制，严格遵循公众参与、专家论证、风险评估、合法性审查、集体讨论研究的法定程序，探索重大政策举措第三方评估机制。自觉接受人大法律监督、工作监督和政协的民主监督，重视社会公众监督、新闻媒体监督，让权力始终在阳光下运行。推动政府工作人员带头学法守法、依法办事，严格规范性文件备案审查，推进行政首长出庭应诉，严查不作为、慢作为、乱作为，杜绝“任性”检查、选择性执法。深化作风建设。巩固“三严三实”专题教育成果，健全落实长效管理机制，推动作风建设实现新提升。强化责任担当意识，遇到矛盾不躲避、面对困难不退缩、碰到问题不绕行，一心一意谋发展、心无旁骛抓落实。弘扬“事在人为、干就干好”的作风，对招商选资、项目推进、载体建设、民生实事等重点工作，马上就办、紧张快干。加大督促检查力度，对重大事项签订责任书、立下“军令状”，打通抓落实的“最先和最后一公里”，确保全面完成年度各项目标任务。建设清廉政府。严格执行新修订的廉洁自律准则和纪律处分条例，强化领导干部“一岗双责”，推动政府系统党风廉政建设责任制落到实处。以权力瘦身为廉政强身，扎紧制度篱笆，打掉寻租空间，铲除腐败土壤。加强行政监察、审计监督，对公共资金、公共资源、国有资产和领导干部履行经济责任情况实现审计全覆盖。加强反腐倡廉教育，从快从严查处发生在群众身边的“四风”问题，以“零容忍”态度惩治腐败，着力构建不敢腐、不能腐、不想腐的有效机制，全力营造风清气正的政务环境。

中国人民政治协商会议盐城市盐都区第十三届委员会常务委员会工作报告

——2016年1月6日在政协盐城市盐都区第十三届委员会第五次会议上

区政协主席　顾其斌

2015年工作回顾

刚刚过去的2015年，区政协在中共盐都区委正确领导下，紧紧依靠和团结带领全体政协委员，深入贯彻落实中共十八大和十八届三中、四中、五中全会精神，高举中国特色社会主义伟大旗帜，牢牢把握团结和民主两大主题，主动围绕全区工作大局，充分发挥人民政协作为协商民主重要渠道作用，切实履行政治协商、民主监督、参政议政职能，求真务实，开拓创新，积极作为，为全区胜利实现“十二五”规划做出了积极贡献。

一、加强学习引领，把握正确政治方向

重视学习是人民政协的优良传统。一年来，常委会注重加强学习引导，增进思想共识，自觉把中央和省、市、区委的决策部署贯彻到政协工作中去，进一步找准服务全局的切入点，把智慧和力量凝聚到“打造新高地、迈上新台阶”上来。

坚持把筑牢思想根基摆在首要位置。通过常委会议、主席会议、界别活动和专题讲座等多种形式，组织和推动广大委员深入学习贯彻中共十八大和历次全会精神，深入学习习近平总书记系列重要讲话特别是视察江苏重要讲话精神，深入学习贯彻区委十三届六次、七次全会精神，主动把握和积极适应新常态，研究新要求，谋划新思路，努力使区委的决策部署在政协履职中全面贯彻、充分体现，确保与区委在思想上同心同德、目标上同心同向、行动上同心同行。

扎实开展“三严三实”专题教育。开展“三严三实”专题教育是党的群众路线教育实践活动的延展深化，区政协党组从严要求，周密组织，坚持领导带头示范，认真组织专题学习研讨，深入查摆“不严不实”问题，切实抓好整改落实、建章立制各项工作，健全密切联系群众、持续反对“四风”的长效机制。及时组织学习中国共产党《廉洁自律准则》和《纪律处分条例》，守纪律、讲规矩，敢于担当、主动作为的意识普遍增强。

积极举办各类学习培训活动。坚持领导班子带头学习制度，党组、主席会议、机关例会共组织16次集中学习，及时学习中央和省、市、区委重要部署和人民政协理论，牢牢把握政协性质定位，始终坚持正确方向。深入开展读书活动，区政协领导班子成员和机关同志联系思想和工作实际，撰写读书笔记20多篇。组织机关同志参加省、市政协举办的学习培训，积极参加“盐都大讲堂”和“在线学习”，形成了良好的学习氛围，推动了各项工作的有效开展。

二、坚持服务大局，围绕中心协商议政

人民政协是社会主义协商民主的重要渠道和专门协商机构。一年来，常委会始终把协商民主贯穿履职全过程，紧紧围绕区委区政府中心工作，就改革发展稳定的重大问题和涉及群众利益的实际问题进行广泛协商，为全区经济社会加快发展广纳群言、广集民智。

围绕科学发展建言献策。新常态下经济发展的动力正从传统增长点转向新的增长点，区政协及时召开常委会，就深入推进全民创业进行协商讨论，区政府分管领导和相关部门负责同志到会听取意见。委员们认为，全民创业是新常态下经济发展的增长点和新引擎，也是“打造新高地、迈上新台阶”的活力之源、动力所在。委员们建议，进一步浓烈氛围，宣传全民创业的重大意义，不断激发各类主体的创业激情；进一步创新服务，降低创业门槛，提升服务效能，帮助创业主体解决劳动用工、资金筹措、技术创新、市场开拓等实际困难，为全民创业开辟绿色通道；进一步加强创业园区建设，为创业者提供低成本、便利化、全要素的创业载体和创业平台。

围绕改善民生建言献策。社会救助工作政策性强、涉及面广，事关困难群体

的民生福祉，针对工作中存在的救助不及时、定位不准确、效果不明显等问题，组织开展社会救助专题协商。委员们认为，要采取切实措施，更好地促进党和政府的惠民政策落实，努力提高社会救助的及时性、准确性和实效性，实现社会救助工作的正常化、制度化和规范化。委员们建议，要加强政策宣传，实现救助转型；加强业务培训，确保救助精准；加强队伍建设，落实工作责任。

围绕维护稳定建言献策。召开主席会议，听取全区社会治安防控体系建设工作调研情况汇报，深入基层政法单位视察，充分听取各方面的意见建议，形成关于加强和完善社会治安防控体系建设的建议案，建议把社会治安防控体系建设纳入经济社会发展总体规划统筹推进；明确各相关部门的职责任务，做到各尽其责、通力协作、齐抓共管；积极扩大公众参与，拓宽群防群治渠道；大力推进法治建设，充分发挥法治的引导、规范、保障、惩戒作用，依法维护社会稳定。

三、注重履职实效，统筹做好经常性工作

做好各项经常性工作，对于有效履行政协职能、充分发挥政协作用至关重要。一年来，常委会进一步丰富和活跃经常性工作的内容和形式，努力使政协工作规范有序、富有成效。

精心组织专题调研。围绕编制全区“十三五”经济社会发展规划，区政协以“加大生态建设力度，持续推进绿色发展”为题开展专题调研，提出了“坚持规划引领，广泛宣传教育；不断优化结构，培育绿色产业；加大治理力度，解决突出问题；强化组织领导，健全制度体系”等建议，区委区政府主要领导高度重视，分别作出批示，要求有关部门认真研究落实。融资难一直是困扰企业发展壮大的重要因素，能在证券市场上市是许多企业的愿望。区政协就企业上市准入制度进行深入调研，形成《抢抓“注册制”先机，提速推进我区优质企业上市》调研报告，提出政策激励、宣传发动、培训辅导、跟踪服务，推动企业多渠道、多形式走向资本市场的建议，助推区政府制订出台《全区推进上市“百企培植”实施方案》，采取“辅导一批、改制一批、签约一批、上市一批”的办法，持续打造企业上市梯队。

切实提高提案办理成效。区政协十三届四次会议以来，政协委员、政协参加单位共提交提案131件，立案124件，至去年10月底全部办复，委员满意率、基本满意率达100%。切实抓好提案交办、追踪反馈、督促检查、舆论推动等关键环节，探索创新办理机制，不断提高办理实效，促进相关问题得到有效解决。选取“全面加强生态教育，提高生态文明意识”“加快全区中小企业创新能力建设”“强化小区物业管理，提高居民居住质量”“加强旅游公共服务”和“建设医养结合的老年护理院”5件重点提案，由主席牵头督办，进一步推动提案的办理和落实。其他如加大违法建设查处力度、强化集镇消防安全、乡村公路维护、治理农村生活污水等提案，都得到有关部门的重视和采纳。

认真做好文史资料工作。举办纪念抗日战争暨世界反法西斯战争胜利70周年书画作品展览，征集作品180多件，展出作品153件，观众3000多人次，受到一次形象生动的爱国主义、英雄主义教育。展览结束后，选择91件优秀作品汇编成册出版。积极配合市政协收集相关文史资料，整理和报送史料文稿20多篇，完成《文韵盐城》《盐城往事》等书稿协作任务。

四、积极协调关系，广泛凝聚智慧力量

政协是党和政府联系群众、团结各界的重要桥梁和纽带。一年来，常委会坚持把发扬民主、增进团结、协调关系、化解矛盾作为履行职能的重要着力点，积极促进各方面关系的和谐，巩固和发展最广泛的爱国统一战线，汇聚改革发展正能量。

促进合作共事。尊重和保障各民主党派、无党派人士在人民政协中的民主权利，积极为他们参政议政、发表见解创造条件、搭建平台。通过安排大会发言、联合开展调研、办理党派提案，反映社情民意信息等，鼓励和支持他们踊跃发表意见和主张，民主党派提出的重要建议和提案纳入重点督办范围。坚持区政协领导分工联系民主党派制度，及时了解民主党派工作情况，认真听取他们的意见和建议，进一步巩固和发展务实合作的良好政治局面，民主党派、无党派人士提出的建议意见，得到区委区政府的高度重视和积极采纳。

深化团结联谊。适应经济社会发展和统一战线内部结构变化，加强同社会不同阶层、不同群体的沟通联系。积极探索更好地发挥政协界别作用的思路和办法，扩大团结面，增强包容性。认真贯彻党的民族宗教政策，加强与民族宗教界人士的经常性沟通，主动关心、及时反映少数民族同胞和信教群众的困难和要求。密切与非公有制人士和其他新的社会阶层人士的联系，引导他们在政治上自信、发展上自强、守法上自觉。政协委员广泛联系本界别群众，收集界别信息，及时反映社会不同阶层、不同群体的愿望和要求。

强化民主监督。积极支持委员参与党风廉政建设、作风效能建设等评议活动，针对人民群众关心的教育、卫生、交通、环保等领域开展民主监督，共同促进各项改革措施的落地生根。鼓励支持委员参与全区重大实事工程、重点项目的调研论证，组织开展安全生产、农产品质量监管、城乡环境综合整治等视察监督活动。把政协的民主监督与其他形式的监督有机结合，扩大了监督的影响力，提升了监督实效。

五、强化自身建设，提高政协工作水平

政协自身建设的水平，关系到政协工作的成效。一年来，常委会主动适应新形势、新任务的要求，不断加强自身建设，为政协履行职能提供有力保障。

积极开展争先创优活动。搭建委员知情平台，切实加强委员履职管理与服务。在全体委员中开展争创“双岗双优”活动，通过打造招商引资、引智聚贤、精品提案、民意畅通、素质提升、形象展示六大平台，激励广大委员在本职岗位建功立业创优秀、履职岗位建言尽责当优秀，既在本职岗位上发挥才智，争当排头兵，又在履职岗位上踊跃作为，努力做表率，在公益事业上奉献爱心，树立好形象。委员主体作用进一步发挥，自身素质有新的提高，涌现出一批“双岗双优”典型。

着力提升专委会工作水平。区政协各专委会积极开拓进取，注重加强与党政部门、党派团体的对口联系与协作，互相交流工作，参与相关活动，重要工作及时通气。认真组织界别活动，通过界别联系群众，把大家的思想和行动统一到区委区政府的决策部署上来。发挥专业人才集聚的优势，认真做好学习、调研、视察、协商议政等工作，积极开展走访委员、服务群众等活动，专委会工作呈现出新的活力。

持续推进"五型"机关建设。以建设学习型、服务型、奉献型、创新型、和谐型政协机关为目标，扎实开展"作风制度落实年"活动，巩固党的群众路线教育实践活动成果，建立作风建设长效机制。认真贯彻中央"八项规定"和省市区委"十项规定"，修订完善政协机关管理制度，不断改进调研视察工作和文风、会风，严格执行接待、考察、公务用车、财务管理等方面规定。强化宣传工作，密切与新闻单位的联系，广泛宣传政协工作取得的成效和政协委员的履职风采，进一步扩大了政协组织的影响力。机关为工作大局服务、为履行职能服务、为政协委员服务的水平和能力有了新的提升。

2015年，区政协始终坚持以加快发展为己任，积极参与全区招商选资、项目推进工作，经过多轮跟踪洽谈，成功促成国内商业地产第一品牌——万达广场项目落户潘黄街道。主席会议成员定期深入挂钩企业督查指导、协调矛盾，积极为企业稳生产、促转型、增效益出主意想办法、解难题办实事。

各位委员，过去一年区政协工作取得的成绩，是中共盐都区委正确领导，区人大、区政府及部门大力支持的结果，是各参加单位和全体委员团结奋斗的结果，是社会各界积极配合，老领导、老同志关心支持的结果。在此，我谨代表区政协常委会，向各级领导、各位委员及各界人士，表示崇高的敬意和衷心的感谢！

在总结成绩的同时，我们也清醒地看到，工作中还存在一些差距不足：协商形式还不够丰富，协商民主制度需进一步健全；联系群众、联系委员还不广泛深入；民主监督创新不多、力度不够；

新常态下对政协创新发展的理性思考和实践探索还需要加强，所有这些，都需要我们在今后的工作中深入研究和努力改进。

2016年工作安排

一、提高政治把握能力，巩固团结奋进的思想基础

人民政协肩负重大的政治责任，我们要进一步强化政治意识、大局意识，做到在原则立场上旗帜鲜明、方向坚定。

始终把准政治方向。习近平总书记强调，做好人民政协工作，必须坚持中国共产党的领导。我们要始终如一地保持政治定力，把握政治方向，严守宪法法律和政协章程规定，在党委总揽全局、协调各方的格局中准确定位、履职尽责。继续深入学习中共十八大以来重要会议精神和习近平总书记系列重要讲话精神，把坚持和发展中国特色社会主义作为巩固共同思想政治基础的主轴，团结带领广大政协委员增强道路自信、政治认同和行动自觉。

以新理念引领新发展。中共十八届五中全会强调，坚持创新、协调、绿色、开放、共享的发展理念，是关系我国发展全局的一场深刻变革，集中反映了我们党对经济社会发展规律认识的深化。这五大理念相互贯通、相互促进，是具有内在联系的集合体，要统一贯彻，统一落实，既不能顾此失彼，也不能相互代替。我们要深刻领会五大发展理念的重大意义，把学习新理念、践行新理念融会贯通到政协履行职能的全过程，着力推进各项事业和政协工作不断发展。

在服务大局中履职有为。不久前召开的区委十三届八次全会，全面贯彻党的十八届五中全会和省、市委全会精神，研究部署了全区"十三五"期间紧盯一个总目标、突出一个总定位、实施"五大战略"、建设"五大盐都"的总体战略思路，谋划安排了新的一年致力谋求提升经济运行向好性、提升区域发展竞争力、提升城乡一体融合度、提升深化改革含金量、提升人民群众获得感和提升社会治理满意率6个方面的重点工作，描绘了盐都发展的美好蓝图。我们要把区委全会的决策部署学习好、宣传好、贯彻好，自觉融入到人民政协的各项工作中，全面落实到围绕中心、服务大局、助力民生的履职实践中。

二、深入开展调查研究，切实提高履职实效

深入调查研究是提高政协履职成效的重要基础。要主动适应经济发展新常态，围绕影响改革发展的深层次矛盾，针对人民群众普遍关注的热点、难点问题，了解实际情况，科学分析论证，讲真话、进诤言，出实招、谋良策。

坚持围绕大局协商议政。围绕全区"十三五"规划实施过程中出现的新情况、新问题，开展专题调研和协商议政。紧扣全区经济社会发展重大任务，聚焦深化改革、高新区建设、现代服务业发展、新型城镇化建设等问题，安排系列专题协商。要坚持把调查研究做深做实，做

到掌握情况全面而不零碎，分析问题深入而不表面，提出建议切实而不空泛，不断提高民主协商的实效性。

探索民主监督有效形式。支持党派、团体、界别和委员深入调查研究，发现问题，提出建议，在调查研究、协商议政、提案办理、信息公开过程中发挥民主监督作用。聚焦重大改革方案、重点工程建设、精准扶贫、民生实事等落实情况，开展具有监督性的视察和调研活动。持续关注党风政风行风建设，推动形成风清气正的良好政治生态和社会环境。

不断提高参政议政实效。坚持与协商议题紧密结合，组织开展课题调研，以深入调研提高协商质量，以有效协商转化调研成果，实现调研与协商互促共进。针对我区改革发展中的全局性、综合性、战略性问题，组织开展课题调研。围绕推进投融资体制改革、壮大镇村经济、加强生态建设、企业转型升级、政务服务标准化、社会治理创新等重大问题，深入务实开展调查研究，提出对策建议。

三、坚持大团结大联合，汇聚改革发展正能量

密切联系各界，增进改革发展共识。健全同各民主党派和无党派人士经常性联系的沟通机制，更好地发挥民主党派、工商联、人民团体在政协中的重要作用。扩大与港澳台同胞、海外侨胞的联系，推动地区间的交流与合作。加强同少数民族、宗教界代表人士的联系，增进民族团结、宗教和睦。积极吸纳新的社会阶层人士参加政协的活动，鼓励和引导各个方面、各个阶层为盐都的经济社会发展多作贡献。

积极增进和谐，体现政协包容性特色。发挥人民政协位置超脱、联系广泛的优势，沟通各界，统一思想，为转型发展凝聚力量。协助党委政府做好增进理解、扩大共识、化解矛盾、维护稳定的工作，推动社会治理创新，促进社会和谐发展。

重视文史资料收集、整理工作。坚持亲见、亲历、亲闻原则，继续做好文史资料征集、挖掘、整理和出版工作，进一步弘扬盐都传统文化、特色文化，充分发挥文史资料“存史、资政、团结、育人”的积极作用。

四、完善规范协商程序，提高政协协商民主水平

人民政协是人民民主的重要形式。要积极发挥作为协商民主重要渠道和专门协商机构作用，推进政协协商民主的实践探索和制度建设，不断提高政协协商民主制度化、规范化、程序化水平。

强化制度保障。建立制定政协年度协商工作计划制度，建立健全协商议题提出、活动组织、成果采纳落实和反馈机制。加强与党政职能部门工作的有效衔接，完善专题协商、对口协商制度。积极发挥界别作用，组织开展界别协商。以规范程序、完善机制、增强实效为重点，健全提案办理协商机制，探索邀请区政府分管领导参与督办重点提案的办法，提高提案办理的权威性。

提高组织水平。协商前开展系统学习调研、知情明政，为协商建言做好充分准备。协商中坚持充分发扬民主，促进各方意见交流交锋，努力就一些重大问题增进共识、统一思想。协商后及时归纳整理委员建言，以提案、调研报告、社情民意信息等形式报送区委区政府及有关部门，推动协商成果采纳落实和转化。

注重建言质量。政协是委员讲话的重要平台，要营造畅所欲言、各抒己见的民主氛围，尊重和包容不同意见的存在和表达，让委员讲真话、讲实话、讲心里话。坚持问题导向，深入实际了解情况，把握问题症结，努力使对策建议有的放矢、切中要害。团结联系社会组织、专家学者，联合开展调研，共同参与协商，汇聚各方智慧，增强政协建言的前瞻性、针对性、操作性。积极探索网络议政、远程协商，拓展协商民主形式和渠道。

五、弘扬改革创新精神，增强政协生机与活力

发挥委员主体作用。切实尊重和保障委员的民主权利，进一步做好委员服务、联络工作，积极搭建委员之间、委员与政协机构之间、委员与党政部门之间多种形式的交流平台，为委员积极、主动、有效履职创造良好条件。广大政协委员要增强主体意识，珍惜委员荣誉，积极履职尽责，充分发挥作用。

发挥专委会、联络组基础性作用。充分利用政协专委会的专业和基础优势，探索专委会工作的新思路、新途径、新方法。加强对政协联络组工作的指导，强化工作力量整合，推动政协工作向基层不断延伸。

发挥政协机关服务保障作用。继续加强政协机关建设，健全行为规范、运转高效的工作机制，进一步增强政协机关干部的服务意识、担当意识、奉献意识，带头讲政治、懂规矩、遵法制、守纪律，以作风建设新成效保障政协履职迈上新台阶。

慰问

大事记

Chronogical Events

1月

1日　由区委组织部主办，主要发布党建资讯动态，传播党建教育知识，服务党员、群众需求等内容的“盐都党员e站”微信正式上线使用。

5日　区政府举行重点项目“家家到”观摩活动。区委书记羊维达、区长吴本辉带领各镇(区、街道)和相关部门的主要负责人，对14个镇(区、街道)、19个项目进行集中观摩。

6日　上午9时，中共盐城市盐都区委十三届六次全会召开，区委常委会主持会议，区委书记羊维达代表区委常委会作题为《打造新高地，迈上新台阶，加快建设创业开放生态幸福的美丽盐都》的主题报告。区长吴本辉作会议总结讲话。会议表决通过全会《决议》。

12—14日　政协盐都区十三届四次会议隆重开幕。区政协主席陈广平代表政协盐都区第十三届委员会常务委员会向大会作工作报告。

同日　区委书记羊维达会见中国国民党副主席郝龙斌一行。区长吴本辉，区委副书记顾其斌等陪同。郝龙斌一行赴郝荣村扫墓、到郝氏宗祠祭祖、参观郝氏故居、台海花卉港、郭猛镇杨侍村、中恒宠物、世钟汽配等项目和企业。

13日　盐城市盐都区十五届人大四次会议召开。会议应到代表288名，实到代表269名，符合法定人数。区长吴本辉代表区人民政府向大会作《政府工作报告》，区人大常委会党组书记、人大常委会副主任穆芹主持。大会表决通过大会选举办法。大会印发关于2014年国民经济社会发展计划执行情况和2015年国民经济社会发展计划(草案)的报告，关于2014年财政预算执行情况和2015年财政预算(草案)的报告，请代表审议。

14日　政协盐都区第十三届委员会第四次会议圆满结束各项议程。大会一致通过《中国人民政治协商会议盐都区第十三次委员会第四次会议决议》。区政协主席陈广平致大会闭幕词。

同日　省民防局局长钱国超率领调研组一行到盐都区调研县级人防建设工作。

15日　盐都区十五届人大四次会议胜利闭幕。大会应到代表288名，实到代表270名，符合法定人数。穆芹当选为盐都区人大常委会主任。王克林、孙红梅、苏延法、李仁斌、吴冈玉当选为盐都区出席盐城市第七届人民代表大会代表。区人大常委会主任穆芹主持闭幕大会。区委书记羊维达发表重要讲话。大会通过《盐城市盐都区人民政府工作报告的决议》《盐城市盐都区2014年国民经济社会发展计划执行情况和2015年国民经济社会发展计划的决议》《盐城市盐都区2014年财政预算执行情况和2015年财政预算(草案)的决议》《盐城市盐都区人大常委会工作报告的决议》《盐城市盐都区人民法院工作报告的决议》《盐城市盐都区人民检察院工作报告的决议》。

同日　省科技厅正式批复第四批“江苏省创新型试点县(市、区)”，郭猛镇被认定为“江苏省创新型试点乡镇”。

16日　由中国文联、中国戏剧家协会主办的全国梅花奖艺术团送欢乐、下基层惠民演出在区文化艺术中心举行。

17日　在1月13日结束的全省农村工作会议上，盐都区获得“全省发展高效农业成效显著县”荣誉称号。这是盐都区连续三年榜上有名、获此殊荣。

20日　由区交通运输局工作人员自编自导自演的廉政微电影《左右》，在全市交通系统廉政微电影大赛中获一等奖。

22日　江苏大学首个博士考察团走进郭猛考察企业。标志盐都科技镇长团“百名博士进盐都”活动正式启动。省第七批“科技镇长团”盐都团团长、副区长王善民参加考察活动。

23日　省成人教育协会副会长唐厚元、秘书长车学樟送全国“成人教育培训服务三项国家标准”试点单位匾牌到大纵湖旅游经济区。全省仅有4家成人校获此殊荣，大纵湖旅游经济区社区教育中心是苏北唯一的入选单位。

31日　全省林业工作会议召开，盐都区被表彰为“全省绿化造林成效显著县”。盐都区自2012年已连续三年获此殊荣。

2月

1日　在全省实施农家书屋提升工程推进会上，盐都区被省新闻出版局命名为“江苏省实施农家书屋提升工程试点示范县(市、区)”。全省仅有8个县(市、区)获此命名。

6日　市委书记朱克江、市长王荣平率领出席全市“项目载体突破年”推进大会人员到盐都区，集中观摩中恒宠物、恒力机床两个重点项目。区领导羊维达、吴本辉、穆芹、顾其斌、单永红、商建明等参加活动。

7日　区委书记羊维达会见由深圳方正微电子公司副总裁徐国刚、TCL集团半导体研究院院长洪震、燕园创业投资公司常务副总经理李博三人组成的氮化镓产业化项目专家组。

10日　深圳五洲龙汽车有限公司副董事长杨志远、加拿大巴拉德公司大中华区总裁迈克到盐都区考察投资环境。副市长周绍泉、区委书记羊维达、区委常委商建明陪同。

11日　区领导羊维达、吴本辉、穆芹、陈广平、单永红、陈士林到盐城军分区，走访慰问部队官兵。市委常委、盐城军分区政委宋修明，盐城军分区司令员杨军等接待。

13日　中共盐城市盐都区第十三届纪律检查委员会第五次全体会议在区行政中心召开。区委书记羊维达在第一次大会上发表重要讲话。区长吴本辉、区人大常委会主任穆芹、区政协主席陈广平、区委副书记顾其斌等出席会议。区委常委、纪委书记方仕德主持会议。会上，区委常委向羊维达递交党风廉政建设责任书。方仕德代表区纪委常委会在全会第二次大会上作题为《全面从严治党，全力执纪监督，推动党风廉政建设和反腐败工作迈上新台阶》的工作报告。会上表彰全区先进纪检监察组织、优秀纪检监察干部和纪检监察工作“创新奖”，与基层纪(工)委书记、纪检组长签订落实党风廉政建设监督责任承诺书。会议还审议通过区纪委十三届五次全会工作报告，表决通过《中国共产党盐城市盐都区第十三届纪律检查委员会第五次全体会议决议》。

14日　“2015春节返乡创业圆梦行动·创业项目推介暨引才用工大型招聘会”在区博物馆举行。

15日　区委常委会召开专题民主生活会。市委常委、盐城军分区政委宋修明出席民主生活会并讲话。区委书记羊维达主持会议。区人大常委会主任穆芹、区政协主席陈广平列席会议。会议围绕“严格党内生活、严守党的纪律、深化作风建设”主题，查摆存在问题和不足，明确整改措施，并通报中央、省委巡视组反馈意见整改情况。

24日　市委书记朱克江深入区部分企业，视察节后复工复产情况，看望和慰问春节假期仍坚守岗位的一线干部职工。市、区领导潘道津、周绍泉、羊维达、吴本辉、肖乐农等陪同。

26日　区委、区政府召开全区2014年度目标任务综合考核总结表彰大会。

3月

2日　区委、区政府召开全区农村工作暨镇村经济发展会议。

6日　区项目载体“突破年”暨全民创业推进大会召开。区委书记羊维达出席会议并讲话。区长吴本辉作工作报告。区委常委、常务副区长单永红宣读区委、区政府《关于对2014年度工业转型升级成绩突出的201家企业和单位进行奖励的决定》和《关于兑现2014年度全民创业和民营经济发展奖扶资金的通知》。

7日　《国务院关于同意盐城高新技术产业开发区升级为国家高新技术产业开发区的批复》（国函〔2015〕第30号）正式下发。标志盐城高新区成功跻身国家高新区行列，开始实行现行的国家高新技术产业开发区政策。

12日　副省长许津荣率领省政府对市2014年度生态文明建设推进情况进行调研考核的相关人员，到区视察生态文明建设现场——农村生活垃圾集中处理调度中心。市长王荣平、副市长张京麒、区长吴本辉、副区长肖乐农等陪同。

13日　省国土厅厅长李侃桢到盐都区调研。市、区领导王荣平、吴晓丹、羊维达、吴本辉、陈育群等陪同。

17日　2015年度全市国际社工日主题宣传活动在区举行启动仪式。此次活动以“发展社会工作，创新社会治理”为主题，是市民政局首次在全市范围内开展的社工日主题宣传活动。

21日　区委区政府召开全区“作风制度落实年”活动动员大会。区委书记羊维达出席会议并作重要讲话。纪委书记方仕德对全区开展“作风制度落实年”活动作动员和部署。与会人员集中观看作风建设警示教育专题片。

4月

1日　区维佳草莓、鼎绿蔬菜两家专业合作社入选全国农民合作社示范社。

同日　畅游江苏、文明旅游盐都行2015年盐城·龙冈第三届桃花艺术节暨盐都区旅游摄影大赛在龙冈桃花园开幕。

2日—3日　中国生态文明研究与促进会秘书长朱广庆率领国家生态区考核验收组到盐都区考核验收国家级生态区创建工作。通过核查资料、考察现场并召开考核验收汇报会、通报会，考核组一致同意盐都区通过国家级生态区考核验收，将按程序报环境保护部审议批准。省环保厅副巡视员胡和林，副市长朱传耿，区领导羊维达、吴本辉、顾其斌、徐学坤、肖乐农、段学标陪同。

3日　盐城高新技术产业开发区中心区城市设计暨控制性详细规划调整评审会召开。中国城市规划学会、上海市城市规划行业协会副会长叶贵勋教授，上海同济城市规划设计研究院总工程师沈永祺，中国城市规划学术委员会委员、东南大学城市中心区研究所所长杨俊宴，南京大学城市规划设计研究院总规划师刘军教授，中国城市建设研究院城乡规划研究中心主任朱才斌教授，区长吴本辉，区委常委、副区长张建洋以及市、区相关部门主要负责人出席评审会。

同日　2015年全国爱国卫生工作会议暨全国城乡环境卫生整洁行动会议召开，盐都区疾控预防控制中心被表彰为“全国疾病预防控制工作先进集体”。

9日　盐都区在全省创建公共体育服务体系示范区推进会上被省政府命名为首批“江苏省公共体育服务体系示范区”。

10日《龙冈镇志》获得首届江苏省优秀乡镇（街道）志、村志评选综合类二等奖，并获得“篇目设计”二等奖和“装帧精美”三等奖；《大孙居志》获得综合类二等奖，同时获得“记述正确”二等奖和“篇目设计”“创新突出”“装帧精美”3项的三等奖。

同日　2015’第四届中国手机产业年会在深圳开幕，对盐城智能终端等电子信息产业发展情况作专场推介。市委书记朱克江应邀出席并致辞。市委常委、秘书长潘道津，副市长周绍泉，区委书记羊维达、区委常委商建明以及市、区有关部门负责人等参加。

15日　清华大学长三角研究院院长王涛率领专家组到盐都区调研。市委常委、组织部长庄兆林，区长吴本辉、区委常委商建明等陪同。专家组一行参观研创大厦、风电检测中心和高新区科技展示馆等项目。

21日　市长王荣平到盐都区就工业转型升级进行专题调研。副市长周绍泉参加调研，区委书记羊维达、区委常委商建明、副区长肖乐农陪同。

22日　南昌航空大学党委书记傅克刚参观考察国家风电质量检测中心、恒力机床、重啤集团盐城公司和中色锐毕利实业公司。

24日　全国总工会财贸轻纺烟草工会主席秦鲁隼到龙冈镇调研。市总工会党组书记仇鼎文、区人大常委会主任穆芹陪同。

27日　全国政协常委、海峡两岸旅游交流协会名誉会长、国家旅游局原局长邵琪伟到盐都调研。省旅游局副局长经圣贤、市政协副主席李纯涛、区长吴本辉、区委常委、副区长张建洋等陪同。邵琪伟一行参观郝氏故居、郝氏宗祠，察看大纵湖旅游度假区特色旅游项目及重点项目建设现场。

29日　省关工委常务副主任李明朝到区考察调研“未成年人零犯罪社区

(村)”创建工作。

5月

6—7日，省旅游局局长秦景安到盐都区开展“三解三促”驻点调研活动。区委书记羊维达，区长吴本辉，区委常委、副区长张建洋等陪同。秦景安到三官农庄、大纵湖旅游经济区、郝氏故里、杨侍生态园等处考察经济社会发展情况及旅游产业发展情况，走访慰问部分贫困群众，与镇、村干部、群众代表进行座谈。

7日 市委书记朱克江到潘黄街道仰徐工业园和郭猛镇全民创业园调研镇村经济工作。市委常委、秘书长潘道津，副市长吴晓丹，区委书记羊维达，区长吴本辉，区委副书记顾其斌等陪同。

10日 盐都区21个项目在高新区、郭猛、龙冈、楼王等镇(区、街道)举行集中开工仪式，总投资达44.6亿元。区委书记羊维达，区长吴本辉，区人大常委会主任穆芹，区政协主席陈广平等出席，区四套班子其他领导分别到所挂钩的乡镇分会场参加开工仪式。

15日—17日 深圳市手机行业协会会长孙文平率60多家会员企业负责人组团到盐都考察。市委书记朱克江，市长王荣平会见。市委副书记戴元湖，副市长周绍泉，区领导羊维达、吴本辉、商建明等陪同。考察团考察中恒宠物、锐毕利电子、中小企业园、恒力机床、国家风电质检中心以及高新区智能终端(手机)产业园规划选址地块，并参加智能终端(手机)项目专场推介活动。

18日 中国盐城丹顶鹤国际湿地生态旅游节暨第八届海盐文化节在海盐博物馆拉开序幕，盐都区的老虎鞋、剪纸、筷子书法、秦南面塑、里下河民俗文化和首批非物质文化遗产项目代表性传承人参加展示和展演活动。

19日 国家质量监督检验检疫总局发布公告，决定对大纵湖大闸蟹等产品实施地理标志产品保护。

同日 市委书记朱克江为全市党员领导干部讲专题党课，并代表市委常委会对全市开展“三严三实”专题教育作动员部署。市委副书记、市长王荣平主持。专题党课以电视电话会议形式举行，羊维达、吴本辉、穆芹、陈广平、顾其斌等区领导在分会场收看收听。

21日 省农委主任吴沛良到盐都视察休闲观光农业。区委书记羊维达，区委常委、政法委书记陈育群等陪同。吴沛良视察潘黄街道仰徐村(稻麦)科技综合示范基地、郭猛镇杨侍生态园、盐龙湖生态风景保护区。

22日 盐城国家高新技术产业开发区建设推进大会在区文化艺术中心召开。国家科技部副部长曹健林、副省长徐南平出席并为盐城国家高新技术产业开发区揭牌。省科技厅党组书记王秦等出席。国家科技部高新技术发展及产业化司副司长续超前在会上宣读《国务院关于同意江苏省盐城高新技术产业开发区升级为国家高新技术产业开发区的批复》。市委书记朱克江出席并讲话。区委书记羊维达汇报盐城高新区建设情况。国家科技部、省有关部门单位和高校院所有关负责人，市、区领导李驰、戴元湖、庄兆林、潘道津、周德祥、马成志、周绍泉、吴本辉、穆芹、陈广平、顾其斌等参加。

31日 台湾政治大学国际关系研究中心研究员、两岸共同市场基金会执行长陈德昇到盐都考察。区长吴本辉，副区长肖乐农陪同。陈德昇一行参观考察恒力机床、中恒宠物、高新区规划展示馆，了解相关企业产业定位、新品研发、产学研结合、市场开拓等情况，并就技术创新等话题与企业负责人进行探讨。

6月

2日 省政府副秘书长方伟调研大纵湖旅游度假区建设情况。区委书记羊维达，区长吴本辉，区委常委、副区长张建洋等陪同。方伟一行察看环湖景观大道、东晋古城、大纵湖旅游景区、影视城等旅游景点和景区项目建设现场。

同日 省人大常委会副主任公丕祥带领调研组一行，到盐都法院秦南法庭考察调研人民法庭审判权运行机制改革工作。市人大常委会副主任、党组副书记周德祥，盐城市中级人民法院党组书记、院长徐军，区委书记羊维达等陪同。调研组一行到秦南法庭诉讼服务大厅，调解室、庭史陈列室、法官心理调节室、审判庭以及生活区开展实地调研。

4日 区委书记羊维达视察双新大道沿线重点项目建设情况。羊维达一行察看盐龙街道马中河排涝站建设现场，郭猛镇孙英村夏收秸秆还田现场，农村经济开发区的千亩蔬菜基地、中湾村村容村貌、水景园、红掌园等重点项目建设现场，并召开专题交流会。

6日 盐城高新区顺利通过省商务厅和省知识产权局联合组织的江苏省知识产权试点园区期满验收。

9日 区步高汽配的商用汽车自动变速操纵装置、都盛科技的多炉多层抽屉式纺丝组件预热炉、兰丰环境的大型行喷脉冲长布袋除尘器、悦达纺织的载体式涡流纺天丝及精梳棉混纺纱等42只产品被认定为江苏省2015年第一批高新技术产品，数量列全市第一。

10日 区委书记羊维达实地察看新区顺丰速递、恩源科技、亚邦“天地汇”项目现场，并考察宇腾“健康之家”医疗器械物流、悦达金融物流、东立城乡专线物流、凤凰传媒图书物流、松鑫电器物流、盐城商用汽车等物流项目和企业。

11日 省人大常委会副主任、党组副书记、省对口支援工作领导协调小组副组长史和平到郭猛镇杨侍村，调研“村村结对示范”援疆工作并主持召开座谈会。史和平一行参观杨侍农业生态园及杨侍村村民集中居住点。副市长周绍泉，区领导吴本辉、丁兴俊、关晓军等陪同。

16日 全市文化建设成果展在市图书馆拉开帷幕，盐都区展示北龙港剪纸、尚庄老虎鞋、龙冈柳编等一批民间传统手工艺品。省文化厅厅长徐耀新，市委常委、宣传部长陈红红，副市长马成志参观区展点，区委常委、宣传部长葛建华，副区长张云云陪同。

18日 江苏部分全国人大代表到盐都区专题调研深化农村改革工作情况。省人大常委会常务副主任、党组副书记蒋宏坤，国务院国有重点金融机构监事会主席于学军等参加专题调研活动。市、区领导朱克江、王荣平、周德祥、陈卫国、吴晓丹、羊维达、吴本辉、穆芹、顾其斌、陈育群等陪同。

20日 秦南镇泾口村举办“舞动狮

乡·多彩盐都·乐水泾口”2015年江苏“蛟龙杯”首届狮舞邀请赛。中国群文学会副主席、江苏省群文学会会长王世华，江苏省群文学会副会长、省文化馆馆长陈蜜，江苏省群文学会副会长兼秘书长、省文化馆书记戴珩，市文广新局局长季德荣，副区长张建洋、张云云出席活动并观看比赛。

30日　市委副书记、市长王荣平到盐都区开展“七一”慰问活动。区委书记羊维达，区长吴本辉等陪同。王荣平看望慰问盐都新区兴民三组的建国前老党员李桂洲和新区刘朋一组党员征曰新。

同日　区委召开庆祝建党94周年大会，表彰一批全区各条战线涌现出来的先进基层党组织和先进个人。区委书记羊维达出席并讲话。区委副书记顾其斌宣读表彰决定。区领导穆芹、陈广平、冯明印、方仕德、陈志会、葛建华、商建明、陈育群、沈潜辉出席会议。

7月

2日　省委书记罗志军就推动全面从严治党迈上新台阶到盐都调研。罗志军到大冈镇佳富村，观看党务政务公开栏，查看党代表联系党员群众登记表，并到村民丁如祥家探访。他强调，要把从严落实管党治党责任作为重大政治任务，把从严管理干部作为重中之重，把正风肃纪作为关键举措，在党的思想、组织、作风、反腐倡廉和制度建设各方面积极探索，努力打造党建工作新亮点新品牌。省委常委、秘书长樊金龙随同调研。市、区领导朱克江、王荣平、戴元湖、庄兆林、潘道津、羊维达、顾其斌、冯明印等陪同。

6日　江苏省第二批青年志愿者助残“阳光行动”服务基地在盐都区集中授牌。新日月社区获此殊荣并获得3000元扶持资金。团省委党组成员、纪检组长姚泉江，团市委书记吴冈玉，副区长张云云出席活动。

7日—9日　在全区上下深入开展“三严三实”专题教育之际，区委书记羊维达赴部分镇、村调研。羊维达到学富、楼王、北蒋、尚庄、秦南、郭猛、大冈、张庄、潘黄、龙冈、大纵湖、北龙港等镇（街道），详细了解镇、村经济社会发展情况。

9日　人民日报社江苏分社社长贺广华到盐都，调研采访新农村建设工作。市委常委、宣传部长陈红红，区委书记羊维达，区委常委、宣传部长葛建华等陪同。贺广华一行参观农村生活垃圾集中处理调度中心、潘黄街道仰徐村村部，了解村镇生活垃圾集中处理的相关举措。

7日—10日　德国茨维考市副市长凯瑟琳率领该市政企代表团到盐都考察。双方就加强两地经济、文化、教育等方面的交流合作进行友好会谈。区领导方平陪同。

11日　由共青团中央学校部、全国学联秘书处主办，盐城高新区承办的第十四届全国大学生机器人大赛Robotac赛事在市一中体育馆举行，北京工业职业技术学院最终夺冠。团中央学校部副部长石新明、副市长张京麒、副区长肖乐农等出席开幕式。

16日—17日　台湾旺旺集团品牌委员会主席兼中国旺基金会总经理、全国台企联副会长赵宏利参观考察永宁·东方汽车广场、悦达摩比斯物流、重啤盐城公司、中恒宠物、台创园和大纵湖旅游经济区。区长吴本辉，区委副书记顾其斌等陪同。

20日　中共盐城市盐都区委十三届七次全体会议在区文化艺术中心举行。会议总结回顾上半年工作，研究部署下半年任务，对推动全面从严治党迈上新台阶作出部署。区委常委会主持会议。区委书记羊维达代表区委常委会作工作报告。会议表决通过全会《决议》。区委副书记顾其斌就区委出台的《关于推动全面从严治党迈上新台阶的实施意见（讨论稿）》作说明。

24日　大纵湖大闸蟹在苏宁易购电商平台正式上线销售。

28日　省委宣传部副部长、外宣办主任司锦泉到盐都开展“三严三实”专题调研。市委常委、宣传部长陈红红，区委书记羊维达，区委常委、宣传部长葛建华等陪同。司锦泉到潘黄街道仰徐村、大纵湖镇三官村、大纵湖旅游经济区开展调研。

同日　农民日报社编委、华东地区主编、江苏记者站站长沈建华到盐都，就转变农业发展方式、深化农村改革等方面进行采访调研。区领导顾其斌、陈育群、征书和出席座谈会。

8月

4日　全市社区教育工作会议召开。市教育局为盐都区颁发“全国全民终身学习活动周”优秀组织奖。

6日　新疆察布查尔县委书记薛维长，县委副书记、盐城第八批援疆工作组组长刘源率代表团到盐都考察。薛维长一行参观中恒宠物用品、郭猛镇杨侍村、恒力数控机床、神龙公路港物流基地、天地汇·亚邦公路港、“家装e站”平台盐城区域运营中心等现场。

9日　市委书记朱克江到盐都看望留守儿童，了解他们暑期的学习生活情况。他强调，要围绕关注和满足留守儿童的家庭亲情需求，倾情关爱留守儿童，建立健全家庭、政府和社会共同参与的工作机制，织密织牢全社会关爱网络，让每一个留守儿童都能在亲情呵护和社会关爱中健康快乐成长。市、区领导潘道津、吴晓丹、羊维达、吴本辉、顾其斌、陈育群等陪同。

13日　台湾工商企业联合会理事长、中华两岸企业发展协进会荣誉理事长赵守博到盐都区参观考察。代表团一行参观台创园和葛武街道的郝氏故居、郝氏宗祠以及大纵湖旅游经济区等地。

14日　区委书记羊维达到龙冈镇、秦南镇、大纵湖景区、大纵湖镇、农村经济开发区考察全区旅游业重点项目建设情况。羊维达一行察看龙冈桃花园、泾口湿地风情园、大纵湖旅游经济区露营基地、三官生态村、农村经济开发区菊花园等乡村旅游项目建设现场，就项目在推进过程中遇到的困难和问题进行现场会办。

17日　安徽省阜阳市市委副书记叶露中率考察团到高新区中小企业（创业）园考察全民创业工作。市人社局局长王娟，区委副书记顾其斌，副区长肖乐农等陪同。

25日　公安部禁毒局五处处长于海斌带领调研组到盐都，调研指导禁毒工作。区长吴本辉，区委常委、政法委书记陈育群等陪同。调研期间，于海斌一行参观展示板、听取汇报、查阅相关档案资料、赴龙冈镇黄庄村实地考察。

26日　“畅游盐都金秋行”宣传与招商(上海)推介会在上海大剧院八楼望星空会议厅举行。上海市旅游行业协会常务副会长朱承蓉、上海市旅游行业协会秘书长陈雪羽、在线旅行社分会秘书长秦龙根、上海市黄浦区旅游局局长孙忠明等上海旅游界相关领导出席。区领导吴本辉、张建洋出席。

27日　盐都区与中国农业银行盐城分行签订全面战略合作协议。区委书记羊维达，农行盐城分行党委书记、行长孙羊生，副行长陈必森，农行江苏省分行金融市场部总经理潘道荣，区长吴本辉，区委常委、常务副区长陈志会等出席。

31日　2015年“畅游盐都金秋行”启动仪式暨盐城大纵湖湿地生态旅游节在大纵湖景区内亲水湖畔举行。省旅游局宣传促进处副处长刘旭东、市旅游局局长童健，副市长张京麒，区领导羊维达、吴本辉、张建洋、葛建华、征书和、张荣銮等出席。

9月

2日　区委书记羊维达走访慰问抗战老战士，向他们颁发中国人民抗日战争胜利70周年纪念章，并致以节日的问候。

同日　市委书记朱克江到盐都看望慰问部分抗战老战士，向他们颁发中国人民抗日战争胜利70周年纪念章，代表市委市政府向抗战老战士、老同志致以敬意和问候。市政协主席李驰，市委常委、秘书长潘道津，区委书记羊维达，区委常委、高新区党工委书记商建明陪同。

5日　区政府举行盐城国家高新区智能终端产业园推介会，深圳市手机行业协会会长孙文平率20多家智能终端企业负责人参加。区委书记羊维达致辞，区长吴本辉主持推介会，区委副书记顾其斌，区委常委、高新区党工委书记商建明出席。

8日—9日　市农村环境综合整治办公室常务副主任、市城乡建设局副局长李爱进带队，考核验收盐都区农村环境综合整治工作，并对“清洁乡村”行动进行督查。市考核组实地察看17个镇(区、街道)集镇、70个自然村，一致认为盐都区整治成效明显，同意高分通过验收。

10日　团中央书记处书记徐晓到盐都区调研农村共青团工作。团省委书记万闻华，市委常委、组织部长庄兆林，团市委书记吴冈玉，区委书记羊维达，区委常委、组织部长冯明印等陪同。徐晓一行到大冈镇佳富村和郭猛镇杨侍村党群服务中心调研，对盐都区团组织建设工作给予肯定。

同日　市委书记朱克江到郭猛实验学校，看望慰问一线教师，代表市委、市政府向全市教师和教育工作者致以节日的问候。市委常委、秘书长潘道津，副市长马成志，区委书记羊维达，区长吴本辉，副区长张云云等陪同。

11日　农业部副部长于康震、副省长徐鸣到盐都调研水产养殖业发展工作。市、区领导朱克江、潘道津、吴晓丹、羊维达、吴本辉、顾其斌、陈育群等陪同。

19日　区委书记羊维达到龙冈镇万家居委会和学富镇车林村，调研基层党组织“统一活动日”情况。

同日　大纵湖首届户外露营节在大纵湖景区开幕。

20日　龙冈桃花园第三届金秋采摘节在寿星广场开幕。当日，该园南主入口、牌坊、长寿亭、寿星广场、12个传说展示区、571军事教育基地等首次正式对外开放。

21日　全国政协常委、社会和法制委员会副主任王旭东，两岸企业家峰会信息家电产业合作推进小组召集人助理王建章等两岸企业家峰会嘉宾，国智恒北斗科技集团董事长王绍珉等参观考察神龙北斗系统信息平台、智能终端产业园、恒力机床、中恒宠物跨境电商等项目。区领导羊维达、商建明、肖乐农等陪同。

22日—24日　首届世界发明创新论坛在盐举行。开幕式上，科技部原部长、中国发明协会理事长朱丽兰，市委书记、市人大常委会主任朱克江出席并致辞，中国科协党组成员、计划财务部部长王延祐，省科技厅副厅长蒋洪，市、区领导庄兆林、潘道津、马成志、羊维达、商建明，科技部、中国科协、中国发明协会、各县(市、区)和省、市有关部门负责人等出席开幕式。闭幕式上，市长王荣平、中国发明协会常务副理事长邢胜才、区长吴本辉等为第一届世界发明创新论坛技术转让杰出成果奖获得者颁奖，106个科技发明项目获得金奖和银奖，其中盐城市有16项。

26日　区企业施工的4项工程被市建筑业协会组织评为2015年度盐城市“盐阜杯”优质工程、12项工程被评为2015年度盐城市优质工程。

同日　首届菊花节在台湾农民创业园正式开园。菊花节以“多彩花卉港 风情台创园”为主题，共展示300多个菊花品种，分为菊园、水景园以及菊花主题广场三个观赏区。市委副秘书长、市委农办主任徐国均，区领导顾其斌、张建洋、张荣銮出席开幕式。

29日　中央文明办中国文明网总编董青到盐都调研文明创建工作。市委常委、宣传部长陈红红，区委书记羊维达，区委常委、宣传部长葛建华等陪同。董青一行参观世纪广场内的文明驿站和盐都好人馆，新区福才社区的道德讲堂和好人文化长廊，大纵湖镇三官村文明驿站和文化大院，大纵湖镇好人榜及志愿服务图片展。

10月

1日　尚庄首届番茄狂欢节开幕。区委常委、宣传部长葛建华出席开幕式。

9日　陈长荣大纵湖大闸蟹公司正式获得水生动物出口资质授牌，成为全区首家大闸蟹出口企业。市副秘书长蒋红萍，市商检局局长赵建，区委副书记顾其斌，区委常委、政法委书记陈育群等出席授牌仪式。

12日　省委常委、省军区政委曹德信带领工作组到盐都检查指导人武部工作。盐城军分区政委宋修明、盐城军分区司令员杨军，区委书记羊维达，区长吴本辉，区委常委、常务副区长陈志会，区委常委、人武部长沈潜辉等陪同。

13日　区委书记羊维达赴大冈镇调

研扶贫攻坚工作。羊维达看望大冈镇同兴村村民王月勇，联合村村民周翠红，表示区委区政府会尽力帮助解决好生产、生活上的困难。

同日　市七届政协第38次主席会议在区召开专题协商议政。市政协主席李驰主持并讲话。副市长吴晓丹介绍全市镇村经济发展情况。市、区领导李长见、陈还堂、吕拔生、孙长春、李纯涛、王锦胜、尹金来、羊维达、吴本辉、陈广平、段学标、张荣銮等参加。

14日—15日　省旅游局在盐都召开全省乡村旅游工作推进会。省旅游局纪检组长詹庚庆，副市长张京麒等出席会议。会上发布江苏乡村旅游形象标识，公布盐都泾口生态园、大丰荷兰花海为“江苏省乡村旅游创新项目”，并授予盐都区“江苏省乡村旅游创新发展示范区”。

15日　振兴盐城北京咨询委员会主任王俊到盐都考察。市委常委、组织部长庄兆林，区委书记羊维达，区委常委、常务副区长陈志会等陪同。王俊一行考察江苏中恒宠物用品股份有限公司、星宇物产汽车部件(盐城)有限公司、江苏恒力组合机床有限公司。

17日　全国政协委员、海军原副政委、振兴盐城北京咨询委员会顾问王兆海一行到神龙物流园、大纵湖旅游经济区、郭猛镇杨侍生态园参观考察。区领导羊维达、方平陪同。

20日　省人大常委会副主任、党组副书记史和平到盐都调研人大工作。史和平一行察看潘黄街道“人大代表之家”，并观看反映区人大常委会工作情况的《依法履职促发展》专题片。市、区领导周德祥、羊维达、穆芹、丁兴俊陪同。

同日　省人社厅发文认定盐城中小企业(创业)园为2015年度省级创业示范基地。

23日　“军旅乡情—毕研顺盐城书画作品联展”在区博物馆展出。市政协主席李驰，市委常委、宣传部长陈红红出席开幕仪式，表演艺术家黄宏、歌唱家董文华、蔡国庆应邀出席。

23日—25日　大纵湖旅游经济区在南京国际展览中心成功举办“纵湖十鲜”美食节，“纵湖十鲜”乡土佳肴首次亮相国际性参展活动。

29日　区委书记羊维达到大纵湖旅游经济区调研。羊维达实地察看大纵湖影视城婚纱摄影基地、老景区提升改造、大纵湖景区露营基地、东晋古城等部分重点项目建设情况。

30日　中国土木工程学会燃气分会液化天然气专业委员会2015年年会在盐都区召开。区长吴本辉出席年会并致辞。

31日　区政府组织区四套班子领导和处级干部参观市“尚德召廉”教育馆，观看警示教育专题片，接受廉政警示教育。

11月

2日—9日　江苏省科技厅对2015年度省级工程技术研究中心、省级企业院士工作站、省级企业研究生工作站等拟立项目进行公示，盐都区新立省级工程技术研究中心2项、省级企业院士工作站1项、省级企业研究生工作站7项，总数列全市第一。

4日　大连万达商业地产股份有限公司在市土地交易市场成功竞得潘黄街道境内家家爱地块，万达广场项目正式入驻盐城。

5日　盐都区选送的葡萄优质新品种获省第八届“神园杯”江苏优质水果评比3金3银，其中“秋之恋”牌夏黑、“正社”牌巨峰、“以勇”牌甬优1号摘得金奖。

9日　全国双拥模范城考评组到盐都，对双拥模范城创建工作进行考评。市、区领导戴元湖、宋修明、吴晓丹、羊维达、陈志会等陪同。考评组参观潘黄街道双拥一条街，对盐都区双拥模范城创建工作所取得的成绩给予肯定。

12日　省科技厅发出批文，公布全省第二批6家“苗圃—孵化器—加速器”科技创业孵化链条建设试点园区名单，盐城中小企业(创业)园榜上有名，成为全市唯一一家。

13日—14日　受国家标准委委托，省质量技术监督局组织专家到盐都区，对盐都行政服务中心标准化试点项目进行考核评估。

14日　区委书记羊维达到新区和高新区，视察重点项目建设情况。羊维达一行视察新区开元路社区服务中心、天地汇亚邦公路港、物联大厦盐渎商城。羊维达还视察高新区翔宇商业综合体、智能终端(手机)产业园、中恒电商展示馆、柚尊家居、正昀新能源等项目现场。

16日　省委第三巡视组巡视盐都区、亭湖区工作动员会召开，市委副书记戴元湖主持会议并作动员讲话，省委第三巡视组副组长周政兴就即将开展的巡视工作讲话。省委第三巡视组副组长焦富民、吴忠宁及巡视组成员，区领导羊维达、穆芹、陈广平、顾其斌等参加会议。

19日　由省旅游局、中国江苏网主办的“畅游江苏·美丽乡村之网媒荐乡村”——2015江苏首届网络乡村旅游评选活动评选结果公布，盐都区上榜数量位居全省区县级城市第一。杨侍生态乐园、泾口湿地风情园获“江苏十佳最具创意农庄”；大纵湖镇三官村、仰徐乡村乐园获“江苏最具人气乡村旅游镇村”；龙冈桃花园获“江苏最具人气水果采摘园”。

22日　盐城大纵湖大闸蟹出口基地的100千克成蟹顺利通关，从盐城机场直飞韩国仁川。这是大纵湖大闸蟹自取得出口资质之后的首批订单。

24日　盐都区召开阿里巴巴农村淘宝盐都项目签约暨启动大会。区长吴本辉出席大会并讲话。区委副书记顾其斌，副区长肖乐农，阿里巴巴集团农村淘宝事业部区域经理、盐泰地区负责人王大伟等出席会议。

25日　市委书记朱克江到盐都调研秋粮收储工作。市委副书记戴元湖，市委常委、秘书长潘道津，区委书记羊维达，区长吴本辉等参加。

同日　盐城市毓龙路实验学校小学部、郭猛实验学校入选首批全国学校体育工作示范学校。

27日　区委书记羊维达到学富、楼王、大纵湖、秦南等镇，视察全区秋收秋种工作。区委常委、政法委书记陈育群陪同。

12月

1日　为纪念抗战胜利70周年，由市文学艺术界联合会主办，市音乐家协会、区文化广电新闻出版局共同承办，区音乐家协会协办的“禾丰之夜”江苏三大男高音音乐会在区文化艺术中心开场。

2日 省民政厅厅长侯学元到盐都参观考察区居家养老服务中心。区委书记羊维达、区长吴本辉陪同。

同日 省农业发展银行行长丁伟到区农发行、社区医院项目、盐都高级中学项目建设现场、郭猛镇杨侍村新农村建设示范点等地调研新型城镇化、新农村建设、信贷支持等工作。区委书记羊维达，区长吴本辉，区委常委、常务副区长陈志会陪同。

同日 区政府举行党的十八届五中全会和省委十二届十一次全会精神报告会。省委宣讲团成员、省民政厅厅长侯学元作宣讲报告，区委书记羊维达主持报告会。区领导吴本辉、穆芹、陈广平、顾其斌等参加。

同日 省科技厅公布今年第三批高新技术产品名录，盐都区有45个产品名列其中。1至11月份，新增省高新技术产品100个，总数列全市县(市、区)第一，创历史新高。

3日 农业部副部长张桃林到盐都视察农业农村工作。省农委主任吴沛良、副市长吴晓丹以及区领导顾其斌、陈育群陪同。张桃林一行实地察看大冈镇农业服务中心、区农广校实训基地以及区农村产权交易服务中心。

4日 “2015美丽中国行·聚焦生态盐城”中央媒体采风团到盐都区大纵湖旅游度假区和三官村采风。通过专业视角、运用图片和文字，反映“生态盐都”的独特魅力。

5日 全区“基层党建示范带”建设工作座谈会召开。区委书记羊维达出席会议并作重要讲话。区委副书记顾其斌主持会议。区领导冯明印、朱金南、葛建华出席会议。

同日 中国诗书画校园行公益活动创业基地在秦南镇泾口村成立。

7日—8日 盐都区在上海市成功举办创新创业暨智能终端招商推介活动，现场集中签约30个项目，总投资39.45亿元。区委书记羊维达出席推介活动并致辞，区长吴本辉主持推介会。区领导穆芹、陈广平、冯明印、陈志会、商建明、方平出席。

8日 郭猛镇杨侍村荣获“全国休闲农业与乡村旅游五星级示范企业”金字招牌，成为区乡村旅游跨越发展的又一重要标志。

14日 市淮剧团获评由中共中央宣传部和文化部、广电新闻出版总局联合表彰的第六届“全国服务农民服务基层文化工作先进集体”。这是该团继2003年获得首届全国服务农民服务基层文化工作先进集体后，又一次获此殊荣。

27日 盐城高新区、吉林大学通信工程学院和深圳市手机行业协会三方联合签订盐城智能终端产业研究院项目。深圳市手机行业协会会长孙文平，吉林大学通信工程学院院长赵晓晖，区委常委、高新区党工委书记商建明，副区长王善民出席签约仪式。

同日 江苏峰汇智联科技项目在高新区智能终端产业园举行开工仪式。区委书记羊维达，区委常委、高新区党工委书记商建明，副区长王善民出席开工仪式。

28日 总投资达60亿元，占地面积276亩，建筑面积60万平方米的盐城万达广场项目在潘黄街道正式奠基、破土动工。区领导羊维达、吴本辉、穆芹、陈广平、顾其斌、张建洋、方平出席开工活动。

29日 省委常委、宣传部长王燕文到盐都走访慰问“中国好人”、第四届全国道德模范提名奖获得者徐兆学。省委宣传部副部长、省文明办主任杨志纯，市、区领导朱克江、戴元湖、陈红红、羊维达、葛建华、沈潜辉陪同。

30日 中共盐城市盐都区委十三届八次全体会议在区文化艺术中心举行。全会由区委常委会主持。区委委员、候补委员出席会议。全会听取和讨论区委书记羊维达受区委常委会委托所作的题为《提升发展内涵，建设五大盐都，奋力开启率先全面建成小康社会新征程》的工作报告，审议通过《中共盐都区委关于制定盐都区国民经济和社会发展第十三个五年规划的建议》和全会《决议》。羊维达就《建议(讨论稿)》向全会作说明。区领导羊维达、吴本辉、穆芹、陈广平、顾其斌、冯明印、朱金南、张建洋、陈志会、葛建华、商建明、陈育群、沈潜辉出席。

31日 在2016年新年即将到来之际，市委书记朱克江到盐都调研城市社区工作，看望基层干部群众，并向全市人民致以新年祝福。市委副书记戴元湖，市委常委、秘书长潘道津，区委书记羊维达，区长吴本辉等陪同。

同日 据统计，盐城市盐都区2015年实现地区生产总值407.1亿元，增长10.9%，全区人均地区生产总值达63411元，增长10.0%，实现财政总收入59.84亿元，下降9.1%。其中一般公共预算收入36.48亿元，同口径增长17.0%。城镇常住居民人均可支配收入30316元，同比增长9.1%；农村常住居民人均可支配收入17271元，同比增长9.3%。

盐都概况

General Situation of Yandu

·区情概要·

【位置面积】 盐城市盐都区位于江苏省中部偏东，地理坐标：北纬33°07′52″~33°25′22″，东经119°40′49″~120°13′22″，紧临盐城市亭湖区，最大纵距33.4千米，最大横距50.2千米，北、东北、东、东南与盐城市亭湖区相连，南隔兴盐界河与兴化市相望，西、西北与宝应、建湖两县毗邻。全区土地面积1015.0平方千米，耕地面积55600公顷，人口71.5万人（不含住亭湖区人口），区人民政府驻盐都新区，距省会南京290千米。

【地形地貌】 盐都区地形东西宽，南北窄，呈不规则的长条形。全区地势平坦，河网稠密。由于河流、海洋堆积程度的差异及人类开挖河道、兴修水利、改良土壤等经济活动影响程度的不同，地面呈现出一些低冈和洼地，形成局部微小的起伏。境内略呈东高西低，地面高程一般在1.8米~2.2米之间。串场河沿岸是全区最高处，地面高程2.8米以上；朱沥沟、仇垛河、直挺河以东为次高地，地面高程均在2米左右；西部湖荡地区是全区最低点，地面高程1.5米左右。区境属里下河平原地貌单元。平原上还分布有残存的古沙堤，俗称“沙冈”。

【土壤】 境内土壤分为水稻土、沼泽土两大类，其中水稻土分布面积最广，占耕地面积的90%以上，由于长期开发，土壤得到改造，有利于种植业、养殖业的发展。

【河流】 区境河网纵横交错，所有河流均属淮河流域。所有河流均属于里下河水系。客水从西南入境，向东北流出。境内主要河流为蟒蛇河，边缘河流为串场河。蟒蛇河源于区境西南大纵湖，到九里窑与新洋港相连，干流为自然河流，支流主要有朱沥沟、东涡河、冈沟河等，流域面积约640平方千米，覆盖区境西、中部大部分区域。区境河流水位变化受降水量和上游来水量以及新洋港等闸启闭的影响，汛期大致为每年6—9月，年最高水位一般出现在7月中旬—9月上旬，年最低水位，通常出现在冬、春或6月上、中旬，一般在1.5米左右，也有超过1.6米警戒线水位的年份。兴盐界河古殿堡站历年平均水位为1.9米，历年最高水位3.22米，大纵湖北宋庄站历年平均水位1.06米，历年最高水位为2.80米，串场河盐城站历年平均水位为0.98米，历年最高水位为2.66米。

【气候】 2015年全区的气候特点是：全年平均气温正常略高，降水量总体偏多，日照时数正常略偏少。梅雨期正常，但强降水过程频繁，降水强度大、短时降水集中。年内灾害性天气频发对人民生产生活有较为严重的影响。全年平均气温为15.3℃，与常年相比略高。其中，1、2、3、4、6、8、9、10、11、12月平均气温比常年同期偏高；7月平均气温比常年同期偏低；5月平均气温与常年同期持平。极端最高气温36.7℃，出现在8月5日；极端最低气温为-5.6℃，有两天，分别出现在2月9日和11月27日。全年降水总量为1603.1毫米，比常年相比显著偏多。其中：1、2、9、12月降水量与常年同期相比偏少；3、4、5、6、7、8、10、11月降水量比常年偏多。全年总雨日111天。

重要天气事件及其影响：(1)雾霾：1月4—5日出现中度—重度霾。9—11日白天出现中度—重度霾。14—15日、17—18日因气象条件相对静稳，出现轻度霾；16日由于冷空气影响在中午前后，出现重度霾天气。20日白天至21日早上出现较明显的大雾天气。23—24日大气处于静稳状态，出现较明显的大雾天气。2月11日白天出现霾，12日早上有锋前雾，上午后转为霾天气，下午冷空气下来霾天气消散。15日下午降水停止后全区出现大雾天气。16—17日出现能见度低于200米的浓雾，21日出现了能见度低于500米的大雾。3月17日由于近地层水汽条件充足、大气层结稳定、加之风力较小等因素影响，凌晨到上午降水前，大部分地区出现明显大雾天气。4月11日早晨有雾或浓雾天气。出现能见度小于200米、大于等于50米的雾。5月19日早晨大部分地区出现辐射雾，部分地区能见度小于200米。24日后半夜大部分地区出现能见度小于200的大雾天气。7月2日凌晨到早上，全区大部分地区出现轻雾天气。3日凌晨到早上出现大雾天气，能见度小于200m的浓雾天气。4日凌晨到早上出现能见度小于500米的浓雾天气。15日早上出现能见度在500米左右的大雾天气。26日凌晨到早上，全区出现大雾天气。10月14—24日雾霾天气多发，早晨连续出现大雾天气。16日后半夜到17日早上，出现短时小于50米的浓雾。18日凌晨到早上，大部分地区出现能见度小于500米的雾。18日后半夜起大部分地区出现能见度小于500~1000米的雾，19日凌晨到早上，出现能见度小于200米、大于等于50米的雾。20日凌晨到早上，大部分地区出现能见度小于500米的雾。22日凌晨到早上，出现能见度小于50米的浓雾。23日凌晨到早上，出现能见度小于50米的浓雾。24日凌晨到早上，出现能见度小于200米，大于等于50米的雾。11月5日出现能见度小于200米、大于等于50米的雾。9日早上局部出现能见度在500~1000米的雾。15日早上出现能见度在100~500米的雾。30日部分地区出现能见度小于500米的雾。12月7日出现能见度小于600米的雾。21日白天，大部分地区出现了能见度小于3000米的霾，21日早晨和晚间境内出现能见度小于50米的浓雾。22日夜里，境内出现能见度小于50米的浓雾。23日夜里，境内出现能见度小于100米的浓雾。25日早晨大部分地区出现能见度小于200米的浓雾。25日下午开始，出现了能见度低于3000米的霾。(2)强冷空气、寒潮：1月5—6日受北方较强冷空气影响，伴有较大的偏北大风，出现6~7级的阵风，冷空气过后最低气温有所下降。16日下午开始，蒙古中部有一股中等强度冷空气南下影响，出现4~5级偏北风，天气转晴，17日的24小时最低气温下降3~4度。2月7—8日冷空气较强，24小时最低气温降温幅度达6℃左右，冷空气影响期间伴有5~7级的偏北大风。17—18日受弱冷空气影响，出现4~6级的大风，同时24小时内气温下降7度左右。27—28日受冷空气影响，出现一次雨夹雪的天气，同时伴有4~6级的大风。3月2日夜里至3日受强冷空气影响，出现大风降温天气，3日偏北风达7~8级；9日受较强冷空气影响，出现大风降温天气，偏北风6级；22日受东路冷空气影响，云量较多，同时风力较大。4月13日，受冷空气影响，气温明显下降，24小时最大降温幅度8~10度，同时伴有4~6级的西北大风。11月23—26日受较强冷空气影响，出现寒潮天气。48小时最低气温下降8度以上，其中26—28日早上全区最低气温都在0度以下，27日早上最低气温在-5.6度。12月2—4日受中等强度冷空气影响，12月1日后期至2日前期大部分地区出现小雨，2—4日最低气温下降7~11度，4日和5日早晨最低气温降至-2到1度，2—4日伴有内陆4~6级偏北风。12月15日后期到16日受北方较强冷空气影响，全区出现大风降温天气，17—19日白天全区以多云天气为主，早上最低气温都在零度以下，其中18日早上最低气温在-4.7到-6.9度之间。(3)降雪：1月28日夜里-29日出现一次明显的降雪过程，雪量中到大雪。出现明显积雪，过程积雪深度最深在29日早晨，达5厘米以上。截至1月30日17时，降雪未造成人畜伤亡、房屋倒塌以及主要交通设施的损坏，未对工业、基础设施造成损失。因积雪压迫塑料膜和支撑钢管，导致积雪和钢管砸坏棚内农作物，造成部分经济损失。(4)暴雨、雷暴和强对流：4月28日下午到夜里受北方冷槽、中低空低涡切变和地面气旋的共同影响，全区大部分地区迎来一次阵雨或雷雨天气，雨量小到中等，局部大雨，同时伴有雷电、短时雷雨大风等强对流天气。5月15日出现阵雨或雷雨天气，雨量小到中等，局部地区大到暴雨，同时伴有短时强降水、雷雨大风等强对流天气。26日夜里至27日以及29日中午至30日早晨，出现了较明显的降水过程。6月24—25日受高空槽、中低层低涡切变和地面气旋的共同影响，全区出现了大暴雨的强降水天气。29—30日受高空冷涡、低空切变和地面气旋的影响，全区出现区域性暴雨，局部大暴雨的天气过程。7月11—12日受超强台风“灿鸿”外围影响，全区出现中到大雨，局部暴雨。24—26日受高层东北冷涡配合中层切变线影响，本地处于副热带高压北部，同时8号台风输送水汽，出现一次大暴雨天气过程。北蒋街道童成村8户人受灾，北蒋童成三组张荣富所住房屋倒塌，受灾面积为50.5平方米，造成经济损失0.8万元。7月31日—8月1日受高空槽东移南压、副高减弱东退影响，出现大到暴雨、局部大暴雨的天气，并伴有短时强降水、雷雨大风和强雷电等对流性天气。8月4—6日受高空槽及副高减弱东退影响，午后局地出现雷阵雨天气，部分地区伴有雷雨大风、短时强降水和雷电等强对流天气。7—9日受台风“苏迪罗”外围云系和高空槽结合影响，全区大部地区出现阵雨或雷雨天气。10—11日受热带低压“苏迪罗”和北方冷空气的共同影响，全区有明显的风雨天气，过程雨量达到大暴雨，局部特大暴雨，最大300.1毫米出现在盐龙街道。19—20日出现一次较强的降水过程，过程雨量大到暴雨，局部大暴雨。9月1日高空冷涡南掉，早上到上午有飑线回波，出现强雷暴、雷雨大风和短时强降水天气，张庄降水量为51.3毫米，8—9时小时最强雨量张庄镇29.9毫米。22—23日受北槽影响，出现中到大雨、局部暴雨的天气。11月5日到6日上午出现一次明显的雷雨天气，达到暴雨标准。6日夜里到7日白天，又出现一次明显降水，达到暴雨标准。12—14日凌晨全区中到大雨，局部暴雨。(5)大风：5月12日出现平均风力6级阵风7到8级的大风天气，20日，受到北方较弱冷空气影响，气温稍降，地面风速稍大。11月23—26日受较强冷空气影响，出现寒潮天气，全区风力有所增大，出现内陆5~7级的偏北大风。12月2—4日受中等强度冷空气影响，12月1日后期至2日前期全区大部分地区出现小雨，2—4日伴有内陆4~6级偏北风。15日后期到16日受北方较强冷空气影响，全区出现大风降温天气。26日夜里有较强冷空气南下，伴有内陆5~7级偏北风。(6)梅雨：6月24日入梅，7月13日出梅，梅长20天，梅雨量为293.7毫米。(7)连阴雨：4月1—3日出现小雨天气，4—5日出现阵雨或雷雨，雨量小到中等。其中3日夜里至4日早晨出现雷暴天气。4月起，赤道中东太平洋海温持续偏高，至10月，累计海温距平为18.4℃，达到极强厄尔尼诺事件标准。受此影响，我国冬季风偏弱，有利于冬季偏暖。冷空气势力弱，与暖空气交汇，产生多阴雨天气。11月4—25日，出现持续的阴雨寡照天气。4日后期至8日全区多阴雨天气：4日夜里全区出现小雨天气；5—6日上午全区出现一次明显的雷雨天气，达到暴雨标准；6日夜里至7日白天，全区又出现一次明显降水，降水性质仍为雷雨，达到暴雨，7日夜里至8日，全区阴，局部有时有小阵雨。12—18日又有一次连续的阴雨过程：12—14日凌晨全区中到大雨，局部暴雨；15日阴，夜里起全区出现降水，雨量小到中等，局部大雨；16日全区阴有小雨，17—18日阴，部分地区有小雨天气。21—22日南支槽发展，云系进一步增多，又出现一次降水天气。22日全区降水量小到中等。23—26日受较强冷空气影响，出现中到大雨天气。连阴雨期间，累积雨日13天，持续的阴雨天气对水稻的收割造成严重影响。(8)台风：受超强台风“灿鸿”外围影响，7月11—12日出现中到大雨、局部暴雨，雨量为30.7毫米，并伴有7~9级的东北大风，极大风速为16.7米/秒。龙冈镇凤凰村李宝生家主屋受损，受灾面积70平方米，3人受灾，损失金额7万元；龙冈镇大潘村万广清家猪舍受损，受灾面积5平方米，2人受灾，损失金额0.5万元；龙冈镇军营村钱粉宝家主屋损坏，受灾面积60平方米，1人受灾，损失金额6万元。受台风“苏迪罗”外围云系和高空槽结合影响，8月7—9日全区大部地区出现阵雨或雷雨天气。10—11日受热带低压“苏迪罗”和北方冷空气的共同影响，全区有明显的风雨天气，过程雨量达到大暴雨，局部特大暴雨。受此次台风影响，水稻受灾面积1.07万公顷；棉花533公顷；蔬菜0.13万公顷；水果0.1万公顷；苗木0.7万公顷；水产0.23万公顷。畜禽方面，猪场被淹10个，仔猪死亡67头；鸡场被淹6个其中损坏3个，鸡死亡2050头；农作物和畜禽经济损失共1.8994亿元。房屋倒塌2312间，经济损失943.5万元。行道树倒伏2430棵，经济损失72.9万元。广告牌倒损30块，经济损失100万元。共损失3015.8万元。受台风“天鹅”和北方冷空气结合影响，全区出现阵雨。25日以后“天鹅”和冷空气结合在东北境内形成一个稳定的冷涡，25—31日高层不断有冷空气南下，每日均出现不同程度的局部阵雨或雷雨。受台风“杜鹃”外围及冷空气共同作用，9月29日后期至10月1日前期全区出现中到大雨，局部暴雨，出现5~7级的偏东转西北大风。(9)高温：7月28—30日持续晴热高温，持续3天出现大于35℃的高温天气，最高气温35.8℃，出现在29日。
（刘　雯）

【自然资源】 境内有丰富的土地资源和水资源，地势平坦，土地肥沃，河湖密布，适宜农、林、牧、副、渔综合开发和全面发展。据统计年鉴，全区土地面积1045.5平方千米，其中耕地53433公顷。境内湖荡、河沟纵横交错，水资源比较丰富，素有“鱼米之乡”之称。年降水量为1603.1毫米。除蒸发、作物吸收及下渗入土以外，约有25%成为地表径流，排入河沟。境内已发现的矿产资源主要有黄沙、砖瓦粘土、高硅土等，其中高硅土分布在郭猛镇境内，可作保温制品原料。境内野生动物资源中，鱼纲类有鲤鱼、鲫鱼、乌鱼、鳊鱼等30多种；爬行纲类有龟、鳖、蛇等20余种；鸟纲类有野鸡、野鸭、鹰、雀等30余种。哺乳纲类有野兔、刺猬、鼠等10余种。另有野生无脊椎动物数十种。野生植物资源较为丰富，有数十科几百个品种，分布在田间、河边、滩地，用于农牧渔业生产、手工编织及治疗疾病。

【建置沿革】 区境在商周时为“淮夷地”。春秋时始属吴，后属越，战国时属楚。西汉元狩四年(公元前119年)，始设盐渎县(一说元狩四年前置)。东晋安帝义熙七年(公元411年)，改盐渎县为盐城县。北齐于此设射阳郡，陈时改为盐城郡。隋末，韦彻起义据此置射州。民国22年(1933年)，江苏省于盐城设行政督察区，后改为盐城区。1936年，又改为第六督察区，盐城县先后隶属之。1940年10月，盐城县成立抗日民主政府。1946年4月，改盐城县为叶挺县。1949年4月复名为盐城县。自1940年10月后，盐城县先后隶属盐阜区、盐阜分区、苏皖边区第五行政区、苏北盐城行政区、苏北盐城专区、江苏省盐城专区、江苏省盐城地区。1983年初，实行市管县(区)体制，盐城为省辖市，盐城县撤销，盐城镇成立盐城市城区，其余乡镇为盐城市郊区。1996年9月，国务院批准撤销盐城市郊区，设立盐都县，隶属盐城市。2004年初，国务院批准撤销盐都县，设立盐城市盐都区，仍隶属盐城市。

【行政区划】 2015年底，全区共有建制镇8个、4个区(新区、高新技术开发区、农村经济开发区、大纵湖旅游经济区)、3个街道办事处(张庄、盐龙、潘黄)、7个社区街道，249个村居、3个管理区、1307个村民小组。

【交通】 区行政中心以西4千米有宁靖盐高速公路，90千米有京沪高速公路；以南4千米有盐徐高速公路；以东2千米有204国道，6千米有新长铁路，10千米有盐通、盐连高速公路，13千米有盐城机场，50千米有大丰港、70千米有射阳港，204国道东侧还有国家三级航道通榆河。经高速公路驱车到达南京只需2.5小时、上海3.5小时、北京10小时，铁路南接京沪线和宣杭铁路，北接陇海线，除开通货运外，还开通南通至淮安、连云港至南京、泰州至成都、兰州、哈尔滨、青岛，南通至北京、太原以及扬州至四方、成都的往返客运列车。国内航线开通北京、广州、温州、南通往返航班，国际航线开通韩国首尔航班。除此，境内还有盐淮、盐兴、盐金省道公路和盐邵、盐宝线和兴盐界河等级航道。镇村公路普遍实施黑色和硬化工程，公路网四通八达。

【旅游景点和人文景观】 境内主要旅游景点和人文景观共有11处，分别为：大纵湖旅游度假区、龙冈华都森林公园、新区世纪公园、大纵湖清代书法家宋曹祖居、北龙港明代翰林院大学士朱升墓、潘黄名人徐铎园、大纵湖名人郑板桥教书馆、郭猛名人沈拱山墓、秦南宋泽夫烈士塑像园和墓园、鞍湖胡乔木故居、龙冈现代草书书法家胡公石墓、葛武原国民党台湾行政院长郝柏村旧居。

【土特产品】 境内土特产品主要有：大纵湖清水大闸蟹，北龙港青虾、荷藕、无铅松花皮蛋，龙冈茌梨、鸭梨、柳编制品，葛武嫩姜片，学富腊香鹅，秦南水牛肉，潘黄龙须粉丝、豆制品，义丰茨菰，尚庄蕃茄，郭猛花卉，张庄绿田牌葡萄等。
（年鉴编辑部）

·区划调整·

【概述】 本着“便于管理、集约发展”的原则，合理划分区域管理范围。围绕推进城乡一体化进程目标，全方位做好区划调整后的地名梳理和规范命名工作，着力推动区域经济社会全面、协调、可持续发展。年内，完成对全区范围内11家新建小区的小区预留名以及正式命名工作。
（郑　军）

·国民经济社会发展计划执行情况·

【概述】 2015年，全区上下努力适应经济发展新常态，紧紧围绕“打造新高地、迈上新台阶”总定位，以改革创新为动力，以质量效益为中心，以绿色发展为方向，重抓“三突出、三强化”，着力提质增效，有效化解突出矛盾和问题，全区经济社会持续稳步发展，增长保持在合理区间，较好地完成区十五届人大四次会议确定的主要目标任务。

【经济运行稳中有进】 主要指标完成良好。实现地区生产总值407.06亿元，增长10.9%；一般公共预算收入36.48亿元，增长17%；固定资产投资307.5亿元，增长23.3%；社会消费品零售总额187.8亿元，增长11.8%。农业经济平稳运行。粮食生产实现“十二连增”，设施农业面积达1.03万公顷，占耕地面积比重达18.9%。生猪、蛋禽、肉禽规模养殖比重分别达85.7%、98.4%和98.8%。规模农业龙头企业发展到142家，新认定家庭农场183家、新型职业农民200人；农业机械化水平达81%。工业经济稳中有增。实现规模以上工业增加值205亿元，增长11.5%；实现规模以上工业投资188亿元，增长19.5%。工业用电量7亿千瓦时，增长1.5%；万元GDP能耗降低率4.35%；实现全口径工业开票销售244亿元，增长16.2%。50强重点企业实现开票销售102亿元，入库税收4.6亿元，分别占规模工业67.1%和65.7%。新增定报企业37家。服务业经济加快发展。实现服务业增加值160亿元、投资93亿元、地税收入18亿元，分别增长12.8%、33%、20%。30家重点企业实现销售89亿元、税收3.6亿元，分别增长10%、9%。物流业、汽贸业实现销售42亿元、37亿元，分别增长10%、5.7%。电商快递产业园被评为“江苏省电子商务示范基地”，入驻项目65个，实现线上交易额2.5亿元。旅游业接待游客320万人次、收入32亿元，分别增长52.4%、45.5%。房地产新开工160万平方米，商品房上市97万平方米、销售110万平方米，库存下降7%。

【加快转型升级步伐】 三次产业结构比例为10.1:50.6:39.3，三产增加值占地区生产总值比重提高2个百分点。产业层次加快提升。实现战略性新兴产业增加值40.7亿元，增长16.4%，占地区生产总值比重达10%，同比提高2个百分点；高新技术产业实现产值254亿元，增长20.6%，占规模工业比重达28%，同比提高3个百分点。技改力度不断加大。47个列市“千企”技改项目全部实施，完成投资29.2亿元；列区90个工业企业技改项目竣工投产82个，完成投资42亿元，其中设备投资26亿元。建成国家级研发机构4家、省级64家，全社会研发经费支出占地区生产总值比重达1.8%。创新创牌成果丰硕。申报省级以上各类科技项目100多项，获得正式立项68项，专利申请量2650件，授权量815件。新认定国家高新技术企业26家，省高新技术产品认定100个。新认定中国驰名商标3件、地理标志商标2件，省著名商标5件，市知名商标11件。新增农业“三品”35个，获评“中国大闸蟹电子商务示范县”，大纵湖渔范村被认定为“江苏省电子商务示范村”。

【投资保持较快增长】 基础设施投资加大。完成农村公路提档升级70千米、桥梁239座。完成331省道盐都段、青年路匝道和双新北路跨蟒蛇河大桥建设。125省道四期、步湖路滨湖段改造和东进路西延工程开工建设。盐邵线12千米、盐宝线4千米护岸工程竣工。疏浚城市河道53千米，新改建泵站5座，防洪闸1座，加固圩堤1千米。整治乡级河道14条、村庄河塘66个村、农村河道1462条，完成“最后一匡田”通达工程项目桥梁建设471座。项目推进扎实有效。新签约亿元以上项目65个、新开工55个、新竣工46个。列市“三重”项目完成投资25.6亿元，占年度计划102.4%。列市工业“三百工程”项目新开工28个，竣工35个，完成投资76亿元。区八大类224项重点工程项目，完成年度投资计划94.5%。全民创业势头良好。新发展私营企业2005户、个体工商户5835户，新增工业一般纳税人企业250家。8个全民创业园新增投资近10亿元，新建标准厂房30万平方米，新入园企业100家，吸纳创业就业3000人。

【改革开放不断深化】 综合改革纵深推进。审批服务不断优化，大力推进“三证合一”，行政审批事项压减30%；新政务服务中心投入使用，实现部门进驻、项目集中、授权到位三个“100%”。农村土地确权登记颁证工作全面开展，区农村产权交易服务中心正式运行。投融资工作取得重大进展，获批企业债2只、国家专项建设基金项目2个。开放合作取得成效。全年新批外资项目7个，其中总投资1000万美元以上项目3个；设立境外投资企业5家，实现“零”的突破。注册外资实际到账8658万美元，进出口总额5.58亿美元，其中出口总额3.18亿美元。上海闵行盐都工业园入园企业19个，完成固定资产投资16.9亿元，实现销售收入63.5亿元。资本运作力度加大。中恒宠物主板上市进入辅导期，驰翔齿轮、蔚联机械、汉印机电等3家企业在“新三板”成功挂牌。

【民生建设持续改善】 实现城镇居民人均可支配收入30600元，增长9.4%；农村居民人均可支配收入17600元，增长11.4%。生态建设稳步推进。新增城市绿地228公顷，城市绿化覆盖率达45.2%；新造成片林1.38万亩，四旁植树130万株，林木覆盖率达21.6%。完成自然村庄环境整治1158个，秸秆还田超100万亩。实施耕地占补平衡项目28个，新增耕地2807亩。建成国家级生态镇4个、省级以上生态村4个，国家生态区创建通过验收。就业、保障水平不断提升。新增转移农村劳动力7800人，组织培训1.38万人次，新增城镇就业1.25万人，城镇登记失业率1.96%。新增各类社会保险参保4.7万人次、基金总收入13亿元。托底救助15402人次，救助金额638万元；孤儿生活费提至1000元/月·人。完成棚户区改造896户、农村危房改造300户，渔民上岸居住150户。民生实事工程进展顺利。十大类28个项目有序推进，较好完成年度目标任务。高新区实验学校、腾飞路实验学校、区残疾人康复托养中心和老年社会福利院等一批惠民项目建成使用。

【社会事业全面进步】 教育体育继续提升。教育现代化全面推进，各类教育协调发展，获得全市高中教学质量优秀奖；荣获市第七届运动会团体总分第二、金牌总数第一。被表彰为省义务教育优质均衡发展区、学前教育改革发展示范区，公共体育服务示范区。文广事业蓬勃发展。开展各类展演展示活动260多场次，送戏68场、电影3600多场、图书18000多册。建成数字化农家书屋222家，创成五星级农家书屋3家、四星级6家、三星级20家。《半车老师》《红尘遗恨》《芦花深处有雁声》等艺术作品获得各级各类奖项。卫生、计生再上新台阶。新农合人均筹资提高到480元，区镇住院政策实际补偿比达49%。建成标准化村级卫生室25个，创省示范乡镇卫生院3个、村卫生室5个。重性精神疾病患者全部实行免费住院治疗，建成慢病管理示范村19个，完成农村改厕12600座。人口自然增长率3‰，符合政策生育率98%，省“十二五”人口协调发展先进区创建通过市级复查。平安、法治建设成绩显著。建成“四频合一”综治信息系统，区镇社会服务中心和村级“一站三室”建成率达95%；社会治安防控体系建设卓有成效，公众安全感省级调查列全市第二；创成全国民主法治示范村1个、省级58个。

【需要重视和解决的问题】 经济结构性矛盾依然突出，服务业占比偏低，战略性新兴产业规模较小；创新驱动能力不强，规模企业研发投入不足，增长面不高；招商选资突破不快，重特大项目数量不多；经济外向度不高，进出口增幅有所下降；房地产市场回暖不快，去库存压力仍然较大；基本公共服务体系还不完善，改善民生还须进一步加强。

（李庆銮 万守东）

·民主法制建设·

【概述】 区人大常委会深入贯彻关于全面推进依法治国的决策部署，认真履行法律监督职能，积极推动"一府两院"依法行政、公正司法。

【扩大人民民主】 年内，采取组织学习培训、举办法制讲座、寄送刊物资料等形式，保障代表知情知政，提高代表履职能力。主动邀请代表参加视察调研、执法检查、工作评议、听庭评案等活动，扩大代表对常委会工作的参与度。以"一个载体、两项制度"建设为抓手，有序安排代表接待选民和向选民述职，加强代表与选民的联系，察民情、听民声，积极建言献策。

【督办代表建议】 常委会不断创新建议督办模式，在会议交办、适时催办、登门督办的基础上，积极推行代表建议对口督办，将72件建议按其内容进行划分，由人大相关委办对口检查、跟踪督办，促进承办部门及时做好建议办理工作。继续坚持重点建议重点督办，常委会分别选择一件事关经济发展大局和群众切身利益的重点建议，牵头组织督查，推进办理到位。评选代表建议办理先进单位，推行代表建议办理结果公示，力促提高办理质量和效率。代表们提出的建议、批评和意见均在规定期限内办结答复，全年办成48件，占66.7%，列入规划逐步解决22件，占30.5%，因政策和客观条件所限作情况说明2件，占2.8%。

【维护法制统一】 保证法律法规在盐都正确实施，是宪法和法律赋予区人大及其常委会的重要职责。年内，常委会根据《规范性文件备案审查实施办法》规定，完善工作机制，严格审查程序，依法对政府报送的规范性文件进行备案审查，有效监督抽象行政行为。

【推进"六五"普法】 协同抓好全区"六五"普法验收，推动开展"12·4"国家宪法日宣传，努力营造尊法守法学法用法的社会氛围。举办《行政诉讼法》知识讲座，组织"一府两院"领导、人大常委会组成人员、各镇（街道）和部门负责人、区镇人大代表共400多人参加，促进《行政诉讼法》在全区顺利实施。

【开展执法检查】 年内，采用听取汇报与实地察看、问卷调查与重点检查相结合的方式，对国家《预算法》《安全生产法》《渔业法》及江苏省《渔业管理条例》《机动车排气污染防治条例》《保护和促进台湾同胞投资条例》贯彻执行情况进行检查，针对法律条例执行过程中的存在问题提出科学合理的建议，进一步维护法律法规的严肃性和权威性。

【加强司法监督】 听取和审议区法院行政诉讼工作，组织代表听庭评议行政审判案件，促进区法院依法化解行政纠纷，平等保护行政机关和相对人双方的合法权益，提升司法公信力。视察人民陪审员工作，督促区法院依法安排人民陪审员参与庭审，推进司法民主，促进司法公正。年内，组织代表专题视察检察院反渎职侵权工作，强调在惩治渎职犯罪的同时，加强对重点领域、重点部门、重点岗位、重点环节的预防教育，不断提升反渎实效，促进公职人员严格履职、规范行为。调研视察治安巡防工作，建议相关部门完善防控体系，筑牢基层基础，提升公众安全感。

【处理来信来访】 把做好人大信访工作作为倾听民声、为民解忧的重要途径，积极推动社会矛盾化解。按照信访制度要求，规范信访工作程序，加大信访督办力度，明确专人协调处理，确保批转信访件有回执、有答复、有结果。常委会带头接访和阅批重要信访件，并深入挂钩镇村，驻点指导信访积案和突出矛盾化解。全年共接收处理来信32件，接待处理来访85人次，化解矛盾纠纷，为维护社会和谐稳定发挥积极作用。

（陈浩芳）

·精神文明建设·

【概述】 2015年，全区精神文明建设工作以培育和践行社会主义核心价值观为主线，围绕"创建全国文明城市、新农村建设、文明旅游、志愿服务、为未成年人办实事"五大工程，区级层面注重顶层设计，各地各部门紧密配合，多项工作在省里有位次、在地方有成效、在社会有影响、在群众中有好评，为盐都"打造新高地，迈上新台阶"提供了强有力的思想保证和精神力量。

【道德实践活动】 公益宣传上街下乡进庭院。通过"一屏一牌一在线一传播"等手段强势宣传社会主义核心价值观基本内容。按照守土有责、守土负责、守土尽责要求，从常态化宣传、责任化审批、标准化设计、市场化运作、规范化管理等五个方面，理顺联合管理体制，规范户外公益广告行为。明确区委宣传部、区文明办负责确定公益广告的宣传主题和设计方案的把关；城管负责户外公益广告的规划、设置审批；区交运局、住建局、公安局、城管局及其合作经营的单位负责公益广告的绘制和日常管理，各镇（区、街道）负责统筹安排好户外公益广告设施的建设、维护和管理费用，并做到半年更新一次，定期更新96个公交站台公益广告且覆盖面达50%以上，新都路、开元路等核心地段公益宣传达90%以上，全区公益宣传数量稳定在广告总量的20%以上。6月17日，全市公益宣传现场观摩会在盐都召开，各县（市、区）文明办主任、市直相关部门负责人观摩公益宣传、全国文明镇和三官·文明驿站现场。各类公益宣传"上街下乡进庭院"，为传播好中国声音、讲述好厚德盐城故事，为建设文明盐都凝聚起强大的精神力量。致力加快"厚德盐都"建设。坚持20多年传唱一首歌，评选表彰2014年度"盐都区十佳文明新事"，扎实开展"江苏好人""中国好人"评选活动，陈晓娟等当选"江苏好人"、入围"中国好人"，程来品、武红梅分别当选2月和11月"中国好人"。广泛发布"厚德盐都榜"，在社区全覆盖的基础上，实现250个村居全覆盖。新建"盐都好人馆"，用身边人、身边事来教育人、感召人，使学习先进、争当先进成为人们的精神追求和自觉行动。"用文明作担保，以诚信作抵押。"盐城农商银行向"中国好人"程来品、"盐城好人"杨建军、"十佳文明新事”当选者丁德勤授信，3人分别获得20万元、10万元、10万元的“道德信贷”，进一步弘扬学好人、做好人、好人有好报的良好风尚。不断扩大“道德讲堂”覆盖面。市区文明单位建设“道德讲堂”60余家，开讲200多场次。开展“道德模范宣讲进校园、进社区、进企业”等活动，全年举办道德模范典型事迹宣讲报告会近60场次，听众人数近3万人。举办“公民道德宣传日”暨盐城市首个“关爱道德典型日”世纪公园广场活动，文化志愿者为社区群众奉献一台大戏，12支志愿服务队在世纪公园广场集中开展志愿服务活动。“真情服务580”党员志愿服务队、“文明旅游盐都行”志愿服务队、“平安法治盐都”志愿服务队、“心·温暖”志愿服务队、“文明交通”志愿服务队、“生态文明”志愿服务队、“爱心妈妈”志愿服务队、“地税e家”志愿服务队、“和谐国土绿色服务”志愿服务队、“健康卫士”志愿服务队、“急救”志愿服务队、“盐都区互联网+”志愿服务队等，用实际行动向道德典型学习，践行社会主义核心价值观。

【开展志愿服务活动】 结对共建“三官文明驿站”。整合政法、卫生、水务、文广新、水务、气象、环保、共、青、妇、关工委等单位宣传教育资源，合力共建大纵湖镇三官·文明驿站。共建“中国梦”“图说我们的价值观”“爱主题”“孝文化”“诚信家园”“创新创业”“智慧生活”“水之韵”“和”“美”“智”等12+7个特色文化大院，“种”文化上墙，“植”文明入心。聚合“八礼四仪”教育、消防实践教育、平安法治建设、特色志愿服务、卫生健康教育、民俗婚庆文化等标杆性教育实践要素，将“厚德盐城”融入驿站血脉，满足附近群众和游客前来“观、赏、习、品、种、书、画、摄、购”的同时，弘扬社会新风尚、传递道德正能量。实施“文化春天”耕耘计划。开展“点赞盐都”“文明旅游”等“文明盐都”十大志愿服务行动，打造“心·温暖”志愿服务品牌，重点关爱留守儿童、残疾人、农民工、空巢老人等社会特殊群体。拓展志愿服务领域，积极开展全民阅读、无偿献血、环境保护、法治宣传、治安防范、科学普及等多领域多主题的志愿服务活动。结合潘黄仰徐草莓节、龙冈桃花节、尚庄蕃茄节等旅游节庆活动开展了“文明旅游盐都行”八大活动，印制1万份《文明旅游宣传册》发送给游客，形成强大的文明旅游宣传氛围。统筹协调指导全区志愿服务工作。积极开展省平台新增志愿者注册工作，2015年新注册志愿者7.49万人。建立区、镇（街道）、社区（村、居）三级服务网络，规范全区19个镇（区、街道）的志愿服务站建设。推动各级文明单位积极履行社会责任，各地、各部门围绕社会关爱、文明交通、社区创建、传统节日等主题，开展多种形式的志愿服务活动，“红红火火过大年志愿行动”、真情服务580、“爱心妈妈”等活动有影响、有成效，唱响“心·温暖”志愿服务四季歌。推动在职党员到社区报到、开展志愿服务群众活动；积极发展网络文明志愿者，做好网上文明传播工作。

【文明城市创建】 着力推动文明城市创建常态长效。围绕文明城市创建目标紧盯城市文明程度指数测评12个测评项目、90项测评内容、188条测评标准，对标找差、挂图作战。区创文办组织督查组，坚持问题导向，周周一小考、月月一大考，及时通报测评情况，推进解决薄弱环节，群众对文明城市创建的满意度和支持率稳步提升。在中央文明办2015年度文明城市测评中，盐都实现得高分少失分的目标。全面开展六大综合整治行动。营造浓烈的创建氛围，分解落实创建任务，加大力度整治主次干道、后街背巷、农贸市场、小区、河道、餐饮店等。组织督查组开展多轮次的镇（区、街道）家家到和专项督查，全面推进六小行业、文明交通等专项整治行动。群众性精神文明创建活动见成效。大纵湖镇创建成全国文明镇，仰徐村继续保持全国文明村荣誉称号。加强对2014—2015年度各类文明创建先进集体申报单位“过程管理、动态考评”的力度，通过现场会、推进会，形成比、学、赶、帮、超的良好氛围。区委、区政府授予盐都地税系统等8个系统为文明行业，授予区人民检察院等134个单位为文明单位，授予大纵湖等5个镇（街道）为文明镇（街道），授予潘黄街道仰徐村等31个村（居）为文明村（居）。全面推进农村精神文明建设，开展“百村双十佳”结对共建活动，大纵湖三官村、大冈佳富村获评盐城市第二届“最美乡村”。

【优化未成年人成长环境】 深入开展道德实践活动。在全区未成年人中深化“我们的节日”系列主题实践活动，抓住春节、清明、端午、中秋、重阳等传统节日以及六一等重要时间节点，开展“凭吊革命先烈”“童心向党”等活动，开展“学习和争做美德少年”活动，潘黄实验学校陈培源等10名少年被市文明办、市教育局、团市委、市妇联、市关工委等部门表彰为第三届盐城市“十大美德少年标兵”。充分发挥仪式教育的重要作用，全区43所学校通过各种形式组织开展入学仪式、成长仪式、青春仪式、成人仪式等“四仪”教育，崇礼路小学举办的“崇德明礼、快乐成长”2015秋学期入学仪式获评全省未成年人文明礼仪养成教育“四仪”创新案例二等奖。加强未成年人校外活动阵地建设。组织推进中央及省级乡村学校少年宫项目建设，实行标准化建设，规范化管理，并组织参与全省少年宫优秀案例评选。完善和提升区级未成年人成长指导中心功能，满足广大未成年人心理咨询服务和各类实践活动的需求。推进校外辅导站建设，扩大覆盖面，为广大农村未成年人提供活动平台。举办第二届“七彩乐童节缤纷游学营”活动。活动分设了ABCDE营，结合“文明旅游”“志愿服务”和“为未成年人办实事”目标要求，组织开展“文明旅游盐都行”、感恩行动、麦客生活、我爱乒乓球、心理健康、拓展训练、文化艺术、“万人诵读弟子规，争做厚德盐城人”等“七彩乐童节缤纷游学营”系列活动，丰富全区未成年人（留守儿童）的校外生活，营造全社会共同关注、关心、关爱未成年人健康成长的浓厚氛围。

·组织机构及领导人名录·

中共盐城市盐都区委员会

书　记　羊维达
副书记　吴本辉　顾其斌
常　委　羊维达　吴本辉　顾其斌
　　　　冯明印　方仕德(8月免)
　　　　单永红(4月免)　张建洋
　　　　陈志会　葛建华
　　　　陈士林(5月免)
　　　　商建明(2月任)
　　　　陈育群(4月任)
　　　　沈潜辉(5月任)
　　　　朱金南(8月任)
　　　　徐　丹(女,9月挂任)

办公室

主　任　郝汉金
副主任　商兆鑫　孔　军
　　　　李金宝(3月免)　侍学斌
　　　　祁亚洲　张桂荣　张正红

组织部

部　长　冯明印
副部长　王益林　唐锦涛　黄约波

人才办

主　任　王益林
副主任　还正洪　张文举(挂任,9月免)

企业工委

(12月撤销企业工作委员会)
书　记　唐锦涛(12月免)
副书记　明庆国(12月免)

社区工委

书　记　黄约波
副书记　肖　斌

组织员办公室

主　任　曹　阳
副主任　曹　勇

非公有制企业和社会组织工作委员会

(12月成立非公有制企业和社会组织工作委员会)
书　记　黄约波(12月任)
副书记　明庆国(12月任)
纪工委书记　朱道红(12月任)

机关工委

书　记　唐锦涛
副书记　刘开东　李　琴(女)

老干部局

局　长　蒋跃东
副局长　孙　帅　祁中林

宣传部

部　长　葛建华
副部长　王迎春　唐　玲(女)　王业先

精神文明建设委员会办公室

主　任　唐　玲(女)
副主任　俞文斌

新闻信息中心

主　任　王迎春(兼,2月免)
　　　　李庆山(2月任)
副主任、总编　应　伟(女)
执行副总编　陶根阳

统战部

部　长　王益林
副部长　陈玉堂

民族宗教事务局

局　长　陈玉堂
副局长　刘玉春

政法委员会

书　记　陈志会(兼综治委主任,4月免)
　　　　陈育群(兼综治委主任,4月任)
副书记　卞爱群　李红杉

社会治安综合治理委员会办公室

主　任　卞爱群
副主任　周　军　尹志坚

610办公室

主　任　丁　华(兼)
副主任　陆海荣(3月任)
　　　　王继森(3月任)

农村工作办公室

主　任　王安根
副主任　陈保国(兼农村集体资产办主任)
　　　　何道俊(3月免)　李　宏
　　　　郑如素(3月免)

编　办

主　任　商兆鑫
副主任　吴中燕(8月任)

政策研究室

主　任　孔　军
副主任　邱必侦

重大项目办

主　任　冯明印(兼)
副主任　祁亚洲

督查室

主　任　祁亚洲(3月任)

信访局

局　长　崔学祥
副局长　戚师军　曹长勇　刘光坚
　　　　刘爱斌　黄　永
　　　　朱立荣(2月任)

档案局(馆)

局(馆)长　徐文才
副局(馆)长　杨晓华　吴登才

保密局

局　长　张正红

机要局

副局长　李　刚(主持工作)　胡建军

台湾工作办公室　(区政府台湾事务办公室)

主　任　张宗煜
副主任　许金山　刘其扣

党史工作办公室　(地方志编纂委员会办公室)

主　任　王长江

盐城市盐都区人大常委会

主　任　羊维达(1月免)
　　　　穆　芹(女,1月任)
党组书记　穆　芹(女)
副主任　穆　芹(女,1月免)　谭庚山
　　　　潘宏培(2月免)　丁兴俊
　　　　征书和　徐学坤

办公室

主　任　徐金文
副主任　陈立存(1月免)　陈浩芳(女)

研究室

主　任　陈荣豹(1月免)

人事代表工作委员会

主　任　仇文锦

内务司法工作委员会

主　任　沈国亮
副主任　陈立存(1月任)

社会事业工作委员会

主　任　周金松
副主任　陈永梅(女)

财政经济工作委员会

主　任　陈荣豹(1月任)
副主任　陈桂庚

农村工作委员会

主　任　陈传宏
副主任　黄海威

环境资源工作委员会

主　任　徐正亚
副主任　曹文静(女)

盐城市盐都区人民政府

区长、党组书记　吴本辉
常务副区长、党组副书记
　　　　单永红(4月免)
　　　　陈志会(4月任)
副区长　张建洋　张云云(女)　肖乐农
　　　　刘　源(援疆)　薛　峰(挂任)
　　　　陈育群(4月免)
　　　　商建明(2月免)
　　　　田　莉(女,挂任)
　　　　王善民(挂任)
　　　　关晓军(5—9月挂任)
　　　　李成彬(12月挂任)

办公室

主　任　徐永生
副主任　吕洪明　沈曰明　王玉平
　　　　徐文才　张步森　袁志红(女)
　　　　杨正茂　周站军
纪检组长　周站军(3月免)
　　　　朱友祥(3月任)

外事与侨务办公室

主　任　吕洪明

法制办公室

主　任　王　荣

金融与企业上市工作办公室

主　任　王玉平

人防办公室

主　任　刘志贵
副主任　徐　斌　鲁　涛

接待办公室

主　任　陆春网
副主任　邵东林(2月任,8月免)
　　　　周　剑(8月任)

应急管理办公室(总值班室)

主　任　刘国洪

维稳办公室

主　任　于国成(兼)
副主任　宋传志

电子政务管理办公室

主　任　项　涛

发展和改革委员会

主　任　李庆銮
党组书记　沈清涛
副主任　卞金信　单永贵(3月免)
　　　　吴金翥　刘中斌　张丽华(女)
党组副书记　李庆銮　董必阳
纪检组长　孙汉春

经济和信息化委员会

主　任　徐洪顺
党委书记　孙锡元(8月免)
　　　　徐洪顺(8月任)
党委副书记　徐洪顺(8月免)
副主任　朱步荣(兼中小企业局局长)
　　　　祁大森(4月病故)韦　忠
　　　　浦俊鹏(3月免)　陈兆根
　　　　张晓鸿　陈琪娟(女)
纪委书记　成文军

财政局

局　长　杨佩礼
党组书记　周　菊(女)
副书记　杨佩礼
副局长　吴正龙　徐正江　刘宏彬
　　　　卞学德　杨中亚
纪检组长　卞东海

国有资产监督管理办公室

主　任　吴正龙

住房和城乡建设局

局　长　王　勇
党委书记　范龙华(3月免)
　　　　王　勇(3月任)
副局长　薛鹏程　卞生国　沈中明
　　　　田　凌　刘加飞　庄凤兵
　　　　吴以军
党委副书记　王　勇(3月免)
　　　　刘志贵
纪委书记　黄才友

商务局

局　长　方　平(3月免)
　　　　陈少华(3月任)
党委书记　苏竹林(3月免)
　　　　陈少华(3月任)
副局长　沈文平　袁晓军　李庆军
　　　　周镇彬
党委副书记　方　平(3月免)
　　　　苏竹林(3月任)
　　　　蔡锦涛(3月免)
纪检书记　胡卫成

农　委

主　任　张鸿新(兼党委副书记)
党委书记　孙广宇(兼开发局局长)
副主任　江志栋(兼水产局局长)
　　李万舜(兼开发局副局长,3月免)
　　李书高　郁祖良　潘永华
　　韩桂龙　陈志清(3月任)
纪委书记　王成刚

水务局

局　长　孙发林(3月免)
　　朱金标(3月任)
党委书记　王洪明(3月免)
　　朱金标(3月任)
副局长　李晨光　张万根　封书清
　　姜晓冬　张　俊
党委副书记　孙发林(3月免)
　　胡永生
纪委书记　张京宁(女)

粮食局

局长、党委副书记　张丽华(女)
党委书记　郑国春
副局长　蔡永香　谷　林　王国钰
　　杨　春(11月免)
　　张　斌(3月任)
纪委书记　宋传兆(11月免)

交通运输局

局　长　顾　勇
党委书记　张兆祥
副局长　刘旺军　薛亚山　徐建华
　　储启文
党委副书记　顾　勇　朱洪斌
纪委书记　吉采书

旅游局

局　长　朱洪斌
副局长　徐建华　张治中　孙建新

民政局

局　长　杨　森
党委书记　秦宁丰(女)
副局长　刘高銮(女)　李洪法　吕士虎
　　陆爱军　许宗元
党委副书记　杨　森　束必群(3月免)
纪委书记　夏国宝

教育局（12月成立中共盐城市盐都区委教育工作委员会）

局　长　宋金洪(3月免)
　　熊新华(3月任)
党委书记　陈玉芳(女,3月免)
　　熊新华(3月任)
副局长　张爱忠(兼体育局局长)
　　戴　军(3月免)
　　赵士涛(3月免)　沈德成
党委副书记　宋金洪(3月免)
　　陈玉芳(女,3月任)
　　张爱忠(3月免)
纪委书记　刘东升

教育工委

书　记　熊新华(12月任)
副书记　陈玉芳(女,12月任)

卫生局

局　长　蔡金道
党委书记　王美萍(女)
副局长　施　坚(3月免)　陈　进
　　胡永新　胥向前
党委副书记　蔡金道　邵寨祖(3月免)
纪委书记　武　晴(女)

人口和计划生育委员会

主　任　陈少华(兼党组书记,3月免)
副主任　张建才　明　芳(女)
　　张为成(3月免)
纪检组长　汤永昌

文化广电新闻出版局

党委书记　彭　峻
副局长　邵秀华(女)　施俊彦
　　陈　红(女)　周连兵　乔立群
纪委书记　丁国才(3月免)

科学技术局

局　长　陈　镖(兼地震局局长、党组副书记)
党组书记　陈明生
副局长　张宜甲(3月免)　刘仰军
　　杭加林　陈瑞秀(女,3月免)
　　郑如素(3月任)　陈　功
纪检组长　吴卫红(女)

监察局

局　长　刘安红(女)
副局长　朱　萍(女)

公安局

局长、党委书记　迮大猛(8月兼督察长)
政治委员　邵益民
党委副书记　邵益民
副局长　丁　华　于国成　刘　军
　　邹桂群　薛启堂　宗友林
　　严文斌　王春泉(3月免)
副政委　王诗林
政治处主任　张　明
纪委书记　蔡亚萌
指挥中心主任　朱建众
交警大队大队长　周万东

司法局

局　长　刘忠奇
党组书记　李志超
副局长　孙信鸿　张　梅(女)　侍太华
党组副书记　刘忠奇　孙信鸿
纪检组长　刘锦平

人力资源和社会保障局

局　长　马大庆
党委书记　姚宏鉴
副局长　季东标　岳清泉(女)　王红光
　　陈　军　董银宏(3月免)
　　周京先(3月免)
　　黄鹤龙(3月任)
党委副书记　马大庆　季东标
纪委书记　王跃军

专门办

主　任　季东标
副主任　王跃军

统计局

局　长　孙云华
副局长　吴庆兰(女)　徐爱民　蒋正海
　　吕洪友

审计局

局长、党组副书记　顾学闯
党组书记　刘向阳(女)
副局长　徐凤琴　杨文花(女,3月免)
　　高友根　严　华　徐晓玲(女)

纪检组长　倪同群(女)

物价局

局长、党组副书记　吴金翥
党组书记　成　刚(4月停职)
副局长　朱加根(3月免)　黄　伟
　　史龙存　蔡兆元　王林中
纪检组长　严跃海

环境保护局

局　长　吕明光
党组书记　夏　明
副局长　刘　洪　周小刚　蔡强胜
　　周书法
党组副书记　吕明光　唐保山
纪检组长　高　峰

城市管理局(区城市管理行政执法局)

局　长　姚维斌(3月免)
　　范龙华(3月任)
副局长　周立根　季中斌
　　周　明(3月免)　乐绍军
　　彭炳璋
纪检组长　曹　坚

安全生产监督管理局

局　长　万光清
副局长　曾瑞平　范玉尧　龚福柏
　　夏　峰
纪检组长　史龙余

行政审批服务中心

主　任　耿龙才
副主任　王小华　严兆龙　侍志才
　　陆继军(1月任)

区级机关事务管理局

局　长　宋厚实
副局长　陆春网(3月免)
　　倪益翔(3月免)
　　夏长秀(女)
　　萧　琴(女，3月免)　陈乃清

城市工业办公室

主任、党委书记　吴正龙
副书记　倪士杰(3月免)
副主任　倪士杰(3月免)　丁楼山
　　明　霞(女)
纪委书记　丁楼山

供销合作总社

主　任　沈建刚(3月免)
　　刘桂琦(3月任)
党委书记　刘桂琦(3月任)
党委副书记　沈建刚(3月免)
副主任　徐万书(挂职)　卢祥健
　　秦明利　潘晓平
纪委书记　韦金宏

虹达茧丝绸公司

总经理　祁大森(4月病故)
副书记　吴春玉

市广播电视大学盐都分校(社区学院)

校　长　张龙刚(10月兼院长)
副校长　邢美高(10月兼副院长)
　　邵　强(10月兼副院长)

政协盐城市盐都区委员会

主席、党组书记　陈广平(12月免)
　　顾其斌(12月任)
副主席　徐守清　单际平
　　段学标　张荣銮(女)
　　刘旺军
秘书长　邵仁鸿

办公室

主　任　邵仁鸿
副主任　陈　霞(女，2月免)
　　柏海霞(女，2月任)

提案委员会

主　任　黄　云

文史委员会

主　任　王正祥

社会和法制委员会

副主任　陈　霞(女，2月任)

经济科技委员会

主　任　陆海桐(3月免)
副主任　柏海霞(女，2月免)
　　卞　荣(8月任)

中共盐城市盐都区纪律检查委员会

书　记　方仕德(8月免)
　　朱金南(8月任)
副书记　刘安红(女)
　　王建忠(兼廉政办主任)
常　委　方仕德(8月免)
　　朱金南(8月任)　刘安红(女)
　　王建忠　朱正成　张永忠
　　刘春英(女，兼优化办主任)

盐城市盐都区人民武装部

部长、党委副书记　沈潜辉
政委、党委书记　陈士林(5月免)
　　杨早晨(5月任)
副部长　陈广勤

盐城市盐都区人民法院

院　长　李　悦(女，7月免)
代院长　韩　标(7月任)
党组书记　李　悦(女，7月免)
　　韩　标(7月任)
副院长　陆鑫森　施　彬　张爱武
　　徐达丽(女)
　　王惠清(女，8月免)
党组副书记　周红冰(女)
纪检组长　沈丽娟(女)
政治处主任　周建琴(女)
党组成员、审委会专职委员　杨　奇
党组成员、执行局局长　武中祥

盐城市盐都区人民检察院

检察长、党组书记　张永娣(女，8月免)
　　钱亚祥(8月任)
副检察长　严义奎　陆生众　赵　萍(女)
　　侍清华(女)　李　明
纪检组长　滕红梅(女)
政治处主任　刘　华

人民团体

盐都区总工会

主席、党组书记　周彩枫(女，8月免)

葛建华(兼,8月任)
副主席　胡盛才　崔长顺

共青团盐都区委员会

书　记　蔡正平(女,8月任)
副书记　蔡正平(女,8月免)

盐都区妇女联合会

主　席　程　稚(女)
副主席　陈尚莲(女)　殷林珍(女)

盐都区科学技术协会

主　席　邓　华
副主席　冯荣华(3月免)　成兴祥

盐都区归侨侨眷联合会

主　席　陈荣山

盐都区工商业联合会(总商会)

主　席　徐守清
党组书记　姚　天
副主席　姚　天　靖　武　王志平
周金荣　祁大森(4月病故)
朱成虎　李　铭　仲　秋
刘祥斌　徐万书　戚风卿
季奎余　邢香楠　刘顺荣
郭子贤　张学礼　夏长明
陆瑞卿　卞绍春　仇　斌
邵胜云
会　长　徐守清(兼)
副会长　姚　天(兼)　靖　武(兼)
王志平(兼)　陈荣龙　高大庆
成文春　文　成　许学书
邵云霞(女)　李海伟　徐万良
还伟海　周业刚　陈乃清
王国祥　杨建华　刘友忠
王乃伟　梁小鹤　李凤金
罗书中　花勇生　郑加宏

盐都区残疾人联合会

理事长　王凤祥
副理事长　杨　华

盐都区文学艺术界联合会

主　席　王迎春
副主席　吕友权　徐志玉(兼)
应晓山(兼,8月免)

盐都区红十字会

会　长　武进甲
常务副会长、秘书长　吴玉林
副会长　张广英(女)

老龄工作委员会

主　任　单永红(兼,4月免)
陈志会(4月兼任)
副主任　徐永生(兼)　徐文才(兼)
杨　森(兼)　孙发金(兼)

民主党派

中国民主同盟盐城市盐都区支部

主　委　郭宗雨
副主委　赵　军　陈瑞秀(女)

中国民主建国会盐城市委盐都总支部

主　委　张　梅(女)
副主委　姜　涛　邵云霞(女)

中国民主促进会盐城市委盐都总支部

主　委　火旭东
副主委　徐正洲　朱文澜(女)

中国农工民主党盐城市盐都区总支部

主　委　单际平
副主委　沈德志　钟建国

九三学社盐城市委盐都支部

主　委　潘永华
副主委　王中林

市驻区单位

盐城市盐都区国家税务局

局长、党组书记　王　智
副局长　朱　华　卞海山　熊文祥
武荣富
纪检组长　武荣富

盐城市盐都地方税务局

局　长　王龙祥(3月免)
胥　峰(3月任)
副局长　徐加根　蔡成荣(3月免)
吴开祥　李光辉　费传庆
纪检组长　李光辉(兼)

盐城市国土资源局盐都分局

局　长　冯一飞
副局长　高亚喜　蔡长荣　仰　彦(女)
叶东剑
纪检书记　刘德权

盐都工商行政管理局

局长、党组书记　冯国超(4月免)
副局长　周金荣(兼党组副书记,4月免)
嵇宏宽(4月免)
孙建锋(4月免)
纪检组长　夏　兵(4月免)

盐都质量技术监督局

局长、党组书记　陈　兵(4月免)
副局长　崇加尧(4月免)
金　军(4月免)

盐都食品药品监督管理局

局长、党组副书记　王青歌(4月免)
党组书记　汪金林(4月免)
副局长　徐华斌(4月免)
张孝山(兼纪检组长,4月免)
石玉萍(女,4月免)

市场监督管理局

(4月,由原区工商、质监、食药监局合并)
局长、党组书记　冯国超(4月任)
党组副书记　陈　兵(4月任)
周金荣(4月任)
副局长　王青歌(兼食品药品监督管理局局长,4月任)
陈　兵(4月任)
嵇宏宽(4月任)
石玉萍(女,4月任)
孙建锋(4月任)
纪检组长　夏　兵(4月任)

盐都规划分局

局长、党组书记　张芙蓉(女)
副局长　薛金明

盐都供电营业部

总经理　宋　平
总支书记　夏文俊
副总经理　张同洲(3月免)
胡卫丰(3月免)

胡安国(3月任) 李成超
宋 毅

盐都气象局

局 长 吕道洲
副局长 贾云河

盐都电信分局

局 长 郭 翔(3月免)
洪 霞(女,3月任)
支部书记 王为征(3月免)
副局长 张永权 陈 丽(女,3月免)
徐兴达 陈远林(3月任)

盐都邮政分局

局 长 孙宏建
支部书记 王 强
副局长 杨长华(3月免)
陈建云(3月任)

盐都移动分公司

总经理 朱海军(3月免)
刘维明(3月任)
副总经理 钱薇薇(女,3月免)
马春艳(女,3月任)
程大军(3月任)

盐都联通公司

局 长 蒋立新
副局长 陈 萍(女,3月免)

金融·保险

中国工商银行股份有限公司盐城盐都支行

行 长 王建民
副行长 丁树松 赵建新

中国农业银行股份有限公司盐城盐都支行

行长、党委书记 郑进顺
副行长 陈玉明 陆建华
陆昊帆(女,兼纪委书记)

中国银行股份有限公司盐城盐都支行

行 长 戴 健
副行长 孙 勇(9月免)
智 丽(女,9月免)
张海波(9月任)
沈蓓蓓(女,9月任)

中国建设银行股份有限公司盐城盐都支行

行长、支部书记 施旭辉
副行长 陶 波

交通银行股份有限公司盐城盐都支行

行 长 廖竹青
副行长 卢正环 王丽丽(女)

中国农业发展银行盐城盐都支行

行 长 梁庆莉(女)
副行长 赵 珊 郭群伍

浦东发展银行

行 长 吴乃霞(女)
副行长 戴海洋

江苏银行股份有限公司盐城盐都支行

行 长 戴 斌
副行长 杨 顺 徐 慧(女)

江苏盐城农村商业银行股份有限公司

董事长、党委书记 丁学工
行 长 杭 辉
监事长 丁克鹏
副行长 李成彬 费 翔 黄业峰
姜建南

江苏盐城农村商业银行股份有限公司盐都支行

行 长 杨书琴(女)
副行长 姚万春

昆山农商银行

行 长 洪 军

中国邮政储蓄银行股份有限公司盐都支行

行 长 康 勇
副行长 潘晓峰(3月免)
尹海波(3月任)

中国人民财产保险股份有限公司盐都支公司

总经理 周 园
副经理 施志宏 曹树盐

中国人寿保险股份有限公司盐都支公司

经 理 倪夕朝
副经理 张 丽(女) 黄 洲

各镇(区、街道)

盐城高新区(盐龙街道)

党工委书记 潘宏培(兼,3月免)
商建明(兼,3—8月兼盐龙街道党工委书记)
副书记 朱金标(兼盐龙街道党工委书记,3月免)
吴 军(兼盐龙街道党工委书记,8月任)
曹志伟(兼盐龙街道办事处主任)
栾 罗(女) 王炳友(2月停职)
李 健 张兴华 陈 军(挂任)
张兆祥(3月挂任)
朱家峰(8月挂任)
人大工委主任 朱 静(女)
管委会主任 朱金标(3月免)
副主任 邹桂群 周 冉 程廷亚
杨正清 张宜甲(挂任)
朱成龙 李一松 孙广传
沈菁华(挂任)
戚 俊(2月任)
戴留成(2月任)
李东林(8月任)
韩传丰(11月挂任)
组织委员 赵 震(2月免)
施海峰(2月任)
纪委书记 戚 俊(2月免)
赵 震(2月任)
统战委员 卞汉江
政法委员 单 辉
人武部长 徐秀成

新区(盐渎街道)

党工委书记 王纯国
副书记 倪自祥(兼政法委书记3月免,任盐渎街道党工委副书记,办事处主任)
仓永青(3月免,任盐渎街道人大工委主任)
刘加甲(3月免)
刘 丰(3月任)

朱海霞(女,兼政法委书记,3月任)
管委会主任 倪自祥
副主任 邵爱红 朱海霞(女,3月免)
郝根娣(女,3月免)
栾卫红(女) 纪 跃
王德华(援疆)
徐卫国(3月任)
郑称德(8月挂任)
组织委员 朱宏伟
纪工委书记 顾 斌
宣传委员 周 华(女)
统战委员 顾 斌(兼,3月免)
祁 非(3月任)
人武部长 杨卫军

冈中街道

党工委书记 王纯国(兼)
副书记 张 斌(3月免)
刘 曦(兼政法委书记)
办事处主任 张 斌(3月免)
副主任 宋宏伟(7月停职) 孙九刚
纪工委书记 刘 涛(2月免)

潘黄街道

党委书记 彭向洪
副书记 徐启楼
韦 琴(女,兼政法委书记,3月免)
郭宗标
蒋国兴(兼政法委书记,3月任)
人大工委主任 彭向洪(3月免)
韦 琴(女,3月任)
副主任 陈荣楼(3月免)
办事处主任 徐启楼
副主任 蒋国兴(3月免)
时运鸿 王连祥(2月免)
刘中荣(2月任)
组织委员 施海峰(2月免)
卞杨斌(2月任)
纪委书记 朱 捷(女)
宣传委员 夏兆芳(女)
统战委员 刘中荣(2月免)
袁其霞(女,2月任)
政法委员 施 峰
人武部长 吴荣辉

大纵湖湿地旅游度假经济区

党工委书记 张建洋(兼,6月任)
副书记 唐小荣 蒋红军 王 浩
丁美俊
管委会主任 唐小荣
副主任 刘德奎(3月免) 王 浩
吴勇根(2月任)
纪工委书记 刘玉然(3月免)

滨湖街道

党工委书记 唐小荣
副书记 蒋红军(兼政法委书记)
王 浩 丁美俊
办事处主任 王 浩
副主任 刘德奎(3月免) 包成龙
纪工委书记 刘玉然(3月免)

农村经济开发区(台创园)

党工委书记 顾其斌(兼)
副书记 宋 江 刘桂琦(3月免)
朱法来 胥加耕
管委会主任 宋 江
副主任 沈德志 王厚根(6月免)
纪工委书记 封 浪

葛武街道

党工委书记 刘桂琦(3月免)
宋 江(3月任)
副书记 季中山(兼政法委书记)
副主任 左印华 王宽祥 王蓉蓉(女)

七星现代化农场

党工委书记 丁兴俊(兼)
场 长 征书和(兼)
副场长 郁祖良 徐九林 马以军(兼)

龙冈镇

党委书记 葛序亮
副书记 王 羽
腾长春(兼政法委书记)
丁建婷(女) 王其华
人大主席 葛序亮(3月免)
王启明(3月任)
副主席 潘广诗(3月免)
镇 长 王 羽
副镇长 蒋树森(3月免) 马德海
李雪松 徐金根(2月任)
李金宝(3月任)
组织委员 高小笑(2月免)
刘井清(2月任)
纪委书记 丁建婷(女)
宣统委员 徐金根(兼政法委员,2月免)
石弘如(3月任)
人武部长 尹会洲

鞍湖街道

党工委书记 葛序亮
副书记 徐林泉
江 政(兼政法委书记)
办事处主任 徐林泉
副主任 赵 喜 王文斌(3月免)
孙广芳(女)
纪工委书记 江 政

大冈镇

党委书记 陈 霞(女)
党委副书记 苗久成
徐良贵(兼政法委书记,3月免)
徐 为
刘小磐(挂任,9月免)
张文灿(兼政法委书记,3月任)
吴跃辉(8月挂任)
人大主席 陈 霞(女,3月免)
徐良贵(3月任)
副主席 徐 干(3月免)
镇 长 苗久成
副镇长 张文灿(3月免) 施海堂
任 浩 王海东
王 斌(2月任,3月去世)
戈 展(3月任)
组织委员 李海涛
纪委书记 陈友山
宣统委员 李艳华(女)
人武部长 任 浩(2月免)
陈志元(2月任)

张庄街道

党委书记 李 益
副书记 吕 杨(女)
金加新(兼政法委书记,3月免)
葛长安(4月兼政法委书记)
倪才春
人大工委主任 武 剑(3月免)
王海涛(3月任)
副主任 徐海山(7月免)
办事处主任 吕 杨(女)
副主任 刘洪富 商兆沐 吴德辉
桂玉标
组织委员 洪 萍(女)
纪委书记 宋鹏程
宣统委员 卞杨斌(2月免)
刘 燕(女,2月任)

政法委员　吴国康
人武部长　周德春(2月免)

大纵湖镇

党委书记　冯林宏
副书记　杨　春(女)　张新平(挂任)
　　王启明(兼政法委书记,3月免)
　　徐九林(3月免)
　　蒋树森(兼政法委书记,3月任)
人大主席　冯林宏(3月免)　徐九林(3月任)
副主席　杨步清(3月免)
镇　长　杨　春(女)
副镇长　王伯清　王　丽(女,3月免)
　　张　立　张国政
　　宋建军(2月任)
组织委员　江　军(2月免)
　　李伟钊(2月任,11月免)
纪委书记　潘　浩(2月免)
　　王家海(2月任)
宣统委员　宋建军(兼政法委员,2月免)
　　宋传贵(兼政法委员,2月任)
人武部长　徐　勇

秦南镇

党委书记　张国胜
副书记　徐加晔　郜顺利
　　陈　立(4月兼政法委书记)
　　刘汉进(8月挂任)
人大主席　张国胜(2月免)
镇　长　徐加晔
副镇长　蔡林华(2月免)　周向东
　　王少华(女)　祁国成
　　何　超(2月任)
　　温学良(2月任)
　　周德春(2月任)
组织委员　于网扣
纪委书记　温学良(2月免)
　　李　杰(2月任)
宣统委员　李　杰(兼政法委员,2月免)
统战委员　张红红(女,2月任)
宣传委员　朱海兵(兼政法委员,2月任)
人武部长　裴学怀(3月免)
　　朱留海(3月任)

郭猛镇

党委书记　吴　军(8月免)　李晓东(8月任)
副书记　李天青　刘顺荣(挂任)
　　王文祥(挂任)
　　沈从兵(兼政法委书记)
人大主席　王顺熠
镇　长　李天青
副镇长　周广荣　刘德志
　　徐卫国(2月免)　顾　军
　　蔡林华(2月任)
　　邵东林(8月任)
组织委员　何　立(女)
纪委书记　嵇金成
宣传委员　刘　燕(女,2月免)
　　黄　河(兼政法委员,2月任)
统战委员　袁其霞(女,2月免)
　　黄　河(2月任)
人武部长　裴学怀(3月任)

楼王镇

党委书记　周学东
副书记　顾善荣　孙德华(兼政法委书记)
人大主席　王海涛(3月免)
　　金加新(兼政法委书记,3月任)
副主席　姜　驰(3月免)
镇　长　顾善荣
副镇长　何　超(2月免)　徐长洪
　　潘军龙(2月任)
　　潘　浩(2月任)
政法委员　姜　驰(3月任)
组织委员　戴留成(2月免)
　　孙　玲(女,2月任)
纪委书记　潘军龙(2月免)
　　刘　涛(2月任)
宣统委员　孙　玲(女,兼政法委员,2月免)
人武部长　杭治荣

学富镇

党委书记　黄　典
副书记　吉连生
　　刘　宁(兼政法委书记)
　　张学礼
人大主席　刘玉年
镇　长　吉连生
副镇长　刘国万(3月免)　朱友余
　　夏士军　徐　博(2月任)
组织委员　刘井清(2月免)
　　陆淦荣(2月任)
纪委书记　徐　博(2月免)
　　王　惠(女,2月任)
宣统委员　吴劲草(兼政法委员)
人武部长　陈志元(2月免)
　　杨　刚(2月任)

尚庄镇

党委书记　李晓东(8月免)　周志明(8月任)
副书记　戈　伟
　　刘晓祥(兼政法委书记)
　　张　丁(8月挂任)
人大主席　刘恩平
副主席　司志祥(3月免)
镇　长　戈　伟
副镇长　金建国　郑巧云(女)
　　戈　展(3月免)　樊华勇
　　刘国万(3月任)
组织委员　戈　展(2月免)
　　江　军(2月任)
纪委书记　徐　华
宣统委员　孙广彪(兼政法委员)
人武部长　周建全

北龙港街道

党工委书记　周志明(8月免)
副书记　吴爱群
　　李晓斌(兼政法委书记)
办事处主任　吴爱群
副主任　钮留洋　施凤刚

中兴街道

党工委书记　王权奎
副书记　刘　丰(2月免)
　　徐锦荣(兼政法委书记)
办事处主任　刘　丰(3月免)
副主任　王志贵(3月免)　卫　峰
纪工委书记　卫　峰(3月免)
　　周文进(3月任)

北蒋街道

党工委书记　汪一江
副书记　马　骏
　　明雅芳(女,兼政法委书记)
办事处主任　马　骏
副主任　王爱骅　陈如萍(女)
　　蒋丹林(3月免)　孙　琦
纪工委书记　周文进(3月免)

盐龙湖生态风景保护区

党工委书记　羊维达(兼,11月免)
副书记　杨佩礼(兼)
管委会主任　杨佩礼(兼)

改革开放
Reform and Opening

·城市工业系统·

【概述】 面对宏观经济环境和繁重的改革发展稳定任务，城工办系统上下，认真贯彻落实区委区政府决策部署，适应新常态，探索新途径，务实进取，主动作为，较好地完成年度目标任务。

【推进破产改制扫尾工作】 年内，完成市毛巾厂、市化学厂两个企业破产清算工作，实现企业破产终结，城中商城清算解散继续推进，至年底，仅剩4名存有劳动争议纠纷人员，不服区法院民事裁定，上诉至市中院，年底作最终裁定。完成市人民塑料厂破产剩余土地财产征拆工作，征收资金到账，补足清算缺口追加分配。年底，破产企业原水泵厂职工宿舍区149户拆迁，完成测算评估，启动正式拆迁，通过拆征，解决原市水泵厂遗留的破产问题。年内，启动原整体出售改制企业市锅炉厂职工宿舍区的征拆工作，涉及职工住房44户，通过征拆，解决原市锅炉厂改制遗留问题。

【保障信访稳定】 城工办系统原有企业48家，改制破产终结的，遗留问题多；继续改制破产的，问题更突出。各类矛盾和问题，导致上访不断。区城工办把信访稳定作为第一责任，坚持标本兼治、突出重点，全年接待处理各类信访对象800余人次，全系统在特殊敏感时期没有发生重大信访维稳事件。

【化解矛盾】 攻坚市染织厂破产财产难以变现的难题。市染织厂由于受城市规划的制约，破产财产一直无法变现，职工清算难以进行，与城投等对接，年内，正式列入征收拆迁计划。完成测量评估，1396名职工的债权清理申报基本完成，企业破产费用预算3100万元争取2016年度完成企业的破产清算。市轴承厂生产区内6户职工住房，在企业破产时作为破产财产出让，但是由于职工住户无法安置，住房无法移交，导致新企业与职工住户上访。在职工住房剥离与安置移交的矛盾交织中，经反复协调，由拆迁主体按拆迁政策征收补偿，解决历史遗留问题。破产企业美虹集团公司把握旧城改造的机遇，协调宿舍区内道路、厕所等资产的变现，为矛盾突出的13名未清偿职工问题的解决提供清算资金保障，加快1424名职工全部清算终结。

【治理职工宿舍区】 原企业破产改制时，职工宿舍区的问题没有处理，成为一大遗留问题。至年底，城工系统在市区职工宿舍区38个，涉及市区7个街道、19个居委会。宿舍区老旧，是环境整治重点对象。积极配合所在街道、社区协调住户矛盾，走访职工宿舍区内老党员、老干部以及特困户，对其所提问题进行解释和化解，钝化和平息有关矛盾，向市相关方面反映，先后争取水泵厂、锅炉厂、轴承厂、染织厂老旧宿舍区在旧城改造中得到拆迁，为从根本上解决职工宿舍区安全隐患提供保证。

【改制企业服务工作】 原区直工业改制重组后定报企业8家。年内，区城工办以服务改制重组新企业为己任，千方百计为其排忧解难，领导班子全部挂钩到恒力、锅炉、江洲染整、鱼跃医疗等重点企业，定期到企业，互通情况，沟通意见。恒力、锅炉、江洲染整、鱼跃医疗4个改制重点企业保持稳中有升；帮助锅炉公司化解改制前涉及的职工股问题，进行职工住房补贴兑现扫尾，有效解决国有企业改制中住房补贴问题。积极帮助江洲染整公司，就周边居民反映企业环保问题，深入社区做工作，解答相关问题，打消居民环境影响顾虑。 (李丛红)

·商务系统企业改制·

【概述】 企业改制方面，以法治思维和办法促使县肉离蛋厂职工腾退占住公房、推进破产终结，跟踪做好省高院对县肉禽蛋加工厂3户腾房纠纷案再审裁定工作；以食品公司大楼征地拆迁为契机，推进企业深化内改，至年底，仅剩47名职工未彻底清算、转换劳动关系。

·开放型经济·

【概述】 2015年全区协议利用外资12312万美元，同比增长110.8%，总量和增幅分别列全市第三、第二位；注册外资实际到账8658万美元，总量、完成年度计划比率、增幅分别列市第三位、第二位、第二位。镇（区、街道）中，盐龙街道实际外资到账8456万美元，占全区外资到账总额97.7%，发挥龙头支撑作用。2015年全区新批外商投资企业11家，总投资1.3亿美元。新批（含增资）总投资超3000万美元项目3个，分别为：总投资9500万美元翔宇环保产业项目、总投资16200万美元翔宇环保设备增资项目和总投资9000万美元悦达家纺增资项目。

2015年全区8个列市重点利用外资项目共完成投资8100万美元，外资到账2966万美元，其中，裕信汽配二期、星宇物产三期、森正汽配二期、可隆科技特、兴泰电商和明斯特自动化增资6个项目竣工投产，大兴科技和华光又永增资2个项目建设形象完成年度目标。

·对外经济贸易·

【概述】 2015年全区实现进出口总额5.54亿美元，占全年确保目标6.34亿美元87.4%，同比下降4%，其中出口3.13亿美元，同比增长1.5%，进口2.41亿美元，同比下降10.4%。16个镇（区、街道）中进出口实绩超千万美元有6家，分别为盐龙街道3.08亿美元、盐渎街道1.01亿美元、大纵湖5868.7万美元、尚庄2805万美元、大冈1018.2万美元和潘黄1016.6万美元；全区超100万美元进出口企业达到61家，其中超1000万美元进出口企业10家；出口产品中，农副产品3776万美元，占出口总额12.06%；纺织产品8281万美元，占出口总额26.46%；机电产品1.13亿美元，占出口总额36.1%；其他产品7943万美元，占出口总额25.38%。依恩爱汽车部件（盐城）有限公司共完成进出口实绩1.16亿美元，在全市进出口20强企业中位居15位。江苏中恒宠物用品股份有限公司2015年共完成进出口实绩6994万美元，同比增长35%。

2015年全区外贸进出口工作计划执行情况公布表

表1　　　　单位：万美元

序号	单位	进出口				出口			进口		
		年度目标	实绩	同比%	完成年度目标%	实绩	同比%	占计划%	实绩	同比%	占计划%
全区		63400	55424.0	-4.0	87.42	31335.0	1.5	92.2	24089.0	-10.4	81.9
1	新区	14150	10128.0	-13.5	71.58	4029.4	2.1	73.3	6098.6	-21.4	70.5
2	高新区	33750	30865.7	6.0	91.45	15456.0	21.6	99.7	15409.7	-6.1	84.4
3	大纵湖镇	6450	5868.7	1.5	90.99	3846.5	2.1	91.6	2022.2	0.4	89.9
4	尚庄镇	2805	2804.9	10.9	100.00	2803.7	10.8	100.1	1.2	33.3	24.0
5	龙冈镇	760	574.4	-15.5	75.58	566.9	-15.6	75.6	7.5	-7.4	75.0
6	大冈镇	1285	1018.2	-12.0	79.24	1014.7	-12.2	79.3	3.5	66.7	70.0
7	潘黄街道	1245	1016.6	-8.8	81.65	939.7	-11.2	79.6	76.9	35.4	118.3
8	秦南镇	760	679.4	-0.6	89.39	679.4	-0.6	89.4			
9	张庄街道	690	797.3	29.1	115.55	615.8	-0.3	89.2	181.5		
10	北蒋街道	605	545.6	6.8	90.18	544.2	1.0	90.7	1.4	-50.0	28.0
11	郭猛镇	890	530.9	-33.5	59.65	244.4	-35.7	57.5	286.5	-31.6	61.6
12	楼王镇	400	366.9	2.7	91.73	366.9	2.7	91.7			
13	滨湖街道	190	14.9	-91.3	7.84	14.9	-90.0	9.0			0.0
14	学富镇	160	166.2	16.4	103.88	166.2	16.4	103.9			
15	中兴街道	50									
16	北龙港街道		46.3			46.3					

园区建设

Park Construction

·盐城国家高新技术开发区·

【概述】 盐城高新区成立于2006年，前身为江苏省盐都经济开发区。2012年11月经省政府批准更名为江苏省盐城高新技术产业开发区。2013年初，启动国家高新区创建工作，2015年2月，获国务院批复升格为国家高新区。盐城高新区现规划面积116平方千米，包括25平方千米生态涵养区、45平方千米高新产业区、46平方千米融合发展区。

项目会战快推进。秉持"追高求新、非大即特"理念，强势推进"项目载体突破年"活动，打好项目招引攻坚战，掀起项目建设新热潮。全新竣工项目20个、新开工项目30个、新签约亿元以上项目30个；年初排定的48个抢工会战重点项目，9个竣工投产运营，12个主体封顶、装修、设备进场，其余项目快速推进。产业项目，突出全市产业创新工程智能终端的首位度。围绕3—5年内招引智能终端整机企业、配套企业100家，全力打造华东地区集研发、设计、制造、服务于一体的智能终端产业高地的目标，深化与深圳手机行业协会、昆山台协会、两岸企业家峰会等组织和机构的合作，将招商区域由珠三角向长三角、境内向境外、国内向国外拓展。立足节约、集约发展，做好"筑巢引凤"文章，总投资150亿元、一期规划200公顷、首期启动20.53公顷的智能终端产业园根据入驻企业实力和意愿，灵活采用投资模式，龙头企业征地自建，中型企业委托代建，小微企业租赁创业。载体建设快速度，9月，智能终端产业园土建施工，10月，20万平方米多层厂房主体全部封顶，11月，内外装修。项目招引高效率，吸纳智能终端整机及配套企业20家，至年底，进场建设和车间装修企业15家。强化服务工作、提高客商满意度，充分发挥以商引商效应，落户的华星光电、乐洲科技、泰奇科技、西锐3D打印等项目引荐上下游项目10多个，有效推动项目的竞相落户、产业的集聚发展。功能项目，突出全市城市提升工程中心区建设品味度。做优配套设施，实验学校二期投入使用，1月16日，翔宇商业综合体项目7层8万平方米综合楼居然之家试营业，高创园、公交枢纽中心进行内装，公共卫生服务中心进场试桩，科技广场、高级中学、邻里中心设计方案通过市规委会审查，进行施工图设计。做强园区载体，全面竣工东进路西延、盐渎路西延、秦川路南延工程。做美生态环境，实施高新之窗节点公园、世纪大道提升等绿化工程，园区环境焕然一新。

转型发展创特色。积极培育电子商务、现代物流、汽车消费服务等新型业态，电商快递产业园入驻电商、快递项目65个，日订单处理量占全市60%以上，获批省级电子商务示范基地；东方汽车广场乘用车销售占大市区市场份额超过60%，打造成乘用车、商用车、农业机械等综合性平台。总投资60亿元的盐城万达广场项目开工建设，创造业态最新、体量最大、商业用地成本最高等多项记录。推动实体经济与网络经济融合发展，中恒宠物实现从传统外贸向跨境电商的转变，被评为全省唯一国家跨境电子商务示范企业；东九重工由纯制造业向制造业服务化转型，由"卖产品"向"卖产品+服务"升级。科技创新提特质。注重开展高层次的创新活动，成功承办首届世界发明创新论坛，挂牌中国发明创业（华东）基地，与吉林大学、深圳手机行业协会合作共建智能终端产业研究院，创成省级知识产权示范园区。企业主体创新地位得到加强，新增省级企业研发机构10家，规模以上企业研发机构覆盖面达97%；创成国家高新技术企业8家，获批境外专利11件；恒力机床为C919大飞机的制造提供唯一国产成套设备；突出创新平台的打造，中小企业园二期高创园加快建设，国家级科技孵化器的孵化功能全面提升；摩度空间、盐渎商城2家企业通过市级众创空间认定，并积极申报省级众创空间项目。以资本促转型进程不断加快，创业银行、科技银行加快筹建，蔚联机械、汉印机电等2家企业在新三板成功挂牌，东九重工完成新三板上市准备工作。

机制保障聚要素。用足用活市委、市政府出台的支持高新区加快发展的指导意见和政策意见，区委、区政府排出19项具体任务，分解交办相关责任部门，强化对接、限期办结。审批上，将区政务服务中心阵地前移，搬迁至高新区就地办公，并积极承接、用好市级审批权限，省级外资审批权限获批，规划面积2.4公顷的保税仓库完成选址。资金上，在市政府连续3年每年安排1亿元高新技术产业发展基金基础上，区财政、高新区分别给予同等额度配套，并制定基金管理办法。用地上，市政府规划71.07公顷土地指标用于园区基础设施和项目建设。有效化解拆迁难题。坚持依法拆迁、和谐拆迁、智慧拆迁，盐龙街道高效完成动迁项目16个，累计拆迁农户1005户，智能终端产业园项目仅用10天时间完成全部204户拆迁任务；盐渎街道累计实施电商快递产业园等拆迁项目7个，314户房屋全部拆除，为项目顺利落地建设奠定坚实基础；潘黄街道"家家爱"地块棚户区改造项目，实施房屋征收工作3个多月，306户经营户、102家工业企业、103户居民全部签订协议，1个月全部拆除到位，保证万达广场项目的如期开建。有效破解资金瓶颈。大力推广PPP模式，高新区污水管网建设等8个项目列入国家、省项目库，占全市一半以上。

【盐城高新区正式获批国家高新区】 2月5日，《国务院关于同意盐城高新技术产业开发区升级为国家高新技术产业开发区的批复》（国函〔2015〕第30号）正式下发，标志着盐城高新区成功跻身国家高新区行列，开始实行国家高新技术产业开发区政策。

【盐城国家高新区揭牌】 5月22日上午，盐城国家高新区建设推进大会在盐都举行，在国家科技部副部长曹健林和副省长徐南平的共同揭牌下，盐城高新区正式升格为国家高新技术产业开发区。市委书记朱克江首先表示，坚持以绿色发展为方向，以建设国家可持续发展实验区、国家创新型试点城市为契机，以打造"两区两城"标志性高地为抓手，走出一条科技引领、创新驱动、人才支撑、生态特色的有效发展路径。"合力把盐城国家高新区建成全市科学发展的示范区、转型发展的先导区和进位争先的先行区。盐都区、市各有关部门要合力推进盐城国家高新区建设，使高新区成为盐城发展的重要增长极。”国家科技部高新技术发展及产业化司副司长续超前宣读《国务院关于同意江苏省盐城高新技术产业开发区升级为国家高新技术产业开发区的批复》，曹健林对盐城高新区的升格表示祝贺。他希望盐城高新区以此为契机，坚持把自主创新作为核心战略，积极融入全球创新网络，加强创新基地和服务平台建设，强化产学研协同创新，推进大众创业、万众创新，打造国内一流、国际有竞争力的产业集群，培育具有核心竞争力的创新型企业，集聚更多高层次人才和创新创业团队，加快提升自主创新能力和内生增长动力，在创新驱动、科学发展的新征程上走在全国全省前列。

【高新区提速推进核心区建设】 围绕“一核一轴一中心”，重点打造世纪大道轴线4平方千米高度集中、高度融合的核心区和13平方千米高度配套、高度繁荣的产业配套中心区，致力把高新区打造成全市标志性高新产业新高地、宜业宜居新城区。按照“缺什么补什么、要什么建什么”原则，加快实施大吉发电、固特水泥搬迁进程，抢工会战翔宇国际广场、公交枢纽中心、实验学校二期等项目，迅速启动高新区科技馆、高级中学、工业邻里中心、公共卫生服务中心等规划功能项目，布局实施金融保险、购物中心、信息咨询等一批商务商业网点。提速推进盐渎路、秦川路南延北延、振兴路南延等主干工程，配套建设纬五路、纬七路、经二路等支路工程，加快形成“内部成网、外部成环、节点畅通”的道路网络系统；推进园区供水、供热、排水、排污、电信、电力、燃气等基础配套全覆盖，确保核心区建设初具形象。

【实施转型升级“四换”行动计划】 盐城高新区大力实施“小巨人”企业培植计划，机器换人，促进产业转型。支持和引导企业应用新技术、新工艺、新设备、新材料、新模式，与行业龙头联合，与风投资本联手，与合作伙伴联动，促进创新政策、创新资源和创新人才向企业集聚，加快企业由外延扩张向内涵提升转型，推动传统产业向专业化、精细化、特色化、新颖化发展。年内，实施星宇物产、世钟汽配、中恒宠物等技改项目25个，新增技改投入15亿元，培植年销售超10亿元企业2家、超5亿元企业2家、超亿元企业10家，税收超5000万元企业3家、超千万元企业6家、超500万元企业10家，盘活存量资产。盐城高新区按照“存量优化、增量高效”的原则，对园区所有企业和项目进行一次全面排查摸底，凡达不到预期产能的，逐一分析原因，实行分类指导，帮助解决问题，有针对性地加大要素优化配置、推进技术创新和管理创新力度，确保企业满负荷运转。对投资主体实力不强、产品市场份额不高、资产长期闲置的，帮助采取资产转让、资产租赁、资产重组、资产入股等方式，积极寻求新的投资方和项目源。至年底，盘活超亚风机、鹏凯网络等6个项目、12.6亿元闲置资产，发挥闲置资产的产业效益，腾出“低小散”，换来“高大上”，促进园区企业健康可持续发展。空间换地，提高产出效益。盐城高新区坚持规划制约在前，所有项目立项，必须通过严格的项目信息会审和项目论证，项目签约时，必须突出亩均投资强度和亩产边际效益。对新上项目，打破传统“独门独院”，不搞“花园式”工厂，探索园区集中共建公共服务设施，鼓励中恒二期、安威士智能安防系统等项目建设多层、标准厂房。对技改扩能项目，通过压缩辅助设施用地、原有厂房加层改造等途径，努力使有限土地资源发挥最大承载效应和产出效益，为高新区永续发展留下空间。电商换市，发展新兴业态。盐城高新区积极抢抓新技术革命和互联网经济发展机遇，打破思维定势和路径依赖，积极运用互联网技术，推动余热锅炉、恒力机床等企业生产研发模式和市场营销体系变革，加快由单一生产制造向制造服务业转变，抢占微笑曲线两端制高点，提高产品附加值，增强企业竞争力。引导中恒宠物、柚尊家具等骨干企业专注核心业务，分享辅助服务，发展壮大一批生产服务企业，带动传统产业向价值链高端攀升。加快实体销售和网络营销融合，推动企业融入知名电子商务平台，或自建网络销售平台，实现线下与线上结合、厂商与电商融合、境内电商与境外电商互补，更广泛、更有效地扩大产品认知度、提升市场占有率。

【举办第四届中国手机产业年会招商活动】 4月10日，2015’第四届中国手机产业年会在深圳开幕，对盐城智能终端等电子信息产业发展情况作专场推介。市委书记朱克江应邀出席并致辞，年会以“产业互联·智能生态”为主题，由深圳市手机行业协会主办，国际移动通信联合会、盐城高新技术产业开发区协办，工业和信息化部、中国通信工业协会、深圳市政府、盐城市政府、深圳市福田区政府、盐城市盐都区政府鼎力支持，是政府、协会、媒体联手搭建的行业零距离沟通平台和行业高规格品牌会议。工业和信息化部、中国通信工业协会有关负责人，移动、电信、联通等移动通信运营商和众多移动终端领军企业负责人，以及权威专家、专业媒体等1000余人参加活动。会上，周绍泉就盐城基本情况和规划发展手机产业的相关情况进行推介。

【高新区与中信银行合作】 4月24日，盐城高新区与中信银行战略合作协议签约仪式在盐城高新区研创大厦举行。中信银行南京分行行长林长军、战略客户部总经理陈鑫，中信银行盐城分行行长曹亚明，盐都区委常委、盐城高新区党工委书记商建明、盐城高新区投资集团有限公司总经理曹志伟等出席签约仪式。

【居然之家盐城店成功落户】 5月27日上午，江苏兴宇控股集团与北京居然之家投资控股集团在明城锦江大酒店举行战略合作签约仪式，双方将合作建设居然之家盐城店。区委常委、政法委书记陈育群等出席签约仪式。居然之家盐城店位于盐城国家高新区核心区内，毗邻研创大厦、政务服务中心和科技方舟，地理位置优越，交通十分便利，具有较好发展前景。居然之家成立于1999年，是以中高端为经营定位，为顾客提供设计、材料、家具、家居用品及饰品等“一站式”服务，集多种业态为一体的大型家居建材主题购物中心。

【通过省知识产权试点园区验收】 6月6日，盐城高新区顺利通过省商务厅和省知识产权局联合组织的江苏省知识产权试点园区期满验收。专家组通过听取汇报、审阅材料、交流提问等形式，对盐城高新区开展知识产权试点园区工作进行考核，并通过省级验收。盐城高新区自开展省知识产权试点园区工作起，高度重视知识产权工作，建立健全知识产权管理体制机制，认真实施知识产权战略，以提高知识产权创新、管理、保护、转化能力为突破口，着力增强企业运用知识产权的能力和水平，全面提高全民知识产权意识。获批省知识产权试点园区后，盐城高新区在知识产权保护方面取得长足进步，较好完成各项目标任务。

【突出发展“四新”经济】 加快对接“中国制造2015”规划纲要，坚持“高轻新绿”发展方向，突出发展新产业、新业态、新模式、新技术“四新”经济，提速建设主业突出、多业并进、链条完整、优势明显的创新创业特色园区。智能终端产业围绕建成华东地区最具规模的产业集群基地目标，加快智能终端(手机)产业园建设，推动项目梯次落户、集聚发展。预计2017年引进智能终端整机及关联企业60家以上，软件研发、方案设计等配套企业10家以上，完成投入100亿元，成为百亿级的新主导产业。年内，共签约落户智能终端(手机)产业研究院、华宇彩晶、泰奇科技、西特新能源、富勤精密电子5个项目，总投资15亿元，全部投产达效后年可实现销售超30亿元、利税3.5亿元。高端装备产业聚焦高档数控机床行业，重点发展刀库、车铣复合加工中心等关键功能部件项目，并依托龙头企业组建技术联盟，瞄准工业机器人、3D打印、柔性制造等关键领域，自主研发智能基础制造装备和重大智能制造成套装备，提高核心竞争力，预计到2017年拥有30亿元企业1至2家、10亿元企业3至5家，成为国内一流的高端装备“智”造基础，西锐3D打印、惠普IT等项目签约落户。新能源产业突出海上风电装备齿轮箱、电控系统等关键零部件铸链、补链项目的集聚，预计到2017年主机部件地产化率达到70%，实现百亿能级，建成整机出口基地，并依托风电研发、检测、评定等国家级平台，建设华东地区风电场运营维护服务中心，在全国率先打造新能源产业全服务链，为全市制造业服务化转型提供示范，华锐公司加快10兆瓦超大型风机项目的研发。现代服务业加快打造跨境电商、行业垂直电商、物流电商等平台，顺应“互联网+”发展趋势，推动云计算、大数据、物联网等新一代信息技术对传统产业的改造提升，加快发展金融保险、总部经济、文化创意等高端业态，全面提升高新区产业发展质态和整体水平，南大电子商务研究院、江苏长三角创新中心、中国发明创业(盐城)基地等项目签约落户。

【搭建载体聚人才】 5月，盐城国家高新区建设推进大会召开后，高新区积极融入“一带一路”战略，大力推介引才优势，主动出击引人才，搭建载体聚人才，着力打造人才新高地，为盐都经济社会发展提供坚强的人才保障和智力支持。落户盐城高新区的江苏瑞和磨料磨具有限公司，形成年产1200万平方米高档涂附磨具生产规模，产品远销欧美、亚洲、大洋洲等国家和地区。为进一步扩大生产规模，公司对科研创新、人才队伍建设高度重视，积极筹划申报工程中心、创新团队等项目。高新区坚持把高端人才引进培养放在科技创新最优先的位置，专门成立“515”人才工作领导小组，集聚资源协调处理好人才服务工作，在园区服务窗口设立人才服务绿色通道，从公司注册、人员招聘、就业服务等开展一站式、保姆式服务，对高新区的企业开展“服务到企业活动”，将政策送到企业，并认真落实高层次人才“八个一”服务，确保高层次人才引得进、留得住、用得好。

【承办全国大学生机器人Robotac比赛】 7月11日，由共青团中央学校部、全国学联秘书处主办，盐城高新区承办的第十四届全国大学生机器人大赛Robotac赛事在市一中体育馆举行。比赛为期两天，来自北华航天工业学院、北京工业职业技术学院等12所高校的顶尖大学生参赛队伍汇聚盐城同场竞技。经过热身赛、小组循环赛、复赛、决赛等14场比赛，北京工业职业技术学院最终夺冠。

【省农发行20亿支持高新区城镇化项目建设】 7月16日，盐城高新区与中国农业发展银行江苏分行签署整体城镇化项目战略合作协议，获得20亿元中长期贷款支持。本着“合作共赢、互利互惠、平等守信”的原则，经过多轮磋商、洽谈，决定依托政府组织优势和中国农业发展银行综合金融优势，形成盐城高新区整体城镇化建设项目投资合作框架协议，涵盖盐城高新区科技方舟、高级中学、园区污水管网、大型三级综合性医院、盐城高新区科创园及工业邻里中心等8个子项目，协议总投资20亿元，贷款使用年限15年。

【推进产业层次高端化】 盐城高新区主动对接“中国制造2025”，突出“高轻新绿”导向，坚持“非大即高”原则，围绕智能终端、高端装备和新能源三大新兴产业，突破产业链高端项目、上下游配套项目、前后道延伸项目，加快建设华东地区最具规模智能终端产业基地、百亿能级高端装备“智造”基地、全国知名风电装备整机出口和运维服务基地。加强专业化攻坚，选优配强专职招商队伍，严格目标任务考核奖惩。突出市场化运作，通过委托招商、代理招商等方式，广招快引战略投资者。拓展国际化视野，与韩国金海缔结友好城市，建好中韩盐城产业园联动区，将德国茨维考市的合作拓展到经贸领域，不断提升招商选资的层次和水平。强化项目会战主人翁意识，提高项目推进组织化程度，强势推进东九重工、东风李尔等16个在建项目，加快实施安威士安防、德弘诚汽配等16个签约项目。统筹推进智能终端(手机)产业园招商、规划、建设等各项工作。提速中小企业园二期高新技术创业园建设，提升国家级科技孵化器孵化功能，拓展全方位的创新创业空间。推进借势创业、借力创新，与中国发明协会联合举办首届“世界发明创新论坛”，与中关村共同搭建引领创新、服务创业的“领创空间”，与清华大学共建长三角研究院盐城分院，满足全领域的创新创业需求。全面对接市“515”人才引进三年行动计划，力争每年引进各类大学生3000人以上，创新创业领军人才50人以上，“两院”院士、“千人计划”专家10人左右。放大国家高新区品牌效应，利用盐高投市级融资平台，推动10亿元企业债年内发行到位、省农发行20亿元城镇化建设贷款早日获批授信，同时设立3亿元的风投基金、创投母基金，支持知识产权质押融资，为科技创新、跨越发展提供多元化的金融支持。大力实施"小巨人"培育计划，支持中小科技企业融入"互联网+"时代大潮，加大研发投入，发展核心技术，打造拳头产品，加快实施西锐3D打印、惠普创新中心等重点项目，力争年内新增国家高新技术企业5至8家，省级以上企业研发和服务平台10至15家。

【举办智能终端产业专题讲座】 8月22日上午，举办"智能终端产业"专题讲座，深圳市手机行业协会常务副会长、深圳市国通世纪科技开发有限公司董事长赵东锋应邀授课。赵东锋就什么是智能终端、智能终端相关知识普及、智能终端的发展带给人们的生活感受、智能终端的产业现状和前景、智能终端产业链结构、智能终端产业盈利模式及趋势分析等方面进行详细讲解。

【举办首届世界发明创新论坛】 9月21—25日，2015首届世界发明创新论坛在盐城举办，举行技术转移与商业化、创新环境、发明方法与成果等3个分论坛，来自德国、马来西亚、印度等27个国家和地区的发明协会和发明组织近300名中外嘉宾出席。论坛举行期间，中国科协与盐城高新区共同打造的"中国发明创业(华东)基地"也正式揭牌。

【江苏汉印科技公司成功挂牌"新三板"】 10月19日，江苏汉印机电科技股份有限公司收到全国中小企业股份转让系统批复，同意公司股票在全国中小企业股份转让系统挂牌，成为全区继驰翔齿轮、蔚联机械后，第3家在"新三板"挂牌上市的企业。江苏汉印机电科技股份有限公司自入驻盐城高新区通讯电子产业园以来，坚持"高效率、柔性化、低成本"的创新理念，联合中科院沈阳自动化研究所、中科院北京半导体所、清华大学化工学院、国家光电重点实验室等众多科研院所，开发具有完全自主知识产权的数字化高速工业喷印系列电子装备。采用喷头阵列单程方式，喷印效果好、效率高，成本明显低于国外同类产品，具有高效、高精度、使用灵活和绿色制造等优点，减少传统图形转移工艺60%以上的生产过程，节省60%的抗蚀、抗镀的油墨、干墨，减少60%的有机废水处理与排放，最大化减少对环境和生态的负面影响，产品广泛应用于全印制电子制造、纺织喷印、瓷砖喷印、包装喷印等领域，拥有31项国家发明专利。

【恒力机床参与制造C919大型客机】 11月2日，我国自主研制的C919大型客机首架机，在中国商飞公司新建成的总装制造中心浦东基地厂房内正式下线。C919大型客机垂尾精加工平台是制造现场惟一使用的国产成套设备，由江苏恒力组合机床有限公司与北京航空航天大学联合设计制造，用于大飞机垂直尾翼与后机身对接面的精加工，产品替代进口，通过验收后于2014年底交付使用。

【盐城中小企业(创业)园获列省第二批科技创业孵化链条建设试点园区】 11月2日，省科技厅发出批文，公布全省第二批6家"苗圃—孵化器—加速器"科技创业孵化链条建设试点园区名单，盐城中小企业(创业)园榜上有名，全市唯一。盐城中小企业(创业)园位于盐城高新区内，一期占地面积13.33公顷，于2008年3月启动建设，至2015年年底，建成12幢总建筑面积20万平方米的四层标准化厂房，建筑面积约20万平方米。园区秉承培育科技型企业，孵化未来新兴产业，推动地方产业转型升级的宗旨，主要服务于初创期的科技型中小企业。全年累计入驻企业达135家，涵盖数码电子开发、医疗器材、包装设计、网站制作等多个行业，累计在孵企业102家，毕业企业33家。区内企业共实现开票销售6亿元，税收4300万元。园区被授予国家级科技企业孵化器、省级创业示范基地等称号。

【盐城高新区中心区城市设计和控制性详细规划通过专家评审】 4月3日，盐城高新区中心区城市设计和控制性详细规划通过专家评审。中国城市规划学会、上海同济城市规划设计研究院、中国城市建设研究院城乡规划研究中心等权威单位的专家参加评审。随着国家高新区的获批，盐城高新区将紧扣"高新产业核心载体、创新驱动重要引擎、绿色发展先行区域"定位，重点围绕13平方千米中心区、4平方千米核心区、5千米长世纪大道城市发展轴的"一心一核一轴"，保持"创"的劲头，做足"建"的文章，力争通过3—5年努力将盐城高新区打造成"区域进位争先新引擎、江苏沿海开发增长极、苏北振兴发展引领区、长三角创新创业新高地"，努力在国家队竞争中实现弯道超越、后来居上。

【招才引智北京专场推介活动】 5月21日，盐城高新区在北京举办招才引智专场推介活动，得到中国青年海归协会大力支持，先后与国家"千人计划"专家徐永龙、张涛，海归博士饶伟峰、赵炳来4名高层次人才签订意向合作协议。

【智能终端产业园10个项目集中开工】 9月6日，盐城高新区智能终端产业园10个项目集中开工。开工的10个项目分别是：智能终端研究院项目由深圳市手机行业协会、盐城高新区合作共建，建成后将为智能终端产业发展提供技术支撑和平台服务。国通世纪项目由深圳市国通世纪科技发展有限公司建设，计划投资2亿元，征地4.4公顷，建筑面积4.5万平方米，投产后可实现开票销售5亿元。华宇彩晶项目由深圳市华宇彩晶科技有限公司建设，计划投资3亿元，征地4.67公顷，新建厂房5万平方米，新上12条液晶模组生产线，投产达效后可实现开票销售10亿元。晟阳智能检测设备项目由苏州晟阳精密仪器有限公司建设，计划投资1亿元，注册资本2000万元，投产后年可实现销售3亿元。邑维科技项目由台湾邑维科技有限公司建设，计划总投资1500万美元，新上3D薄膜探针生产线，投产后可实现销售3亿元。泰奇科技项目由深圳市泰奇科技有限公司建设，计划投资2亿元，新上摄像头模组生产线，投产后可实现开票销售5亿元。英洛凡科技项目由重庆英洛凡科技有限公司建设，计划投资1亿元，新上LED新型显示生产线，投产后可实现开票销售3亿元。央科科技项目由深圳市央科科技有限公司建设，计划投资1亿元，新上SMT贴片流水线，生产智能整机，投产后可实现开票销售3亿元。微测技术服务平台项目由深圳市微测技术服务有限公司建设，计划投资5000万元，项目运营后可实现开票销售超亿元。贝斯科林项目由深圳贝斯科林无尘科技有限公司建设，计划投资6000万元，新上防静电无尘用品生产线，投产后可实现开票销售超亿元。上述10个项目总投资达13亿元，其中9个产业类项目全部投产达效后，年可新增销售35亿元。

【盐城高新区投资集团公司企业债券通过国家发改委核准】 11月25日，国家发改委核准批复盐城高新区投资集团公司发行10亿元企业债券，其中8.5亿元用于中小企业孵化器和公交枢纽客运站项目建设，1.5亿元用于补充营运资金。

【盐城高新区两个外资项目开工】 12月17日上午，高新区举行大兴科技和大兴住友理工两个外资项目联合开工奠基仪式。两个外资项目总投资达2850万美元，推进高新区汽车零部件产业发展，使产业业态更趋丰富、链条更趋完善。

（陈中华　李桂媛）

·大纵湖旅游经济区·

【概述】 以区委区政府举办的“畅游盐都金秋行”活动为契机，精心组织策划大纵湖湿地生态旅游节、首届户外露营节和第六届螃蟹节等系列活动，同时办好“盛世横空，飞越大纵湖”——世界级水上特技表演、“大纵湖杯”首届盐城少儿艺术电视大赛、狂欢泼水节、浑水摸鱼之摸鱼达人评比等特色活动，切实增强品牌的吸引力。在旅游开发的带动下，餐饮、住宿、商贸等三产服务业呈现良好发展势头，2015年实现服务业增加值5.6亿元，批零住餐销售额1.1亿元，增幅分别达10.5%、14.6%。

旅游产业提升全新层次。本着重点重抓要求，着力抓好重点工程建设，致力提升旅游产品档次，改善景区接待环境。东晋古城全面施工，L岛彰显古城特色；游客接待中心基本竣工；环湖景观大道建成通车；滨湖公园对外开放；绿丘露营地成为全省首批房车露营地；鸟岛、婚纱摄影基地二期项目建成；老景区提升成效明显。景区游客人数和营运收入比上年分别增长75%和46.2%，成功获批省级旅游度假区和省级湿地公园。

招商融资成绩显著。在加快建设和服务好已有项目的基础上，围绕旅游发展需要，不断加大外出招商力度，着力推动旅游开发向更高层次迈进。成功招引签约总投资5600万元婚纱摄影基地项目，由苏州爱菲凡文化传媒有限公司和江苏悦达大纵湖影视城有限公司合资建设，用地约3.33公顷，一期影楼、花海、马场及外景场地建成，二期1万平米室内影棚基本完成内部装饰，即将对外开放；总投资2亿元温泉度假村项目，由江苏大纵湖炬通温泉度假村有限公司投资，用地约4.6公顷，计划建筑面积2.76万平方米，计划2016年建成。总投资5300万元房车露营地项目，由广东惠州市恒诺房车有限公司和盐城市大纵湖湖区资源开发有限公司共同出资建设，占地约6.67公顷，建筑面积约2000平方米，年内建成开放。9月，成功举办“中国大纵湖首届户外露营节”，12月上旬，成功获批江苏省首批房车露营地。

【羊维达到大纵湖旅游经济区调研】 10月29日下午，区委书记羊维达到大纵湖旅游经济区调研。他强调，要突出“水绿”特色，重推项目，加快建设，不断提升景区核心竞争力，全力打造富有吸引力的国家AAAAA级旅游景区，推动盐都乡村旅游业发展迈上新台阶。羊维达实地察看大纵湖影视城婚纱摄影基地、老景区提升改造、大纵湖景区露营基地、东晋古城等部分重点项目建设情况，认真听取相关工作汇报。国家出台的《关于促进旅游业改革发展的若干意见》，对大力发展乡村旅游业提出明确意见和要求，把制定好的工作计划落实到位，在保证工程质量的前提下，加快重点工程项目建设进度。

【大纵湖绿丘露营基地荣获江苏省首批房车露营地】 大纵湖绿丘露营基地位于盐城大纵湖旅游度假区东南、环湖大道西侧的湖滨公园里的“绿丘”旁边，它是苏北首家户外房车露营地，占地2.4公顷。营地一期投资近2000万元，由房车区、木屋区、方舱区以及帐篷区组成，游客服务中心和自助烧烤等设施按照AAAAA级景区标准建设，8月底竣工。“绿丘”露营基地，有湖有景，有房有车，吸引省内外露营爱好者纷纷慕名而来，9月中、下旬分两批举办“中国大纵湖首届户外露营节”，由省旅游局组织邀请的广东省房车协会、江苏省房车协会和全省8个直辖市旅游局、户外运动组织及户外运动爱好者3万多人参加活动。

【“纵湖十鲜”首次亮相国际展台】 10月23—25日，大纵湖旅游度假区的“纵湖十

2015年农业经济开发区各村（居）负责人

表2

村（居）名	村（居）书记	村（居）主任
袁　邵	袁云章	邵　余
三　湾	孟成标	葛銮顺
李　庄	李成雨	沈从刚
民　强	葛付元	徐大洲
宗　凌	王志祥	宗国勋
程　实	龚福庆	程　亮
新　杨	浦兆扣	王桂生
董　伙	孙宽亚	朱兆根
富　王	王龙顺	孙茂才

鲜”搬上国际展台，在南京国际会展中心参加中国·江苏国际餐饮博览会。大纵湖旅游度假区在宁“纵湖十鲜”美食节活动旨在以“美食”为媒，展示大纵湖地方水乡餐饮文化以及独特的湿地旅游资源和浓郁的人文色彩，进一步促进大纵湖旅游产业健康快速发展。省餐饮行业协会和江苏省餐饮职业教育集团在大纵湖挂牌成立“中国·江苏盐城大纵湖湖鲜美食研究所”；“大纵湖白壳螺蛳”被江苏省餐饮行业协会评为“江苏名菜”；同时，南京—盐城大纵湖旅游直通车在国际展览中心首发大纵湖旅游度假区。（王　佳）

台海菊花节

·农村经济开发区（台湾农民创业园）·

【概述】 盐都区农村经济开发区于2010年1月7日挂牌成立，同年5月，盐都台湾农民创业园获国家农业部、国台办授牌，2012年8月，实现农村经济开发区与盐都台湾农民创业园两块牌子、一套班子，实体化运作，成立成建制的农村经济开发区(台创园)党工委、管委会。调整农村经济开发区范围东至冈沟河、西至红九河，区域面积50平方千米，涵盖原郭猛镇的三湾、李庄、民强、袁邵4个村，原尚庄镇的宗凌、董伙、程实、新杨、富王5个村以及葛武街道的葛武、育才、郝荣等3个村居，共12个村居，总人口3.2万，耕地面积3066.67公顷。成建制运作以来，农村经济开发区始终坚持用工业理念、统筹思路，加快推进开发园区建设，努力实现传统农业向现代农业发展率先突破。招引落户花卉苗木、设施果蔬、畜禽养殖、科技研发、休闲观光等各类现代农业项目68个。全面实施村庄环境连片综合整治、河道疏浚管护、区域供水、节水灌溉等一系列基础工程，生态环境明显改善，新农村建设成效显著，台海花卉港创成第二届盐城最具魅力休闲农业景点。2015年度目标任务综合考核荣获全市农业招商引资工作先进单位、全区统筹城乡发展工作奖、对台招商引资工作奖、村镇建设先进单位。

【基础配套】 年内，农村道路提档升级6.4千米，新建公路桥梁8座，完成郭李路黑色化路面改造，新郝大道“一路两桥”、育才路、老街路等基础路桥工程全面启动建设；农机作业“最后一匡田”通达工程新建农桥25座，机耕道8千米；河道整治“三年计划”压缩至两年完成，一期工程竣工，完成78条100千米河道疏浚；台海花卉港等重点项目区16.5千米路网框架全部建成，节水灌溉新增覆盖4个行政村640公顷范围，农田水利配套工程不断完善。新改建民强、新杨、富王、育才、郝荣等5村居党群服务中心，基层组织阵地建设和服务功能不断加强。

台盟中央副秘书长宋焱调研台创园

【产业发展】 坚持项目带动促发展，优化机制大招商，全年相继招引落户项目10个，其中，投资5000万元以上农业项目3个，休闲观光项目1个。突出适度规模经营，力促农业结构调整和转型升级，新增流转土地173.33公顷，新增设施农业面积100公顷，创办家庭农场16家，新增联耕联种面积800公顷。台海花卉港、设施果蔬基地等产业板块建设成效显著，台创园列市“三重”项目，双新大道城乡统筹示范带11个重要节点项目全部建成。引进南京农业大学、中国肉鸽协会合作共建提升呈祥菊园、夏氏鸽业等产业观光项目，成功举办盐城首届台海菊花节，一二三产相互融合、竞相发展。

【民生服务】 全年共实施10个为民办实事项目，完成投资2800万元。居家养老实现全覆盖，创建示范站点6个。完成宗凌、程实等村居卫生室改造工程，村级卫生

七星农场大型机械作业图

基础设施标准化建设全面提速。新增城镇就业182人，城乡居民养老保险扩面增量，实现社会保险全覆盖。五保、低保等民政救助实行“动态管理、阳光操作”，“安康关爱行动”获全区先进表彰。对群众来信、来访事项做到“件件有结果、事事有着落”，对群众反映的热点问题及时解决，坚决维护群众利益，法治平安建设扎实推进，社会大局和谐稳定。

【新村建设】 坚持创优创美环境，全力抓好双新大道沿线环境综合整治。年内，辖区9个行政村环境整治通过省级全域验收，创成三星级康居村1个，一星级康居村14个，环境整洁村43个，58个自然村庄全部实施“五位一体”环境长效管护，组建124人保洁队伍，保持“水清、岸绿、景美”的村庄环境。完成三湾国家级生态村和江苏省水美乡村申报工作，创成李庄、董伙等2个绿化示范村；提升夏氏鸽业、泰和畜牧等循环农业基地建设，完成市级生态循环农业示范镇创建，生态环境不断改善。 (吕　培)

·盐都七星现代化农场·

【概述】 2015年，七星农场围绕“创新经营机制、开展综合服务、集成技术展示、引领绿色发展”目标定位，巩固固有成果，培育新型经营主体，示范带动农业适度规模经营，为全区农业现代化发展提供成功经验；采取多种合作方式，辐射带动双新大道沿线专业大户和家庭农场，推进农业适度规模经营、促进“粮食增产、农业增效、农民增收”，在形象展示、标准示范、有机种植等方面取得成效。

【推进机制创新】 自秋季起，与相关合作社建立新的合作模式，在农场核心区开展农田种植、稻谷收贮和大米加工，拉长产业链条；同时，将沿线的大纵湖三官村开心农场，尚庄镇庆福村的志华农场、仁峰农场以及民胜村的贵航农场，作为农场的松散型经营主体，接受农场的技术指导和社会化服务，在双新大道沿线发挥辐射带动作用。

【推行专业化服务】 年内，充分发挥七星农机服务专业合作社、七星粮食服务专业合作社的社会化服务功能，为农场粮食生产主体全方位提供耕作、抛肥、植保、收割等全程服务，为周边家庭农场、种粮大户提供阶段性服务。粮食合作社的粮食收贮、大米加工以及粮食代贮业务得到周边农户的好评。引进南京艾津农业科技公司进行合作，成立盐都七星植保服务专业合作社，为农场各粮食生产主体和周边大户提供水稻全程植保服务。并在农机服务中心辟出专门区域，设立农产品展示和质量控制中心，在服务农场农事生产的同时，为专业大户、家庭农场提供信息、技术等方面的服务。

【“三新”示范功能显现】 为充分发挥农场的试验示范职能，努力做好“新品种试验、新技术推广、新模式示范”工作，年内，在核心区内建立一个集食味品质、外观品质俱优水稻品种及特色品种（特殊香味、特殊颜色、特殊功能）展示基地，通过品比，优选适宜生态种植和市场开发的品种；结合农场乡村旅游规划，示范推广“稻鸭共作”“稻渔套养”、配套太阳能杀虫灯和性诱剂诱杀等系列集成有机水稻生产模式。 (郁祖良)

七星农场入口

中共盐城市
盐都区委员会

Yancheng Yandu District Committee
Of the Communist Party of China

综　　述
Summary

【概述】 2015年，在严峻复杂的经济形势和持续不减的下行压力面前，全区上下团结拼搏、克难奋进，以令人瞩目的崭新业绩为“十二五”完美收官画上句号。

稳健增长显现新成效。倾力重抓“项目载体突破年”活动，扎实开展沪深德韩专题招商推介，统筹推进列市“三重”“三百”“双十”工程和区八大类重点工程项目，全年新签约、新开工、新竣工亿元以上产业项目分别为65个、55个、46个。一批标志性项目扎实推进，总投资150亿元的智能终端产业园启动建设，总投资60亿元的万达广场落户开建。全年实现地区生产总值407亿元，增长10.8%；规模以上工业增加值205亿元，增长11.3%；服务业增加值160亿元，增长12.8%；一般公共预算收入36亿元，增长15.5%；固定资产投资290亿元，增长24.4%；城镇居民人均可支配收入30600元，增长9.4%；农村居民人均可支配收入17600元，增长11.4%，经济运行总体平稳、稳中有进、稳中有好，主要经济指标保持在合理区间。

转型发展形成新优势。高新区成功承办第一届世界发明创新论坛，并被确定为中国发明创业(华东)基地，智能终端、高端装备、新能源三大新兴产业加速集聚，“一核一轴一心”聚力突破。新产业、新业态、新模式、新技术“四新”经济竞相发展，智能终端产业园一期首批15个项目进场装修，电商快递产业园入驻项目65个、快递日处理量占全市60%以上，中恒宠物实现跨境电子商务交易额5300万美元，3D打印、工业机器人、惠普软件创新基地等一批项目纷纷落地。新增中国驰名商标3件，新认定国家高新技术企业26家，驰翔齿轮、蔚联机械、汉印机电3家企业在“新三板”挂牌，恒力机床为首架国产大飞机的制造提供唯一国产成套设备。“515”人才计划全面推进，全年共引进“千人计划”专家1人、领军人才40人、专门人才830人；自主申报入选国家“外专千人计划”专家1人，实现零突破。

城乡统筹开创新局面。投入120多亿元，开工建设公园绿地、防洪防汛、医院学校等105项城建重点工程。国家绿化模范城市通过创建验收，大纵湖获批省级湿地公园。双新大道城乡统筹示范带实施六大类65个项目，完成投资18.5亿元。各类新型农业经营主体迅速发展，适度规模经营加快推进，农业现代化综合排名位居苏中、苏北前列；粮食生产实现“十二连增”，被认定为省“亩产吨粮县”。全省乡村旅游工作推进会在盐都召开，获批最美中国·绿色生态乡村旅游目的地和全省首家乡村旅游创新发展示范区，“畅游盐都金秋行”十大节庆活动获得圆满成功，年游客接待量、旅游总收入增幅都在40%以上。

深化改革实现新突破。新政务服务中心投入使用，33家行政审批职能部门、20家中介机构和8家便民服务单位入驻办公，实现部门进驻、项目集中、授权到位三个“100%”；全面推进审批权力清单及网上公示制度，行政审批事项压减30%。全口径财政预算体系初步构建，区本级财政预决算、部门预决算、“三公”经费预决算首度公开，公车改革全面启动。农村土地确权登记颁证工作有序展开，粮食购销企业改革稳步推进；区镇两级农村产权流转交易服务体系基本建成，实现交易额3100万元。高新区10亿元企业债、农发行20亿元城镇化项目、区国投公司10亿元中期票据等低成本直接融资类和政策性贷款类项目正式获批，8个项目列入国家、省PPP项目库，制约经济社会发展的资金瓶颈得到有效破解。

民生事业取得新进展。10大类28件为民办实事项目实施到位，完成投资7.5亿元。教育现代化建设综合得分全市第一，荣获全国文化先进县(区)。市三院与6家基层医疗卫生机构合作建立“医疗联合体”推进顺利，镇村卫生基础设施标准化建设全面提速。331省道盐都段全线通车，开通镇村公交线路21条，群众出行更加绿色便捷。新增城镇就业1.25万人、社保等各类参保人员4.7万人。完成棚户区和农村危房改造1196户、渔民上岸150户。法治盐都、平安盐都建设扎实推进，社会大局和谐稳定。

党的建设迈上新台阶。切实推进全

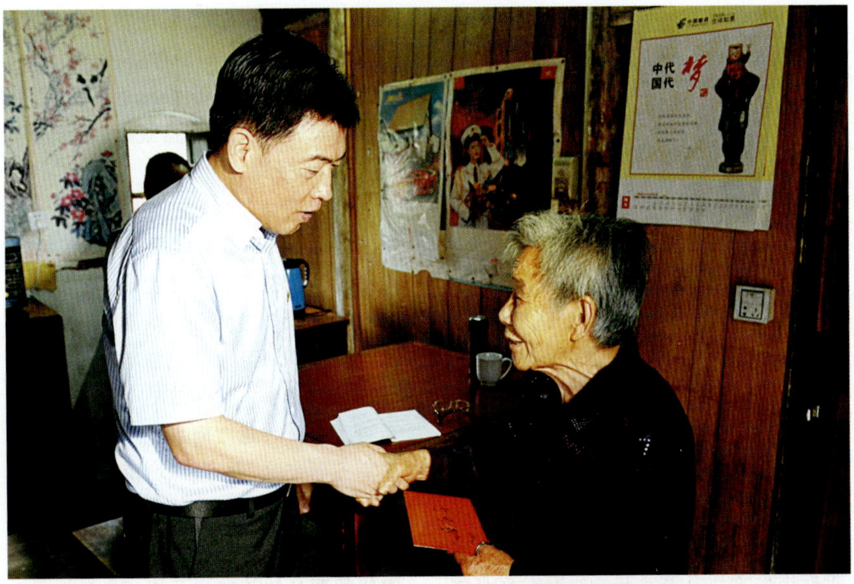

慰问

面从严治党，严格落实“两个责任”，深化惩治和预防腐败体系建设，严肃查办一批违规、违纪、违法案件，进一步形成风清气正的政治生态。深入开展“三严三实”专题教育，巩固拓展党的群众路线教育实践活动成果，组织开展奢侈浪费、为官不为等专项整治，作风效能持续优化。全面启动“基层党建示范带”建设，实施村级党群服务中心提档升级三年计划，基层战斗堡垒作用更加彰显。支持人大、政协依法按章履行职能，积极发挥监督作用。促进统战、对台、人武、工会、共青团、妇联、老干部、党史、档案、关工委等工作有效开展。推进“厚德盐都”建设，涌现出“中国好人”程来品、武红梅等一批先进典型。

重要活动

Important Activity

·开展“三严三实”专题教育·

根据中央和省市区委统一部署要求，在全面调研的基础上，制定下发《关于在县处级以上领导干部中开展“三严三实”专题教育的实施方案》，明确目标任务、方法步骤和工作要求。编制下发《区委常委会专题教育工作计划》，对专题教育工作进行了细化。制定下发《关于在全区开展“三严三实”专题教育的通知》，明确将专题教育融入党员干部经常性教育，融入日常党建工作，融入联系服务群众载体，融入经济社会发展等各项工作。围绕“四专题一强化”，扎实做好专题党课辅导、学习交流研讨、组织调查研究、民主生活会等“规定动作”，查找制定“不严不实”问题清单，采取有效措施整改提升，确保专题教育取得实在效果。

召开全区纪检监察系统“三严三实”专题党课暨专题教育部署会议，严格按要求推进“三严三实”专题教育，紧扣“六查六看六整治”，围绕“四专题一强化”，深入开展集中教育，引导全体干部自觉践行“三严三实”，认真查摆“不严不实”问题，并制定方案认真整改。委局班子成员主动带头加强学习，努力提高政治素质，不断加强党性修养；深入贯彻民主集中制，坚持重大决策集体讨论、集体决定制度。专题召开民主生活会，认真开展批评与自我批评，增强沟通交流，密切团结协作，齐心协力抓好工作。

·盐城国家高新区建设推进大会胜利召开·

2月5日，《国务院关于同意盐城高新技术产业开发区升级为国家高新技术产业开发区的批复》（国函[2015]第30号）正式下发，标志着盐城高新区跻身国家高新区行列，开始实行国家高新技术产业开发区政策。5月22日上午，盐城国家高新技术产业开发区建设推进大会在盐都文化艺术中心召开。国家科技部副部长曹健林、副省长徐南平出席并为盐城国家高新技术产业开发区揭牌。市委书记、市人大常委会主任朱克江出席并讲话。省科技厅党组书记王秦等出席。市委副书记、市长王荣平主持。区委书记羊维达汇报了盐城高新区建设情况。朱克江在致辞中说，盐城高新区升级为国家高新区，这是盐城发展史上具有里程碑意义的一件大事。高新区不仅园区形象在变，产业形态在变，更重要的是干部理念在变，精神状态在变，这是盐城国家高新区创建的成功经验，也是未来可持续发展弥足珍贵的财富。在“一带一路”全新开放大格局下，坚持开放引领、创新驱动，按照“布局集中、产业集聚、用地集约、特色鲜明、规模适度、配套完善”要求，瞄准建成“创新高地、人才高地、产业高地”目标，举全市之力把盐城国家高新区建成全市科学发展的示范区、转型发展的先导区和进位争先的先行区。坚持规划引领，科学布局产业业态、建筑形态和人居生态。强化产业支撑，加快培育一批新兴支柱产业，推动产业结构直奔中高端。提升创新能力，在更大范围、更广领域拓展科技合作、提升创新水平。完善功能配套，加快建设创新型、开放型和生态型特色园区。盐城国家高新区和盐都区要优化机制、集中力量、搭建平台、建好队伍，使高新区成为盐城发展的重要增长极和江苏乃至全国创新发展的新的示范。市各有关部门要一如既往全力支持服务高新区建设和发展，合力推进盐城国家高新区在新的起点创造新的业绩。曹健林在讲话中代表国家科技部对盐城高新区升级为国家高新区表示热烈祝贺，对盐城坚持科技创新驱动、推进经济转型升级取得的显著成效和全市干部群众的良好精神状态给予高度评价。他指出，盐城高新区升级为国家高新区，有利于充分发挥盐城区位和产业优势，辐射带动江苏东部沿海地区经济发展和产业结构优化升级；有利于充分发挥高新区的科技创新优势，加快形成全社会创新竞相涌流的新局面；有利于完善国家高新区战略部署，探索依靠科技创新实现革命老区创新驱动发展的新模式。希望江苏省和盐城市认真贯彻落实国务院批复精神，进一步强化市场导向机制和企业技术创新主体地位，充分发挥科技对经济社会发展的支撑引领作用，加快推进盐城国家高新区建设。要强化创新驱动发展，加快创新基地和公共平台建设，不断提升自主创新能力。要强化大众创业，积极发展“众创空间”，进一步形成大众创业、万众创新生动局面。要强化创新主体培育，加大力度扶持科技型中小企业，大力提升企业技术研发、产品创新、利用和转化科技成果的能力。要强化人才培养，培育一批高层次创新人才、开发性创业人才和战略性新兴产业领军人才。要强化开放创新，有效利用全球创新资源，培育一批国际知名品牌，打造具有国际影响力的产业集群。徐南平代表省政府向盐城国家高新区获批揭牌表示热烈祝贺，并对盐城经济社会发展取得的显著成绩和城乡面貌发生的新的变化给予充分肯定。他说，盐城高新区升格为国家高新区，融入国家创新体系，不仅对优化全省尤其是苏北创新布局、进一步提高区域创新能力具有重要意义，而且为盐城经济结构调整和转型发展提供新机遇，必将推动盐城在创新驱动发展道路上迈出更加坚实步伐。希望盐城充分利用国家重大发展战略叠加的机遇，主动融入“一带一路”大格局，以国家级高新区建设为契机，坚持把科技创新摆在发展全局的核心位置，进一步打通从科技强到产业强、经济强的通道，使科技创新更多更有效地催生新产品、形成新产业、创造新需求、引导新消费，显著提升科技对经济增长的贡献度。盐城国家高新区要乘势而上、开拓进取，按照国务院批复要求，坚持国家高新区“五位一体”的发展方向，着眼自主创新，深化改革开放，加强创新核心区建设，推动产业高端发展，强化企业主体地位，优化创新创业生态环境，突出体制机制创新，加快培育形成国内一流、国际有竞争力的高端产业，努力在区域创新体系建设和经济转型升级中发挥辐射带动作用。省有关部门要主动加强指导，提供优质服务，推动盐城国家高新区又好又快发展。羊维达在汇报盐城高新区发展情况时说，推进大会翻开盐城高新区创新发展、跨越争先的崭新篇章。进一步提神振气，主动抬高目标追求，大力倡扬务实作风，自觉强化责任担当，谋求跨越争先新作为。进一步聚焦新业态，倾力培强战略性新兴产业，大力发展现代服务业，致力培育创新型企业，打造跨越争先新引擎。进一步塑创新优势，提升建设品质，厚实创新土壤，推进绿色发展，增强跨越争先新动能。进一步创优新机制，创新投融资机制，健全运行管理机制，优化招商选资机制，激发跨越争先新活力。国家科技部高新技术发展产业化司副司长续超前在会上宣读《国务院关于同意江苏省盐城高新技术产业开发区升级为国家高新技术产业开发区的批复》。在现场举行的项目签约仪式上，一批重大项目集中签约，涉及电子信息、智能终端、大数据、电子商务、新能源等领域。国家科技部、省有关部门单位和高校院所有关负责人，市领导李驰、戴元湖、庄兆林、潘道津、周德祥、马成志、周绍泉，区领导吴本辉、穆芹、陈广平、顾其斌及市区相关部门负责人参加会议。

【20多家媒体聚焦盐城国家高新区】 5月22日，盐城国家高新区建设推进大会召开，吸引《科技日报》《新华日报》《江苏经济报》、人民网、新华网、中国新闻网、凤凰网等20多家知名媒体聚焦盐城国家高新区，纷纷将镜头对准这片创新、创业热土，以各种形式报道盐都举全区之力推进高新区建设和发展取得的成就。其中，《新华日报》从4月初就开始关注盐城高新区的创新发展，深度报道部记者多次到盐都，对市、区主要领导以及国家高新区的相关部门、企业进行专题调研采访。5月18日、20日、23日分别以《我省沿海又添区域创新体系平台——盐城高新区后来居上求突破》《盐城国家高新区：江苏沿海开发新高地盐城转型升级新引擎》《我省科技创新发展新增一平台：盐城国家高新区昨挂牌》为题连续报道盐城高新区抢抓机遇，实现转型升级、跨越发展的迈进之路，浓墨重彩地描绘和展示创新、创业的盐都。《盐阜大众报》《双新盐都报》《盐都新闻》等本地媒体也超前谋划，深入采访，围绕高新区坚持科技创新驱动、推进经济转型升级等进行深入挖掘，从规划、产城融合、产业集聚、创新驱动、服务、民生等方面陆续推出系列报道，全面系统地介绍盐城高新区的发展轨迹，解读盐城高新区的成功奥秘，引起强烈反响。

【13个重大项目在盐城国家高新区建设推进大会上签约】 5月22日，盐城国家高新区建设推进大会13个重大项目签约落户盐城高新区。其中创新类项目7个，分别是：南京大学与盐城市政府在盐城高新区合作共建“南京大学——盐城电子商务研究院”项目、深圳市手机行业协会与盐城高新区合作共建“智能终端（手机）产业园及研究院”项目、中国惠普集团与盐城高新区合作共建“惠普华东区域创新中心”项目、华锐风电科技（集团）股份有限公司“10兆瓦大型风机研发及产业化”项目、北京中关村信息谷资产管理有限责任公司与盐城高新区合作共建“江苏长三角创新中心”项目、中国发明协会与盐城高新区合作共建“中国发明创业（盐城）基地”项目、西锐三维打印科技有限公司“3D打印创新创业服务平台”项目；合作类项目2个，分别是：中国银行江苏分行与盐都区政府签署的“未来3年在盐城高新区投放资金50亿元金融合作”项目、江苏东九重工股份有限公司与中工国际工程股份有限公司签署的“余热锅炉与中工国际合资合作”项目；产业类项目4个，分别是：深圳市华宇彩晶科技有限公司投资新建的“华宇彩晶液晶显示模组”项目、深圳市泰奇科技有限公司投资新建的“泰奇科技触摸屏”项目、东莞西特新能源科技有限公司投资新建的“西特新能源”项目、深圳市富勤精密电子有限公司投资新建的“富勤高新精密”项目，4个产业类项目总投资15亿元，全部投产达效后，年可实现销售超30亿元，税收3亿元。

组织建设
The Organization Construction

【概述】 坚持从严治党、思想建党、制度管党，认真抓好思想政治建设、持续深入改进作风、从严管理监督干部、强化基层基础工作、深化党的建设制度改革、落实从严治党责任等重点任务。至年底,全区共辖40个党(工)委,20个党组,23个二级党委,党总支360个,党支部2313个。其中区直党(工)委18个,二级党委4个,党总支61个,党支部517个;农村基层党(工)委20个,二级党委13个,党总支296个,党支部1739个;两新组织党委2个,二级党委6个,党总支3个,党支部57个。党员总数46589人,其中女党员8919人,农村党员35029人,农村建国前老党员306人,全年新发展党员449人。

【强化党建工作责任】 年内,制定党建工作责任清单和签订责任书,明确各镇(区、街道)党(工)委抓党建工作的具体责任。健全抓基层党建工作述职评议、报告机制,组织全区各级党组织书记抓基层党建工作述职评议。牵头起草并以区委名义印发《中共盐都区委关于全面从严治党的实施意见》,严格督查考核,考核结果作为领导班子及其成员工作评定的重要内容,作为干部选拔任用、培养教育和奖励惩处的重要依据。七一前夕,一批基层党建工作先进集体和先进个人获得市区委表彰。

【开展"三严三实"专题教育】 (详见57页)

【选优配强科级领导班子】 年内,认真执行新的《干部任用条例》各项规定,进一步明确选人用人导向,不断提高干部选拔任用工作的科学化、规范化水平。注重在改革和发展的实践中考察和识别干部,强化选发展型干部、配发展型班子,把德才兼备、实绩突出和群众公认的人及时选拔到领导岗位上来。分批次、分类型召开镇(区、街道)领导班子座谈会,形成调研报告,为2016年镇(区、街道)党委换届提供参考。对原工商局、质监局、药监局领导班子成员年龄结构、任职年限等综合分析,研究决定产生新成立的市场监管局领导班子,实现平稳过渡。

【干部监督管理】 完成2015年科级领导干部个人有关事项报告工作,对6名未如实报告的寄发《关爱提醒单》。开展领导干部经济责任审计和"三责联审"工作,全年实施经济责任审计项目8个,离任审计6人,其中任中审计2人,三责联审3人。按规定对领导干部在社团兼职进行清理,17名离退休干部辞去社团职务,16名常驻社团干部不再领取通讯和交通补助。开展科级干部违规办理和持有因私出国(境)证件专项治理,实行科级干部和涉财、涉密岗位人员出国(境)证件集中管理。对20个镇(区、街道)、31个部门(单位)的2014年度干部选拔任用工作延伸实施"一报告两评议",并向评议结果排名靠后的单位发放反馈单。在区直股级事业单位干部选拔任用工作中实行班子成员职数预审制度,结合干部选拔任用工作全程纪实,严格把关干部职数配备。对23名新提拔任用科级干部实施任前廉政法律知识考试,并发送廉政提醒短信。建立12380举报信息管理系统,进一步畅通群众来信来电、网络举报渠道。组织部门信访总量保持平稳,全部得到有效处理。

【加大干部教育培训力度】 科学制定全年干部教育培训计划,重点抓好干部教育主体班次培训。年内,组织25名副处职(级)干部和21名镇(区、街道)党政正职干部到市委党校学习培训。围绕中国当前经济形势分析、领导执行力的发展与提升等内容分层举办全区科级干部及青年干部等专题培训班。组织全区1800余名公务员参与网上网络学习,及时跟踪服务全区处级干部在线学习工作,确保学习100%达标。全年共举办各类培训班300多期,培训党员干部5万多人次。

【大学生村官培养】 年内对工作实绩突出、群众公认、发展潜力大的大学生村官,进行重点培养,全年2名担任村"两委"正职的大学生村官录用为省委选调生,下半年培养2名大学生村官担任村"两委"正职。加强大学生村官的创业能力培训,与团区委、区人社局联合举办3次大学生村官电商技能培训班,并选派大学生村官参加市委组织部、市商务局、市妇联组织的电商培训班,带动大学生村官利用电商平台实现创业致富,7个大学生村官实现电商创业项目。

【激发人才队伍活力】 全面落实"515"人才引进三年行动计划,下发实施细则,对各项重点工作任务进行分解落实,明确将"515"计划纳入全区目标任务综合考核。建立人才工作目标责任制,确立"三个一把手"抓人才工作格局,区委主要负责人与各镇(区、街道)主要负责人签订《人才工作职责目标责任书》。突出尖端人才招引,参加系列精英人才对接峰会,与重点高校进行面对面对接交流。分别在北京、武汉、长沙组织举办"盐城国家高新区高层次人才专场推介会"。推出"雄鹰人才"计划,鼓励小微企业引进人才,进行科技创新。高层次人才创业工

作稳步推进，海归博士赵丙来创业项目在高新区成功落户。组织“千人计划专家盐都行”等活动，加强与高校、科研机构产学研合作，聘请15名“校企合作联络员”，组建第二批“科技镇长团”。积极申报各类人才项目，其中1人入选“省双创”计划，3人入选省“博士集聚”计划，2人入选“苏北急需人才”，4人入选省“六大人才高峰”。江苏华东砂轮有限公司引进的海因茨·戴恩博士入选第五批国家“外专千人计划”。

【建设基层服务型党组织】 坚持突出政治功能、提升服务功能实施村级党群服务中心提档升级2015~2017三年计划，新建村级党群服务中心，区财政补助20万元，改建的补助10万元。选优配强村党组织书记，健全完善村书记任期目标、公开承诺、述职评议等制度，从严从实考核管理。拓宽来源渠道，注重选拔培养35周岁以下优秀青年党员人才充实村级后备干部。实施村居党组织书记人才培养工程，建立一支107人的后备村书记人才库。坚持优化合作社、产业链、家庭农场、经纪人队伍等党组织设置，发挥村党组织的示范引领作用，打造农村“创业型”党组织，推动党组织书记带头致富、党员干部带民富。

【探索“互联网+党建”新模式】 在全区250个村(居、社区)创建流动党员网络党支部，以每月20日基层党组织统一活动日为抓手，以QQ群和微信群为载体，在学习培训、教育管理、组织生活、服务互助、交流分享等方面与实体党支部做到“五个同步”，切实解决流动党员集中难、学习难、管理难，组织生活开展难、党组织作用发挥难、在外关怀缺失等问题。市委组织部专门发文，全市推广。开通“盐都党员e站”微信平台，发布党建资讯动态，传播党建教育知识，服务党员群众需求，订阅人数达6300余人。

【落实和完善党代表任期制】 围绕“履职行权、组织方式、履职平台、组织保障”四个方面，落实党代表专题调研等18项试行制度，构建形成“党委委员联系党代表、党代表联系骨干党员、骨干党员联系党员群众，重大决策有党代表参与、重点工作有党代表监督、重要领域有党代表沟通”的“三联三有”工作格局。围绕“区域全覆盖、代表全参与”目标，按照地域相近、便于联系的原则，年内，在村、社区等基层单位高标准设立250个党代表工作室，开展“党代表统一活动日”活动。市区镇各级干部党代表带头参加活动，示范带动各级党代表开展走访慰问、义务劳动、扶贫帮困、志愿服务、化解矛盾等活动，为基层党员群众提供“适销对路”的服务。

【深化基层党组织统一活动日】 突出服务主题，设计活动内容，组织机关企事业单位在职党员开展“在职党员进社区志愿服务群众”活动，组织党员干部成立不同类型的联系服务群众团队，持续开展“真情家家到、争当五大员”活动，主动联系服务身边群众，为群众提供便利、快捷、有效的服务。注重全年系统规划，每月超前谋划，制定活动方案，探索实行上级命题、党员点题、书记领题、项目解题、群众评题，围绕“服务能力培训、服务对象联系、服务事项公示、集中服务展示、服务绩效评议”，进一步丰富活动内涵，不断提升统一活动日的整体水平。

【选派“第一书记”】 结合“双融双解”，从党政机关有针对性地选派37名第一书记到省定经济薄弱村、党组织软弱涣散村、贫困村、后进村担任村居党组织第一书记，带动工作重心下移、资金资源下沉，加快村居经济社会发展。全区第一书记共走访困难群众760人次，化解集体债务200万元，解决群众实际困难300多个，村级道路硬化45千米，改造桥梁61座，有效改善农村生产生活条件。

【社区党建工作】 年内，大力推进社区便民服务平台建设，健全社区组织和驻区单位相结合、无偿服务和低偿服务相结合、社会化和产业化相结合服务体系，全面提高社区服务水平。加强社区党组织活动的阵地建设，按照“切口小，可复制，可持续”的总体思路，以“便民、利民、亲民”为服务宗旨，在福才社区和万胜社区进行社区服务站建设试点工作。建立机关、企事业单位党组织联系基层党组织、党员干部联系群众“双联系”工作机制，采取集中服务与分散服务、定期服务与日常服务相结合的方式，引导在职党员按照认领岗位职责，坚持常态化服务。

【非公企业党建工作】 年内，撤销区委企业工委，组建区委非公有制企业和社会组织工作委员会以及区委教育工作委员会。建立并落实税前列支、党费拨返、地方财政支持等制度，明确非公企业党组织工作经费来源。动态更新管理市、区两级非公企业“五好”出资人队伍信息库，将“五好”出资人企业党组织作为重点，实行市区双重管理，引导出资人重视、支持党建。加强对“五好”出资人企业党组织的工作指导和联系，对“五好”出资人企业党建工作进行考核评估，根据实际情况进行调整。有6家无违规行为、总资产1000万元以上、净资产300万元以上、党组织建设达到标准化要求的非公企业出资人被评为全市“五好”出资人。

【优化党员队伍结构】 坚持执行“三投票三公示一答辩”制度和“一图五制”工作法，严格程序、严格把关，按照“三加强一调控”要求，全年共培训入党积极分子1000多人，发展党员449人。在全区基层党组织和党员队伍中开展“评定升”活动，共评定九级以上党组织715个，九星以上党组织书记714名，九格以上党员16990人。评出五格以下党员181名，五级以下基层党组织6个，五星以下党组织书记5名。对“五级、五星、五格”以下党组织、书记和党员，集中下派工作组进行整改。

【党员志愿者“580乡村行”】 抓实党员志愿者网下“面对面”服务制度，将30个“580”(名称来源于“我是党员我帮你”的服务口号，“580”即“我帮你”的谐音)成员单位的党员志愿者按服务分工和具体职能划分为10支“580”党员志愿者服务队，并建立临时党总支，加强全区“580”党员志愿服务工作的统一管理和内外协调。定期定点进村入户，开展农技推广、扶贫帮困、爱心支教、市场维护等志愿服务活动，全年累计开展各类志愿活动75场次，参与活动的基层党员群众13000多人次，发放资料12000份，配套光盘3000张。

【加强自身建设】 认真贯彻习总书记“讲政治、重公道、业务精、作风好”要求，着力打造模范队伍。加强岗位业务培训，不定期举办组工干部“周末大讲堂”，组织组工干部围绕组织工作中的重、难点问题进行集中讨论会诊，增强组工干部分析和解决问题的能力。建立组工干部联系点制度，年内，部机关干部先后结对帮扶困难户24户，帮助解决疑难问题14件，发放慰问金3万多元。以开展“三严三实”教育，打造组工铁军为契机，教育引导全区广大组工干部，严格遵守中央“八项规定”和省市区委“十项规定”，注重小节、收住身心、抵住诱惑；谨慎交友，分得清是非；担得起责任，拉得下脸面，管得住自己，从自身做起，建立健全作风建设长效机制，努力树立组工干部良好形象。

（郑志远）

宣传教育
Publicity and Education

【概述】 2015年，盐都取得全面小康综合得分苏北第一的位次；以筹建时间最短、建设速度最快、获批效率最高等多个“江苏之最”跻身国家高新区；始终把保障和改善民生作为工作的出发点和落脚点，取得“十个全覆盖”阶段性成效；宣传思想文化“基层工作加强年”，以培育和践行社会主义核心价值观为主线，突出创建全国文明城市，在全社会弘扬真善美，传播正能量，为建设创业开放生态幸福厚德的美丽盐都提供强有力的思想保证、舆论支持和精神力量。

【理论武装】 紧紧抓住区委中心组龙头，突出率先学、系统学、专题学，全年围绕“三严三实”专题教育、“四个全面”、五中全会精神等内容，集中学习20余次。全区党员干部学习，突出习总书记系列重要讲话精神及省市区委全会精神的学习，围绕中心，加大述学考学力度，完善基层党委(组)中心组理论学习巡听制度和区四套班子领导成员理论学习联系点制度；服务大局，全民阅读累计投入130多万元，基层文化中心户发展到420户，图书馆分馆及流动图书车，全面实施图书通借通还；活动助力，“中国梦·盐都情”“和悦读书会”“世界读书日”等全民阅读活动，精彩纷呈，亮点频现。成立区委宣讲团，围绕党的十八届五中全会精神、习近平总书记系列重要讲话、中国梦、社会主义核心价值观等重点，广泛开展专家讲理论、干部讲政策、典型讲事迹、群众讲感受的“四学四讲”宣讲活动，把马克思主义中国化的理论创新成果宣传普及到最基层。区“理论宣讲志愿者”、草根宣讲员，常年活跃在基层，既讲“为什么”、又讲“怎么办”，坚定基层干群的道路自信、理论自信、制度自信。全区共组织各类宣讲队伍60多支，举办各类专题讲座、报告会近200场，发放各类宣讲资料15万份，直接受众达12万人次。做亮“盐都大讲堂”理论学习宣传品牌，围绕经济转型、区域发展、城市建设、招商引资、互联网+、社会管理等多个领域的课题，全年邀请高层次专家学者到盐都授课10多场次，深化理论与实践“1十X”的学习模式。积极拓展理论武装的新阵地新渠道，用足用好各类学习实践基地、各类讲坛、党员书屋、学习中心户、手机微课堂、党员教育QQ群、微信公众平台等新兴学习载体，整合资源，增添措施、切实加强和改进理论下基层工作，拓展学习宣传广度，做亮理论学习宣传品牌。全区2014—2015年度基层党员干部冬训冬学工作再次获得“全省基层党员冬训工作示范县(市、区)”，潘黄街道获得“全省基层党员冬训工作示范乡(镇、街道)”。

【新闻宣传】 确立“上大报、上头条、上高端媒体”的目标要求，加强与《人民日报》《新华日报》《农民日报》、中央电视台、人民网、新华网等高端主流媒体联系，精诚合作，通过策划主题活动、主动邀请媒体、提供稿件等方式，让盐都好声音传遍江苏、唱响全国。全年在中央和省级主流媒体用稿220多篇(条)，其中《人民日报》1篇，中央电视台《新闻联播》2条，《新华日报》62篇、头版8篇，江苏卫视《江苏新时空》25条，在《科技日报》《经济日报》《农民日报》头版都有重点报道。新推出外宣专题片20部，盐都形象片2部，并定期组织开展记者、作家、摄影家、书画家等各种类型的采风活动，扩大盐都的知名度和影响力。围绕国家高新区建设、旅游推介(畅游盐都金秋行)、农产品推介(大纵湖大闸蟹品牌)、厚德盐都等重点工作，从科技创新、生态建设、旅游特色、道德典型等多角度、立体式对外推介盐都，积极策划系列活动，包装打造一批新闻亮点，吸引媒体走进盐都，深入解读盐都现象，把盐都的特色、经验宣传好。建立全区新闻采访选点信息库，对全区宣传面上亮点工程进行统计统筹，更好地集中宣传优势、放大宣传效果，把握宣传主动权。加强统筹策划、整合优势资源，把宣传工作融入经济建设、政治建设、社会建设和生态文明建设的各个领域，充分调动各条线、各部门、社会各界的积极性，提升宣传层次，统一对外发声。完善新闻信息资源共建共享平台，规范新闻稿件采编和共享流程，严格落实网络舆情办件闭环处理制度、民生问题督办销号制度，提高舆情研判、处置能力。设计改版“盐都发布”官方微博微信，把政民互动平台“公众监督”纳入公众号中，更有利于群众反映诉求、传播正能量新闻信息。建立区、镇(街道)和部门单位、重点网站协同体系，形成舆论引导任务分级落实、舆论引导队伍分层管理、重大事件有效引导的工作格局。认真落实网络舆情联席会议制度，加强地方、部门沟通，及时交流网络舆情事件动态，切实把舆情化解在源头。进一步完善网络发言人平台，增加部门单位主动发布信息、多次跟进回复、统计检索等功能，保证网络发言人、新闻发言人“一体化”发声，抢占舆论制高点。

【文明创建】 公益宣传阵地全覆盖，造浓宣传氛围。严把公益宣传内容关、质量关、数量关、管理关，强化户外公益宣传品位和质量的提升。实施“文明盐都”耕耘计划，建设三官·文明驿站、世纪公园文明驿站，打造“中国梦”“图说我们的价值观”“民俗婚庆文化”“孝文化”“诚信家

园”“非物质文化遗产”等12+7个特色“文化大院”。内容“接地气”，讲好盐都故事。把社会主义核心价值观内涵深刻的“普通话”转化为“地方话”，“大主题”转化为“小故事”，让广大农民看得见、听得懂、摸得着、学得进。形式多样化，寓教育于活动。利用既有的党员干部大会、农村党员冬训等主渠道，宣传普及核心价值观，同时，融入“草莓节”“螃蟹节”“龙舞节”等节庆活动、融入文化“下基层”活动之中，让群众在潜移默化中接受教育。7月1日盐都好人馆对外开放，9月20日全市首个“关爱道德模范日”在世纪公园广场启动，9月27日盐都作为全市精神建设工作主要现场点，接待中央文明办有关领导，得到很高评价。《江苏精神文明建设简报》、江苏文明网、《盐城工作》等宣传报道盐都的经验做法。坚持20多年传唱一首歌，深入开展“十佳文明新事”评选，开展学习先进典型、礼遇道德模范、晒好家风家训等活动，讲述盐都好故事，传播盐都好声音，展示盐都好形象，在全社会营造见贤思齐、崇德向善的氛围。推进“厚德盐都”建设，坚持在道德典型“育得多”“树得起”“唱得响”“立得久”上下功夫，全年新增中国好人2人，江苏好人3人，市道德模范2人，盐城好人4人，盐都好人10人。全区各镇(区、街道)、各村(居、社区)文化活动阵地均设立“厚德盐都榜”，公示宣传100多名“盐都榜样”，形成朴实感人、生动鲜活的“最美现象”。长态长效，开展文明城市创建活动。紧盯城市文明程度指数测评12个测评项目、90项测评内容、188条测评标准，对标找差、挂图作战。区创文办组织督查组常态开展测评工作，坚持问题导向，周周一小考、月月一大考，及时通报测评情况，推进解决薄弱环节，群众对文明城市创建的满意度和支持率稳步提升。在省、市模拟测评和中央文明办年度测评工作中，实现得高分的目标。全面实施“文明旅游盐都行”“农民梦想大舞台”“星期8课堂”“星愿联盟”等16个文明创建合作项目，开展“文明单位”“最美乡村”等创评活动，举办“文明旅游盐都行”宣传图片巡回展，开展“地美人亦美我美盐城美”“小手拉大手，文明齐步走”“你我携手、文明出行”系列活动，举办《文明留在(路上、车上、桌上、网上)……》征文竞赛活动等八大行动，共建文明城市，共享文明新风。积极开展省平台新增志愿者注册工作，2015年新注册志愿者7.49万人。开展志愿服务活动，开辟“‘文明盐都’志愿服务行动”专栏，唱响“心·温暖”志愿服务四季歌。加强和改进未成年人思想道德建设，完善和提升区级未成年人成长指导中心功能，举办第二届“七彩乐童节缤纷游学营”活动，突出文明旅游、感恩行动、麦客生活、我爱乒乓球、“万人诵读弟子规，争做厚德盐城人”等主题，深入开展文明礼仪养成教育、市民文明素质提升工程，全区1200多个家庭6000多人次参与。崇礼路小学“崇德明礼快乐成长”获省文明礼仪养成教育“四仪”创新案例评选二等奖。

【文化建设】 繁荣发展文化事业，加大资金投入，高标准建设“四馆一团两中心”(投资10亿元，建成区级博物馆、文化馆、图书馆、美术馆、淮剧大厦、文化艺术中心以及广电网络中心)，区图书馆少儿阅读互动中心、文化馆百姓剧场建成投入使用。常态开展“三送工程”，全年共开展各类公益性展演260多场次，送电影3600多场次，送图书1.8万余册，惠及群众50万人次。全区19个镇(街道)获得国家一级文化站称号的5家，二级7家，列全市第一，盐都获评“江苏省实施农家书屋提升工程试点工作示范区”。惠民四季演出、与鹤鸣亭联办的首届网络春晚、与省群文学会联办首届“蛟龙杯”狮舞邀请赛等受到群众的好评。大型现代淮剧《半车老师》获国家艺术基金资助单位，大型现代淮剧《菜籽花开》应文化部中国戏曲现代戏研究会邀请参加戏曲现代戏优秀剧目南北交流展演，大戏剧本《古城拉魂》搬上舞台，参加省第二届艺术展演月展演和文化部华东六省一市抗战题材戏剧展演，苏北首部原创小剧场话剧《孩子妈，咱们恋爱吧》获得公演。王书龙、陈明获市首届“盐渎文化奖章”，盐都被表彰为全省“扫黄打非”先进地区(全市唯一)，国画《芦花深处有雁声》等9件作品获市政府文艺奖，市淮剧团被中宣部、文化部联合表彰为第六届“全国服务农村、服务基层文化工作先进集体”。全区共有名录库在册文化产业单位424家，其中规上企业45家，规下企业379家。年内，新增规上文化产业企业14家，增速有望蝉联冠军。区财政每年安排1000万元专项资金，用于文化项目招引、中小文化企业培育等，扶持推动文化产业集聚发展。2015年，坚持多元投入导向，走政府主导与市场主体相结合、财政支撑与民资参与相结合、经济“输血”与文化“造血”相结合之路，加大文化产业项目投入。聚焦发展中小文化企业集聚区。总规划面积23.33公顷，其中一期10公顷，建成12幢标准化四层厂房，完成建筑面积约16.5万平方米，投入使用率高达99.5%；二期13.33公顷，总投资6亿元，15万平方米建成，招引广告创意、文化科技类项目58家；智创园5幢高楼有两幢封顶，主要以文化创意产业为主导产业定位、配以相应管理系统、完备公共服务设施、浓厚创意氛围，并集中体现研发、培训、孵化、制作、展示、交易等功能，进行创意产品策划、生产和销售等。集聚区是盐城国家级高新区的文化科技中心，年内，获批省级文化科技产业园、市级广告创意产业园。

统战工作
The United Front Work

【概述】 全区统战系统围绕中心，服务大局，彰显职能、发挥优势，凝心聚力谋发展，转变作风树形象，以"岗位争一流，建设新盐都"活动为主抓手，围绕"六大"工程，聚心聚智聚力推进"四区"建设。

【开展专题议政】 围绕全区"十三五"规划推进生态建设和绿色发展、国家高新区建设等重大事项组织党外人士积极建言献策，全年共开展4次专题调研活动，收到专题调研报告10多份，在"两会"上，引导党外人士报送建议、提案30多件。

【开展百名专家进村居活动】 年内，组织民主党派专家学者开展"百名专家进村居"活动，合计义诊500多人次，农技培训讲座6场，送教下乡活动6次，发放健康、农技宣传资料2000多份，学习用品价值5000元，打响民主党派服务社会的"同心"品牌，各党派团体也结合自身优势，开展形式多样的社会服务活动，在服务民生、服务发展中发挥统一战线正能量。

【加强队伍建设】 调整充实党外后备人才库，建立数量充足、结构合理的党外科级后备干部队伍。加大党外干部的物色举荐力度，届中调整区政协委员38人，为党外代表人士施展才华搭建舞台。强化党派团体组织建设，新成立区无党派知识分子联谊会，协调指导民主党派物色发展新成员，吸纳9名新成员。

【协助区委召开党派团体民主协商会】 年内，协助区委召开民主协商会，就十三五规划建议、区委全会工作报告等重要决策征求党外人士意见，各民主党派、工商联、无党派和新阶层联谊会负责人从不同层面、不同角度提出具有针对性、可操作性的建议意见，受到肯定。

（万立娟）

农村工作
Rural Work

【概述】 "十二五"时期，是全区农村经济发展最快、农村面貌变化最大、农民群众得到实惠最多的时期。2015年，农业现代化综合排名位居苏北苏中前列，多年获得全市农业现代化和统筹城乡发展单项奖。

【试点开展农村产权流转交易】 1月20日，作为全市首批的农村产权流转交易市场建设省级试点县，区农村产权交易服务中心挂牌成立，镇级依托农经站全部建立交易服务站。全区按照"统一交易规则、统一交易流程、统一信息发布、统一交易鉴证、统一交易监管、统一交易场所""六统一"的要求，扎实开展农村土地承包经营权流转、农村集体资产资源租赁发包、小型农村公共设施建设招投标等9类产权流转交易活动。全年累计交易项目136宗，交易额3354.74万元。

【创新建立农业贷款弱抵质押担保和风险补偿机制】 放大农村产权流转交易成果应用，创新建立新型农业经营主体弱抵质押担保和风险补偿机制。年内，区政府与江苏汇隆投资担保有限公司签订合作协议，由汇隆公司为全区的农业龙头企业、农民专业合作社、家庭农场、种养大户等新型农业经营主体从其合作银行获得贷款提供担保，农业经营主体以自身具备的土地承包经营权、林权、资源资产租赁经营权、农机具、农业生产设施、农业知识产权等非传统有效抵质押物给汇隆公司作反担保。区财政预算安排1000万元，对汇隆担保的代偿损失按一定比例给予补偿，有效解决农业融资难问题。全年各类农业经营主体从汇隆公司的合作银行获得3550万元的弱抵质押担保贷款。

【农村土地确权登记颁证工作全面启动】 年内，郭猛、楼王两镇土地确权登记试点工作基本完成。7月，除盐渎街道外，全区17个镇（区、街道）确权登记工作全面启动，共涉及2509个自然组、13.18万农户、二轮承包土地3.55万公顷。有序推进实施方案制订、村民代表会议讨论决议、入户调查填写确认登记表、查田、勘界等各项工作。全年完成确权方案制定、摸底调查、承包地块排序草图、权属调查的小组数、农户数均在70%以上。地块分布图的测绘工作完成70%工作量，实实在在地给农民确实权、颁"铁证"。

【农村扶贫开发工作完美收官】 年内，聚焦农村低收入人口和经济薄弱村，实施"点穴式"精准扶贫。落实2940名党员干部对"一有三缺"户实行"一对一"结对帮扶，不脱贫、不解对；对无劳动力贫困农户实行救助式帮扶。对15个省定经济薄弱村全部实施项目化帮扶，同步做好公益性债务化解。年内低收入人口脱贫率、省定经济薄弱村达标率实现两个100%。

【推进村务公开网络化】 年内，大力推行"阳光"村务，全区村务公开实现阵地、内容、时间、程序、形式"五统一"，财务、政务、事务、党务"四务"全公开。建立"阳光村务网"，推行村级"四务"网络化、互动式公开，共86个村居进网试点公开。村民对村级党务、政务、财务、事务知晓率达95%以上。

（陆全华　唐亚东）

政策研究工作
Policy Research Work

【概述】 立足服务区委决策、服务改革发展、服务基层工作，广泛开展调查研究，积极主动建言献策，较好地发挥以文辅政等作用。

【认真谋划“十三五”】 深入学习贯彻党的十八大、十八届三中、四中、五中全会和习近平总书记系列重要讲话精神，围绕产业创新转型、改革开放合作、城乡统筹发展、基本社会保障、民生托底求助等事关盐都长远发展的重点事项，分条线、板块召开座谈会，虚心听取基层和部门的意见。年内，组织开展问计“十三五”建言征集活动，征集到社会保障、饮用水和食品安全、高新区建设等方面的建议60多条。在此基础上，认真学习中央和省、市规划建议稿及编制说明，以改革精神、创新理念和实事求是的态度，编制盐都“十三五”规划建议稿及编制说明，为编制全区“十三五”规划纲要奠定基础。

【积极转化调研成果】 围绕区委十三届六次全会提出的突出稳健增长、保持发展好势头，突出转型发展、增强区域竞争力，突出民生优先、增进福祉促和谐，强化改革开放、激发活力增后劲，强化创新驱动、打造发展新引擎，强化依法治区、建设法治新盐都“三突出三强化”任务，开展调查研究。认真总结基层和群众创新实践，形成一批思想性指导性较强、有一定见地的调研报告或理论文章。其中，《践行“三严三实”，争做“四有”干部》《坚持严以律己，筑牢为政底线》《严以用权不逾矩，从严从实作表率》等文章分别被《宏观经济观察》《工作与学习》《领导科学》《青海学习报》《唯实》《党建与经济》等多家报刊刊载，为宣传、推介盐都发挥积极作用。

【做好“三严三实”文稿服务】 坚持先学一步，学深一点，认真学习“三严三实”专题教育有关文件和必读科目。把“三严三实”文稿起草工作与推动专题教育紧密结合起来，立足出主意、当参谋，吃透上情、了解下情，精准把握活动节奏，立意求高、行文求实，倾力打造“精品”，圆满地完成专题教育所有文稿的起草任务。全年共撰写各类活动文件、领导讲话、工作汇报、经验介绍等文稿10万字。

（孔　军　张桂荣）

郝龙斌回祖籍地参访

对台事务
Taiwan Affairs

【概述】 全面贯彻落实中央对台方针政策，牢牢把握两岸关系和平发展的主题，瞄准“全省争先、全市领先”的目标，突出做好以招引台资为主的对台经济工作，同时切实开展对台交流交往、宣传调研、优质服务、作风建设、台属联谊工作。区委台办获区委、区政府“对台招商引资工作奖”，被市台办、人社局表彰为“全市台办系统先进集体”。对台经济工作上，区委办和政府办年初下发《2015年全区对台招商引资工作计划》、年中下发《关于进一步做好全区对台招商选资工作的方案》，并出台对台招商引资工作考核细则。对台交流交往工作上，引导和鼓励两地民众开展探亲、祭祖、旅游等活动，以增进同胞感情。8月22日，苏中、苏北赴台陆生参观台创园和大纵湖景区。盐都、台湾互访团组全年达61个，为历年来最多，仅涉台旅游团组26个、520多人次。对台宣传调研工作上，2月18日，区台办通过中国盐都网向台胞台商台属拜年。《台湾工作通讯》和《两岸关系》征订660多份，连续5年名列全国县级台办前茅，区台办被中央台办宣传局表彰为宣传工作先进单位。区台办编辑、印刷《郝龙斌回祖籍地影像集》1000册，新闻媒体采用涉台稿件38多篇。

【郝龙斌回祖籍地参访】 1月11—12日，中国国民党副主席，前台北市市长郝龙斌携夫人高阆仙教授回祖籍地参访。12日上午，郝龙斌赴葛武街道郝荣村到祖父母郝绪龄、袁珍宝墓和郝氏宗祠祭拜，参观郝氏故居，与乡亲们亲切交谈；中午，区委书记羊维达和区长吴本辉在葛武郝荣接待中心会见并宴请郝龙斌一行；下午，郝龙斌等在吴本辉、顾其斌陪同下参访台创园、郭猛镇杨侍村、江苏中恒宠物用品股份有限公司和盐城世钟汽车配件公司。郝龙斌还赴市开发区参访盐城悦达汽车三工厂和台企台玻公司、南纬纺织研究院。

【羊维达率团赴台经贸考察】 4月25—30日，区委书记羊维达率区经贸考察团赴台湾重点开展拜访台企、洽谈项目活动。在台期间，羊维达先后拜会桃园市经济发展局长张昌财、农业局长谢长胜、中坜区长林香美，台湾中小企业总会秘书长王振保，东森旅行社股份有限公司总经理柯汝慧等；参访颖西、龙泰、三维、力晶、汇丰等公司和新竹科学工业园区探索馆。围绕项目合作和两地双赢，羊维达针对性地向台胞台商宣传推介盐都，与台企高层人士进行坦诚交流。4月29日，羊维达出席江苏盐城盐都—台湾旅游客源输送洽谈会。羊维达向出席洽谈会的嘉宾推介盐都旅游。出席洽谈会的台湾旅行业品质保障协会和东森、和成、新亚、育旅、千越、大都会、明邦、昇汉8家旅行社团现场与区旅游局签订客源输送合作协议。陪同市委书记朱克江参访台湾工业总会、永丰余集团等单位，拜会盐都籍台湾原“行政院院长”郝柏村先生。

【吴本辉考察台湾永丰余集团下属扬州公司】 7月14日，区长吴本辉率区委常委、政法委书记陈育群和区农委、台办主要负责人，赴扬州考察台企永丰余集团旗下永丰余造纸(扬州)有限公司、扬州永奕科技有限公司、川奇光电科技（扬州)有限公司。在永丰余造纸(扬州)有限公司。吴本辉一行在公司总经理张学坚、秸秆综合利用厂厂黄睿志等陪同下，到各车间认真考察秸秆综合利用生产流程和系列产品，并围绕推进秸秆综合利用和纸朔项目进行深入洽谈。

【吴本辉出席紫金山峰会】 11月2—3日，区长吴本辉率区委常委、高新区党工委书记商建明，区政协副主席张荣銮和区台办、农办、农委等部门负责人在南京出席紫金山峰会。吴本辉听取几场高科技论坛，并与永丰余集团高管、紫金山峰会电子信息产业小组召集人王旭东等人士进行交流。

【吴本辉率团赴台经贸考察】 11月15—19日，区长吴本辉率团赴台湾开展经贸考察活动。在台期间，吴本辉先后考察桃园市几家企业、新竹县宇威材料科技股份有限公司，出席盐城市政府举办、王荣平市长主持的盐城·台中经贸合作恳谈会和盐城·台北金融产业、中小企业、电子信息产业、食品加工业恳谈会等5场恳谈会。吴本辉向台胞台商推介盐都的投资环境、政策，结交一批台湾经济界朋友。11月16日上午，吴本辉在台北市拜会郝柏村先生。郝先生赞赏近几年家乡巨变并对家乡建设提出建议。中午，郝柏村与吴本辉餐叙。台湾原“警备区司令”周仲南、原“陆军学院院长”黄炳麟陪同会见并餐叙。区委常委商建明、区台办、葛武街道、郭猛镇主要负责人陪同拜会。

【顾其斌率团赴台经贸考察】 9月13—20日，区委副书记顾其斌率团赴台湾开展经贸考察活动，拜访台企15家、台商26人，跟踪和洽谈项目22个。6天行程中，区经贸考察团主要拜访桃园市郭元益糕饼观光工厂、雅文生技观光工厂、大晶光电股份有限公司、东培工业股份有限公司，嘉义县余园实业有限公司，高雄市亚运网络科技股份有限公司、树德科技大学，云林县凯馨实业股份有限公司，台北市三爱农业科技集团、贝登德国际开发有限公司、六和汽车集团台北分公司、汇丰汽车股份有限公司和再兴私立学校等。突出经贸交流、努力招引更多的台湾大企业、大项目落户盐都，是此次经贸代表团赴台参访考察的重点。围绕项目交流合作，顾其斌向参访单位宣传推介盐都概况、经济社会发展情况和投资环境，与有关公司高层人士进行交流，深入洽谈合作，诚挚邀请台商朋友到盐都考察洽谈。台北、高雄、桃园、嘉义、云林等地台商均表示到盐都参访考察，寻求双方合作共赢。

【区镇大力开展对台招商活动】 瞄准高新技术产业，将对台工业和农业招商作为主攻方向。加强入岛招商。全年组织赴台招商团组9个，创历史纪录，在全市名列前茅。区委、区政府主要和分管领导、区人大有关领导率团赴台招商，有关镇(区、街道)和部门负责人随团入岛开展招商活动。共拜访台企120多家、台商300多人，跟踪和洽谈台资项目60多个，一批项目合作协议在岛内签约。加强内地台资密集区招商。积极实施“深耕上海”战略，与上海闵行、黄浦、徐汇、闸北、浦东等地客商往来密切。区台办在上海招引的安威士智能安防项目在高新区开工建设。全年区台办组织赴上海、南京、苏州、常州、镇江、扬州、淮安等地开展招商活动26次，拜访台湾客商230多人次，跟踪洽谈台资项目12个；邀请并接待前来考察的台商12批216人次。全区全年跟踪台资项目61个，其中签约项目5个，重点跟踪项目6个、一般跟踪项目24个。

【台商密集到盐都考察】 1月28日，台商陈文坚到台创园考察。2月11日，永丰余造纸(扬州)有限公司总经理张学坚到高新区、龙冈镇考察。3月27日，昆山台湾同胞投资企业协会副会长吴泳震一行先后参观郝氏故里、考察台创园和高新区，听取区台办主任张宗煜汇报。5月27日下午，市台协会会长、台湾南纬集团董事长林瑞岳考察台创园花木市场、盆景园规划地块和在建的以红掌、百合种植为主的花卉生产基地。区委副书记顾其斌会见林瑞岳。6月23—24日，中国台湾致公党主席、全国台企联副会长、沃华国际投资控股集团总裁陈柏光一行3人考察新区规划建设用地，详细了解盐都及新区的资源优势、产业状况、投资环境并与相关负责人围绕合作项目进行深入细致洽谈。7月10日，台湾三爱农业科技集团董事长吴光照、副董事长王光磊到大冈镇佳富村、尚庄镇尚湖、大纵湖镇三官村、

七星农场和大纵湖景区考察。7月17—18日，旺旺集团中国旺基金会总经理赵宏利一行8人在区委副书记顾其斌陪同下，先后考察台创园、大纵湖旅游经济开发区。市长王荣平、市委副书记戴元湖和区委书记羊维达、区长吴本辉分别会见或宴请赵宏利一行。8月4—5日，台湾经纬集团高级顾问房心平一行6人到台创园、大纵湖旅游经济区考察。房心平与台创园负责人进行认真交流。8月10—12日，台商谢嘉祺到盐都考察。9月13日，台湾南投县农会参访团一行到盐都考察。区政协副主席张荣銮、区台办负责人陪同南投客人参观考察。参访团先后考察台创园和大纵湖景区，与台创园负责人进行认真交流。10月3日，台湾桃园市政荣资源再生股份有限公司董事长林崇仁一行3人到台创园、尚庄镇番茄种植展示馆考察。台创园管委会负责人向林崇仁介绍园区产业规划定位，即以花卉种植、展示和加工为主的都市农业，每季围绕一个主题举办“花节”，确定春季为百合花、夏季为荷花、秋季为菊花、冬季为兰花，致力打造江苏“鲜花盛开之王国”等情况。

【赵宏利会见区台办主任】 3月12日，旺旺集团中国旺基金会总经理赵宏利在上海市闵行区旺旺集团大陆总部接待参访的区台办主任张宗煜、副主任许金山一行。旺旺集团品牌维护委员会品牌维护处长陈文城陪同张宗煜等先后参观总部集团研发部、产品展示室、企业文化展示室，观看旺旺集团创业史、发展史和愿景目标电视资料片。随后，双方举行座谈交流。

【宋炎调研台创园】 3月31日上午，台湾民主自治同盟中央副秘书长宋焱一行17人到盐都台创园调研。参观园区规划展示馆、台湾花卉港百合园、呈祥组培企业、台企华扬有机水稻生产农场及郝氏故居和郝氏宗祠。宋焱在郝荣台胞接待中心召开座谈会。区委副书记顾其斌、台创园管委会主任宋江分别向宋焱介绍台创园建设发展情况。

【台湾屏东组团参观考察】 4月22日，台湾屏东县农业参访团一行10人，在屏东县农会总干事黄瑞吉率领下，考察盐都台湾农民创业园规划展示馆和台资花卉港百合园，参观郝氏故居、郝氏宗祠。“郝氏宗祠及住宅”是江苏省文物保护单位，也是原台湾“行政院院长”郝柏村先生的故居和童年读书的地方。黄瑞吉充分肯定台创园发展。市台办副主任黄益成、台创园管委会主任宋江、区台办负责人陪同屏东客人参观、考察。

【区人大代表视察台资企业服务和发展情况】 6月30日，区部分人大代表一行8人在区人大常委会副主任征书和带领下，视察台企盐城通和丰田、九和通商汽车服务有限公司，江苏南纬悦达纺织服装有限公司服装厂和台创园规划展览馆和百合园，以及台创园建设中的“菊花园”“荷花园”，了解台企经营、生产和服务情况，听取区台办关于全区贯彻落实《江苏省保护和促进台湾同胞投资条例》情况汇报，台创园关于招引台资、服务台商台企情况汇报。

【区对台专职招商局成立】 5月6日，区台办给区委、区政府呈送《关于进一步加强对台招商工作的建议》，建议成立区对台专职招商局。6月上旬，区委、区政府决定成立区对台专职招商局，挂靠新区，抽调台创园、新区、区台办人员组成，区台办主任兼任局长。对台招商局确定总体工作思路、工作任务、计划和活动安排，制定工作规范和制度，建立工作运作、检查和考核机制，设立工业、农业、服务业3个招商小组，在上海建立招商联络处。8月3日，区委副书记顾其斌到对台招商局进行调研指导。至年底，对台专职招商局人员赴台湾和上海、苏南等台资密集区招商26次，接待来盐都考察投资的台商18批次，跟踪、洽谈台资项目20多个。

【台湾工商企业联合会代表团到盐都参观考察】 8月13日上午，台湾工商企业联合会理事长、中华两岸企业发展协进会荣誉理事长赵守博一行10人到盐都参观考察。区委副书记顾其斌陪同。代表团一行先后参观台创园和郝氏故居、宗祠和大纵湖旅游经济区。

【王旭东到盐都考察】 9月21日上午，大陆与台湾重要交流平台—紫金山峰会的电子信息产业小组召集人王旭东到高新区考察，区委书记羊维达、区长吴本辉、区委副书记顾其斌陪同。

【盐都台创园举办首届台海菊花节】 10月8日，盐都台湾农民创业园首届台海菊花节在该园台海花卉港盛大开幕。菊花节以“多彩花卉港、风情台创园”为主题，共设菊园和水景园两个展示园。其中菊园总占地23.33公顷，建有连栋温室大棚14万平方米，主要展示非洲菊、切花菊等花卉，另有一些休闲观光项目。水景园总面积3.33公顷，有荷花池、二龙戏珠、十二生肖异菊造型等景观，种植了2000余株、80多个品种荷花。盐都台创园与南京农业大学园艺学院专家团队合作共建占地13000平方米菊花主题广场，共有近300个切花菊、地被小菊等新品种，按照不同品种和颜色分类种植，呈现出万紫千红的视觉效果。菊花节突出美丽产业，尽赏花之美、普及花文化、推介花卉港、聚旺花人气，从而实现以花为媒、以花会友、以花招商、以花兴园，推动园区高端发展。在开幕式上，盐都台创园与客商签约6个项目，其中台资“花花世界梦工坊”“拈花惹草博物院”“招蜂引蝶爱情屋”三个项目拟用地18.67公顷，投资3000万元人民币。至9月30日，已接待游客5万多人。

【全区台商台属代表对台招商工作座谈会召开】 10月23日下午，全区台商台属代表对台招商工作座谈会召开。在盐都的台湾客商和台属代表齐聚一堂，共商对台招商计策，同谋盐都发展。大家一致认为，盐都投资环境一流，服务措施到位，有利台商来投资兴业。广大台商台属代表表示要尽心竭力，身体力行，积极参与盐都对台招商引资工作，为两岸经贸交流做出新贡献。

【张昌财率团到盐都参访】 12月24—25日，台湾前“立法委员”、桃园市经济发展局主要负责人、前“立法委员”张昌财博士率桃园市政务参访团到盐都参访都市整体规划及建设、土地开发及管理、产业园区发展等，通过实地参访、经验交流与分享，推动都台两地进一步加强合作交流。市台办主任董小平、区委副书记顾其斌和区人大常委会副主任谭庚山、区政协副主席张荣銮和区台办、国土局、规划局主要负责人陪同桃园客人参访。

【优质服务台商台属】 各级各地对台商台胞提出的帮助事项，做到有求必应。只要台商台胞有需求，只要找到区台办，不管是星期假日还是白天黑夜，确保台商台胞百分之百满意。全年为台企解决用工、销售、资金、研发等方面难题20多个，为台商台胞代办或协办各类事项24件(次)。台商赵辉力先生生产的有机大米出现销路问题，区台办接到其求助之后，积极帮助宣传和销售。12月，组织在盐都工作生活的8位台商进行体检。经常到台属企业开展调查研究，帮助解决难题。对生活困难的台属，协调当地政府部门，开展慰问帮扶活动，帮助台属发展生产、发家致富。各级各地全年发放慰问金20万多元。

【全区台谊工作成效显著】 区台属联谊会正常组织台属与在台亲属开展"亲情联谊"活动。区台谊会全年集中活动8次。经常登门走访重点台属，动员他们多与在台亲属联系，争取他们回乡考察投资。全区台谊工作被市台办、台谊会表彰为"全市先进集体"。 (孙莹洁)

机关工委

Party Committee Of the Organization

【概述】 2015年，区级机关工委下辖5个二级党委、13个党总支、136个党支部(其中工委直属党支部43个)，2668名党员(其中预备党员36名)。区级机关党的工作紧紧围绕"服务中心、建设队伍"两大核心任务，以建设学习型服务型创新型机关党组织为目标，全力加强党的思想、组织、作风、反腐倡廉、制度建设，开创机关党建工作新局面，被市级机关工委评为机关党建工作先进集体，并被区委表彰为"强基工程"先进集体。

【发展培训新党员】 5月中旬，在区电大举办为期5天的区级机关入党积极分子培训班，邀请市委党校、市级机关工委、区纪委等部门人员授课，对党史、党章、群众路线的观点和实践等基本理论知识进行系统的培训，组织观看警示教育片，学习优秀党员的先进事迹。培训结束后，统一组织进行卷面测试，91名学员有86名通过结业考核，领取结业证书。全年发展新党员21名，各项比例均达到或超过规定要求，为39名预备党员办理按期转正手续。7月1日，组织区级机关新党员到市烈士陵园举行入党集体宣誓仪式。

【党建工作创先争优】 3月26日，召开2015年度区级机关党建工作会议，全面布置全年机关党建工作，并对20个"五好"示范基层党组织、30个"五好"基层党组织、153名优秀共产党员、10名优秀党务工作者予以表彰；以争创"五好"基层党组织活动为载体，围绕区委区政府工作中心，突出"服务中心、建设队伍"两大任务，推动学习型、服务型、创新型机关党组织的创建。

【开展群众路线教育实践活动】 3—10月，按照上级要求，结合实际，工委深入开展"四查四治"，机关全体党员全过程参加，以开展"双融双解"活动为载体，弘扬铁军精神、传承铁军作风。按照区委统一部署要求，对全区机关党组织开展群众路线教育实践活动进行指导和督查。

【推进机关党组织规范化建设】 认真落实《中国共产党党和国家机关基层工作条例》，进一步加强和改进区级机关党建工作，明确工委的主要职责，理顺区级机关部分党组织的隶属关系。年内，划入支部1个，划出支部3个。将机关党员100人以上的4个党总支升格为机关党委，隶属关系不变。年内，改选党委、总支、支部32个，调整充实总支、支部班子成员150多人，按期改选和委员健全率分别达98%和99%。年底，对下辖党组织的所有党员信息及时进行收集完善。

【机关工会工作】 年内，认真做好市总工会第六次代表大会布置的相关工作，组织机关专兼职工会干部学习培训，为机关各工会组织征订各类学习报刊130余份。认真做好帮扶困难职工、先进典型推荐、劳模待遇落实、重大节日慰问等工作，全年帮扶困难职工、慰问困难家庭三十余次。五一前夕，向区总工会推荐并被表彰6人次，与区总工会联合举办"健身迎五一，和谐促发展"区级机关乒乓球比赛，独立主办"迎元旦、展风采、促发展"羽毛球赛，并对获奖结果进行通报。积极参加区总工会组织的各项活动，有2人获市总工会表彰，被区总工会表彰为区直系统工会工作先进单位。

【开展无偿献血活动】 9月30日，联合区红十字会等有关部门组织开展区直机关第四次"迎国庆、献爱心"无偿献血活动，区直机关、事业单位的134名工作人员积极参加，共献出血液34000多毫升，以实际行动展示新时期党员干部风采。

【"盐都机关党建"微信平台正式运行】 年初，"盐都机关党建"微信公众服务平台正式运行，平台主要发布党建资讯、加强对机关党员、党务干部的教育、培训和激励。平台每周更新2次以上，与上级党建平台形成联运和补充，充分发挥平台便捷、迅速的宣传教育功能。

【开展机关党建工作述职活动】 12月底，开展机关党组织书记党建工作述职并进行考核评比，全区61个机关党组织书记对全年履职工作的特色和亮点、存在的主要问题和原因、下一步工作思路及措施进行书面述职，进一步落实机关党组织书记履行机关党建工作责任。

【开展机关党员组织关系排查工作】 10月底，以党支部为单位，采取党支部自查、工作组核查的办法，对机关全体党员组织关系开展梳理排查，理清全区党员基本情况，核实党员身份信息，查清流动党员去向，及时转接组织关系，统一规范党员情况记载、党员名册。结合"基层党组织统一活动日"，采取定期检查、随机抽查等方法，及时掌握工作进度，认真抓好督促落实，从严落实党员管理制度，规范党员组织关系管理。 (张志慧)

老干部工作
Veteran Cadre Services

【概述】 至2015年底，全区共有离休干部222人。其中，享受市(厅)级政治生活待遇的4人，享受副县(处)级政治生活待遇的73人，科级干部19人，一般干部126人。以老干部参加革命工作时期划分，抗日战争时期49人，解放战争时期173人。以老干部原工作单位隶属关系划分，属行政机关的91人，属事业单位52人，属企业单位79人。其中，80岁以上221人，占总人数99.5%，70~79岁1人，占总数0.5%。全区老干部工作破解工作难题，强化自身建设，努力推动工作转型发展。

【组织开展春节走访慰问系列活动】 2月14日上午，区委书记羊维达、区长吴本辉等深入医院或老干部家中，看望慰问季兆甫、袁辉、严福庚等6位退休前正处职老干部，关心他们的身体和生活情况，向他们致以新春祝福。召开老干部迎春茶话会，原四套班子成员及部分市厅级医乘待遇的老干部32人出席会议，区长吴本辉通报2014年经济社会发展情况和2015年工作安排，区委书记羊维达致词，向全区老干部祝贺新春。2月15日，区委常委、组织部长冯明印等带队分组深入市一院、市三院、市中医院探视慰问35名住院老干部，祝他们早日康复。

【加强离退休干部“两项建设”】 年初，调整充实老干部联络员队伍。针对退休干部逐年增加的实际，对退休科级干部10人以上的区直单位，聘任老干部联络员，老干部联络员由30人增加到40人，强化对退休干部的管理服务工作。组织2个督查组，随机抽查8个老干部党支部的党建工作，重点从制度建设、情况记录、座谈了解等方面查漏补缺，提出整改意见。加强老干部党支部书记业务培训。6月初，举办全区老干部支部书记培训班；6月10—13日，安排秦南镇、尚庄镇、水务局等5个单位老干部党支部书记参加市局组织的培训班，到南通市参观学习，提高加强党支部建设业务知识。

【引导老干部发挥正能量】 年初，组织前区四套班子视察新区现代物流园区、台湾农业创业园、高新区智能手机终端产业园、美丽乡村杨侍村现场，老干部们围绕农业农村工作、食品安全、医疗卫生、养老服务等社会民生议题提建议、出谋划，完成调研报告3篇，提出意见建议22条，得到区委区政府肯定和批示。全区各镇(区、街道)和区直单位老干部组织多方筹集各类助学帮困资金35万多元，帮助家族困难学生近450人。组织农业、教育、卫生等老科技工作者举办科普知识讲座17次，受教育群众2600多人次。“五老”人员进机关、入学校、到社区开展爱国主义、革命传统和法律法规专题教育，作报告25场，受教育干部群众和青年学生达5300多人次。“盐城市老有所为之星”王云玲组织种植畜牧、水产、农机4支“老科技服务队”，先后41次奔赴全区各地，无偿为农村农民提供科技、营销服务。 (蒋跃东 孙 帅 阮 华)

保密工作
Security Work

【概述】 2015年，全区保密工作紧紧围绕中心工作，自觉服从服务大局，强化基层基础建设，突出重点关键环节，强化科学化、重抓规范化、坚持制度化，各项工作都取得新成效。

【保密教育经常化】 以宣传教育为重要抓手，全面增强保密意识。针对不同群体、不同层面特点，开展形式多样的宣传教育和培训活动。在宣传对象上，突出三个重点，突出领导干部、机关人员和涉密岗位人员；在宣传手段上，突出三个载体，以中心组学习为平台，力求县处级和科级班子保密知识学习常态化；运用内部刊物、组织相关活动等，使机关干部保密教育不间断；发挥双新盐都等新闻媒体作用，努力实现保密知识宣传全覆盖。将保密知识纳入区委中心组学习内容，进一步加强涉密人员和公务员保密知识宣传教育。运用《盐都通讯》等内部刊物，及时登载重要工作动态，普及保密基础知识。积极发挥《保密工作》《保密知识简明读本》等专业杂志、书刊的作用，超额完成上级下达的征订任务，实现全区各镇(区、街道)和部门全覆盖。与此同时，对新录用公务员、新录用村官、新入党对象进行上岗前、入党前保密知识培训，提高这一特殊群体保密防范意识。进一步对公民开展形式多样的保密法制普法工作。与区委政法委、司法局等30多个部门、单位共同组织大型广场宣传，使保密知识深入基层、融于群众。

【保密管理规范化】 健全工作机制，建立保密委和各工作小组正常活动制度，落实各相关部门责任，打造推进工作合力；完善工作网络，积极推进保密工作组织架构全覆盖，明确直接责任人，确保基层保密工作有人抓，具体事情有人做，活动开展有实效；规范工作制度，根据形势发展和上级保密部门部署要求，及时修订完善相关制度，使保密工作在制度框架内扎实推进。按照“谁主管、谁负责”和属地管理的领导包保责任制要求，年内，区委保密委与各镇(区、街道)、各部门单位负责人以及重点涉密岗位负责人，签订保密工作责任书，做到责任明确，压力传递，层层落实，增强各级干部和涉密人员的保密责任意识。确保制度到位，严格把握。认真做好上级文件、资料登记回收、集中销毁工作，全年共集中销毁各类文件4500余份。对确因工作需要，需要留存复印件的，明确要求到区保密局办理留用手续。印发《党政机关计算机信息系统保密管理规定》《定密工作暂行规定》等制度，按规定及时解除过期国家秘密。按照省、市要求，积极探索全区定密试点工作，制定管理规定，规范定密事项。保密工作台账实行动态管理，使基层和部门运用自如、把握得当。

【保密考核科学化】 以效能提升为重要取向，根据定性定量相结合的要求，制订严格的考核办法，保证保密工作措施在各层各级得到真正落实。认真落实上级文件精神，紧密结合盐都实际，突出抓好重大活动、重点时段、重要部位的保密检查工作，不断提高保密工作成效。认真组织高考和中考试卷存放点的安全保密专项检查，在面上部署的基础上，抽查试卷存放点，提出明确的保密要求和改进措施。突出重点部位。精心组织涉密计算机登记备案工作，组织对区法院、公安局等重点涉密单位进行专项抽查，对发现的问题，都及时整改到位。重抓泄密载体复制单位管理，不断完善区机关文印中心涉密文件打印、复制各个环节的管理制度，做到涉密文件处理登记、打印复制专人负责、残次产品当场销毁、电子文档彻底清除，确保涉密文件处理完毕后在文印中心不留"痕迹"、不留隐患。

（张正红 林 芸）

档案管理

Lase Management

【概述】 全年共接收档案1456卷，41005件。接收载体由纸质文件向电子、声像、实物等载体转变，接收门类也由文书档案扩展到专业档案、民生档案等。加强档案信息化建设，向省档案局争取信息化建设资金20万元，档案数字化进度位居全市前列。积极开展法治宣传教育工作，普及法律法规。编制《家庭档案实用操作手册》等资料，普及档案知识；参加宣传活动，增强法律意识。利用国家宪法日、国际档案日等活动契机，发放《档案法》等法律法规材料6000多份，大力宣传档案相关法律法规，提高法治意识。加大档案资源建设力度，依据国家档案局9号令《各级各类档案馆收集档案范围的规定》，结合工作实际，制定《盐城市盐都区档案馆收集档案范围实施细则》，不断拓宽接收范围，优化馆藏结构。积极开展机关团体企事业单位档案工作规范建设，5—6月，对全区20个镇（区、街道）、66个区直单位的2014年文件材料归档工作进行检查，并对成绩突出的6个档案室和40名先进个人进行表彰奖励。全区共归档文件材料23922件，其中镇（街道）机关7696件，区直机关16226件。文件材料收集比较齐全完整、保管期限划分适当，98%的单位使用省档案局永乐档案软件，为提高档案查询速度、档案移交进度奠定基础；主动配合区财政局做好全省规范化财政所工作，按照《江苏省机关团体企事业单位档案工作规范》和等级测评细则要求，加强组织管理、基础业务、开发利用和信息化建设。年内，共有5家财政所档案目标管理工作达省三星级档案室标准；积极为区殡葬协会进行档案业务指导，对协会公墓档案、协会会员档案和文书档案提出规范化整理意见，为协会档案管理规范化、标准化建立基础。将服务民生作为新时期档案工作出发点和落脚点，多措并举，着力提升档案服务能力，促进档案工作科学发展。全年共接待利用者4500余人次，出具档案证明5000多份，切实帮助群众解决购房、工龄、退休、养老保险等问题。荣获盐都区目标任务综合考核先进集体称号，被市档案局推荐为由省人社厅、省档案局联合表彰档案工作先进集体，档案保管利用科被授予"盐城市工人先锋号"荣誉称号。

【档案数字化建设】 加大档案数字化建设力度，增加专项经费支出，全年共投入23万多元，完成全文扫描220万多页，区民政局完成2100多对结婚登记档案全文扫描，共15万页，并移交档案馆。全区机关立档单位2015年文件级目录全部数字化。数字化建设累计投入近120万元，馆藏档案全文数字化总数量近500万页，累计数字化完成率超过50%。9月7日上午，市档案局副局长赵弘迈检查指导档案数字化工作，对盐都档案数字化工作给予肯定。

【《抗战时期盐城文人周涤钦作品集》出版发行】 为纪念抗日战争胜利70周年，深入挖掘馆藏档案资料，年内，搜集周涤钦抗战作品及爱国忧民作品，汇集成册，作为档案编研成果内部发行。全书共十篇，其抗战作品主要集中在第二篇：满江红；第五篇：光荣的抵抗；第七篇：广播文集和第九篇：抗战道情，其他为爱国忧民作品，是不可多得的抗战民间珍贵史料。

【农村土地承包经营权确权登记颁证建档试点工作】 年内，把农村土地确权颁证档案作为民生档案的重点工作，大力推进建档业务培训指导；坚持试点先行，以点带面。楼王镇公兴村、郭猛镇民乐村作为两个试点，积极开展确权档案建档工作，实地了解档案整理进度，查看档案整理工作中存在的问题，进行业务指导。楼王镇公兴村、文昌村、利民村、朝阳村等4个村共1501户完成建档工作，全市农村土地确权建档工作现场推进会顺利在楼王镇召开。

【推进家庭档案建设】 6月3日，区档案局研究部署推进家庭档案建设工作。组织职工认真学习省档案局、省妇联联合下发的《关于倡导和推进全省家庭档案建设的意见》文件，充分认识新形势下开展家庭档案建设的重要意义。要求档案局全体员工从自身做起，建立家庭档案示范样板，年底组织巡查；与区妇联联合转发省档案局、省妇联《关于倡导和推进全省家庭档案建设的意见》文件，推进全区家庭建档顺利开展；印刷家庭档案手册、档案画册1000多份，分发给区四套班子成员及各部委办局，并在查档窗口放置宣传画册，向广大利用者进行宣传；拟成立"家庭档案"志愿者队伍，以监督指导科成员为主要对象，为需建立家庭档案的家庭提供免费服务。 （周 静）

信访工作

Work Concerning Complaint Letter and Visit

【概述】 2015年，以深入推进信访工作制度改革为主线，以"七访工作法"为抓手，做好全年信访工作，全年接待到区来访715批3626人次（其中集访179批2851人次）；办理各类有效初信和"网上信访"188件；受理复查事项34件（其中出具复查意见30件），三级程序终结14件。全力打造"阳光信访""责任信访""法治信访"，全区信访形势平稳趋好，未发生有影响的群体性事件和个人极端事件。全年综合实绩获市年度考核第二名，得到省、市、区肯定。2月，区委区政府在全市信访工作会议上做经验交流发言；8月，区信访局在全市基层信访工作会议上作经验交流发言，发言材料在《江苏信访》第8期刊登，局长崔学祥作为《江苏信访》第9期封面人物，内页宣传其先进事迹。年底，区信访局荣获全区综合考核先进奖。

【深度强化领导责任】 年内，在正常落实领导干部接访、下访、会办、包案制度基础上，采取系列措施，进一步压实信访工作责任，重点敏感时期增加领导接访频次；明确下访机关干部信访工作任务；区集中交办案件中明确第一责任人和具体责任人，实行主要负责人主包、分管负责人协包的重案包访制度。区党政主要负责人高度重视信访工作，带头接待会办重点群体性信访事项和重点个性事项，整理上报的8份材料得到市信访局肯定并作为范本；分管负责人经常研究重点问题，批示会办重要信访事项；其他党政负责人包案处理分工范围内或联系点的信访问题，扎实完成接访下访工作任务。

【化解信访积案】 在常态化矛盾纠纷排查基础上，5—9月，全区开展“五项排查百日会战攻坚化解”专项行动，集中深入排查各类涉稳矛盾，并将省市交办积案全部纳入专项行动，逐一登记造册，建立台账，落实区、镇两级双层包案，逐案化解攻坚。省市交办的102件重点事项和区专项行动排出的170件重点个性事项，全部规范处置，化解结案。

【推进信访改革】 积极推行“阳光信访”和群众依法逐级走访权益保障卡制度。区、镇两级信访信息化平台与省市互联互通，全面投入使用并不断规范，全年通过平台流转办理各类信访事项798件次。10月13日，区级网上信访受理平台依托中国盐都网在全市率先开通；12月10日，区信访局“信访自助终端”安装使用，为信访群众新增两条便捷的投诉渠道。视频公开接访活动在政法委社会管理中心定期开展，反响良好。“网上信访”“视频接访”“信访自助终端”等新型信访接待模式逐步推行，全区“阳光信访”深入推进。权益保障卡制度按照应发尽发，卡网同步要求，全面规范施行，全区全年发卡104本。

【提升基础业务水平】 以“阳光信访”建设为契机，进一步为镇(区、街道)配齐配全二代身份证读卡器、“信访自主终端”等全套设备，按照《盐城市基层信访工作流程》，对基层受理办理信、访、网、电各类信访件的流程进行系统规范，全年共组织专题培训3次，以会代训3次，专家授课3次，正常开展一对一现场指导，不断提升全区基础业务水平，认真规范办理初信初访，及时就地化解矛盾，信访事项办理答复质量明显提高。强化信访督导工作，区成立5个专项督导组和信访局领导班子及科室定期不定期开展针对性督导，与基层共同探讨，集思广益。

【建设法治信访】 坚持法治思维、法治底线做好信访工作，开展《信访条例》修订实施十周年专题法制宣传活动，引导信访群众依法维权，有序信访。修订完善《盐都区信访应急处置预案》，对信访行为的应急处置工作进行规范，深入推进信访法治化。 (戚师军　倪建玲)

党史编研
History Compilation

【概述】 紧紧围绕区委、区政府的中心工作，按照“资政、存史、育人”的要求，创造性地开展征、编、研、宣等活动，较好地完成全年各项目标任务。在完成“二卷本”审核验证工作的基础上，充分发挥史志部门的职能优势，推动编纂《美丽盐都》一书，全力服务于区委区政府中心工作。

【党史二卷本完成审核验收工作】 2015年，《中共盐城县历史（1949—1978）》(二卷本)进入评审阶段。3月，市党史办对二卷本集中评审，区委党史办全员参加，评审人员对该书进行评审，市评审组专家对二卷本的后续修改工作提出宝贵意见。会后，区方志办根据专家评审组给出的意见及各方反馈建议，组织修改打磨，对二卷本进行通篇修改，确保二卷本编写的高质量。年底，二卷本通过市评审组专家验收。

【江苏人民广播电台播出盐都抗日故事】 为纪念抗日战争胜利70周年，8月，盐城人民广播电台专门采访盐都党史办退休老干部张泽民，邀请其讲述1941年9月新四军夜袭秦南仓日伪据点的战斗故事，制作成录音，在盐城电台播出后，被江苏人民广播电台采用，并于9月3日国家公祭活动当天，在江苏台“抗日故事”专题栏目中滚动播放录音全文，宣传盐城人民的抗日斗争事迹，影响广泛深刻。

【推动《美丽盐都》编纂工作】 为进一步服务区委十三届八次全会关于努力建设创业开放生态幸福厚德的美丽盐都的中心工作，宣传撤县建区以来全区干群在区委区政府的领导下，坚持科学发展观，建设“五位一体”的美丽盐都所取得的令人瞩目的成就，留下全区人民在建设更高水平的小康社会征程中的光辉足迹，展示盐都在政治、经济、文化、社会、民生诸领域的突出亮点，充分体现美丽盐都及可持续发展等诸多层面内容，激发全区干群的自豪感和自信心，激励全区上下统一思想、开拓奋进、凝心聚力、攻坚克难的热情，更好开启全面建成小康社会新征程，区方志办在推动《美丽盐都》的编纂工作中，版式设计着重体现时尚元素和灵动风格，形成一种经典、厚重、多元与时尚融为一体实用宣传读本，初步设计内页为纯质纸，预计2016年与读者见面。

【开展抗战胜利70周年系列宣传活动】 以开展“创先争优”活动为契机，开展抗战胜利70周年系列宣传活动。为市编写《盐城英烈》提供区境内20多个抗战史事，并对相关历史人物及事件配以图片。对《盐都区抗战时期人口伤亡统计表》多次进行校对、整理，确保数字来源的准确性，还原日军在抗日战争时期对盐城市民造成的伤亡及损失。在盐都电视台抗战专题宣传活动中，提供郭猛、宋泽夫烈士的事迹以及陈毅在盐城地区所进行的革命活动等。应有关单位邀请，在区住建局开展盐城抗战历史的宣讲。在新四军军部重建地——泰山庙，由区电视台举办的小记者新闻采访活动中，区委党史办工作人员讲述新四军在盐城的抗战史事。8月，在区抗战胜利70周年知识竞赛活动中，区方志办组织人员针对盐城地区的抗战史事设置竞赛题目，加强参考人员对盐城地区抗战历史的认知。

(陆叶青)

盐城市盐都区人民代表大会

Yancheng Yandu District People's Congress

综　　述

Summary

【概述】 区人大常委会坚持以党的十八大和十八届三中、四中、五中全会精神为指导，紧扣区委十三届六次全会提出的“打造新高地、迈上新台阶”战略定位和“三突出三强化”部署要求，以服务发展大局为己任，以推进依法治区为根本，以促进民生改善为重点，切实履行宪法和法律赋予的职责，为推动全区全面建设小康社会进程做贡献。

重要会议

Important Congresses

【区人大常委会会议】 2015年，区人大常委会共举行10次会议。

第22次会议于1月8日下午召开，会期半天。会议审议通过区第十五届人民代表大会第四次会议议程草案、列席人员范围草案、主席团和秘书长名单草案、国民经济社会发展计划和财政预算审查委员会名单草案以及代表资格审查报告和区人大常委会工作报告，审议通过区人大常委会关于接受羊维达辞去区十五届人大常委会主任职务的请求的决定，作出关于将保障性安居工程建设和旧城区改建项目纳入2015年国民经济和社会发展计划的决议，讨论决定有关人事任免事项。

第23次会议于2月6日下午召开，会期半天。会议传达学习了省、市人代会精神，审议通过区人大常委会2015年工作要点和关于接受潘宏培辞去区十五届人大代表职务请求的决定，讨论决定有关人事免职事项。

第24次会议于3月28日上午召开，会期半天。会议审议通过区十五届人大四次会议《关于突出项目招选、人才引培、科技创新、企业转型，举全区之力加快高新区核心区建设》的议案处理意见报告，听取和审议区政府关于公共文化服务体系建设情况的报告，讨论决定有关人事任免事项。

第25次会议于4月9日上午召开，会期半天。会议专题讨论有关人事任免事项。

第26次会议于5月29日下午召开，会期半天。会议听取和审议区法院关于行政审判工作情况的汇报，听取和评议区环保局、国税局工作情况，听取区编办关于组建区市场监管局有关情况说明，讨论决定有关人事任免事项。

第27次会议于6月17日上午召开，会期半天。会议专题讨论市人大代表补选事宜，补选吴敦、姚长俊为区出席市第七届人民代表大会代表。

第28次会议于7月28日上午召开，会期一天。会议听取和审议区财政局、审计局分别受区政府委托所作的2014年财政决算和2014年度区本级财政预算执行及其他财政收支情况的审计工作报告，听取和审议区发改委、财政局分别受区政府委托所作的2015年上半年国民经济社会发展计划执行情况和2015年上半年财政预算执行情况的报告，听取和审议区政府办受区人民政府委托所作的关于区十五届人大三次会议代表建议、批评和意见办理情况的汇报，听取和审议国土局盐都分局受区政府委托所作的关于全区国土资源节约集约用地工作情况的汇报；讨论决定有关人事任免事项；作出区人大常委会关于批准2014年区级财政决算的决定，关于接受李悦辞去区人民法院院长职务的请求的决定，关于韩标代理区人民法院院长的决定。

第29次会议于9月24日下午召开，会期半天。会议传达学习中央18号文件、省委26号文件及全省县乡人大工作和建设座谈会精神，听取和审议区农委受区政府委托所作的关于全区农产品品牌建设情况的汇报；评议区环保局、国税局落实评议意见情况，并进行满意度测评，两个单位的满意率均在85%以上；讨论决定有关人事任免事项；审议通过关于将区集镇污水处理设施工程项目的财政补贴纳入财政预算的决议，关于接受张永娣辞去区人民检察院检察长职务的决定，以及关于钱亚祥代理区检察院检察长的决定。

第30次会议于11月27日下午召开，会期半天。会议听取和审议区政府办受区政府委托所作的关于《突出项目招选、人才引培、科技创新、企业转型，举全区之力加快高新区核心区建设》议案办理工作和落实办理区人大常委会审议意见的情况汇报，并对审议意见办理情况进行满意度测评，七项审议意见办理满意率均在85%以上；审议通过区人大常委会关于接受熊新华、周炳先辞去区人大常委会委员职务的请求的决定。

第31次会议于12月31日上午召开，会期半天。会议听取区发改委受区政府委托所作的关于全区国民经济和社会发展第十三个五年规划纲要编制情况的汇报，审查批准了2015年财政预算调整报告，审议通过了关于将区人大常委会社会事业工作委员会更名为区人大常委会教科文卫工作委员会的决定，组织学习《江苏省实施宪法宣誓制度办法》，作出关于召开区第十五届人民代表大会第五次会议的决定，审议通过区第十五届人民代表大会第五次会议议程草案、列席人员范围草案、主席团和秘书长名单草案、国民经济社会发展计划和财政预算审查委员会名单草案以及代表资格审查报告和区人大常委会工作报告，补选尹卫东为盐城市第七届人大代表，听取5名市人大代表述职并进行满意度测评。

【区人大常委会与"一府两院"负责人联席会议】 12月21日上午，区人大常委会与"一府两院"负责人举行联席会议，会期半天。区人大常委会主任、党组书记穆芹，区委常委、常务副区长陈志会，区人大常委会副主任谭庚山，区法院、检察院主要负责人及区政府办公室和有关部门负责人出席会议，区政协负责人应邀参加会议。会上，穆芹简要通报2015年区人大常委会主要工作情况，并征求"一府两院"负责人对区人大常委会工作意见。与会人员研究讨论筹备召开区十五届人大五次会议有关事项。

【区人大常委会主任会议】 年内，区人大常委会主任会议共举行12次，主要研究处理常委会重要事项和日常工作。主任会议先后商讨研究工作评议方案、将保障性安居工程建设和旧城区改建项目纳入2015年度国民经济和社会发展计划、政府融资事宜和有关人事任免事项，讨论关于《突出项目招选、人才引培、科技创新、企业转型，举全区之力加快高新区核心区建设》的议案处理意见报告及公共文化服务体系建设、全区集约节约用地、行政审判、农产品品牌建设等工作调查报告，促进常委会工作有效开展。

重要工作

Important Work

【推动经济增长】 贯彻区委决策部署，聚焦改革发展大局，积极履职，主动作为，推动全区经济社会平稳健康发展。年内，听取和审议国民经济社会发展计划执行情况报告，视察推进重大项目和重点工程建设，推动全面落实"稳中求进"工作总基调，积极适应经济发展新常态，不断增强内生动力和发展后劲，切实提高经济运行的质量和效益。全程关注、跟踪了解"十三五"规划编制情况，在广泛听取民意的基础上进行认真审议，集思广益，凝聚共识，力求规划纲要顺应时代要求、符合盐都实际、贴近社情民意，为最终通过区人代会审查批准打好基础。听取和审议全区集约节约用地情况，不断提高节地水平和产出效益。

【助力产业转型升级】 年内，认真审议十五届四次人代会关于"突出项目招选、人才引培、科技创新、企业转型，举全区之力加快高新区核心区建设"1号议案，持续跟踪督促加快高新区核心区建设，高新区核心区建设初具形象。听取和审议农产品品牌建设工作，推进农业规模化、产业化、标准化发展，提升有机、绿色、无公害品牌农产品的市场公信力。视察台资企业生产经营情况，提升服务台企水平，营造良好发展环境，促进更多台资企业投资落户、发展壮大。

【推动依法科学理财】 年内，按照新《预算法》相关规定，主动提前介入财政预算编制，督促落实全口径预算管理要求，预算编制质量和执行水平大幅提升。推动政府有关部门优化财政支出结构，将财力更多地向"三农"、教育、社保、卫生等民生领域倾斜。力推财政预决算审议意见落实到位，跟踪督促审计问题及时整改，构建规范有序的财务管理机制和严格有效的预算约束机制。

【关注民生热点】 跟踪监督国家生态区创建，督促落实污水处理责任主体和运行体制，全面推行农村环境综合整治"五位一体"长效管护责任制，4月，在全市率先通过国家生态区考核验收。继续督促开展饮用水源环境整治和"清水走廊"建设行动，专题调研农村水环境综合整治工作，组织视察区水务公司及部分镇(街道)城乡供水一体化后续管理情况，持续推进供水设施建设，着力改善水环境，保护群众生命健康。视察学校安全工作，重点对交通安全、饮食安全、人身安全和消防安全进行监督检查，切实保障校园安全工作落实到位。

【推进社会事业】 年内，视察基层医疗卫生机构建设，推动深化医疗机构改革，优化镇村卫生资源配置，提升医疗卫生服务能力。审议公共文化服务体系建设情况，推进文化惠民工程，让城乡居民更为便捷地享受到公共文化服务。视察住房公积金扩面工作，推动住房公积金制度进一步向各类企业覆盖，帮助更多职工解决住房困难、改善住房条件。视察人防工作，督促完善应急疏散预案，切实做到安不忘危、有备无患。组织代表视察政府为民办实事工程实施情况，支持政府按期保质推进项目建设。

【关爱弱势群体】 年内，视察社会救助工作，深入基层检查最低生活保障制度落实情况，了解医疗、住房、教育、法律援助等专项救助和临时救助情况，充分发挥社会救助托底保障、救急解难作用。调研全区残疾人保障工作，要求全面落实残疾人保障救助政策，重视残疾人教育培训、就业指导和康复设施建设，鼓励引导残疾人自立自强，切实维护残疾人的合法权益。

【保障法律实施】 协同抓好全区"六五"普法验收，推动开展"12·4"国家宪法日宣传，举办《行政诉讼法》知识讲座，努力营造尊法守法学法用法的社会氛围。采用听取汇报与实地察看、问卷调查与重点检查相结合的方式，对《中华人民共和国预算法》《中华人民共和国安全生产法》《中华人民共和国渔业法》及江苏省《渔业管理条例》《机动车排气污染防治条例》《保护和促进台湾同胞投资条例》贯彻执行情况进行检查，维护法律法规的严肃性和权威性。加强规范性文件备案审查工作，对区政府报送的规范性文件认真审查、及时备案，依法规范抽象行政行为。

【促进依法行政】 年内，对区环保局、国税局开展工作评议。在评议中，坚持上下联动、内外结合，广泛邀请代表参与，积极推进自查自纠和问题整改，并对评议意见落实情况进行满意度测评。两个被评单位把接受评议作为改进工作的契机，努力促进作风转变，切实解决存在问题，提升依法行政水平。区环保局全面开展饮用水源保护区及饮用水源地环境隐患整治，有效保障大市区饮用水源安全。区国税局试行营业执照、机构代码证、税务登记证“三证合一”办理，建立预约服务、绿色通道等六大机制，明确分局与地方政府对接关系，服务纳税人和地方发展。调研全区行政首长出庭应诉情况，增强法治观念，提高依法行政能力和水平，加快法治政府建设。

【强化司法监督】 听取和审议法院行政诉讼工作，组织代表听庭评议行政审判案件，促进区法院依法化解行政纠纷，平等保护行政机关和相对人双方的合法权益，提升司法公信力。视察人民陪审员工作，督促区法院依法安排人民陪审员参与庭审，推进司法民主，促进司法公正。组织代表专题视察检察院反渎职侵权工作，强调在惩治渎职犯罪的同时，加强对重点领域、重点部门、重点岗位、重点环节的预防教育，不断提升反渎实效，促进公职人员严格履职、规范行为。调研视察治安巡防工作，建议相关部门完善防控体系，筑牢基层基础，不断提升公众安全感。

【加强代表工作指导】 认真安排每季度代表组活动，提前下发通知明确活动主题及相关要求，常委会分片督查指导各代表组开展活动情况，切实提高活动质量。深化“代表之家”建设，指导各镇(区、街道)根据情况变化和工作实际进行合理调整，全面落实“五有”要求，提高规范化建设水平。

【丰富代表活动内容】 年内，采取组织学习培训、举办法制讲座、寄送刊物资料等形式，保障代表知情知政，提高代表履职能力。邀请代表参加视察调研、执法检查、工作评议、听庭评案等活动，扩大代表对常委会工作的参与度。以“一个载体、两项制度”建设为抓手，有序安排代表接待选民和向选民述职，加强代表与选民的联系，察民情、听民声，积极建言献策。全面开展创先争优活动，评选出一批先进代表组、优秀人大代表、优秀人大工作者和优秀代表议案建议，激发代表履职热情。

【提高建议督办质量】 积极推行代表建议对口督办，年内，在会议交办、适时催办、登门督办的基础上，将72件建议按其内容进行划分，由人大相关委办对口检查、跟踪督办，促进承办部门及时做好建议办理工作。继续坚持重点建议重点督办，常委会领导分别选择一件事关经济发展大局和群众切身利益的重点建议，牵头组织督查，推进办理到位。评选代表建议办理先进单位，推行代表建议办理结果公示，力促提高办理质量和效率，代表们提出的建议、批评和意见均在规定期限内办结答复，办成的48件，占66.7%，列入规划逐步解决的22件，占30.5%，因政策和客观条件所限作情况说明的2件，占2.8%。

【开展专题教育】 年内，按照区委统一要求，常委会党组认真开展“三严三实”专题教育活动。党组负责人亲自讲授“自觉践行‘三严三实’，不断提高人大工作水平”专题党课，党组成员认真排查自身存在的“不严不实”问题，集体进行“严以修身”“严以律己”“严以用权”学习研讨和谈心谈话活动，把专题教育成效体现在改进工作作风、服务发展大局上。常委会主任、副主任分别挂钩高新区重大项目、重点工程建设，牵头服务分工联系镇(街道)规模以上企业，关心支持驻点干部在经济薄弱村开展工作，慰问救助困难群众，助推村级经济发展。

【贯彻规范要求】 年内，中央18号、省委26号、市委33号文件相继出台，对加强县乡人大工作和建设作出全面部署。常委会党组及时向区委汇报、向组织部和编办通报文件精神，并向常委会全体委员和区“一府两院”领导、各镇(街道)人大负责人集中传达，接受省市人大代表牵头进行的专项检查。

【推进工作创新】 在全市县(区)级人大中率先出台关于讨论决定重大事项的规定。在严格履行任前法律知识考试、拟任职发言、颁发任命书等原有规范程序的基础上，认真落实宪法宣誓组织工作规程。启动市代表向原选举单位述职工作。年内，共有5名代表接受述职测评，对全年作出的7项30条审议意见办理情况集中进行再督查、再报告、再审议和满意度测评，促进工作落实。

【深化调研宣传】 围绕经济社会发展、民主法制建设、民生热点问题，全年共组织议题调研6次，配合市人大就重大事项决定权行使开展专题调研，积极参加全市人大工作理论研讨，3篇文章获奖。认真办好常委会会报，全面改版盐都人大网站，高质量完成《盐城人大》盐都专版组稿任务，录制《依法履职促发展》碟片，编印《人大代表风采录》专辑，积极利用电视、报刊等媒体开展宣传，提升人大工作影响力。

【指导基层人大】 坚持常委会委员分片指导镇(街道)人大工作制度，加强与基层人大的联系。年内，邀请镇(街道)人大主席(主任)列席常委会议并参加调研视察、执法检查等，提高镇(街道)人大工作水平。定期召开镇(街道)人大工作座谈会，围绕人大工作创特色交流经验、研究问题，有效促进区镇人大工作联动和基层人大共同提高。 (陈浩芳)

盐城市盐都区人民政府

Yancheng Yandu District People's Government

综　　述

Summary

【概述】 2015年是全面深化改革的关键之年，也是"十二五"规划的收官之年。面对复杂严峻的宏观经济形势，区政府全面贯彻党的十八大和十八届三中、四中全会精神，按照习近平总书记系列重要讲话特别是视察江苏时的重要讲话精神，在市委、市政府和区委的坚强领导下，围绕"打造新高地、迈上新台阶"总定位，牢牢把握稳中求进总基调，以改革创新为动力，以质量效益为中心，以绿色发展为方向，坚持"两高"追求，推进"四区"建设，重抓"三突出、三强化"，全面完成既定的目标任务，圆满实现"十二五"的完美收官。全年实现地区生产总值407.1亿元，增长10.8%；实现一般公共预算收入36.48亿元，增长17.0%；实现规模以上工业增加值214.6亿元，增长11.6%；实现服务业增加值158.5亿元，增长12.5%；实现固定资产投资307.5亿元，增长23.3%，城镇、农村居民人均可支配收入达到30316元、17271元，分别增长9.1%、9.3%，省公布的2014年底全面小康社会综合得分苏北第一。

坚持量质齐抓，经济运行稳中有进。主动适应经济新常态，统筹抓好稳增长、促改革、调结构等各项工作，经济运行平稳向好、稳中提质。项目载体取得突破。深入开展"项目载体突破年"活动，继续举全区之力，合力共建高新区，组织实施高新区48个"三重"项目攻坚会战，2月5日成功获批国家高新区，正式迈入国家创新体系。举办2015年中国手机年会、盐都(上海)创新创业等系列招商活动，成功承办首届世界发明创新论坛，组团参加省市组织的紫金山台商峰会、央企专题招商、对韩专题招商等系列推介活动，全年新签约亿元以上项目65个，智能终端、万达广场等项目总投资均在50亿元以上。强势推进胜达包装、金火炬精钢线等在建项目，全区新开工亿元以上项目55个、竣工48个，列市"三重""三百""双十"和市、区两级"八大类"重点工程全部按时达序。改革活力不断释放。整合设立"两办两中心"，推进工商、质监、药监等部门整合，完成区政府服务中心改造升级，实现部门进驻、项目集中、授权到位三个100%；建立完善"五张清单"，实施"三证合一""一证一码"登记制度，推行"容缺审批""并联审批"，项目审批时限压缩30%。全口径财政预算体系初步形成，区本级财政预决算、部门预决算、"三公"经费预决算首度公开，公车改革全面推进。农村土地确权登记颁证有序推进，小型水利工程管理体制改革基本到位，区镇两级农村产权流转交易服务体系初步建成，在全国率先开展农业贷款弱抵质押和风险补偿试点。成立高新区中小企业信用担保公司，设立中小微企业应急互助资金，创业银行、科技银行投入运行。直接融资、政策性贷款取得重要突破，盐高投企业债和城镇化项目、区国投企业债和中期票据等正式获批，8个项目列入国家、省PPP项目库。开放合作深入拓展。主攻日韩港台，新签约韩国大兴汽配、日本住友理工等外资项目7个，可隆科技、裕信汽配二期等5个外资项目竣工投产，注册外资实际到账9567万美元，外资工业园集聚韩资企业达到27家。组织外贸企业参加广交会等境内外展会，不断扩大国外市场，中恒宠物成功在美国、比利时等国成立4家分公司，驰翔齿轮成功并购澳大利亚一家资源公司。深化与德国茨维考市友城交流，签订共建中德产业园框架协议；与中国发明协会、深圳手机行业协会建立常态化合作机制。

瞄准高端导向，发展质效持续提升。主动把握增长内涵，不断拓宽发展空间，努力做到调速不减势、量增质更优，发展基础更加牢固，实施大企业(集团)培育计划和"百企升级"工程，鼓励企业加快技改升级、合作重组和上市融资，全年实施技改项目90个，华鸥实业和剑桥涂装被认定为省科技小巨人企业，恒力机床为C919大飞机制造提供唯一国产成套设备，中恒宠物完成股改，驰翔齿轮、蔚联机械、汉印机电3家企业在"新三板"挂牌，华盛电气与德国SGB、苏力集团与中国联合工程公司成功实现合作重组。深入推进"两化融合""一企一策"，培育大企业大集团，推动华兴集团、剑桥涂装等龙头企业跨越发展，全区开票销售超亿元企业增至26家。立足“一镇一产一院”新模式，提升产学研合作层次，引导企业加快技术创新，支持通过合作研发、参股并购等方式建立研发机构，开发新产品、争创新品牌。全年共实施科技成果转化项目86个，申请发明专利突破463件，新建省级企业研发机构16家，新增中国驰名商标3件，新认定国家高新技术企业26家、高新技术产品153只，创成国家知识产权强县工程试点区。转型升级步伐加快。主动策应“中国制造2025”战略部署和“互联网+”行动计划，以项目为抓手，以创新为路径，大力发展新产业、新业态、新模式、新技术“四新”经济，做大做强智能终端、高端装备、新能源三大新兴产业和涂装设备、医疗用品、齿轮等六大特色产业。智能终端产业园首批15个项目开工建设，西锐3D打印、正昀新能源电池、惠普软件创新基地等项目纷纷落地，中恒宠物被商务部评为全省唯一跨境电子商务示范企业，大纵湖镇被认定为中国涂装设备特色产业基地。现代服务业提速发展，电商快递产业园获批省级电子商务基地，至年底，共入驻电商、快递项目65个，EMS、顺丰、百世汇通等6家快递企业，日订单处理量13.8万件，占全市60%以上。东方汽车广场后服务市场启动建设，汽车消费产业功能向功能提升发展。全民创业蓬勃兴起。把全民创业作为加快镇村经济发展的重要抓手，广泛利用民资、调动民力、集中民智，大力推进大众创业、万众创新。组织实施“创业能力提升工程”“新型职业农民培训工程”和“万千百”创业培训，大力支持科技人才创新创业，鼓励在外能人返乡创业，引导青年群体网络创业，全年新增个体工商户5500户，引进高端人才创业项目5个。6个重点镇全民创业园和盐城中小企业园二期加快建设，建成多层标准厂房30万平方米，入园企业达103家。落实市“515”人才计划，实施“11553”人才强区工程，全年引进“千人计划”专家1人、领军人才40人、专门人才830人。

强化统筹协调，城乡面貌不断出新。坚持以城带乡、城乡互动，强化功能配套，注重产业发展，城乡一体化进程加快。功能配套更加完善。深入开展国家文明城市、省优秀管理城市创建，“以创促建”完善城市功能，将盐龙、盐渎、潘黄街道统一纳入高新区板块，启动116平方千米战略规划编制和中心区建设，实施8大类133项重点城建项目，新331省道、东进路西延、开创路北延等重要道路建成通车，“城中村”改造步伐加快。新城区功能日益完善，恒大名都、碧桂园等品牌居住项目和万达广场、翔宇城市综合体等功能性项目相继落户，公园绿地、健身步道、公共自行车站点等公益配套项目建成使用。在大市区率先成立区级城市管理委员会，构建“两级政府、三级管理、四级网络”的城市建设管理机制。镇村建设加快推进，大冈、龙冈、张庄、郭猛等重点镇（街道）实施园区升级、集镇改造，新园区、新镇区形象初显；提升153个农民集中居住点规划，加快建设农村新型社区，三官、径口等特色村人气更旺、魅力彰显。现代农业加快发展。农业现代化综合排名位居苏北、苏中前列。提速建设双新大道城乡统筹示范带，累计实施6大类65个项目、完成投资18.5亿元。大力推广联耕联种，积极发展家庭农场和合作经济组织，各类家庭农场注册数达347个。强化农业产业化龙头企业培育，累计认定龙头企业142家，其中省级重点龙头企业7家，大纵湖镇鱼范村创成省级电子商务示范村。农业机械化和“最后一匡田”通达工程提速推进，新增机插秧（机条播）面积超过10万亩。大力实施农业“接二连三”，鼓励发展连锁专卖、配送直供、冷链物流、农超对接等现代流通业，推进地方特色农产品网络营销，禽蛋、大米等农产品区外供货量不断增加。粮食生产实现“十二连增”，被认定为省“亩产吨粮县”。突出品牌创建和市场拓展，大纵湖大闸蟹获评国家地理标志保护产品，创成出口基地并销往韩国。乡村旅游势头强劲。推进新型城镇化与生态旅游融合发展，优化提升“一湖一带一圈”空间布局。大纵湖旅游景区启动建设东晋古城、炬通温泉宾馆等10个项目，创成省级旅游度假区。龙冈桃花园、泾口湿地风情园等一批乡村旅游景点建成开放，“畅游盐都金秋行”十大节庆活动获得圆满成功，成功承办全省乡村旅游工作推进会，获批最美中国·绿色生态乡村旅游目的地和全省首家乡村旅游创新发展示范区，年内游客接待量、旅游总收入增幅保持在40%以上，“多彩盐都、欢乐水乡”旅游品牌影响扩大。

突出生态建设，人居环境显著改善。严守生态保护红线，放大生态资源优势，在全市率先通过国家生态区考核验收。绿色盐都彰显特色。组织实施农村绿化“52522”工程，重点布局331省道、双新大道、环城高速、229和231省道等5条骨干道路绿化，新建环城高速圈生态林133.33公顷，每镇新发展规模经济林33.33公顷、完成圩堤绿化20千米以上、新建村庄绿化示范村2个，林木覆盖率提高到21.6%，大纵湖获批省级湿地公园，市级生态镇实现全覆盖。积极参与国家园林城市、全国绿化模范城市创建，实施公园游园、道路节点和水系景观等32个重点绿化项目，城市绿化覆盖率提高到45.2%。低碳发展成效明显。鼓励企业节能改造，全年实施各类资源综合利用项目5个、淘汰落后设备140台（套），单位GDP能耗降低至4.35%。积极发展循环经济，年内推广新能源汽车90辆，一批企业通过清洁生产审核和资源综合利用认定。累计铺设污水收集管网145千米，正常运行郭猛、大冈、尚庄等集镇污水处理厂，城镇污水集中处理率达到85%以上。实现全年秸秆禁烧卫星监测“零火点”、省市巡查“零通报”。环境整治深入推进。巩固提升国家卫生城市创建成果，深入开展城市环境系列整治活动，背街小巷、城乡结合部等重点区域环境卫生得到有效治理。大力推进城乡河道三年整治行动，累计整治城市河道21条，疏浚农村河道1861条。农村环境综合整治和“清洁乡村”行动一次性高分通过省市全域验收，农村环境综合整治“五位一体”长效机制全面建立，智能化空气质量自动监测站建成运行，天蓝、地绿、水清、气净成为盐都生态底色。

注重民生优先，社会大局和谐稳定。围绕民生建设“十个全覆盖”目标，实施10大类28件为民办实事重大项目。社会保障更加有力。多渠道开发就业岗位，对就业困难人员实行实名制即时援助，保持城镇“零就业”家庭动态清零，新增城镇就业1.25万人，城乡居民人均可支配收入分别达到30316元、17271元。大力实施社保三年全覆盖计划，全面落实被征地农民基本生活保障制度，推进企业职工、城乡居民社会保险扩面提标，新增各类参保人员4.7万人，完成棚户区和农村危房改造1196户、渔民上岸4.6万人；新农合人均筹资标准提高到480元、政策补偿比提高到75.01%，处于苏北领先水平。加强社会救助体系建设，在全市率先建成发现、比对、救助三大机制，城乡低保标准分别提到每月490元和380元；居家养老实现区域全覆盖，荣获全国养老示范县(区)。社会事业繁荣发展。新建腾飞路实验学校、高新区实验学校二期、义丰小学，教育现代化建设综合得分全市第一，创成省义务教育优质均衡发展区、学前教育改革发展示范区、公共体育服务示范区。全面推进医药卫生体制改革，全面实施基本药物制度，市三院与6家基层医疗卫生机构合作建立“医疗联合体”；启动村卫生室(站)标准化改造，建成一批省示范卫生院、卫生室，区镇村三级医疗服务水平不断提升。加快完善公共文化服务网络，全面提升图书馆、文化馆、博物馆数字化水平，提速打造城乡一体化“15分钟文化圈”，文化信息资源共享工程和农家书屋村村实现全覆盖，被评为全国文化先进县(区)。社会治理不断加强。大力推行“政社互动”“网格+网络”社会治理新模式，“技防村村通”工程启动实施，“技防城”建设通过省级验收，连续十一年获评省平安县(区)。加大法治盐都力度，建成省法律援助服务示范窗口，省级民主法治示范村(居)达60个，仰徐村被授予全国民主法治示范村。深入开展“双融双解”“三解三促一加强”和领导干部接访下访等活动，大力推进“阳光信访”，全面推行群众依法逐级走访权益保障卡，积案化解结案率达100%。精神文明和诚信信用体系建设深入推进，涌现出“中国好人”程来品、武红梅等一批先进典型。加大对涉羟犯罪、非法集资等行为的防范和打击力度，扎实抓好企业安全生产标准化建设，坚决遏制重大公共安全事故，社会大局保持和谐稳定。

加强自身建设，树立勤廉务实形象。始终坚持“为民、务实、高效、廉洁”，与时俱进加强政府自身建设。不断提高履职能力。认真学习上级文件政策规定，主动

高考餐饮安全保障

把握大逻辑，适应新常态，把尊重规律、依法履职内化为政府的自觉行动，注重因势利导、顺势而为引领发展，坚持把化解难题、营造环境作为政府治理能力建设的重要内涵，多做协调矛盾、破解瓶颈的难事，多出优化政务、高效服务的实招，有效防范经济“台阶式”减速的风险。始终把发展经济、利民惠民放在政府工作的“头版头条”，崇尚实干、勇于担当，在招商选资、全民创业、新型城镇化等关键领域上施良策、出新招，做到完成任务不打折扣、落实事项全部到位。全面推进依法行政。坚持政府常务会学法制度，认真执行《区政府工作规则》，始终把公众参与、专家论证、风险评估、合法性审查、集体讨论决定作为重大行政决策法定程序，定期召开常务会议、区长办公会议，听取重要工作汇报，督查重点工程进展，研究改革、发展和稳定重大问题，形成规范有序、透明高效的政府工作制度和运作机制。自觉接受人大法律监督、工作监督和政协民主监督，加强行政监督和审计监督，建立和完善规章制度，定期发布政府信息，主动接受媒体和群众监督，使各项行政行为始终运行在法治的轨道上。切实加强作风建设。巩固群众路线教育实践活动成果，深入开展“三严三实”专题教育，严格执行中央八项规定和省市区委十项规定，聚焦“四风”突出问题，加大整改督查力度，推动作风建设实现新提升。组织开展机关部门“点述点评”，集中整治文风会风、办公用房、公款吃喝等问题，严厉查处不作为、慢作为的行为，着力提高行政执行力，不断提升群众满意度。全面落实党风廉政建设责任制，加强廉洁自律教育，完善惩防体系建设；坚持对腐败行为“零容忍”，支持执纪执法部门严肃查办重点领域、重点岗位、重点对象腐败案件，营造风清气正政务环境。

重要会议
Important Congresses

【区政府常务会议】 全年共召开区政府常务会议10次，即第28次至第37次常务会议。

第28次常务会议1月9日召开。学习《中华人民共和国行政诉讼法》，讨论2015年经济社会发展主要预期目标、《政府工作报告》《国民经济社会发展计划报告》《财政预决算执行情况报告》和蟒蛇河(朱沥沟)沿线水环境整治方案，听取清理规范行政权力事项工作情况、2015年八大类重点工程和为民办实事项目编排情况、区域集中供水工程和农村河道整治进展情况、农村环境综合整治工作情况，并研究安排当前工作。

第29次常务会议2月13日召开。传达学习国务院第三次廉政工作会议精神、国务院和省政府关于发展电子商务的有关文件精神，听取2014年对上争取资金情况和2015年对上争取资金计划、全区公益性公墓绿化整改完善情况，讨论《盐都区区级财政专项资金管理办法》，签订党风廉政和环境保护责任状，并研究安排当前工作。

第30次常务会议3月18日召开。学习《中华人民共和国宪法》，听取八大类重点工程推进情况、水利工程实施情况、全区造林绿化工作和公益性公墓绿化进展情况，讨论关于加快电子商务发展的若干意见，并研究安排当前工作。

第31次常务会议4月16日召开。学习《中华人民共和国农村土地承包法》，听取一季度全区经济运行情况、一季度为民办实事项目推进情况、联耕联种和秸秆“双禁”工作推进情况、盐徐高速两侧坟墓整治工作，讨论《农村环境“五位一体”长效管理暂行办法》，并研究安排当前工作。

第32次常务会议5月26日召开。学习《市委市政府关于支持盐城高新技术产业开发区加快发展的政策意见》，听取八大类重点工程开工建设情况、联耕联种和秸秆“双禁”工作推进情况、农村环境“五位一体”长效管理实施情况、防汛防旱工作和农村河道三年行动计划推进情况，通报《全区推进上市“百企培植”实施方案》，讨论《关于激励企业在资本市场挂牌的意见》《关于支持镇村经济发展的政策意见》，并研究安排当前工作。

第33次常务会议6月19日召开。学习《中华人民共和国食品安全法》，听取经济运行“双过半”预测情况、八大类重点工程开工建设情况、财政预算情况、全区外流涉羟犯罪专项整治情况，并研究安排当前工作。

第34次常务会议7月21日召开。学习《信访条例》，听取“双过半”完成情况及下半年安排、八大类重点工程开工建设情况、政务服务中心搬迁工作情况、上半年全区招商选资考核情况、全区“清洁乡村”行动和农村环境综合整治省市全域验收工作推进情况，并研究安排当前工作。

第35次常务会议8月21日召开。学习《国务院办公厅转发财政部发展改革委人民银行关于在公共服务领域推广政府和社会资本合作模式指导意见的通知》和《省政府关于创新财政支持方式促进经济健康发展若干政策措施的通知》，听取八大类重点工程开工建设情况、全区安全生产工作情况，讨论《全区深化小型水利工程管理体制改革方案》《关于促进全区农家乐发展的若干意见》，并研究安排当前工作。

第36次常务会议9月14日召开。学习《中华人民共和国行政许可法》，听取八大类重点工程开工建设情况、农村集体土地承包经营权确权登记颁证工作情况、区政务服务中心建设情况、乡村旅游工作情况、全民创业工作情况，并研究安排当前工作。

第37次常务会议10月19日召开。学习《大气污染防治法》，听取全区八大类重点工程和为民办实事项目建设情况、外资外贸工作完成情况、“清洁乡村”行动进展及整改情况；通报工业经济运行情况及“稳增长”政策落实情况，并对当前工作进行研究部署。

第38次常务会议11月17日召开。传达学习十八届四中全会和省委十二届八次全会精神、《中华人民共和国安全生产法》，听取八大类重点工程推进情况、区域集中供水工程进展情况，讨论2015年绿色盐都建设工作意见、《农村公益性公墓规范化建设以奖代补实施意见》《关于切实加强节约集约用地的实施意见》，并研究安排当前工作。

【区长办公会】 全年共召开区长办公会32次，分别就2015年度城市防洪工程建设，江苏兴宇国际商业广场和盐城市锅炉制造有限公司发展、加快区行政服务中心搬迁改造、污水处理工程运行管理、大纵湖景区东晋古城项目规划和消防工作、盐靖高速盐城西出口改造工程、已出让经营性用地历史遗留问题整改、农村环境“五位一体”长效管理、部分“未批先建”工业和公益性项目手续办理、龙冈镇2013年度国家农业综合开发项目工程、高新区核心区河道整治驳岸工程建设、加快推进惠普华东创新中心项目落地、台创园有机稻米果蔬示范基地项目建设、盐城同人置业有限公司发展、盐都区新型农业主体贷款担保项目、加快电子商务产业发展，加快推进祁太康猪场整治工作、在高新区设立创业银行和科技银行、台创园禾嘉兰博园等项目建设、市区内环高架快速路网工程盐都境内工作、部分城建重点工程建设、2014年度区级服务业和电商快递产业引导资金分配、盐都区水上集中居住区重大火灾隐患整改、盐龙实验学校和中小企业园施工单位变更后手续办理、清理规范盐都驻省会城市办事机构、2016年城市防洪工程建设、331省道绿化提升、宝才世纪新村安置房“两证”办理、国有粮食购销企业改革、江苏创世纪置业有限公司开发项目、东晋古城项目规划许可证办理、明确高新区科技工作

区长吴本辉在区政府常务会上部署廉政工作

统计范围等问题进行专题会办，并形成会办纪要。

重要工作
Important Work

【盐城高新区正式获批国家高新区】 2月5日，国务院《关于同意盐城高新技术产业开发区升级为国家高新技术产业开发区的批复》(国函〔2015〕30号)正式下发，同意盐城高新技术产业开发区升级为国家高新技术产业开发区，实行国家高新技术产业开发区的政策。5月22日，盐城国家高新技术产业开发区建设推进大会在盐都举行。科技部副部长曹健林，江苏省副省长徐南平出席会议，共同为盐城国家高新技术产业开发区揭牌。

【江苏驰翔精密齿轮股份有限公司成功挂牌"新三板"】 2月2日，江苏驰翔精密齿轮股份有限公司正式在新三板挂牌，成为全市第五家、盐都首家在"新三板"挂牌的企业。发行1050万股，发行价格为每股人民币4元，被个人投资者全部认购。江苏驰翔精密齿轮股份有限公司成立于2002年4月，主营业务是各类硬齿面、高精度齿轮的研发、制造、销售。公司有变速箱齿轮、机油泵齿轮、纺机齿轮等系列产品，具备年产500万件的生产能力，在全国齿轮细分行业当中排名前三。

【程来品当选"中国好人"】 3月3日，由中宣部、中央文明办主办，中国文明网承办的2月"中国好人榜"揭晓，潘黄街道农业中心主任程来品当选敬业奉献类"中国好人"。51岁的"最美农技员"程来品，32年来一直从事农技推广工作。2013年，程来品被评为全国十佳"农民满意的农技员"，2014年被评为"江苏好人"。

【许津荣调研生态文明建设工作】 3月12日上午，副省长许津荣一行视察区农村生活垃圾集中处理调度中心。市长王荣平，副市长张京麒，区长吴本辉，副区长肖乐农及市区相关部门负责人陪同。盐都区针对农村生活垃圾集中处理覆盖范围广、运行节点多、转运车辆多、运行周期长等复杂情况，在全市率先、全省领先打造信息化管理平台，实施"五位一体"管护机制等一系列做法，许津荣给予高度评价和充分肯定。

【获评省义务教育优质均衡发展区】 3月19日，省政府办公厅发文命名"江苏省义务教育优质均衡发展县(市、区)"，盐都名列其中，成为苏北唯一获此殊荣县(市、区)。至年底，全区义务教育阶段巩固率为100%，三类残疾儿童少年入学率为99.1%，外来务工人员子女入学率和公办学校吸纳比例均为100%，义务教育阶段学生学业合格率为97.2%，所有中小学实现网络校校通、班班多媒体、校校田径场，没有一名学生因贫失学。

【通过国家生态区考核验收】 4月2—3日，中国生态文明研究与促进会秘书长朱广庆率领国家生态区考核验收组到盐都，考核验收国家级生态区创建工作。通过核查资料、考察现场并召开考核验收汇报会、通报会，考核组一致同意通过国家级生态区考核验收。会前，技术评估组分3个组察看创建现场，核查台账资料。现场走访部分乡镇、企业，视察水源保护地等现场，对盐都基础设施建设、农村环境综合整治、重点减排项目、循环经济建设和生态产业发展等工作进行认真细致的检查。

【顺丰智慧电商项目成功落户】 6月11日，顺丰速运与盐都就顺丰盐城智慧电商物流园项目成功签约。区长吴本辉，副调研员方平出席签约仪式。吴本辉表示，盐都将会为顺丰盐城智慧电商物流园的建设发展提供相应的优惠政策和满意的帮办服务。希望双方在合作过程中要发挥更加积极的作用，在园区布局、业态规划、招商引资等方面进一步深化合作，助推电商物流新业态在盐都实现又好又快发展。顺丰盐城智慧电商物流园项目计划总投资5亿元，建筑面积10万平方米，主要建设集顺丰电子商务办公、仓储、配送等功能为一体的智慧电商物流园。

【大冈镇获批中国砂带基布产业示范基地】 8月4日，大冈镇在2015年中国砂带基布产业创新发展论坛上获评"中国砂带基布产业示范基地"称号，为全市唯一获此殊荣乡镇。砂带基布是大冈镇的传统产业，至年底，全镇共有砂带基布企业82家，其中工业定报企业9家，资产总额13亿元，净资产7亿元，从业人员突破5000人，其中营销人员近千人，拥有各类生产设备1350多台套，年产能5000万平方米，与国内外多家顶级磨具企业建立长期稳定的协作关系，产量占全国砂带基布总产量18%左右，2015年砂带基布销售达到12亿元，税收近2亿元。

【盐城高新区举行智能终端产业项目集中开工活动】 9月6日上午，盐城国家高新区举行智能终端产业项目集中开工活动，区委书记羊维达、区长吴本辉等，深圳手机协会会长孙文平，珠三角、长三角等地的100余名企业家代表出席开工活动。活动共集中开工华星光电、乐洲科技等10家手机整机及零部件配套项目，总投资达13亿元。

【于康震、徐鸣调研水产养殖工作】 9月11日下午，农业部副部长于康震，省委常委、政府副省长徐鸣一行到盐都调研水产养殖业发展工作。朱克江、潘道津、吴晓丹、羊维达、吴本辉、顾其斌、陈育群等市区领导陪同。于康震、徐鸣一行察看位于省级盐都现代渔业产业园内的陈长荣大纵湖大闸蟹养殖基地，并听取相关情况介绍。在参观陈长荣大纵湖大闸蟹养殖有限公司的展厅、产品检测中心、网上销售中心、园区监管平台，了解生产销售情况后，于康震、徐鸣对该公司按照"模式生态化、生产标准化、管理智能化"的思路，着力建设集健康养殖、科研示范、生态休闲、旅游观光于一体的综合性示范基地的做法给予充分肯定。

【中国发明创业(华东)基地落户盐城国家高新区】 9月22日，首届世界发明创新论坛在盐开幕。国家科技部原部长、中国发明协会理事长朱丽兰，市委书记朱克江出席并致辞，中国科协党组成员、计划财务部部长王延祜，省科技厅副厅长蒋洪，市区领导庄兆林、潘道津、马成志、羊维达、商建明，科技部、中国科协、中国发明协会、各县(市、区)和省市有关部门负责人出席开幕式。中国发明协会副秘书长宣增培主持开幕式。首届世界发明创新论坛以“发明、创业、共赢”为主题，500多名来自国内外的创新机构、创新团体负责人、发明人相聚盐城，共同交流研讨世界发明创新的趋势和潮流，展示分享世界发明创新的风采和成果，会议决定在盐城高新区设立中国发明创业(华东)基地。

【全面小康综合得分领先苏北】 10月，由省统计局、省委研究室联合发布的2014年江苏全面建成小康社会进程统计结果显示：盐都全面建成小康社会总体实现程度迈上新台阶，达92.7%，名列苏北28个监测县(市、区)第一。

【获评全省乡村旅游创新发展示范区】 10月15日上午，省旅游局在盐都区召开全省乡村旅游工作推进会。省旅游局纪检组长詹庚庆，副市长张京麒等出席会议。会上授予盐都区“江苏省乡村旅游创新发展示范区”称号。至年底，全区共有全国农业旅游示范点1家、省四星级乡村旅游点7家、中国最美休闲乡村1家、省最美乡村2家、全国“美丽乡村”创建试点村2家、农家乐(客栈)30余家。

【盐城中小企业(创业)园获列省第二批科技创业孵化链条建设试点园区】 11月2日，省科技厅发出批文，公布全省第二批6家“苗圃—孵化器—加速器”科技创业孵化链条建设试点园区名单，盐城中小企业(创业)园榜上有名，全市唯一。至年底，累计入驻企业达135家，涵盖数码电子开发、医疗器材、包装设计、网站制作等多个行业，全年实现开票销售6亿元，税收4300万元。园区先后被认定为国家级科技企业孵化器、省级创业示范基地等称号。

【大纵湖大闸蟹成功出口韩国】 11月22日，100千克大纵湖清水大闸蟹顺利通关，从盐城机场直飞韩国仁川，成为大纵湖大闸蟹自取得出口资质之后的首批订单，拉开大纵湖大闸蟹走出国门、开拓海外市场的大幕。至年底，全区大闸蟹养殖面积达到0.8万公顷，产值超10亿元，先后获得“中国河蟹之乡”“中国河蟹产业先进县”“中国河蟹电子商务示范县”“江苏省生态大闸蟹养殖标准化示范区”等荣誉称号。

【市三院与6家基层卫生院组建医疗联合体】 11月26日，以市三院为龙头，区二院、区中西医结合医院、大冈中心卫生院、郭猛镇卫生院、龙冈镇卫生院及潘黄街道社区卫生服务中心6所医疗机构参加的市三院医疗联合体在南院举行启动仪式，副区长张云云出席。此次组建医疗联合体，6所基层卫生医疗机构可以依托区域卫生信息平台，借助市三院的人才，技术、服务等方面的优势，在“技术支持、远程会诊、双向转诊、人才培训、业务管理、信息共享”等多方面开展全方位、多层次、广深度、多元式的服务型合作，为辖区群众提供更加优质高效、安全便捷的医疗服务。

【在上海成功举办创新创业招商推介活动】 12月7—8日，盐都区在上海市成功举办创新创业暨智能终端招商推介活动，区委书记羊维达出席推介活动并致辞，区长吴本辉主持推介会。活动现场集中签约30个项目，总投资39.45亿元。

【盐城万达广场项目开工】 12月28日上午，总投资达60亿元，占地面积18.4公顷，建筑面积60万平方米的盐城万达广场项目在潘黄街道正式奠基、破土动工。区领导羊维达、吴本辉、穆芹、陈广平、顾其斌、张建洋、方平出席开工活动。盐城万达广场运营后，将全面提升市区城西片区现代商贸服务业发展水平和城市品位，成为盐城市区新的城市商业中心，为区域经济加快发展注入新活力。

(王敬国)

人事工作
Personnel Affairs

【概述】 全区全年共招录28名公务员，其中区直机关13名，镇级机关15名。全区287家事业单位，共8692个岗位，全部完成岗位设置方案核准工作，其中195家事业单位7302个岗位完成人员聘用工作和聘用信息库建库工作。共接收军队转业干部12人，计划分配11人。

【载体建设与项目申报】 8月，盐城天邦饲料科技有限公司引进的张明明博士主持的项目“生物絮团中高效免疫增强剂聚β-羟基丁酸酯(PHB)的特性分析及应用”获2015年度“江苏省博士后科研资助计划”C类资助，资助经费2万元。9月，市三院王文才、戴真煜、张亚军和盐城正邦环保科技有限公司陆广平获批省“六大人才高峰”项目C类资助，资助人数接近

全市获奖人数的三分之一，共获得资助12万元。10月，江苏神鹤科技发展有限公司在已建的省博士后创新实践基地的平台上成功申报国家级博士后工作站，成为全区第三家成功批获的国家级博士后工作站，也是第二家企业国家级博士后工作站。至年底，全区共获批5家省级博士后创新实践基地、3家国家级博士后科研工作站，其中高新技术产业区管委会下设区域性分站4家，设站总数位居全市前列。11月，江苏中色锐毕利有限公司引进的郭世杰博士、江苏剑桥涂装工程有限公司引进的刘伟博士获得“省双创博士计划”（博士后类）资助，资助金额30万元。

（王 俊 田莉莉）

机构编制管理

The Organzization Establishment Management

【概述】 全区机构编制管理工作认真贯彻落实省委、省政府《关于进一步简政放权和加快转变政府职能的实施意见》文件精神，根据市委、市政府印发的《盐都区政府职能转变和机构改革方案》要求，扎实推进全区行政审批制度改革，把准定位、重点重抓、务实创新，努力推进各项工作取得新成效。

【加大简政放权力度】 把建立完善“五张清单”作为行政审批制度改革的“重中之重”，切实厘清政府权力边界、约束政府行政行为。将涉及全区31个部门296项审批事项精简为行政许可事项179项，共精简117项，精简率39.5%，实现“目录之外无审批”。年初共有行政权力4112项。至年底，涉及的37个部门保留常用行政权力1448项，备案管理2214项，合并、取消450项，精简率达64.79%。7月，完成区直部门权力事项责任清单的编制工作，并全部通过政府门户网站向社会公布，切实落实“法定职责必须为”。出台《盐都区内资企业固定资产投资项目管理负面清单（2014年本）》，公布内资企业固定资产投资项目管理负面清单15大类649个子项，其中：限制类229项，禁止类420项。制定《盐都区区级政府部门专项资金管理清单》，公布政府部门专项资金项目32项，总计金额7.82亿元。

【加强政务服务平台建设】 着重围绕“人员到位、事项到位、授权到位”要求，年内，加快推进政务服务实体大厅和网上大厅建设，初步构建“线上线下、虚实一体”的政务服务平台。7月，区行政审批服务中心正式更名为“区政务服务管理办公室”，区招投标采购服务中心更名为“区公共资源交易中心”，原招标办由区发改委管理调整为区政务办管理，对资源进行整合，将分散在相关部门的专业招投标交易中心机构、职能、人员、资产全部划入公共资源交易中心，实现集中交易，各部门不再承担交易职能。“两办两中心”的设立，为实现审批服务“三集中三到位”提供了体制和机制保障。对27个部门52个科室（事业单位）承担的163项行政许可职能和284项其他行政审批事项及便民服务事项进行归并调整。要求27个部门全部设立行政许可服务科，将各自承担的行政许可职能和便民服务事项全部集中到行政许可服务科，并落实一名局班子成员专门负责，统一集中到区政务服务中心窗口办公。全区全年共投入3.3亿元，全区33个具有行政审批职能和便民服务事项的部门（单位）全部进驻新建区行政服务中心大楼，综合服务大厅面积达3.3万平方米行政中心大厅，积极融入“互联网+”，共投入近5000万元，推进政务服务中心智能化建设，力求实现网上审批、服务、缴费、咨询及互动交流，为企业和群众提供公开透明、随时随地、高效便捷、成本低廉的立体式审批服务。

【提升行政服务质效】 针对项目审批过程中出现“一长四多”问题，年内，瞄准“公章最少、收费最少、中介最少、材料最少、时间最短”“四少一短”目标，采取积极有效措施，努力优化审批服务、压缩审批时限、促进审批提速。推行“容缺预审”。出台《重大项目审批“容缺预审”实施办法》，扩大可容缺范围，梳理并公布全区重大项目“容缺预审”第一批事项目录，涉及7个部门、23个事项、51种附件材料。推进联审联办。对重大项目，建立审批服务联席会议制度，大力推行联合审批、联合勘察和联合验收，有效压缩审批时限30%以上。试行并联审批。制定《盐都区工业项目并联审批暂行办法》，研发全事项并联审批系统，由中心协调、各责任部门同步审批办理。探索“多图联审、多评合一”。积极梳理已下放到区级的图审、评估权限，并在政务服务大厅设置市中心直通窗口和“多图联审、多评合一”工作室，探索出契合盐都实际的“多图联审、多评合一”工作模式。出台《全区红顶中介专项整治工作方案》，稳步推进房产测绘中心、环评机构与行政机关脱钩改制工作，切实做到财务独立、人员分开、职能转变。下发《关于进一步做好规范涉企行政审批中介服务项目及收费项目的通知》，梳理并公布“盐都区涉企中介机构信用信息档案库”，首批录入会计、土地房屋评估测绘、企业注册咨询、项目咨询等13大类124家涉企中介机构，逐步形成规范、有序、开放、竞争的中介市场。推行行政审批职能前移，积极组织涉企窗口开展“服务到基层”活动，开辟重大项目绿色通道，做到提前介入、超前服务。加强项目审批代办服务，各镇（区、街道）都设立专兼职项目代办员，帮助项目业主免费代办手续，为项目早落户、早开工、早投产提供良好的政务环境。

【组建市场监督管理局】 年内，按照省级以下工商、质监、食品药品监管由垂直管理改为地方政府分级管理的要求，整合原区食品安全办、工商、质监和食品药品监管部门职责，组建区市场监督管理局，挂食品药品监督管理局牌子，为区政府工作部门。至年底，市场监管局和9个分局已全部组建到位，进入实质性运行阶段。

【整合规范部门职责】 划转生猪定点屠宰监管职责。9月21日，对畜禽定点屠宰监督管理职责、机构和人员编制划转等事项进行交接，撤销区商务综合监察大队所挂的“区生猪定点屠宰管理办公室”牌子；在区农委农产品质量安全监管科增挂“区畜禽定点屠宰管理办公室”牌

欧美国家友好人士参访盐都

子，同时，区动物卫生监督所增加畜禽定点屠宰监督执法职责。从区商务局商务综合监察大队连人带编划转1名全额拨款事业编制至区农委驻镇动物检疫分站，并从驻镇动物检疫分站单列6名编制，专门用于畜禽定点屠宰执法检查工作。划转餐饮服务环节食品安全监管职责。9月28日，对餐饮服务环节食品安全监管职责、人员编制划转等事项进行了交接，将区卫生局承担的餐饮服务环节食品安全监督管理职责划入区市场监督管理局；将区卫生局承担的食品安全综合协调、组织查处食品安全重大事故、统一发布重大食品安全信息的职责和区食品安全委员会办公室有关职责划入区市场监督管理局；从区卫生监督所落实3人到区市场监管局从事餐饮服务环节食品安全监管工作，时间1年，编制和工资关系保留在区卫生监督所，绩效考核、人员管理由区市场监管局负责；待区市场监管局下属的区质量技术监督稽查大队参公性质获批后，从区卫生监督所连人带编划转2名到区质量技术监督稽查大队。划转人口发展规划职责。根据区政府机构改革方案精神，编办拟文将区计生委承担的研究拟订本区中长期人口发展规划、年度计划及人口政策职责划入区发改委。

【规范管理机构编制】 严格执行机构“撤一建一”，编制“只减不增”“编内进人”等规定。严守机构编制总量。与组织、人社、财政等部门协调把关，从严从紧控制机构编制数量。年内，全区行政消化超编人数上：自然减员47人、政策口径调整消化72人；全区核减事业编制391名。严控财政供养人员增长，人员招录，严格坚持三个必须，招录单位必须有空编，并且该单位所在的部门整体不得超编；招录人数必须控制在该单位空编数的二分之一以内；招录人数必须少于该单位当年的自然减员人数。加强机构编制监督检查。及时掌握机构编制变化情况，对编制、人员全方位监控，人员进、出编做到“一周一办理、一月一汇总、一季一报表”。全年共办理各类人员减编手续870人次，人员进编手续838人次。强化事业单位管理。针对新时期生源变化大的实际，对全区48所中小学校进行重新核编。积极推进2014年度事业单位法人年度报告公示，完成事业单位设立登记5家、变更登记82家，为283家事业单位按时审核年度报告，审核合格率为100%。稳步推进中文域名注册及网站挂标工作，全区共申请注册域名407个，注册率达102%。开展事业单位法人治理结构试点工作，完成郭猛镇卫生院、大冈中学的试点任务。做好职数预审申报工作。共查阅800多份机构编制批文，全部复印汇总，共申报科级及以上机构208个，其中行政机构147个，事业机构61个。经市编办审核反馈，共有60个机构和领导职数事项需要整改。至年底，报市编办整改的16家，还有44家在整改过程中。

【全力服务经济建设社会进步】 全力服务开发区创建。盐城高新区2014年11月获批省级高新区，2015年2月升级为国家级高新区。积极主动与省市部门对接，争取政策倾斜支持，为高新区最大限度地引领全市创新驱动和可持续发展提供体制机制保障。盐城高新区管理机构及明确级别规格的请示上报中央和省审批。6月，大纵湖湿地旅游度假经济区获批江苏省生态旅游度假区。为全力配合其打造国家AAAAA级旅游景区，推动盐都乡村旅游业发展迈上新台阶，在充分调研的基础上，进一步完善大纵湖湿地旅游度假经济区内设机构、编制核定、领导职数，在体制设计上保障项目快建设，不断提升经济区核心竞争力。全力服务经济发展。在9个建制镇（街道）经济贸易服务中心、张庄街道建设环保服务中心、盐渎街道经济发展办公室增挂安全生产监督管理站牌子，在盐城高新区成立安全生产监督管理服务中心，调剂核定事业编制6名；调剂全额拨款事业编制4名，成立区信息资源监管中心，隶属区经信委；在区农办下属事业单位挂牌成立区农村产权交易服务中心。将区供排水管理处更名为区给排水管理处,同时调剂增加6名事业编制;在区文广新局下属事业单位剧目工作室增挂中国戏曲现代戏创作中心(盐都基地)牌子;围绕教育均衡发展,优化教育资源配置,重新核定全区中小学编制。年内,配合区委组织部、区人社局、高新区人才科技局共招引引进国家千人计划专家3人,博士7人,硕士研究生42人,本科生501人,为盐都又好又快发展提供人才支撑。(朱　群)

外事与侨务工作
Foreign Affairs and Oversenas Chinese Affairs

【概述】 严格执行国家因公出国规定,全年共审批出国(境)24批50人次,来华23批26人次。全年共接待来自美国、韩国、德国、斯诺文尼亚、匈牙利、厄瓜多尔外宾150多人次。

【全心全意做好为侨服务工作】 认真做好市人大《江苏省保护和促进香港澳门同胞投资条例》调研工作,积极帮助华侨程德林的盐城康林达生物科技有限公司申报国家重点华人华侨创业团队,正常组织区内侨眷代表参加健康体检和养生知识讲座,同时搞好节日慰问工作。

【尽心尽责推动国际友城建设】 5月和9月,区委书记羊维达和区长吴本辉分别出访友城,推动在手合作项目。8月,市一中12名师生参访友城14天,推动文化教育交流。德国茨维考市客人5月、7月、9月、12月参访盐都,促进中德经济合作。

【成功举办盐城盐都(科隆)经贸餐叙会】 9月,举办盐城盐都(科隆)经贸餐叙会,会上邀请15名境外客商、6名盐城籍华人华侨代表和欧洲时报记者参加,会上中恒宠物用品公司与意大利速欧物流签约,同时高新区与德国茨维考市工商会签订中德产业园框架协议,餐叙会的举行得到市长王荣平充分肯定。

接待工作
Reception Work

【概述】 全区接待工作优化接待方式、创新接待模式、减控接待开支。全年共接待来宾335批2357人次,圆满配合省委巡视组各项工作,成功承接世界发明创新论坛、盐城国家高新区挂牌、盐都(上海)招商推介活动等19次重大活动,接待深圳手机协会、上海股份公司联合会、旺旺集团等一大批中外客商和振兴盐城北京咨询委员会、清华大学长三角研究院等社会团体,未发生失误。

【机构升格】 根据2014年12月盐市编办〔2014〕115号《盐城市机构编制委员会办公室关于同意盐都区接待办公室升格为相当正科级的批复》和2015年1月都编发〔2015〕1号《关于同意调整区接待办隶属关系的批复》文件精神,区接待办公室的规格由相当副科级升格为相当正科级。

【建立接待应急预案】 由于接待工作的不确定因素,临时接待、突击接待的现象时有发生,区接待办着力制订一套行之有效的应急接待预案,摒弃以自我为中心的接待模式,推进接待工作社会化,充分、合理利用各级宾馆、酒店、景区的吃、住、行、游、购、娱等充足的资源,加强协作沟通,合力打造通畅、高效、协作的公务接待网络。整个接待活动结束后,对活动进行认真全面的总结,哪些方面客人最满意,哪些方面还存在不足,好的方面要继续发扬,不足之处注意弥补改进,通过总结不断提高接待质量和效率。(王　林)

法治政府建设
Contruction of Goverment Ruled by Law

【概述】 全区政府法制工作围绕全面推进依法治国的战略决策,按照依法行政的总体要求,全力抓好国务院《全面推进依法行政实施纲要》《关于加强市县政府依法行政的决定》和《关于加强法治政府建设的意见》的贯彻实施,积极推进依法行政各项工作有序开展,为加快建设创业开放生态幸福的美丽盐都提供坚实有力的法治保障。

【依法行政工作】 年初,根据《省政府关于深入推进依法行政建设法治政府的意见》《2015年全市推进依法行政工作要点》和《盐城市法治政府建设工作推进方案》,立足区情实际,区政府常务会议讨论通过《盐都区2015年依法行政工作要点》,对全年推进依法行政工作进行全面部署,将落实组织保障措施、依法全面履行政府职能、健全科学民主决策机制、加强执法规范建设、强化对行政权力的监督和制约、积极主动化解社会矛盾6个方面纳入全区推进依法行政工作重点,并明确相关部门根据责任分工严格制定落实方案,确保全区推进依法行政工作规范有序开展。始终坚持把提高领导干部运用法治思维和法治方式深化改革、推动发展、化解矛盾、维护稳定的能力作为头等大事来抓,印发《区政府常务会议学法制度》,明确区政府常务会议会前学法制度规定,带动整个干部队伍学法用法。重点学习《宪法》《行政诉讼法》《行政许可法》《食品安全法》《农村土地承包法》《信访条例》等多部法律法规。

【规范行政决策程序】 完善重大行政决策程序。按照《盐城市盐都区重大行政决策程序规定》,严格落实重大行政决策公众参与、专家论证、风险评估、合法性审查、集体讨论决定等各项必经程序。年内,研究出台《盐都区重大行政决策公众参与制度》等五项制度。坚持行政决策合法性审查制度,增强决策内容的透明度,区政府重要决策广泛听取意见,集思广益,增进共识,降低决策风险,提升决策的科学性、合法性。发挥法制机构参谋助手作用。针对区法制机构人员不足的实际,根据市工作要求,区政府专门加强政府法制机构建设,新配备2名具有法律院校本科学历的法学专业人员,充实法制机构的力量。充分发挥政府法制机构职能,坚持政府法制机构负责人固定列席政府常务会议以及重要专题会议制度,区政府及区政府部门重大行政决策事项均经政府法制机构进行法制审核。常态化运行区、镇两级政府法律顾问团，聘请30位律师担任区政府法律顾问，确保政府决策制度科学、程序正当、过程公开、责任明确。严格规范性文件审查。加强规范性文件的制定和报备工作，确保规范性文件制定和报备合法及时有效，在规范性文件审查中，注重将依照法定权限和程序制定文件、民主参与和利益表达等作为审查的重点内容，从源头上避免违法行政行为发生。

【规范执法行为】 年内，深入开展法治社会建设“四五六”工作。根据市文件要求，扎实开展各项创建活动。发挥对行政执法机关行政执法行为的监督职能，贯彻《盐城市行政执法人员严格执法行为规范》在全区的落实措施，研究出台《关于贯彻〈盐城市行政执法人员严格执法行为规范（试行）〉实施办法》，在行政中心一楼大屏常态化播放行为规范全文。区各责任单位及时召开会议进行部署，并成立相应的领导小组，结合各自实际情况，制定、出台系列法治社会建设文件，进一步细化工作目标，分解活动实施方案，提出具体任务和措施，明确责任分工，逐条逐项抓推进落实。镇级法治政府建设亮点凸显。切实贯彻《2015年盐城市镇级法治政府建设阶段性工作目标考核评价办法》，明确各镇（区、街道）主要负责人为法治政府建设工作第一责任人，抓工作落实，以《评价办法》为基础，将考核项目由八大项扩充至十大项，对考核内容进一步量化细化，强化对镇级政府的考评考核，加大依法履职、规范性文件制定管理、信息公开等方面的考核力度，并严抓督查，镇级法治政府建设取得较好成效。认真组织执法案卷评查工作。加强行政执法案卷质量管理，对行政执法规范化、案卷管理规范化提出明确要求。开展全区行政执法案卷评查评选工作，评查分自查报送、抽查评查、反馈整改三个阶段进行。邀请区内专家重点评查区各行政执法部门办结的行政处罚、行政许可、行政强制及其他类型的行政执法案卷，进一步规范执法文书的制作和案卷管理，不断提高全区各级执法人员业务能力和办案质量。加强规范行政执法行为监督指导。为保障区级各部门严格按照执法权限法定化、执法内容公开化、执法程序合法化、执法责任明晰化、执法行为规范化的总体要求规范文明执法，8月，对全区行政执法单位进行专题调研，深入了解各执法单位执法力量配备、执法活动开展、执法环节流程、相对集中处罚权及创新执法方式等情况，形成专题调研报告，为区政府决策提供依据，为有效建立和顺利推行权责明确、行为规范、监督有效、保障有力的行政执法体制提供坚强支撑。各行政执法机关开展个性化规范行政执法措施，区公安局出台《全区公安机关执法规范化建设问责“十条规定”》，推动网上执法办案“单轨制”运行工作；区农委定期开展执法案卷检查；区卫生局进一步完善行政执法制度建设。落实综合执法监管共同责任。借力借智规范行政执法行为，依托科技建立全员执法机制，在全区构建起全员、全程、全域“大执法”监管体制。建立以区政府统一组织领导，各镇（区、街道）政府为主体，各有关部门共同参与的综合执法监管的横向综合防控和联合执法长效管理机制；在全区258个村（居）建立执法监管信息员、协管员网络。先后通报、警示约谈尚庄、龙冈两个镇4个违法违规用地的村（居）支部书记，约谈督促盐都经济开发区5家企业按期开工建设。

【行政复议工作】 发挥行政机关层级监督职能，进一步规范案件办理程序。利用新《行政诉讼法》生效的契机，创新行政复议案件的审理方式，对行政复议的受理、审查、决定、执行等程序进行了明确。加大案件的协调力度，切实发挥行政复议定纷止争的功能。年内，区政府共收到行政复议申请17件，主要涉及人社、公安、住建、国土、规划等部门，其中作出维持决定4件，撤销1件，驳回1件，申请人撤回申请7件，责令履行1件，确认违法3件，所有案件均在法定期限内审结。当事人对行政复议决定不服向法院提起行政诉讼的，法院维持率100%，有效化解行政争议。

【行政调解工作】 年内，加强行政调解队伍建设，督促各镇（区、街道）、有行政调解职能的部门建立行政调解专（兼）职工作人员队伍。加强对重点单位行政调解工作的监督检查，推动落实行政调解机构、场地、人员、制度及专项经费落实到位。健全社会矛盾纠纷化解机制，强化社会联动调处，注重人民调解、行政调解与司法调解并举，切实解决群众反映的合理要求，努力预防和减少矛盾争议的发生。坚持信访接待制度，对信访人在信访中反映的涉法涉诉案件，主动与司法部门对接，使群众的合理合法诉求得以有效解决。

【行政执法监督】 贯彻落实新修订的《中华人民共和国行政诉讼法》，积极推动行政机关负责人出庭应诉制度，区政府常务会议确定区政府法制机构与人民法院良性互动，开庭前由法院将行政案件被告情况、开庭时间等交由法制机构进行督促，加大行政机关负责人出庭应诉工作的考评力度，提高行政诉讼的公信力。深入推进政府信息公开，严格按照国务院《政府信息公开条例》要求，健全完善相关体制机制，拓宽政府信息公开渠道，扩展政府信息公开内容的广度和深度，保证政府信息及时、全面和准确公开，切实保障人民群众的知情权、参与权、监督权。坚持以公开为常态、不公开为例外原则，除涉及国家秘密、商业秘密和个人隐私的事项外，主动予以公开，全区政府信息公开数量不断上升，公开质量逐年提高。全区全年各级政府机关累计主动公开政府信息13256条，其中区政府及区直机关主动公开政府信息8756条，各镇（区、街道）主动公开政府信息4500条，全文电子化率100%；全年收到政府信息公开申请21件，全部在法定时限内予以回复或公开。

（王荣 蔡斌 沙广标）

地方志年鉴编修

Local Chronicles Compilation of Yearbook

【概述】 按照“资政、存史、育人、读志（鉴）、用志（鉴）、传志（鉴）”的要求，坚持以科学发展观指导志鉴工作，认真编修《盐都年鉴》，指导编写部门志、乡镇志。

【圆满完成《盐都区志(1983—2005)》发行工作】 区方志办积极做好宣传工作,《盐都区志》除免费赠阅给全区区直各部门、各单位,镇、区、街道和各中小学等有关单位外,还赠阅给老干部、盐都籍在外人士及区内的全体人大代表、政协委员,并受到农家书屋,离退休老干部、老教师、老医生和社会各界人士的欢迎,真正把"读志、用志、传志"落实到实处。

【开展读志用志工作】 联合工商局,通过查找旧志,在乾隆《盐城县志》中发现关于大纵湖河蟹的记述资料,将大纵湖河蟹历史向前推进300多年。《盐都区志》关于大纵湖大闸蟹的记录,为盐都申报大纵湖大闸蟹全国地理标识提供佐证;志书中对盐都20多年来经济社会发展的经验总结,为区委科学决策提供资政服务;志书中第20篇文化传媒篇、第22篇社会民生篇中有关地方文学、文物保护与民间收藏、古墓葬、名古居及习俗方言的记录,为地方民俗研究提供可查证的文字资料;第1篇第2章镇区街道概况与第3章自然资源中关于大纵湖的记述,为大纵湖旅游度假区创建和申报全国AAAAA级旅游景区发挥作用;第1篇第2章镇区街道概况、第20篇文化传媒篇中古名居关于郝氏宗祠、郝氏故居及24篇人物郝柏村、郝龙斌的记述,向台胞和台籍有关人士赠送《盐都区志》,为统战工作出力;第2篇第2章环保及第3篇城乡建设中的有关记述,为盐都创建全国环保模范城市发挥作用。

【编辑出版发行《盐都年鉴(2015)》】 《盐都年鉴(2015)》全面、系统地记述2014年盐都区的政治、经济、文化、社会等方面取得的新成就、新经验和需要解决的新问题。全书采用分栏法编辑,条目式纪事体,共89.5万字。按事业、行业性质设立栏目,分栏目、分目、条目3个结构层次,共设31个栏目、259个分目、1411个条目。正文中共有108张图片,36个表格。2015年,在全省综合年鉴优秀框架设计和条目评比活动中,《盐都年鉴(2015)》"园区建设"栏目获全省综合年鉴优秀框架设计和条目特色(创新、规范)栏目三等奖,"工业·综述"条目获得综述性条目二等奖。

【推动乡镇志、部门志编修工作】 《盐都区志》出版发行之后,区方志办将工作重心移到乡镇志、部门志的编修工作之上。在首届江苏省优秀乡镇(街道)志、村志评选活动中,《龙冈镇志》《大孙居志》两部志书获二等奖。9月,完成《潘黄志》评审工作,力求《潘黄志》能成为一部高品质志书佳作,同时,积极推进建设志、卫生志、环保志、红会志、教育志等志书编修工作。

(陆叶青)

机关事务管理工作

The Organizational Affairs of Administration

【概述】 2015年,区级机关事务管理局(以下简称"事务局")以"三严三实"专题教育为载体,围绕区委区政府中心工作,认真履行"管理、服务、保障"职能,按照"管理规范、服务优化、保障有力"的要求,扎实推进各项工作。

【开展"三严三实"专题活动】 按照区委关于开展"三严三实"专题教育的总体部署,通过多种形式,开展"三严三实"专题教育活动组织专题学习,利用周五工作、学习例会制,组织全局干部职工认真学习习近平总书记系列重要讲话精神和关于"四个全面"战略布局的重要论述,学习区委区政府各类重要会议精神。深入基层一线,组织党员干部到大冈镇同兴村慰问困难农户;到大冈镇民生村开展党员结对帮扶活动,15名党员干部向结对低收入群众送去慰问金3000元。开展

谈心谈话，通过主要负责人与班子成员、班子成员与科室成员谈话，领导班子与中层干部、基层职工谈心，共听取和收集体制机制、精细化管理、队伍建设等方面的意见建议13条。

【公务用车制度改革工作】 组织业务培训，制定车改方案。成立区公车改革领导小组，明确各相关单位的工作职责和要求，既各司其职，又协同配合。根据省、市车改方案以及相关会议精神，组织开展车改方案测算、统计口径等方面辅导培训，对参培人员提出的相关问题进行解答。按照《盐城市公务用车制度改革方案》相关要求，事务局会同区财政局、区人社局，按照职能分工，制定《盐城市盐都区机关公务用车制度改革实施办法》和相关的7个配套文件，12月，报市审批。开展政策宣传，组织车辆封存。制定并印发《盐都区公务用车制度改革政策解读》，同时利用行政中心LED显示屏宣传车改政策。12月28—30日，共封存车辆233辆，其中执法用车63辆，一般公务用车170辆，分别停放在区行政中心西车库和东立物流公司广场，做到应收尽收、应封尽封。同时对收、封的车辆按照"一车一档"要求，建立档案。搭建用车平台，制定管理制度。建立区直相关部门用车平台，配备相应司勤人员。区电子政务办在区党政机关办公自动化(OA)平台上开发公务用车管理系统，与区神龙集团合作，对平台上52辆车全部安装卫星定位系统。初步制订平台车辆和人员的管理制度、车辆调度指南和工作流程，明确管理人员和司勤人员的岗位工作职责。及时发放补贴，初步完成车改工作。会同组织部、人社局、财政局对参改的各镇(区、街道)和59个部门上报的人员车贴发放情况进行逐一核对，联合会审。

【公共机构节能工作】 积极开展公共机构节能宣传周活动。6月，在节能宣传周期间，开展以"节能有道，节俭有德"为主题的节能宣传活动，营造"领导带头示范，广大干部职工积极参与"的良好节能减排氛围。指导创建节能示范单位，指导市南三院创建国家级示范单位，8月中旬，市南三院经过省、市验收，9月成功创建国家第二批节约型公共机构示范单位。认真做好公共机构节能降耗工作，坚持把节能减排各项工作作为节约发展、降低成本的有效手段，扎实做好能耗统计工作，切实加强节能督查指导，各项工作取得一定的成效，全区全年总能耗初步统计同比下降0.22%。

【设备设施维护工作】 加强电梯日常维护管理，全年电梯正常运转率和安全性达100%，在全市安全大检查活动中，受到市、区质监和安全管理部门的好评；利用节假日和星期天，加强对高、低压配电设备设施检测维修，既不影响大楼正常办公，又保证各类设备设施正常运转；新投入约62万元，对行政中心大楼进行亮化提升，保质保量完成"美丽夜景，靓丽街区"活动的景观亮化建设任务。

【安全保卫工作】 加强大楼安保管理，通过及时了解上访信息、正确引导教育、现场保卫处置等方式，上访秩序整体平稳；全年共组织开展专项安全检查6次，发出安全整改通知6份，当场整改安全隐患12起；对大楼实行全天候不间断定时巡逻制，共发放灯不关、门不关等安全隐患整改通知书92份；加强大楼停车管理，统筹规划停车位，对违停的车辆及人员进行登记和劝阻，共劝阻大楼内乱停乱放车辆120辆次。

【绿化养护和卫生保洁工作】 对行政中心南广场两侧横纹改造升级。7月，对4000平方米南广场进行模纹绿化施工，更新3000平方米草坪。进一步创新管理，引进专业化园艺机构，提升科学养护水平。实行分类管理和定时跟踪，加大养护、修剪、补种和提档力度。按照标准做到到岗到人，严格依照考核细则进行督查。注重细节，加大对重点楼层、重点时段的清扫频次，特别是对卫生间异味问题加大处理力度，确保清洁、无异味。解决难题，针对行政中心大厅大理石地面出现污迹问题，请专业保洁公司，采用先进技术，对500平方米地面进行保养处理。

【会务接待工作】 年内，进一步提高会场布置要求、提升服务标准、规范服务流程、加大培训力度，对服务人员进行调整优化，提升整体素质。并坚持会议服务反馈制度，就"会前准备、会中服务、会场卫生、音控服务、总体质量"等征求意见建议，对会议室音响设施设备提档升级，保证音响效果。全年共保障会议350余场次，与会人员2.3万人次。

【扶贫帮困工作】 按照区委区政府统一部署，事务局结合"党员扶贫解困""金秋助学"等活动，深入基层、深入群众，切实帮助结对帮扶村和困难群众解决工作和生活中的难题，为大冈镇同兴村新装两台新空调，改善村部办公条件，并送去帮扶资金17000元，秋季开学和春节前，分两次为3户城市特困家庭送去慰问金4800元。

【创建全国文明城市工作】 为全面落实区创建文明城市三年行动的各项任务，对照创建工作要求，结合单位实际，围绕目标任务，细化分解，责任到人。通过完善相关台账、制度，提升事务局软硬件水平，积极营造文明、整洁的工作环境。在行政中心利用LED显示屏开展文明城市创建宣传工作，进一步强化服务意识，营造浓厚创建设工作氛围，保质保量完成创建工作任务。

【下属企业发展】 盐城宾馆通过市场分析，调整经营思路，拓宽营销渠道，坚持全员营销，不断调整和优化客源结构。全年完成营业收入2364万元，交纳各类税金192万元。机关文印部按照按绩计酬的考核要求，调动和增强员工的工作积极性，及时收取各类欠款，确保资金回笼，全年实现营业收入60多万元。(陈素芹)

金融与企业上市

Finance and Corporate Listing

【概述】 2015年，全区各有关方面和驻区各金融机构围绕区委区政府中心工作，强化工作责任，细化工作措施，拓宽资金渠道，努力增加投放，金融工作保持平稳态势。

【银行保险服务】 年内，驻区各金融机构实现存款余额285.08亿元，贷款余额214.85亿元，分别增长17.12%和11.00%，存、贷款增速均在全市排名靠前。各金融机构实现利润39584.01万元，比上年增长40.4%，高于全市平均水平。地方法人金融机构资本充足率达14.90%。2015年，全区保费收入100568万元，保险密度为1567.21元/人，保险深度为2.47%，超全省平均水平。

【企业上市挂牌】 5月，出台《关于激励企业在资本市场挂牌的意见》(都政办发[2015]55号)、《全区推进上市“百企培植”实施方案》(都政办发[2015]50号)等激励企业在资本市场挂牌的政策文件。继翔宇疏浚和中联电气2家企业分别在香港联交所和深圳证券交易所上市，分别是全市首家民营企业在境内和境外上市的企业之后，企业走向资本市场工作得到持续快速推进。江苏中恒宠物用品股份有限公司主板上市进入上市辅导期。驰翔齿轮、蔚联机械、汉印机电3家企业分别于1月、3月、9月在“新三板”成功挂牌，其中驰翔齿轮成功融资13150万元。东九重工“新三板”挂牌材料被受理，预计于2016年5月挂牌成功。在盐城高新区引进设立“上海股权托管交易中心盐城高新技术产业开发区孵化基地”，专门辅导、推荐区中小企业到地方股权交易市场挂牌。至年底，共90家企业在上海股交中心和江苏股交中心成功挂牌。盐高新集团和区国投公司企业债发行分别于11月和12月通过国家发改委审批，共计发行企业债券23亿元。

【金融平台建设】 银行网点持续拓展，年内，在高新区与中国银行城东支行合作设立高新区科技支行、与盐城农商行合作设立创业支行，为区科技型创新企业和新型创业主体提供贷款支持。解决创业贷款难题。在高新区设立盐城农商行创业支行，专门为全区创业者和小微企业提供创业信贷服务，并由区财政安排2000万元创业贷款风险补偿资金，有效降低贷款风险，帮助创业者和小微企业解决资金难题。小贷公司稳步推进。设立4家小额贷款公司，其中3家农贷公司、1家科贷公司，总注册资本3.75亿元，发放贷款余额3.61亿元。解决企业过桥资金难题。区中小微企业应急互助基金协会吸收企业会员60家，先后办理67笔互助业务，互助金额达12851万元，帮助会员企业解决过桥资金难题。新设融资性担保公司。成立注册资本2亿元的高新区中小企业担保公司，单笔担保最大额度为2000万元，预计担保总额可达16亿元，将为全区中小企业融资提供一条新的途径。扩大“苏科贷”覆盖面。在加大“苏科贷Ⅰ”项目申报力度的同时，加快实施“苏科贷Ⅱ”科技金融项目计划，扩大科技贷款的支持范围。创新农业贷款担保服务。与江苏汇隆投资担保公司创新开展农业弱抵质押物担保，全区农业经营主体已获得3000余万元的弱抵质押物担保贷款，有效解决新型农业经营主体融资担保难题。

【银企对接服务】 搭建常态化政银企对接合作平台，深入开展“走基层、送服务、促投入”和“金融服务直通车”、金融超市“盐都园区行”等银企活动，开通金融服务网络服务平台，不断提升银企合作成效。全区全年共为200多家中小企业解决资金15亿元。 （王盼盼）

政府采购
Government Procurement

【概述】 全区政府采购工作以改革创新工作方法，以服务政府、规范采购为重点，以促进社会和谐、经济健康发展为目标，坚持“规范、高效、公正、廉洁”的工作理念，全面贯彻执行《中华人民共和国政府采购法》《政府采购货物和服务招投标管理办法》等法律法规。通过公开招标、竞争性谈判、询价、邀请招标、单一来源采购等方式，不断提升工作质量和管理服务水平，规范而有效地开展政府采购工作。

【各项指标稳步增长】 全年完成政府采购预算金额1.87亿元，实际采购金额1.6亿元，节约财政资金2638万元，资金节约率14.13%。其中:公开招标98项，询价29次。有效降低财政支出，最大限度地发挥资金使用效益。

【提升信息资源平台建设】 围绕依法采购、优化服务、规范操作、廉洁高效，加强与市中心沟通联系并虚心接受业务技能指导。中心人员多次到其他(县)市区跟班摩观学习，从项目受理登记、专家抽取、开标、评标全过程进行学习，切实提高业务水平和实务操作能力。年内，在网络升级开发，人员培训和业务学习方面等进一步加大工作力度，为实现信息互动、资源共享，网络互通区域一体化交易平台建设夯实基础。

【政府采购有序开展】 持续规范运作，不断创新工作方法，注重提升工作效率。小宗办公设备和办公耗材实行定点采购，采购人的采购计划下达后，可以自行在各定点范围内选择供货商，既节省采购时间，又能使采购人选择自己信任的供货商，更好地保证售后服务；建立健全政府采购规章制度，紧咬节约目标，进一步完善公开招标项目的评标办法，实行层层把关，从源头上规范采购程序，严防腐败现象发生；千方百计加大监管力度，对通用标准货物的采购，一律采用经评审最低价法，对设备、耗材、公务用车维修、印刷等定点采购货物和服务采购的价格，实行清单预审制度，在办理结算手续之前，必须先送交采购清单，待价格核查通过后，再行办理结算手续，从而有效监管定点采购的价格；建立高质量专家评委库，确保评标工作顺利开展，年内，与财政部门牵头，向区质监局、公安局、审计局、住建局、发改委等单位征集了近30名符合条件的新评委，为依法合规评标提供了组织保证；进一步规范全区各单位公务用车保险行为，节约政府开支，提高公务用车保险资金的使用效益，确保全区各单位公务用车无“脱保”现象；进一步加强中心工作人员的教育与管理，增强法制意识、廉政意识，切实承担起规范政府采购行为的责任，扎实开展文明创建活动，推进工作作风建设，树立良好的窗口形象，为全区经济建设作出新的贡献。 （周晶晶）

政协盐城市盐都区委员会

Yancheng Yandu District Committee of the Chinese People's Political Consultative Conference

综　　述

Summary

【概述】 深入贯彻落实中共十八大和十八届三中、四中、五中全会精神，高举中国特色社会主义伟大旗帜，牢牢把握团结和民主两大主题，主动围绕全区工作大局，充分发挥人民政协作为协商民主重要渠道作用，切实履行政治协商、民主监督、参政议政职能，求真务实，主动作为，开拓创新，为建设创业开放生态幸福的美丽盐都做出积极贡献。全年共召开全委会1次，常委会议4次，主席会议6次。

重要会议

Important Congresses

【政协盐都区十三届四次会议】 1月12—14日在东方玄武大酒店举行，出席会议的委员277人，列席会议的48人。区委书记羊维达在会议开幕时作重要讲话。会议听取并审议区政协主席陈广平代表区政协常务委员会所作的工作报告和副主席段学标所作的提案工作报告。与会人员列席区十五届人大四次会议，听取并讨论区长吴本辉所作的政府工作报告及其他报告，会议结束时陈广平主席致闭幕词。

【区政协常委会议】 年内，区十三届政协常委会共举行4次会议。

3月26日，举行第13次常委会议。区政协副主席段学标主持会议。会前，与会常委先后视察紫金大厦兴泰集团、郭猛镇全民创业园和斯凯特自动化设备有限公司，会议听取副区长肖乐农通报全区近年来全民创业工作的情况。会上，与会常委对全民创业工作提出可行的意见和建议，区政协主席陈广平希望政协常委全力助推全民创业，深入调查研究，积极建言献策，促进全区全民创业新突破，推动新常态下经济社会新发展。

7月28日，举行第14次常委会议。区政协副主席段学标主持会议。会前，与会常委视察区农产品质量安全检测中心，大冈镇农产品质量安全检测检验中心和大冈镇野绿芳地家庭农场，会议听取全区农产品质量安全监管情况汇报。会上，区政协常委就农产品质量安全监管工作畅所欲言，提出建设性意见。区政协主席陈广平对全区农产品安全监管工作取得的成效给予充分肯定，同时对政协常委结合党政工作中心，提高参政议政能力和水平提出具体要求。

11月6日，举行第15次常委会议。区政协副主席段学标主持会议。会前，与会常委先后视察龙冈派出所和潘黄派出所两个基层社会治安防控体系组织，会议听取区公安局对全区社会治安防控体系建设情况的汇报。会上，与会常委针对社会治安防控提出建议和意见。区政协主席陈广平就进一步健全立体化现代化治安防控体系提出希望和要求。

12月25日，举行第16次常委会议。区政协副主席段学标主持会议。会议听取区政府办《关于政协十三届四次会议以来提案办理情况的通报》，分别讨论《区政府工作报告》和《区政协常委会工作报告》，并提出修改意见。会议通过区政协十三届五次全会议程、调整部分区政协委员的建议和"双岗双优"委员、优秀提案表彰的决定等事项。会议决定于2016年1月6—8日召开区政协十三届五次会议。

【主席会议】 年内，区政协举行主席会议6次，学习讨论党的十八届三中、四中、五中全会精神和省、市、区委全会精神，以习近平总书记对江苏工作最新要求为根本遵循，紧扣住全市率先建成高水平小康社会的目标，就全民创业、农产品质量安全监管、全区治安防控体系建设、旅游公共服务建设、居家养老民生工程等群众普遍关注的热点问题开展学习讨论，组织专题视察。

重要工作

Important Work

【建诤言献良策】 在区政协十三届四次全会期间，广大委员以高度的责任感和使命感，围绕全区的工作中心和重点深入开展讨论，积极建言献策，就推进依法行政、拓展协商民主、加快产业转型升级、农村土地流转、保护生态环境、关注民生等方面议题交流发言，全会形成的42条建议和223条意见，为区委、区政府领导科学决策提供参考。

【紧扣全局广泛协商】 紧紧围绕区委区政府中心工作，以政协协商民主建设作为带动全年工作的重要抓手，着力创新协商载体、增加协商密度、提高协商实效，形成以全委会议为龙头、常委会议为重点、主席会议为常态的协商议政格局。年内，就改革发展稳定的重大问题和涉及群众利益的实际问题组织10次专题协商，通过调研、视察、座谈等多种形式开展协商，为全区经济社会发展广纳群言、广集民智。

【强化民主监督】 积极支持委员参与党风廉政建设、作风效能建设等评议活动，针对人民群众关心的教育、卫生、交通、环保等领域开展民主监督，共同促进各项改革措施的落地生根。鼓励支持委员参与全区重大实事工程、重点项目的调研论证，组织开展安全生产、农产品质量监管、城乡环境综合整治等视察监督活动。推荐部分委员担任法院人民陪审员，参与检察院机关作风效能建设明查暗访活动，扩大民主监督的影响力，推动民主政治建设进程。

【创新管理机制】 以创新、服务、规范为着力点，打造政协数字化管理平台，加大政协信息资源的开发力度，加强各类信息的整理和集成，提高政协服务创新能力。以手机为媒体，发出通知、收集出缺席情况，创新委员参加全体会议、常委会议和主席会议等重大会议(活动)的管理新模式；把委员撰写的提案、反映的社情民意信息、文史资料、活动信息以及委员来信等情况的数据进行自动收集和反馈，形成委员在本届次中的履职档案，强化对委员的管理。

【精编文史资料】 举办纪念抗日战争暨世界反法西斯战争胜利70周年书画作品展览，征集作品180多件，展出作品153件，观众3000多人次，受到一次形象生动的爱国主义、英雄主义教育。展览结束后，选择91件优秀作品汇编成册出版。积极配合市政协收集相关文史资料，整理和报送史料文稿20多篇，完成《文韵盐城》《盐城往事》等书稿协作任务。

【倾力招商选资】 区政协始终坚持以加快发展为己任，积极参与全区招商选资、项目推进工作，经过多轮跟踪洽谈，成功促成国内商业地产第一品牌——万达广场项目落户潘黄街道。主席会议成员定期深入挂钩企业督查指导、协调矛盾，积极为企业稳生产、促转型、增效益出主意想办法、解难题办实事。

【承办市七届政协主席会议】 10月13日，市七届政协第38次主席会议在盐都召开。会前，与会人员视察秦南镇泾口村、郭猛镇杨侍村等经济发展特色村现场，会议听取区委书记羊维达关于全区经济社会及镇村经济发展情况的汇报，会议围绕“发展壮大市村级集体经济”专题协商议政。市政协主席李驰主持并讲话，副市长吴晓丹介绍全市镇村经济发展情况。

重要活动
Important Activities

【开展专题教育活动】 开展“三严三实”专题教育是党的群众路线教育实践活动的延展深化，区政协党组从严要求，周密组织，坚持领导带头示范，认真组织专题学习研讨，深入查摆“不严不实”问题，切实抓好整改落实、建章立制各项工作，健全密切联系群众、持续反对“四风”的长效机制。及时组织学习中国共产党《廉洁自律准则》和《纪律处分条例》，守纪律、讲规矩，敢于担当、主动作为的意识普遍增强。

【搭建履职平台】 在全体委员中开展争创“双岗双优”活动，通过打造招商引资、引智聚贤、精品提案、民意畅通、素质提升、形象展示六大平台，激励广大委员在本职岗位建功立业创优秀、履职岗位建言尽责当优秀，既在本职岗位上发挥才智，争当排头兵，又在履职岗位上踊跃作为，努力做表率，在公益事业上奉献爱心，树立好形象。委员主体作用进一步发挥，自身素质有新的提高，涌现出一批“双岗双优”典型。

【注重学习培训】 积极为委员知情明政创造条件，利用会议、培训、订阅政协报刊、编发学习资料和《委员意见》等多种形式组织委员学习，使委员了解情况，拓宽视野，把握全局，找准政协工作服务经济建设的切入点，把握履职的落脚点。十三届四次会议期间，邀请省委党校徐民华教授为全体委员作“学习贯彻中国梦战略思想，实现中华民族伟大复兴”专题辅导。深入开展读书活动，区政协领导班子成员和机关同志联系思想和工作实际，撰写读书笔记20多篇。组织机关人员参加省市政协举办的学习培训，积极参加“盐都大讲堂”和“在线学习”，形成良好学习氛围，推动各项工作有效开展。

【深入基层解难题】 组织深入基层一线，开展走进乡村、走进社区活动，了解百姓关注的热点、难点，掌握基层的真实情况。年内，收集基层建议意见近百条，转化成提案、社情民意信息30多条，使政协各项履职活动更接地气。进一步深化“结对帮扶”“三解三促一加强”等活动，为建国前老党员、贫困户以及弱势群体捐款3万多元，通过政协桥梁纽带作用，多方协调近百万元资金用于修路建桥，帮助联系村居解决群众出行难问题。

【加强合作交流】 注重发挥各民主党派、无党派、工商联、人民团体和社会各界人士的作用，通过安排大会发言、联合开展调研、办理党派提案，反映社情民意信息等，鼓励和支持他们踊跃发表意见和主张，积极为他们参政议政、发表见解创造条件、搭建平台。组织宗教团体和少数民族界的政协委员座谈，带领民族宗教人士积极参与盐都经济发展和社会稳定活动。加大与相关部门的工作交流力度，为委员知情明政创造条件，较好地协助党委政府做好协调关系、理顺情绪、化解矛盾的工作。密切与周边县(市、区)政协的联络联谊,广泛交流学习,接待海宁市政协、许昌市政协、南京溧水区政协、仪征市政协等省内外政协考察团。

【加强机关建设】 以建设学习型、服务型、奉献型、创新型、和谐型政协机关为目标,扎实开展"作风制度落实年"活动,巩固党的群众路线教育实践活动成果,建立作风建设长效机制。密切与新闻单位的联系,广泛宣传政协工作取得的成效和政协委员的履职风采,进一步扩大政协组织的影响力。机关为工作大局服务、为履行职能服务、为政协委员服务的水平和能力有新提升。

(陈　明　单启文)

提案工作

Proposal

【概述】 区政协十三届四次会议以来,广大政协委员,各民主党派、人民团体,政协各专门委员会和联络组紧扣区委、区政府中心工作,围绕"打造新高地、迈上新台阶"总定位,以高度的责任感和使命感,充分运用提案履行职能,建言献策。全年,共提出提案131件,经审查,立案124件,占提交提案总数的94.7%。总体看,提案内容丰富、重点突出,问题导向鲜明、针对性强,更多地关注经济社会发展中的重点、热点和难点问题,反映人民群众的意愿要求,为推动全区经济稳健增长、促进民生改善、深化改革和社会和谐发挥积极作用。

【促进经济持续健康发展和生态文明建设】 顺应经济发展新常态,牢牢把握"稳中求进"总基调,重点重抓"三突出、三强化",是区委十三届六次、七次全会作出的重大决策部署,也是政协委员运用提案履行职责的着力点,共立案52件,占总提案41.9%。关于加快经济转型升级、引导民营经济健康快速发展、大力扶持新兴产业等提案,策应区委区政府推进产业集聚,重抓转型升级,做大做强优势骨干企业的决策部署,所提建议为有关政策措施的制定和完善提供参考。关于推进双新大道城乡统筹示范带建设、规范土地流转、建设三官文明驿站、加强乡村公路维护等提案,为推进城乡统筹发展、对接融入城市、辐射带动农村发挥积极作用。关于推动企业文化建设、发展旅游经济、促进房地产市场持续稳定发展等提案,为全区优化三次产业结构、推动现代服务业发展提供有益参考。关于推动创新创业、引进紧缺人才、解决中小企业融资难等建议,为有关方面制定和完善政策措施、进一步优化全民创业环境拓宽思路。

【保障和改善民生】 提案及时反映广大群众切身利益问题,推动相关工作改进,共立案46件,占立案数的37.1%,就促进教育优质均衡发展、成立盐都高级中学、学校周边道路开启路灯、推进村级卫生机构建设、规划建设医养结合老年护理院、关注农村体育文化设施建设、丰富农村业余文化生活等方面提出的建议,有关部门积极采纳,有效促进教育、卫生、文化、体育等事业发展。提案建议夯实创卫长效机制、治理农村生活污水、解决供水压力不足、加快河道疏浚整治、强化农村秸秆"双禁"措施,有关方面在创建国家生态区、提升农村环境综合整治成效、营造宜业宜居生产生活环境等工作中积极予以采纳,有效改善城乡生产生活环境。提案呼吁优化城乡公交线路、加快村级公路改造、在乡镇公路增设交通标识,丰富有关方面方便群众出行、保障校车通行安全、减少交通事故的工作思路。提案还就关爱弱势群体、加强社区医疗服务网点建设、建立特殊人群医疗档案、推进养老服务体系建设、提高残疾人保障待遇等方面提出许多建设性建议,被区委、区政府和相关部门在强化社会托底救助、推动医疗卫生重心下移、完善社会保障制度等工作中采纳,进一步筑牢社会保障工作基础。

【全面深化改革和依法治区】 加快改革开放和推进依法治区进程是破解难题、化解风险、推动发展、促进社会和谐稳定的重要支撑。提案就制定招商激励政策、加强政府投资项目监管、发挥法治引领和规范作用、深化卫生体制改革等方面献计献策,相关部门认真加以研究吸收,有的转化为具体工作措施,有的为制定规划、出台政策提供有益参考,共立案26件,占立案数的21%,提案围绕对责任主体实施行政问责、对政府重大行政决策建立法律咨询和审查机制、加强基层公务员队伍建设、强化执法监督等方面分别提出建议,有效推动有关部门和单位切实转变作风、践行"三严三实",增强法治思维,强化规矩意识。提案还就规范社区矫正工作、化解拆迁安置矛盾、加强村务公开等涉及城乡基层安全稳定的因素提出建议,有关部门认真研究采纳,提案作用得到充分发挥。经过各方面努力,至10月20日,立案的提案全部办复。从整体办理情况看,解决或采纳的占50.6%;列入计划拟解决的占37.7%;作为工作参考的占11.7%;委员满意、基本满意率100%,为协助党委政府科学决策、推动全区经济社会平稳健康发展作出贡献。

·优秀提案选登·

案　由:对推进双新大道城乡统筹示范带建设的建议

提案人:商兆鑫

内　容:

党的十八大报告指出:"推动城乡发展一体化。解决好农业农村农民问题是全党工作重中之重,城乡发展一体化是解决'三农'问题的根本途径"。我区于2011年提出举全区之力打造双新大道统筹城乡示范带,重点发展高效设施农业、休闲观光农业、外向型农业和乡村旅游,促进农业发展、农民致富、农村繁荣。经过3年时间的努力,示范带建设初具成效,2014年,被列为大市区重点重抓的示范项目。为加快推进双新大道城乡统筹示范带建设,个人建议如下:

一是促进城乡产业协调发展。统筹城乡发展就是要坚持城乡平衡发展、协调发展,这就要求我们必须改变城乡分割发展的方式,综合考虑城镇和农村的发展需求、承载条件和内在潜力,寻求发展速度、质量、结构、效益间的有机平衡。改变过去把农村资源"统"到城市发展的做法，努力创造条件实现城乡产业协调发展。要坚决落实中央各项惠农强农政策。落实政策的关键就是要在区级层面加以有效整合，引导城市资本、技术优势与农村资源相结合，促进生产要素在城乡之间合理配置。要以农村产业发展和资源利用为基础，统筹推进工业化、城市化和农业现代化，推动城乡产业融合。要加快转变农业发展方式，坚持用现代物质条件装备农业、用现代科学技术改造农业、用现代产业体系提升农业、用现代经营方式推进农业。实践证明，只有良好的产业支撑，新市镇、新社区才能人气旺、商机多、经济兴。作为新市镇、新社区建设的主体，镇村两级也应结合区位条件、资源禀赋、产业基础，扬长避短，在“个性”上下功夫，开发拳头产品，培育具有较强竞争力的优势主导产业，走工业主导型、农业主导型、旅游开发主导型等各具特色的发展道路。

二是推动城乡建设同步进行。城乡差距，最直观的表现之一就在于基础设施。加强新农村建设，就是要弥补城乡这种发展差距。我们应重点放在双新大道沿线的大纵湖、尚庄、郭猛、潘黄等地建立的21个新农村示范点，在取得经验和成效的基础上，逐步向各地推广。要重点围绕农业现代化的重点农业机械化来推进，花1—2年时间，解决好农机服务“最后一匡田”问题。要加大农村道路、桥梁、自来水管网、全民创业园建设，努力实现创业平台、供水区域、城乡公交、公共文化、优质教育、卫生惠民、社会保险、托底救助、网格管理“十个全覆盖”。

三是实现城乡基本公共服务均等化。农民走进城镇、住进楼房，并不意味着农民就向市民转变了。只有公共服务全部覆盖、生活环境优美舒适、群众能就业，有收入、有保障，才是真正的市民生活。因此，在新市镇、新社区建设过程中，要建立健全就业和社会保障机制，努力让每一个有劳动能力的人都能找到就业岗位，让每一个丧失劳动能力的人都能获得政府和社会的救济。在教育、医疗等社会事业建设方面，也要加大向新镇区、新社区的倾斜力度，力争让农民和市民同等水平地享受相应的服务，促进城乡社保、教育、公共卫生和基本医疗服务、文化公共服务等协调发展。

四是充分发挥建设主体作用。统筹城乡发展，是一个全新的重大课题、一项长期而艰巨的历史任务。在市场经济条件下，单纯依靠政府的力量来推动城乡统筹发展进程将是不可持续的。因此，在城乡建设过程中，必须坚持“政府主导、农民主体、市场化运作”的基本原则，正确处理政府和农民之间的关系。政府对城乡统筹发展进行全面规划，建立城乡融通的管理体制和为农村地区提供全面的公共服务，有组织、分层次地梯度引导农民向城镇和二三产业转移。通过政府组织引导，充分调动农民的积极性，发挥农民主体作用，保证成功推进、可持续发展。

五是全方位推进改革是根本途径。统筹发展涉及诸多方面的利益关系调整，更需要通过改革来推进。推进城乡统筹发展，土地和资金的制约是两个绕不过去的坎。要在现行土地政策框架内解决土地的制约，让农村的土地资源和用地指标流动到级差地租更高的区域，个人认为，建立城乡建设用地增减挂钩政策是一条有效途径。即通过万顷良田建设工程、村庄整治工程等，置换建设用地并与项目挂钩，促进土地节约集约利用和城乡用地布局优化。同时，保留一部分建设用地给镇、村经营，保证被征地农村集体经济健康可持续发展，土地指标转用后的净收益应明确比例用于扶持农业规模产业化，以改善农业生产条件，提高土地产出效益。至于资金从哪里来的问题，个人觉得还是要借助市场化运作的办法，让农民的土地从资源变成资本，进而推动土地、资金、人等生产要素的高效流动，为城乡统筹发展建设注入持久动力。一方面政府要在尊重农民经营权的的基础上，积极引导和鼓励农民依法采用租赁、合股等形式流转土地经营权，让土地进入市场。另一方面，政府以投入资本金、提供储备土地等方式，组建统筹城乡发展建设投资公司作为融资主体，来撬动金融及社会各方面的资金投向“新镇区、新社区、新园区”建设。

案　由：关于破解企业用地瓶颈的建议
提案人：陈乃清
内　容：

近年来，在国家宏观调控政策趋紧的形势下，加快盐都发展与保护土地的矛盾日益凸显，突破土地“瓶颈”，保持我区经济强劲发展势头，是区、镇(街道)亟待解决的大难题。为此，建议：

1.集中土地。积极推行“工业向高新区集中、农民向集镇集中、农业向生态园区集中”的“三集中”发展思路，努力推进土地利用方式的根本性转变，最大限度地发挥土地资源的经济效益和社会效益。

2.差别定地。在土地产权明晰的条件下，地租和土地价格是调节土地在各个行业和用途之间资源配置的最基本、最有效的工具，也是促进土地节约集约利用的有力杠杆。按照产业定价，对适合我区的电子信息、高端装备、新材料三大产业项目，公开出让底价可以在市场评估的前提下适当下浮，其中对项目投资大、产业层次高、科技含量高、经济效益好、环境影响小的重大产业项目，公开出让底价可以按国家发布的工业用地出让最低价标准确定。其他工业项目一律以市场评估价为底价进行公开出让。

3.二次用地。鼓励企业在符合规划、科学论证、合理布局、不改变用途的基础上，对原有土地进行二次利用，企业在不新增用地的情况下，提高土地使用效率和增加容积率，既解决了生产用地，又节约了用地成本。

4.分期供地。强化对建设项目的审查，坚决杜绝假借项目圈占土地的现象，对企业的新增用地需求，层层把关，严格控制。对一些分期实施的大型项目，严格按照整体规划、总量控制、分期供地、限期开发的原则，按照其实际到账资金和生产建设进度，分期确定供地数量。

案　由：关于加大违章建筑整治执法力度的建议
提案人：薛付俊
内　容：

近年来，我区城市建设、工业园区建设有条不紊地推进，城镇范围不断拓展，经营性建设用地正全面有序地进入市场。但是区域经济的不断发展也使我区违法建筑逐年增多，成为制约经济发展、影响城市形象的一颗毒瘤。在相关部门的努力下，占用区镇道路、街巷两侧公共场地的违法搭建现象虽得到了有效的遏制，但在城中村、城乡结合部还有各镇(区、街道)经济发展热点区域，一些单位和居民的违章建筑屡禁不止，个别地方甚至愈演愈烈，并呈向高空发展之趋势，这不仅破坏了大市区和乡镇的合理布局，扰乱了正常的建设秩序，而且妨碍了大市区交通、城乡建设、消防安全、环境卫生和居民生活，出现了社会不和谐、不公平的现象。

违法建筑的屡禁不止，恶性循环，成因主要有四：一是法制观念淡薄。有的当事人缺乏法制意识，甚至无视建筑法律法规。二是经济利益的诱惑。大量外来务工人员的涌入，客观上形成了潜力较大的租房市场；动迁政策对违法建筑给予补偿也助长了村民建筑的热情。三是政策执行不到位。由于体制、机制及条块职责等原因，相关部门之间的工作存在着不衔接、不协调的现象，致使村民违章建筑不能及时得到遏制。四是维持生活的需要。城市居民为改善居住条件往往利用院子、公共过道搭建厨房间、卫生间、自行车库等建筑。在农村和城郊结合部，部分失地农民为维持生活需要，靠建房出租来增加收入来源。五是执法力度的薄弱。目前违法建筑的查处涉及政府多个部门，各类违法建筑管辖职责的划分上不够清晰，职责不够明确。职责的交叉，协调的缺乏，以及相关处罚措施不够和执法安全保障的不到位，造成各职能部门不能形成工作合力，处理违法建筑乏力。

为依法搞好我区城乡建设，加大违章建筑的整治执法力度，本人建议：

1.编制总体规划，加快建设改造。对违法建筑泛滥的城乡结合部、城中村和重点镇，应尽快编制总体规划和全面建设改造计划。特别是对于具有独特地理优势和文化内涵的区域，更应尽快制定具体的控制性详规和实施办法，规定明确的区域范围，对周边建筑物规定具体的高度和外观的要求。

2.完善相关制度，落实长效管理。政府应完善拆迁补偿制度，对违法建筑实行零补偿；建立外来人员的集中居住区域，解决实际的租住需求；尽快落实预拆迁、预安置的相关措施，以优惠的价格向有合理需求的农村居民提供住房，切实解决弱势群体的实际需要。

3.健全社保体系，维护社会稳定。健全完善相应的社会保障体系，特别是对失地农民的养老和医疗保险更应该看作是当务之急，其资金来源可按国家、集体、个人都出一点的思路解决，完善农村社会保障体系，同时还应建立合理的征地补偿机制，征地补偿应作为农民养老的主要保障，可将此资金实行多元化投资，用于养老保险、医疗保险和其他合理的投资，确保资产增值。

4.制定计划方案，分步组织实施。全面拆除违建可能会造成群众巨大损失，引起社会群体性矛盾，造成社会不稳定。应制定切实可行的计划方案，分步组织实施。

5.整合各方力量，进行集中整治。在区政府的统一部署和精心组织下，成立由区规划、国土、公安、城管、住建、安监、监察等多个部门参与的工作领导小组，便于工作的协调和开展，组织强有力的集中整治行动。住建部门要加强对施工队伍的管理，从严处理违建包工头；城管、公安部门要加强对违法建筑的查处；市场监督、卫生、环保等部门不予办理商业证照；供电、供水部门不办理接电接水；纪检部门要主动介入接受群众举报，严厉查处不作为部门和公务人员等。从而，形成工作合力，全面整治违法建筑，从源头上防止违法建筑的发生。

案　由：关于夯实创卫长效机制的建议
提案人：顾　勇
内　容：

自创建国家卫生城市以来，我区创卫工作在市委、市政府的正确领导下，各单位各部门齐心协力，攻坚克难，大市区环境面貌焕然一新，取得了令人瞩目的成绩。当前，全区上下众志成城争创全国文明城市，如何巩固和扩大创卫成果、建立创卫长效机制，成为一个迫在眉睫的议题。创卫还存在以下三个较为突出的矛盾和问题。

一是群众意识提高难。部分干部群众健康文明意识不强，乱扔纸屑、随地吐痰、乱停乱放等现象比较突出，全民参与创卫的局面尚未全面形成。

二是相关制度落实难。门前三包、区域卫生包干等制度管理面广、工作量大，既需要临街门面业主的自觉行动，也需要相关职能部门的通力配合。由于门面业主缺乏“三包”意识，加之没有形成职能部门、街道、业主“三位一体”的管理机制，致使难以落实到位。

三是协调监管到位难。街道、社区作为创卫主体，由于一无执法权，二无专项经费，工作难以开展。出店经营、露天摆摊现象屡禁不止，但城管执法成本高、难度大，加之经营业主缺乏思想认识，导致此类现象难以禁绝。

为此，本人建议：

1.条块结合、落实责任，加强合作联动。做好乡镇(街道)、村(社)“条”和各属地责任单位“块”的结合，树立“以块为主，条块结合”的意识，调动各方力量，加快实现由突击性管理向常态化管理、由制约性管理向服务性管理转变，共同夯实创卫成果。一是给予街道、社区更多的创卫管理权限，使基层组织有能力、有权力管理，监督辖区单位的卫生工作；二是各行政企事业单位要明确职责，“一把手”要树立创卫工作第一责任人意识，思想上高度重视、行动上全力以赴，并将创卫工作纳入单位年度工作；三是将创卫工作列入对各行政事业单位绩效考核内容，使其在思想和行动上重视创卫工作；四是辖区单位在做好各自包干区域卫生工作的同时，要积极组织本单位职工参加街道(社区)组织的创卫活动，合力搞好环境卫生。

2.加强巡查、建章立制，巩固创卫成果。一是建立环境卫生管理巡查机制。创卫办要配备专职巡查员，对环境卫生和管理责任进行定期“周巡、月查、季评、年总结”，并及时反馈、督促落实。同时工商、环保、城建、卫生、公安等各职能部门要加强部门协作，定期对“五小行业”、公共娱乐场所、建筑工地等进行抽查，对居民群众举报的情况进行核查落实。二是制定完善流动摊贩设摊和管理规定。设点摆摊既要在指定区域、指定时段，又要服从管理制度，保持周边环境卫生整洁。三是健全沿街店铺装修施工管理办法。

城管部门应与装修单位签订责任协议，做到装修脚手架搭建整齐、装修材料不随地堆放、装修垃圾日产日清。四是坚决落实执行“门前三包”制度和区域卫生包干制度。强化对各沿街店铺和商场、菜场的管理和监督，督促做好包干区的卫生检查和整治工作，真正把“市容环境卫生责任”落到实处。五是制定建筑工地卫生考核制度。建筑工地由于外来民工多，卫生意识差，缺乏专人管理，卫生状况较为混乱。相关部门要制定建筑工地卫生考核制度，并落实专人定期检查、督促。建筑工地管理方要加强对民工的管理、教育，做好卫生管理工作。

3.强化考核、奖惩分明，实现创卫法制化。一是加强对行为人的处罚力度。要加强城管队伍建设，加大巡查力度，对随地吐痰、乱丢废弃物、粘贴黑广告等不文明行为进行严厉处罚。二是加大卫生监督执法力度。实行卫生、工商、公安、环保、消防等行业联审制度，发挥综合管理的有效性，规范食品和公共场所等重点行业发证管理；严厉整顿无证经营、占道经营、乱摆乱卖；对证件齐全但不符合卫生标准的餐饮行业，要及时进行处罚、扣留相关证件、停业整改；对未落实“门前三包”责任的商铺要实行严厉的处罚机制。三是加大对职能部门监督考核和奖惩力度。将公众参与职能部门的考评工作落实到位，建立健全考评奖惩体制，对考评差的单位，要严厉惩处，并通过新闻媒体予以曝光；对做得好的单位，要予以表扬和奖励。四是加强环卫队伍建设，提高工资福利待遇。我区环卫工人劳动强度大、时间长，十分辛苦，但工资待遇普遍不高。要加大财政投入，提高环卫工人的工资、福利待遇。同时建立奖励机制，树立典型，形成争先创优的良好氛围。

4.加大宣传、营造氛围，实现全民参与。一是利用学校、社区等平台，继续加大宣传教育力度。学校要培养学生养成良好的健康意识和卫生习惯；社区要充分利用黑板报、宣传栏及网格平台等有效载体向群众宣传创卫理念，对辖区群众进行创卫思想教育。同时通过定期举办健康讲座、向居民发放健康宣传资料等方式，实现健康知识入家庭，不断提高居民健康知识普及率。二是新闻媒体要制播公益广告进行宣传。加大对城市长效管理的有关法律、法规、政策的宣传力度，不断提高市民的道德建设和法制观念。三是定期对各类行业现状进行表扬和曝光。一来可指导消费者进行知情消费，维护消费者权益；二来可引导经营者自律诚信经营，不断提高卫生管理水平。

案　由：关于加快全区中小企业自主创新能力建设的建议

提案人：王　奎

内　容：

习近平总书记在党的十八届三中全会中指出：“建立产学研协同创新机制，强化企业在技术创新中的主体地位，发挥大型企业创新骨干作用，激发中小企业创新活力，推进应用型技术研发机构市场化、企业化改革，建设国家创新体系。”我区中小企业数量较多，在发展过程中吸纳了大量的劳动力，为社会提供了近80%的就业岗位，创造了超过全区60%的经济总量，产生了超过全区60%的税收，为盐都经济发展做出了突出贡献。然而，由于受到自身资源、能力等方面的限制，我区中小企业普遍存在技术人员相对不足、研发经费匮乏、自主创新能力总体水平不高，制约了企业发展。因此，激励企业的创新能力、研发能力，提高企业自主创新的积极性势在必行，对于提高企业自身竞争力、提升盐都总体科技水平、推动全区经济发展具有十分重要的意义。结合盐都实际，现就我区加快中小企业自主创新能力建设提出如下建议：

一是健全完善技术创新平台和服务体系。纺织、机械、建材、化工等行业在盐城已初具规模，鼓励和支持本行业的中小企业加快科技创新建设，整合检测资源，鼓励检测化验中心向研发技术中心转化，使之成为具备公共研发、检测检验、技术信息咨询、知识产权和技术项目孵化等各项功能的创新服务平台。大力发展技术服务中介组织，培育和活跃技术交易市场，形成行业的研发技术中心，推动技术成果转化为现实生产力，增强竞争力，推进企业进一步壮大和发展，形成该产业的优势群体。

二是推进高素质研发人才队伍建设。政府要支持中小企业积极吸引和培养技术创新人才，引导中小企业加强人才开发和培训，不断提高科技人员的技术水平，整合人才资源，建立人才库，鼓励与产学研合作工作相结合，积极组织与科研院所、大专院校的对接，企业技术人员通过产学研洽谈会、企业家联谊会等多种方式，提高科技人员素质水平。鼓励企业广泛运用现代管理技术和手段，不断进行管理创新。完善企业分配机制，调动研发人员和技术人员的积极性。这方面，政府部门要主动介入，做到相关扶持资金和相关硬件设施配套到位，制定相关激励和扶持政策，鼓励高层次人才加盟中小企业施展才华，使高层次人才能够引得进、留得住、用得上。

三是加快建设服务中小企业技术创新体系。政府要高度重视中小企业技术研发机构建设，加大资金、技术和政策扶持力度。建立政府、企业、高校院所和社会机构等多方主体的创新平台，解决科技与产业脱节的问题，通过产业对接，集聚人才、成果、项目等优质创新资源，为全区中小型企业寻求政产学研合作开辟便捷高效的通道，推动科技成果向现实生产力转化。这方面，无锡市惠山区推进产业研究院与企业产学研合作的成功经验值得借鉴。

四是营造中小企业自主创新的良好氛围。积极营造良好的政策和制度环境，打造地域品牌，营造中小企业自主创新的良好社会氛围，进一步深化对自主创新的认识，切实把鼓励自主创新转变为合力，不断推进中小企业以实际行动加快自主创新步伐，建议政府部门要进一步优化有利自主创新的外部环境，加大力度，引导中小企业多元化、广角度地开展创新活动，使企业真正成为自主创新的决策和投资主体，促进企业培大育强。

（陈　明　单启文）

纪检　监察

Inspecting Discipline and Supervision

综　　述

Summary

【概述】 2015年，全区纪检监察组织以推动党风廉政建设和反腐败工作迈上新台阶为目标，以着力加强党的纪律建设、着力推进“两个责任”落实、着力深化机关作风建设、着力加大纪律审查力度、着力健全特色惩防体系、着力提升队伍能力素质“六个着力”为抓手，保持政治定力，聚焦主业主责，坚守责任担当，全区党风廉政建设和反腐败工作不断开创新的局面。“两个责任”持续有力落实，作风建设常态长效推进，纪律审查实现量质双升。畅通信访渠道，全年受理群众各类信访395件（次），办结率在95%以上；保持惩治高压态势，立案175件，同比增幅68.3%，实施“两规”措施5件5人，没收非法所得130余万元；保障省委巡视组对全区开展常规巡视，快查快结巡视组交办的223件问题线索，立案处理13件39人，实施提醒谈话48人、诫勉谈话21人。巩固深化“三转”成果，继续优化内设机构设置和职能，配齐配足执纪监督力量，纪检监察队伍依纪依法开展监督执纪能力得到新提升。

重要会议

Important Congresses

【区纪委十三届五次全会】 2月13日，区纪委十三届五次全会召开。区四套班子成员，法院院长，检察院检察长，各镇（区、街道）、区委各部委办、区各委办局、区各直属单位党政主要负责人参加全会第一阶段会议；区纪委委员出席会议，区监察局副局长，各镇（区、街道）纪（工）委书记，区直各部门单位纪委书记（纪检组长），未设纪检监察组织单位分管负责人，不是区纪委委员的区纪委、监察局其他人员列席。会议集中听取区委书记羊维达讲话。区委常委、区纪委书记方仕德代表区纪委常委会作《全面从严治党，全力执纪监督，推动党风廉政建设和反腐败工作迈上新台阶》工作报告。要求全区各级党政组织和纪检监察组织深刻理解、准确把握全面从严治党、依规治党新要求，以“六个着力”为抓手，努力开创全区党风廉政建设和反腐败工作新局面，为“打造新高地、迈上新台阶”，建设创业开放生态幸福的美丽盐都提供坚强有力保证。

【全区纪检监察工作会议】 7月31日，全区纪检监察工作会议召开，传达贯彻上半年全市纪检监察工作总结交流会精神，回顾上半年全区纪检监察工作情况，部署下一阶段工作任务。各镇（区、街道）、各部门单位纪（工）委书记（纪检组长）、专兼职纪检监察员，区纪委、监察局全体人员参加会议。会议要求，全区纪检监察组织和纪检监察干部准确把握形势，找准全面从严治党目标定位，抓住“六个着力”主线，确保全年各项目标任务顺利完成。

重要工作
Important Work

【落实"两个责任"】 年初，组织签订区委常委班子党风廉政建设责任状、板块和部门单位主要负责人落实主体责任责任书、纪委书记(纪检组长)履行监督责任承诺书；及时出台年度党风廉政建设和反腐败工作责任分解意见，严格执行责任报告、党委负责人全委会述廉、党政正职接受评议、廉政谈话和纪委约谈等制度；对12个重点单位落实"两个责任"暨反腐倡廉制度执行情况进行驻点巡查，累计查纠3大类27个方面问题。年底，组织区委常委和副区长带队对基层"两个责任"落实情况进行专项检查。严格执行"一把手""四不直接分管"和末位发言制度，规范"三重一大"等决策程序，合力从源头上提升"两个责任"落实水平。

【优化作风效能】 年内，开展"作风制度落实年"活动，着力抓好中央八项规定和省市区委十项规定落实。围绕重要时间节点和重点公共场所，先后进行345次明察暗访，对28个部门、镇(区、街道)厉行节约情况开展专项检查，累计下发交督办函9件，查处作风问题14个，点名道姓通报曝光9次，问责处理34人。坚持把中央21项、省委18项及市、区10+2专项整治作为重中之重，扎实抓好33项整治内容推进和后续整改任务落实，并配套完善15项制度。制定出台《关于推动干部担当作为防治为官不为实施细则》，牵头推进奢侈浪费、为官不为等五项专项整治，严肃查纠和通报一批突出问题。

【提升工作水平】 通过实行问题排查通知单、处理建议单、整改反馈单和约谈、问责制度"三单两制"，切实履行监督责任。年内，推进"五为主、五结合"推进反腐倡廉宣传教育，出台工作意见和重点任务分解方案，对29个重点单位进行常态督查指导，保证工作持续有序推进，市纪委信息专刊、省委新闻网、省纪委"清风扬帆"、《盐阜大众报》等作推介。深化"1+N廉盟飞检"工作，分区域召开廉盟廉检情况通报会，分类汇总飞检中发现的问题，下发整改通知书，并对整改情况进行抽查，累计立案19件。开展纪检监察定向监督工作，与区交通运输局对2014年起全区农村公路拓改工程开展纪检监察巡查，累计发现并督促整改40多个问题。

【强化队伍素质能力】 巩固深化党的群众路线教育实践活动成果，年内，通过举办"纪检监察大讲堂"和爱岗敬业事迹报告会等，着力营造比学赶超氛围。结合岗位要求和工作特点，组织参加各级各类培训和鼓励开展个人自学，不断增强政治业务素质。严格规范基层纪委书记分工，建立实施基层纪检监察组织工作报告、委局班子成员基层联系点制度，切实强化对基层"三转"督促指导。督促纪检监察干部带头执行中央八项规定、省市区委十项规定和纪检监察干部行为规范，自觉以高于监督别人的标准严格要求自己，合力打造忠诚、干净、担当纪检监察干部队伍。

重要活动
Important Activity

【开展"三严三实"专题教育】 (详见57页)

【爱岗敬业事迹报告会】 为深入推进纪检监察机关"转职能、转方式、转作风"，年内，在全区纪检监察系统营造起比学赶超、争先创优的浓厚氛围，以"请身边人讲述身边事、用身边事教育身边人"的方式，激励引导纪检监察干部学习先进典型，自3月起，在全区纪检监察系统开展爱岗敬业先进个人评比工作，在基层推荐和征求相关意见基础上，从获得表彰的全区优秀纪检监察干部中遴选出8名爱岗敬业先进个人。6月2日，集中举行全区纪检监察系统爱岗敬业先进事迹报告会，市纪委常委王加林及组织部、宣传部负责人出席报告会。 (耿立全)

民主党派

Democratic Party

- ◆民主同盟
- ◆民主建国会
- ◆民主促进会
- ◆农工民主党
- ◆九三学社

中国民主同盟盐城市委盐都支部

Yandu Branch of Yancheng of the China Democratic League

【概述】 1989年11月22日，盐城市第一中学民盟小组成立，1993年4月6日，成立民盟盐都区支部，2014年7月16日，成立民盟盐都总支部委员会。民盟盐都总支部委员会下设三个支部，至年底，共有盟员31人，其中在职盟员27人，离退休盟员4人。2003年，支部被民盟盐城市委评为“盟务工作先进集体”。2006年，支部被民盟江苏省委评为“先进基层组织”。2008年支部被中共盐都区委统战部表彰为“双十佳”单位。2009年支部被民盟中央表彰为“盟务工作先进集体”。2013年被盟市委评选为“基层建设年盟务工作先进单位”。

【加强队伍建设】 认真学习，与时俱进，加强自身建设是盟员做好民主工作的基础和前提。根据民盟盐城市委的安排，民盟总支坚持政治理论学习，结合国内外形势，抓好盟员的政治理论修养的学习，提高政治协商、民主监督、参政议政能力。在市区两会召开以后，及时向盟员传达相关文件精神，了解市、区的工作重心，明确参政议政的重点。督促盟员加强理论学习，提高盟员素质；不断地壮大民盟队伍，吸收优秀人才加入到盟组织中来。全年共发展熊新秀、王庚、祁凤亮、朱华4位新盟员。

【立足本职工作】 盟员在单位自觉接受单位党组织的领导，积极主动地开展工作；认真贯彻执行上级组织的要求，对上级组织安排的各项工作及时完成，积极参加各项政治活动和社会公益活动。不论是在教育行业还是在经济领域或是科技医疗战线上的盟员，其工作均受到所在单位认可。

【积极参政议政】 总支部以省委《关于做好新形势下人民政协工作的意见》为指导，积极探索新形势下民主党派履行职能的新思路、新形式、新方法，使民主党派工作真正体现时代性。总支部以一个季度一次深入基层，深入群众，深入实际的机会，围绕人民群众最关心、最直接、最现实的利益问题，广泛征求他们意见和见解，及时地通过建议或提案的形式，将群众的意见和呼声及时地反映给有关方面。盟员充分发挥民主党派的优势，及时地向广大人民群众宣传党和政府的方针政策，法律法规等方面的知识以及地方党委和政府的设想和措施等，使人民群众在理解的基础上，以理性、合法的形式表达迫切诉求和谋取正当的利益。在各个层面的会议上，总支部盟员都以提案、建议案的形式表达群众心声。在市、区“两会”上，盟员代表积极撰写提案建议，在两会期间共提交近10份提案建议。

【开展送教活动】 盟员坚持定期开展送教下乡活动的传统，把总支拥有的资源辐射到乡镇学校，让更多的学生受益。毓龙路实验学校的盟员，定点送教乡镇初级中学，实现城乡互动交流。年内，在区委统战部统一部署下，走进社区送教育，以送资料、答咨询的方式、作访谈的方式与村民进行家庭教育方面的交流，给村民们以切实的指导。发挥医务盟员的优势，开展送医活动。在盟市委组织的“民盟天天行”活动中，送健康进社区。市三院朱记军、朱华等盟员给文峰街道居民做心理健康辅导及作基本的身体检查。

（郭宗雨）

中国民主建国会盐城市委盐都总支部

Yandu Branch of Yancheng Municipal Committee of the China Democratic National Consturction Association

【概述】 2015年，民建盐都总支部在民建市委和盐都区委统战部的领导下，积极履行参政议政职能，扎实开展各项工作，2015度获全市民建工作综合工作评比一等奖；张梅主委获民建中央表彰为先进个人。

【集中组织学习交流】 在市区两会期间，利用休会时间，组织参加市区两会的政协委员和人大代表及总支骨干会员集中开展学习交流活动。认真组织召开总支扩大会议。会上集中讨论工作计划，学习市委会文件，商讨落实提案建议书写工作。

【组织支部参加社会活动】 坚持做好慰问活动。开展本支部特色公益服务“慰问空巢老人活动”，于春节、端节、中秋三大节前分别组织慰问三次；春节、中秋节前组织慰问老干部老会员。组织慰问有亲人去世，生病住院的会员等。积极开展学习交流活动。为纪念“双七十”，5月16—20日，组织骨干会员和新会员到湖南、湖北等地革命传统教育基地参观学习。组织与湘潭民建市委和衡阳民建市委交流座谈。组织全体会员到市保税区参观调研。组织会员参加市委会组织的各项活动。如：纪念抗战七十周年参观台儿庄战役纪念馆，纪念民建成立七十周年征文活动，纪念民建成立七十周年庆祝大会即演讲比赛，支部选手获二等奖等。组织参加各项公益社会服务活动。组建“爱心妈妈”团队参加区妇联组织的“关爱流动留守困境儿童”公益活动，对接3名困境儿童。组织律师会员参加区委统战部组织的“送法下乡”活动，送出慰问金1000元和法律知识法律援助读本300多件。组织帮扶玉树竹巴寺贫困小学学生，寄出棉服50套。组织去会员企业调研服务。11月，组织会员去企业家会员企业高新区六甲高分子有限公司和中恒宠物有限公司开展调研，了解企业生产经营、科研开发、市场拓展、劳动用工等方面的情况，积极为企业的难点问题出谋划策，提供服务。

【积极参政议政】 组织会员积极上报信息材料、社情民意、提案建议。两会期间上报各类提案建议12件，上报各类信息材料约50多件。全年信息材料上报总量全市第一。其中“关于对市政府重大协议行为建立法律咨询和合法性审查机制的建议”作为市政协五次大会民建市委会集体提案，并选为重点提案由主席督办。

（张　梅）

中国民主促进会盐城市委盐都总支部

Yandu Branch of Yancheng Municipal Committee of the China Association for Promoting Democracy

【概述】 2015年，民进盐都总支和各支部全面学习、深刻领会中共十八届五中全会精神实质，把全会精神贯彻落实到各项工作中，推动参政议政、社会服务、组织建设、思想宣传等工作创新开展。支部按照民进市委的工作部署结合工作实际，积极开展参政议政，发展优秀新会员，组织会员下基层义诊，送教下乡，踊跃为贫困山区儿童捐献图书，组织会员进行学习交流，圆满完成年初制定的工作任务和目标。

【积极参政议政】 总支部高度重视参政议政工作，积极组织会员参与。年初，发动会员搜集，听取社情民意，在广泛调研的基础上，支部汇集会员收集的对政府工作的意见建议，筛选、归纳形成旅游资源综合开发、保护投资人合法权益、农村集镇车位建设、医疗养老等议案多件，刘群的提案《关于进一步强化集镇消防安全工作的建议》被区政协评为区十三届政协优秀提案。

【强化课题研究】 4月、10月，支部参与民进市委《统筹安排，强化沿海滩涂资源综合保护利用》《挖掘盐城红色文化资源，留下红色足迹》等课题的调研工作，课题的研究成果获得市委会嘉奖。陈书桂参与全国教育科学规划教育部重点课题《农村初中生阅读生活质量改善的影响因素及作用路径》研究。主持一项省教育科学规划课题《学校教育公平的现实困境及其应对方法研究》，参与市社会组织公益服务创投项目《农村留守儿童阅读关怀》。年内，新发展会员3人。

【服务社会】 充分发挥人才资源优势，年内，开展一系列社会服务工作，会员参加全区民主党派“百名专家进村居”活动。在活动现场，现金资助贫困家庭，为当地群众进行100多人次免费彩超和心电图检查及医疗健康咨询服务活动。5月10日、11月3日，两次组织市二小优秀教师到尚庄、张庄、大纵湖等乡镇送教下乡，组织优秀会员王干到淮安参与市民进组织的支教活动，1月5日，毓龙路实验学校全力配合盐城市民族乐团在校学术报告厅举行2015年新年音乐会，使盐城市民族乐团成立一周年暨2015年新年音乐会取得圆满成功。6月5日下午，毓龙路实验学校成功协办“淮安—盐城”民进书画家校园行活动，组织刘群参与市民进组织的送春联进社区活动。年内，组织相关教师会员和学校师生参与“2015网络春晚”“庆‘六一’文艺晚会”等活动。

（朱文娴）

中国农工民主党盐城市委盐都总支部

Yandu Branch of Yancheng Municipal Committee of the Chinese Deasants and Workers Democrdtic Party

【概述】 2015年，农工党盐都总支主动适应新常态，开拓创新，求真务实，履职尽责，积极作为，扎实有效地开展各项工作。围绕“双新”战略，充分发挥智力密集、联系广泛的特点和优势，广泛开展调查研究，积极建言献策，参政议政、民主监督工作成效显著，社会服务工作扎实深入，助推“打造新高地、迈上新台阶”，为促进盐都事业发展做贡献。

【积极参政议政】 年内，农工党盐都农工党总支组织党员到区农业经济开发区和台湾农民创业园调研生态农业产业发展情况。通过调研，根据盐都区在培育新型农业经营主体、构建新型农业经营体系、大力发展生态农业中的具体做法和经验，形成专题调研报告，为盐都生态文明建设积极建良言献良策。支部通过多形式、多渠道积极开展调研活动，全年共上交提案5个，反映社情民意5条。

【加强组织建设】 积极发展新党员，增强组织的战斗力和生命力，总支根据组织发展规定的程序，发展2名新党员，经过观察和培养，吸收1人为入党积极分子，等条件成熟后再吸纳为正式党员。

【服务两个文明建设】 年内，在区统战部主办、秦南镇政府承办的“民主党派百名专家进村居活动启动仪式”上，农工民主党盐都总支16名党员参加活动，为当地村民发放健康宣传资料200余份，免费为80名村民进行腹部超声检查、心电图检查和健康体检，神经内科、泌尿外科、耳鼻喉科、骨科和心血管内科专家对50多位患者进行免费诊断、治疗建议和健康咨询，送去慰问金1000元。

【立足岗位】 支部党员在各自的岗位上刻苦钻研，努力进取，年内，支部党员发表论文国家级、省级刊物7篇，国外刊物2篇，还有多项科技进步奖和科研立项。

（王静波）

九三学社 盐城市委盐都支部

Yandu Branch of Yancheng Municipal Committee of the Jiusan Society

【概述】 2015年，九三学社盐都支社牢牢把握团结和民主两大主题，围绕全区工作中心，全体社员团结一致，大力弘扬“科学与民主”精神，求真务实，开拓创新，积极作为，全年各项工作取得较好成效，为建设美丽盐都发挥积极作用。

【积极建言献策】 年内，结合社员工作实际，选择食品安全、医疗养老服务、农产品质量安全、社会保障等课题，组织社员进行深入调研，形成“食品小作坊卫生安全现状调查”“食用农产品质量安全状况调查”“医疗养老服务业现状调查”等调研报告，在市区“两会”上提出“关于加快推进医养结合发展养老服务的建议”“关于加强农产品质量安全监管的建议”“关于整合城乡居民基本医疗保障体系的建议”“关于我区食品小作坊监管的建议”等10多件建议和提案。

【服务经济社会】 充分发挥支社社员专业技能和特长，全力服务全区经济发展大局。结合农业创业培训工程，3、4月，就河蟹生态健康养殖、鱼的高产高效新模式新技术，在北龙港、楼王、大纵湖、尚庄等地开展水产养殖技术培训，培训达431人次。在农村经济开发区、潘黄、大冈等地就蔬菜、草莓等高效设施农业技术，深入种植大户、农民专业合作社进行挂钩服务，并邀请省农科院教授赵密珍就草莓种植新品种、新技术进行专题讲课。开展“一党派一村居，结对挂钩服务活动”。以“送科技、送医卫、送法律”为内容，积极开展“百名专家进村居”活动，于6月中旬、9月上旬到结对的农村经济开发区三湾村开展宣传培训、现场咨询、田头指导服务。并协调支持部分资金，帮助该村建设村庄绿化。充分发挥学社2名律师作用，积极开展对弱势群体的法律援助服务工作，全年完成法律援助案件5件。社员刘咏华义务为企业法人开展法律知识培训，指导企业法人如何规避经营风险。社员陈斌利用自己公司的专业特点，积极参与社会活动，并献计献策。年内，接受市审计局、盐都审计局等多家政府部门委托，组织人员参与审计多项政府工程，得到政府及上级主管部门多次嘉奖，年内，多次去敬老院看望孤寡老人，赠送食品和生活日用品。

【组织创先争优】 鼓励支持社员开展科技研究、创先争优，在本职岗位上建功立业，争当业务骨干、行业带头人。社员许健权专注水稻新品研究，他研究的《盐城水稻高产增效技术集成与推广》获江苏省农业技术推广三等奖，《抗水稻条纹枯病新品种选育与应用》获市科技二等奖；瞿兆奎专注泌尿外科研究，全年开展新技术新项目10项，5月，“反向经皮肾钬激光碎石”参加全世界规模最大的泌尿外科年会——全美泌尿外科年会，并在年会上做交流发言，获得国际大牌专家好评，获得中华人民共和国实用新型专利1项，获得国家专利申请代理人资格，2项国家专利正在申请中。他还在省级期刊发表论文4篇，全国年会交流文章1篇，省年会交流文章一篇，国际年会交流文章1篇，获盐城市优秀科技论文二等奖1项，并连任中华医学会江苏省男科学分会委员、盐城市医学会男科学分会主任委员、盐城市医学会泌尿外科学分会副主任委员。社员徐巧岚专注儿科研究，其《婴幼儿EB病毒感染免疫功能的变化》被市立项，所写论文“川崎病患儿血管内皮生长因子变化的意义”发表在《转化医学杂志》上，社员刘钰《关注孩子的阅读》获盐城市教育学会二等奖。

（李锦秀）

社会团体

Mass Organizations

- ◆总　工　会
- ◆团　　　委
- ◆妇　　　联
- ◆科　　　协
- ◆文　　　联
- ◆红十字会
- ◆工　商　联
- ◆侨　　　联
- ◆残　　　联
- ◆老　促　会
- ◆退　　　协
- ◆老龄协会
- ◆慈　善　会
- ◆老年体协
- ◆殡葬协会

盐城市盐都区总工会

Yancheng City Yandu District Federation of Trade Unions

【概述】 全区工会系统充分发挥工会组织桥梁纽带作用，以“围绕中心、服务大局、突出重点、求真务实”为工作目标，在“打造新高地，迈上新台阶”实践中展示新作为。区总工会被省总工会表彰为江苏省模范职工之家，连续11年被盐城市总工会表彰为综合工作先进单位。

【筑牢思想基础】 深入开展“读书·创业·追梦”主题读书征文评选活动。年内，与区委宣传部、区文广新局、区文联联合开展读书征文评选活动，共征集征文62篇。聘请专家进行评审，18篇征文分获一、二、三等奖，区总拨付1万多元进行奖励。在报省参评征文中有3篇征文荣获最佳征文奖，4篇荣获优秀征文奖。积极参与开展“中国梦·劳动美——寻找最美职工”大型采访宣传活动。选树8名优秀职工典型，《员工的主心骨——江苏驰翔精密齿轮有限公司工会主席储德喜》被《江苏工人报》采用，《拼搏的青春最靓丽——市十佳文明职工区法院民庭庭长陈晓娟》《他用同心基金献大爱——市锅炉制造有限公司工会主席潘仲秋》被《盐阜大众报》采用，6篇稿件发表于《双新盐都报》。精心组织开展职工体育活动。通过预赛选拔等方式组织近百名职工选手参加盐城市第七届运动会职工部乒乓球、羽毛球等五大项比赛项目，承办市七运会中国象棋和围棋比赛，团体总分名列全市第二，受到市政府的表彰。

【围绕中心服务发展】 围绕区情开展技能竞赛活动。年内，分别联合区人社局、教育局、农委、旅游局、国税局、银行、移动公司等多部门举办全区教育教学、动物防疫、导游技能、税收业务、银行业务技能、“4G技能”等职工职业技能竞赛6大项目18个工种，参赛职工2000多人。选拔32名优秀选手参加全市职工职业技能大赛，9人获奖，其中3人荣获金奖；5人获得“盐城市五一创新能手”称号，6人获得“盐城市技术能手”称号，2人荣获市“五一劳动奖章”荣誉称号；区畜牧兽医站获先进集体一等奖；区总工会、区水务局获得优秀组织奖。弘扬劳模精神，注重示范引领。举办庆祝“五一”国际劳动节暨先进集体和先进个人表彰大会，宣传劳模精神、劳动精神，评选推荐全国劳模1人；推荐评选省五一奖章1人、工人先锋号1个；市五一奖状3个、五一奖章6人、工人先锋号4个；评选区五一奖状10个、五一奖章41人、工人先锋号10个。发挥劳模的引领带头作用，新创建5个“劳模创新工作室”，积极开展各类攻关、革新、创新和培训活动，培养爱岗敬业、业务精通、创新钻研的知识型、技术型人才，不断提高企业自主创新能力，推动企业生产稳定健康发展。

【工会基层组织建设】 开展“双争”活动突破年活动。年内，下发《全区基层工会组建和职工之家建设的意见》，落实机关人员分工包干负责和督导，以“特色行业、高新园区、两新组织”等“八大”领域为工作的突破口和增长点，依托党工共建优势，加大推进落实力度，双争工作取得突破性进展，全年新确认一批合格职工之家。开展“农民工入会双月突击”活动，结合盐都实际，制定全区“农民工入会双月突击”活动方案，研究具体工作措施。9月，召开全区“农民工入会双月突击”动员大会，统一思想，提高认识，逐级分解任务。把新建村(居)工会联合会、建筑工程项目工会，物业管理企业工会、餐饮物流企业工会作为突击活动的主攻方向。为保证“双月突击”活动取得显著效果，研究出台相应考评细则和考核办法。把规范建会、完善报批手续、农民工志愿入会、填写会员登记表作为考核的主要内容和依据。将年度下拨经费与农民工入会活动捆绑考核，以进一步调动基层工会抓好农民工双月突击活动的积极性。全年新建独立工会56家，新增农民工入会3238人，“农民工集中入会行动”和工会组建工作被市总工会表彰为先进单位。

【构建和谐稳定的劳动关系】 年内，积极开展工资集体协商“春季要约行动”。

下发《关于开展工资集体协商“春季要约行动”的通知》，发放特别提示函。在江苏华晓医药物流有限公司举行春季要约启动仪式，重点企业负责人和工会主席应邀参加活动。发出要约倡议，企业负责人代表签字应约。区总工会与各镇（区、街道）工会主席、各系统工委主任签订工资集体协商目标责任书。工资集体协商工作被市总表彰为推进集体协商工作先进单位。开展和谐劳动关系系列创建活动。继续在工业园区和重点企业开展“和谐园区我的家”“和谐企业我的家”活动，深入推进职代会建设。因地制宜开展“两站一室”建设，在学富医疗用品产业园、潘黄仰徐机电产业创业园率先建立劳动保护监督检查员片区服务站；潘黄、学富、龙冈、秦南、滨湖5个镇（区、街道）的“安康驿站”建成挂牌；建立江苏华晓医药物流、移动公司盐都分部、江苏金派汽车配件有限公司、潘黄实验初中、斑竹袜业、市一中6个“爱心母婴室”。开展劳动关系状况季季清活动。制定下发《关于在全区开展“劳动关系状况季季清“活动的通知》，各镇（区、街道）工会，区直系统工委根据本地、本单位劳动关系状况，主动依法代表职工与用工方协调劳动争议，实施相应举措促进劳动关系和谐发展。每个季度末20日前报送《工会系统来信来访来电登记表》和《劳动争议状况汇总表》，及时了解和掌握劳动关系状况、预警劳动争议发展趋势。

【深化服务职工】 元旦春节期间，开展“冬送温暖”活动，走访慰问各类困难职工家庭870户，发放慰问金47万元。夏季高温期间开展“夏送清凉”活动，购买20多万元物品慰问一线职工。秋季开展“金秋助学”活动，拿出9万元资助52名特困职工和困难职工子女。开展大病困难职工医疗救助活动，全年救助大病困难职工55户，发放医疗救助金10万元。与区委组织部、区级机关工委联合组织59家机关单位结对帮扶城市特困职工家庭169户。机关党员干部结对郭猛、大冈9户贫困户，每户送去1100元帮扶资金。为全区411名各级劳模发放“三金”及荣誉津贴86万元。

【加大基层工会投入】 年内，对20家被评为模范职工之家的工会，各奖励价值4000元的乒乓球台一张；200家企业分别补助制作制度牌匾经费500元；为镇（区、街道）工会开设专用账户，省总下拨资金27万元，区总配套15万元，按规定要求全部划拨到镇（区、街道）工会；基层工会开展大型活动，区总给予补助，大纵湖工会牵头承办的全区首届导游技能大赛，所需3万余元经费全部由区总工会下拨。

（顾泽荣）

共青团盐城市盐都区委员会

YanCheng City Yandu District Committee of the Communist Youth League

【概述】 2015年，全区各级团组织团结带领全区广大团员青年以“服务大局，服务青年”为统揽，以“教育引导，服务为先，组织保障”为抓手，围绕“坚持‘两高’追求、突出‘四区’建设”总思路，统筹兼顾，开拓创新，在提高团的服务水平、加强团的自身建设和创新团的工作手段上求突破，团的各项事业取得明显进步。

【徐晓调研共青团工作】 9月11日下午，团中央书记处书记徐晓到盐都调研基层共青团工作情况。团省委书记万闻华随同调研。市、区领导庄兆林、羊维达、冯明印以及团市、区委主要负责人陪同。徐晓一行调研大冈镇佳富村青年电商服务平台、郭猛镇杨侍村青少年综合服务平台等团工作阵地，听取相关工作情况汇报，对全区基层共青团工作取得的良好成效给予肯定。

【举办第十四届全国大学生机器人大赛Robotac】 7月11日上午，全国大学生机器人大赛Robotac在市一中隆重开幕。团中央学校部副部长石新明、全国学联执行主席杨子强，团省委党组成员、省少先队总辅导员姜东，副市长张京麒，团市委书记吴冈玉出席开幕式。开幕式后，石新明一行调研市一中共青团工作，并给予充分肯定。

【“我的中国梦、四色青春梦”教育实践活动】 年内，成立由专家、青年企业家、青年优秀典型等组成的“中国梦、青年梦”宣讲团，深入学校、社区、企业等一线阵地，举办以“强国梦”“和谐梦”“创业梦”“致富梦”“奉献梦”等为主题的宣讲，用群众的语言讲述自己的故事，诠释对中国梦的理解，点燃青年心中的梦想，为中国梦汇聚青春正能量，全区共3000余人次参与。基层团组织举办以“奋斗的青春最美丽”“与人生对话”等为主题的演讲比赛、座谈会、讨论会、宣讲会等活动40余场次，参与青少年5000人次，培养广大青少年对党、对祖国的深厚感情。

【服务青年创业】 年内，深化青年创业融资服务，推出“青年创业贷”、青年创

业"风险池"小额贷款项目，为创业青年设立小额贷款服务，并与江苏银行合作为创业青年提供贷款服务，共成功发放青年创业贷款300余万元。开展青年创业政策"四进"宣讲活动，联合经信、人社、工商、税务等部门，组建青年创业政策宣讲团，开展青年创业政策宣讲活动。举行青年创业典型报告会，邀请各类青年创业典型介绍创业事迹，分享创业经验，普及创业知识。建立青年创业导师库，邀请10名经验丰富的企业家、专业人士、政府职能部门负责人担任青年创业导师，按月开展青年创业培训、导师带徒、专家会诊等活动，为创业青年提供经验分享、项目指导、资金帮助、市场对接等帮扶工作，帮助创业青年提升能力，加快成长步伐。

【解决青少年民生问题】 联合区教育局、区红会和区慈善会，在全区范围内开展"微爱传递，助Ta圆梦"2015年盐都区希望工程圆梦助学行动，帮助家庭经济困难的优秀学生圆大学梦想，全区全年共有32名困难学生受到圆梦资助，捐助资金13.8万元。新建青少年综合服务平台2个，结成互助对子120个，实现关爱经常化。开展以"情牵留守儿童"为主题的公益活动，吸引4支三下乡大学生社会实践团队参与关爱留守儿童活动，以"希望来吧""青少年综合服务平台"为活动载体，围绕学业辅导、亲情陪伴、感受城市、自护教育、爱心捐赠等内容开展经常性服务活动。

【团的基层组织建设】 坚持"党建带团建、团建促党建"，充分发挥党的助手和生力军作用，突出基础，活跃基层，走进青年，在强化团的自身建设中进行新探索。将每月20日定为"团员统一活动日"，常态化开展"团员统一活动日"活动。加强非公企业团建力度，全年共新建非公企业团组织57家。积极打造集心理咨询、志愿服务、创业咨询为一体的青少年综合服务阵地。9月，团中央书记处书记徐晓专题调研青少年综合服务平台工作，并给予肯定。

（丁　毅）

盐城市盐都区妇女联合会

YanCheng City Yandu District Women's Federation

【概述】 2015年，区妇联团结带领广大妇女群众，围绕中心谋发展，关注民生办实事，突出重点创特色，获省妇联表彰江苏省儿童慈善"创新组织奖"，"投身志愿服务，争当爱心妈妈"关爱留守儿童活动获省文明办"文明江苏"志愿服务行动创新案例二等奖，荣获2015年度区直部门综合先进奖。

【实施巾帼创业工程】 拓展创业培训。依托成人校、再就业培训中心，发挥"妇女儿童之家""家长学校"等阵地作用，全年开展实用技术、职业技能等各类培训班16期，培训从业妇女和女性基地负责人1200多人次。5月，与区教育局联合启动"农村妇女网上行"基础技能培训工作，并在北蒋街道社区教育中心举行启动仪式，全区全年共有285名农村妇女接受网络培训。注重典型引领。组织开展区"十大巾帼创业之星"评选表彰活动，通过在盐都电视台制作播放巾帼创业专题片，在《双新盐都报》上开辟"创业之星风采录"专栏等多种途径，集中宣传十大巾帼创业典型。推荐学富镇宝丽斯新材料有限公司总经理袁健、大地红果蔬合作社负责人嵇晓霞分别获得盐城市十大巾帼创业之星和优秀巾帼创业之星称号，学富镇宝丽斯新材料有限公司被授予省级巾帼科技创新示范基地，帝佳妮服饰有限公司被授予省级来料加工示范基地，并获得省两万元奖补资金。区妇联到各镇（区、街道）调研，鼓励广大女企业家、女能手积极创建示范基地，组织条件成熟的基地申报省、市各级巾帼创业示范基地，10月初，5家单位被授予市级巾帼示范基地。加大资金扶持。开展银企对接活动2次以上，用足用好妇女小贷政策，注重在区域上向农村倾斜、项目上向农村种养加倾斜、对象上向农村低收入妇女和就业困难女大学生倾斜，让更多的妇女群众从中受益。积极实施"走出去"战略。7月，海选出3位参赛代表参加市"巾帼创业大赛"，其中学富镇宝丽斯新材料有限公司总经理袁健获得比赛二等奖。11月，盐城市妇联与常州市妇联共同举办南北对结活动，全区10名女企业家观摩活动，本地企业家与苏南企业家相互交流、学习。

【"妇儿民生关注行动"】 亲情关爱留守儿童。上半年开展"关爱留守儿童突击周"活动，集中时间、集中人力，通过区、镇、村三级妇联联动，民政、公安多部门配合，以村（居）为单位，登门入户，对留守儿童的家庭基本情况、困境类别、监护状况等排查摸底和需求评估，做到一人一档，实行动态管理，定期更新，不断完善。登记在册共计1335名。4月，向全社会发放征集爱心妈妈倡议书，建立困境儿童档案和爱心妈妈档案1490人次。5月，获省妇联表彰江苏省儿童慈善"创新组织奖"。7月6—8日，作为市关爱儿童行动工作典型在全省关爱留守流动等困境儿童工作推进会上作交流展示。针对留守儿童亲情缺失、心理问题频发等问题，和盐城市"心语心理健康服务中心"合作对接，7月，在楼王镇启动"社会组织关爱百名留守儿童"系列活动，依托定期心理健康测试、心理健康热线"88200100"、游戏互动，专业化、精准化对儿童进行心灵关怀，情感慰藉。切实维护妇儿合法权益。开展"三八"妇女维权周法律咨询宣传服务、"崇法尚德好家庭、好母亲"评选等系列活动6场。全年共化解婚姻家庭危机10余起，依法维护家庭成员的合法权益。积极推进新一轮八项实事的实施。募集资金16.5万元，资助109名贫困单亲母亲、孤贫儿童和两癌妇女。2月，为2名两癌贫困妇女争取全国妇联专项扶持资金2万元，春节前争取市妇儿工委贫困单亲母亲专项慰问金2万元慰问20名单亲贫困母亲，4月，争取永辉超市关爱贫困单亲母亲爱心卡2万元慰问20名单亲贫困母亲。6月4日，争取省级专项资金1.5万元，慰问全区15名贫困孤儿。

【推行"和美家庭培育行动"】 2月，组织开展区"最美家庭"评比活动，共有1870户家庭积极参与。4月下旬，积极开展平安盐都创建活动，下发创建相关细则，不断深化“平安家庭”建设，为“平安盐都”的创建、“幸福盐都”的构建添油加能。3月，推荐18户家庭参与市妇联举办的“崇法尚德好家庭、好母亲”评选。9月，与区老龄委等部门联合举办区“孝亲敬老之星”评选活动，多家单位、社区和广大群众踊跃参与，上报人选63人，30名优秀代表获得表彰。10月，向市妇联推荐表彰10名书香女性和10户书香家庭。

【开展强基固本行动】 年内，评选表彰区优秀妇儿之家和区最美女村官，制作专题片示范引领全区基层组织建设创新发展。争取省级示范妇儿活动中心及妇儿之家财政专项奖补资金18万元，于3月发放到位。7月，发动各镇(区、街道)共计35家村(居)争创省示范妇儿之家，奖补资金达到20万元。充分利用“妇女联系日”“三解三促”等活动，走访帮扶贫困妇女群众173人次，结对帮扶5户贫困家庭，协调解决矛盾问题130起。

【举办庆三八系列活动】 3月5日下午，全区纪念“三八”国际劳动妇女节105周年暨“巾帼绽放美丽，岗位再立新功”颁奖典礼在市一中会议室隆重举行。市妇联副主席须卫琴，区委常委、组织部长冯明印出席颁奖典礼，并为受表彰的先进集体和先进个人颁奖。颁奖典礼上，播放“妇女儿童之家”专题片、“巾帼创业”专题片、“文明家风示范户”宣传片、“最美女村官”宣传片，还表彰“十大巾帼创业之星”“巾帼建功标兵”“文明家风示范户”“最美女村官”“优秀妇女儿童之家”和2014年度妇女工作目标考核先进集体。3月4日上午，联合区体育局在盐城一中体育馆举行庆“三八”妇女运动会，全区20家单位的200多名妇女代表参加乒乓球、踢键子、跳绳、羽毛球等项目比赛。

【结对关爱留守儿童活动】 5月29日下午，区庆六一“凝聚爱心，温暖童心”“爱心妈妈”结对关爱活动启动仪式在大冈小学举行。区委常委、组织部长冯明印出席启动仪式。全区共招募583名“爱心妈妈”与农村孤贫儿童结对帮扶，并通过创办春蕾班、组织节日慰问等多种形式募集资金150余万元，累计帮助2700余名学生成长成才。招募的“爱心妈妈”，不仅有机关干部、企业家、企业职工、教师、银行职员，还有爱心家庭、爱心团队等。

【举办电子商务创业培训班】 8月21日下午，举办农村妇女电子商务创业培训班，全区160名巾帼示范基地负责人、农村女经纪人、巾帼创业标兵、女大学生村官听取阿里巴巴淘宝大学盐都籍讲师薛家刚关于电商操作实务、农村淘宝发展趋势、农产品电商平台运营的专题培训。通过培训，拓宽广大农村妇女视野、丰富创业理念、提高操作技能、增强自信心。

【开展“情满中秋·关爱留守儿童”活动】 中秋节前夕，组织多位“爱心妈妈”走进北蒋实验学校和部分留守儿童共度中秋佳节，为孩子们带来丰富的节日礼物，并邀请盐都心语心理健康中心老师通过游戏抢答、远方的来信、分享祝福卡片等环节，让留守儿童体会到父母外出打工的辛苦，学会感恩、学会珍惜，为留守儿童们营造一个快乐、祥和、团圆的节日氛围，促进留守儿童身心健康发展。

(吴蓉蓉)

盐城市盐都区科学技术协会

YanCheng City Yandu District Science and Technology Association

【概述】 2015年，区科协按照区委和省、市科协工作部署，本着“符合上级精神、切合地方实际、体现盐都特色”的总原则，以全力推进省级科普示范区创建为龙头，着力在助推经济发展、提升公众素质、服务人才项目、加强自身建设等方面实现新突破，各项工作取得了明显成效。区科协被市科协表彰为全市科协工作综合先进单位。

【创新创业工作】 组织电子商务知识电视专题讲座。11月8日，邀请区商务局电子商贸市场科副科长王楠做客盐都电视一套就电子商务知识进行专题讲座。着力加强企业科技专利信息推送和海智工作，组织10家企业参加企业科技专利信息推送培训会议，将专利数据推送到相关重点企业。全年共推送注册12家，上报应用成果案例1家。加强海智工作站建设，转发市科协关于海智工作站建设管理办法，并按要求培植并上报园区海智工作站1个。积极组织参加省创新创业大赛海智分赛，市卡洛泽科技有限公司设计总监王瑾、江苏汉印机电科技股份有限公司董事长牧青分别参加创意类、创业类比赛，其中王瑾参加创意类决赛。积极参与盐城海智人才(项目)对接活动，了解企业在人才项目方面的需求，组织3家单位参与现场对接洽谈。

【实施“企会协作”、科普惠农工程】 年内，区“企会协作”项目的数量、质量有新提升，新增协作项目9个。区水产学会与省水产三新工程项目基地——学富镇五车公司泥鳅繁育基地结成紧密型协作关系，共同研究泥鳅苗种繁育技术获得成功。该公司规模化繁育和供应商品鳅苗种，填补区泥鳅苗种场的空白，解决盐都及周边泥鳅养殖户的需求。做强科普惠农“双百”工程品牌，新签约对接项目15个，组织30多名农技专家深入田头塘口开展技术服务100多次，举办10多期科技示范大户培训班，培训400多人次。积极向上推荐先进典型，以典型引领提升“双百”工程的质量。推荐好友渔业专业合作社、扬帆家庭农场科普惠农服务站被省科协命名为省级科普惠农服务站；加兵农机专业合作社、北蒋街道童成村、张庄街道龙海村科普惠农服务站被市科协命名为市级科普惠农服务站。推荐盐城仰徐现代农业科技有限公司科普示范基地、畜牧兽医学会徐东华分别被国家、省表彰为科普惠农兴村计划先进单位和个人，获奖补资金22万元。

【公众科学素质工作】 充分发挥职能推动作用。年内，按照“政府推动、全民参与、提升素质、促进和谐”的指导方针，充分发挥《纲要》实施工作牵头部门的职能作用，及时调整区全民科学素质工作领导小组成员，协调做好省“十二五”末《纲要》实施工作的检查验收。

【青少年科技创新教育活动】 共建机器人科技创新工作室，为培养全区青少年创新创造意识，推动全区机器人科技创新教育，年内，区科协与市二小签定协议，科协出资15万元，与市二小两家联手共建“盐都区青少年机器人创新工作室”。举办机器人科技教育辅导员培训班，6月，与教育学会联合，以市二小机器人创新工作室为平台，对部分科技辅导员进行机器人科技创新内容的培训，提升对机器人工作室使用、培训、竞赛等知识的了解，增强业务指导能力。联合区教育学会、区文化馆指导毓龙路实验学校创作、编排校园科普剧《大自然的密码》，11月，参加省7个厅委举办的第四届全省科普剧创作会演比赛，获得少儿组创作表演优秀奖。指导区实验学校成功创建成省级青少年科学教育特色学校。指导市二小开展校园科技周活动。组队参加省科技竞赛，11月21—22日，毓龙路实验学校、市二小参加在大丰区主办的江苏省青少年科技竞赛系列活动盐城市选拔赛，市二小在比赛中取得较好成绩，2人获一等奖，3人获二等奖，15人获三等奖。

【主题科普活动】 5月下旬，联合区委组织部、宣传部、商务局、尚庄镇政府在尚庄番茄主题科普公园举行区第27届科普宣传周活动启动仪式，现场开展科普展览、科技咨询、科普互动、科普谜语竞猜等一系列科普宣传活动。组织科普文艺巡回演出活动。科普宣传周和科普日期间，花费3万余元邀请市淮剧团创作科普专场文艺节目，深入到部分镇进行巡回演出，提升公众科学素养。联合区电视台开设电视科普大讲堂栏目，栏目遵循“普及科学知识、倡导科学方法、传播科学思想、弘扬科学精神”原则，突出“节约能源资源、保护生态环境、保障安全健康、促进创新创造”主题，由区属学会根据各自工作特点，组织专家学者进行电视科普讲座。参与“文明科普旅游盐都行”活动，年初，在区文明办牵头组织下，区旅游局列出每月要开展的旅游节日，区科协积极参与，因节而动，利用自购的72块高品质的流动展板做到场场见科普。分别参与龙冈桃花园采摘节、潘黄仰徐葡萄采摘节、盐都区首届台海菊花节和尚庄番茄狂欢节，活动现场进行科普展览。

【增强科普服务能力】 年内，按照科普信息化建设要求，按照“三级”联动机制，加强科普设施建设，积极引导有条件的镇（区、街道）、村居、学校推进各具特色的科普服务站、科普分会、科普教育基地建设，提升全区科普资源的普及率和共享率。加强基层科普设施建设经验宣传报道。其《建立“三级联动”机制，推进科普设施建设》的经验做法在5月8日《江苏科技报》上进行宣传报道。投资5万余元购置河南麦吉全真数码技术有限公司制作的流动式标准型、环保节能型科普展板72块，300余张科普展图。年内，到4个镇、街道进行巡回展览。投资2万余元，配合区委宣传部在大纵湖镇三官村建设盐都文化科普大院，使游客在旅游的过程中接受科普知识，提升科学素质。

【科普示范创建】 年内，坚持把科普示范创建作为提升科普工作成效的重要手段，积极参与国家、省级科普示范区的创建申报，并按“六有”（有牌子、有人员、有经费、有台帐、有活动、有场所）要求，进一步推进基层规范科普工作台帐资料，提升基层科普工作水平。成功创建成省级科普示范区，大纵湖镇、新区福利社区、秦南镇泾口村分别成功创建成省级科普示范镇、科普示范社区和科普示范村。

【人才服务工作】 根据市第五届十佳科技标兵和第八届优秀科技工作者评选表彰活动要求，年内，市兰丰环境工程科技有限公司总经理范兰被表彰为全市十佳科技标兵，江苏华东砂轮有限公司董事长、高级经济师陈瑞和被表彰为全市优秀科技工作者，渔琪电子商务交易中心负责人丁晓国入选《江苏省科协海智工作集萃》海智人物篇，史高勤被省人社厅、省科协、省公务员局联合表彰为全省科协系统先进工作者（区科协推荐）。积极招引人才。积极主动参与盐城海智人才（项目）对接活动，深入大冈、张庄工业园区了解掌握企业在科技人才方面的需求，并将省市科协提供的海外人才装订成册分发到企业，让企业寻求适合的海外人才。通过江苏海智网、国际技术转移网、国际科技资源转移网等网络载体向外发布需求人才10个，让海外人才寻求适合的企业。12月1日，在盐城海智对接活动中成功对接3位海外专家并签定意向性技术服务协议。主动搭建平台。认真组织2013—2014年度自然科学优秀学术论文申报工作，全区共征集学术论文68篇，其中一等奖1篇、二等奖3篇、三等奖15篇，获奖数列全市之首。

【规范组织建设管理】 年内，与民政局、农委沟通协调，研究制定《关于进一步加强农村专业技术协会建设与登记管理工作的通知》，明确基层农技协组建原则、组建模式、组建条件、组建程序等，为抓好基层农技协组织工作奠定基础。

（马贤兵）

盐城市盐都区文学艺术界联合会

YanCheng City Yandu District Federation of Literary and Art Circles

【概述】 全区文联工作以习近平文艺工作座谈会上的讲话精神为指导，始终坚持“二为”方向，贯彻“双百”方针，认真学习和弘扬社会主义核心价值观的重要思想，唱响主旋律，传播正能量，克服经费、人员等方面的困难，紧紧围绕全区的中心工作，抓创作、促繁荣，建阵地、搭平台，重展示，惠民生。通过联络、协调、服务、指导，引导会员积极投身文艺创作，创造性地开展一系列活动，使全区的文艺事业呈现出健康、蓬勃发展的良好局面。

【文化活动展示“文化盐都”建设新风采】 全年开展各类公益性展演展示活动260多场次，惠及群众50万人次。常态开展“三送工程”，共送戏68场次，送电影3600多场次，送图书1.8万余册。全年举办“百姓大舞台”广场文艺演出12场，举办各类讲座、比赛40多场次，承办各类大型演出近20场，承办高层次书画艺术展览8场。11月，市淮剧团大型原创现代淮剧《菜籽花开》赴京在中国评剧大剧院参加“戏曲现代戏优秀剧目南北交流展演”，全国政协副主席、中国文联主席孙家正向剧组发来短信："小戏演绎真情大义。向编、导、演及全体演职人员表示真诚的祝贺和感谢！"。区音协女子合唱团、少儿合唱团参加江苏省紫金合唱节盐城地区的选拔赛并赴南京参加省比赛，取得较好成绩。承办省演艺集团民族乐团在区文化艺术中心举办新年音乐会，市区领导及1000多名群众享受到高雅的音乐盛宴。为纪念抗战胜利70周年，举办江苏省三大男高音音乐会。市淮剧团精品现代折子戏《人间万象》在省现代美术馆开幕亮相"苏风艺韵"轮展轮演。组织文艺团体开展精品剧目"文化惠民"演出季（春、夏、秋、冬）。根据群众迫切需求，新排《断桥》《赶脚》《金水桥》《探寒窑》等古装节目，恢复《大凤闹店》《吴二赖讨田》等小戏；编排《荒唐夫妻》《出发之前》等小品节目。所有活动免费赠票，每季在基层连演三场，群众观看后，反响强烈，好评如潮。承办、举办迎新春美术书法作品（邀请）展、纪念抗战胜利70周年书画系列展：勿忘历史珍惜和平书画展、新四军主题书画展、共和国将军书画展；"海天墨韵"盐城·秦皇岛两市书法作品新年联展、中国美术家第十九届江山行画展、全国名家作品邀请展、廉政文化主题书画作品展等。

【精品力作提升"文化盐都"建设新形象】 年初，承办省第二届艺术展演月演出，镇江市扬剧团、宿迁市柳琴剧团到盐都倾情演出。大型现代淮剧《菜籽花开》应文化部中国戏曲现代戏研究会邀请在北京、天津演出。大戏剧本《古城拉魂》搬上舞台，并参加江苏省第二届艺术展演月展演和文化部华东六省一市抗战题材戏剧展演。苏北首部原创小剧场话剧《孩子妈，咱们恋爱吧》公演。国画《芦花深处有雁声》等9件作品获市政府文艺奖。王书龙、陈明获盐城市首届"盐渎文化奖章"，全市仅5人获此殊荣。大型现代淮剧《半车老师》获国家艺术基金资助单位，并与国家艺术基金正式签约。出刊《大纵湖》杂志6期，开辟文学创作理论、精品、新作，戏曲、书法美术等栏目，出刊《盐渎》杂志4期，扩大交流，广受好评；曹禺之女、著名剧作家万方视察《盐渎》杂志社，勉励杂志社"办出个性，办出特色"。区文联与北京少儿出版社合作，成功举办李有干、曹文轩、曹文芳"感恩"系列新书发布暨作品研讨会，贺绍俊、邵燕君、李云雷、刘颋、杜传坤、李国强、李天舒、安武林等一批国内知名的评论家、出版人出席。区音协女子合唱团参加江苏省紫金合唱节盐城地区的选拔赛获得一等奖。为鼓励多出精品，研究出台盐都政府文艺奖，重奖文艺工作杰出人才和优秀作品，调动广大文艺工作者创作更多更好的艺术作品。

【人才队伍实现"文化盐都"建设新跨越】 繁荣文艺，人才为先。着眼于"珍惜人才就是培育精品"的理念，着眼于精品生产，培养优秀中青年文艺人才，加大对本土文艺人才的培养和使用。同时注意发挥老文艺家的优势和作用。联合市作协开展"深入生活，扎根人民"主题教育实践活动暨市作协2015年理事会在大纵湖三官村召开，部分作家在大纵湖、郝氏故居等地采风；充分发挥全国现代戏创作基地的作用，促进戏剧艺术的进一步繁荣发展。中国戏剧家协会第七届中青年编剧研修班在盐都开班。中国戏剧家协会分党组书记、驻会副主席季国平，中国戏剧家协会副主席罗怀臻等亲临授课。省文化厅副厅长吴晓林，中国戏曲现代戏研究会会长姚欣，省戏曲现代戏研究会会长刘俊鸿等参加开班动员。区音乐家协会社会教育基地在乐嘉琴行隆重挂牌成立。基地中心面积1000多平方米，开设艺术、文化等各类教育培训课程，以传统文化为根基，结合现代教育理念，陶冶情操。盐都报《大纵湖副刊》不断推陈出新，在内容形式上注重文学性，推出充分展示文艺工作个人艺术成绩的盐渎人物专刊，区政府网站开设文化盐都频道，开辟网上文化阵地，为广大文艺人才提供展示、交流平台。（徐志玉）

盐城市盐都区红十字会

YanCheng City Yandu District Red Cross Society

【概述】 区红十字会紧扣"全市领先、全省率先、全国争先"的目标定位，围绕五届六次理事会确定的工作任务，立足引领未来发展，以提升质效为中心，扩大内涵为重点，统筹推进组织建设、募捐筹资、应急救护、志愿服务等各项业务，圆满完成"十二五"目标任务，保持区域发展领先态势，并在促进改革、服务大局、普惠民生进程中作出新成绩，打造盐都红十字事业发展新高地。

【基层组织建设】 引入"互联网+"思维，建立信息化工作机制，推动基层组织向共建共享、互联互通的智慧红会迈进。年内，推进镇（区、街道）、行业、系统红十字组织"五化"（办公信息化、资料档案化、运转规范化、救助数字化、发展特色化）建设，实现OA系统办公、资料纸质档和电子档双重备份、工作运转电子和影像记录、系统内各类组织打破时间空间限制进行互联互通，提高工作效率和水平。

协调好基层组织与所在系统、区域其它部门、社会组织关系，释放基层组织的潜力，提升“决策、执行、协调、公关”能力，带动工作质效的提增。通过现代远程技术，优化村居红十字会组织形态。转化后的113个会员小组、19个志愿服务基地和8个红十字示范村各自职能明确，作用发挥突出。行业红十字会组织化程度进一步提高，依托相关镇（区、街道）特色产业优势，推进企业红十字组织行业化，破解红十字组织在物资外运、会员发展、资金募集、志愿服务等工作的瓶颈，为区域红十字事业发展营造良好环境。

【博爱救助金募集】 坚持自愿前提，突出市场导向，注重政策扶持开展募捐筹资。继续推行“政府政策引导、红会主体担责、镇区部门协同、社会共同参与”的筹资模式，出台鼓励区直机关在节余的公用经费中向博爱救助金捐资的政策，巩固博爱救助金筹资主渠道。加强募捐筹资队伍建设，加大筹资宣传、劝导力度，提高筹资效果。坚持对工商企业劝募，并落实有关减免税政策，稳定与捐款企业的沟通联系。遵循市场规律，为区域内爱心企业、企业家和成功人士参与公益帮扶困难群众搭建平台，永宁实业“存本用息”公益基金，神龙控股冠名自救互救知识竞赛、华鸥实业结对周边居民，盐都籍香港市民陈金发固定资助大病患者等，起到很好的示范带头作用。全年在各有关方面的支持下，红十字博爱救助金筹资总额达到300.29万元，继续位列全市第一。加强博爱救助金的使用与管理，发挥红十字博爱救助金使用管理监督工作委员会的作用，定期不定期请委员会对救助金使用管理进行监督和检查；坚持请区审计部门按年度对救助金进行审计，并向常务理事会、理事扩大会报告救助金使用情况。

【应急救护培训】 坚持把掌握自救互救技能、提高应急能力作为备灾救灾体系建设的核心。继续实施省政府公益性应急救护百万培训项目，与安监、教育、卫生等部门通力合作，开展对公务员、幼儿教师、乡村医生、高一新生、工厂安全员、电工、公安干警、导游、公共场所从业人员等十类对象的22期88个班次培训，培训初级救护员4301人，占省、市下达任务数的430.1%，升级应急救护网上报名、学习、训练、考试系统，提高培训效率和反馈速度。实行区镇联动，集中群众开展普及性培训43场次，培训11201人，占省、市下达任务数的124%。将应急救护培训和学校教育有机融合，确立高一新生全员救护培训纳入军训内容，高中毕业证书和初级救护员证书双证合格制度，于秋学期将小学五年级和初中一年级生命安全教育课程纳入教学计划并认真实施，为全国首家。注重灾害及自救互救知识的社会性普及，加强重点部位应对突发事件的演练，组织“神龙物流杯”全国红十字青少年自救互救知识竞赛活动，共有4万名青少年会员参加，区红会被中国红十字会总会表彰为最佳组织奖一等奖。进一步完备备灾救灾中心应急设施和装备，将公路沿线9个红十字急救点整合为4个承担市急救中心在城西南片区急救功能的规范急救点；加强应急救援专业队伍的建设，指导镇（区、街道）红十字会完善应急预案，强化应急处置的流程，并纳入政府综合应急体系。

【人道救助品牌】 连续第11年在春节前开展“博爱送万家”活动，投入96.1万元款物，对核定的10类困难人员2400多人次进行登门慰问，区四套班子和分管负责人全部参与活动，区会常务理事会成员全部参与慰问。年内，博爱助医工作投入32万元，协作单位配套近80万元，为困难群众免费手术43台次，减免医药费和检查费3300多人次；同时争取国家有关基金支持，依照程序为数名先心病和白血病患儿每人申请3万元治疗款。联合教育主管部门，发挥教育红会作用，在全区开展“温暖送学子、博爱百校行”“金秋圆梦助学大行动”“大手拉小手” 等博爱助学项目，资助各类困难中小学生1420多人次，投入和配套超过90万元。全年共接待各类来会求助的困难群众1400余人次，其中依规范实施救助近1000人次，群众满意度连续9年保持100%。通过冠名基金定向使用、专题慰问方式实施博爱助老项目，年内投入29万余元，资助帮扶建国前老党员、困难老人和村居、社区孤寡、空巢、敬老院老人450多人次。联合卫生、残联等部门，落实麻风村残老休养人员和龙冈培智校、聋哑学校在校学生关爱助残项目，投入10万多元款物，定向帮扶120余人；加大对区红会主办、精神病防治院承办的共享阳光工作站的扶持力度，投入20万元，对全区5400多名精神病患者落实康复训练、心理干预、就业指导、生活关爱等服务措施。继续办好具有盐都特色的博爱超市，在原来“政府主导、红会主办、商家参与、群众受益”运行模式的基础上，邀请审计、监察部门参与到博爱超市的运行监管中。全年共发放博爱资助卡2250份，其中区会752份，投入经费33.84万元。

【志愿服务工作】 按照“自我组织、自我管理、分工协作、形成优势”的要求，针对群众需求，发挥专业志愿者工作委员会和服务队的作用，推进具有鲜明红十字特点的志愿服务行动。年内，根据社会需求和志愿者本身实际情况，建设便于活动开展的不同形式的服务基地，建好敬老助残、心理疏导、月关妈妈、爱心暖巢等专业和功能性服务基地19个，应急救援、老年护理与康复两个志愿服务基地完成前期工作并发挥相应作用。开展具有鲜明红十字特色的志愿服务活动。区无偿献血志愿者工作委员会在区会和各镇（区、街道）、行业红十字会的支持下，共组织15场次集中无偿献血活动，结合街头临时献血，参与人数达3450人，献血总量超100万毫升，其中区直机关136名志愿者连续第4年参与“迎国庆、献爱心”无偿献血活动，成为区直机关精神文明建设的品牌；区造血干细胞捐献志愿者工作委员会连续第9年组织“点燃生命新希望、爱心相随百人行”造血干细胞采样志愿者招募活动，新招募志愿者111人，全区造血干细胞捐献志愿者总数达到1539人。加大对遗体、器官捐献登记志愿者的关爱力度，定期走访和询问他们的身体健康和生活情况，给其中生活困难的对象提供人文关怀和人道关爱。推进志愿服务项目化进程。加大“月光妈妈”“暖巢使者”招募力度，全区月光妈妈结对留守儿童总数达到512人次，暖巢使者结对空巢老人达389对，积极实施关爱行

动，从生活起居、学习辅导、安全保障、慰问照料方面履行服务职能，使护老爱幼之风盛行盐都。运行艾滋病毒携带者关爱行动和新生儿残障筛查与康复指导志愿服务项目。加强与区域内共青团、妇联、宣传以及组织部门的志愿服务工作的融合协同，放大红十字志愿服务工作成效。

【博爱文化传播】 年内，博爱文化传播队伍进一步壮大，着眼引导主流，把握主动，跳出区域限制，补充新鲜血液，吸纳大市区主流媒体和新兴媒体从业人员进入区红十字新闻与传播志愿者工作委员会队伍，壮大博爱文化传播的专业志愿者队伍，并充分发挥他们在活动宣传、舆论引导、思想熏陶方面的积极作用，提升盐都博爱文化传播的针对性、有效性。新闻与传播志愿服务队被盐城市文明办、市红十字会联合表彰为优秀红十字志愿服务组织。博爱文化传播载体更加专业。6月初，在全省县级红会首家运行“博爱盐都”微信公众平台，系统宣传人道理念、传播红十字运动知识、展示盐都红十字工作现状和风采；运用《双新盐都报》、盐都电视台、中国盐都网、盐都情况、盐都通讯等传播渠道，稳定与中国新闻网、江苏文明网、新华报业集团的联系，宣传人道理念、传播红十字运动知识、展示盐都红十字工作和志愿者风采，创造良好的内外舆论与发展环境。博爱文化传播方式更加多元。注重多部门的联合宣传，参与9·20公民道德宣传日、12·4法制宣传日多部门的综合宣传；选拔人员参与国家和省市红会的好新闻评选活动，共有4人分别被总会和省红会表彰；积极开展第七个红十字博爱月活动，先后组织13场次8项活动，共有7000多人次参加。按照总会和省市要求，加强报刊的征订和宣传工作，年度宣传工作被中国红十字会总会表彰为二等奖。

【学校红十字会工作】 年内，依托“学生资助中心”平台完成审核并发放普通高中国家助学金1450人计142.5万元，资助中等职业学校全日制在籍在校困难学生855人，计128.25万元，义务教育阶段共发放4594人，计258.8万元，学前教育共发放1727人，计86.35万。秋学期为全区135名困难大学生办理生源地助学贷款，计98万元；为95名普通高校毕业生（农村任教工程）办理学费补偿工作，计182.6640万元，在全省年度学生资助工作绩效评价中总分排名全省第四。在做好学生资助工作的同时，教育红会集中力量配合区红会强化区直学校红十字工作的整体推进，在博爱救助金募集、高一新生应急救护培训、自救互救知识竞赛、应急逃生演练、无偿献血、造血干细胞采样、报刊宣传方面充分发挥主导和协调作用，年内相关工作也得到总会表彰。依据属地管理原则，强化乡镇对学校红会工作的主体责任。各镇（区、街道）按照“一根红线”（以贯彻落实学校红十字会工作规则为红线）、“两个确保”（确保学校红十字会工作规范化、持久化）、“三个结合”（学校红十字会工作与国家的教育方针相结合、与推进教育优质均衡发展相结合、与人道理念和博爱文化传播相结合）和“四个到位”（管理责任到位、业务指导到位、工作开展到位、支持推动到位），在会员发展、业务培训、活动组织、宣传推动等工作上加强对学校的指导与互动，形成常态，并配合区红会部署，适时开展募捐筹资、无偿献血、红十字知识竞赛、“大手拉小手”“春蕾助学”等集中活动，形成学校红会工作制度化、人道帮扶校园化、纪念日活动多样化、救护培训规范化、大型活动协同化态势。鼓励特色塑创，丰富学校红十字工作的内涵。市一中的消防安全宣讲队、龙冈中学的珍惜爱生命教育、市二小的小志愿为大世界增添光彩、神州路中小学和龙冈幼儿园的关爱留守儿童、秦南小学德育和红十字共建项目，成为学校的特色品牌。年内，教育系统红会组织学校红会会员参加全国红十字青少年红十字运动和防灾减灾知识竞赛获最佳组织一等奖，宣传工作被总会表彰为先进集体三等奖。

【创新区域工作特色】 年内，顺应形势发展，利用盐都研究基地，加强与红十字运动最优团队的联系，进行实务研究，总结工作经验，把握事业发展趋势、指导全区红十字工作开展和事业发展。顺应特殊关注，优化国家首创的共享阳光工作站运行，对分散的精神病患者、艾滋病毒携带者、吸毒人群、麻风残老以及筛选出来的新生儿残障患者，划区域、定对象进行家居帮扶、就业培训、心理疏导、康复指导、经费资助等方面的跟踪服务，增加地方配套，实现特殊人群关爱工作制度化、体系化。顺应民众呼声，发挥好旧衣物接收站作用。组织旧衣物集中接收月活动，累计接收旧衣物超过10万件，并经过规范处理。12月，依需求将价值16万余元的过冬衣物及生活用品，通过凉山州红十字会，运赠给四川省凉山彝族自治州西昌市四合乡中心小学中的困难学生。顺应企业需求，按“本金自定、专户管理、存本用息、指定用途”的原则，建立企业“存本用息”冠名基金，认领公益项目。江苏永宁实业投资集团在全区率先实施此制度后，连续第2年开展实施项目，起到很好的示范作用。顺应民生需要，推进企业“博爱救助金”制度。按照“企业按利润或销售收入出资、红会提供政策指导和业务监管、指定受益范围和标准、纳入本地社会公益救助范围”的原则，新吸纳神龙物流、华晓医药建立“博爱救助金”制度，使全区企业救助金总额超过900万元，受益超过1000人次以上。

（陈国庆　王金海）

盐城市盐都区工商联（总商会）

YanduDistrict Yancheng Federation of IndustryandCommerce

【概述】 以守法诚信为重点深入开展理想信念教育实践活动，积极引导非公有制经济人士适应经济新常态，提振发展信心，主动应对挑战，抢抓机遇，提升发展境界，不断增强工商联（总商会）组织的凝聚力和影响力，为促进非公有制经济健康发展和非公有制经济人士健康成长做出新贡献。

【发挥企业金融互助平台作用】 区中小微应急互助基金协会于2014年9月组建，经过一年多试运行，初步走入正轨。经过会员企业共同努力，在帮助解决会员企业向银行续贷过程中出现的临时性借款难题上发挥作用。全年共办理67笔互助业务，互助金额达12851万元。基金的成功运作，避免企业因暂时性资金不足而陷入经营危机，逐步得到企业、银行、政府认同。

【异地商会、友好商会建设】 为广泛联系盐都籍在外客商，鼓励其支持家乡的发展，5月初，应部分盐都籍在重庆创业者的要求，经过三个多月的调研、走访、筹备，7月，成立以盐都籍企业家为主体的重庆市江苏商会盐城分会。广泛开展对外联络工作，推动企业间的交流与合作，在联络交往过程中，利用各种机会向外地商会宣传盐都，介绍盐都的新变化。组织部分非公有制经济代表人士到重庆、宁夏等地考察访问，缔结了两家友好商会。

【加强民营企业宣传培训】 6月，推荐盐城市昶桦户外用品有限公司董事长严正华，作为盐城市五好出资人的候选人之一，加强对民营企业的宣传力度，通过电视、报刊等各种渠道宣传民营企业中的先进类型，组织部分民营企业参加质量管理和名牌创建，经济形势报告会等讲座培训。商讨应对金融危机的办法和措施，交流管理经验和企业文化建设的体会，交流企业经营管理战略和现代科学管理知识。5月，推荐盐城市宏天工程咨询有限公司总经理郑加宏、江苏长城石油装备制造有限公司副总经理郭小芳参加盐城市经济和信息化委员会、盐城师范学院举办的盐城市中小企业主管研修班。8月，组织江苏华兴集团、江苏永宁实业投资公司等8个企业负责人，参加省工商联在淮安市举办的“以互联网+时代民营企业诚信经营与依法维权”专题辅导报告会。

【参政议政】 年内，围绕鼓励和引导非公有制经济健康快速发展主题，针对民营企业转型升级、促进中小企业发展、完善全区民营经济发展环境等问题进行调研，并将《推动企业文化建设引导民营经济健康快速发展》作为工商联的集体提案，提交区“两会”，得到重视。通过人代会、政协会和其他民主渠道，发挥工商联参与国家和社会事务管理的政治协商和民主监督的职能。工商联会员中有市区两级人大代表和政协委员20多人，年内，工商联届别的人大代表和政协委员就社会经济中的重大问题共提出议案提案20多件。

【建成全国“五好”县级工商联】 按照全国工商联的统一部署，充分发挥自身优势，切实发挥县级工商联的主体作用，积极组织开展“五好”（领导班子好、会员发展好、商会建设好、作用发挥好、工作保障好）县级工商联创建工作。在省级工商联调查申报和全国工商联的实地抽查、全面复核的基础上，经全国工商联2015年第6次主席办公会议审议通过，全联厅字〔2015〕19号文，5月22日确认盐都区工商联（总商会）为“五好”县级工商联。区工商联（总商会）还先后荣获“全省先进集体”和“全市组织建设先进单位”等荣誉称号。

（王志平）

盐城市盐都区归侨侨眷联合会

YanCheng City Yandu District Federation of Retruned Chinese and Relatives Overseas

【概述】 2015年，区侨联工作围绕“打造新高地、迈上新台阶”总定位和国家省市侨联会议精神，不断开阔侨联工作视野、拓宽侨联工作领域、创新侨联工作内容、提升侨联工作水准，完成全年目标任务，关爱侨界空巢老人工作得到省侨联的表彰。

【助推经济发展】 年内，区侨联围绕中心、服务大局，充分运用海内海外“两个平台”，积极发挥财力智力“两个资源”，主动配合区有关部门开展招商选资、招才引智工作，在促进盐都经济社会又好又快发展中发挥积极作用。重视区内侨港资企业的服务工作，关注侨企发展状况，倾听侨企意见呼声，与区侨办一起开展侨港资企业的走访，积极帮助侨企排忧解难，维护企业合法权益，得到市人大港澳委肯定；9月，协助区侨办在德国科隆成功举办招商恳谈会，组织区内侨资企业积极参与由省侨联、商务厅、国税局、地税局、贸促会、国际商会、侨商总会联合开展的“江苏优秀侨资企业”评选表彰活动，激励侨资企业为建设新盐都作贡献，江苏晋万置业入选；按照区委部署做好盐龙街道蟒南村董金标、陈金风2户特困户脱贫工作，介绍其到附近企业上班，既能照顾家里病人又能有稳定收入。争取省侨联30件新棉衣，在寒冬里给区内30户特困老人送温暖。

【提升建言献策水平】 发挥侨联代表委员界别作用，认真参政议政。年内，区侨联不断强化侨界代表委员的责任意识，引导他们主动、自觉、积极地参与政治协商和民主监督，支持他们为侨界群众的切身利益表达意愿，参政议政能力不断增强，建言献策水平和质量不断提高。区“两会”期间，侨界代表、委员向区人大提交议案3件，向区政协提交团体提案4件，多数提(议)案得到督办落实。在区“两会”上，张春梅、张石广、周菊等侨眷被评为优秀委员并登台接奖。

【服务侨眷】 面对侨情变化的新形势、坚持树立以人为本的理念，提高服务意识，深入了解归侨、侨眷和海外侨胞所思所想，依法维护他们的权益，真心实意为广大侨胞做实事。在春节、中秋期间开展上门走访慰问与茶话恳谈活动；在高温天气开展送清凉活动；为20位重点代表人士的父母连续10年订报纸；与区相关部门牵头的居家养老相结合，对空巢侨眷家庭进行认真细致的调查，对特殊困难家庭给予帮扶，为空巢侨眷老人实施生活照料、心理抚慰、健康咨询、文体健身等关爱服务，认真做好侨界群众的维权工作，全年共帮助协调解决侨眷在购车、买房、拆迁、上学、工作和工资遗留问题7个。

【胡国赞参观考察胡乔木故居】 1月15日，中国华侨公益基金会副会长胡国赞一行参观考察中国名人胡乔木故居和纪念馆。胡国赞系菲中友好协会永远荣誉会长、世界胡氏宗亲联合总会会长、中国华侨公益基金会副会长、香港金龙科技集团有限公司董事局主席，曾多次为内地捐资兴建侨心小学、设立奖学金、扶贫助困、抗震救灾等社会公益事业方面献爱心，积极弘扬爱国主义精神，维护祖国和平统一和社会和谐，热心参与各项社会活动，被国家列为“爱国爱乡”侨胞典型，被授予“中华杰出慈善人物”“爱国之星”“世界杰出华人企业家勋章”等称号。

【“关爱侨界空巢老人春风行动”】 4月8日，全市侨界志愿者“关爱侨界空巢老人春风行动”活动现场会在盐都召开。在启动仪式上盐都新区顾斌代表侨界志愿者宣读“春风行动”倡议书，承诺“四个一”服务(每月电话问候一次、每季度上门探望一次、每半年办一件实事、每年组织一次集体活动)。“春风行动”启动仪式后，全市参会人员参观盐都侨界志愿者结对侨界空巢老人开展的精神抚慰、娱乐休闲、健康辅导、法律援助活动现场，会后志愿者陪同侨界老人前往生态大洋湾踏青赏樱花，得到与会人员好评。

【赴如东县、溧阳市侨联学习考察】 为进一步加强各区县市侨联的联系和交流，学习先进区县市侨联的工作经验，4月22日，盐都和大丰区侨联机关干部和侨界委员代表一行共8人，赴常州溧阳市侨联、南通市如东县侨联学习考察。在溧阳，考察团参观考察侨资企业江苏德盛食品有限公司和该市的城镇建设及旅游业的发展状况；在如东，参观考察林克斯温泉小镇、沿海经济开发区和县侨商会会长单位——南通大东有限公司，实地考察洋口港开发建设情况。在座谈交流中，溧阳、如东、盐都、大丰四区市县侨联负责人分别介绍各自侨情、侨联组织的基本情况和工作亮点。就如何更好地结合各自的实际，依托当地的侨力资源，发挥好各自侨联的优势开展好工作交换意见。

【观看抗战华侨华人图片展】 9月23日，区侨联组织侨界代表人士到盐城新四军纪念馆，观看“中国人民抗日战争暨世界反法西斯战争中的华侨华人图片巡回展”。侨界人士通过观看抗战中华侨华人图片展深受教育，表示要以抗战中华侨华人为榜样，努力工作，积极发挥侨联的纽带作用，为家乡建设贡献力量。

【肖紫英会见王荣虎一行】 11月13日，市人大常委会副主任肖紫英会见德国华人、德国IBM公司高管、南大欧洲校友会联合会主席王荣虎一行。市侨联主席季卫军、副主席李永红，区委统战部长王益林、区外侨办主任吕洪明、区侨联主席陈荣山参加会见。王荣虎系北龙港人，任德国IBM公司高管、南大欧洲校友会联合会主席、南大德国校友会理事长、中欧经济科技人才交流促进会主席、全欧华人专业协会联合会理事、中德学生学者团体联合会理事。在德国30年期间曾为中德双方及地方经贸合作、科教文卫交流做出积极贡献，成为民间“友好大使”。肖紫英感谢他对中德双方和家乡做出的贡献，祝贺他被聘任为盐城市首届侨界专家委员会副主任，希望他发挥海外侨胞具有国际视野的优势，学习借鉴德国工业4.0经验，为盐城“十三五”经济社会发展建言献策，多做“民间外交”工作，为“建设新盐城、发展上台阶”贡献侨智、发挥侨力、再立新功。 （宋莺萍）

盐城市盐都区残疾人联合会

YanCheng City Yandu District
The Cause of the Handicapped

【概述】 2015年，全区残疾人工作围绕“加快推进残疾人小康进程”的发展目标，以深入推进“两个体系”建设为主线，以残疾人社会救助、教育就业、康复为重点，开拓进取、实干争先，进一步推动残疾人事业发展。

【表彰优秀助残单位和个人】 4月，区残工委对优秀助残团队和优秀助残阳光使者进行通报表彰，授予大冈镇残疾人躬休乐园、市爱因子罕见病关爱中心、盐都区居家养老(社会助残)服务中心、盐城邮政局大冈支局（助残邮路支队)4家单位“盐城市盐都区优秀助残团队”称号，授予李忠、潘良中、嵇小霞、李勇、束长勇、陆才荣6人“盐城市盐都区优秀助残阳光使者”称号。

【打造助残典型】 年内，肢残协会副主席杨长春自筹资金5万元，在大冈兴隆村创办“躬休乐园”。区残联予以资金、设备等方面支持，并积极向省、市、区推荐其先进事迹。杨长春先后被评为“盐城好人”“全市自强模范”“江苏省自强模范”。

【完成残疾人专项调查工作】 1月，全面启动全国残疾人基本服务状况和需求专项调查工作。工作中做到组织到位、队伍到位、培训到位、经费到位、督查到位。3月12日，代表市顺利通过省残疾人专项调查办公室验收督查组的检查验收。10月，盐都区被省残工委授予“残疾人专项调查先进集体”称号。

【通过省级残疾人就业服务所规范化建设验收】 3月，全面对区残疾人就业服务所进行规范化改造，完善软件、硬件设施，工作人员持证上岗率达80%，5月，通过省级残疾人就业服务所规范化建设验收。

【推进惠残民生工程】 全年共向2108人发放护理补贴，向3965人发放无固定收入重残补贴，向1052名低保内重度残疾人发放重残补贴金，向907名一户多残(依老养残)人员发放补贴，向116名残疾人发放机动轮椅车燃油补贴，共计发放各项补贴资金2100余万元；春节前，对9675名困难残疾人进行200~500元/人不等的普惠式慰问，充分利用镇、区两级数据库系统，对各类补助对象信息进行动态审核、管理，确保做到增减及时，不重不漏。对镇(区、街道)残疾人托养(社会助残)机构、精神病防治院、麻风村等单位集中慰问，并对市特殊教育中等专业学校、市聋哑学校的盐都籍残疾学生进行慰问；携手盐城师范文学院共同开展“弘扬雷锋精神，关爱残疾家庭”扶贫助残活动，向残疾人家庭赠送电饭煲、书籍和慰问金。携手江苏现代制铁钢材有限公司，向残疾人家庭赠送被子等生活必需品和慰问金。全国志愿助残阳光行动主题日期间，为残疾儿童捐赠学习用品。

【强化康复工程】 年内，区级残疾人康复托养中心和老年福利院项目外装工作结束。为2760名患者提供免费门诊治疗，为210名重性精神疾病患者提供免费住院治疗，为贫困精神病人减免住院伙食费153人次，投入医疗救助资金约800万元。对4名转市四院住院治疗的贫困精神病人每人补助4000元；帮助129名6岁以下残疾儿童和10名7~14岁残疾儿童进入市康复中心、博爱康复医院等康复机构接受免费康复训练。对153名贫困白内障患者免费进行复明手术，对全区专职委员及18名残疾人进行定向行走康复训练，为60名贫困残疾人发放彩票公益金辅助器具，为100名残疾人配备助听器，为5名残疾人安装假肢，向200名残疾人捐赠轮椅车，向贫困残疾人家庭捐赠热水器12台，电风扇、电饭锅各200个、电视机、洗衣机各30台，圆满完成435户689件残疾人辅助器具适配和家庭无障碍环境改造任务。

【教育就业工作】 年内，帮助残疾学生和困难残疾人家庭子女进入市特殊教育中等专业学校学习，向43名残疾学生发放教育专项补贴；在20人以下(含20人)的小微企业免征残疾人就业保障金3年的新政策下，加大宣传力度、加强对全区企业情况的分析研究，扎实推进，按比例安排残疾人就业工作。全年审核单位870家，其中有260家企事业单位共安置残疾人508名；年内，组织60名残疾人参加“助残就业、同奔小康”专场招聘会，12名残疾人与企业达成用工意向。推荐103名残疾人参加电子商务(淘宝客服)以及盲人高级保健按摩师等项目的实名制培训，并选送9名残疾人进入市特校学习。培植残疾人扶贫基地(创业基地)3个，新建盲人按摩店4家，辐射带动近60名残疾人实现就业。

【注重宣传文体工作】 坚持把残疾人宣传贯穿各项工作始终，年内，运用《双新盐都报》、盐都电视台等传播渠道，宣传人道力量，传播残疾人先进典型事迹、展现盐都残联工作和志愿者风采。组织4名残疾人运动员参加全国第九届残运会和第14届世界夏季特殊奥林匹克运动会，在乒乓球项目上分别获得4金3银1铜和8金的好成绩。选拔出4名青少年残疾人游泳运动员参加市集训，积极备战2016年省青少年残疾人游泳锦标赛。

【依法维护残疾人权益】 全年累计接待来访40余人次，圆满解决政风热线信件3封、区12345平台交办件14件。成立区残疾人维权保障科、残疾人法律救助工作协调组并聘请常年法律顾问，为残疾人提供法律援助，维护好残疾人的合法权益。 (王月梅)

盐城市盐都区老促会(扶贫协会)

Elderly Association (Association of Helping the Poor) Work

【概述】 2015年，区老促会、扶贫协会(以下简称“两会”)围绕党委、政府工作中心，努力拓展工作领域，丰富工作内容，创新工作方法，尽心竭力服务三农，为全区加快建成全面小康社会作出贡献。至年底，全区“两会”共有理事420人、会员单位76个、特约研究员88人、村(居)会员小组252个、会员7432人。

【培植专业大户会员】 年内，全区各级“两会”组织按照“一二三”(区、镇〈区、街道〉、村“两会”分别培植3户、2户、1户)培植大户的目标，以“双十”工程(10个村居联系点，10个状元大户会员)为基础，采取多种形式和方法，从思想好、素质高、项目产品具有一定科技含量和市场优势的专业大户和经商老板中，共培植发展大户会员2375人，成为全区“两带”(会员带头致富、带领群众共同致富)工作的中坚力量。

【多渠道开展助学扶贫】 7月，区“两会”经过层层挑选，从秦南泽夫实验学校、龙冈中学推荐品学兼优、家庭贫困的3名学生到扬州参加广东国华纪念中学免费就读高中单独招生考试，其中王裕杰被成功录取。至年底，全区共向国华中学推荐优秀生源14人，在全市取得较好名次。10月，区“两会”与碧桂园房产公司合作，在北蒋实验学校举行“梦想碧桂园·助学万里行”捐赠活动，向该校现场捐赠2万元教学设备、资助30名家庭困难的贫寒学子每人1000元助学金。区“两会”向省扶贫基金会、省扶贫协会争取到助学资金4万元(两年共8万元)，在市一中开展“省属企业滴水·筑梦扶贫助学工程”现场捐赠仪式，资助该校20名成绩优秀、家境贫寒的高二学生。年底，区“两会”拨款12000元，开展“献爱心”活动，在全区结对助学40名贫困学生。

【开展科技服务】 区、镇(区、街道)“两会”根据不同农时季节，按照农民生产的实际需求，配合相关部门，全年共举办85期科技培训班及讲座，参与培训和听讲座的群众达12000多人。区“不老松”农业老专家服务团20多人，在区“两会”特约研究员组长王云玲带领下，多次下乡为基层单位和农民无偿开展技术服务，共办实事13件，受到群众欢迎。

【坚持调查研究】 5月，区“两会”着重围绕如何把乡村旅游这一产业做大做强、让农民得到更多实惠这一课题，以3天时间，深入潘黄街道仰徐村等5个自然村实地调研当地乡村旅游发展情况，并和镇、村干部、群众代表进行座谈，广泛听取意见和建议，针对存在的难点问题提出解决对策和办法。这两篇调研文章，先后被《江苏老区》《盐阜老区》全文刊载。

（袁　辉）

盐城市盐都区退休干部协会

YanCheng City Yandu District Association of Retired Cadres

【概述】 全区退休干部工作坚持以老为本，为老服务，积极实践五个老有(老有所学、老有所医、老有所乐、老有所养、老有所为)目标，基层退协组织建设获得新拓展，服务能力和水平得到新提升。

【政治学习形式多样】 6月26日，召开退休干部学习“三严三实”座谈会，孙万青就深刻领会习近平总书记提出的“三严三实”的意义和精神内涵，如何自觉践行“三严三实”，为推动盐都经济社会发展献计出力作专题辅导讲座，鼓励老干部在盐都新一轮发展大潮中发挥作用。徐春延、殷春玉、潘洁元、陈正隆等做学习体会交流，《盐都双新报》作报道，广大退休干部通过读报纸、看电视、听新闻、组织学习体会交流，创办夕阳红学习园地等形式学习政治、经济、人文、历史、健康保健知识。

【文体活动】 4月13日和10月19日分别举办区直退休干部“环保杯”和镇(区、街道)退休干部扑克牌掼蛋比赛。8月27日，与诗书画社联合组织退休干部纪念抗日战争暨世界反法西斯战争胜利70周年诗词吟诵会，38名退休干部进行即兴吟诵。10月27日，组织区直退休干部垂钓爱好者到冈中花吉垂钓中心进行钓鱼比赛。10月27日，与老干部局、老龄协会等部门联合举办“庆重阳老年书画展”，共有154幅书画作品参展，组织区直退休干部进行观摩书画展。协会负责人分别参加张庄、龙冈、楼王、盐龙街道等分会举办的老年文化艺术节，观看节目。

【老有所为作贡献】 年内，广泛开展退休干部争做“十大员”活动，创造盐都退协工作新特色。发动广大退休干部，充分发挥一技之长。近百名退休干部分别在区镇退协、老龄委、关工委、老龄协会、老年诗书画社及有关协会工作。积极参与法制宣传，组织政法系统退休干部夕阳红法制宣传队深入乡镇25所中小学对5万名多学生进行法律知识宣传。组织退休干部不老松农技服务队积极开展“三扶两创”扶贫活动。动员广大退休干部积极参与网吧监督，宣传禁烧秸秆等社会工作。发动退休干部积极参与关爱弱势群体，结对助学献爱心活动，充分利用“六一”、春节等节日。自筹资金，看望慰问留守儿童和特困学生；自编教材对中小学生进行革命传统教育；组织青少年积极参与“争当文明小标兵，争做创卫小帮手”等有利于青少年健康成长的各项活动。

【提升服务水平】 利用春节、重阳等重大节日对40多名为退协事业作出过贡献的退休干部进行慰问，并送上慰问金。年内，登门看望生病住院的8名分会理事长及协会老干部，吊唁18名逝世的退休干部。9月10日，邀请省名中医，市妇幼保健院主任中医师袁兴石为120多名退休干部进行饮食养生、运动健身的老年保健知识讲座。

【考察联谊拓展视野】 5月13日，组织各分会理事长到市政府民生工程，龙冈盐龙湖现代自来水取水口实地考察，观看龙冈镇老干部活动室、盐都名人三胡陈列馆、龙冈生态桃花园、创新创业产业园，体察全区经济社会发展新变化。11月17日，组织各分会理事长参观苏北新农村示范典型秦南泾口村农民乐园、农业示范园、农村生态园，欣赏盐都非物质文化遗产画廊，听取泾口村村容、村貌、村民、村经济情况汇报。为庆祝三八国际妇女节105周年，3月8日下午，在盐城宾馆举行退休女干部“庆三八”联谊活动。20多名退休女干部欢聚一堂，畅谈生活趣事，交流切身体会，切磋强身健体经验，共叙合作共事友情，共谋为关爱下一代献计出力。

【加强组织建设】 4月10日，召开区退休干部第五次代表大会，会议总结6年来区退协工作，修改区退协章程，选举孙万青为理事长，倪士翠、高波、陈万亮为副理事长，还美瑚、陈正隆等13人为理事。5月28日，区直机关退协分会换届。区政法分会的公安、检察、法院、司法局分别创建独立分会，卫生、交通、市场监督等分会也进行人员调整，加强盐都基层退协班子。

【区协会建成“AAA级社团组织”】 年初，将创建“AAA级社团组织”列为工作目标，认真对照评估评分细则，从基础条件、内部管理、工作绩效、社会评价等四个方面查找不足。7月20日，通过发放《征求意见表》，召开座谈会等形式，广泛征求会员和社会各方面意见，对不足之处逐条整改，协会的制度建设和规范管理水平得到提升。8月初，形成完整的申报材料，上报社团主管部门。10月底，社团主管部门发文，确认区退协通过评审，批准为“AAA级社团组织”。

（倪士翠）

盐城市盐都区老龄协会

YanCheng City Yandu District Aging Association

【概述】 在市老龄协会、区民政局、老龄办的关心指导以及镇、村、区直协(分)会、各有关方面的配合支持下，各项工作取得新成效，为助推创业开放生态幸福厚德的美丽盐都建设和全区老龄事业发展发挥积极作用。

【加强协会建设】 坚持按照“六有”要求，采取会议布置、调研督查、现场推进等措施，积极抓好全区三级协会建设，取得明显成效。至年底，全区20个镇级协会和253个村（居）、7个区直分会都落实办公场所。大纵湖镇迎阳居委会是由三个村合并的，为方便工作和老人活动，在居委会安排分会办公室和居家养老服务站，分别在另外两个自然村建设设施齐全、文化底蕴浓厚的居家养老服务站和老年活动中心。尚庄镇姚伙村老龄分会会长乐绍琪，在自筹50多万元建成的“农家书屋”安排分会办公场所和居家养老服务站，年内，又自筹10万元，在书屋后面空闲场地建一个集文艺表演、体育比赛为一体的1万多平方米的户外文化活动广场，方便老人和群众的娱乐生活。督促和协助有关镇、村协(分)会结合实际，调整、充实了会长、副会长和常务理事共80多人，使镇、村协会队伍更加适应工作需要。按照区政府文件精神，区协会的工作经费自2012年起就列入财政预算，逐年增加。各镇级协会的工作经费，基本都是采取实报实销的办法列支。

【老龄宣传】 将常规宣传与重要时节宣传结合起来。平时，三级协会坚持采用召开会议、印发材料、举办讲座、组织培训、张贴标语、悬挂横幅等形式和电视、报刊、网络等媒体，搞好正常的老龄宣传，认真宣传老年法律法规和协会工作。在老年法施行纪念日、老年节、老年文化艺术节期间，通过组织宣传日、宣传周、宣传月、宣传一条街等形式和方法，大力度、大规模的开展宣传活动。为配合区老龄委在全区开展的“让老人幸福，促社会和谐”系列活动，9月，会同区法宣办、司法局联合开展《老年人权益保障法》宣传月活动，专门组织“恒力杯”《老年人权益保障法》知识竞赛，组织各镇级协会和区直分会会长以及部分老干部共120多人观摩比赛，将普遍宣传与专题宣传结合起来，在正常组织面上的老龄宣传外，还组织小分队深入镇村、企业、学校进行专题宣传。7月中旬，组织老法制工作者服务队的10人分成3个小组，深入秦南、学富、大冈3个镇的20个村居宣传老年法，向有关方面反映了收集整理的11条社情民意。将老龄宣传与协会工作结合起来。既注意宣传老年人权益保障法的有关规定，又注意宣传协会工作中涌现的各类典型的先进事迹。9月中旬，专门组织“老有所为和为老服务”先进典型事迹报告会，4名先进典型介绍了事迹，120多人听取事迹报告。7月，与区文明办、老龄办、妇联在全区开展历时3个月的首届“孝亲敬老之星”评选活动，表彰31名“孝亲敬老之星”。向全国老龄办推荐“老有所为”先进典型1人，向省推荐百佳孝星1人，向市推荐“孝亲敬老之星”和“老有所为之星”各3人，均获得表彰奖励。

【完善老年议事制度】 年内，针对老年议事会工作不够平衡、活动不够正常的情况，采取抓督查、抓典型等措施，引导各镇、村通过进一步健全议事组织、完善议事制度、选准议事课题、规范议事程序、提高议事质量，落实议事意见，发挥参与社会管理的作用。滨湖街道协会以“如何做好秸秆禁烧禁抛工作”为题，组织在平湖村召开老年议事现场观摩会，提出相关建议，推进街道老年议事会工作。楼王镇凤南村老龄分会针对该村153.33公顷鱼塘新一轮承包问题，专门召开老年议事会，听取老年人意见，配合村两委做好工作，使鱼塘的承包金由每亩200元提高到1200元，北龙港街道南龙居委会老年议事会提出全街道墓地集中管理的建议，得到采纳，专门安排5.33公顷荡田作为墓地规划点。

【拓宽走基层活动】 年内，“老有所为”服务团的十支老字号服务队按照服务常态化、规范化的要求，不断拓宽工作思路，拓展服务领域，结合实际，认真谋划，分别组织了走基层活动，他们深入村组农户、工厂企业、学校社区，开展法制宣传、农技指导、义诊义演、安全讲座等服务。取得了较好的社会效果，展示“老有所为”的风采。老法制工作者服务队坚持按年初制订的宣传计划组织有关法律法规的宣传活动。在上半年开展《老年人权益保障法》进农户的基础上，下半年组织送法进校园活动，以“增强法纪观念，迈好人生之路”为题在全区25所中小学宣传《未成年人保护法》和《预防未成年人犯罪法》，通过解读法律条文和以案说法，进一步提高广大干群和青少年的法制意识。老农技和畜牧水产工作者服务队，在队长王云玲带领下，以讲给农民听，做给农民看，指导农民干，带着农民赚的工作方法，坚持常年深入村组农户、田间地头为农民和基层无偿提供种、养、加方面的技术服务，及时帮助排忧解难，积极为农民脱贫致富办实事。老文艺和老医卫工作者服务队坚持每年组织走基层活动两次，每次活动安排3天时间，分别去3个镇，为老人和群众进行义诊义演、养生保健讲座。春节前，开展“送春联”到基层活动，组织6名老书法家，自带纸张笔墨深入张庄、鞍湖两个街道为群众现场书写春联，送去新春祝福。老企管工作者服务队坚持定期组织安全生产讲座，协助为企业培训安全员，深入企业帮助解决生产技术和安全生产方面的难题，受到企业好评。

【丰富老年文化生活】 协会坚持把丰富老年人精神文化生活作为一项重要工作，积极组织发动各镇级协会和村(居)、区直分会根据老年人的心理、生理特点，大力开展有利于老年人身心健康、形式多样的学习教育、文化娱乐、体育健身活动，并逐步形成各自特色。许多镇(区、街道)组织巡回演出和集中会演，区直教科文卫、流通、农水、工交等分会还积极与镇对口互动演出。重阳节前，区协会与区老龄办、文广新局、老干局、退协联合举办七彩夕阳·2015年盐都区老年书画比赛暨展览活动，展出参赛的145幅书法和美术作品。据统计，老艺节期间，全区253个村(居)90%以上的有活动项目，全区组织各类演出72场次，参加演出的老年人达4800多人，观看的老人和群众达38000多人。本届老艺节，有18个镇级协会，18个村(居)和4个区直分会，2个老年艺术团(队)分别获得区老龄委表彰的综合奖、组织奖和风采奖。 (刘善余)

盐城市盐都区慈善会
Yancheng City Yandu District Charity

【概述】 以“树立新形象，再创新业绩”为主题，深入贯彻落实国务院《关于促进慈善事业健康发展的指导意见》(国发[2014]61号)及省政府《关于促进慈善事业健康发展的实施意见》(苏政发[2015]36号)(以下简称《两意见》)，以保障民生为出发点，进一步优化慈善工作运行机制，大力提升慈善盐都仁爱厚德，力推盐都慈善事业发展迈入新常态。

【慈善事业规范化建设】 根据国务院颁布的《关于促进慈善事业健康发展的指导意见》(国发〔2014〕61号)和省政府印发《关于促进慈善事业健康发展的实施意见》(苏政发〔2015〕36号)文件，组织全会人员深入学习"两意见"。进一步统一思想，增强认识，坚定信念，凝聚力量，攻坚克难，把智慧和力量凝聚到贯彻落实"两意见"要求上来。召开年度工作会。把学习"两意见"精神，激发出的政治热情转化为推动慈善各项工作。对照年初制定的工作目标，任务和岗位职责等情况，进行疏理，认真排查，进一步厘清慈善工作发展的新思路和新举措。完善立章建制。通过修订完善各项规章制度，全力推行廉洁自律和慈善信息公开化，健全科学、规范、高效的慈善工作运作机制。立足民生实际。按照"两意见"要求，多谋民生之利，多解民生之忧，注重雪中送炭，把"和谐盐都""慈善盐都"建设作为稳民心，促和谐工作落脚点，全力构建"互助共济，仁爱和谐"慈善盐都。

【构筑基层慈善组织服务网】 年初，全市基层慈善组织建设推进会在大丰召开后，区慈善会及时会办研究，借鉴大丰的经验和做法，拟定贯彻落实全市推进基层慈善组织建设会议精神方案，拟定推进全区基层慈善组织建设工作实施方案。明确时间节点，目标、任务和要求。拟定《两办》文件。力推全区各镇(区、街道)、村(居)慈善分会和慈善工作站的建立。拟构组织模式。草拟组建分会架构等文件范本，规范镇(区、街道)慈善分会和村(居)工作站构建模式，形成一级法人(区慈善会)，二级管理(镇、区、街道)，三级运作(村、居工作站)。择选试点单位。拟定在秦南镇试点，成熟一家，建一家达到保质保量。在基层慈善组织网络健全的基础上，上下联动，为适应新常态下发挥慈善的工作职能。

【创新募捐方式】 2015年，积极拓展募集项目，采取"协商捐"的办法，会同残疾人联合会，在与盐城市企业房地产发展公司、盐城市金恒建材制造有限公司等企业协商募捐335万元，资助区残疾人事业的发展。与教育部门在华兴集团汽车销售服务有限公司登门劝捐募集100多万元，定向捐助区教育事业，改善部分学校教学条件，为全区教育事业常态化发展作贡献。为进一步拓宽募捐新项目，携手大纵湖大闸蟹行业协会，借助苏宁易购众筹网络平台，签订每销售一份大闸蟹，捐赠4块钱的协议，并明确捐赠款每月累计结算到账户。至年底，共收捐款1760元。为发挥慈善在民生保障中的作用，立足本地实际，创新救助项目、扩大救助范围、提升救助效果、全力主打具有盐都特色救助项目。在春节期间，资助6万元，改善区聋哑学校现代化教育条件，增添必要的教学设备，提升特教办学水平，使聋哑学生心智得到全面健康发展。资助4万元，协助区疾控中心修善麻风村居住环境，改善生活质量，使这类特殊群体共享改革开放成果。郭猛镇袁邵村袁玉荣和新区福才村孙倩倩患脑瘫疾病，分别住在省人民医院和上海脑外科医院进行医治，得知情况后，区慈善会专门派人到南京、上海医院进行探望，并送去特救资金每人1万元。为应对平时特殊上访、病患者，帮助他们解决临时困难和实行问题，支付救助资金近10万余元。对全区近100名患有白血病、先天性心脏病和其他重大疾病18周岁以下儿童实施医疗救助，并按省、市、区比例实行全额报支，资助额17.81万元。对全区21个镇(区、街道)慈善"爱心超市"进行扶援，援助额21万元，帮助全区"爱心超市"购置物品，以便供应发放。 (包云祥)

盐城市盐都区老年人体育协会

YanCheng City Yandu District Sports Association for the Elderly

【概述】 2015年，区老年人体育协会认真抓好省、市政府《关于加强老年人体育工作的意见》精神的贯彻落实，紧紧围绕区委、区政府"建设创业、开放、生态、幸福、厚德盐都"的总体要求，更新思想观念，强化服务意识，转变工作方式，坚持以项目建设为中心，积极开展内容丰富、形式多样的老年体育健身活动，努力满足老年人日益增长的体育健身需求，为老年人快乐健身做好事、解难事、办实事，较好完成年初制定的工作目标。

【老年体育健身事业健康、快速发展】 区老年人体育协会成立于1987年3月。近30年来，行政建置和区域几经变更和调整，老年体育健身事业一直平稳发展。随着党的十八大精神的贯彻落实，实施全民健身战略、积极应对人口老龄化逐步成为全社会的共识，老年体育健身事业驶入"快车道"。老年人体协组织日益健全，实现区、镇(街道)、村(社区)"全覆盖"；老年体育健身活动趋向常态，老年体育人口比例逐年上升；老年体育健身辅导员队伍的不断壮大，骨干带头作用得到发挥；体育健身站(点)布局更加合理，管理服务水平不断提升；党政领导更加重视支持，协会的工作环境显著改善，区老年人体协工作和老年体育健身事业已步入省、市先进行列。据统计，全区正常参加体育健身的老年人口达8.16万人，约占全区60周岁以上老年人口的52.9%。

【老年体育健身活动丰富多彩】 2015年区老年人体育节主题是"科学健身，幸福生活新常态"，宗旨是"参与·康乐·和谐·风范"。体育节自4月中旬起，11月中旬闭幕，历时7个月。3月25日，区协会联合区老龄委办公室、区教育局下发《盐都区老年人体育节活动方案》。5月1日，由盐渎、北蒋、盐龙、冈中、张庄、潘黄6个街道近200多名老年体育健身爱好者组成方阵，参加市老年人体育节启动仪式，现场进行佳木斯快乐舞步健身操的表演。举办全区老年人中国象棋、扑克(掼蛋)、钓鱼、乒乓球和健身秧歌等项目的比赛；组队参加全市老年人中国象棋、扑克(掼蛋)、广场舞、门球等赛事，举行区直机关"环保杯""交运杯"老年人扑克"掼蛋"邀请赛。各镇(街道)、部门分会按照小型、多样、就地、分散的原则，开展为广大老年人欢迎的体育健身活动。

【组队参加市老年人体育赛事】 2015年，市老年人体协先后举办全市老年人中国象棋、扑克(掼蛋)、广场舞、门球等4个项目的比赛，组队参加全部赛事。在6月下旬举行的全市老年人中国象棋比赛中，盐都以团体第3名的成绩获优胜奖，黄炜、刘宗元分获个人第4、7名；在7月下旬举行的全市老年人扑克(掼蛋)比赛中，乐洪文、刘汉忠，杜建豪、徐克铭分获个人第1、3名，并以总分第一的成绩获团体优胜奖；9月下旬，盐渎街道老年体育健身团队代表区参加全市老年人广场舞比赛，获规定舞曲优胜奖和自选舞曲优秀奖；10月下旬，区老年人门球队在全市老年人门球比赛中以总分第8名的成绩获得优胜奖。

【老年体育健身骨干队伍建设】 四五月间，和区教育局联合在教师进修学校分别举办健身球和健身秧歌项目培训班，参加两期培训班的老年学员近200人。向省、市老年人体协、体育局和其他社会体育组织争取名额，努力使更多的基层骨干到省、市参加培训学习，先后派出10批次近50人次到连云港、洪泽、扬州、南京、徐州学习。各分会根据本地的实际需要，有计划地开展不拘形式、灵活多样的自主培训。至年底，全区获得三级及以上社会体育指导员资格的老年人已近600人。

【被表彰为“市群众体育先进单位”】 9月19—22日，由市人民政府主办，市体育局、市级机关党委、市教育局、市总工会承办的市第七届体育运动会举行，运动会组织委员会召开2011—2014年度全市群众体育先进单位、先进个人表彰大会，决定对在构建全民健身服务体系，推动全民健身事业发展过程中涌现出的103个群众体育先进单位和83名群众体育先进个人予以表彰。区老年人体育协会被表彰为市群众体育先进单位，同时受到表彰的还有盐渎街道老年人体协分会、潘黄街道老年人体协分会和北蒋街道老年人体协分会主席陈绍连。

【评选、表彰“老年体育健身先进村(社区)”】 为强化村(社区)老年人体协的组织网络建设、活动制度建设和基础设施建设，推动全区老年体育健身事业健康、快速发展，(请补充活动开展月份？月，)区协会在全区开展“老年体育健身先进村(社区)”的评选、表彰活动。“老年体育健身先进村(社区)”由镇(街道)分会对照条件，按下达名额申报；区协会、区教育局、区体育总会审核批准。共评选出“老年体育先进村(社区)”27个，分别是：大纵湖镇三官村、陈捷村，滨湖街道北宋村，楼王镇潭田村、潭溪村，北龙港街道龙兴社区，学富镇时杨社区、华府村，中兴街道河夹社区，尚庄镇庆福村、姚伙村，葛武街道葛武社区，秦南镇关陈村、富康村，北蒋街道厉民社区，龙冈镇坊桥社区、储巷村，鞍湖街道九曲社区，郭猛镇杨侍村，大冈镇胜利社区、富港社区，冈中街道杨韦村，潘黄街道宝才社区，张庄街道东徐社区，盐龙街道健仁社区、方向社区，盐渎街道福才社区。 (徐克铭)

盐城市盐都区殡葬协会

Yancheng City Yandu District Funeral association

【概述】 区殡葬协会自2013年12月成立，紧紧围绕“遵守国家法律法规，维护会员合法权益，发挥桥梁纽带作用”等办会宗旨，以“为政府的殡葬管理工作服务，为殡葬企事业单位服务，为殡葬职工服务”为出发点和立足点，为促进全区殡葬改革和殡葬事业健康有序的发展积极开展工作，取得一定的成绩，受到社会各界的认可和赞同。

【开展督查服务】 认真履行承接政府购买社会组织公共服务时作出的承诺，驻会成员采取察看现场、听取介绍、查阅资料、举行座谈等方法，每个月至少对全区29个定点公墓的建设与管理情况进行一次有计划有针对性的督查服务，重点部位每月随访2到3次，9月，对全区仍在运行的46个大小公墓，进行一次全面调查。做到每月督查服务覆盖率100%，问题信息发现收取率90%以上，反映给主管局等信息准确率100%，跟踪督查反馈服务率100%。先后与镇(区、街道)民政助理、定点公墓管理人员交换意见100多批次，向镇(区、街道)分管领导、主要领导反馈意见60多人次，直接或间接向区政府和区民政局书面汇报8次，为加快全区农村公益性公墓建设与管理进程，推进深层次殡葬改革起到应有作用。

【走访联系会员】 区殡葬协会共有团体会员单位101个，其中，副会长单位7个，常务理事单位22个，理事单位39个；个人会员38人。为更好地了解协会会员、殡葬行业及其职工的意见和要求，及时掌握殡葬行业和职工中的热点、难点问题，有针对性的开展工作，年内，协会班子成员深入现场走访调查会员单位6个，召开会员、职工座谈会8次近百人次，通过登门走访、集中交流、电话网络联系等多形式，与会员、职工联系见面120多人次，获取有参考价值的信息和建议5类20多条。会员见面或联系沟通率达90%以上。

【召开系列座谈】 年内，分别召开会员(殡葬职工)、公益性公墓管理人员、殡葬车主、地理先生、殡葬企业老板、民政助理、分管领导各类座谈会16批次。通过系列座谈会的召开，深入广泛地听取来自不同对象、不同角度、不同范围的反映、心声和意见，为协会做到内部管理科学规范、服务内容有的放矢，督查服务井然有序，情况汇报及时准确提供了扎实可靠的基础依据。

【强化基础建设】 阵地建设。落实四间160多平米的办公场所，配备相对配套的现代化办公设施设备，为正常开展工作创造良好的条件。档案建设。建立内部档案资料室，建起全区农村29个公益性公墓建设与管理基础台账。同时印制并发放会徽、会员证和团体会员单位匾牌。网站建设。年初，区殡葬协会网站顺利开通运行。它是区殡葬协会对外的一个重要窗口，为殡葬协会与会员的沟通的建立一个平台，与政府部门的联系架设一座桥梁、与社会各界的交流搭起一个纽带。

武装与安全

Armed Forces and Security

人民武装

People's Armed Forces

【概述】 区人民武装工作围绕实现党在新形势下的强军目标，按照省军区、军分区党委扩大会精神，抓各项工作落实，全面建设呈现出协调发展良好势头。

【思想政治建设】 上半年学习全军、军区政工会议精神特别是习主席一系列重要指示，突出学习实践强军目标，广泛开展“读经典、学哲学”活动，干部职工强军兴军信念得到进一步增强。下半年组织开展“三严三实”专题教育整顿，广泛征求意见建议，党委班子成员自觉做到认账领账。如实填报领导干部个人有关事项报告表，认真撰写对照检查材料，开好专题民主生活会，确实做到作风积弊深查，主动揭短亮丑。及时研究制定整改落实方案，对需要整改的问题逐项作出承诺、逐个记账销号，列出任务书、时间表，确保教育整顿效果。针对国防和军队调整改革带来部分干部职工思想比较活跃问题，广泛开展谈心交心活动，做好一人一事思想工作，引导大家支持参与改革，自觉做到叫走就走、叫留就留，切实保持思想稳定。12月，完善与区委宣传部、信访局、公安局、610办等部门的协作机制，积极抓好网络涉军信息监控和舆论引导。深入开展反邪教警示教育，邀请地方人员进行反邪教知识普及，对干部职工家属进行政治考核，人人签定承诺书，确保不发生任何政治性问题。认真清查清理涉郭涉徐信息，切实从思想、政治、组织、作风和信息上挖根除弊，全面肃清流毒影响。

【军事斗争准备】 坚持不懈用党中央、中央军委和习近平主席战略判断和决策部署统一思想，提升军事斗争实战化水平，确保如期形成大规模作战能力。2月，组织全区251名民兵营长理论集训，进一步提高民兵营长的业务能力。3月，组织全体干部完成手榴弹投掷和手枪实弹射击训练考核，均取得优异成绩。4月下旬，主官参加了省军区组织的理论学习并参加军事训练考核。5月上旬，带国动委全体成员参加军分区组织的“盐防—2015”防卫作战实兵演练。积极组织新任职专武干部参加省军区组织的任职资格考核，3名专武干部考核全部合格。5名专武干部全部通过军分区在射阳海防营组织的业务考核，全体人员的综合成绩列全市前列。下旬，副团以下干部参加分区组织的半年军事训练考核，所有人员均取得较好成绩。同月，组织34名防汛骨干队伍进行技能操作和现地演练，提高民兵分队抢险救灾的能力。同月，共抽调22名民兵骨干参加全市跨区联训，组织40名民兵骨干分队在军区射阳高炮靶场进行实战化训练。10月，严格落实战备制度，加强战备值班，落实民兵值班分队，配齐相关器材。扎实抓好民兵情报信息网建设，组织273名民兵情报信息员集中培训。认真组织修订人武部防卫作战总体方案和配套方案，扎实开展大规模作战准备和十二五规划落实情况普查自评。积极推进战备“四化”建设，新建人武部兵器室，完成作战值班室的升级改造。11月，组织干部扎实开展新的《作战标图规定》、作战计算、识图用图和“四知一明白”等学习训练。

【国防后备力量建设】 认真贯彻军民融合发展的重大战略决策，推动国防动员建设，狠抓民兵调整改革，着力推进基层规范化建设。3月，加强国防潜力调查核准，组织修订大规模作战国防动员1个基本案、11个专项案，确保方案横向配套、纵向衔接。充分发挥国动委职能，4月，组织区国动委参加“苏防—2015A”演习，圆满完成预备役官兵的征召任务。按照应急、支援、储备三类队伍，扩大编组范围，提高科技含量，完成民兵组织结构和力量布局调整优化。民兵专业技术分队的专业对口率达到88%以上，退伍军人编配率达80%，人员在位率达90%以上，党团员比例达85%以上。

【基层规范化建设】 按照军分区“十个”标准要求，进一步加大基层武装工作规范化建设，至年底，全区20个基层武装部全部达标，第三批78个基层民兵营（连）规范化建设年底前全部达标。

题落实党委议训制度，分析民兵训练形势，研究解决影响民兵训练落实的重大问题。坚持党委集体理财制度，对兵器室建设、战备"四化"建设、民兵实战化训练等大项活动经费进行专题研究，较好地强化按程序、按规则、按集体意志办事的意识。党委成员除参加本级民主生活会外，还参加所在科室党小组的组织生活，向党小组汇报思想、学习和工作情况，自觉接受党组织和党员、群众的监督。

【党管武装和双拥共建工作】 10月，召开区委常委议军会，并向国动委成员单位和基层延伸，全社会关心支持国防建设的氛围进一步浓厚。专题研究解决武装工作建设中的矛盾问题，帮助人武部解决兵器室建设、办公楼整修、轻武器封存、战备"四化"建设等经费难题，累计补助武装工作专项经费150万余元。

【拥军优属工作】 下半年牵头组织开展争创"全国双拥模范城"活动，帮助干部职工子女解决入学问题，协调解决5名随军家属到相应单位就业，提高了军人军属荣誉感。与区司法局，建立军人军属法律援助工作站，最大限度满足军人军属法律援助需求。积极开展慰问"一老一少一基层"活动，累计对130余名现役基层营连主官和特殊困难家庭官兵进行走访慰问，扎实推进"双百双建"活动，落实与挂钩镇村的贫困户、贫困学生的结对帮扶机制，机关干部累计资助10多名贫困学生、20多名贫困户和20多名老党员，主动向区红十字会捐款，帮助因病致贫人员，进一步巩固军民团结。

【高标准做好征兵工作】 6月，与区政府联合制定下发征兵奖惩规定，落实义务兵优待金、大学生奖励金和一次性安置补助金。按照省、市征兵工作部署，针对征兵改革特点要求，扎实开展征兵工作。8月1—12日，按照国防部应征青年体格检查标准等要求，组织全区应征青年在区征兵体检站开展体格检查。8月2日上午，省市征兵办相关领导率领工作组亲临体检站检查指导。8月19—29日，区人武部部成立3个小组，到全区所有镇(区、街道)集中走访座谈，组织应征青年思想教育，发放廉洁征兵监督卡，组织对应征青年问卷调查，确保应征青年思想纯洁可靠忠诚，推动廉洁征兵工作健康发展。9月2日，区征兵领导小组召开集体审批定兵工作会议，区人武部政委杨早晨主持定兵会议，部长沈潜辉介绍票决定兵基本原则，常务副区长陈志会对审批定兵、交接运输、回访部队等工作提出要求。军分区副司令员陈中华率机关工作组指导定兵工作会议，并作重要讲话。9月10日，区人武部在办公楼前举行首批双合格人员交接欢送仪式。9月10—20日，组织双合格新兵与14个单位进行档案和人员交接，全部安全顺利到达部队。根据省征兵办《关于做好新兵入营后回访工作的通知》精神和军分区首长关于组织回访工作的批复，区人武部组织3个回访工作小组，从9月19—30日，分赴7个大单位开展回访新兵工作，帮助部队做好新兵思想稳定工作，及时处置相关情况，全程安全顺利，没有发生一例退兵现象。

【安全管理工作】 坚持依法治军从严治军，严格干部职工管理，严守财经纪律，严防重大安全问题发生，确保改革之时不出任何问题。3—4月，持续开展"学法规、用法规、守法规"活动，较好地强化干部职工的条令意识和法规意识。严格加强干部职工"两个以外"管理，落实好"双四一"要求。5月，《人民前线》报刊登区人武部加强职工队伍建设的做法。财务管理，坚持经费开支先报告审批后实施、双主官会签、重大经费开支经党委集体研究等纪律，严格执行公务卡强制结算目录管理，集中财力保障作战准备和重大活动。在严防重大安全问题方面，突出人员、车辆、涉密信息、办公场所和北家院生活区的管理，定期对部机关重要岗位人员开展政治考核。坚持每月组织1次防暴恐演练，提高部机关处置突发事件的能力。年内，累计投资5万余元，对电路和消防等硬件设施进行改造，确保安全可靠。

【党委班子和干部队伍建设】 自3月起，持续开展创建"三型"党组织活动，深化党委班子岗位练兵。党委班子成员采取个人述学、群众评学、组织考学、深入基层民兵营连调研等方式，学理论、学科技、学管理，向群众学习，努力掌握和运用一切科学的新思想、新知识、新经验，提高能力素质。全年共3次专

【曹德信到盐都检查指导工作】 10月12日上午，省军区政委曹德信率机关工作组到区人武部检查指导工作。会前，曹德信及工作组成员与区人武部干部职工亲切握手并合影留念。会上，区委书记羊维达代表区委区政府向省军区首长的到来表示欢迎，并汇报区经济社会发展和人民武装工作建设情况，盐城军分区司令员杨军、市委常委、军分区政委宋修明陪同。 (李越山)

武装警察

Armed Police

【概述】 按照“党政同责、一岗双责、失职追责”“管行业必须管安全、管业务必须管安全、管生产经营必须管安全”的要求，强化政策支持和资金投入，全力推进各项消防重点工作，全区消防形势平稳向好，全年共发生火灾312起，亡1人，直接财产损失约277.67万元，无较大以上火灾，与上年相比各项指数均有所下降，切实维护了社会的安定和谐和群众的生命财产安全。年内，成功处置“4·8”“9·3”“9·10”三起天然气泄漏事故，“1·16”金域华府小区在建高层火灾、“4·10”冈中伟业生态园火灾、“6·4”盐城碧桂园在建工程火灾，保护财产价值近3亿元，有利地保障了全区的消防安全。历时4个月，彻底整治潘黄街道朱庄水上居住区省级挂牌重大火灾隐患，整治船舶606条。年内，大队被评为“盐城市文明单位”，1名士兵被市消防支队记三等功。

【曹奇检查消防工作】 1月19日，省消防总队副总队长曹奇到亚都检查冬春火灾防控、劳动密集型企业等消防安全专项治理工作。

【吴本辉走访慰问消防官兵】 （详见121页）

【大纵湖旅游经济区消防站启动建设】 2月17日、3月16日，区委常委、副区长张建洋两次主持会办东晋古城项目建设事宜，决定新建大纵湖旅游经济区二级政府专职消防队，在东晋古城正式投用前建成。

【区政府加大基础市政消防设施建设】 年内，大纵湖旅游经济区、秦南镇各购置1辆3吨水罐消防车，大队本级购置1台消防机器人（含拖车）和150余套（件）专勤消防设备器材，车辆器材装备结构更趋合理。

【整改重大火灾隐患5家（处）】 年内，省、区两级挂牌的重大火灾隐患水上集中居住区、金斯雅贝时装、好人鞋业、世纪大厦、佼隆招商场5家（处）重大火灾隐患，并做到整治期间“无火灾事故、无人员上访滋事、无负面网络舆情”。

【羊维达检查夏季消防安全工作】 6月12日，区委书记羊维达带领发改委、公安、消防、安监等职能部门负责人，到盐都区宇腾医疗器械物流、商用汽车城、亚邦物流等单位开展夏季消防安全大检查。

【召开全区消防工作暨夏季消防检查推进会】 6月27日上午，区政府召开全区消防工作暨夏季消防检查推进会，区委常委、常务副区长陈志会要求全区上下统一思想，提高认识，控防并举，推动全区消防安全保持平稳较好的工作局面。会上，区政府与各镇（区、街道）及相关职能部门签订《2015年度消防工作目标责任书》。

【羊维达检查高新区在建工程消防安全】 7月5日上午，区委书记羊维达对高新区工程消防安全进行专项检查。区委副书记顾其斌，区委常委、常务副区长陈志会，区委常委、宣传部长葛建华，区人大副主任丁兴俊，副区长肖乐农，区政协副主席段学标等陪同检查。

【肖乐农对重大火灾隐患单位开展消防安全检查】 8月19日下午，副区长肖乐农带队对重大火灾隐患单位长备能源科技有限公司、鼎盛油脂有限公司开展消防安全检查行动。听取各单位负责人关于近期强化消防安全管理工作的情况汇报，并召开整治协调会。

【吴本辉专题研究消防工作】 8月21日下午，吴本辉区长主持召开区政府第35次常务会议，专题研究消防工作。会议要求要强化政府领导责任，党政同责、一岗双责、失职追责、警钟长鸣、常抓不懈；要强化分管领导责任，分管领导要一起检查、会商、交办、督办；要强化属地责任，部门是负责监管责任，属地管理是主体责任；要加强网格化监管的全覆盖，切实提升消防监管信息化建设水平；要加强队伍建设，提升专业化水平。

【召开易燃易爆场所夏季消防检查集中攻坚行动约谈会】 8月23日下午，区政府召开全区易燃易爆场所夏季消防安全检查集中攻坚行动约谈会。区委常委、常务副区长陈志会要求各单位要统一思想，充分认清当前严峻的消防安全形势，做到警钟长鸣，防微杜渐；要找准问题，时刻盯紧易燃易爆场所存在的隐患，以壮士断腕的决心和刮骨疗伤的勇气迅速整改存在的隐患；要高标准抓好火灾隐患排查整治工作，强势推进火灾隐患清剿工作，确保全区安全稳定。

【吴本辉检查夏季消防工作】 8月25日上午，区长吴本辉率队检查全区夏季消

防安全工作，要求各单位深刻吸取天津“8·12”特别重大火灾爆炸事故，要牢固树立消防安全“底线”意识和“红线”意识，消防部门提出的整改要求要不折不扣地完成；各镇(区、街道)负责人要紧盯安全工作不松懈，要落实责任、传递压力、分解任务，确保本区域内特殊敏感时期“大事故不能发生、小事故也不能有”，保证全区消防安全。

【水上居住区重大隐患整改工作】 8月28日，区委常委、副区长张建洋召集紧急会办水上居住区重大火灾隐患工作，对各部门整治工作进行分工，进一步明确整改工作领导小组成员单位及职责，细化任务分工，提出“治标”和“治本”措施。9月9日上午、10月17日上午，区长吴本辉视察水上集中居住区重大火灾隐患整改工作。

【全面部署开展社会福利机构整治工作】 根据省市要求，区政府全面部署自2015年9月20日到2016年9月20日开展为期一年的社会福利机构消防安全整治工作，依法整治各类火灾隐患，建立完善长效管理机制，实现标准化管理，强化落实社会福利机构消防安全主体责任，提高消防安全管理水平。

【高新区一级消防站启动建设】 9月23日，区委书记羊维达主持召开专题会议，研究高新区消防站建设相关事宜。决定投资3500万元在高新区纬八路城管局回车场西侧划拨1公顷(东西长90米，南北长109米)军事用地，用于新建一级普通消防站。

【王荣平督查会办市区水上集中居住区重大消防安全隐患整治工作】 9月3日下午，市长王荣平现场督查会办市区水上集中居住区重大消防安全隐患整治工作。王荣平要求要进一步统一思想提高认识，牢固树立安全发展理念，坚持生命至上安全第一，高度重视重大安全隐患，真正把整改措施落实到位，坚决堵塞各种漏洞，防止各类安全事故发生。要坚持标本兼治综合施策，精心组织开展水上集中居住区专项整治行动，市区联动，疏堵结合，消灭火灾隐患，确保万无一失。要深入开展调查摸底，区别不同人群、不同情况研究制定相应措施。要开展“拉网式”排查，坚决消除火灾隐患，并加强消防知识教育培训，提高船民安全防范和应急处置能力。要配齐配足消防设施，组织专业消防队伍和民间巡查队伍，日夜值守严防死守，确保不发生重大火灾事故。要加强领导，全面落实安全生产责任，特别是要强化地方政府属地管理责任、行业部门综合监管责任和企业主体责任，多一分担当，尽十分责任，同心协办，齐抓共管，坚决杜绝因玩忽职守、失职渎职造成的重大安全事故。

【潘黄水上居住区重大火灾隐患整改工作】 9月7日上午，区政府组织召开潘黄水上居住区重大火灾隐患整改工作会办会。潘黄街道汇报开展的工作及下一步工作打算，各部门及区政府办负责人就整改工作进展情况进行汇报。区长吴本辉就整改工作提出要求。

【召开水上集中居住区重大火灾隐患整治会办会】 9月11日上午，区委常委、副区长张建洋主持召开区长办公会，专题会办潘黄街道水上集中居住区重大火灾隐患整治工作。

【专题研究潘黄水上集中居住区重大火灾隐患整治工作】 9月14日下午，区长吴本辉主持召开第36次政府常务会议，专题研究潘黄水上集中居住区重大火灾隐患整治工作。

【夏存喜督查会办水上集中居住区重大火灾隐患整治工作】 9月24日下午，副市长夏存喜现场督查会办水上集中居住区重大火灾隐患整治工作。夏存喜实地检查船民用火用电管理、消防宣传培训、消防设施配备、值守人员巡查检查和火灾隐患治理等情况。

【宋修明检查国庆节前消防安全工作】 9月26日下午，市委常委、军分区政委宋修明带队检查盐都中秋节前消防安全工作。宋修明强调，在节日来临之际，人流量、物流量剧增，是火灾防控工作压力非常大的时期，消防安全形势面临更加严峻的考验，各部门要时刻紧绷安全弦，各施其职、各负其责，全面落实安全防范措施，积极开展自查自纠，加强重点区域、重点部位的监督管控力度，做到隐患排查不留死角盲区，对发现的问题要及时整改、彻底消除，同时要进一步强化应急处置措施，防患于未然。

【张建洋检查东晋古城工程消防安全工作】 10月17日下午，区委常委、副区长张建洋带队深入东晋古城在建工程现场开展消防安全检查，区政府办、公安、住建、城管、供电、消防、水务、滨湖街道等部门和单位负责人陪同检查。

·整治水上集中居住区重大火灾隐患·

盐城市水上集中居住区位于盐城市盐都区潘黄街道朱庄居委会和亭湖区先锋街道境内，形成原因复杂，系2012年盐城市整治城市内河时将市区范围内所有船只迁移至该处，后为解决居民生活问题，专门接入水、电并新建公厕等配套设施，导致其他区域散落的船只不断“抱团”积聚，该处蟒蛇河段东西长2千米、大马沟河段南北长800米的水面挤满各类船只606条，其中蟒蛇河段最大的一条餐饮船800吨、2层、可同时容纳400人就餐，“蔚为壮观”，甚至在卫星地图均能呈现；水上居住区现场大量使用泡沫夹芯板搭建船体、电气线路私拉乱接严重、用火用电用气行为极不规范、船与船捆绑相连，且多数船只无动力装置，倘若发生火灾由于船只无法解缆，必将造成“火烧赤壁”之势，后果不堪设想。居住的1200多居民来源及成分复杂，来自盐都、亭湖、响水、滨海、建湖、射阳、阜宁、开发区、城南新区等盐城市9个县（市、区）、扬州、泰州等地以及山东等省，居民主要从事道路保洁、废品回收、小型加工作坊生产、打零工、捕鱼等职业，部分中（小）学生分散在周边学校就读，整治工作缺乏切入点，整改难度巨大。

2015年8月底，省消委会“夏季消防检查”专项督导发现水上集中居住区存在重大火灾隐患，书面警示盐城市人民政府。市政府收悉后，立即研究部署火灾隐患整治工作，将水上集中居住区重大火灾隐患列为全市解决民生问题的“一号工程”来抓。市委副书记、市长王荣平亲自挂帅，副市长王荣、夏存喜同志勇挑重担，各级干部主动履职、敢于担当、奋力而为，历时4个月，圆满完成606条住家船的整治任务，且整治期间“无火灾事故、无人员上访滋事、无负面网络舆情”，彻底消除存在四年之久的重大火灾隐患。

“市、县、镇”三级联动，整治责任进一步明确。盐城市将整治重大火灾隐患与解决民生问题一并考虑，决定不惜一切代价进行整改。市长王荣平专门召集公安、消防、城管、安监、交通、海事、市场监管等部门负责人现场逐条船只进行察看、调研，并立即组织召开市政府常务会议研究整治工作，明确分管消防的副市长、公安局长夏存喜负责“治标”工作，要穷尽一切手段，保证整治期间的消防安全；分管城建的王荣副市长负责“治本”工作，用尽一切政策，参照拆迁安置，最终达到“船撤离、人上岸”的目标，彻底消除隐患，保障民生；专门成立水上集中居住区重大火灾隐患整治指挥部，派市政府重点工作推进办公室驻点督办整治工作，市政府督察室每日督察，并将整治进度报市长、分管市长；市检察院启动“问责”程序，假设水上居住区发生火灾事故进行“模拟”追责；专门召开船民大会，宣讲整治目的、方案、政策，强势推进整治工作；整治期间，市级层面先后召开8次会议研究推动整改工作。各县（市、区）均按照市政府的要求在第一时间成立整治工作领导小组，落实专项经费、安排专人负责整治工作。盐都区作为整治的“主战场”，区委、区政府专门召开书记办公会、区长办公会，进一步厘清整治责任、制定整治措施、明确整治进度、落实整治资金。由区委常委、副区长张建洋同志亲自主抓，区城管局具体牵头，各部门、各镇（区、街道）各司其职，抽调多部门干部脱产进驻指挥部“实体化”运作，实行“挂图作战”，每日通报整治进展情况、每周召开会办会研究难题、每旬召开区长办公会专题推进、每月召开联席会议总结、部署阶段性工作。整治中涉及到的盐城市各县（市、区）50多个镇（区、街道）均明确专人对隐患整治工作实行“包保”落实，不达目的不罢休、不整改完毕不收兵、不完成任务不撤离，逐一签订《军令状》，确保在规定的时间内完成整治工作；潘黄街道专门租赁3处民房用于集中办公，抽调村（居）干部98人脱产进行整治，并实行分片包干负责，每名村（居）干部包保到具体每一条船，实行严看死守、群防群治。

“人、财、物”全力保障，整治工作进一步顺畅。水上集中居住区重大火灾隐患整治以来，全市各级领导按照“党政同责、一岗双责、齐抓共管、失职追责”以及“管行业必须管安全、管业务必须管安全、管生产经营必须管安全”的要求，党政领导亲自抓、分管领导沉入一线落实，部门齐抓共管形成合力，为整治工作取得圆满成功奠定扎实基础。盐都区专门抽调安监、城管、公安、消防、海事、交通、市场监管、水务和潘黄街道近300人负责整治工作，安排海事、航道、城管、水警、环保5艘巡逻艇24小时在河面巡逻值守，专门在水上居住区现场举行区级层面灭火救援演练，提高各部门协同作战能力及应急处置水平。整治期间，随处可见消防队员、城管队员、联防队员、巡特警人员、治安积极分子，既形成强大的整治声势，又确保整治过程的“万无一失”。建湖县在接到配合整治的任务后，财政第一时间拨付400万元、安排40人的工作组进场。为确保整治期间的消防安全，盐都区投入专款购置2辆小型“全地形”消防车，配备手抬机动消防泵、浮艇泵、细水雾灭火系统以及常规灭火器材；购置500只水基型灭火器逐船进行免费发放、1000只独立式感烟火灾报警探测器逐船进行安装；接入市政消防给水，设置常高压市政消火栓系统；架设多只高音喇叭，每日7时至21时逢整点播报消防常识；安装30只高分贝电铃，作为紧急撤离信号；市消防支队组织特勤中队、盐都中队对现场开展常态化“六熟悉”，制作专项灭火应急预案，并安排1名干部、4名战士驻海事巡逻艇实行24小时水上守卫；盐都区公安局抽调28名镇(区、街道)政府专职消防队员驻陆上实行全天候保卫；盐都区消防大队、亭湖区消防大队结合本辖区水域停泊实际，以及夏季、冬季火灾特点，安排官兵开展逐船宣传、培训；区消防大队还以外地船舶火灾事故教训为案例，制作专题“警示板”“防火灭火常识宣传栏”，发放《告船民朋友的一封信》，提醒船民关注消防安全，提高自防自救能力。整治期间9·3、中秋、国庆等节日当天，公安、城管、海事、市场监管、安监、消防等各部门和潘黄街道干部都能“舍小家、保大家”，现场值守、巡查至深夜，确保整治期间的消防安全。全市各级财政都能“讲政治、顾大局”，克服经济下行、财政资金紧张的困难，落实专款近4000万元用于重大火灾隐患整治，就盐城市经济欠发达地区而言，投入如此之多人力、财力、物力整治一处重大火灾隐患为历年来首例，也在全省创造先河。

“说、帮、拆”三措并举，整治实效进一步确保。整治水上集中居住区重大火灾隐患工作，不同于陆上的拆迁，多数船民在岸上没有房子、没有土地，部分船民虽然户籍在县(市、区)，但十几年甚至几十年没有回过原籍，少数船民居住在船上近30年，一家几代人都生活在船上，极个别船民患有重大疾病或家庭有重大困难，整治中诉求多、矛盾多。整治指挥部在前期充分调研摸底的基础上，坚持问题导向，采取“人性化”措施，落实工作组人员动之以情、晓之以礼做好工作，采取“白+黑”“5+2”的工作模式，不厌其烦、软磨硬泡，用真情打动船民，用真心感动船民，用真意带动船民，使其主动投身整治工作，整治攻坚阶段每日现场有近千名工作人员同时在做船民工作。整治中，坚持统一的补偿标准，按船舶吨位每吨200元进行补助，生活重大困难或有重大疾病的按最多10000元进行补助，装修由专门的评估机构进行测算评估；同时，为畅通船民安置“出路”，盐都区还专门出台政策，对符合经济适用房的船民，鼓励其购买商品房，区政府补贴8万元每户；符合渔民上岸条件的，按中央财政补2万元、省财政补1万元、市财政补1万元、区财政补5000元、所在地补5000元标准执行；区住建、财政负责政策宣传、财政补贴工作；民政负责低保人群应保尽保工作；人社负责就业安置工作；教育负责学生就学(转学)工作，给船民吃了“定心丸”，确保整治工作顺利进行。整治中，结合船民户籍来源、船舶危险性以及船民意愿进行区别对待处理，充分发挥“船老大”的作用，采取“软硬兼施”的方法，促使其主动加入工作组，帮助一并做船民工作，并取得实质性进展。其中蟒蛇河段一孙姓“船老大”，一人即做通近40户船民工作。针对极个别“钉子户”，指挥部安排重点办、市公安局治安支队、消防大队、派出所以及所属镇共同约谈，听取合理诉求、解决实际困难，取得实质性进展；对少数船民有强烈意愿要求回原籍的，指挥部帮助安排拖船免费拖回原籍；针对船舶使用泡沫夹芯板搭建或耐火等级较低的，一律采取“回购”措施，要求船民“无条件执行”，落实补偿措施、帮助安排搬家，将回购后的船舶拖离河道，使用挖掘机进行破拆分解，彻底消除火灾隐患，船舶拆除率达78%；对外地及外省的船舶，指挥部鼓励其“回购”安置，享受盐都区居民同等待遇，对拒不整改的，发放遣散费，强制将船只拖离盐城市境内。

“管、建、防”长效机制，确保整治进一步常态。针对整治取得的“船舶全部撤离、人员全部上岸、隐患全部消除”的重大实效，为防止蟒蛇河段和大马沟段现场再有船舶积聚，市政府专门落实盐都区立即在蟒蛇河防洪船闸处设置阻拦索控制航道船舶进出、大马沟段设置阻拦桩严禁船舶进入，落实水务部门招聘人员实行24小时值守，海事部门加强巡查，保证该处不停船、不留隐患，防止隐患“反弹”；对少数拖回原籍未拆除的船只，要求各地加强监管，严禁使用泡沫夹芯板搭建、严禁电气线路私拉乱接，加强用火用电用气管理，且防止产生“抱团”积聚现象；同时，明确各地加强常态化火灾隐患排查整治工作，发现类似船舶聚集情况，立即组织疏散整治，防止产生新的重大火灾隐患或发生“小火亡人”“火烧连营”事故。此次，盐城市水上集中居住区重大火灾隐患整治的圆满成功，为全市重大火灾隐患整治工作积累宝贵经验，各级政府抓隐患整治的决心进一步增加，各职能部门之间抓隐患整治的合力进一步形成，各版块群防群治抓隐患整改的影响力进一步彰显。市政府及时

召开总结会，总结整治中好的经验、做法，剖析工作中存在的不足，全面理顺重大火灾隐患整治中的“权责”问题，为全面推进消防工作社会化进程奠定基础，为建设“经济强、百姓富、环境美、社会文明程度高的新江苏”贡献应有的力量。

（戴小勇）

人民防空

People's Air Defence

【概述】 2015年，全区人防工作，坚持围绕中心、服务大局，强化责任担当，加快信息化建设，打造精品化工程，强化准军事化管理，荣获省民防局先进单位、市民防局一等奖，人防工作走在全市前列。

【人防知识宣传教育】 年内，加强人防知识普及教育，在搞好中学生人防知识教育的同时，着力做好小学生人防知识教育试点工作，多节点、多渠道、多形式推进人防宣传教育工作，提高群众对人防知识的知晓率。

【基层民防工作】 年内，开展民防工作进社区“十个落实”试点推广工作，在街道社区，开辟宣传教育阵地，开创社区民防建设新格局，全面落实社区民防志愿者队伍建设工作，实现民防工作进社区工作规范化、常态化管理。

【专业队伍建设】 在对7支专业队伍进行整组的基础上，对50名志愿者进行调整，加强整组训练。11月25日，组织7支人防专业队，代表市民防局接受省民防局和省军分区开展的人民防空军事斗争检验评估。

【人防工程管理】 年内，顺应人防“重心下移”工作要求，主动做好管理承接准备，完善行政审批制度，规范业务操作流程，强化跟踪监督管理；落实结合民用建筑修建防空地下室的政策规定，确保应建必建，全年人防工程立项X项，创样板工程的“企业家之友”人防工程项目通过竣工验收，平战转换措施基本到位，进入正常规范运行状态。

【内控机制平台建成】 年内，打造“清廉人防”品牌，建成规范权力运行的全省民防系统内控机制平台，从源头上加强防范，把行政权力关进制度笼子，确保权力在阳光下运行。

（许欣成）

民兵预备役

Militiaman's Reserve Duty

【概述】 区民兵预备役部队，着眼有效履行新世纪新阶段我军历史使命，大力加强思想政治建设，紧紧抓住应急作战准备这根主线，坚持依法从严治军，各项建设保持协调发展、和谐发展、安全发展的良好势头。

【思想政治建设进一步加强】 区民兵预备役部队，始终坚持把思想政治建设放在首位，采取有效措施，不断加深民兵预备役人员对党的十八大精神的全面理解和准确把握，进一步按照“能打仗、打胜仗”的要求，“高举旗帜、听党指挥”的政治信念，提高理论素养和理性思维层次，振奋革命精神，为做好军事斗争准备提供强大的精神动力。始终把加强理论学习作为强基固本之策，做到常抓不懈。坚持理论学习制度，按照上级统一部署，每季度利用10天时间有计划地、系统地组织以贯彻落实科学发展观、忠实履行新世纪新阶段我军历史使命、学习党的十八大精神为主题的理论学习，着力提高全区民兵预备役人员的理论素养、思维层次和决策水平。坚持以“听党指挥、能打胜仗、作风优良”重要思想为指导，按照“学习理论、解决问题、推进发展”的要求，大力弘扬理论联系实际的马克思主义学风，紧密联系部队和民兵预备役建设实际，研究新情况、解决新问题、寻求新思路，切实做到学以致用，用以促学，学用相长。紧密结合国际国内的新形势、应急作战准备的新任务、国防后备力量建设的新要求，进行深入学习思考，注重思想观念转变，努力把科学发展观转化为对党的武装事业不懈奋斗的坚定信念，转化为发现和解决问题的科学方法，转化为指导工作、推进发展的行为准则，转化为高标准高质量完成好各项任务的强大动力。坚持在进入思想中提升层次，坚持在学用结合中指导实践，提高学习质量。在政治教育上，利用网络搭建政治教育新平台，提高教育效果。在队伍建设上，针对民兵预备役人员容易出现的精神滑坡、斗志衰退、标准降低等问题，教育和引导大家在任何时候、任何情况下都始终不渝地听党话跟党走，坚决反对思想上、政治上、组织上的自由主义，坚决执行上级的命令指示，确保政令、军令畅通。

【应急作战准备进一步推进】 年内，区民兵预备役部队，紧密结合防区的实际，围绕参加防卫作战、组织动员支前保障、参加军事威慑行动3个重点，加强对军事斗争准备的领导，着力解决思想准备、人才队伍、设施经费等方面存在的问题，使应急作战准备在原有的基础上有明显的推进。严格落实战备教育、形势分析、战备值班等制度，元旦、春节、十一等重大节日前认真组织战备形势教育，进一步增强战备观念，始终保持良好的战备状态。组织预备役干部重点进行通用参谋作业系统、高科技知识、战术作业、计算机操作与应用、军用文书写作、外军研究、海上武装泅渡等课目的学习和训练。坚持“双月考”制度，细化强化硬化训练质量考核指标，所训科目经考核均在合格以上。预备役普通兵训练方面，突出专业技术兵、“四会”教练员和应急分队人员等重点对象和城市反空袭、反敌小股武装袭扰和抢险救灾、维护稳定等重点内容的训练，进一步提高整体遂行作战任务和应付突发事件的能力。分四期对民兵防化分队、工兵分队、电力抢修分队、“四会”教练员进行集中训练。6月底，组织全区抗洪抢险应急分队开展抗洪抢险训练，并抽调部分人员参加军分区在阜宁开展的军地联合抗洪抢险演习，取得较好成绩。

（李越山）

法 治

Rule by Law

综　　述

Summary

【概述】 全区政法综治工作围绕维护社会大局稳定、促进社会公平正义、保障人民安居乐业三大任务，扎实推进综治平安、法治社会、政法队伍三项建设，各项工作均取得显著成效，被市委市政府评为全市政法综治和信访稳定工作先进县(市、区)，连续12年获评省平安县(市、区)。

综治法治

Comprehensive Treatment and Rule of Law

【概述】 围绕维护社会大局稳定、促进社会公平正义、保障人民安居乐业三大任务，扎实推进综治平安建设、法治社会建设、政法队伍建设等工作，各项工作均取得了较好成效。

【社会大局持续稳定】 实施重大决策(项目)社会稳定风险评估215项，扎实开展“五项排查百日会战攻坚化解行动”，协助推进干部下访工作，调解矛盾纠纷2027件，调处成功率为99.3%。全年共处理非访人员12人次，连续4年实现敏感时期去京非访“零登记”目标。扎实推进涉法涉诉信访改革，实施推进律师代理信访案件制度，设立国家司法救助专项资金，中央、省委巡视组交办的66件涉法涉诉信访案件全部依法办结。

【公众安全感得到提高】 专业巡防队伍逐步正规化，年内，农村技防“村村通”工程在全区面上铺开，平安法治志愿者队伍壮大至14078人。违法犯罪打击力度加大，民生类案件发案率有所压降。全面推进涉羟专项整治行动，扎实开展危爆物品寄递物流清理整顿行动。强化平安法治入户宣传，扎实开展“百村万户行”平安法治文化宣传活动，发放平安法治“五合一”宣传礼包23万份。强化特殊人群管控服务，全年无社区矫正人员再犯罪、无易肇事肇祸精神病人脱管漏管，省公众安全感调查列全市第二。

【社会治理不断创新】 平台建设更加趋于实际。年内，新建区公众安全感调查中心，定期调研全区公众安全感满意度和法治满意度，建成区级“四频合一”平台，在全市首家探索实行视频公开接访。12家镇级社会服务中心建设逐步规范。村级“一站三室”建成率达95%。信息管理更加趋于实战，建成融“实战化、立体化、集成化、网格化”于一体的综治信息系统，综治信息大数据库达到百万规模，综治信息化工作经验在全省推广。社区创建更加趋于实效，平安法治示范社区创建基本上都达到网格化与信息化同运作、法治化与便民化深融合的要求。高标准重点打造潘黄宝才平安法治

示范社区，全区共建成平安法治示范社区73个。

【队伍素质明显提升】 全区全年分批选送百名干警到西南政法大学学习进修，围绕政法综治基础业务知识举办百人以上规模集中培训4次。继续开展政法干警挂钩服务村居“五个一”活动，组织开展政法系统作风建设大整顿，政法队伍整体素质明显增强。公安局以暖警、护警、强警、塑警、考警、治警“六维建警计划”为抓手，确保队伍健康常态发展，民警孙益海获评省人民满意公务员，孙益海妻子武红梅当选全国“好警嫂”“中国好人”；检察院推广“纪检监察工作信息化管理”，成立“法学社”“都检青年学社”，微电影《我的大学路》在团中央组织的大赛中获评三等奖和网络人气奖；法院成立院机关委员会，实施青年干警轮流接访制度，提升干警应对涉诉信访能力，被市中院表彰为“全市法院司法警察工作先进集体”；司法局深入开展正规化、专业化、职业化“三化建设”活动，提升司法行政干警整体素质，夕阳红法制宣传队先进事迹受到全国关工委主任顾秀莲的批示和肯定，郭猛镇原司法所长徐学安被评为“全国调解能手”。

【组织保障趋于完善】 经费投入力度大，按照区级财政0.5%的比例设立平安法治维稳专项基金，全年共投入6700万元建设农村技防“村村通”工程，区镇两级共计投入政法事业经费达近亿元。督查指导抓得实，相继召开治安防控体系现场会、政法综治暨公众安全感提升现场推进会和政法工作“家家到”现场会，有力促动基层基础建设。深入一线村居开展督查，组织五个督查组，将19个镇(区、街道)、256个村全部督查一遍。落实推进措施细，按照工作项目化、责任化、节点化、质效化要求，精心梳理出综治法治各20件重点难点特色工作，将任务分解到各单位、各责任人，逐条逐项抓落实、抓达标。

【依法治区全面推进】 大力实施法治先进区创建工作，确立法治社会建设评价指标，创新开展法治社会建设“四五六”特色工作。全面推行说理式执法，全面清理行政权力建立权力清单事项。行政首长出庭应诉制度逐步健全。司法权力运行不断规范，全面落实立案登记制，全面推行审务、检务、警务公开，扎实开展“三查一评”活动，继续深化代表委员评案活动。法律“六进”、新“六进”内涵不断深化，大力推进法治文化321工程建设，至年底，全区共有8个镇级法治文化公园，2个省级法治文化示范点。创成省级民主法治示范村58个，市级民主法治示范村创建率达90%，大纵湖镇三官村新创成“全国民主法治示范村”。

公　安
Public Security

【概述】 以完善社会治安防控体系为主线，以“四项制度”为抓手，确保社会治安大局的平稳可控，业务工作和队伍建设实现量质齐升，综合绩效达到进位争先的既定目标，各项工作均取得新发展、迈出新步伐。

【开展“110”及反恐宣传】 1月10日，组织开展“110”宣传日暨反恐宣传周启动活动。通过短信互动、发放宣传单、现场问答、开展座谈会等多种方式宣传介绍110报警常识、安全防范知识及反恐基本常识，发放宣传资料2000余份，接受群众咨询2600余次，张贴宣传图片1000余张，悬挂横幅40余条。

【召开禁毒会战座谈会】 1月18日，在龙冈派出所召开禁毒会战座谈会。相关派出所所长汇报会战以来辖区涉羟重点人员情况，禁毒支队及区公安局负责人传达相关会议精神，要求加大案件的经营力度，加快办案节奏、形成绩效。

【举行民警荣誉退休仪式】 1月20日，举行2014年度民警荣誉退休仪式。区公安局政委邵益民代表局党委为全体退休民警颁发“平安福盾”荣誉纪念品，对退休老民警为盐都公安事业所做出的贡献表示感谢和敬意，希望老民警们能一如既往地关心、支持盐都公安工作。

【吴本辉走访慰问消防官兵】 2月11日，区委副书记、区长吴本辉，区委常委、常务副区长单永红在相关部门主要负责人陪同下走访慰问消防大队官兵，向全体消防官兵致以节日的问候，感谢消防大队多年来对全区经济社会发展的支持和帮助，希望继续发扬顽强拼搏、攻坚克难的精神，不断提升履职尽责能力。

【丁宇、夏存喜慰问基层民警】 2月13日，市委常委、政法委书记丁宇，副市长、市公安局长夏存喜到区公安局刑侦大队、潘黄派出所，亲切慰问公安民警，要求不断加强平安盐城、法治公安、过硬队伍建设，为“建设新盐城、发展上台阶”做出新的更大贡献并送上新春祝福和慰问金。市委政法委副书记、综治办主任徐龙波，市委政法委副书记高维华，市委政法委政治部主任蔡晓钧，区委常委、政法委书记陈志会，区公安局局长连大猛、副局长宗友林等领导同志陪同慰问。

【召开全区公安工作会议】 2月14日，召开全区公安工作会议，会议由区公安局政委邵益民主持，区委常委、政法委书记陈志会出席大会并作讲话，局长连大猛作工作报告，对做好全年公安工作提出重抓“六项工作”，紧扣“四个重点”的要求，会议还对2014年度公安工作中涌现出的先进集体和个人进行表彰。

【羊维达、吴本辉看望慰问基层民警】 2月17日，区委书记羊维达，区委副书记、区长吴本辉等区主要领导一行，到区公安局看望慰问执勤交警，向坚守岗位的执勤民警送来区委区政府的亲切问候和良好祝愿，并送上慰问金。

【部署烟花爆竹禁(限)放工作】 为全面贯彻落实大市区烟花爆竹禁(限)放工作紧急会议精神，全面推进全区烟花爆竹禁(限)放工作，2月27日，区公安局召开烟花爆竹禁(限)放工作专题会议。要求切实加强证据收集并及时移交派出所处理，警务督察大队要开展常态化督查，确保全区烟花爆竹禁(限)放工作建立“新常态”。

【孙益海获省级表彰】 3月7日，省委、省政府联合颁布决定，授予骆志国等30人“人民满意的公务员”荣誉称号；其中，郭猛派出所民警孙益海获得“人民满意的公务员”荣誉称号，并于3月27日上午参加表彰大会。

【全市巡特警部门会议在盐都召开】 3月24日，巡特警支队在区公安局召开全市公安巡特警部门工作会议，总结1月以来全市巡特警工作情况，听取部分地区工作情况汇报，通报讲评各级“两会”安保工作情况，并部署安排当前重点工作。与会人员还集中观摩区巡特警大队特勤体技能训练，参观大队装备、车辆、营房和巡防实战指挥平台，听取区公安局关于城市巡逻体制重组工程推进情况的介绍。

【连大猛调研指导“四项建设”】 3月31日下午，区公安局局长连大猛、政委邵益民到大冈派出所调研指导“四项建设”工作。相关单位负责人结合自身工作，就“四项建设”推进过程中存在的困惑、出现的问题、破解的办法提出合理化意见和建议。局长连大猛要求各单位严格按照上级的部署，确保“规定动作有落实、自选动作有特色、整体水平有提升”，全力推动“四项建设”长远发展。

【连大猛到执法大队检查工作】 4月10日，区公安局长连大猛、政委邵益民在分管局领导陪同下，分别到法制、经侦大队检查指导工作，听取单位主要主要负责人关于一季度工作汇报及二季度工作打算，并与大队班子成员就制度落实、队伍管理及工作中存在的瓶颈问题进行深入交流，连大猛、邵益民对两家单位的前期工作表示充分肯定，并就一步做好相关工作提出“四个重点强化”的要求。

【邵益民到市民警训练学校授课】 4月14日，政委邵益民应邀到市民警训练学校参加“政委讲坛”，为2015年度全市公安机关第一期实战轮训班作《民警违法违纪行为的预防和监督》专题讲座。通过对民警违法违纪典型案例的讲解点评，从价值理念、民警素质、领导示范、队伍管理、监督检查等多方面剖析问题存在根源，并结合公安队伍实际提出具体预防监督措施。

【省法制总队到区公安局检查工作】 4月14日，由省厅法制总队副总队长刘庆阳带领的检查组一行到区公安局基层所队实地检查考核业务考核竞赛工作，着重观摩监巡对接、警营文化等规范化建设特色工作，充分肯定区公安局执法规范化建设取得的成绩。

【羊维达批示肯定公安工作】 4月14日，区委书记羊维达在《盐都公安一季度工作专报》上作出重要批示：“公安工作在围绕中心、服务大局，为全区经济社会发展保驾护航等各项工作中开局良好，希戒骄戒躁、再接再厉，进一步聚焦中心、突出重点、整合警力、强化基层，全力维护社会和谐稳定，为打造平安高地迈上新台阶做出应有贡献”。

【检查督导基层执法办案】 4月20日，区公安局长连大猛带队到区公安局指定监视居住办案点、潘黄派出所检查督导执法工作，实地察看办案场所执行“四个一律”、值班备勤等相关情况，详细询问民警的后勤保障工作，并对参战民警进行慰问。4月24日，局长连大猛、政委邵益民深入警务督察大队、北龙港、学富、秦南派出所等基层所队检查指导工作，听取相关负责人关于工作开展及下步工作安排的情况汇报，要求各单位严格对照“四个紧紧围绕”的要求做好全年工作，全面策应“作风建设深化年”活动，努力营造严管严督、风清气正的警营氛围，真正做到铸忠诚警魂、育优良警风。

【召开“庆五四·学功模”座谈会】 5月4日，区公安局在郭猛派出所召开“庆五四·学功模”暨青年民警职业生涯规划座

谈会。会上，公安部二级英模孙益海介绍个人先进事迹，与青年民警代表分享自己的工作、生活感悟，并开展互动交流。全体参会青年民警结合自身岗位实际和成长进步的实际需求，畅谈如何更好实现自身价值，并就全区公安青年民警职业生涯规划工作的开展建言献策。

【省公安厅调研禁毒工作】 5月21日，省公安厅副厅长谢晓军到盐都调研指导禁毒工作，听取区公安局局长连大猛关于全区禁毒工作情况汇报，并到龙冈镇实地指导。市委610办公室主任，市公安局局党委副书记、副局长姜学儒，市公安局禁毒支队领导，区委常委、政法委书记陈育群，区公安局政委邵益民等陪同调研。

【省厅督导组督导"四项建设"】 6月3日，省公安厅新闻中心主任杨卫平在市委610办公室主任、市公安局党委副书记、副局长姜学儒，市公安局指挥中心主任王健等陪同下，深入区公安局督导检查"四项建设"以及反恐维稳、安全监管、防范打击犯罪等工作落实情况，听取区公安局局长连大猛相关工作汇报，并征求基层的意见和建议。

【开展"五个一"和"上门入户"工作】 根据区委政法委统一部署，6月18日，区公安局局长连大猛专程到新区管委会万胜社区开展"五个一"和"上门入户"工作。详细了解万胜社区的村情概况，与社区负责人签定村居法律顾问聘任协议，走访10余户群众家庭和沿街门市商铺，逐户散发警民联系卡，并认真征求群众对当前盐都公安工作的意见和建议。

【开展"6·26"国际禁毒日主题宣传】 6月26日，区禁毒办、公安局与龙冈镇在龙冈凤凰市民文化广场开展"6·26"国际禁毒日主题宣传活动。活动现场，区长、区外流涉羟犯罪专项整治工作领导小组组长吴本辉，区委常委、常务副区长、区外流涉羟犯罪专项整治工作领导小组副组长陈志会号召全区广大人民群众积极投身到禁毒斗争中。区公安局局长连大猛等为前来参观的群众发放宣传纪念品，并向群众讲解有关毒品的常识、如何发现举报外流涉羟犯罪人员、如何防范新型毒品危害等方面内容。各镇(区、街道)分别设立宣传点，共有2000余名群众参加，发放各类宣传品1万余份。

【吴柏林到区公安局检查指导】 6月29日，市局党委副书记、副局长吴柏林在治安支队支队长曹志祥、禁毒支队支队长陈震的陪同下到区公安局检查指导工作，听取区公安局局长连大猛关于打防、四项建设等重点工作情况汇报。

【刘江到区公安局检查指导】 7月1日，市武警支队支队长刘江到区公安局巡特警大队检查指导武装巡逻工作，听取巡特警大队武装巡逻模式情况介绍，实地查看视频监控实战应用平台和备勤训练区，详细了解了应急处突装备配备情况。要求全体武装巡逻民警和武警发扬"特别能吃苦、特别能战斗"的精神，扎实开展巡逻勤务工作。

【区人大代表、政协委员到区公安局参观指导】 7月8日，区大代表、政协委员一行到潘黄派出所、巡特警大队调研指导工作。实地参观派出所接待区、办案区、勤务指挥室、人民调解室，并详细听取公正示范执法、城市巡逻体制重组、武装巡逻勤务模式、亮点特色工作等情况介绍，实地参观武器警用装备展示、特勤训练备勤区和视频监控应用平台。

【开展应急救援演练】 7月21日，公安、安监、建设、质监、供电、消防等部门开展全区燃气重大安全事故应急救援演练。演练假设区南环路与开创路交汇处东北中压燃气管道被市政施工的挖掘机挖破，造成天然气泄漏且造成气体燃烧事故。区燃气安全事故应急救援指挥部立即启动灭火疏散预案，组织新奥燃气抢险队员进行自救的同时，第一时间向119、110、120指挥中心报警，请求援助。各部门迅速赶赴现场，密切协作，有条不紊开展救援工作，以较短的时间完成演练活动。

【央视采访警嫂武红梅】 7月23—25日，央视记者到区公安局采访郭猛派出所民警孙益海妻子、"全国好警嫂"候选人武红梅。央视记者深入郭猛派出所、郭猛实验学校等单位，广泛走访群众，在掌握关于武红梅的第一手资料的基础上，深度采访、拍摄武红梅参选"全国好警嫂"先进事迹短片。

【开展安全生产大检查】 8月21日，区公安局局长连大猛带队开展安全生产大检查。实地检查市公共交通总公司、盐城亚邦物流中心、西气东输潘黄仰徐大通输气站、郭猛杨侍水上乐园、郭猛荣和烟花销售有限公司等人员密集以及危化品使用存储企业，向企业负责人通报安全生产工作面临的严峻形势，对相关企业做好安全生产工作提出“四个进一步”的要求。

【召开夏季消防检查约谈会】 8月23日，区政府召开全区易燃易爆场所夏季消防安全检查集中攻坚行动约谈会，会议由区公安局局长连大猛主持。会上，与会人员观看警示教育片，市消防支队副政委杨华林传达公安部紧急电视电话会议精神，对夏季消防检查工作提出具体要求。区消委会与各场所消防安全责任人签订《责任状》，各单位向区消委会递交《承诺书》。

【召开旅馆业管理视频会】 为强化旅馆业治安管理工作，8月26日，区公安局召开全区旅馆业治安管理工作会议。会上，结合2014年与2015年旅馆案件查处情况及检查中发现的问题，通报旅馆业经营中存在的问题，提出下一步整改措施。

【省消防总队检查指导消防工作】 8月30日，省消防总队参谋长高宁宇一行检查指导盐都消防安全工作，检查蟒蛇河、大马沟河“水上住家集中区”消防情况，听取副区长肖乐农相关情况汇报，对盐都前期工作情况给予肯定，并对蟒蛇河、大马沟河“水上住家集中区”重大安全隐患提出要求和整改意见。

【组织开展应急救援演练】 9月2日，区政府组织公安、安监、城管、卫生、海事、消防等应急联动部门及潘黄街道、盐龙街道，开展水上集中居住区应急救援综合演练，区委常委、副区长张建洋任演练总指挥，区公安局局长连大猛任现场应急救援总指挥。通过演练，进一步提升全区各部门联合处置水上突发事故的处置能力，增强多部门救援力量间的协调配合，为处置水上火灾事故提供经验。

【王荣平现场督查隐患整治】 9月3日，市长王荣平现场督查会办市区水上集中居住区重大消防安全隐患整治工作，副市长、公安局长夏存喜，副市长王荣，市政府秘书长徐龙波，区主要领导，市交通、海事、水利、安监、城管等部门负责人、市消防支队支队长吴剑参加会办。

【专题会办隐患整改】 9月7日，区委区政府组织召开潘黄水上居住区重大火灾隐患整改工作会办会，区委书记羊维达，区长吴本辉，区委常委、常务副区长陈志会，区委常委、副区长张建洋及区委办、区政府办、公安、安监、市场监管、住建、交运、城管、供电、消防、海事、潘黄街道等部门及版块负责人参加，会议由区委书记羊维达同志主持。会上各部门及区政府办负责人就整改工作进展情况进行汇报，张建洋、陈志会就整改工作提出建议。

【召开落实“两个责任”动员部署会】 9月23日，区纪委委员、区审计局党组书记刘向阳一行到区公安局巡查指导，对区公安局落实“两个责任”暨反腐倡廉制度执行情况进行驻点巡查。为组织开展好巡查工作，区公安局召开动员部署会，区公安局局长连大猛对区公安局落实“两个责任”暨反腐倡廉制度执行情况进行汇报，各单位负责人及部分民警代表共70余人参会。

【市公安局开展专项巡察】 9月24—25日，市公安局政治部副主任沈阳带队到区公安局开展领导班子专项考核巡察工作。听取区公安局局长连大猛关于区公安局领导班子自身建设、贯彻落实全市公安工作会议精神、重点工作推进、“四项建设”和主要业务指标完成等情况的介绍，查看相关工作台账，与党委班子全体成员，机关各单位行政、政工主官，派出所长和部分民警代表进行个别谈话，并听取意见和建议。

【武红梅当选“好警嫂”】 10月8日，由公安部和全国妇联联合主办的“好警嫂”推选宣传活动揭晓仪式在京举行，区公安局“独腿民警”孙益海妻子武红梅当选“好警嫂”。

【举行集中退赃活动】 为充分展示公安机关打击多发性侵财犯罪成果，扎实推动“打击侵财犯罪质效提升年”活动，10月19日，区公安局在潘黄派出所举办集中退赃活动，共集中向30余名受害群众退还追回的电动车、现金、手机等一批赃款赃物，总价值35万余元，收到良好的社会反响，盐都电视台等媒体现场报道。

【召开离退休老干部交流会】 10月21日，区公安局召开“庆重阳佳节·话公安发展”离退休老同志交流会，研究部署成立区退休协会公安分会、老干部党支部改选等相关工作，并推选出协会理事和支委会委员。

【广东江门公安局到区公安局考察交流】 10月20日，广东省江门市公安局禁毒支队支队长李泗玲一行6人在省厅禁毒总队缉毒科科长朱廷陪同下到区公安局考察交流禁毒工作。李泗玲一行实地考察龙冈镇禁毒办、凤凰社区戒毒(康复)办公室，与当地村干部进行交流，并召开座谈会。

【走访辖区企业】 10月23日，区公安局局长连大猛到盐龙街道走访辖区企业江苏荣华纺织有限公司，与企业董事长刘顺荣进行座谈交流。期间，连局长详细了解了企业当前生产管理方面存在的困难和需要公安机关协助解决的问题，并向负责人征求企业对公安机关的意见和建议。

【召开主题教育部署会】 10月29日，区公安局召开“秉公执法人民公安为人民”主题教育活动动员部署会。区政府党组成员、局党委书记、局长连大猛为全区公安民警上一堂秉公执法主题教育课，并代表区局党委对开展主题教育活动提出要求。局党委副书记、政委邵益民主持会议。会议印发《全区公安机关开展“秉公执法人民公安为人民”主题教育活动实施方案》。

【召开火灾防控工作部署会】 11月4日，区政府召开火灾防控工作动员部署会，区消防安全委员会成员单位负责人，各镇(区、街道)主要负责人和分管负责人以及各派出所所长，共100余人参加会议。会议由副区长肖乐农主持，区委常委、常务副区长陈志会出席会议并讲话。

【区政协专题防控体系建设】 11月6日，区政协召开十三届十五次常委会，就社会治安防控体系建设专题协商议政。会前，区政协主席陈广平率政协常委及委员在区公安局局长连大猛、政委邵益民的陪同下视察龙冈、潘黄派出所等基层社会治安防控体系建设组织，听取连大猛对全区社会治安防控体系建设情况的汇报，政协常委和部分委员围绕进一步推进社会治安防控体系建设事业发展畅所欲言，提出建议和意见。

【开展“119”宣传月活动】 11月9日，为扩大“119”消防宣传月的影响力和覆盖面，结合第24个119消防宣传日，区公安局积极创新举措，开展形式多样、内容丰富的宣传活动。区委常委、常务副区长陈志会带队深入活动现场督导工作开展，营造浓厚的消防安全宣传氛围，活动取得预期效果。

【开展警示教育活动】 11月12日，区公安局开展警示教育活动，组织局领导班子成员及各单位负责人到区人民检察院集中参观盐都区警示教育基地。活动中，区公安局局长连大猛带领全体参加活动人员参观红色廉政教育文化长廊，并观看警示教育片《诱发公职人员职务犯罪的认识误区》。通过教育活动，进一步筑牢拒腐防变的坚固防线，永葆人民公安为人民的忠诚本色。

【召开述评警事座谈会】 为进一步接受广大代表(委员)评议监督，推进“秉公执法、人民公安为人民”专题教育活动深入开展，11月18日，召开“述评警事”座谈会。会上，区公安局局长连大猛作工作报告，出入境、车管所、户政、消防等窗口单位负责人汇报政治思想建设、工作职责履行、作风效能建设和勤政廉洁等方面情况，剖析存在问题、提出改进措施，参评人员现场进行质询、评议。

【召开思路调研座谈会】 11月24—25日，区公安局利用两天时间召开2016年度公安工作思路调研座谈会，座谈会分机关和派出所两个层级，其中派出所层面在郭猛、秦南派出所分东西两个片区召开，座谈会始终坚持问题导向、直面问题，参会人员全程脱稿，畅所欲言，真实反映各单位工作质态和下步思路，列出在队伍管理、作风建设以及推进业务工作方面存在的突出问题，取得预期效果。

【开展交通安全日宣传活动】 12月2日，交警大队联合市交警支队六大队以“拒绝危险驾驶，安全文明出行”为主题，在南金鹰广场举办“12·2”全国交通安全日现场宣传活动。共发放文明交通安全宣传资料1000余份，接受群众咨询28人，摆放宣传展板5块，劝导不文明交通行为30余起，受教育群众800多人次。

【扬州江都区公安局到区公安局考察交流】 12月3日，由扬州市江都区公安局副局长潘华带领的考察组一行到区公安局考察交流。观摩区公安局社会面管控联合指挥部、巡特警二级指挥平台的运作情况，并参观陈列室及巡特警内务管理。

【开展消防安全夜查行动】 12月24日，区公安局局长连大猛带队开展消防安全“零点”夜查行动。期间，实地检查辖区麦德龙超市、恒大影城等单位，详细了解各相关单位消防安全制度落实、消防设施、器材配备维保、消防安全教育培训、消控室值班人员在职在岗、火灾隐患排查整改等情况，向各单位负责人通报消防安全工作面临的严峻形势，并就加强节日期间消防安全工作提出具体要求。

【开展元旦安全生产大检查】 12月31日，区公安局副局长严文斌带领消防、交警、治安等部门负责人深入辖区开展节前安全生产大检查。期间，实地检查汉庭快捷酒店（世纪大道店）、盐城公共交通总公司、神龙物流大厦、郭猛550千伏变电站、郭猛荣和烟花销售有限公司五家单位(场所)，听取相关责任人基本情况介绍，翻阅安全生产、消防安全、治安防范隐患自查记录，实地查看消防器材、消防控制室、消防通道、值班人员在岗在位、重点部位防护硬件。

（邵益民　朱良众　李厚奇）

检　察
Prosecution Work

【概述】 2015年，全区检察工作围绕“打造新高地、迈上新台阶”总定位，围绕区委中心工作，履行宪法法律赋予的职责，各项检察工作取得新进展，获评“全省检察文化建设先进单位”，并被市委政法委确定为践行“四个行为规范”试点单位。

【保障经济转型升级】 加大对串通招投标、虚开增值税专用发票、危害食品药品安全等经济犯罪活动的惩治力度，全区全年起诉破坏市场经济秩序类犯罪31件83人。依法维护金融管理秩序，起诉非法吸收公众存款犯罪11件31人，强化涉众型案件处理中的释法说理工作。加强对知识产权的司法保护，依法办理假冒注册商标等侵犯知识产权犯罪4件5人。根据上级检察院指定，集中办理包括亭湖、建湖、城南新区等区域的破坏环境资源类案件，共起诉非法狩猎、盗伐林木等犯罪33件40人。

【促进平安盐都建设】 突出打击危害人民群众生命财产安全的严重刑事犯罪，切实提升群众安全感。全年共受理提请批准逮捕案件141件175人，经审查批准逮捕122件148人；受理移送审查起诉案件448件614人，经审查决定提起公诉407件554人。投身市委政法委部署的“民生类案件夏季打防专项行动”，办理盗窃、诈骗、抢劫、赌博等案件70件95人。配合公安机关开展“百城禁毒会战”，批准逮捕毒品犯罪案件16件18人，其中公安部督办的非法买卖制毒物品案犯罪嫌疑人2人。坚持宽严相济刑事司法政策，对主观恶性较小、犯罪情节轻微的犯罪嫌疑人依法从宽处理，不予批准逮捕19件27人，决定不起诉4件8人。

【强化诉讼监督】 强化刑事立案和侦查监督，年内，监督侦查机关立案1件1人，监督立案的1件积存案件被法院判处有期徒刑12年，纠正漏捕1件1人，书面纠正侦查活动违法7件次。在审查起诉环节，

2015 年 1 月，张永娣作检察工作报告

追诉漏犯2人，其中1人被法院判处有期徒刑11年，书面纠正侦查活动违法3件次，加强追诉工作的做法被省、市检察院转发。加强社区矫正法律监督，发出书面检察建议3份，纠正违法通知1份，建议收监执行9人，至年底，收监执行7人。强化民事行政诉讼监督，提请抗诉民事行政案件3件，发出再审检察建议3件，执行监督5件，审查涉嫌虚假诉讼案件6件，提请抗诉2件、建议提请抗诉1件、发出再审检察建议2件。对弱势群众权益受侵害案件，积极开展支持起诉工作，依法支持7名农民工追索劳动报酬。就办案中发现的行政管理工作漏洞，向相关行政机关发出督促履行职责检察建议2件，促进依法行政。

【查办职务犯罪】 保持办案高压态势，全年共立案侦查贪污贿赂、渎职侵权类犯罪13件14人。在上级检察院领导下，组织专项行动，集中打击窝案串案，在园区项目建设、财政专项资金补助等领域查处贪污贿赂、挪用公款等案件7件7人，大案率100%。严肃查处国家机关工作人员“不作为、乱作为”造成国家和人民利益重大损失的渎职犯罪，在农村土地流转、安全生产等领域查处玩忽职守、滥用职权等案件6件7人。突出查办领导干部以权谋私、失职渎职案件，立案查处乡科级以上国家工作人员6件6人，协助省检察院查办了正厅级干部、南京体育学院原院长张某涉嫌贪污案。

【预防职务犯罪】 全区全年结合办案开展预防犯罪专项调查1次，个案分析7件，向相关单位发出检察建议6份，召开职务犯罪典型案例剖析会1次。全程跟进331省道盐都段工程专项预防，为重点民生项目保驾护航。受理行贿犯罪档案查询860次，推动社会征信体系建设。加强预防职务犯罪警示教育，组织预防职务犯罪宣讲团，举办各种预防宣传14场次。其中，结合定点医疗机构和零售药店存在问题，开展专题预防宣讲3场。针对园区项目建设中易发腐败案件、农村改厕监管工作存在薄弱环节撰写研判报告，得到市委和区委重视批转。

【创新社会治理】 深入推进涉法涉诉信访工作改革，积极促进信访工作法治化。年内，受理并妥善处理检察环节群众来信来访170件，救助刑事被害人2件2人，主动为进入刑事诉讼环节的盲、聋、哑人及精神病人提供法律援助8人次，建成便于群众表达诉求的远程视频接访系统。不断创新法治宣传形式和载体，增强普法效果。通过调查分析，撰写各类研判报告14份，向党委政府建言献策。

【开展规范司法行为专项整治】 按照上级检察院的统一部署，以职务犯罪侦查部门为重点，扎实开展为期1年的规范司法行为专项整治工作。坚持自查自纠。对自2014年起办理的所有案件逐案排查，针对适用强制措施、讯问犯罪嫌疑人不规范等问题，制定责任清单，限期整改到位。坚持开门整改，主动走访政法委、公安、法院、司法局等部门，邀请代表委员、律师等相关人员召开座谈会，制定完善办案安全防范、保障律师执业权利等一系列规范性文件。在院反贪局、反渎局等重点部门设立“规范司法行为示范岗”，培塑典型，以点带面，使干警学有榜样；强化检务督察，督促落实高检院职务犯罪侦查工作“八项禁令”等规范要求，通过科技手段强化监督、保障规范的经验做法被高检院和省、市检察院转发。

【强化未成年人检察工作】 年内，妥善处理未成年人犯罪案件，坚持慎捕慎诉原则，对2名具备条件的在校未成年犯罪嫌疑人，依法作出相对不起诉决定。积极构建预防未成年人犯罪社会联动机制，在市一中成立全市首家驻校未成年人刑事检察工作室，尝试将司法保护工作融入校园管理。运用所办案例，不定期组织干警赴镇(区、街道)中小学校开展法制宣传。精心制作未成年人检察公益宣传短片，陆续在电视台及新媒体平台投放。

【检察文化建设】 以构建检察干警共同价值体系为核心，积极探索文化育检之路。年内，全院组织以“倡导绿色生活、恪守行为规范、建设人文都检”为主题的系列检察文化活动，倡导健康、快乐、向上的工作理念。以争创“检察文化示范院”为契机，研究出台创建规划，建成“检察文化市民广场”并对外开放。在大纵湖镇三官村建成廉政文化宣传园地——“荷园”，着力将法治宣传向基层延伸，被市纪委命名为“盐城市廉政文化建设示范点”。

【深化检务公开】 年内，全面加强官方微博、微信、手机报等新媒体平台建设，及时公开检察工作信息。加强案件信息发布，全年共向社会公布法律文书264份，案件程序性信息521件，重要案件信息29件，开展案件公开审查活动1次。延伸人民监督员监督范围，邀请人民监督员对涉案款物上缴国库、退还犯罪嫌疑人家属余款的处理过程进行现场监督，保障犯罪嫌疑人及其近亲属的合法权益。接受人大及其常委会的工作监督，专题汇报查办和预防反渎职侵权犯罪工作情况。开展“代表委员联络月”活动，邀请人大代表、政协委员和特约检察员视察工作，听取批评、意见和建议。

【加强检察队伍建设】 加强思想政治建设，年内，深入开展“三严三实”专题教育活动，充分发挥法学社、“纵湖文化沙龙”等平台作用，组织开展“书香润都检、好书伴我行”“学习刘文胜、争当排头兵”学习交流会系列活动，有力提振干警干事创业热情，连年被区委授予“五好班子建设”优秀奖，党建工作连续12年受区委表彰。加强队伍素能建设，深化与省内外高等法学院校的合作共建，分批组织业务骨干赴西南政法大学研修，注重岗位技能提升，一批干警被省、市检察院评为“岗位能手”“专门人才”，3篇调研成果在省级以上论坛活动中获奖，多幅书画入选高检院、省检察院组织的文艺作品评比和展览活动。加纪律作风建设，组织干警学习作风建设各项规定，定期编发《都检清风》《我的苦乐检察》等电子期刊，探索廉政风险防控“864”模式，建立干警廉政、绩效、办案三位一体的综合档案，促进干警廉洁自律，院纪检监察工作连续11年受区表彰。 （谭　冲　丁玲玲）

法　院

Court

【概述】 严格依法履行司法职责，努力让人民群众在每一个司法案件中都感受到公平正义。全年新收案件总数首次突破万件，共计10507件，办结9955件，同比分别增长20.9%和22.1%，为全区“打造新高地、迈上新台阶”作出积极贡献。

【服务经济新常态】 年内，出台《为经济新常态下盐都发展提供法治保障的十二条措施》，并积极落实各项司法保障和服务措施。积极支持创新驱动发展，加强与市中院沟通协调，确定在国家高新区设立市中院知识产权巡回审判点。积极助推企业转型升级，化解企业转型纠纷21件。积极帮扶中小微企业应对经济下行压力，为121家企业追回到期债权6000余万元，为16家融资困难的企业采取“活保全”“反担保”等措施，避免企业停产歇业。

【积极稳妥推进改革】 着力推进立案登记制度改革，变立案审查制为立案登记制，对人民法院依法应当受理的案件，做到有案必立、有诉必理，充分保障当事人的诉权。着力推进审判管理机制改革，优化审判资源配置，院、庭长真办案、办难案，领导班子成员全年共审结案件220件，庭（局）长主审或参与审理案件6090件；22名审判人员、书记员调整充实到办案一线，综合部门5名法官全部挂钩业务庭办案，有效缓解“案多人少”矛盾。着力推进秦南法庭试点改革，强化团队配置，组建一个“1（主审法官）+1（法官助理）+1（书记员）”和两个“1（主审法官）+1（书记员）”审判团队，明确职责清单，落实主审法官责任。

【落实便民惠民举措】 深化诉讼服务中心建设，重新设置服务大厅功能区域，增设志愿者服务岗和律师法律援助岗，努力为人民群众提供全方位、一站式服务。建成网上诉讼服务平台，依托诉讼服务网和12368诉讼服务热线，广泛开展网上立案和在线诉讼服务，切实减轻当事人诉累、问累、跑累。依法落实司法救助，全年对符合条件的当事人减缓免诉讼费用100余万元，对生活确有困难的信访当事人、申请执行人、刑事被害人给予司法救助20余万元。

【惩治犯罪净化社会环境】 全年审结刑事案件377件507人，其中判处十年有期徒刑以上刑罚13人，因情节轻微依法判决免处5人。依法启动非法证据排除程序8件次，建议检察机关补充侦查、追加或变更起诉9件。突出打击重点，审结毒品、危险驾驶等多发型犯罪案件108件112人，对其中11件案件进行公开集中宣判；审结贪污贿赂、渎职等职务犯罪案件7件9人，推动反腐败斗争的深入开展；审结利用微信、QQ实施电信诈骗犯罪案件2件5人；审结非法吸收公众存款案件13件39人，为被害人挽回经济损失400余万元。

【推进基层民主法治建设】 开展法治社会法官兼任村（居）法治教导员”活动，年内，60名法官挂钩村居，开展普法宣传70余次，协助解决基层矛盾纠纷200余起。加强以案释法宣传，面向基层群众开展巡回审判1000余次，开展“法院开放日”活动6次，召开“民生类案件夏季打防专项行动”等专题新闻发布会5次。

【纠纷多元化解】 强化劳动争议案件仲裁与审判程序衔接，畅通与工会、人社等部门的信息沟通渠道，统一执法尺度，全年共审结劳动争议案件809件，同比增长95.4%，调解率达68.9%。实行少年及家事案件审判专业化，将原少年法庭更名为少年及家事案件审判庭，与妇联、民政、社区等机构建立联动机制，维护平等、和睦、文明的婚姻家庭关系，审结婚姻家庭案件1072件，调撤率达44.3%。加强对人民调解工作的指导，依法确认人民调解协议11件。

【执行惠民生】 全力实现当事人胜诉权益，全年共执结各类案件2835件，执行到位标的额8.2亿元。强化财产查控，“点对点”连接省内51家银行，累计查询被执行人财产信息7838条。强化失信惩戒，将632人纳入失信被执行人“黑名单”，限制其银行贷款、招投标、高消费等活动，对22人依法采取司法拘留强制措施，促使200余名失信被执行人主动履行义务。强化财产处置，所有标的物拍卖均在淘宝网上进行，并与盐都中行合作建立“E拍贷”平台为竞买人提供贷款支持，“零佣金”拍卖333次，成交额4105万元，单笔成交额最高达1798万元。

【阳光司法彰显公正】 坚持“阳光审判”，全年通过短信平台向当事人自动发送案件流程节点信息20000余条，通过互联网直播庭审63件，网上公布生效裁判文书5229份。开展“阳光执行”，邀请52名

第一廉政课

人大代表、政协委员、廉政监督员全程监督重大案件执行，配备使用单兵执法记录仪，对执行活动全程录音录像，执行效果明显提升。打造“阳光法院”，积极搭建新媒体沟通平台，优化升级内、外网和官方微博，开通官方微信公众号，发布动态信息1200余条，实现与公众的零距离沟通、即时性互动和无障碍共享。

【加强队伍建设】 深入开展“三严三实”专题教育实践活动，以邹碧华法官等先进典型引导干警坚定理想信念、加强党性修养。坚持以党建带队建，成立院机关委员会。加强爱国主义、集体主义教育，在全市法院和区级机关“抗日战争暨世界反法西斯战争胜利70周年主题合唱比赛”中均获二等奖。开展法官业务素能培训，组织85名法官赴政法院校学习。开展书记员速录技能培训，制定《书记员工作规范》，在全市法院书记员业务技能比赛中获得团体第二名。开展司法警察业务技能大练兵，定期组织体能测试，有效提升警务保障能力和水平，被市中院表彰为“全市法院司法警察工作先进集体”。

【重抓党风廉政建设】 严格落实党风廉政建设“两个责任”，实行领导干部“一岗双责”，在重要节日和节点发送廉政短信6000余条，随案发放廉政监督卡10000余份，进一步筑牢廉政防线。防控大标的案件廉政风险，针对基层法院管辖标的提升至1亿元、大标的案件数量增加的实际，年内，专门出台《关于规范大标的案件审理执行工作的规定》，对标的额500万元以上的案件，全程防控立案、审判、司法鉴定、执行等环节的廉政风险。加强监督执纪问责，对存在纪律作风问题的3名干警进行诫勉谈话或纪律处分，有效促使干警廉洁自律。（康　燕）

司法行政
Judicial Administration

【概述】 2015年，全区司法行政系统围绕中心，服务大局，勇于探索，真抓实干，各项工作取得了新的进展。区司法局被省法宣办、省司法厅表彰为“法润江苏”活动先进集体，荣获全市司法行政系统年度考核一等奖。法治建设“四五六”提升法律“新六进”被市司法局评为年度工作创新奖。尚庄镇司法所所长何同华被市委政法委表彰为“全市优秀政法干警”，区法律援助中心主任施怀兵入选市级“十佳勤政标兵”候选人，潘黄、张庄两司法所被省司法厅表彰为优秀司法所，丁良成、王翠平被市司法局记三等功。

【开展法治宣传教育工作】 年内，顺利通过市委市政府“六五”普法工作考核组检查验收。深化“法律新六进”活动。加强新媒体新技术在普法中的运用，推进法治宣传进报纸、进广播、进电视、进手机、进网络、进戏曲，使法治宣传工作从说教式向自觉接受转化。开通“盐都普法”微博、“盐都普法”微信。扩大“夕阳红”宣传队影响。区“夕阳红”法制宣传队的工作经验得到全国关工委主任顾秀莲的批示。《法制日报》和《江苏法制报》进行跟踪报道。《双新盐都报》组编专版，介绍“夕阳红”法制宣传队的经验做法及队员先进事迹。加大投入，推进法治文化阵地建设。年内，建成区级主题法治文化公园2座，镇法治文化公园8座，村法治文化公园2座。投资50多万元建设润都法治文化公园。郭猛镇和潘黄仰徐村的法治文化公园获得“省级法治文化示范点”称号。全面推进民主法治村(居)创建活动。仰徐村、三官村获得“全国民主法治示范村”称号，全区251个村居中，77个村(居)获得“省级民主法治示范村”称号，218个村(居)获得“市级民主法治村(居)”称号。扎实开展“法润江苏·德法同行”及“法耀盐阜·德法同行”活动。组织全市法治文化基层行启动仪式，并开展相关活动。参与组织“万人诵读弟子规，争做厚德盐城人”大型公益宣传活动；配合区文明办开展“公民道德宣传日”广场活动；配合区关工委开展《老年人权益保障法》系列宣传活动。通过多种形式宣传《江苏省人民调解条例》。将涉及农村法律知识100问、常用法律法规、有关普法讲稿免费发送到各镇和村居。11月，区“夕阳红”法制宣传队在全区25所中学举办法治讲座，向在校学生宣讲法律知识。普法志愿者配合妇联、团委、教育等部门开展“走进千户留守少儿家庭、关爱千名留守少儿成长”活动。走访“五老”268人和留守少儿1262人。走访后，采取调整监护人、帮文化补习、心理辅导、扶贫解困等措施。深入秦南、学富镇20多个村居，收集社情民意近60条。

【加强特殊人群管控工作】 全区共有社区服刑人员326人，年内，新接收230人，按期解除矫正262人，特赦9人，因不服管教建议撤销缓刑8人，对2名暂予监外执行到期人员收监执行，发出书面警告93份，接收法院、检察机关委托办理审前调查121件，接收监狱委托办理假释前评估17件。全年新接收刑释人员486人，在册刑释人员1691人，坚持严格规范执法，定期召开社区矫正工作委员会会议，讨论刑事执法工作。深入实施区级社区矫正管理教育服务中心提档升级行动。推广运用矫务通、执法记录仪、指纹考勤机等技术装备，打造规范执法平台。实行分片动态管理。区社矫中心将人员分工负责到镇（区、街道），将责任落实到人，并印制工作记录本。定期联合区检察院监所科对全区社区矫正情况进行检查，现场考核工作人员对社区矫正工作的“五知”情况，检查服刑人员台账资料，重点人员的管控、手机定位情况，并现场抽取社区服刑人员进行谈话核实，对存在问题详细记录，下发通报。认真做好部分人员的特赦工作。认真核实底数，查看档案，筛选出符合特赦条件的人员，对于判决生效日期有疑问的特赦人员，与原判法院联系，并及时向市局汇报，请检察院共同会商确定。年内，特赦的9名社区服刑人员全部按程序规范执行到位。开展追逃工作。根据省厅、市局统一部署，对已裁定撤销缓刑社区服刑人员，进行专门追逃。督促社区服刑人员结清农民工工资。年初，社区服刑人员包某、陈某分别拖欠各自企业内的农民工工资，导致工人上访，社矫科立即介入，对两人分别进行约谈，讲明利害关系，两人在春节前将工人工资全部兑现到位。丰富安置帮教形式。协助连云港监狱、常州监狱，帮助安置刑满释放人员。组织专职社工和志愿者对重点人员开展走访摸排。

【加强人民调解工作】 全年区镇（街道）矛盾调处服务中心和各级各类人民调解组织共调解矛盾纠纷4670件，调解成功4502件，调处成功率为99%，排查纠纷941次，预防纠纷710件，防止民间纠纷转化为刑事案件10件20人，劝阻群体性上访54批次909人。完善大调解运行机制。整合上下级人民调解组织的调处力量，形成上下联动。基层调解组织在调处化解矛盾纠纷工作中，主动加强排查分析和信息预警，对疑难复杂和重大矛盾纠纷，在做好钝化、控制工作的同时，及时向大调解中心请示报告，加强上下沟通联系。进一步规范医患纠纷、道路交通事故、环境污染、劳动争议和消费维权等专业性、行业性人民调解组织建设。加强与公安机关、法院及其他相关部门的协调配合，鼓励引导律师、公证员、法律援助人员、基层法律服务工作者参与矛盾纠纷排查调处，完善创新大调解对接工作机制。成功调处46件医疗纠纷和381件道路交通事故纠纷。扎实开展专项排查化解活动。“两节”“两会”期间组织开展社会矛盾纠纷专项大排查活动；组织开展“民调月”及“五项排查百日会战攻坚化解行动”等活动。组织调解员业务培训。上半年组织镇级50多名调解员进行调解业务知识培训，对《人民调解法》《人民调解工作若干规定》、调解卷宗的制作与整理以及一些常见矛盾纠纷涉及的法律法规进行讲解。10月，组织学习《江苏省人民调解条例》。积极推进全区300人以上企业人民调解组织建设，按照“整合资源、同步推进、合理设置、注重实效”的原则，围绕成熟一个建立一个，建立一个巩固一个原则，按照时序进度和目标要求，全区300人以上企业全部成立人民调解组织。7月，接受区人大代表、政协委员、公正执法监督员及各政法部门负责人对人民调解工作的调查研究和案件评议。

【推进法律服务体系建设】 年内，法律服务人员办理各类案件1436件，为当事人挽回各类经济损失近4000万元；办理各类公证案件5552件，其中国内民事882件、国内经济4181件、涉外482件、涉台7件。努力提升全区律师行业的竞争力，出台《盐都区推动律师事务所品牌化建设实施方案》。6月，组织律师事务所负责人赴南京、北京律师事务所参观学习，推进律师事务所规模化、品牌化、专业化、规范化建设。加强区“12348”公共法律服务中心建设。推进村（居）司法行政服务站、法律援助工作站和便民服务窗口建设，积极引导律师、公证员、基层法律工作者拓宽服务领域，向民生领域和基层全面延伸。实施法律援助“为民办实事”工程。全年办理法律援助案件1082件，解答法律咨询2958人次，接听12348咨询电话783人次。接待农民工来访370多人次，为困难群众和农民工追回应得的劳动报酬、赔偿款及挽回各类经济损失超500万元。法律援助办案质量进一步提高。《东方生活报》《现代快报》多次报道区法律援助案件，中央电视台12频道的《热线12》栏目以《小乔玉的“错位”人生》报道区法律援助案件并介绍区法律援助工作，区法律援助中心被评为省级规范化法律援助中心。进一步规范公证执业行为，提升公证服务能力。进农村、社区宣传公证知识，对老、弱、病、残等特殊群体，实行上门服务。积极参与老城区改造、城南新区建设，先后配合人民法院、国土资源局、房屋拆迁管理等部门参与拆迁、拆违、强制腾地，办理200余份证据保全类公证、10多件提存公证。建立和完善横向到边、纵向到底、责任到人的公证行业质量防控监督体系，使公证质量控制体系和收入分配激励机制相制衡，做到错、假证零发生。

【加强司法行政队伍建设】 全面推进司法行政队伍正规化、专业化、职业化建设。努力实现司法行政队伍由粗放型向内涵型、数量型向素质型、传统型向现代型转变，努力打造一支政治上坚定、业务上精通、作风上优良、纪律上严明、执法上公正的司法行政队伍。年内，开展作风建设提升年活动。成立活动领导小组，制定实施方案，开展大讨论，全面提高司法行政干部队伍政治、思想、作风和业务素质，有效提升公正廉洁执法水平。贯彻落实省厅司法行政队伍“正规化、专业化、职业化”建设工作任务，制定工作方案和基层基础建设任务分解及推进计划表，定期向市局汇报进展情况；按照上级要求，稳步推进基层司法所管理体制改革工作，局领导深入镇（区、街道）调研，与党委政府主要负责人沟通，制定详实的工作方案；以党建促业务带队伍，争创学习型、创新型、服务型、勤廉型党组织。加强对律师行业党建工作的组织领导，推动司法行政业务工作与党建工作“两翼”齐飞。做好律师事务所“双新”组织支部建设工作，国磊支部改选，新成立珠溪支部。（许雪峰）

人口 资源 环境

Population, Resources and Environment

- ◆人口计生
- ◆国土资源
- ◆矿产资源
- ◆水 资 源
- ◆农业资源
- ◆环境保护
- ◆生态文明建设

人口和计划生育工作

Population and Family Planning

【概述】 2015年，全区人口和计划生育工作围绕创建省“十二五”人口协调发展先进区主线，抢抓发展机遇，突破重点难点，圆满完成“十二五”人口计生事业发展规划，被省政府授予“人口协调发展先进区”。全年出生5229人，人口出生率7.16‰，人口自然增长率1.76‰。

【企业退休职工一次性奖励金发放到位】 1月15日，全区2008年10月31日至2014年6月底区属改制破产企业持独生子女父母光荣证退休职工一次性奖励金911.76万元，由区财政拨款发放到退休职工养老金账户，在全市率先实现持独生子女父母光荣证企业退休职工一次性奖励金发放全覆盖。

【张桂芹慰问计生困难家庭】 2月4日上午，市人口计生委副主任张桂芹在区人口计生委和新区管委会负责人陪同下，先后走访新区兴民村和新伙村2户计生困难家庭，送上慰问金，将党和政府的温暖送到群众心中，帮助计生困难家庭树立克服困难、勇敢面对未来的信心。

【大市区计生困难家庭扶助工作座谈会】 2月4日，市人口计生委在潘黄街道召开大市区计生特殊困难家庭扶助工作座谈会。会上，讨论《盐城市大市区计生特殊困难家庭扶助资金使用办法》，市人口计生委党组副书记、副主任高定参加会议并讲话。

【人口和计划生育“春风送暖”活动】 “春风送暖”活动期间发放宣传资料121746份，张贴标语3690份，提供面对面咨询36304人次，走访计生家庭4711户，为43118名已婚育龄夫妇提供生殖道感染综合防治服务，对134578名已婚育龄妇女提供孕情、环情随访服务。

【市卫计委调研评估盐都人口计生工作】 5月7日，市卫生和计划生育委员会副主任张桂芹一行4人，对盐都人口计生工作和“春风送暖”服务活动开展情况进行调研评估。调研组一行听取区、镇、村三级工作情况汇报，查阅工作台账资料，实地考察楼王镇计生服务中心及该镇风驰村计生服务阵地，与基层干部和育龄群众进行座谈交流。

【开展上半年人口计生考核评估工作】 7月28—31日，组织对全区上半年人口计生工作和“十二五”创建工作进行考核评估。考核组由区人口计生委各科室负责人组成，采取听取汇报、实地调查和查阅核对相关台账资料等方式进行，全面了解人口出生数、计划生育率、期内节育措施落实率、群众接受服务、社会抚养费征收率和到位率、奖特扶兑现落实、经费投入、信息准确率、计划生育合格村率、村级资料管理落实、流动人口管理与服务、出生性别比综合治理、村级人口和计划生育信息化和省“十二五”人口协调发展先进区创建工作情况。

【接受市“十二五”人口和计划生育工作终期评估复查】 9月22日，市“十二五”人口和计划生育工作终期评估复查组一行到盐都进行评估检查，副区长张云云、区人口计生委和大冈镇主要负责人陪同检查。市复查组一行认真听取区、镇两级自查情况的汇报，现场调阅区级和市三院的台账资料，实地考察大冈镇人口和计划生育工作。

【免费孕前优生健康检查项目超额完成全年任务】 注重生育对象的咨询服务和技术指导，强化服务能力，优化服务内容，细化服务标准，提升服务品质，全年共完成国家免费孕前优生健康检查6076对，占目标任务的110.47%，超额完成全年任务。

【整治“两非”专项行动接受市督查】 11月10—13日，市整治“两非”专项行动联合督查组到盐都检查指导工作。督查组在听取相关部门整治“两非”工作情况汇报后，与区卫生、计生、公安、市场监管等相关部门负责人进行座谈，现场查阅B超管理、实名登记、药品管理、“两非”宣传等整治专项行动文档资料和工作台账，实地察看区计划生育指导站、部分医疗单位和药品销售(批发)单位。

【稳妥实施“单独两孩”政策】 切实做到宣传、服务、执行三到位，全年共审核照顾再生一孩材料1978份，为1280户发放“单独两孩”生育证。规范做好病残儿医学鉴定对象的初审、公示、发证工作，为20户病残儿家庭办理照顾再生育一孩生育证。 (施明祥　陈志龙)

国土资源开发与管理
Land and Resources Development and Management

【概述】 全区国土资源开发与管理工作突出抓好重点工作的落实、具体工作的推进，综合施策，精准发力，圆满完成全年各项目标任务。被评为2014年度全省土地执法先进县(市、区)、江苏省国土系统2014—2015年度预防职务犯罪先进单位、2014—2015年度江苏省国土资源信访工作先进集体、2013—2014年度市级文明单位；获市、区两级目标任务综合考核综合先进奖；“慧眼守土”工程国土资源管理综合动态智能监管系统获国家版权局著作权证书，建设经验推介全省；廉政文化建设被市纪委确定为市级廉政文化示范点。

【建设高标准基本农田】 年内，抓好在手的4个省级投资3500公顷土地整治及高标准基本农田建设项目；与财政等相关部门对接，利用省返还的2489万元新增建设用地有偿使用费资金，实施建设总规模达1533公顷的大纵湖、张庄、学富、新区4个高标准基本农田项目。在全市率先完成高标准农田上图入库工作；利用智能监管系统，实时掌握各镇(街道)耕地保有量和基本农田保护现状面积，确保全区5.49万公顷的耕地保有量和5.1万公顷基本农田面积不减少。

【稳妥推进土地整治项目】 实施的28个耕地占补平衡项目库和城乡挂钩项目，至年底全部通过市级验收；在张庄街道成功开展建设占用耕地耕作层土壤剥离试点；大冈镇联合等村高标准基本农田土地整治项目顺利通过省厅批准实施，项目总投资2372万元，建设规模599.47公顷；楼王镇姚顾等村土地整理项目获省科技创新成果奖。

【保障科学发展用地】 利用规划中期评估修改契机，年内，在全市率先完成土地利用规划中期评估工作，争取流量空间指标800公顷，位列大市区第一。共编制报省农用地转征收25个批次115个项目380.5公顷；组织国有建设用地挂牌出让153宗面积335.78公顷，未发生一起异常地块；审批供应各类建设用地164宗662.8公顷，实现对全区经济发展各类建设用地需求“应保尽保”。制定出台《关于进一步加强土地利用动态巡查的通知》，动态巡查率名列全省前茅。

【建立国土资源综合动态监管系统】 实施“慧眼守土”工程，建设的国土资源综合动态智能监管系统被列入2015年智慧江苏国土行业示范工程，并获国家版权局著作权证书；8月14日，省国土厅专题在盐都召开现场会，向全省推广建设经验，先后有苏州、常州、山东新泰、河北馆陶等省内外70多家国土局前来参观学习。

【编制节约集约利用分级图】 年内，以智能监管系统为依托，制作建设用地全程跟踪监管系统操作指南和全区存量建设用地与低效利用土地专项图层，对土地利用现状、规划、批供图层、遥感监测变化图斑等信息进行叠加分析，实时掌握批而未供、供而未用、用而不足土地总量，实现已批土地现时监管；分色编制土地开发建设情况分类图、工业节约集约利用等级图、各镇(区、街道)地均GDP等级图和入库税金等级图，实时掌握全区土地利用率与产出率。张庄街道在全区首家推行“标准厂房+光伏电”节地模式。

【清理处置闲置土地】 11月23日，区政府办公室专门转发《盐都区征而未供、供而未用和闲置土地清理工作方案》，对全区范围内批而未供、供而未用、用而不足以及低效利用空闲厂房逐宗调查登记、专项清理，全年盘活收回存量用地23宗68.15公顷。

【切实维护群众权益】 全面贯彻落实省政府93号令，全年实施社会保障安置方案审批和补偿安置方案公告144宗，面积331.67公顷，审核社会保障安置人员3958人；对全区16周岁以下被征地人安置生活补助费实行“一人一卡”服务。受理各类涉土信访87件，办结87件，化解、处理各类历史遗留问题27起。

【规范高效做好基础数据登记】 深入开展“四全五优”活动，4月16日，下发《关于建立健全土地登记业务集体会审制度的通知》，开展地籍数据库纠错、整理和日常变更调查“月清季累”工作。2014年度变更调查工作成果顺利通过省、部核查；地理国情普查成果顺利通过省测绘产品质量监督检验站质量检查；集体建设用地调查成果通过市局验收，成为全市首家全面完成集体建设用地调查确权的县（市、区）；“四全五优”被推选为市委组织部“三严三实”好项目；全年共完成各类登记发证17684件。

【构建全员全程全域监管体系】 年内，建立以区政府统一组织领导，各镇（区、街道）政府为主体，各有关部门共同参与的综合执法监管横向综合防控和联合执法长效管理机制；完善纪检监察、发改、规划、住建等部门的土地管理和制止违法违规用地的合作机制、联动执法机制，构建全员、全程、全域“大执法”监管体系。

【扎实开展卫片执法检查】 年内，成立区长吴本辉为组长，区国土、监察、规划、公安、法院、检察院等相关部门为成员的领导小组。召开各镇、相关部门主要负责人专题会议，明确土地卫片执法监督检查工作主要任务、检查方法、步骤要求、职责分工和问责情形等。区监察局、国土局组成联合督查组，对卫片图斑整改落实情况进行专项督查，有效保证土地卫片执法监督检查工作有序推进和工作质量。2014年度卫片执法检查数据顺利通过部、省核查、验收。

（胥国海）

矿产资源开发与管理

Mineral Resources Development and Management

【概述】 全面完成规范矿产资源开发秩序的各项任务。按照上级主管部门要求，结合全区实际，规范矿业审批权限和程序，完成矿产权申请、延续、变更、注销等管理工作。

【规范矿业管理】 年内，出台矿产黏土资源的专项考核；实行黏土采矿企业“一宗一卷”制度；规范黏土矿产开采，公平公正、科学透明的实施黏土采矿权市场化出让；严格实行矿业权有偿制度；创建地质灾害防治高标准“十有县”；实施的葛武砖瓦厂废弃黏土矿山地质环境治理项目等11个工矿废弃地整治项目全部通过省厅验收。

（胥国海）

水资源开发与管理

Water Resources Development and Management

【概述】 围绕贯彻中共中央、国务院《关于加快水利改革发展的决定》，积极推进节水型社会建设，进一步加强水资源管理，严格水资源管理“三条红线”，积极推进改革创新，提高水资源管理服务能力，全面加强水资源配置、节约和保护工作。严格执行取水许可制度，认真贯彻《行政许可法》，对新建、改建、扩建的取水项目和入河排污口设置实施取水论证、审批、验收全过程的监督管理，认真贯彻贯彻执行《水法》、《江苏省水资源管理条例》等法律法规，对水功能区实行严格的排污总量控制，全面履行水资源管理、水环境保护等职能。全区全年总用水量为5.26亿立方米，控制在市局下达的用水计划5.45亿立方米以下，农业灌溉水利用系数0.654，水功能区水质达标率80%，万元工业增加值用水量15.62立方米/万元，下降率6.1%，节水器具普及率达95%，城市供水管网汤漏失率达13%，完成市下达的目标任务；地下水开采量575万立方米，封填深水井53眼，地下水位大幅回升，创建省级节水型学校1所，市级节水型学校两所，对两家用水项目进行水资源论证，并对其取水申请进行审核发证工作。（郝春荣　王国华）

农业资源开发

Agricultural Resoueces Development

【概述】 全区农业资源开发工作坚持“创新、协调、绿色、开放、共享”的发展理念，抓住一个中心：以增加项目区、项目单位农民收入，拉动区域经济发展为中心。坚持二个结合：结合新农村建设，搞好农业开发建设；结合农业优势产业，提高农业综合效益。突出三个重点：加强农业基础设施建设，改善农业生产条件；加快生态开发，促进可持续发展；扶大做强农业企业，推进产业化开发。坚定走生产发展、生活富裕、生态良好的文明发展道路。

【建成2万亩高标准农田】 2015年完成的项目中，土地治理项目3个，任务为建设高标准农田2万亩，分两批实施：第一批是1万亩的秦南镇高标准农田建设项目，总投资1430万元，其中财政投资1300万元，项目区自筹130万元；第二批是各0.5万亩的龙冈镇和尚庄镇高标准农田建设项目，总投资都是715万元，其中财政投资各650万元，项目区自筹各65万元。三个项目区整体形象良好。

【扶持4个产业化经营项目】 年内，实施产业化经营财政补助项目4个，分别为：由江苏海亚食品有限公司和盐城秦达面粉有限公司、盐城康泽源食品有限公司3个龙头企业实施的“盐城市盐都区1万吨水产品仓储保鲜扩建项目”、“盐城市盐都区15万吨粮食烘干生产线扩建项目”、“盐城市盐都区5000吨膨化食品加工扩建项目”。由盐城市新民葡萄专业合作社实施的“盐城市盐都区900吨葡萄标准种植基地扩建项目”。3个龙头企业项目争取财政补助资金680万元，合作社项目争取财政补助资金100万元。产业化经营财政补助全部按批准的计划和方案实施。

【成果推广获得省级奖励】 大力推进农业科技创新，加快农业科技成果推广应用，对发展现代农业、促进农民增收有着非常重要的作用。2月，盐都区参与实施的“江苏沿江沿海地区防渗渠机械化现浇成型技术推广”项目获得第七届江苏省农业技术推广二等奖，受到省政府表彰。

（余荣诚）

环境保护

Environmental Protection

【概述】 2015年，全区围绕"创建国家生态区"总体目标，环境保护工作得到进一步重视和加强。项目管理在改善服务、转变作风的同时对不符合环保要求的项目不予支持审批严格把关；环境监管在确保完成年度污染物排放总量控制目标的前提下始终把保障水源安全作为首要任务；环境执法在维护群众利益和发展大局的基础上展开系列整治行动，解决一批环保信访问题。环保等部门履职能力不断提高，年初制定的各项环境保护措施基本落实到位。

【创建国家生态区】 4月，全市率先通过环保部组织的国家生态区创建工作考核验收。全年创成省级以上生态村4家；全区11个镇(街道)全部建成市级以上生态镇，9个镇（街道）建成国家生态镇（街道）。积极配合市委市政府，完成创模、创生相关工作。有力开展第二轮覆盖拉网式农村环境综合整治工作，7个镇(区、街道）的20个村居生活污水管网建设工程基本完成。完成削减化学需氧量2120吨、氨氮82吨，累计超额完成"十二五"减排目标任务。大气污染减排指标氮氧化物、二氧化硫也全面完成。完成区内45家单位主要污染物排污权的核定工作。污染物消减量全市第一。认真执行省、市生态红线区域保护政策和推进措施，受保护地占国土面积达23.13%，高于省标3.13%。

【建设项目把关】 全年共受理办结各类项目151个，行政受理办结率100%。其中环境影响报告书2个，环境影响报告表137个，预审上报市局建设项目12个。为112家企业出具守法、环境行为信用等级、名牌产品申报、科技资金申报等相关环保证明。完成25家企业建设项目竣工环保验收。加快项目环评审批速度，提高审批质量和服务水平。窗口建立重大建设项目审批"绿色通道"，对列入国家、省、市、区重点项目计划以及符合现行产业政策和准入条件，开辟"容缺审批"，缩短时间、简化手续，推动项目尽快落地、尽快发挥效益。年内，对盐城大兴科技汽车配件有限公司、江苏盐电阀门有限公司、江苏中恒宠物用品股份有限公司、盐城市第三人民医院、盐城邮政速递物流仓储及邮件处理中心等区重大项目提前介入，为加快环评审批打下坚实基础。

【环保专项资金争取】 全年累计争取1亿多元资金。其中2015年度全省拉网式农村环境综合整治项目800万元、2014年度城市河道环境综合整治省级环保引导资金补助1018万元、高新区沿路污水管道铺设项目224万元、环境综合整治213万元、水污染防治专项2015年度资金补偿项目8069万元。

【环境质量监管】 年内，对全区企业严格按法定的督查监管程序和频次，日常监察达15000多频次。督促市江洲染整有限公司完成废水接管、江苏驰翔精密齿轮有限公司完成油水治理工程。完成排污申报735家，排污核定735家。完成排污费入库854万元，占全年征收任务100.5%。严格按照环保大检查要求，对475家企业进行检查，完成209家企业网上申报工作，对其中的10家环境违法企业依法立案查处，处罚金额38万元；责令停产整治企业2家，责令限期整改企业49家，关停企业4家。妥善处理外来废物倾倒事件，杜绝污染隐患。扎实开展秸秆禁烧工作，夏秋两季秸秆禁烧期间，继续实现环保部、省环保厅卫星"零监测"；省市督查"零通报"。对全区135台燃煤压力锅炉进行排查，提前完成市政府下达的63台燃煤锅炉整治任务。基本完成列入省"十二五"生态建设和环境保护规划中的11项重点工程项目以及入海河流环境综合整治规划10个整治项目。对27家酸洗、磷化企业进行调查评估和综合整治。对12家重点危险固废产生单位进行贮存、处置规范化检查；规范化贮存、处置工业危险固废28362吨、医疗固废236吨；完成鱼跃涉汞危险固废的跨省转移。配合省市对5家涉源单位进行辐射安全许可管理、监督检查以及后督查管理；对18家医疗机构开展辐射安全检查。大气污染防治、重金属污染防治工作全市排名第一。全面开展饮用水源一、二级保护区以及饮用水源地环境隐患整治工作。4月，开展饮用水源地两侧1000米内的企业、砂石场、畜禽养殖专项检查，对39企业下发排污口整治通知。对环保部华东督查中心提出的蟒蛇河饮用水源保护区6个问题进行整改落实。对冈沟河沿岸的砂石场进行专项清理，对14家经营户下发限期整改通知书，至年底，共有12家搬迁。

仰徐村农民公园

开展2015清水雷霆行动，重抓畜禽养殖污染问题，关闭整改一批污染养殖户。清水走廊建设和清水雷霆行动工作，获市政府通报表彰。

【环境监测监控】 按年初目标要求，组织1个省控断面、3个市控断面、3个小康考核断面、1个重点流域水质断面的例行监测。完成单月对4个小康地表水考核断面进行监督监测并及时上报。加大饮用水源质量预警监测力度，每天例行对5个点位进行巡查和采样。开展20家企业现状监测、建设项目“三同时”竣工验收及治理设施限期治理验收监测，完成报告20份、数据4000多个。完成2014年度环境质量报告书的编制。环境监测站通过省级计量认证监督评审，并通过国家水质、土壤两大类3个项目能力验证。完成列入2015年度减排工程7家企业的日常监督性监测。完成近100多家企业的污染物排放情况的监督监测，共完成监督监测报告202份、数据730个。

【环境执法信访】 畅通12369环境污染举报投诉电话，实行24小时值班制。全年共受理信访1102件，其中12369平台转办448件（省级上访55件），12345转办397件，网络来信来电来人263件，均做到及时、公正、快速的调查处理，回复率达100%。

【环保宣传活动】 开展“6·5”世界环境日宣传活动，组织100余人摆放宣传展板25张、挂横幅6条，发放宣传卡片1500份、宣传传单5000余份。积极与《盐阜大众报》、区广播电台、区电视台和《双新盐都报》等媒体合作，开辟专版、专栏等形式，广泛报道全区环境保护、生态创建等工作进展情况和典型事例。全年被报刊杂志采用稿件近60篇。

【环保队伍建设】 环保部门把开展“三严三实”专题教育活动与环境保护工作相结合，重点在作风转变、环境监管、服务企业上抓整改。进一步完善制定落实包括：严格内部管理，调整岗位目标，公开行政权力，推行品牌服务等20项整改措施，并对重点岗位和环节的两起失职渎职行为进行责任追究。一线执法人员持证上岗、亮证执法，两人以上服装、标识、用车“三统一”。开展解困帮扶、志愿者服务等活动，全年组织8批次小分队到新区福才等社区清扫垃圾、慰问困难家庭。对学富学中居委会、大冈同兴村、秦南千秋村等进行政策、资金多方面扶持。（王亚云）

环保局下属单位

（1）盐都区环境监察局
负责人：吕鸿忠
电　话：69933205　18951558918

负责对日常环境监察业务的指导、督查和考核，牵头组织专项环境监察及情况汇总上报。负责对所管辖区域内单位和个人执行环境保护法律、法规的情况进行现场监督、检查，和处理。负责对所管辖企业污染源的现场监察和各类污染防治设施运行管理工作。负责所辖区域排污者排污申报登记、审核、核定、排污费的核算及征收工作。负责对所管辖企业拒付排污费的催缴及处罚工作。负责对所管辖区域内环境污染事故、纠纷的调查处理工作。负责对所管辖区域内生态破坏事件的调查，并参与处理。负责所辖区域重点污染企业环境安全检查和重特大突发性污染事故的现场应急处置。负责所辖区域污染源远程自动监控系统的建设和运营监督管理。负责远程自动监控中心的日常管理，协调自动监控系统营运工作，建立相应运行档案，及时采集、通报排污数据信息。负责所管辖区域建设项目、限期治理项目实施过程的监察并参与验收工作。参与对所管辖企业的排污许可证执行情况进行现场监督检查。

（2）盐都区环境监测站
负责人：张晓钧
电　话：69933209　18951559686

贯彻执行《中华人民共和国环境保护法》及有关环境保护和环境监测的法律、法规、标准、技术规范和管理制度；参与盐都区环境监测规划、计划的制定，并贯彻执行；按照国家环境监测技术规范开展环境质量监测、污染源监督监测、环境执法监测，并提供相关的监测数据；按分级管理、分级实施的原则，履行监督监测职能，为环境保护目标责任制的实施情况及城市环境综合整治提供考核依据；收集、整理、储存我区环境监测数据、资料，对我区环境质量和排污状况进行综合分析，为政府环境决策提供技术依据；负责本站环境监测人员的技术培训、业务指导、监测质量保证和技术资质的考核；服从区环保局和上级环境监测部门临时工作安排，为社会提供环境监测技术服务，主要包括：（1）建设项目竣工环境保护验收监测；（2）排污申报、排污审计和排污许可证制度实施监测；（3）环境污染纠纷仲裁监测；（4）污染事故监测；（5）其它各类环境监测和咨询业务。

生态文明建设
The Construction of Ecological Civilization

【概述】 2015年，按照全市绿色盐城建设及创建全国绿化模范城市推进会议的统一部署，紧扣年度目标任务，创新工作方法，全力实施“52522”重点工程，大打造林绿化攻坚战，绿色盐都建设取得较好的成效。全区新造林1126.7公顷，林木覆盖率达22.01%，新建和完善农田林网控制面积3867公顷，四旁植树136万株，新建和提升绿色通道52千米，新增经济林果133公顷，新建省级森林生态示范村2个，省级绿化示范村10个，大纵湖湿地公园建成省级湿地公园。（仇东辉）

城乡建设
交通　供电
Urban and Rural Construction
Communication and Transportation

规划工作
Planning Work

【概述】 全区规划工作围绕“打造新高地，发展新台阶”发展总定位，加快推进规划编制，加强城乡规划管理，强化城乡规划统筹，拓宽规划服务领域，延伸规划服务触角，全力做好重点工程、重大项目和重要事项服务工作。立足盐都实际，提速攻坚，高质量、高水平做好城乡规划的编制，统筹安排好城乡发展建设的方向和空间布局，引领和调控城乡建设健康有序发展，进一步促进在全区范围内实现城镇化、工业化、信息化、全球化、人文化、低碳化等“六化”叠合的多元发展。全年共完成20余项编制工作任务，总计投入经费约2000余万元。

【发挥规划引领作用】 2月，在盐城高新区创建成国家级高新区后，迅速组织启动盐城高新区发展战略规划编制，完成盐城高新区中心区暨产城融合示范带城市设计，启动高新片区控制性详细规划的前期准备工作；启动盐城高新区地下综合管廊规划设计、高新区重点地段海绵城市规划设计。在大纵湖湿地旅游度假经济区创建成省级风景名胜区后，迅速启动大纵湖镇总体规划的修编。

【健全规划编制体系】 年内，对全区范围内各镇总体规划成果回头看。按照《盐城市城市总体规划(2013—2030)》的要求，优化调整秦南、大冈、龙冈、大纵湖、尚庄、楼王、学富、郭猛八镇的总体规划，完成总体规划成果的报审；调整后的镇区控规全覆盖，编制完成城西片区、高新片区、尚庄镇区、大冈镇区4个控制性详细规划，实现盐都区控规全覆盖；实现中心城区城市设计全覆盖，编制完成城西片区总体城市设计、城西南现代物流园区城市设计、城西南片区现代商务商贸区城市设计、城西南片区市民中心地段城市设计、盐都科创园城市设计、盐城高新区青年路沿线城市设计、盐城高新区中心区暨产城融合示范带城市设计。

【推进落实规划创新】 审批环节再梳理。年内，通过会办研究，对内部机构、办事流程进行再梳理，将征地红线、出让要点、出让红线一并上会研究相关指标，减少一个用地出让审批环节；推行“并联”审批，将没有周边矛盾的工业项目总平面公示与建设工程规划许可证一并公示，减少10天审批流程。工业项目总平面在公示前发出原则性审批意见。项目批准与领导签批同步进行。对重大项目实行容缺预审查制和模拟审查制，对符合基本审批条件，申报主材料齐全的情况下，先予受理审批，申请人只须在承诺时间内将材料补齐。内部审批再提速。下放建设用地规划许可证的办理权限，项目办理改为窗口即办件，由科室负责人签发，综合督查科做好台账建设，报分局会办会备案。建立健全落实重点项目协调推进机制，每周进行项目办结的通报，从项目的收件到办结，形成完整的台帐资料，坚决推行“限时办结制”，出台盐都分局《督办条例》、《档案管理细则》，让群众真正感受到审批时效的提速感。服务再提升。年初，开展“科学规划、优创服务”为主题的“作风建设永远在路上”系列活动。通过实地走访盐都区大纵湖镇、学富镇、张庄街道、大冈镇、楼王镇等地，聚心规划创新，强化规划服务，提升服务效能。

【建立项目超前服务机制】 对重点工程进行分解，人手一本重点项目服务册，做到对点、对人进行全程跟踪服务，进一步落实重点工程项目服务工作的责任制；定期进行重点工程项目的回访工作，了解项目后续办理过程中遇到的实际困难，并协助解决；定期到重点工程项目所在园区及乡镇进行现场服务，了解园区及镇政府实际需求，针对其提出的困难与问题，做到现场沟通、现场解决。进一步加强与各经济主体的沟通联系，定点、定人及时做好相关规划政策的宣传和规划申报、审批流程的告知。提前与项目投资人沟通，及时了解投资人意向，提前做好相关规划服务准备工作。全年共完成区政府重点项目有选址项目76件，核发用地证34件、进入总平面及单体方案审查的项目49件，核发工程证24件，开工项目8件，进入封顶阶段的项目2件；八大类重点工程有选址项目37件，核发用地证28件，进入总平面及单体方案审查的项目34件，核发工程证19件，开工项目8件，进入封顶阶段的项目2件；民办实事工程有选址项目10件，核发用地证2件、进入总平面及单体方案审查的项目2件，核发工程证1件；城建项目工程有选址项目29件，核发用地证4件、进入总平面及单体方案审查的项目有13件，核发工程证4件。（吴序文）

城乡建设
Urban and Rural Coustruction

【概述】 以盐渎街道为城市核心区，加大投入力度，加强基础设施及公共配套设施等重点工程建设，合力共建创业、开放、生态、幸福的美丽新城。

【城市建设有序推进】 年内，牵头承建市区城建重点工程，投入近10亿元，完成大马沟公园绿化提升、老年人福利院和残疾人康复中心、高新之窗公园绿地、政务中心附属楼建设及装饰装修工程、公园健身步道、香城美地支路及地下管网等工程建设，城市服务功能更加配套完善。总投资60亿元的万达广场项目顺利开建。

【打造绿色生态新城】 配合大市区创建全国绿化模范城市，年内，城市区新增公共绿地352公顷，城市绿化覆盖率达到45.2%。积极参加高新区绿化会战，高标准建成“两园五路两节点”等7个重点绿化项目，接受市区领导检阅，为创建国家高新区增色添彩。城市绿化建设工作走在大市区前列，为巩固国家园林城市、创建全国绿化模范城市做出积极贡献。

【创建卫生文明城市】 年内，对潘黄、新区11条总长17.8千米城市河道实施截污整治，全力打造城市“净水工程”。对主城区80%的在建工地加大扬尘污染治理力度，倾力打造“蓝天工程”。

【规范实施房屋征收】 年内，坚持依法征收（拆迁），完成家家爱地块、东进华都、东进路改造等5个项目征收许可手续，征收房屋面积18.36万平方米，为城建重点工程及时规范开工建设提供保证。完成896户棚户区（危旧房）改造项目，超前超额完成安居安置任务。（苗林杰）

城市管理
Town Management

【概述】 紧扣“综合工作在全区争先、城市管理工作在全市领先、特色工作在全省率先”的工作目标，全员投入全国文明城市、国家生态区和省优秀管理城市创建，着力服务城乡统筹，不断提升管理水平，加快推进城市管理长效化、精细化、规范化和城乡一体化进程，区城管局连续第11年获得全市城市管理工作先进集体荣誉称号，连续第6年在大市区城市管理考核中夺得第1名，城市管理工作继续在全市处于领先位置。在2015年度全区目标任务综合考核中获得区委、区政府表彰的“特别贡献奖”以及4个单项奖。

【推进城建重点工程】 2015年是全省城市环境综合整治三年行动的收官之年，全区列入整治计划项目共6大项21小项，总投资3660万元。按照预定计划全部完成，一批群众反映强烈的城市环境“脏、乱、差”问题得到有效整治。新建2座公厕和新能源电动车停车棚。2座公厕分别位于良友路与盐岭路交汇处西北角和鹿鸣路与秦川路交汇处西南角，均建成完工；新能源电动车停车棚位于万胜垃圾中转站南侧，完成前期手续，投入开工建设。组织实施并完成区行政中心组团和世纪大道、新都路、西环路沿线70多幢高层建筑的景观亮化改造工作。

【许津荣到盐都检查考核】 3月，副省长许津荣率领考核组来盐城，对全市2014年度生态文明建设推进情况进行检查考核，视察区农村生活垃圾集中处理调度中心运行情况，对农村生活垃圾集中处理，率先打造信息化管理平台，实施“五位一体”管护机制等一系列做法，许津荣给予肯定。4月，盐都区通过国家级生态区考核验收，区城管局实行垃圾收集处理规范化运行、村庄环境综合整治，全力投入国家生态区的创建工作。

【推行五位一体长效管理】 自农村环境“五位一体”长效管理工作实施起，通过开展业务知识培训、宣传引导、督查考核等措施，指导各镇（区、街道）建立组织机构、出台制度方案、配齐工作人员、修整环卫设施、采购设备设施，其中购置全自

动保洁船28条，三轮翻动车10辆，封闭式垃圾转运车7辆，移动压缩垃圾转运车1辆，移动压缩箱3台、小型工具236套。7月，为建设村庄整洁、环境优美的新农村，有效改善农村人居环境、提高农民生活质量，全面提升农村道路、河道、绿化、垃圾处理和设施设备维护水平，在全区推广实施农村环境“五位一体”长效管理。在全区推广“五位一体”过程中，采取“推磨式”交替互查、开展“进校园、进课堂、进家庭”以及联合新闻媒体开展为期3个月“五位一体”督查推进“乡村行”等系列活动。实施“五位一体”长效管理，垃圾处理量由原来的日均270吨增加到日均310吨，全区农村环境呈现“村容整洁、生态优美、空气清新、设施完备、管理有序”的良好景象。《中国建设报》《新华社智库》《新华日报》和《人民日报》相继作报道。

【提升市容环卫管理水平】 年内，加大道路保洁频次，清除城市主干道两侧暴露垃圾、散倒垃圾、建筑装潢垃圾5000余吨。开展“三净”专项整治行动，全面硬化施工工地出入口，配置车辆高压冲洗设施，规范运输秩序，从源头减少渣土和扬尘。整治市容秩序。开展世纪大道、西环路沿线户外广告专项整治工作，拆除不符合规划设置要求的高炮广告和楼顶广告91块；加大渣土运输管理力度，通过联合执法、规范审批、流动堵截等措施，渣土抛洒滴漏污染路面明显缓解；以街面秩序整治为工作重心，整治出店经营2200余次，乱晾晒3500余次，流动摊点3800余次，规范车辆停放350余辆，清除门前乱堆乱放杂物10吨；完成国家生态区创建、高新区挂牌、高中考、各级领导来盐等重大保障任务50余次。运用智慧城管信息平台。通过安装在主城区交通要道的近30个高清探头，实时监控主要路口市容秩序情况和渣土车、水泥灌装车的行驶，及时发现问题，处理问题。

【治理违法建设】 年内，指导各镇（区、街道）执法中队正常开展防治违法建设工作，落实“重心下移、属地管理”的工作责任制，明确镇（区、街道）是防违治违工作的责任主体，根据《盐都区防违治违考核办法》，督促责任人交纳保证金，将防违治违工作实绩与镇村干部经济利益捆绑。健全区、镇、村、组四级防违工作网络。全年，拆除新发生违建48起，拆除面积1974平方米。

【整治水上集中居住区】 9月，根据省、市统一部署，开展朱庄水上集中居住区整治行动。区委区政府高度重视消除水上居住区消防安全隐患工作，成立朱庄水上居住区整治工作指挥部，明确城管局牵头负责。经过排查，朱庄境内蟒蛇河和大马沟河段停泊各类船只485条，共有1100多位船民在此生活。整治工作落实专人登船到户，向船民宣传消防安全法律法规和防火知识。在前期排查摸底、消防安全得到保障的基础上，根据船民的实际需求和合理要求，为每户船民量身制定方案，让船民的合法利益得到保障。至年底，共计整治各类船只455条。

【开展道路综合巡查】 年内，牵头成立区城市道路综合巡查大队，负责统筹、协调、督查区城市道路的日常管理工作。由区公安、城管、交通、住建等部门的8名执法人员以及向社会招聘的10名协管人员组成巡查队伍，每天早晨7:00至晚间8:00，实行分班运作制，对区直管道路实现无缝隙、不间断、全覆盖的封闭式巡查。全年巡查大队向区城管数字化监督指挥中心发送任务派遣单64份（次），派遣各类案件444件，市结案率达98%。在动态案件处理方面，共检查工程渣土、混凝土灌装车等各式运输车804辆。其中纠正未及时封闭出料口行为的混凝土灌装车436辆（次）；按照一般程序处罚各式违规工程运输车30辆；按照简易程序处罚违停车辆23辆。

【城管队伍建设】 分类抓好机关工作人员、执法队员（协管员）和环卫职工（垃圾清运人员）的学习和业务技能培训。年内，相继邀请区法制办主任王荣、区公安局徐志良、市环卫处成效平分别就如何规范执法行为、应对突发事件、提高环卫保洁质量做讲解。多次组织农村环境“五位一体”长效管理督察员业务培训和垃圾清运人员安全教育培训。

【党风廉政教育】 年内，以开展“510”活动为契机，组织系统全体干部职工参观区预防职务犯罪警示教育基地，观看警示教育短片，接受廉政教育。以党员活动日为载体，开展形式多样的廉政教育活动，深入实施主题教育、警示教育和岗位廉政教育。召开警示教育大会剖析发生在身边的典型案例，强烈警示、教育全系统党员干部。充分利用“请进来、走出去”廉政教育新形式，开展党员干部廉政教育，促进党风廉政建设不断深入。

（李　浩　王娟娟）

新农村建设
New Country Construction

【概述】 坚持推进新型城镇化与城乡发展一体化，实施整治建设并重，加快新镇区、新园区和新社区建设，打造重点特色镇和田园秀美新农村。

【推进新镇区建设】 年内，指导乡镇推进90个城镇化重点项目建设，在道路绿化、公园绿地、公益设施、管道燃气、住宅小区等方面实现突破，涌现出大冈呈祥公寓、龙冈桃花园、青年路西延、凤凰文化园等精品工程，有力促进产镇融合。

【加速新社区建设】 年内，加快杨侍、泾口、仰徐等重点村建设，集中居住规模不断扩大，人居环境持续完善。指导倪杨、三官、陈祁等省级"美丽乡村"示范点建设，为乡村旅游增添新景点。完成300户农村危房改造和150户渔民上岸工程。全区常住人口城镇化率达到60.5%，高于全国、全市水平。

【加快污水处理实施建设】 年内，建成大纵湖风景区污水处理设施并交付使用。建成大冈、张庄等7座集镇污水处理厂及配套设施，城镇生活污水集中处理率达到83.1%。

【推进农村环境综合整治】 累计投入约15亿元，提前一年完成1158个自然村环境整治任务。村庄环境综合整治、集镇"清洁乡村"行动，一次性、高分值通过省、市考核验收。为全市提供高规格的环境整治现场。

【加强省特级村镇档案室创建】 坚持把城乡建设档案管理作为重要内容，年内，延伸城建档案服务进镇到村，档案数字化率达到100%。在档案室库房建设、管理设备、业务培训、技术指导、资金补助等方面给予大力支持，全区11个镇（街道）创成省特级村镇档案室，创建规模、等级在全省领先。 （苗林杰）

交通运输
Communiction and Transportation

【概述】 全区交通运输工作围绕"大路网、大公交、大服务"目标，坚持稳中求进、好中求快，注重提升交通品质，注重提升民生服务，注重加强自身建设，推进盐都交通运输事业发展，再次获得区委区政府综合奖、市交通运输局综合考核第一名及区党风廉政建设奖、招商引资奖、安全生产奖等多个奖项，获得奖项的质量和数量均取得较大突破。

交通工程建设强势推进。紧扣"八大类"重点工程、为民办实事工程和高新区会战的工作要求，突出项目建设任务、责任、措施、考核，克服项目前期手续难办结、土地计划难争取、矛盾协调难到位等困难，统筹推进措施，科学组织施工，全年实施重点项目10项，完成投资10.5亿元。重点工程快马扬鞭。331省道盐都段工程全面完工，实现预定通车目标，高规格实施全线绿化和节点绿化工程。125省道四期工程在拆迁清障让地等矛盾久拖不决的形势下，全线水泥搅拌桩、土方开挖、路基回填及桥涵结构物均有序推进。331省道接线工程基本完工。商侍大桥除桥面附属工程外，其余全部完工。完成盐邵线12千米、盐宝线4千米护岸建设任务。城建工程进展迅速。青年路匝道、双新北路跨蟒蛇河大桥完成建设任务。完成世纪大道出新、盐渎路西延、秦川路南延、秦川路北延以及高新区内绿化提升等"四路一绿化"工程建设任务。盐龙BRT公交枢纽大厦、盐邵线盐城水上服务区均按要求推进到位。民生工程高歌猛进。继续将农村公路提档升级作为交通为民福祉工程，完成农路提档升级70千米、改造桥梁239座。楼大线、秦南线、学义线、义北线等县道改造工程全面完成。葛武"一路两桥"工程、步湖路滨湖段改造和县道新塘线改造工程正如期推进。服务宁靖盐高速西出口改造、市区内环高架快速路建设工作均推进到位；完成盐徐高速、宁靖盐高速互通绿化提升的施工任务。

行业管理水平明显提升。围绕交通监管全过程、全方位、全覆盖的要求，着力增强行业管理能力和依法行政水平。路域环境明显提升。全面推行道路管护规范化，探索养护市场化改革，深入推行机械化养护和生态养护，区域内国省干线公路的通行环境全面提升。强化路政管理工作，积极开展路政巡查活动，严厉整治违章搭接、私设道口、占道经营、非标设置等违章违法行为。立案223件，许可23件，查处超限车222辆，罚款20.3万元，收取赔（补）偿费200余万元。强化农村公路管护工作，配套实施安保、绿化工程，新设波形防撞护栏15千米，新植绿化30万株，实现"改造一条、提升一条、绿化一条、美化一条"目标，楼王镇成功创建"全省乡村公路管养及安保工程示范镇"。运输市场平稳有序。全方位开展道路运输市场秩序整治，与公安部门联动，在G204、S234、大冈道口、张庄道口等重点路段进行高密度集中检查，重点打击违法违规道路运输行为，全年查处违章案件142起，罚没收入13.95万元。全面完成内河船型标准化老旧船舶拆解改造年度目标任务，拆解船舶132艘，发放补助资金1326万元。港口、驾培、维修等行业管理工作也取得较好成绩。城乡客运稳步推进。完成盐都最后14辆农共班车改造工作，盐都农共班车彻底退出历史舞台；大纵湖红星和楼王莘野回转场建成投入使用；盐龙BRT公交枢纽主体封顶，大纵湖二级客运站通过省级评审。新开通龙冈公交回车场至盐都车站K10公交线路。为配合"畅游盐都金秋行"活动，开通大纵湖旅游直通车。大力推进镇村公交发展，新建农村客运候车亭150对，实现镇村公交全覆盖；完成全区44个城市公共自行车网点的布设工作，盐都群众出行更加便捷、更加绿色。依法行政全面加强。严格落实"三基三化"要求，加强基层执法站所、队伍建设。注重执法人员全员学习培训，提高执法人员能力素质，全年组织开展执法检查6次。深化行政权力公开透明运行，梳理行政行为，编制权力清单，推行阳光政务和"一站式"审批，缩短办事时间，提高办事效率；按"三集中三到位"要求，搬迁行政服务中心交通窗口，全年共办理行政许可186件。安全形势持续稳定。始终坚持安全生产"党政同责、一岗双责、失职追责"不动摇，从严落

市长王荣平视察农村公路提档升级工程建设情况

实安全生产主体责任、监管责任。强化安全生产基层基础工作，组织开展专项整治、安全生产月等活动，举行安全应急实战演练，提升应急保障能力。全系统开展安全生产大检查9次，发现隐患251条，全部整改到位。适时组织联动治超，有力打击恶意超限运输违法行为，营造良好的公路安全环境，全系统未发生安全责任事故。质量监管有力有效。继续以“交通工程掌上档案馆”为平台，不断优化整合监督资源，突出强化原材料进场、现场施工、监理队伍建设等监督管理环节，不断创新质量监管手段，所有工程施工质量一直处于受控状态。及时对盐都境内大中型桥梁进行日常“体检”，掌握桥梁质量现状，保证桥梁安全运行。

部门服务形象得到彰显。招商引资成效明显。突出全区产业重点，主动强化招引责任，多措并举招引项目。天地汇·亚邦盐城公路港项目成功落户，并投入运营。盐城公路港项目进入深度洽谈，北京中关村电子信息项目达成初步意向。在手跟踪的亿元项目信息2个。交通融资业绩突出。克服融资平台无抵押物“短腿”制约，加大与金融机构合作力度，积极争取省补资金、区财政引导资金，有效缓解交通工程建设资金不足矛盾，保证各项工程顺利实施和有力推进。全年争取省补资金3.7亿元、区财政引导资金4.8亿元、实现融资11.37亿元。扶贫共建硕果累累。围绕省市区委加强基层薄弱村建设要求，委派4人到村下访，担任第一书记，并集中全局力量，支持第一书记工作，有效缓解基层困难。切实担当帮扶贫困村发展责任，多渠道、多途径、全方位帮助基层解决发展难题，支持秦南镇雨生村、大冈镇勤加村、楼王镇江庄村等贫困村农路建设资金500多万元。帮助全区乡村旅游点新建农路20多千米、改造桥梁10多座，促进全区旅游经济的发展。完成全市“清水雷霆”行动、农村环境综合整治、蟒蛇河朱庄杂船清理、高新区冈沟河水环境整治、城市环境“三净”和全国人大代表江苏代表团调研视察的交通保障等重点任务。

文明创建工作卓有成效。以“三严三实”教育活动为契机，突出提升党建工作科学化水平，不断巩固“诚信交通，满意运输”服务品牌创建成果，弘扬社会主义核心价值观，开展青年志愿者服务活动、双融双解活动。突出“三严三实”，作风效能建设得到提升。围绕“三严三实”要求，继续走好群众路线，大力倡扬为民务实高效清廉之风，积极开展“作风制度落实年”活动，加大明查暗访和督查问责力度。继续开展为民公交线路优化活动，印发“城乡公交服务调查问卷”5000余份，征求群众意见，便民公交建设更加贴近群众。深入开展“为官不为”专项整治，严肃查纠各类违规行为，机关作风效能明显提升。明确“两个责任”，党风廉政建设得到加强。坚持党要管党，从严治党不动摇，不断创新方式，强化基层党建工作，努力提高党建工作科学化水平。严格落实党风廉政建设“两个责任”，发挥教育引导功能，坚持廉政警示教育常态化，组织机关党员干部观看警示教育片、举办预防职务犯罪讲座、开展党纪条规知识测试和“四前谈话”等活动，分类分层廉政教育法取得良好效果。大力推进交通工程建设廉洁管理标准化，创新开展农村公路纪检监察巡查工作，不断建立健全教育、制度、监督“三位一体”廉政防控体系，“不想腐、不能腐、不敢腐”的廉政建设防控机制逐步建立。突出“三转”要求，强化纪委执纪监督问责职能，全年开展作风建设明查暗访30余次，曝光处理违纪违法人员8人。开展专项活动，精神文明建设得到推进。强化“四德教育”，大力弘扬社会主义核心价值观，积极开展“讲文明、树新风”活动；强化交通宣传，唱响交通“好声音”，激发交通“正能量”。以青年志愿者活动、580党员志愿服务、党员挂钩服务村居和机关干部下访活动为载体，弘扬交通红马甲精神，深入开展创建绿化模范城市、文明城市、生态区和党员结对共建活动。全系统党员干部职工走进社区开展义务劳动，深入村居普及路产路权知识，开展双融双解等活动成为常态。

【最后一批农公中巴车“退市”】 2月12日上午，龙冈镇黄庄公交回转场灯火通明，由市区开往龙冈镇的3路公交向北延伸数十站将在此始发，标志着盐都最后一批14辆农公中巴车正式停止营运，彻底退出历史舞台。

【丁峰到盐都开展“三解三促”】 6月16日，省交通运输厅副厅长丁峰在市交通运输局局长管亚光，区长吴本辉陪同下，深入盐都开展“三解三促”工作，在农村公路管养现场，就农村公路建管养运情况进行调研。

【道德讲堂传递正能量】 6月30日下午，“盐城好人”杨长春给全区交运系统党员干部职工讲述他创办“躬休乐园”故事。区交运局自2013年8月起启动“道德讲堂”活动，共举办5期“道德讲堂”，系统内外12位先进典型通过“身边人讲身边事、身边人讲自己事、身边事教身边人”形式，讲述自己或同事的感人事迹。将“道德讲堂”建设活动与群众性精神文明创建活动结合起来，突出思想道德内涵，深入推进文明行业、文明单位创建，引导广大干部职工自觉见贤思齐、奋发向上，在全系统形成学习宣传道德模范的浓厚氛围。系统内先后涌现省市区劳模、“五一劳动奖章”获得者20多人次。

【《左右》廉政微电影在网络上受好评】 9月15日至10月31日，由省纪委宣传部组织在中国江苏网、新华网江苏频道、清风扬帆网“清廉江苏”微信公众号、新浪微博@、清廉江苏等媒体和网络平台上联合举办的全省廉政微电影微视频评选活动中，区交通运输局拍摄的《左右》廉政微电影经过多轮评选入围，受到52万多网民的关注和好评，在102部参评作品中排名第九，荣获三等奖。

【32座桥梁接受专家“把脉”】 9月20日至10月底，组织专家对32座桥梁进行“把脉”，这是全区首次对境内大中桥梁开展大规模“体检”。专家们针对不同桥梁的不同病害，结合“诊断”结果对症下药，分别提出相应的维修、加固或改建建议，及时消除危害，提高桥梁运营安全度。同时，工作人员将把检测数据录入桥梁和农村公路信息系统，做到一桥一档，为以后的桥梁养护和改造提供科学依据。

【204国道通过国检】 10月30日，交通运输部自动化路况快速检测车以不间断通行方式对境内204国道22.3千米进行路面平整度和路面损坏面情况检测。这次检查是由国家交通运输部组织的五年一度的全国国省干线公路养护管理大检查，检查内容包括公路路况和管理规范化两个部分。路况检测采用交通运输部公路养护技术中心研发的自动化路况快速检测车，检测车可以对路面损坏状况、平整度、路面车辙及前方图像等各项数据进行一次性采集，确保检测结果精确度和客观性。自迎检以来，多措并举，集中力量，严格对照国检的要求抓落实，先后完成路面修补12000平方米、路面灌缝13800米、排水沟清理26千米、绿化补植1800株、大桥锥坡维修5座等，实现公路路况的大进位和公路养护面貌大改观，全面完成国家迎检任务。

【“航道一站通”参加全省优质服务品牌评选】 11月，区服务品牌“航道一站通”被市交通运输局推荐参加第六届江苏省交通运输行业优质服务品牌评选。江苏交通优质服务品牌是全省交通各单位或个人在行政审批、行政执法、收费服务、运输服务等过程中形成的理念超前、方法创新、形象良好、具有推广价值，并被社会普遍认可的特色服务。区航道管理站坚持树立“创新、尽责、主动、热情、高效、廉洁、优质”服务意识，积极创建优质服务品牌，把党委、政府的决策部署细化落实到境内366千米航道的管理工作中，逐步形成以现代化、亲情化、人性化服务为主要特征，在服务中履行职能，在履行职能中提高效能，为社会提供公开公正的执法服务、便捷高效的办事服务、及时到位的政策服务、促进发展的信息服务、文明礼貌的优质服务、奉献社会的延伸服务，办事程序简单明了，现场专人指导，相关手续一站办齐，办理结果跟踪服务的“航道一站通”优质服务品牌，使交通运输行业服务能力明显增强，服务质量得到提高。“航道一站通”服务经过区航道站多年实践和不断改进，形成一整套行之有效的优质服务制度与行为规范。

【331省道建成通车】 331省道盐都段工程起点位于新204国道与市区青年路交汇处，向西分别穿越宁靖盐高速、省道233、盐淮高速、省道231等公路，跨越冈沟河、盐邵线（朱沥沟）、蟒蛇河等航道，止于盐都与建湖交界处，全长31.52千米，按一级公路标准建设，投资10.5亿元。工程于2013年3月启动，经过两年多建设，8月主体工程全部完成，12月底标志标线、信号灯安装调试结束，全面建成通车。

（王银忠）

供　电
Eleetrieiy Supply

【概述】 2015年，盐都供电营业部认真贯彻落实地方政府和上级公司的各项决策部署，统一思想、凝聚力量、真抓实干，各项工作有序开展、扎实推进，全面完成年度各项目标任务。业绩考核指标全面完成。全年供电量完成13.24亿千瓦时，电费回收率99.986%；线损率完成4.64%。

【安全生产大局稳定】 年内，始终坚持“安全第一、预防为主、综合治理“的方针，认真落实《安全生产法》，多形式开展安全督查，深入开展“反违章”活动，加强运行检修工作，制定抢修应急预案，台风到来前，清理树木近万株，全年未发生人身事故、设备事故、电网事故，继续保持安全生产良好局面。营业部被市公司表彰为安全生产先进单位，郭猛供电所被省公司表彰为安全生产先进供电所。

【配电发建持续推进】 全年较好地完成技改、修理、配农网工程和居配工程建设任务，楼王供电所房屋扩建工程建成并交付使用。完成发建室组建并正常开展项目前期工作，特高压工程服务工作起步平稳。

【营销服务提质增效】 年内，开展反窃电、超容治理、违约用电和基础数据完善等整改提升工作。低压在线线损合格率指标进入全市领先位置。在服务高新区、蟒蛇河整治、万达广场一批重点项目中，得到区委区政府肯定。

【农电管理成效显著】 主动与地方政府沟通对接，积极主动办理和处置历史信访事件，全年没有发生去省、进京上访事件。4个供电所实现“零投诉”目标，营业部供电所同业对标12月位列全省35位，供电所长届满及“四员”岗位调整圆满到位。中兴供电所被省公司表彰为乡镇供电所管理提升劳动竞赛农电管理先进供电所；葛武供电所营业班被江苏省质量管理协会、江苏省总工会评为质量信得过班组。

【“三个建设”支撑有力】 年内，认真开展“三严三实”专题教育活动，强化党风廉政建设责任制落实，深化“红线制度”教育，组织供电所长“一年讲一课”活动。党总支获得盐城供电公司先进基层党总支称号，新闻宣传工作在市公司劳动竞赛中获得第一名（公司本部），西区、楼王两供电所获得市级廉政文化示范点，大纵湖供电所获得市公司廉政文化先进单位称号。

（郁洪军）

◆电子政务

◆邮　　政

◆电　　信

电子政务管理

E—government

【概述】 围绕区委区政府中心工作，立足政务服务中心智能化建设、政府网站普查、政府信息公开推进、网站内容系列保障等重点，较好地完成全年工作任务。成功建设全区电子化政务服务体系综合平台项目；政府信息公开、中国盐城网保障、省信息系统资源共享平台保障等工作继续保位争先，三项工作均取得排名第一、先进集体一等奖的成绩；全区52家政府网站顺利通过第一次全国政府网站普查，并形成全区政府网站常态化管理。

【首创电子化政务服务体系新模式】 6月3日，全区电子化政务服务体系综合平台项目在市公共资源交易中心成功开标，来自中国移动盐城分公司、中国联通盐城分公司、中国电信盐城分公司三家电信运营商参与投标，最终盐城电信成功中标。11月28日，经过近6个月的紧张工作，项目顺利通过验收。区电子化政务服务体系以电子化、智能化服务为工程建设重点目标，以“建好政务云中心、体现技术高度，搞好‘三网合一’、体现应用高度，推好政务APP、体现服务高度”为要求，助力全区政务服务改革不断深入。

【区电子政务建设获媒体报道】 12月底，中国电子政务网、中国江苏网、新华报业网、现代快报等十多家媒体以《盐都区电子政务与时俱进开创全面突破新格局》为题，对区电子政务建设立足改革和创新、服务发展与民生所取得的成绩进行系统报道。

【机关办公自动化应用】 年内，在全市率先实现区(县)域内统一OA平台应用，区镇两级机关各部门单位通过OA系统单点登录，进行公务处理和网站管理，在公文处理、事项办理、机关考勤、简报编发、会议管理、公车派用、信息发布等方面不断拓展应用领域，大幅度提高机关效能，节约工作成本；全区机关作风在线季度评价、《清风莲语》电子杂志的在线阅读，推进廉政与效能建设，外地县市区到盐都学习借鉴OA应用经验。

【通过第一次全国政府网站普查】 5月，按照国务院办公厅关于第一次全国政府网站普查要求，开展全区政府网站普查工作，通过动员会、培训会、技术监测、建设网上巡查制度等措施，全区52家政府网站顺利通过第一次全国政府网站普查，形成全区政府网站管理工作常态化机制。

【全区办公室主任会议】 5月28日，召开全区各镇(区、街道)、区各部门单位办公室主任会议，回顾总结2014年度全区电子政务建设工作，表彰2014年度在全区电子政务建设中先进集体和先进个人，签订政府网站管理、政府信息公开、OA应用管理责任状，部署全区政府网站普查整改、政府信息公开纵深推进、行政机关应用OA系统处理公文等专项工作。

【“智慧乡村”建设】 11月29日至12月3日，区政府办、区电子政务办、大冈镇、郭猛镇组团赴上海灏泽集团、浙江江山市考察研讨“智慧乡村”建设，就盐都“智慧乡村”建设的客观需要、实践路径、实施步骤、配套措施等问题进行探讨。

【推进政府信息公开】 进一步加大各级机关主动公开政府信息的力度。年内，全区各级政府机关累计主动公开政府信息13902条，其中政府网站公开政府信息8257条，政府微博、微信累计公开2723条，其它方式公开2922条；公布经清理后保留的常用行政权力1169项、实行备案管理的2273项。收到依申请公开39件，其中网络申请17件，信函申请22件，全部按时办结。行政复议和行政诉讼数分别为2件和8件。召开政府信息公开工作会议或专题会议18次，举办各类培训班6次，计260人次接受培训。

【创新政策解读模式】 年内，在原有政策解读文字问答形式的基础上，利用新筹建的中国盐都网在线访谈室，开展区委十三届六次全会和区两会精神系列解读、法治盐都在线系列解读，解读全区经济社会发展计划、财政预决算、工业建设、科技创新、城乡统筹、依法治区、体育强区建设、夏季消防安全、市场监督、水务发展、安全生产、税收管理改革、卫生惠民、司法为民等方面的内容。年内共制作发布16期，以互动交流为形式，以视频、图文直播为载体进行政策解读。

盐都区主要网址

表 3

中国盐都网	www.yandu.gov.cn
盐都区人大	ydrd.yandu.gov.cn
盐都区政协	ydzx.yandu.gov.cn
盐都区廉政网	www.jsydlz.com
盐都区宣传部(文明办)	wmw.yandu.gov.cn
盐都区政法委	fzb.ydzfzz.com
盐都档案局	daj.yandu.gov.cn
盐都区发改委	www.ydfgw.gov.cn
盐都区经信委	jxw.yandu.gov.cn
盐都区安监局	www.ydsafety.gov.cn
盐都区住建局	www.ydzj.gov.cn
盐都区城管局	cg.yandu.gov.cn
盐都区交运局	www.ydjtj.com
盐都区粮食局	www.ydls.gov.cn
盐都供销总社	www.ydgx.gov.cn
盐都区农委	www.ydagri.gov.cn
盐都区文广新局	wgxj.yandu.gov.cn
盐都区水务局	ydwater.yandu.gov.cn
盐都区财政局	www.ydczj.gov.cn
盐都区物价局	www.ydwjj.gov.cn
盐都区人社局	www.ydlss.gov.cn
盐都区统计局	tjj.yandu.gov.cn
盐都区环保局	www.jsydhb.gov.cn
盐都区教育局	www.ydjy.net
盐都区卫生局	www.ydws.gov.cn
盐都区旅游局	ydly.yandu.gov.cn
盐都区科技局	www.ydsti.gov.cn
盐都区民政局	www.ydmz.gov.cn
盐都区老干部局	lgb.yandu.gov.cn
盐都区审计局	www.ydsjj.gov.cn
盐都区政务服务管理办公室	www.ydspfw.gov.cn
盐都区级机关事务局	www.ydswj.gov.cn
盐都检察院	www.yanchengyd.jcy.gov.cn
盐都区公安局	yd.ycga.gov.cn
盐都区司法局	www.ydsfj.gov.cn

【多次获省、市奖项】 12月，区电子政务管理办公室获省信息中心颁发的江苏省2015年度信息系统资源共享平台先进集体一等奖。工作人员商文娣获省2015年度信息系统资源共享平台先进个人一等奖。全年上报中国盐城网站各类信息374条，上报并采用专题12个，在县（市、区）和市各部门中排名蝉联第一。区电子政务管理办公室获2015年度中国盐城网站内容保障工作先进单位一等奖，工作人员曾加祥获2015年度中国盐城网站内容保障工作先进个人奖。

【“市长信箱”“公众监督”】 全年分流办结“市长信箱”1116件，区长信箱100件，“公众监督”事项5484件（其中咨询类3081件、投诉类1908件、建议类495件），加强基层群众与政府各部门的联系，推动民生问题的反馈和解决。

【信息化服务】 加强各类应用系统日常管理与服务，有序开展电子政务系统巡查指导，不断提高全区信息化日常应用水平。全区电子政务核心机房、区行政中心机房以及行政中心大楼近600台办公用电脑日常管理维护工作，除每天检查服务器的硬件运行状态，还密切关注服务器的应用系统运行情况，做好机房巡查工作记录，加强核心设备、关键系统的维护，确保局域网安全高速运行。

（曾加祥）

邮　政
Postal Service

【概述】 2015年，盐都邮政局认真贯彻落实省公司、市公司工作会议精神，坚持科学发展观，适应新常态发展，围绕市局高、新、快、实的工作要求，加快转变发展方式，不断提升服务质量。积极实施项目经营和目标管理，邮政业务取得较快发展。

【邮政业务发展】 全年累计实现邮政业务收入9465.59万元，比上年增长14.33%；完成报刊大收订一次性征订流转额865万元，比上年增长7.72%，提前超

续表

盐都总工会	www.ydgh.org
盐都共青团	tw.yandu.gov.cn
盐都区妇联	www.ydwomen.org
盐都红十字会	www.ydredcross.org.cn
盐都国土局	www.ydgtj.gov.cn
盐都区市场监督管理局	www.ydgs.gov.cn
盐都区招投标采购服务中心	ydzb.yandu.gov.cn
盐都区会计核算中心	kjhs.yandu.gov.cn
盐城高新区	www.ycgx.gov.cn
盐都新区	www.ydxinqu.gov.cn
农村经济开发区	nc.yandu.gov.cn
七星农场	qxnc.yandu.gov.cn
大纵湖旅游经济区	www.dazonghu.com.cn
龙冈镇政府	www.yclg.gov.cn
大冈镇政府	dg.yandu.gov.cn
潘黄街道办事处	www.panhuang.gov.cn
张庄街道办事处	zz.yandu.gov.cn
大纵湖镇政府	dzh.yandu.gov.cn
秦南镇政府	qinnan.yandu.gov.cn
郭猛镇政府	www.guomeng.gov.cn
楼王镇政府	lw.yandu.gov.cn
学富镇政府	xuefu.yandu.gov.cn
尚庄镇政府	sz.yandu.gov.cn
北龙港街道办事处	blg.yandu.gov.cn
葛武街道办事处	gewu.yandu.gov.cn
北蒋街道办事处	beijiang.yandu.gov.cn
鞍湖街道办事处	anhu.yandu.gov.cn
冈中街道办事处	www.ynjdcyy.com

额完成区委下达的党报党刊发行任务。至年底，全区邮政储蓄余额突破60亿元。

【提升管理水平】 在经营管理上注重科技引领，注重环节管控，注重质态提升，为业务常态化发展奠定坚实基础。年内，荣获盐城邮政局文明单位荣誉称号。

【"三农"工作取得新突破】 年内，将邮政服务"三农"工作为邮政的一项主要工作，全年共组建"苏邮惠民"连锁加盟店家，配送各类日用品、快消品近百万元。将代收农电费、手机话费、固定电话费等业务叠加在加盟店平台，解决农民缴费难、排队难问题，并代理车险和驾照年审工作。 （郭林勇）

电 信

Telecommunication

【概述】 认真贯彻落实区政府、市公司工作会议精神，转变思路、开拓进取，保障收入、扎实工作。深入践行"一去两化"，实施划小单元核算。以三级单元的收入为中心，抓收入责任制的落实；加强渠覆盖，提升渠道能力，通过集约营销、激发活力带动业务发展；持续打造网络、产品、销售、服务、管理道等差异化优势，全年CDMA出账净增7676部，宽带净增6209部，iTV净增6595部，累计签约智慧企业38家，专线宽带协议5家，工作手机协议7家，翼校通代理1家，ICT项目3单。在行业应用竞赛中，共发展总机云业务1088户。

【加快FTTH光网覆盖建设】 至9月15日，完成盐都光网全覆盖建设，行政村覆盖率较上年提升23%，新装宽带光占比达99.7%，在全区排名领先。做好3G网络的优化和4G网络建设，全区范围移动网络覆盖达100%。在市公司"双百兆光网争先"工程建设劳动竞赛中盐都荣获一等奖。

【加快4G网络优化建设】 结合区域实际情况，年内，提前做好4G站点的规划，根据业务发展的缓急程度，优先安排集镇、居民集中区的站点开通建设工作，在工程建设过程中细化光缆施工、接电、设备安装、设备开通等各环节的计划，确保施工进度和质量。全年计划开通站点190个，至年底，累计开通站点211个，完成计划的110%。在市公司"双百兆4G争先"工程建设劳动竞赛中荣获二等奖。

【强化基础管理】 突出以人为本、重点放在对人的管理上，从培训入手，努力提升一线销售能力和宽带装维技能。年内，组织渠道销售人员参加省公司、市公司及区局自行组织的销售能力提升培训，开展有针对性的实战演练，以及对单位业务洽谈、合作渠道，针对性目标客户营销等培训工作。年内，进行常态化送培，有效提升一线销售能力和宽带装维能力。依托内部网站，开办"网上业务培训"，教育员工牢固树立"用户至上，用心服务"理念，促进服务质量、服务水平的提高。工作中严格执行"首问负责制"，客户投诉有明显下降，促进社会和谐，提高员工素质。 （朱保文）

农 业

Agriculture

综　述

Summary

【概述】 现代农业迈上新台阶。"十二五"期间，全区共创成2个省级农(渔)业产业园、13个市级农(渔)业示范园，设施农业占比达19.6%，连续三年被评为省高效农业发展先进县。粮食生产实现十二连增，被省认定为"亩产吨粮县"。农业品牌建设增添新活力。大纵湖大闸蟹、龙冈茌梨、葛武嫩姜片成功注册国家地理标志证明商标，自主培育的扬育粳2号被农业部认定为"超级稻"。农业现代化取得新进展。农机作业"最后一匡田"通达工程快速推进，农业综合机械化水平提高到81%；连年实施绿化会战，林木覆盖率从11.1%提高到21.6%，绿色盐都彰显成效。(陆全华　唐亚东)

农业结构调整

Agricultural Restructuring

【概述】 2015年，全区农业结构调整咬定农业增效、农民增收目标，以绿色发展为方向，以"规模扩张、结构优化、效益倍增"为基本思路，强化为农服务，调优产业结构，加快典型培植，力促现代农业绿色可持续发展。重点突出产业带、示范园、特色村，加强基础投入，加快项目集聚，加速高效农业突破。全区新增高效设施农业面1066.67公顷，总面积1.07万公顷，占耕地面积比重19.6%，设施渔业面积2373.33公顷，占养殖水面比重达28.5%。年产蔬菜55万吨、水果5万吨，产值达19亿元。生猪大中型规模养殖比重达57.2%。河蟹养殖面积达13.5万亩，产值超10亿元。连续四年被省农委表彰为"江苏省发展现代高效农业成效显著县"。

【现代农业园区提档升级】 年内，围绕镇镇建有市级现代农业园区目标，按照高起点规划、高标准建设、高质量推进的"三高"要求，加快软、硬件配套，加强"三新"技术推广示范，着力提升园区档次、项目层次、产业特色。尚庄万亩设施番茄产业园、学富现代农业园区、楼王现代渔业园区创成市级农(渔)业园区。台创园天农兰园项目建成20000平方米玻璃温室，主要发展兰花种苗育繁及成品花外销；岗埠花园项目新建104座苏式日光温室，主要发展百合、郁金香等球根花卉种植。大冈野绿芳地蔬菜园和学富粤全设施果蔬园顺利通过部省级园艺作物标准园验收，绿岛家庭农场被评为江苏省智能农业示范单位。

【休闲观光农业加快发展】 年内，编制完成休闲农业与乡村旅游总体规划，杨侍农业生态园、大纵湖三官村农庄、秦南泾口风情园、台创园台海花卉港、龙冈桃花园创成市级"最具魅力休闲农业景点"。成功举办龙冈桃花节、台海菊花节、泾口垂钓节、尚庄番茄节、大纵湖螃蟹节一系列农事节庆活动，潘黄仰徐村被首批认定为"江苏省农家乐集聚村示范村"。农产品品牌塑创成效明显。鼓励和引导各类农业生产经营主体争创"国字头""省字号"品牌，提升农产品附加值和市场竞争力。新增农业"三品"36个，"三品"产量占食用农产品比重达65%。大纵湖大闸蟹成功注册国家地理标志证明商标，顺利通过有机产品和国家地理标志保护产品认证，获得"盐城市民喜爱的农产品商标评比第一名"。区农科所育成的水稻新品种"扬育粳2号"，被农业部正式确认为"超级稻"。(丁　智)

农业产业化

Agricultural Industrialization

【概述】 2015年，全区规模农业龙头企业共143家，其中省级农业产业化重点龙头企业7家，市级农业产业化重点龙头企业34家。规模龙头企业实现销售260.32亿元，利税25.81亿元，分别比上年同期增长15.25%和16.73%。肠衣、精细蔬菜、特水产品、蜂蜜等10多个产品进入国际市场，形成一定规模的出口生产基地，实现出口创汇7850万美元，比上年同期增长10.45%。年内,农民专业合作社发展到776家，入社人数31.35万人，实现销售35.04亿元,比上年同期增长15.46%。全年新办规模农业龙头企业（项目)7个,项目总投资3.05亿元。秦南镇农民综合服务合作社作为全省3家省级试点单位之一，成为全省农业生产全程社会化服务样板，为江苏部分全国人大代表深化农村改革专题调研和全省农民合作社综合社座谈会提供观摩现场。

【省级农业产业化重点龙头企业】 10月13日,在省农委《关于公布省级农业产业化重点龙头企业名单的通知》(苏农产[2015]4号)中,盐城邦尼水产食品科技有限公司、江苏神农大丰种业科技有限公司榜上有名，被新认定为省级农业产业化重点龙头企业。

【省级农民合作社示范社】 为深入推进农民专业合作社示范社建设行动，根据苏农社〔2015〕4号《关于开展省级农民合作社示范社认定工作的通知》的要求,经过农民合作社申请、县级主管部门审查公示、市级主管部门审定。2015年12月22日,在省农委《关于公布2015年江苏省省级农民合作社示范社名单的通知》(苏农社〔2015〕6号)中,秦南镇农业综合服务专业合作社、翡翠湾花木专业合作社、好友渔业专业合作社榜上有名，被新认定为省级农民合作社示范社。

(陆全华 唐亚东)

农副产品加工与销售
Agricultural and Sideline Products Processing and Marketing

【概述】 以提高交易效率，提升销售利润,增加农民收益为遵循,大力发展订单农业,加快拓展线上销售,通过流通方式变革,推动优质农产品抢占高端市场。积极参加展示展销，全年共组织20多家农产品种养加企业(基地)的30多种产品参加第十七届省农洽会、第十三届中国农交会、上交会、海峡两岸农展会等大型农业展会。农超、农企、农校对接成效明显,在上海、南京、北京新开设大闸蟹、大米等直销窗口12个,40多家高档餐饮企业与生产基地建立供货伙伴关系。

【农产品电子商务快速突破】 年内,新建成自主农产品电商平台3个，在天猫、京东、苏宁易购等知名电商平台开设农产品网店100多家,大纵湖大闸蟹、小龙虾、草鸡蛋、自热米饭等一批特色产品实现线上线下销售相融合，全年线上交易额突破2000万元。

【农业开放度显著增强】 5月,与台湾云林县、桃园市农会签订农业交流合作协定。大纵湖大闸蟹振兴养殖基地取得出口资质,首批成蟹顺利出口韩国。联益肠衣制品有限公司被市委、市政府表彰为外向型农业发展先进单位。全区全年农产品出口额达3759万美元,位列全市第一。

(丁 智)

种植业
Planting

【概述】 全区种植业以粮食高产增效创建为契机,通过实施农民培训、科技入户等项目,大力推广稻麦新品种、新技术,特别是大面积普及推广稻麦秸秆全量还田机械化条播技术，积极落实各项抗灾因苗管理措施，实现夏秋两熟粮食全面丰收。全区全年粮食实收面积8.23万公顷,实现单产7673千克/公顷,总产631464吨。其中夏粮实收面积3.944万公顷,实现单产5888千克/公顷,总产232224吨。秋粮实收面积4.286万公顷，实现单产9315千克/公顷,总产399240吨。

【跻身“亩产吨粮县”行列】 5月14日,省农委对照2013、2014年各地水稻、小麦产量以及农田基础设施、农业重大技术推广等情况，确认盐都顺利实现“亩产吨粮”。至年底,全省经认定的“亩产吨粮”县(市、区)共21个。

【小麦高产创建】 全区全年承担小麦万亩高产增效创建项目2个,其中:秦南镇示范片面积711公顷，涉及4个村26个组2064户，尚庄镇示范片面积727公顷,涉及5个村24个组2733户。在栽培技术措施方面,着重统一品种布局、统一稻秸秆全量还田、机械化播种、统一耕作栽培管理,全力推广精量播种、适期播种、高效施肥、生化调节和病虫草害综合防治技术。6月8日,省农委粮棉油高产增效创建领导小组办公室组织有关专家对尚庄镇小麦高产增效创建万亩示范片进行测产验收,抽测的两块田平均单产8130千克/公顷,名列全省淮南片第3名。

【推进联耕联种】 年内，通过强化组织领导,深入宣传发动,选择综合生产条件较好的村居进行联耕联种示范带动,达到各镇、街道均有联耕联种整体推进村和重点示范区口,实行统一供种、统一品种布局、统一机械化播种作业、统一耕作管理和专业化服务。全区夏秋两季实现联耕联种面积1.74万公顷，超额完成市委市政府下达的联耕联种任务。

【发展粮食规模生产】 年内，全区通过全力推进联耕联种及鼓励年富力强且有一定经济技术基础的农民积极承包土地,从事粮食规模化生产,粮食规模化经营比重达60%。至年底,全区2公顷以上规模种粮大户546户，粮食种植面积9746.38公顷,占全区粮食种植面积12%。

【“双秋”灾害历史罕见】 11月,“双秋”(秋收秋种)期间出现的历史上罕见的长期连续阴雨恶劣天气，严重影响秋收秋种工作的正常进行，上茬水稻收获和下茬小麦播种被迫大幅度推迟。11月,累计雨日13天,雨量193.9毫米,为常年雨量45.9毫米的4.2倍。据农情统计:11月5日,全区水稻收获和小麦播种过半;11月20日，全区水稻收获69.4%，小麦播种

62.1%；11月30日，全区水稻收获85.8%，小麦播种75.3%；12月7日，秋熟水稻收获结束，12月10日，秋播小麦播种结束。收割时间推迟虽然有利于水稻产量的提高，但部分田块因收获后不能及时晾晒，稻谷品质变劣，售价和效益下降。小麦播期拉长，晚播小麦面积大幅度增加，夏粮丰收基础非常薄弱。

【小麦赤霉病、白粉病大发生】 小麦赤霉病5月底病情稳定期调查，自然病穗率平均52.5%，病情指数36.4，略轻于2012年，与2010年、2013年相当，重于2011年、2014年，达大发生程度。小麦白粉病3月31日见病，比常年早10天左右，4月上中旬病情发展较慢，但不平衡性较大，4月下旬进入发病高峰，5月初，病斑上升到倒二叶，严重田块已上升到剑叶、麦穗，5月中旬病情稳定期调查，上三叶自然病叶率为74.3%，病情指数为44.2，达大发生程度。

【水稻稻瘟病大发生】 叶稻瘟发生早，危害重。7月中旬开始发病，7月20日调查，手栽稻：病田率100%，其中南粳9108发病重，病株率平均48.2%，病叶率平均34.6%，严重田块叶片枯红，局部地段稻苗生长停滞，植株矮小；淮稻5号病株率0.9%，病叶率0.25%；机插稻：淮稻5号病田率52.5%，病叶率0~3.7%，平均0.04%；直播稻10%的田块查见病叶，叶瘟发生之早，面积之大，危害之重均列15年来之首。叶稻瘟大发生为穗颈稻瘟病大发生提供充足菌源。10月中下旬病害稳定期调查，淮稻5号、苏农粳88、光灿一号、华粳5号、南粳9108等品种穗颈瘟自然病穗率42.6%~100%，病指34.9~93.4，武运粳27发病相对较轻，病穗率17.7%，病指6.9。相同品种、不同播种方式，以生育期早的人工移栽稻最重，机插稻次之，生育期偏迟的直播稻略轻。

【水稻后期发生蚜虫】 年内，水稻后期蚜虫突发，部分田块虫量高，危害重。水稻田于10中旬首次查见蚜虫，见虫田率23.9%，百株蚜量0~1840头，平均86头，在田间呈核心分布，极少数田块全田都有蚜虫，有蚜株率达82%，百株蚜量达4600头，稻穗、叶片布满黑色的霉状物，引发"煤污病"，形成黑穗头，尤以中下部生育期偏迟的分蘖穗上蚜虫较高，危害严重。水稻蚜虫在盐都发生，蚜虫发生数量、危害程度为历史罕见。

【绿色防控工作取得新成效】 年内，制定《盐都区2015年水稻病虫绿色防控技术方案》《盐都区2015年蔬菜病虫绿色防控技术方案》《盐都区2015—2020年农药使用量零增长实施方案》和《2016年小麦赤霉病综合防控技术意见》，粮食作物全面推广种植抗耐病品种、大机深旋、防虫网、适期播栽等农业措施，示范稻鸭共作、杀虫灯、性诱剂诱杀等生防技术；蔬菜作物推广轮作换茬、高温闷棚、防虫网、黄板诱杀、杀虫灯诱杀等农业、物理措施，减少化学农药的使用。在盐都七星现代化农场建立水稻万亩绿色防控示范区，核心区面积73.33公顷，重点推广秧池覆盖防虫网、人工移栽或机插、人工除草、稻鸭共作除草、防治纹枯病、稻飞虱，杀虫灯诱杀稻纵卷叶螟、稻飞虱，短稳杆菌、印楝素防治稻纵卷叶螟，井冈多粘菌防治纹枯病、稻曲病，氯溴异氰尿酸防治稻瘟病、稻曲病、追施沼液等绿色防控、生态调控技术，不用化学农药、化肥。在楼王镇文昌居委会建立蔬菜千亩绿色防控示范基地1个，示范区面积72.2公顷，重点推广轮作换茬、使用抗性品种、高温闷棚、节水灌溉、覆盖防虫网、杀虫灯杀虫、黄板诱杀、短稳杆菌防治甜菜夜蛾、菜青虫等，高效低毒农药使用率95%以上，用药区设置安全警示牌，严格按照农药使用规程用药，蔬菜产品全部销售到上海市场。

【植保项目成绩显著】 全年共实施中央和省财政植保项目6个，项目资金422万元，比上年增加25%，每个项目都严格按照项目文件要求，认真制定实施方案，报市农委批准，并报省站备案。及时召开相关会议，明确任务内容、方法步骤、绩效目标、纪律要求。项目物资全部按照程序进行政府公开采购。项目实施过程中，明确专人搞好跟踪和指导服务工作，项目实施结束，认真组织项目检查、总结和验收工作，每个项目保证资料收集完整、档案装订成册，确保项目实施质量和效果。其中，中央财政小麦"一喷三防"物资补助项目220万元，共采购防治小麦赤霉病药剂45.01吨，叶面肥38.65吨，实际补助农户13.9万多户，补助面积3.59万公顷，达到全覆盖。通过项目实施，有力促进全区小麦赤霉病等穗期病虫防治工作开展。据统计：全区3.59万公顷小麦，赤霉病累计防治7.87万公顷次，每亩平均防治2.2次。年内，小麦赤霉病达大发生程度，由于技术到位率高、适期防治面积大、药剂对路，大面积小麦赤霉病得到较好控

制，平均病穗率1.31%，病指0.39，危害损失1%以下，小麦赤霉病等后期病虫防治工作取得最后胜利。

【植保社会化服务工作稳步推进】 3月26日，印发《盐都区大力推进植保社会化服务工作的意见》，明确植保社会化服务工作的总体思路、目标任务、推进措施及检查考核时间、方法和奖惩措施。5月27日、10月16日分别进行小麦赤霉病、水稻穗期病虫害专业化统防统治示范区观摩，通过现场考察评比，交流学习经验，总结存在问题，推动全区统防统治工作均衡发展。同时结合小麦"一喷三防"、水稻全承包统防统治用工补贴、中央农业生产救灾资金等项目实施，重点培植秦南、好兄弟、红太阳、大地丰收、田欢等一批各具特色的植保专业化防治组织。据统计，全年新注册植保专业化服务组织3个，累计开展统防统治面积13.35万公顷次。全区稻麦高产创建示范区重大病虫专业化防治覆盖率100%，稻麦重大病虫专业化防治覆盖率平均57.2%，其中小麦重大病虫专业化防治覆盖率56.2%，水稻重大病虫专业化防治覆盖率58.4%。小麦、水稻核心示范区专业化统防统治防治效果达92%以上。秦南镇农业综合服务专业合作社被省植保站授予全省第二批"五有五好"植保合作社。

【开展农业植物检疫宣传月活动】 9月，为全国农业植物检疫宣传月，认真制定宣传月活动方案，成立领导小组，9月11日，对植检宣传月活动进行详细布置。宣传月期间，举办植物检疫专题培训1次，培训种子苗木生产经营单位负责人、农业技术人员和农资经销商代表50多人；在盐都电视台《植保专栏》播放检疫宣传专题7天次，在广播电台宣传2次，在盐都现代农业网、盐都区植保植检站网站登载活动信息及材料各4次，通过12316发布宣传短信3000条次，在各地悬挂宣传横幅120条，开展现场咨询3场，发放宣传资料1000份，答复咨询200多人次，并到盐城市第二种子公司、盐城市都丰种业有限公司及区农科所开展检疫结对活动。通过植物检疫宣传月活动，扩大农业植物检疫社会影响，提高植物检疫社会

关注度，同时对规范检疫执法行为，提升全区植物检疫管理水平，保护农业生产安全、农业生态安全和农产品贸易安全起到推动作用。

【耕地质量保护工作常态化】 年内，全区高度重视耕地质量保护工作，将耕地质量保护工作列为区政府一项重要的工作，确保耕地质量不降低。认真开展耕地质量监测，建立耕地质量监测点，确保耕地质量监测的实施质量，发挥耕地质量监测辅助政府决策、指导全区耕地质量建设作用。加强技术培训，全年发放测土配方施肥技术手册1200册、施肥建议卡33万份，举办测土配方施肥技术培训班18次，培训镇村农技人员300人、农民技术骨干1000人。建立示范基地，全区建设测土配方施肥项目万亩示范区2个、千亩示范片5个、百亩示范方10个，组织考察观摩，展现辐射带动效应。强化基础信息，采集不同地区、不同土壤样品305个，不断完善耕地质量信息系统。加快配供步伐，在大冈镇22个村设立配方肥直供点50个，年销售配方肥5000余吨。全区共设立配方肥直供点115个，年销售配方肥上万吨。加大培肥力度，全年测土配方施肥技术推广面积9.2万公顷，占全区农作物播种面积的88%，比市下达指标超3%，提高土壤有机质、改善土壤结构。

【农村能源事业健康发展】 2015年，全区坚决贯彻落实农业部及省市农村沼气安全工作通知精神，开展农村能源安全大排查活动，对全区8900座户用沼气、53处中小型沼气工程，逐座逐处排查和整改。安全生产只有起点，没有终点，把"安全第一、预防为主、综合治理"方针贯穿始终，将责任和措施落实到具体人，确保安全施工、安全运行、安全使用，切实把安全隐患降到零点；紧抓项目建设，全年共申报建设规模畜禽场沼气治理工程项目2处、畜禽粪便有机肥加工试点项目3处，项目总投资160万元。至年底，5处项目工程按照实施方案稳步推进，项目建设工作近尾声，并着手整理和完善档案资料，迎接项目验收；注重加强服务与管理，时刻牢记农村能源服务职能，主动与镇级从业人员对接，切实解决沼气工程运行中的问题，面向社会公布全区农村能源服务热线电话，有问必答，解难释疑，确保农村能源事业健康发展。

（吴建忠　吴德标　袁玉付）

高标准粮田建设

Construction of a High Standard Grain

【概述】 盐都是国家的商品粮生产基地，至年底，共有耕地5.65万公顷，按照现代农业的要求，农田基础工程和耕地质量需进一步完善和提高。2015年高标准粮田工程项目，实施地点在楼王、学富两镇，建设总面积1333.33公顷，项目总投资3000

提高耕地质量 保障粮食安全

盐城市盐都区耕地质量监测点分布图

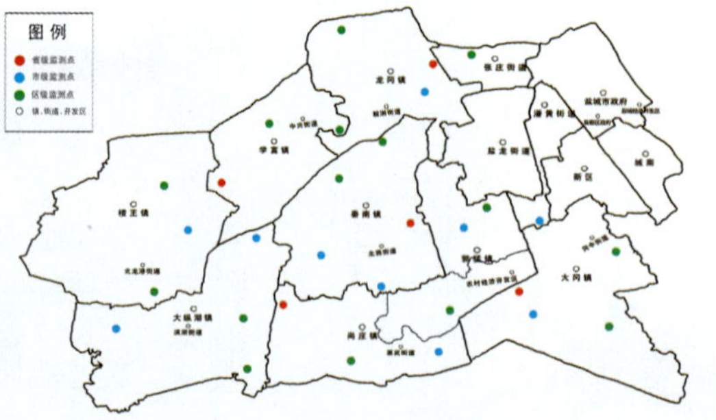

万元，其中中央资金2400万元，地方配套600万元。区农委规范执行招投标程序，在实地勘察基础上，协助中标公司做好田间工程的设计，积极配合工程实施单位与镇村对接，实现早开工、快实施，会同发改委、财政局等部门加强工程质量督查，协调和解决工程建设中的各类矛盾和问题，加快推进工程建设进度，至年底，各项建设任务已完成总工程量的50%。

水产养殖业

Aquaacukture Industry

【概述】 全区全年水产养殖面积8333公顷，稻田综合种养面积4667公顷，其中设施渔业面积达2373公顷。水产品总产量10.11万吨，其中养殖产量9.01万吨，渔业总产值实现34.21亿元，渔业增加值14.62亿元。10月，盐都区被中国渔业协会河蟹分会授予“中国大闸蟹电子商务示范县”。十二五”期间，在渔业科技入户示范县工程项目实施中，盐都区连续5年考核为优秀科技入户县，区水产局被省海洋与渔业局表彰为先进集体。区水产技术推广站在渔业科技入户、水产品药物残留快速检测、水产动物疫病防控工作均获省级验收优秀等次，被省表彰为水产技术推广先进工作单位。

【于康震到盐都调研现代渔业】 9月10日，第十七届江苏农洽会期间，农业部副部长于康震到盐都调研现代渔业发展情况，参观陈长荣大闸蟹养殖基地，对盐都坚持生态、高效、安全的现代养殖理念给予高度评价，要求坚持走专业化、标准化、规模化、集约化的现代渔业发展道路。

【水产品品牌创建新突破】 4月，“盐城大纵湖大闸蟹”被国家质量监督检验检疫总局批准为国家地理标志产品保护。8月，“盐城大纵湖大闸蟹”商标被国家工商行政管理总局批准为地理标志证明商标。盐城大纵湖大闸蟹”和“北龙港青虾”分别申报省、市级名牌产品获得成功。至年底，全区水产“三品”达37个，其中有机食品1个，绿色食品5个，无公害水产品31个；无公害水产品生产基地39个，面积8293公顷，占比居全市之首。

【河蟹主导特色产业培育有新进展】 全区全年河蟹养殖面积0.9万公顷，占全区水产养殖总面积的70%，河蟹产量超过1万吨，产值达10亿元。年内，开展“大纵湖大闸蟹”品牌创建和宣传推介工作，通过广告、媒体专题介绍、召开推介会、设立专营店、与知名电商合作等形式，宣传推介“大纵湖大闸蟹”品牌。成功承办中国水产学会河蟹分会举办的“中国河蟹产业发展研讨会”。陈长荣大纵湖大闸蟹养殖基地133.33公顷通过出口基地备案，盐都河蟹首次出口韩国。

【河蟹养殖业发生特殊灾害】 8月10日强降雨，大纵湖最高水位达2.25米，超警界水位0.95米，300公顷网围全部淹没。一周后，上游污浊的河水导致养殖水体中环境恶化，严重缺氧，河蟹大量死亡，减产30%以上，是1989年以来大纵湖围网区造成损失最为严重的一次灾害。6、7月，河蟹暴发“水瘪子”病害，发病塘口减产20%左右。

【增殖放流】 年内，在大冈、秦南等镇设立四个放流点，共放流草、鲫、鲢、鳙等滤食性、草食性鱼类的优良鱼种300万尾，人工增值放流积极保持和恢复渔业资源的同时，有力改善生态环境。

【机动渔船柴油补贴】 年内，区农委组织开展全区2014年度机动渔船柴油补贴发放工作。经受理、审核、公示和发放等工作程序，全年共兑付补贴资金888.9588万元。

【捕捞许可证管理】 年内，区在册管理捕捞渔船1049艘，养殖渔船1118艘，年审年检2167艘，征收渔业资源保护费32万元，渔船检验费53万元，年审年检率100%。

【“打非治违”执法工作】 年内，区渔政监督大队组织实施以打击非法捕捞为主的“打非治违”执法行动，维护管辖水域捕捞生产秩序。共组织渔政执法检查296次，其中开展专项行动96次；共出动执法车120辆/次、执法艇30航/次、执法人员800人/次；共查获渔业违法违规行为97起，其中立案处理28起、申请人民法院强制执行2起；共没收电鱼船11条、违法工具250台（套）、罚款5.3万元。

【渔业互助保险】 年内，区渔政监督大队引导和深入开展渔船船东互保工作，实现海洋与淡水渔船船东互保全覆盖，增强全区渔船自救和抗御风险的能力。征收渔业互助保费47.16万元，全区参保渔民1227人。

（宋长太　王　忠　胥容庆）

林果特产业

Foresty,Fruit and Specialized Industry

【概述】 2015年,按照全市绿色盐城建设及创建全国绿化模范城市推进会议的统一部署,创新工作方法,超额完成市政府下达的成片造林500公顷,新建和完善林业专业村和村庄绿化示范村10个,四旁植树100万株目标任务。大力改造提升原有绿化景观,塑创精品绿化工程,将区内街旁游园、道路节点、居民小区、机关企事业单位等点状分布的绿化景观进行整体规划,形成一处一景,处处有景的整体布局,积极推进城市花园,特色园林建设。全区全年共完成成片造林1126.67公顷,小班475个。

【绿化造林】 全区绿化造林主要围绕高速圈生态林续建有提升,经济林果发展有特色,圩堤绿化攻坚有突破,村庄绿化层次有提高的目标,以实现生态建设和经济发展双赢的总体思路,组织实施"52522"重点工程,全面推进城乡绿化。年内,省林业局认定盐都新造林合格面积1126.67公顷,合格率为99.20%,名列全市第一,被市政府表彰为"2015年度绿色盐城建设综合先进单位",区农委被盐城市人民政府表彰为"2015年度绿色盐城建设先进集体",顾勇、谢兆标、苗久成、徐加晔被市政府表彰为"2015年度绿色盐城建设先进个人"。

【苗木花卉】 年内,继续以老S331、新建S331、S231、S125省道及郭猛镇郭西路为中心,建设特色苗木花卉生产基地,增强这些基地向周边辐射带动能力。加快推进农村经济开发区花卉港项目建设,以江苏省翡翠湾花木有限公司、呈祥园艺等企业为龙头,积极创造良好的投资环境,招引投资主体到区内发展苗木花卉产业。年内,盐城芳和农业科技有限公司、盐城市盐都区曙光花卉家庭农场两家企业入驻花卉港,至年底,全区花卉苗木面积累计达1600公顷。

【经济林果】 年内,全区以葡萄、油桃、梨果等为突破口,大力引进大户、企业投资建设经济林果,推进规模发展,结合农业结构调整和高效农业建设,全力拓植经济林果。继续放大台湾农民创业园区、张庄王庄、潘黄仰徐为核心的葡萄产业基地示范效应。进一步培育以"龙冈茌梨""三水梨""圆黄梨""早酥梨"等特色品种为主要品牌的果品市场,形成以市果树良种场为中心,区域特色明显、有一定知名度的梨果生产基地。至年底,全区经济林果面积1133公顷,其中梨266公顷、苹果67公顷、葡萄533公顷、桃67公顷,其它200公顷。

【设施草莓生产】 随着农业产业结构不断调整优化,城郊都市农业、林果产业休闲观光采摘功能越发凸显。至年底,设施草莓拓展到500多公顷,种植规模位居全市第一,潘黄、郭猛、张庄、秦南四镇面积占全区的90%,草莓年生产总量达1500万千克,产值1.5亿元,亩平纯收益1.2万元以上。至年底,全区共有"盐城市盐都区草莓合作联社""盐城市兴民草莓专业合作社""盐城市唯佳草莓专业合作社"等草莓专业化产销组织20多家,"仰徐""张庄""采红""味可佳"等多个草莓品牌畅销市内外。

【生态旅游】 年内,利用华都森林公园自身资源,立足本土充分挖掘人文故事,保持特色景观对华都森林公园进行改造提升,建成景观丰富、主题新颖,集健身、休闲、娱乐、度假为一体的AAAA级生态旅游胜地—桃花园。

(严亚斌　谢兆标)

畜牧业

Animal Husbandry

【概述】 全区畜牧业生产保持相对平稳发展态势,全年生猪饲养量85.72万头,比上年112.01万头减少23.5%,其中出栏60.52万头;家禽饲养量1901.9万羽,比上年2606万羽,减少28%,其中年末笼存587.2万羽。

【开展畜牧业项目建设】 年内,组织实施高效畜牧业科技入户工程及农技推广体系改革与建设项目,顺利完成科技入户工程项目对40名技术指导员、400名科技示范户及农技推广体系改革与建设项目34名技术指导员、350名科技示范户的遴选,落实16个指导单位项目责任。建设楼王镇凌庞村"江苏绿悦生态农业发展有限公司源野畜禽养殖场科技示范基地"、学富镇河夹村"徐炳玉生猪养殖场科技示范基地"、郭猛镇袁邵村"旺盛家禽场科技示范基地"、郭猛镇吴徐村"吴徐猪场科技示范基地"、葛武街道葛武村"盐城又一村蛋鸡养殖场科技示范基地"5个村级农业科技服务站,每个站配套台式电脑1台、卧式冰柜1台,明确工作人员与分工,制定和落实相关规章制度,直接服务于村组养殖户。11月3日,区、镇两级

现场指导

农业

联合在学富镇农业服务中心、楼王镇江苏绿悦生态农业发展有限公司成功举办2015年高效畜牧业科技入户工程培训观摩活动;12月8日，在大冈镇农业服务中心举办培训班，市区农委网站对活动进行详细报道。技术指导员走进养殖场户开展技术指导4080天次。12月24日，通过省农委验收。

【创建江苏省畜牧生态健康养殖示范场】 年内，江苏泰和畜牧实业有限公司、盐城市盐都区郭猛镇金根猪场、盐城市盐都区大冈镇下书红养猪场申报江苏省畜牧生态健康养殖示范场，对照选址布局、基础条件、养殖设施、饲养品种、饲养规模、养殖工艺、动物防疫、投入品使用、粪污治理、档案记录十大项四十四小项的各个指标，加大投入、规范制度、完善软件、强化管理，均顺利通过上级专家组验收，完成市农委下达年度目标150%。

【开展规模化畜禽养殖场养殖备案】 年内，按照上级主管部门统一要求，对照《江苏省畜禽养殖备案实施办法》，对肉猪年出栏500头以上、肉禽年出栏20000只以上、蛋禽存栏2000只以上、奶牛存栏20头以上的规模养殖场，根据兴办者申请，经区镇两级畜牧主管部门核实后，开展养殖备案，至年底，备案比重达59.8%。

【推广实施“三点工作法”】 按照市农委要求，对照首席专家指点、农技人员挂(蹲)点、业务团队建点精神，建立旺盛家禽场等14个畜禽养殖示范基地，年内，完成到点指导服务165人次，撰写发表专业论文7篇，开展畜禽养殖粪便综合利用课题研究1项、制作标准化畜禽养殖场建设技术课件1个、培训养殖户120人次、协助江苏泰和畜牧实业有限公司完成猪伪狂犬病净化创建场申报1项、成功创建江苏省畜牧生态健康养殖示范场3个、解决建点养殖基地服务问题30个，养殖户服务满意率95%以上。

【大力推进畜牧业“三新”】 全年共举办规模养殖种类培训班10场次，入户指导5000天次，推进畜牧业新品种、新技术、新模式。2月15日，李书高、李广超参与的《江苏蛋鸡产业关键技术集成与应用》荣获第七届江苏省农业技术推广一等奖，徐东华获省农村科普带头人荣誉称号。

【开展重大动物疫病防控】 年内，组织开展重大动物疫病春季防疫集中行动、夏季补免及高温大消毒、重大动物疫病秋季防疫集中行动等重大活动，落实防疫、消毒、检疫、监管等各项综合措施，扎实开展高致病性禽流感等防控工作，畜禽免疫密度达100%，免疫效果经省、市、区三级畜牧主管部门检测达国家规定标准。动物防疫工作成效明显，全年无重大动物疫情发生。区农委获市防治重大动物疫病指挥部表彰为全市动物防疫工作先进单位，蒋珊玲、周建余、李广超获市防治重大动物疫病指挥部表彰为全市动物防疫工作先进个人。

【组织技能培训并参加市比武获奖】 6月30日，区农委与区总工会在张庄街道联合举办全区动物防疫职业技能培训与竞赛活动，对取得优异成绩的秦南镇畜牧兽医站等6个先进集体、张莲等15名先进个人予以表彰，张莲、宋桂芬2人获区“五一劳动奖章”。选拔单卫兵、张莲等4人参加盐城市竞赛比武，区畜牧兽医站获市农委表彰为全市动物防疫职业技能竞赛先进集体一等奖、获市劳动竞赛委员会表彰为全市职工职业技能竞赛先进集体，张莲、单卫兵、刘汉章、宋桂芬4人获市农委表彰为先进个人。 (顾行兵)

“三新”技术推广
Three New Technology Promotin

【概述】 2015年，通过实施“农业科技入户”工程，全区146名区镇两级技术指导员通过入户培训，积极推广新品种、新技术、新模式“三新”技术推广。

【果菜标准化生产成效好】 年内，推广适合本地栽培的“宁玉”“香蜜”草莓，“阳光玫瑰”葡萄、“苏州黄”茨菇等一批优新果蔬品种40多个。主推设施蔬菜构型优化与抗逆栽培、设施蔬菜一体化灌溉施肥、蔬菜水旱轮作防控连作障碍、优质果菜生态安全标准化栽培、穴盘基质节约化育苗、果菜病虫草害综合防控等7项高新技术，以及多个生态高效集成示范栽培模式。在全区果菜科技示范生产基地，绿色无公害果蔬标准化生产技术得到普遍应用，尤其是禁止使用高毒农药，推广高效低残留的新农药或生物农药。有机食品、绿色食品、无公害农产品基地迅速增长，提高市场竞争能力，全年组织申报果菜绿色、有机、无公害“三品”品牌43个。11月5日，省第八届“神园杯”江苏优质水果评比活动结果中，盐都选送的葡萄优质新品种斩获3金3银。

【稻麦生产主推品种技术普及高】 年内，按照省农委“四主推”的推介名录共推广稻麦品种5个，秸秆有效还田等主推技术7项，示范稻田套养泥鳅等4种新模式。水稻良种覆盖率达95%，主推技术入户率达93%，秸秆有效还田等技术避免焚烧带来的环境污染，增加土壤有机质含量。

【畜牧业注重生态健康养殖】 年内，帮助葛武夏氏鸽业从四川引进美国白羽王鸽2000对，支持企业建成苏北最大的种鸽场。大力推广优良畜禽品种，建设畜禽良种繁殖场，生态健康标准化养殖技术得到示范和运用。新申报3家畜牧生态健康标准化养殖场，同时开展水源保护区养殖场整治、农牧循环利用等多途径治理畜禽粪污，保护生态环境、促进畜牧业更好更快发展。

【水产养殖典型亮相央视】 年内，央视7套连续两次报道盐都2015年渔业科技工作培育的示范户典型。广进泥鳅养殖专业合作社负责人林益明在央视7套节目中就台湾鳗鳅的品种优势、防鸟设施改造、适口饲料创新以及水质科学调控等内容，讲述养殖泥鳅的成功经验。陈长荣大闸蟹养殖专业合作社亮相央视7套，从环沟建设、套养鳜鱼、种草投螺蛳等多个方面，展示盐都大纵湖大闸蟹高效养殖模式和先进技术水平。 （杨加祥）

农业科学研究
Agriculture Scientific Research

【概述】 2015年，区农业科学研究所紧紧围绕"优质、高产、多抗、广适"育种目标，立足"三农服务"工作，不断加速农作物新品种选育研究进程，育种科研等各项工作取得较好成绩。

【增强农业科技含金量】 2015年，"盐粳11040""盐粳1121"两个水稻新品种参加江苏省生产试验表现突出，2016年将通过省品种委员会审定，"盐粳13006""盐粳13017"分别参加省中熟中粳、迟熟中粳区域试验，"盐两优036"参加省杂交中籼区域试验。新推荐两个小麦新品系"盐麦085""盐麦0727"参加省小麦淮南和淮北迟播组预备试验。

【打造现代农业新亮点】 2014年申报的省农业"三新工程"——扬育粳2号机插高产高效栽培技术研究与集成项目，2015年4月，顺利通过项目验收考核。年内，新申报成功的省农业"三新工程"——水稻盐粳13号机插高产高效栽培技术研究与应用项目，区农业科学研究所严格按照项目实施要求组织实施1年，进展顺利，效果明显。

【加快新品种推广速率】 自主新育成的水稻新品种扬育粳2号，通过连续2年超级稻专家测产验收，4月，被农业部冠名为"超级稻"品种，填补全市自主选育"超级稻"品种的空白，并被列为省2015年水稻主推品种。年内，与浙江勿忘农种业有限公司合作推广水稻新品种盐粳13号，累计在省内推广面积达6.67万多公顷。

【促进现代农业快发展】 年内，坚持实际、实用、实效的原则，结合项目的实施，邀请专家、教授开展水稻机插秧精确定量栽培、有机稻栽培等实用技术培训，全年累计培训人数达400多人次，同时在中国盐都网等媒体多次开展宣传。充分利用互联网优势，运用单位网站及时将农业生产动态、农情、农产品购销、农业技术推广等农民感兴趣的信息进行发布。"三农"服务工作成绩显著，被区委区政府表彰为农业品牌创建工作先进单位。 （李进勇）

农林执法
Law Enforcement of Agriculture and Foresty

【概述】 为确保全区农业生产安全，加大对农业投入品的市场监管力度，促进全区农资市场健康有序发展，使广大农民用上放心农资。进一步规范畜禽屠宰行为，继续开展"平安农机"创建活动，加大对全区林木资源和渔业资源的保护力度，严厉打击无证砍伐和电麻鱼等破坏生态环境的违法行为。全年共出动执法车辆426台次，执法艇30航次，执法人员1746人次，查处违法行为145起，其中立案查处63起，申请法院强制执行2起。

【农资市场监管工作】 年内，率先在全区10个镇(街道)创建高毒农药定点经营示范门店，逐步探索高毒农药监督管理的新模式，规范高毒农药经营和指导农民安全合理用药，确保销售的高毒农药100%来源可追溯、100%去向可跟踪、100%质量有保证，确保农业生产、农产品质量和生态环境安全。春、秋两季，在全区开展打击侵犯植物新品种权和制售假冒伪劣种子的"种子双打"专项行动，开展农作物种子质量监督检查，抽取主要农作物种子进行送检，所抽样品发芽率、水分、净度三项指标全部符合国家种用标准，合格率达100%。

【"打非治违"工作】 切实加强对非法改装拼装农业机械，私自改装渔船进行执法督查，有效维护农机作业和渔业生产安全。为做好护林护渔工作，建立区、镇、村三级巡查监管体系，全力维护生态文明建设成果，保持管辖水域捕捞作业安全生产秩序。协同公安部门共同打击无证砍伐和电麻鱼等违法行为，全年共没收电鱼船11条、违法捕捞工具250台(套)。

【农产品质量安全工作】 全年未发生重大农产品质量安全事件，农产品质量安全监管工作在全市农业系统效能考评和综合绩效考评中均名列前茅。农产品质量安全形势总体平稳向好，为农业农村经济实现稳中有进、提质增效做出贡献。年内，省例行监测，共抽检蔬菜样品120个，农药残留合格率100%；"三品"基地监督抽检合格率100%；全年共检疫生猪11.5万头，生猪产品12.2万头，"瘦肉精"专项检测11790个样品，畜产品抽检合格率100%。区本级定量监测蔬菜、水果374个样品，合格率99.7%；镇级快速检测4684批次，合格率99.4%，全区未发生一起农产品质量安全事件。全区共新认证农业"三品"36个，其中，无公害农产品34个，有机食品2个，超额完成省市下达的创牌计划，"三品"产量占食用农产品比例达65%。全面推行农产品质量安全网格化管理，健全区、镇(区、街道)、村三级监管网络体系，制定出台《村级农产品质量安全协管员考核管理办法》，逐步建立规范、有效的监管工作机制，基本建成"横向到边、纵向到底、上下贯通、立体覆盖"的监管格局。3月，全区范围内组织开展以水生蔬菜规范投入品使用为主的专项整治行动，通过宣传发动、督查巡查和质量监测等关键措施，提高广大农产品生产者和农资经营者的法律意识及质量安全意识，有效防范和遏制水生蔬菜质量安全事故的发生。年内，全区建设农产品产地准出示范基地12个，按照农产品质量安全产地准出示范基地质控有制度、人员有责任、产品有标准、用药有台账、生产有记录、售前有检测、准出有证明、信息可查询的"八有"建设要求，10月底全部建成。企业检测室建成率和产品二维码追溯率达到100%，在全市乃至全省处于领先水平。全区11个镇(街道)和农村经济开发区、新区全部纳入省农产品质量安全监管信息系统，建立监管对象电子信息，适时上传督查巡查记录、产品检测记录，大大提高监管效率和水平。

【法律法规培训工作】 农业行政执法大队组织以新《种子法》为主的农资经营(生产)人员的培训班，提高经营人员守法、诚信经营意识，更好地服务农民。渔政监督大队组织两期职业渔民安全和法规培训，提高渔民对依法保护渔业资源工作的认识。农机监理所组织两期农机操作人员培训班，提高农机操作人员按章操作能力，确保农机作业安全。全年累计培训各类人员达580人。 (严怀军)

农业招商引资

Agriculture Investment

【概述】 全年通过调优政策环境，招选农业龙头企业及花卉果蔬种植大户投资现代高效农业，促进农业增效、农民增收。农村经济开发区全年共引资近亿元，建成岗埠花园、天农兰园、红掌花卉等项目实体，进一步充实台海花卉港内涵；龙冈、秦南、大冈、潘黄招引建成万龙果蔬、千秋草莓、红林蔬菜，传扣葡萄、婧婧鲜果等10多个13.33公顷以上规模果蔬种植基地。全区新增高效设施农业面积1000公顷，成功申报尚庄番茄园、学富蔬菜园2个新的市级园区。 (丁 智)

农业机械化

Agricultural Mechanization

【概述】 全区全年农机原值突破4.89亿元，比2010年增长1.45亿元，平均每年增加农机装备投入3000万元；农机总动力达52.03万千瓦，比2010年增加5.77万千瓦。全年实际购置财政补贴机具687台套，受益农户539人，共享受财政补贴资金936.645万元，带动农户和服务组织投入购机资金达3362.59万元。全区主要农作物生产机械化水平达89%，其中以机插秧和机直播为主的水稻种植机械化水平达75%；三麦、水稻机械化收割水平分别达98%、95%。经省市综合测评和公布，至2014年底，全区农业综合机械化水平已达79.3%，排在全市第三。至2015年底，全区成立的农机合作社63个，合作社社员达2376人，固定资产达4962万元，拥有各类机具数量3197台套，全年作业面积占机械化作业总面积的50%以上。全区发放跨区作业证525份，投入作业联合收割机1100台次，跨区作业为民增收6800余万元。年内，组织开展"送检下乡、方便机手""农机安全生产宣传月""农机安全专项整治行动"等活动，确保农机安全生产平稳无事故。

【秸秆机械化还田】 2015年，全区累计完成秸秆机械化还田面积达6.18万公顷，其中夏季完成3.61万公顷，秋季完成还田面积2.57万公顷，机械化还田率达到85%，超额完成省下达的3.94万公顷目标任务。全区共投入作业的大中型拖拉机1380台，带切碎装置联合收割机2620台套。全区投入秸秆还田作业补助资金2818万元，其中省补1478.5万元。

【农机新机具新技术推广】 2015年，全区新推广大中型拖拉机121台，带切碎装置的联合收割机106台，秸秆还田机械222台，渔业机械122台，条播机56台，粮食烘干机7台，树木(花草)修剪机22台。

【农机社会化服务】 全区全年新成立农机合作社23个，农机大户、家庭农场、农机合作社等新型农业经营主体完成机耕、机收、机插秧、秸秆机械化还田等作业22.4万公顷。通过"三点工作法"服务，创建省级农机示范社15个，省农机示范家庭农场5个。盐都加兵农机合作社夏季新建10000平方米的育秧大棚，累计育秧333.33多公顷；秋季新增烘干机，烘干粮食1200多吨，建成稻麦全程机械化示范基地。区财政扶持13个农机合作社机库建设，每个机库补助资金15万元。

【农机安全监理】 2015年，累计检验各类拖拉机784台、收割机435台，核发收割机号牌110付、新办驾驶证253人，与驾驶人签订安全生产责任书1000余份。组织安全检查120余次，排查无牌15起，治理15台，防范重特大农机事故的发生。

【农机培训和职业技能鉴定】 年内，全区共举办各类农机培训班15期。其中，农机从业人员技能鉴定培训5期，农机驾驶操作人员培训7期，新型职业农民培训2期，基层农机推广人员培训1期，培训各类农机从业人员517人次。在镇、村举办秸秆机械化还田知识讲座6次，培训农民375人次。全年完成职业技能鉴定培训363人。其中，初级214人，中级141人，高级8人；拖拉机驾驶员36人，联合收割机驾驶员17人，农机服务经纪人164人，农业机械操作工138人，农机修理工8人。 (徐 皓)

水利建设

The Construction of Water Conserrancy

【概述】 水利是国民经济重要的基础设施，是农业的命脉。年内，区水务局加强领导、注重投入，兴修水利，共投入6.11

亿元，实施一大批农田水利、生态水利、民生水利、安全水利等工程，全区水利现代化进程不断加快。

【农田水利】 全区全年投入3429万元，实施小型农田水利重点县项目，共新建排涝站5座12台套，防洪闸3座、灌溉站29座、桥梁5座、硬质道路3.05千米、砂石道路2.12千米，建设高标准农田示范片四处，管道铺设18.45千米，建设防渗渠20.22千米、各类小型建筑物182座；投入1500万元，实施千亿斤粮食工程，共新建灌溉泵站47座、灌排闸站1座，拆建排涝泵站1座、水闸1座，新建宽3.5米田间水泥路4.52千米，拆建机耕桥3座；投入4600万元，实施高效节水灌溉项目，共新建灌溉泵站54座、输水管道177.54千米、分控中心2座。

【生态水利】 投入4417.97万元，疏浚整治小沟级农村河道985条、837.8千米、703万立方米；投资1057.08万元，实施省级农村河道疏浚整治工程，共疏浚整治乡级河道14条、62.8千米、64.25万立方米，村庄河塘165条、143.7千米、112.5万立方米；投资3.7亿元，综合整治城市河道11条(段)、39.99千米；投资4200万元，实施高新区河道整治工程，整治河道6条、建设驳岸19.77千米、疏浚土方3.6万立方米。通过河道清淤、岸坡整治、水系连通和生态修复等工程措施，有效提高河道行洪排涝能力，改善水环境，打造"河湖水活、水美岸清、人水和谐、宜居生态"的生态河道。

【民生水利】 全区全年共投入4472万元，实施"最后一匡田"通达工程，涉及20个镇(区、街道)，共新建桥梁463座。

【安全水利】 全区全年共投入2400万元，共新建城防工程泵站3座、防洪闸3座，疏浚河道60千米，改建泵站3座，加固圩堤1千米。 （郝春荣　王国华）

防汛抗旱

Flood Control and Drought

【概述】 水雨情基本情况。8月初，受"苏迪罗"登陆减弱后的低压和北方冷空气的共同影响，台风残留低压和北方冷空气结合产生局地特强降水，全区10日凌晨至11日凌晨普降暴雨，平均降雨量达200毫米，郭猛镇达278毫米，河水位从1.2米左右上涨到2.5米左右，到8月12日8时最高水位2.84米。

受灾损失情况。全区直接经济总损失1.9994亿元，其中住宅受淹1.4万户，损坏房屋2312间，农作物受灾面积1.25万公顷，农作物成灾面积6900公顷，苗木损失8000公顷，死亡大牲畜67头，死亡家禽2050只，水产养殖损失2300公顷，计直接经济损失1.8994亿元；工业交通运输业直接经济损失0.1亿元。

抗灾行动情况及其工作措施：提前通知，做好迎战台风的各项准备工作。8月8日，接到省、市防指《关于做好第13号台风"苏迪罗"防御工作的通知》后，立即转发各镇(区、街道)防指、各防指成员单位，要求各板块立即按照文件要求，做好各项准备工作。8月9日，接到市防指《关于启动我市防台风III级应急响应的通知》下发各镇(区、街道)防指、各防指成员单位，要求各板块立即启动防御台风三级响应，提前做好迎战台风的各项准备工作。根据市区防指统一部署，9日晚18时，就将小马沟泵站正式开机，降低内河水位，腾空库容，为迎战暴雨做好准备工作。根据西部低洼圩区的实际情况，9日晚18时关闸开机排涝，其他圩区尽量关闭上游闸门。

紧急会商，做好迎战台风的各项措施。为切实做好全区防御台风工作，8月10日上午，区防指总指挥、区长吴本辉专门就防台工作进行部署落实。要求防暴雨是做好抗台工作的重点。各地、各有关部门必须对当前的严峻形势有充分的认识，坚持把迎战第13号台风和防强降雨工作作为中心任务，迅速组织发动广大干群进入实战状态，所有圩区要立即关闭闸门，内河水位接近或超过警戒水位的圩区要迅速排涝，内河水位与警戒水位相差20厘米的圩区，15时前要开机排涝预降水位，其他圩区做好排涝准备。同时，要全力做好城市内涝、易淹小区、低洼圩区及水产养殖抗台防汛工作，努力降低灾害损失，确保人民群众的生命财产安全。全方面做好应急防御工作。要把人民群众的生命财产放在首位，对农村五保户、特困户及危房户，要采取必要的转移和撤离措施，确保生命安全。对设施农业、大棚、猪舍、鸡舍等设施，要立即落实防护加固措施。高空广告设施要进行巡查和加固，确保安全。一旦发生险情灾情，要及时上报；且板块负责人要及时深入抗灾一线，及时调动人力和物资，迅速有效地组织指导抗灾。明确防台抗灾工作的责任。各镇(区、街道)及各部门要加强值班，一把手要带班，积极做好应急调度。各镇和各部门主要负责人要亲自挂帅，靠前指挥，组织好防汛抗台工作。区防指要切实担负起全区防汛指挥的职能，及时提供雨情、水情、灾情，分析洪涝灾害发展趋势，提出水利工程调度方案，及时传达上级防指的各项指令。气象部门要加强灾害性天气的预测预报，努力做好气象服务。农委要做好养殖户养殖塘口加固工作。住建局做好易淹小区应急排涝工作。其他各有关部门要各司其职，密切配合，协同作战，确保防汛抗台工作的顺利实施。

（郝春荣　王国华）

工 业

Industry

综　　述

Summary

【概述】 2015年，面对宏观经济下行压力持续加大的严峻形势，全区工业条线积极适应经济发展新常态，重抓稳健增长、产业培植、园区提升、转型升级、全民创业、企业服务等重点工作，工业经济呈现运行保持平稳、质态有所提升、转型力度加大、“四新”项目增多的良好态势。

主要指标登上新台阶，全区全年实现规模以上工业增加值205亿元，占年计划203亿元的100.9%，同比增长11.5%；实现规模以上工业投资178亿元，占年计划197亿元的90.4%，同比增长18%；完成全口径工业开票销售246.6亿元，占年计划244亿元的101.1%，同比增长19.6%。50强重点企业完成开票销售105亿元，入库税收4.8亿元，分别占规模工业的56.8%和64%；新增定报企业38家；年工业用电量达7亿千瓦时，同比增长1.5%；淘汰落后设备140台(套)，万元GDP能耗下降率4.35%，超额完成市下达目标任务。

产业创新取得新突破，以产品创新引领产业创新。全年新开发和认定省高新技术产品45个，通过省新产品投产鉴定80个，华盛变压器被认定为“省专精特新产品企业”，闪奇电器“闪奇”、盐电阀门“YDF”、剑桥涂装“剑桥”获批中国驰名商标。鑫龙化纤、东九重工等4家企业新产品通过省首台(套)重大装备认定。其中，鑫龙化纤“蝶式过滤器清洗生产线”填补国内空白。5月，康杰机械成功召开“中国盐城(康杰)第二届热交换器钎焊与装备国际研讨会”，恒力机床“C919大型客机垂尾精加工平台”是国产大飞机制造现场唯一使用的国产成套设备，大道机电获得省中小企业创新创业大赛三等奖。以智能制造支撑产品创新。中联电气矿用隔爆型移动变电站、恒力机床龙门车铣复合中心等7个装备产品列入省重点培育计划，悦达纺织、星宇科技列为市智能化车间示范工程，东九重工、康杰机械列为全市智能服务重点企业，兰丰环境、华森机械成为全市智能制造重点技术创新企业。以管理创新助推企业创新。兰丰环境通过省信用管理示范企业现场认定，闪奇电器获批市级信用管理示范企业，恒力机床、吉能达、广盛源等3家企业创成市信用管理示范企业，悦达家纺、柚尊家居等19家企业通过省信用管理贯标，驰翔齿轮创成省企业管理创新示范企业。“诚信盐都网”和区信用信息平台建成投运。

【企业转型升级】 年内，全区47项列市“千企”技改项目全部实施转型升级，完成投资29.22亿元；列区90个重点技改项目竣工82个，完成投资42亿元；星宇物

高新区东九重工

产汽配、宝鼎园林工具等46个超千万元技改项目投产达效。华盛变压器与德国SGB强电设备制造公司合作新上光伏变压器项目成功投产，苏力集团与中国联合工程公司实现资本、技术合作，东九重工与中工国际合作开拓国际市场。驰翔齿轮、蔚联机械、汉印机电等3家企业“新三板”挂牌，驰翔齿轮成功募集资金9000万元，东九重工“新三板”材料已受理，中恒宠物主板上市进入辅导，康杰机械、华盛电气等10家企业基本完成股改，超亚机电、宇驰包装等4家企业苏股交挂牌。

【提升载体建设】 智能终端产业园被列为全市重点突破新产业园区，招引入驻企业近20家，在谈项目50多个，全力打造长三角地区集研发、设计、制造、服务于一体的智能终端产业基地。中小企业(创业)园获评省级创业示范基地。郭猛、大冈、张庄等8个镇级全民创业园建设提速，新增投资近10亿元，新建中小企业园标准厂房30万平方米，其中多层厂房7万平方米；新入园企业100家，吸纳创业就业者3000人。研发平台有新提升。兰丰环境、中恒宠物获省级工程技术研究中心项目立项，华跃纺织设立省企业院士工作站，金洲机械、坤泰机械等7家企业获批省级企业研究生工作站；锐毕利、荣南机械等5家企业被认定为省级企业技术中心，中伟机械、双菊汽配等20家企业被评为市级企业技术中心，省、市级企业技术中心总数位列全市第一。产业集群有新提升。大冈镇被授予“中国砂带基布产业示范基地”称号，大纵湖镇创成国家火炬涂装设备特色产业基地，学富成为全国最大的医用刀针线生产基地之一，龙冈镇输变电产业集群被确定为省优质产品生产示范区培育区域。

【“两化融合”】 悦达纺织通过国家首批两化融合管理体系评定，并获批国家互联网与工业融合创新试点企业，剑桥涂装、中联电气被工信部批准为“两化深度融合”贯标企业；吉能达、中热机械被认定为省“转型升级两化融合”示范企业；中色锐毕利、荣南机械等10家企业获批省“两化融合”转型升级试点；怡通控制、

康杰机械

维尔思环境等20家企业列为市级“两化融合”试点。开展“互联网+”行动、智能制造专题讲座10场，培训企业家和公司高管2000多人次。中热机械自建“中国电加热器网”，产品全部实现电子商务，中恒宠物构建跨境电商，拓展宠银业务，获评全省首家国家级跨境电商示范企业，柚尊家居搭建“柚尊思想家”电商平台，实行个性化定制设计和制造，网站日访问量超过500人次。

【全民创业】 全区全年新发展私营企业1800户，占市下达计划的110%；新发展个体工商户5500户，占市下达计划的115%；新增工业一般纳税人企业250家，占市下达计划的115%。开展创业培训11000人次，其中开展网络创业培训1600人次；扶持创业1400人，带动就业4800人。区创业银行投入运营，全年预计发放创业贷款近3000万元，惠及300多家企业和创业者。开展“返乡圆梦行动”，“全民创业宣传月”，“践行中国梦、巾帼创新业”，“为青春喝彩”，“盐都(上海)创新创业暨智能终端推介会”等系列活动，“返乡圆梦行动”系列活动举办专场创业项目推介暨引才用工招聘会34场，达成意向创业就业人数5000余人，推介创业项目150个，累计签约意向创业项目82个；“创新创业暨智能终端推介会”邀请客商100多人，签约项目30个，总投资30多亿元。

【强化服务稳定增长】 注重运行服务，制定年度目标计划，按季通报完成进度，每月形成运行分析，及时监测重点行业、企业、镇(区)、项目运行情况，客观研判走势，谋定对策措施，突出抓好负增长10%以内企业的月度指标补缺到位，力保工业经济平稳健康运行。注重要素服务。扎实开展为企服务百日行动，督办推进20家重点企业“两证”办理；积极组织企业申报各类专项资金，全年共争取各类市级以上专项引导资金项目73个，资金2450.7万元；组织召开银企对接会、用工招聘会，帮助企业解决缺资金、缺工人难题，为企业稳增长出实招、办实事。注重政策服务。联合宣传部、人社局等部门，在《盐阜大众报》《双新盐都报》等媒体开设专栏，对中恒宠物、盐电阀门等重点企业进行典型宣传，提振稳定增长信心，推广转型升级经验。助推企业拓展市场，组织参加各类展会，引导和支持企业自建网站平台，创新营销模式，提高电商份额；完善出台工业稳增长促转型政策，激发企业加快发展的内生动力。

【优化调整结构】 突出技改升级项目。以“千百十”工程推进为重点，引导规模企业围绕“四新”目标，分析挖掘产品、市场、技术等方面的特色优势和产能扩张、新品研发、智能制造、电子商务、节能降耗等方面的薄弱环节，排出技改重点，加大有效投入，调整优化结构。突出产业创

新项目。围绕列市"三百工程"项目、区八大类重点工业项目、高新区重点挂钩项目,建立和落实推进责任机制,力促项目推进节点化、节点目标责任化。大胜达包装、中恒宠物二期等20个列市"三百工程"重点项目如期完成,金火炬金属纤维、星宇物产二期等10个列市目标竣工项目提前竣工,悦达纺织、卡洛泽科技等4家企业被列为工业强省重点项目;智能终端产业园、国家级风电评定中心等13个项目列入市产业创新"十大工程"。突出新品开发项目。引导康杰机械、驰翔齿轮等骨干企业加快产品更新换代,塑创核心技术优势;推动华盛变压器、鱼跃医疗等重点企业引进先进技术,减少研制周期,提高创新实效;助推中恒宠物、柚尊家居实施"互联网+"行动,研发个性定制产品,提升市场竞争力。全年新开发省级以上新产品90多个,其中通过国家级鉴定的12个。

【创新业态】 围绕发展"四新"经济,注重发挥典型示范效应。培育电商拓市典型。组织开展10大电商平台创建活动,通过政策扶持、平台搭建、电商诊断、人才引培等方式,引导企业加快电商平台建设和应用。培育制造服务化典型。以康杰机械、东九重工等企业为试点,引导制造业企业转变发展方式,推动传统制造环节向设计和销售环节延伸,开展增值服务,提高产品附加值,加快从产品制造商向系统解决方案供给商转变。培育智能工厂典型。以中恒宠物、悦达纺织智能车间项目为重点,推进智能生产,优化工艺流程,降低生产成本,提升劳动效率。(成文军　王　伟)

汽车配件
Automotive Accessories

【概述】 至年底,共有星宇科技汽车部件(盐城)有限公司、盐城大圆汽车配件有限公司、盐城大新汽车配件有限公司、江苏艾文德悦达汽车内饰有限公司、盐城市步高汽车制造有限公司、盐城永友汽车配件有限公司6家汽车配件制造企业。其中星宇科技汽车部件(盐城)有限公司、盐城大圆汽车配件有限公司、盐城大新汽车配件有限公司、盐城永友汽车配件有限公司四家公司为韩资企业,江苏艾文德悦达汽车内饰有限公司为德国艾文德集团与江苏悦达集团合资的企业。汽配行业全年共实现销售29.77亿元,上缴税收1.34亿元。其中星宇科技汽车部件(盐城)有限公司2015年实现销售17.66亿元、上缴税收8840.2万元;盐城大圆汽车配件有限公司2015年实现销售9.92亿元、上缴税收1755.1万元;盐城大新汽车配件有限公司2015年实现销售9314万元、上缴税收1637.4万元;江苏艾文德悦达汽车内饰有限公司2015年实现销售7299万元、上缴税收848.6万元;盐城市步高汽车制造有限公司2015年实现销售3759万元、上缴税收161.2万元;盐城永友汽车配件有限公司2015年实现销售1546万元、上缴税收152.6万元。随着悦达起亚三工厂的建成投产,东风悦达起亚年产能将达到100万辆。跟随着东风悦达起亚的成长,新区范围内的汽配企业也将迎来良好的发展机遇。

粮食工业
Food Industry

【概述】 2015年,全区粮油工业定报企业实现工业增加值6.5亿元,占年计划102%,同比增长8.3%,实现销售收入15.8亿元,占年计划108%,同比增长5.3%,实现利税1950万元,占年计划103%,同比增长5.4%,超额完成年度目标任务。江苏金山啤酒麦芽有限公司与全球啤酒行业巨头嘉士伯进行战略重组,增强企业市场竞争力。盐都地产"盐淮"牌大米市场知名度和美誉度不断提升,市场占有率逐年提高,并积极申报江苏著名商标称号。重庆啤酒、秦达面粉、顶盛油脂、江海粮油等企业,年度累计完成技改投入达1000万元,盐都粮油工业的品牌效应和技术创新正成为行业的经济增长极。(余风明)

镇村工业
Town and Village Industry

【概述】 2015年,把繁荣镇村经济作为盐都发展的重要基石和希望所在,多措并举、加大力度、厚实土壤,镇村经济保持持续向好发展势头,主要指标和各项工作均得到全面推进。

【筑牢镇村经济发展基础】 全区有镇级工业园区15个,其中特色工业园区6个、中小企业(创业)园区9个,实现镇村工业开票销售188.6亿元,其中,2015年园区工业开票销售实现146.5亿元,占比达

华泽汽配

78%。工业开票销售超10亿元镇(街道)6个，国家级产业基地5个。以园区化、特色化推进工业集聚集群发展，着力使特色园区成为镇域经济增长极、吸纳就业主阵地。

【着力做大园区规模】 在盐龙街道投资3亿元，启动建设总面积7万平方米的中小企业科技创业园；在龙冈、大冈、大纵湖、郭猛、张庄、尚庄等6个镇(街道)先期各规划13.33公顷左右土地，投资15亿元，启动建设标准厂房90幢、总建筑面积达50万平方米的全民创业园。园区采取“项目主体自建、社会资本兴建、委托地产商统建”等三种建设模式，整体布局实行规划、建设、标识、色彩、绿化、管理“六统一”，40%以上为多层标准厂房。至年底，交付使用标准厂房30万平方米，入驻工业企业70家。

【做强特色产业】 围绕“一镇一业”，加快推进大冈鞋业机械、张庄精密齿轮、大纵湖涂装化纤、尚庄石油阀门、龙冈输变电装备、学富医疗器械6个镇级特色工业园区集聚发展，致力形成“龙头企业引领、骨干企业支撑、中小企业集群”的特色产业园区错位发展新格局。突出“高、轻、优、强、绿”导向，组织招商小分队到民营经济发达，产业特色相近的地区开展产业招商。全年共招引特色产业项目65个，其中，核查认定开工项目38个，总投资额达50亿元。至年底，特色产业园区工业经济总量占镇域工业经济总量的71%，其中大纵湖镇涂装化纤特色工业总量占比达80%以上。

【产业转型升级】 依托技术提升、资本集聚、“互联网+”改造提升传统产业。深入实施“百企升级”工程，一企一案制订推进计划，力争尽快形成新的增长点。全区重点推进80个投入500万元以上的技改项目，助推驰翔齿轮、蔚联机械等10个企业在新三板挂牌上市。积极探索“一镇一产一院”新模式，把院士、教授请到“家门口”，把产业研究院“量身”建到重点镇，至年底，全区共有产业研究院6个，镇村工业企业创成国家高新技术企业48家，被认定为“省科技小巨人企业”3家、“省专精特新产品”企业4家、“省科技型中小企业”48家，获“国家驰名商标”企业6家。镇村工业成为盐都创新驱动、转型升级的“生力军”，镇级税源的主阵地。

【发展现代农业】 推进城西南物流农业、高新区精深加工农业、双新大道观光农业、台创园精致农业和盐龙湖生态农业5个示范片区联动发展，推动大纵湖大闸蟹、尚庄农牧循环等16个现代农业示范园区做大规模，提升装备现代化、经营产业化、产品品牌化、流通外向化水平。年内，全区现代农业园区新增各类经营主体472个，新增创业投资额3.6亿元。

星宇物产

【搞活农村服务业】 发挥全区电商快递产业加速集聚优势，引导创业主体与苏宁易购、顺丰快递等知名电商合作，将产品体验店布点到镇，构建O2O商业模式，推动盐都特色产品融入全国市场。全区全年开展电子商务培训10期计1600人次，新开网店180家，新建电子商务村5个，其中大纵湖镇鱼范村被评为“省电子商务示范村”。

【推动全民创业】 紧密结合新业态发展要求，大力开展免费创业辅导、创业基地实训、研修班学习等活动，促进投资创业主体掌握一技之长。年内，全区辅导培训各类初始创业者11000人次，新发展私营企业3160户，新发展个体工商户6269户，新增一般纳税人企业616户。坚持因地制宜，分类指导，拓宽村级集体经济发展路径。立足城市资产经营发展城中村，融入园区“接二连三”发展城郊村，培育特色示范带动发展农业村，项目扶持全面转化低收入村。在村集体年经营性收入普遍达到15万元的基础上，年经营收入20万元村达到70%，年经营性收入100万元村达到40个，不断提高集体经济实力，以此增强村级组织的凝聚力和战斗力。

【凝聚镇村经济发展合力】 5月，区委、区政府专门出台《扶持镇村经济发展的意见》，区财政预算安排3000万元，设立镇村经济发展专项引导资金。同时设立3000万元的农业现代化专项资金、2.5亿元的工业转型升级和全民创业专项资金、1000万元的旅游发展专项资金、1500万元的电商发展专项资金，以此撬动社会资本参与镇村经济建设，实现多渠道创业增收。把镇村经济发展列入镇(区、街道)、区直部门年度目标任务绩效考核的内容之一，并设立工业经济和转型升级、服务业和旅游业发展、农业现代化和城乡统筹、村级集体经济发展、全民创业和园区经济等5个单项奖。区级层面注资成立6个融资担保平台，为镇村经济发展和全民创业提供全方位的金融支持。至年底，区财政出资2亿元成立的区中小企业信用担保公司，为300家中小微企业提供16亿元的融资担保服务；区财政出资2000万元成立的科技贷款担保公司，为68家中小企业提供1.7亿元的融资担保服务；区财政出资200万元风险担保资金设立创业银行，为500多个创业主体提供3000多万元创业贷款；区财政出资600万元成立的中小微企业应急互助资金协会，为35个会员企业提供1.5亿元的过桥资金互助服务；区财政出资1000万元开展的农业弱抵质押物担保项目，探索解决长期以来农业有效担保物少、贷款难的问题。（顾炳洪　王　进）

棉纺工业
Cotton Spinning Industry

【概述】2015年，受国家棉纺织行业向新疆产业转移的大政策影响，再加之国内外棉花价差较大、棉花配额限制、订单减少、企业运行综合成本不断增加等多重因素的影响，棉纺行业呈现持续困难的局面。江苏日升纺织有限公司在产品研发上取得较好成绩，色纺纱系列的段彩纱等诸多品种形成大批量生产，成功开发残雪竹节纱、云斑残雪纱、AB竹节纱等新品种，段彩纱新产品进行小中样试纺，彩雪纱研发成功，全年实现销售17400万元。为推进企业战略升级，公司紧紧抓住城市规划机遇，打造新的发展平台，在张庄工业园区新征土地9.12公顷，实施搬迁改造项目，将原纺纱、针织两块进行搬迁整合。项目自2013年5月起开工，在国际领先、国内一流的三万锭棉纺新生产线顺利投产的基础上，10月底，将色纺三万锭成功进行搬迁改造，全面达产达效。（陈玉林）

日升纺织

私营个体工业
The Private and Individual Industry

【概述】全区私营个体工业管理工作以“转型发展年”主题活动为动力，主动适应注册资本登记制度改革的新形势，转变监管理念，坚持“宽进严管”原则，推进职能工作的信息化、效能化，建立挂钩帮扶关系，推进服务工作的优质化、常态化，全面开展企业年报工作，积极参与社会协同共治。在一系列优惠政策的带动下，全区私营个体工业经济总量平稳增长。至年底，全区共新发展私营企业1825户，个体工商户5668户，新增注册资本65.53亿元。

【商标品牌意识增强】年内，共指导各类经济主体新申请国内商标注册435件、国际商标注册7件，帮助企业新申报盐城市知名商标12件、江苏省著名商标14件、中国驰名商标3件，新注册地理标志证明商标1件，龙冈果树良种场办理“龙冈茌梨”地理标志商标被国家商标局正式认定。

【开展“三服务”挂钩帮扶】全区工商系统深入开展“访企业解难题三比三促”活动，密切联系广大企业业主和经营户，解难帮困促发展。年内，共对两千余户企业进行走访，全区工商系统110名工商干部与115户企业（园区）结成挂钩帮扶关系，办理合并登记1件，组建集团4个，冠省名9件，变更注册资本8件，招工200多人，融资1亿多元，指导年报105次。区个协积极加强和民生银行、黄海农商银行、农行、邮储银行等金融机构的联系，组织挂钩企业参加“金融超市”等银企对接活动，共帮助35户挂钩企业融资1亿多元。把帮助盐城市广告产业园引企入园做为全局的重点立项工作，针对园区的帮扶工作制订专门方案，利用多种形式对新设立广告企业和广告龙头企业主动宣传，与各镇和相关单位联系，动员广告龙头企业入园经营，全年共引企入园26户。（李　欣　顾正山）

建筑和房地产业

Construction and Real Estate

◆建　筑

◆房地产开发

建　筑

Construction

【概述】 着力培植建筑、房地产两大建设产业，促进城乡建设，加快经济发展，增加社会就业。

【提高勘察设计水平】 全年完成设计建筑面积300多万平方米，实现设计、勘察收入超亿元。重点对城市核心区、高新区、新镇区、新社区的重要地段编制勘察详规，实现勘察规划全覆盖。引进高资质、高知名度的勘察设计单位，对重点工程、重要项目设计方案进行优化选择。

【加快建筑业发展】 积极研判国内外建设市场形势，引导建筑业规范竞争、平稳发展，打造“陆海空”建筑特色，全年共吸纳从业人员10万余人，实现建安产值240亿元，外埠市场份额约占65%，实现增加值67亿元，完成税收10亿元以上，综合考核跃居全市第一。“建筑之乡”基础更加稳固。

【提升建筑行业资质】 年内，组织人员报考建造师、项目经理和安全员等执业资格，新注册建造师260名，新申报有资质企业6家，施工总承包企业晋升资质1家，全区一级总承包企业达到10家，建安企业总数达到199家。申报专利12件。

【拓展外埠建筑市场】 年内，引导企业积极拓展市场，新拓西宁、南宁、哈尔滨、天津、山东、陕西、河南等省外规模市场，千人规模市场达到20个，承建亿元以上项目30个，完成出市施工产值124亿元。

【抓好建筑施工安全】 年内，全面落实安全生产目标责任制，开展安全警示教育、“安全生产月”等活动，突出重抓建筑工地安全隐患排查和专项治理，通过区

江苏省“扬子杯”优质工程

表 4

序号	工程名称	施工单位	监理单位	项目经理
1	盐都物联大厦	江苏金贸建设集团有限公司	盐城市成业建设工程监理有限公司	陈海明
2	福港国际大酒店	江苏明华建设有限公司	江苏兴盛工程咨询监理有限公司	葛玉军
3	盐城市高新技术产业区研创大厦工程	江苏国丰建设集团有限公司	盐城市成业建设监理有限公司	陈　刚

2015 年度盐城市“盐阜杯”优质工程

表 5

序号	地区	工程名称	施工单位	监理单位	项目经理
1	射阳	射阳县体育及妇幼活动中心	江苏金贸建设集团有限公司	盐城市万方工程建设监理有限公司	茆汉荣
2	响水	御景豪庭 B-11、12# 楼工程	江苏金贸建设集团有限公司	盐城市工程建设监理中心有限公司	卞开冈
3	亭湖	盐城水环境监测分中心迁建工程	江苏明华建设有限公司	盐城市万方工程建设监理有限公司	陈建胜
4	亭湖	海韵大厦 1#、2# 商办楼、3# 商业楼及地下汽车库工程	江苏明华建设有限公司	江苏大洲工程项目管理有限公司	仇德猛
5	南京	莫愁新寓小学教学综合楼	江苏明华建设有限公司	南京国通建设工程咨询有限公司	陈建胜

镇联动、责任包干和督导检查，对全区287项在建工程组织安全生产专项巡查和治理，安全隐患整改合格率达97%以上，全区建筑施工未发生重大以上安全事故。

【提高建筑工程质量】 年内，组织开展工程质量治理两年专项行动，对全区在建施工现场实行动态监管，提高建筑施工质量现代化管理水平。全面推进标准化工地建设，积极推广绿色施工，加强建筑工程质量监管。打造16项省市文明工地，荣获9项市优质结构工程奖，均处于全市领先水平。钱江绿洲等8个项目被认定为绿色建筑项目，滨湖社区获“发散”示范镇称号。

【化解“双拖欠”矛盾】 年内，重点协调恒大名都、同人怡和园、新城商务中心、杨侍公寓、青龙华庄等单位的“双拖欠”问题，接待农民工上访120批次500多人，帮助千余名农民工解决拖欠工资4000多万元。

【提升盐都建筑品牌】 指导金贸集团成功申报江苏省建筑产业现代化示范基地，国丰、金贸集团分别荣获江苏省建筑业最具成长性百强企业，明华公司载誉江苏省建筑业优秀企业。年内，成功申报QC成果奖4项。6家疏浚打捞企业派出50多人和“湘岳工001”号起重船驰援“东方之星”游轮，为区争得荣誉。

（苗林杰）

盐城国投嘉园及写字楼工程

房地产开发
Real Estate Development

【概况】 针对房地产市场滞销的新态势，年内，积极落实房控政策，加强房地产市场研判，出台促进房地产健康发展的八条意见措施，加大宣传促销力度，引导碧桂园、恒大、港龙等品牌开发商打造精品楼盘，带动房地产市场平稳发展。全区完成房地产开发投资56亿元，同比增长3%；新开工面积160万平方米，同比增长2%；竣工面积159万平方米，同比

响水御景豪庭

增长8%。商品房上市104万平方米；销售110万平方米（其中新区57.7万平方米、潘黄19.9万平方米、盐龙13.4万平方米），同比增长2%；销售金额53亿元，同比增长3%；销售均价4425元/平方米，同比下降0.1%。主城区住宅销售均价4784元/平方米，同比增长1.2%；其它区域住宅销售均价3028元/平方米，同比下降9%。2015年，全区建筑房地产形成的税收收入占全区一般公共预算收入的55%，9个房地产企业进入全市建筑房地产企业纳税前30强。

【加大住房保障工作力度】 全年实施保障性住房建设项目4个，新开工保障性住房4.44万平方米、500套，基本建成3.14万平方米、400套，全面完成市下达目标任务；大力开展住房保障应保尽保工作，全年新增公租房、廉租房、经适房等保障对象402户，全区城镇住房保障覆盖率达到21.05%。

2015年度江苏省建筑施工标准化文明示范工地项目名单

表6

序号	项目名称	专业类别	建筑面积(平方米)或工程造价(万元)	施工单位	项目经理
1	中海花园17#、18#、28#、29#楼	房屋建筑	109560	江苏金贸建设集团有限公司	胡成荣
2	国投自贸园一期项目6#、8#厂房、四个门卫工程	房屋建筑	61054.23平方米	江苏明华建设有限公司	蔡一权
3	韩资工业园国际邻里中心宿舍楼A、B、C及餐饮后勤楼	房屋建筑	36686平方米	盐城市中联建筑工程有限公司	柏爱国
4	海悦华庭一、二标段	房屋建筑	58818	江苏金贸建设集团有限公司	卞开冈
5	江苏大丰和顺电子有限公司厂区新建工程	房屋建筑	48745	江苏金贸建设集团有限公司	茆汉荣
6	大丰市档案馆及老干部活动中心大楼室内装饰及智能化项目	房屋建筑	32000	江苏金贸建设集团有限公司	王银辉
7	综合保税区7#–10#仓库工程	房屋建筑	39062平方米	江苏金贸建设集团有限公司	严以娟
8	水岸名都紫荆苑z–17#楼	房屋建筑	23928平方米	江苏明华建设有限公司	严宏存
9	盐城环保新型材料市场一期A楼工程	房屋建筑	27072平方米	江苏金贸建设集团有限公司	徐安旭
10	盐城市国投嘉园酒店写字楼	房屋建筑	71114	江苏金贸建设集团有限公司	柏宝勤
11	盐城环保职业技术学院	房屋建筑	46935平方米	江苏金贸建设集团有限公司	咸爱武
12	智能终端(手机)产业园三标段6–11#厂房	房屋建筑	62057.4	江苏金贸建设集团有限公司	李加喜
13	盐城中小企业园二期工程D3D5D6号楼及D1D2D3D5 D6号楼附属工程	房屋建筑	30366	江苏金贸建设集团有限公司	李洪金
14	汇都商务中心	房屋建筑	41674	江苏恒邦建设工程有限公司	刘亭亭
15	杨坝花园9#、11#、15#楼、地下车库及人防	房屋建筑	22700	江苏明华建设有限公司	王建华
16	污水处理厂体表改造工程	市政公用	2350.64万元	江苏振堃民翔建设有限公司	沈　军
17	银都小区二期(灌东新苑)北区	房屋建筑	135000	江苏金贸建设集团有限公司	季　锋

商贸服务业

Business Services Industry

综　　述

Summary

【概述】　区商务局贯彻落实《生猪屠宰管理条例》《成品油市场管理办法》《酒类流通管理办法》等法律法规，努力加大商务行政综合执法力度，不定期举办生猪屠宰、酒类流通和成品油从业人员的培训班，印发生猪、酒类食品安全等宣传单800多份，参加学习的人员达400余人次。建立各岗位工作职责、岗位责任制、行政执法案件办理程序、重大行政处罚集体讨论制度、行政执法过错责任追究制度等执法工作制度。同时建立行政执法与“12312”快速反应机制，“12312”中心24小时报案受理。建立健全内部管理制度，建立考勤、财务、会议、车辆等制度。

商业流通

Commercial Circulation

【概述】　至年底，全区全面启动鲜活农产品直供社区经营点，分别采取自建社区直销店、“农超对接”与“批超对接”结合、线上与线下以及电子商务与实体店销售相结合等模式。年内，日日升贸易有限公司列为省商务厅鲜活农产品直供社区、盐城热点科技有限公司列入鲜活农产品直供社区。新建鲜活农产品直供社区店10个、新建点5个、配送柜20个、配送中心2个。市场建设改造工作严格按照《市区农贸市场建设与管理规范标准》执行，实行统一规划、统一标准(标识)、统一设计、统一验收的模式。新建鞍湖农贸市场、三河家园农贸市场、新区农贸市场。在市区标准化菜市场创建活动中，潘黄兆泉农贸市场、龙冈农贸市场、方向农贸市场被评为全区标准化示范菜市场。

供销合作商业

Industry of Supply and Marketing Agency

【概述】　2015年，全区供销社系统围绕“三农”工作大局及“深化为农服务强宗旨、主攻改革创新促转型、着力化解问题保稳定、强化效能建设转作风”的总体思路，突出基层社改革创新，重抓为农服务功能提升，突破项目建设和服务体系完善，服务能力和发展活力显著增强。2015年度区总社荣获市社绩效考核综合奖、改革创新先进单位单项奖，十多年来首次进入全市系统第一方阵行列。大冈供销社、发生秸秆专业合作社、大李为农服务社分别获得市社“十佳创新发展基层供销社”“十强秸秆专业合作社”“十佳样板为农服务社”称号。

【基层社改造】　年内，大力实施专业合作社建设，提升服务农民增收能力。全系统领办秸秆专业合作社10个，年收购加工量达5万吨，其他各类专业合作社8个、联合社2个，推动农超、批发市场产销对接，不断提高合作社引导生产、拓展市场的辐射带动能力。大力实施综合服务社提档升级，提升服务农村发展能力。新建大李为农服务中心，建成1000平方米生活资料超市、500平方米生产资料超市和400平方米的活动场地，设立庄稼医院、文体、党员之家、民兵之家等活动阵地，提供代收水电、电话费、农民一卡通等公益服务，被省社命名为“省级样板社”。大力实施资产整合利用，提升服务集镇繁荣能力。对郭猛、大冈、北蒋等基层社位于集镇的门市，采取招引客商、自主开发、整体招租等方式建设综合性超市和服务中心，改善集镇面貌，提高资产利用率。

【新型服务业态】　加快组建联合社。围绕“谁来种地、地怎么种”这一问题，顺应市场需求和产业发展趋势，年内，由大冈供销社全资创办的益稼植保专业合作社牵头，会同镇农业服务中心领办的1个植保和2个农机专业合作社，以股份合作形式，成立盐城市盐都区都冈为农服务专业合作社联合社，为农户提供种苗、耕种、施肥、用药、收割及秸秆利用等服务，服务面积超过1300公顷。积极发展电子商务。大冈供销社与大冈镇佳富村开展电子商务合作，由大冈供销社按51%股份出资，成立盐城市佳民富农业科技发展有限公司，对接省社先农公司，加入省社“地平线商城”电商平台，设立盐都馆，实现传统流通渠道与现代信息技术有效融合。着力完善连锁网络。由农得利农资公司牵头，整合基层社生资经营网点，发展直营点10个、加盟点30个，逐步形成系统内农资经营全覆盖、系统外网点挂靠并联的经营格局。通过开展“放心农资”活动，向农民提供化肥2.2万吨、农药300吨。

【网点建设】 加快传统网点转型改造。年内，郭猛供销社对原综合门市拆迁，投入400余万元，新建“郭猛为农服务中心”，经营面积3500平方米，获省财政奖补资金60万元。组织4人工作组，进驻北龙港社帮助推进拆迁安置和矛盾协调，完成建筑面积达1万平方米的北龙港商贸中心拆迁、立项、规划、环评等工作，筹备办理规划建设许可和招标准备。搞好经营内涵扩展提升。北蒋供销社对原综合门市进行改扩建，通过公开招标，引进浙江客商共同投资300多万元，建成规模大、品种全的综合性超市，经营日用品、生鲜、蔬菜等品种近2万多个，成功组织区内6家农产品加工企业、20多种优势特色农产品，参加全省2015海峡两岸农产品展销会。大力组织农产品经纪人培训，受训500人次，160人获得全国农产品经纪人资格证书。强化内外并举培植增量。积极配合龙冈镇做好蟒蛇河整治工程中鞍湖张本站的搬迁让地工作，腾让1000平方米房屋。招引的北京居然之家投资控股集团有限公司和江苏兴宇控股集团有限公司战略合作项目成功实施，获评区政府“招商选资完成任务奖”。中兴供销社在陈祁供销站兴办“盐城市倍倍鲜调味品有限公司”，通过流转土地并带动建成4个原料种植、加工基地，生产40个品种的系列调味品，采取驻地代理经营、门店超市直销、阿里巴巴电商销售等途径，不断开辟市场，被认定为盐城高新技术企业。 （陈玉林）

粮食购销

Grain Marketing

【概述】 2015年，针对夏秋两季仓容紧张、秋季收割期连续阴雨的特殊情况，区粮食系统及时调整收购方案，充分发挥国有粮食购销企业主渠道作用，加大市级以上储备稻谷轮换进度，租借民企仓容轮入区级储备稻谷，提前轮出和搭建露囤存放区储小麦。采取让利、贴补部分费用并提供优质服务等办法，抓紧促销在库托市粮，腾出仓容收购秋粮。落实每个购销企业3000~5000吨秋粮稻谷即购即销任务，尽最大可能将农民手中余粮外销出去。各收储企业与种粮大户提前预约收购，并针对连续阴雨天气，粮食烘干设备全部投入使用，昼夜帮助农民烘干粮食，尽最大可能减少损失。全年未发生农民“卖粮难”。

【戴元湖察看盐都秋粮收购工作】 11月24日，市委副书记戴元湖带领相关部门负责人到盐都察看秋粮收购工作，区委书记羊维达陪同察看。戴元湖到中兴粮库粮食收购现场，与农民交谈，了解农民售粮意愿，深入到粮仓查看入库粮食情况。在听取秋粮收购情况汇报后，对盐都秋粮收购工作给予充分肯定，并要求针对连续阴雨的特殊天气，高度重视秋粮收购工作，严格执行粮食收购政策，尽最大可能收购农民余粮，切实解决农民“卖粮难”问题，以保护农民种粮积极性，维护社会稳定。

【全市粮食局长会议人员到盐都观摩】 10月21日，全市粮食局长会议与会人员观摩尚庄粮库拆旧建新项目情况。区委副书记顾其斌陪同。尚庄粮库建设于上世纪六七十年代，不能满足当地粮食储备需求。拆旧建新项目预计总投资达1450万元，拟新建高大平房仓3栋，设计仓容1.8万吨。至年底，项目完成环评、规划、图审、招标等程序，计划于2016年3月底竣工。项目建成后，尚庄粮库仓容规模将达3万多吨。

【荣获“中国百佳粮油企业”称号】 10月17日，粮食行业协会、粮油市场报举办的第五届中国粮油榜揭晓，区粮食购销总公司自2011年在全国粮食行业范围内综合实力评比“中国百佳粮油企业”起，连续五届荣获“中国百佳粮油企业”，并获得“中国十佳粮油创新引领企业”称号。

【开展世界粮食日宣传活动】 10月16日，是第三十五个世界粮食日，也是全国爱粮节粮宣传周。区粮食局联合区粮食流通执法大队、区粮食行业协会以“社会保护与农业：打破农村贫困恶性循环”“兴粮惠农进万家”为主题，采取多种形式广泛开展宣传活动。在盐都电视台、双新盐都报、区政府办公大楼电子显示屏、盐都粮网等媒体网络广泛宣传爱粮节粮重要意义，动员全社会力量共同参与减少粮食损失浪费，形成爱粮节粮的良好风尚。在区放心粮油店、粮油农贸市场、秦南、尚庄、北蒋粮库等处悬挂横幅、张贴标语并向居民发放宣传单，教育广大人民群众爱惜粮食、节约粮食。深入到26个粮食购销、加工企业，宣传粮食科学储藏，预防粮食生虫、霉变，推进适度粮食加工，降低存储、加工过程中的损耗，大力弘扬“宁流千滴汗，不坏一粒粮”的精神，养成惜粮如金的良好品质。深入各乡镇村组向农民宣传家庭储粮知识，减少农民粮食产后损失。活动共悬挂横幅26条，张贴标语120张，印制并发放《世界粮食日由来》《历年世界粮食日主题》《粮食流通管理条例》《国家粮食收购政策》《粮油食品安全健康知识》《家庭储存粮油科普知识》等7种宣传单15000份。

【顾其斌督查指导夏粮收购】 6月9日，区委副书记顾其斌率领由区农委、区粮食局、区农发行、区物价局、区市场监督管理局、区公安局6部门负责人组成的夏粮收购市场管理工作领导小组，到基层粮食收储库点督查指导夏粮收购工作。顾其斌一行先后到鞍湖、中兴、学富镇小麦最低收购价收储库点实地了解执行夏粮收购政策、粮食收储安全、收购现场规范化管理等情况，对粮食部门实行“六严、五规范”工作措施给予肯定。

【省粮食局观摩粮食收购规范化管理现场】 4月9日，省粮食局副巡视员韩峰率领各市粮食局分管领导、购销调控处负责人和盐城市各县（市、区）粮食局局长等一行60人，到鞍湖粮库观摩粮食收购规范化管理现场。副区长陈有群陪同观摩。区粮食企业开展便民服务，促进农民增收主题，加大政策宣传力度，让农民知晓粮食收购政策，卖“明白粮”；强化收购现场管理，达到“五个规范”(规范政策宣传、规范工作流程、规范安全管理、规范便民措施、规范收购库点环境)要求，让农民卖“称心粮”；开展“佩党徽、亮身份、强服务、作表率”活动，采取承诺服务、亮身份上岗、设立意见征求箱、公开监督投诉电话、组织满意度测评等方式，优化服务流程，提高服务效能，做到“服务群众零距离、办事程序零障碍、服务质量零差错、业务办理零收费、落实政策零投诉”，让农民卖“满意粮”。 (余风明)

医药经营

Medical Management

【概述】 全区共有药品生产企业1家，药品批发企业2家，药品零售连锁企业3家，零售药店196家；医疗器械生产企业11家，医疗器械批发企业42家，全年药品销售收入26.62亿元。

【江苏华晓医药物流有限公司】 围绕“继续聚焦主业，不断提升经营业绩”的中心要求，经过全体员工的共同努力，基本达到年度预算的各项指标。公司顺利通过省局新版GSP现场认证；成功开办中福华晓药房有限公司，通过吸纳社会单体药店加盟连锁形式，构建盐城地区零售终端集成化的供应链服务平台，进一步拓展盐城药品零售终端市场网络；全年实现销售收入17.80亿元，上缴税收1350万元。成功获得“省级服务业标准化试点企业资质”“中华总工会职工之家”“江苏快货品牌企业”“盐城市法制建设先进企业”“盐城市服务业龙头企业培育对象”等荣誉。

【江苏万佳药业有限公司】 面对各类困难形势，坚持“外抓市场一着不让，内抓管理细致入微”的工作思路，积极采取应对措施，化解不利因素，全力做好市场开发，在不利的形势下完成各项经济指标，一次性通过新版GSP认证工作。全年实现含税销售7.15亿元，实现税收180万元，比上年增加8.1%。

【江苏克胜药业有限公司】 年内，非无菌制剂GMP顺利通过省局验收，并取得GMP证书。新厂区建设开始启动，11月20日新厂举行奠基仪式。全年实现销售3950万元，较2013年销售增长18.86%，2014年实现回款3850万元，较2013年增长15.23%。

茧丝绸经营

Silk Business

【概述】 虹达茧丝绸有限公司认真贯彻落实国家商务部等八部门联合印发《关于进一步促进茧丝绸行业健康发展的意见》的精神，严格执行国家蚕茧收购准入制度，继续整合茧站优势，改善茧站收购条件，创新收购经营模式，转嫁收购经营风险，努力服务全区茧农，保证全区春秋二季的蚕茧收购。虽然茧丝绸行业形势较为平稳，但茧丝价格处在高位，市场风险犹存，加之全区桑园面积偏少，市场较不确定，生产资料和人工成本价格上涨等诸多因素，全年收购鲜茧3275担，销售干茧64.5吨，销售额705万元。 (吴春玉)

江苏华兴投资集团

Jiangsu Huaxing Investment Group

【概述】 在宏观经济增速放缓大环境下，集团面临工业企业赢利下降，汽车贸易竞争激烈，房产市场极度低迷等重重困难，在董事会的坚强领导下，集团全体干部员工紧紧围绕2015年经营工作目标，以改革创新为动力，以质量效益为中心，奋力攻坚，通过大家的共同努力，集团继续保持良好稳步的发展势头。

【工业企业发展转型升级】 工业是集团的支柱产业，是集团发展壮大的主战场。江苏双昌肥业有限公司是集团工业发展的旗帜，立足双昌现有产能和市场，积极挺进资本市场，拓展双昌发展空间。保持现有产能装置的稳定高产，达产达效，全年实现产销硫酸产品12万吨，亚钠1.2万吨，磷肥8万吨，颗粒磷肥5万吨，复肥4万吨，商品蒸汽5.5万吨。积极推进与国内化肥行业龙头企业中化和中农的业务合作，实现战略性的突破，使肥料产品保持“错季均衡生产，全年产销两旺”的良好势头；2015年度，双昌肥业有计划、有步骤地推进企业上市工作，借助企业上市成功经验，强化企业内部各项基础管理，规范财务管理，对双昌实行股份制改造，积极探索企业融资新渠道，力争实现企业从银行借资向资本市场直接融资成为可能。

【有序推进房产开发营销】 2015年，国内房地产市场跌宕起伏，为进一步响应国家消化存量商品房的方针，集团房产按年初确定目标，本着“快建、快销、快回笼”的宗旨，根据“瑞都国际”“腾飞新城”“青龙华庄”“水岸华庭”四大项目建设进度情况和营销实际，针对性开展工作，房产一班人驻点工作，各项目建设和销售有序推进。随着29号商办楼全面建成交付，“瑞都国际”完美收官；“腾飞新城”、“青龙华庄”全面完成扫尾，回迁户和广大业主陆续入住小区。“水岸华庭”一期13幢住宅年内全部建成，前期6幢完成交付，后期7幢也已进入公建配套扫尾阶段。

【汽车贸易迎难而上】 2015年，汽车行业受反垄断大气候的影响，区域限制基本放开，异地同品牌竞争比以前更加严重，一尊独大不在，华兴、中联两大汽车销售公司遇到前所未有的困境，盐城区域相同品牌店面的陆续建成投运，同质化竞争进入白热化，同时受大的经济气候影响，汽车贸易增长缓慢，利润率不断受到挤压，首次出现销售亏损，面对重重困难，两大汽车服务公司自加压力，夹缝之中求生存，强化内部管理，利用老店品牌和各种资源优势，苦练内功，不断提高服务水平，促进自身软实力的提升，彰显华兴、中联品牌形象，赢得八方来客；加快县、市、区域布点尝试网上营销，力促营销方式转变，力拓销售市场，赢得生存发展空间。品牌美誉度在同行业的竞争中不断绽放，持续保持整车销售、维修增值服务、客户满意度的节节攀升。

【企业文化活力】 华兴秉承"因德而华、以舍为兴"的企业品牌文化，在弘扬社会主义核心价值观的新形势下再显新活力，尤其在当前宏观经济下行，集团发展困难增多，集团全体干部员工弘扬华兴文化，增强团队意识和奉献意识。开拓创新，凝心聚力。2015年，集团党委、工会紧紧围绕集团各产业稳发展、快发展、强发展的主旋律，引领员工在"以人为本、以法治司"的理念下，合力构建"和谐华兴、魅力华兴、幸福华兴"的文化氛围。党建、工建工作持续深入，"社会主义核心价值观"和全体党员、干部的先锋模范作用和骨干带头作用，形成企业健康发展强大正能量。

商务监管执法

Business Supercision and Law Enforcement

【概述】 积极联合工商、农委、卫生等部门开展专项政治活动：对私屠乱宰、注水和肉品经营摊点加大巡查力度。严密监控城乡结合部，加强重点区域整治，通过主动走访调查，蹲点伏击，对私宰、注水等违法行为予以严厉打击。对上市销售的肉品，要求各市场严格执行准入制，建立索证索票制度，必须凭检疫证明和验讫印章上市销售。同时，对肉品经营单位开展拉网式反复检查，严格把关，层层深入，坚决查处销售私宰和病害生猪肉品行为。对于饭店、学校、食堂等重点集伙单位用肉情况，一律要求建立进货验收台账制度，做到专人负责，同时督促肉制品加工、肉品销售、餐饮企业严格执行进货查验、索证索票、购销台账等制度，确保食用肉品100%来自定点屠宰场，并检验检疫合格，严防病死、病害及"瘦肉精"猪肉流入。全年累计执法稽查120余次，参加人员400余次，共查案68起，立案39起，打击私屠滥宰18起，查获不合格肉品635公斤，没收注水生猪9头，没收注水皮管、铁钩、水泵1套，餐饮业经营户备案登记130户，罚没收入5.8万余元。9月，生猪屠宰管理职能移交到区农委，2015年江苏省商务执法考核评比中，区商务局执法大队位列全省第6名，迈入全省商务执法先进行列。 (陈 伟)

旅 游

Travel Industry

【概述】 全区旅游工作围绕构建"一湖一带一圈"大旅游格局，以"多彩盐都、欢乐水乡"为主题，积极推进生态旅游目的地建设。10月，省旅游局在盐都召开全省乡村旅游工作推进会，颁发全省首家"乡村旅游创新发展示范区"。8月31日至10月10日，举办首届"畅游盐都金秋行"十大节庆活动。全年接待游客320万人次，同比增长52.4%。经济效益成效显著，2015年实现国内旅游总收入32亿元，同比增长45.5%。荣膺最美中国"绿色生态·乡村旅游目的地"、大纵湖湿地旅游度假经济区获批省级旅游度假区、泾口湿地风情园入选"江苏省乡村旅游创新项目"、大纵湖绿丘露营基地获首批"省房车露营地"称号。在全国首批乡村旅游"千千万万"品牌中，三官村、杨侍村荣获"中国乡村旅游模范村"，北京农庄荣获"中国乡村旅游模范户"，杨侍美食园、北京农庄荣获"中国乡村旅游金牌农家乐"，董兆付获评"中国乡村旅游致富带头人"。在江苏首届"畅游江苏·美丽乡村"网络乡村旅游评选中，盐都杨侍生态乐园、泾口湿地风情园、三官农庄、仰徐乡村乐园、龙冈桃花园等5家获奖，上榜数量居全省县级城市第一、大纵湖旅游度假区"船坞"系列厕所荣获"江苏省旅游厕所优秀设计大奖"。

【召开全省乡村旅游工作推进会】 10月14—15日，省旅游局在盐都召开全省乡村旅游工作推进会，全面展示全区乡村旅游集聚发展、创新发展、特色化发展和精品化发展的成果。会上，省旅游局向盐都颁发全省首家"江苏省乡村旅游创新发展示范区"，发布"江苏乡村旅游形象标识"，泾口湿地风情园入选"江苏省乡村旅游创新项目"。

【举办"畅游盐都金秋行"十大节庆活动】 8月31日至10月10日，举办"畅游盐都金秋行"十大节庆活动，主要分为三大主题活动和七项系列活动，三大主题活动分别是盐城大纵湖湿地生态旅游节、大纵湖首届户外露营节暨大纵湖"绿丘"露营基地开营仪式、第六届大纵湖螃蟹节开幕暨"天下第一笼"开笼；七项系列活动为秦南镇泾口湿地风情园垂钓大赛、杨侍首届新疆民俗风情特色烧烤节、龙冈桃花园第三届金秋采摘节、潘黄·仰徐葡

萄采摘节、台创园首届台海菊花节、三官民俗婚庆节、尚庄番茄狂欢节。活动主要突出“湖荡湿地、生态盐都、最美乡村、休闲胜地”四大主题,充分发挥节庆活动对旅游业发展拉动作用,集中展示全区旅游资源和特色产品,把“金秋行”办成“老百姓的节日”。一系列节庆活动拉动全区乡村旅游市场,带动当地农民增收致富,提升盐都旅游影响力。

【大纵湖旅游度假区】 年内,东晋古城顺利推进,环湖大道建成通车,冰湖公园对外开放,在全面完成外湖码头改造、生态厕所改建基础上,加快游客服务中心、规划展示馆、停车场等配套项目建设,全面提升景区服务功能。绿丘露营地成为全省首批房车露营地,“船坞”系列厕所荣获“江苏省旅游厕所优秀设计大奖”。全年接待游客111万次,营销收入7217万元,同比分别增长75%和46.2%。,获批省级旅游度假区和省级湿地公园。

【盐都旅游台湾推介会】 4月29日,在台湾台北举办盐都旅游台湾推介会。活动由旅游资源推介、特色线路推介、商品展示、优惠政策展示、合作签约等部分组成,台湾旅行业品质保障协会、东森、新亚等台湾10多家旅行社负责人应邀出席,并签订合作协议。

【举办盐都旅游(上海)推介会】 8月26日,区政府和黄浦区旅游局在上海市黄浦区共同举办“畅游盐都金秋行”(上海)推介会,近700人出席推介会。活动由旅游宣传推介、金秋行活动推介、优惠政策展示、合作签约等部分组成,受到上海游客好评,并在上海市人民广场举行上海至大纵湖景区旅游大巴首发仪式,上海和盐都的旅游互动成为现实。

【大纵湖绿丘露营地】 大纵湖绿丘露营地位于大纵湖旅游度假区东南、环湖大道西侧滨湖公园内。营地占地6万平方米,由房车区、方舱区以及帐篷区组成,包含5辆房车、6座方舱、6座格拉丹精品帐篷、自驾房车露营泊位40个、一座国际青年旅舍(计32张床位),可同时容纳数千人露营,并配备游客服务中心、篮球场、皮划艇、露天电影、露天泳池、酒吧、篝火和自助烧烤等设施项目,可承担户外拓展、商业活动、婚庆典礼等多功能服务,具有交通便利、设施配套齐全等特点。12月9日,获批江苏省首批房车露营地单位。 (居　伟)

物　流
Logistics

【概述】 区政府重视和支持物流业发展,物流业发展政策环境更加宽松,区工商局推出“先照后证”和“三证联办”制,即物流企业可向工商部门先申请办理许可经营项目的营业执照,然后再向交通运输部门申请办理许可审批手续,为加快物流业发展营造了良好的政策环境。全年盐都有物流企业71家,货运车辆3227辆,总吨位25466吨,共有从业人员约6482人。 (王银忠)

石油销售
Oil Sales

【概述】 认真贯彻落实《安全生产法》《成品油市场管理办法》等法律法规,做好成品油市场日常监管工作,确保全区42家加油站(点)的正常营运。规范加油站建设的各项审批程序,做好全区新修公路加油站的网站规划工作,切实解决新修公路加油难问题。严厉整治非法经营行为,发现黑加油点坚决予以取缔,并对非法经营者进行严肃处理,保证全区成品油市场健康发展。 (陈　伟)

综　　述
Summary

【概述】 全区市场建设的指导思想是：政府领导，统筹规划，合理布局，有利交易，方便群众。按照总体稳定、总量突破的发展思路，加强市场的规划与建设，引导各类市场逐步走向规范化、效能化、合理化、现代化。区域调整后，至年底，全区共有各类有形市场32个，其中农副产品市场23个，装饰材料市场5个，生产资料市场3个，小商品市场1个。全区各类市场建筑总面积49.23万平方米，总投资8.34亿元，总成交额15.47亿元。结合创建国家卫生城市，工商部门和街道居委会对辖区内所有各类市场进行挂钩督查，责任包干，从场内经营秩序、食品安全管理和场外卫生进行全面整治，使得市场面貌一新，经营秩序井然有序，尤其是潘黄杨坝农贸市场还成为全市在创建国家卫生城市指定迎查单位。

生产资料市场
Market of the Production Means

【概述】 全区共有生产资料市场3个，其中钢材市场2个，分别是盐城明都金属材料有限公司、江苏兴宇钢材市场有限公司，全年成交额2.26亿元；二手车市场1个，江苏浩通旧机动车交易市场有限公司，年成交二手车辆近1万辆。工商部门对生产资料市场定期进行专项整治或不定期进行抽查，使场内经营环境得到改善，经营秩序得到好转，产品质量得到提升。

农副产品市场
Market of an Agricultural By-product

【概述】 年内，开展“农贸市场管理升级工程”，组织全员力量，全面提升农贸市场管理工作质效，全区建成9个农贸市场检测室，检测农产品10318个批次，合格农产品10309个批次，合格率达99.91%。指导有形市场开展创文工作，顺利通过中央文明委检查验收。

小商品市场
Commodity Market

【概述】 全区共有1个小商品市场，即盐城市佼隆招商场有限公司，市场位于龙冈镇，内有摊位112个，建筑面积2457平方米，年成交额0.75亿元，该市场努力创建盐城市平安市场，做到创建平安市场与市场标准化管理、市场日常管理、市场创卫工作、市场消防安全、市场创星工作相结合。

装饰材料市场
Decoration Materials Market

【概述】 全区共有装饰材料市场5个，分别为盐城高力国际家居港经营管理有限公司、盐城市家家爱家居广场、盐城市丰盛装饰城有限公司、盐城红星美凯龙世博家居广场有限公司、盐城金太阳装饰材料市场有限公司。全区装饰材料市场共有经营户1298户，年成交额6.4亿元，在全区乃至全市，形成装饰材料行业群，为提升百姓水准提供有力保障。

(蒋　勇　顾正山)

人才市场
Talent Market

【概述】 强势推进人才兴区，打造人才高地，着力构建“人才人社”。以有效抓手招引人才，以激励政策集聚人才，以优越平台用好人才。开展招才引智“百日会战”活动。坚持人才服务零距离，送政策、送服务到企业，积极帮助企业申报省、市各类人才项目。开展高校毕业生就业跟踪服务活动，广泛征集全区162家骨干企业高校毕业生就业信息，建立企业毕业

冯明印和武汉大学组织部长赵雪梅为国家高新区武汉大学人才工作站揭牌

生需求信息库，积极推行重点企业“毕业生配送”、政策咨询等个性化服务，有力地促进毕业生就业，为全区经济和社会发展提供强有力的人才支撑。

【开展招才引智活动】 利用“515”人才政策优势，开展系列外出招才引智活动，效果显著。年内，组织100家次的企业赴上海、南昌、湖南、镇江、苏州等地高校参加校园招聘活动，量身定招盐都经济社会发展急需人才，全年企事业单位协议引进各类高校毕业生5673人，其中博士3人，硕士以上学历118人。积极帮助企业招引博士后进站。6月，经省人力资源和社会保障厅批准，江苏大学和江苏恒力组合机床有限公司联合招收吴勃博士从事材料科学与工程学科（项目）博士后研究；江苏大学和江苏中力齿轮有限公司联合招收吴教义博士从事机械工程学科（项目）博士后研究。 （王 俊）

人力资源市场
Human Resources Market

【概述】 全年新增转移农村劳动力7800人，完成目标任务的236%。城乡劳动者职业技能培训7391人，城乡新成长劳动力培训2593人，分别完成目标任务的296%、207%；全区19个镇（区、街道）共举办计算机、数控机床、汽车营销、纺织服装等专业培训班62期。

【就业惠民工程】 就业援助形成常态。就业援助工作是局系统唯一纳入区政府为民办实事的项目。对高校毕业生、就业困难人员及其他特殊群体提供有针对性的职业介绍、岗位救助、社保补贴、技能培训、创业扶持等服务，增强他们就业主动性。全年共援助就业1743人，发放社会保险补贴937.7万元。技能培训更加务实。建立电商创业培训和职业培训新机制，充分发挥人社部门支持电子商务产业发展职能，创新电子商务创业培训和职业培训相结合的“双证制”培训模式，对取得创业培训合格证书和职业资格证书的，分别给予培训补贴。（请补充举办月份？月，）首期电子商务“双证制”培训班在盐城师范学院举办，共有168人参加创业培训，其中122人参加职业资格培训。 （陈学兵）

文化市场
Cultural Venues

【概述】 全区文化市场管理以平安文化市场建设为中心，团结一心，有序推进。为实现全区“两高”追求、“四区”建设，营造健康、安全、良好的社会文化环境。12月28日，进驻区政务服务中心，设立文广新局行政许可服务窗口，方便企业和群众办理各项事项。按照先照后证的审批程序，对全区文化市场行政审批材料办理全部在全国文化市场技术监管与服务平台上办理审批。编制局权力事项责任清单。全年共完成新审批事项歌舞娱乐场所1家，电子游戏经营场所4家，互联网上网服务营业场所1家，印刷经营场所1家，出版物零售场所1家。对全区31家印刷企业和35家出版物经营场所、1家电影放映场所及所有娱乐场所进行网上年检及换证工作。对不符合规定的娱乐场所全部进行停止营业和取缔。执法上加强与公安、工商、城管、综治等部门联系沟通的基础上，多次组织联合执法专项行动，先后开展“电子游戏娱乐场所专项整治行动”“互联网上网服务营业场所专项整治”“暑期文化市场专项整治” 等多次专项行动。专项整治行动期间，共出动检查人员356人次，检查经营单位369家次，查处文化市场违规行为1件，警告1家，罚款2000元，取缔无证游戏厅3家，收缴各类电子游戏机15台，电路板8块，收缴非法出版物320余本。 （陈卫红）

房地产交易市场
ReaL Estate Market

【概述】 加强房地产市场供求关系研究，引导市民理性购房，提振市场信心；完善房地产登记制度，优化交易登记程序，提供优质服务，促进房地产市场交易。全区建筑房地产形成的税收收入占全区一般公共预算收入的55%。

【房地产交易市场】 年内，完成初始登记楼盘344幢，办理入网备案楼盘209幢，档案入库量35446件。加强房产权属管理，办理房屋权属登记业务34467件，颁发房屋权属证书49723本。

（苗林杰）

财政税务审计

Finance, a Tax Matter and Audit

- ◆财　　政
- ◆国家税务
- ◆地方税务
- ◆审　　计

财　政

Finance

【概述】 2015年，全区财政部门坚持稳中求进总基调，发挥财政基础和重要支柱职能，适应经济发展新常态，积极应对各种挑战与压力，有力促进经济社会持续平稳发展，全区财政预算执行总体情况较好。

【财政收支预算运行】 坚持依法治税，精征细管，在经济下行背景下，全区全年实现一般公共预算收入36.46亿元，增长17%，保持中速增长态势；税收比重达82%，收入预算运行总体平稳，稳中有进、稳中有好，实现“十二五”规划圆满收官。坚持用好财政增量、盘活存量，强化预算执行管理，推进财政资金统筹使用，优化支出结构，财政支出进度不断加快，预算执行的均衡性和到位率进一步增强。

【助推经济转型升级】 完善支持工业企业转型升级做大做强等财税激励措施，年内，设立科技创新转型升级等专项资金2亿元，重点支持高新产业持续发展、现代服务业集聚发展、新型业态集群化发展。设立高新区建设专项资金1亿元，助力高新区成功跻身“国家队”。整合省、市相关政策，有序引导总部经济、楼宇经济快速发展，新业态税收增长较快。

【助推企业发展良好生态】 年内，设立科技型中小企业贷款风险补偿资金池和涉农贷款担保风险补偿资金池，引导银保合作和农村金融服务模式创新，有效缓解中小企业和涉农贷款难问题。稳健运营区中小企业信用担保公司，年担保额近20亿元，综合考评跻身全省政策性担保公司领先行列。

【注重民生保障】 进一步编细编实民生预算，筑牢、织密财政民生保障网。全年一般公共预算支出中用于均衡区域公共服务和改善民生的投入达39.5亿元，占比75.2%，超全省平均水平。节能环保、科技、社会保障和就业、教育和医疗卫生等支出进度居于较高水平。重点支持建立与全区经济社会发展水平相适应的、覆盖城乡的社会保障体系，其中城乡居民养老、医疗及民政重点补助项目投入近6亿元。落实区政府十大类28项为民办实事工程建设资金，“十个全覆盖”民生建设工程提速推进。投入2.5亿元，加速全区卫生基础设施标准化建设；统筹安排1.6亿元，支持国家生态区创建。通过加大投入，完善机制，推动教育现代化建设、农村公路提档升级工程、镇村公交全覆盖平稳实施。

【建立现代财政预算体系】 年初，科学全面编制一般公共预算、政策性基金预算、国有资本经营预算和社会保险基金预算“四本预算”。加大各预算之间的统筹力度。编制权责发生制的政府综合财务报告，全面反映政府总体财务状况。严格执行预算法，区本级预决算、部门预决算及“三公”经费预决算首度公开，全面规范、公开透明的全口径预算管理体系初步构建。

【加强财政资金监管】 年内，重抓结余结转资金管理，出台区本级财政借款等相关管理办法，加大往来资金清理力度，全年盘活存量资金近亿元；首次对区直部门单位4651万元的预算结余资金实行回收，统筹用于民生支出。

【规范政府性债务控管】 年内，开展全区政府性债务甄别与核查，严格举债程序和实施计划管理。积极向省市争取地方债置换债券资金，全区债务结构有所改善。

【严肃财经纪律】 年内，制定行政事业单位经费支出管理办法和财务开支标准，突出加强“三公”经费监管；制定公务卡结算制度改革实施办法，选取6部门进行试点。开展涉农和民生领域等专项资金财务检查，确保专项资金规范有序运行。

【政府性投融资工作】 围绕区委区政府提出的“控规模、保兑现、调结构、降成本、强规范、可持续”目标，积极推进企业债、中期票据等直接融资，稳步推进间接融资，圆满完成年度投融资目标任务。融资平台转型迈出新步伐，顺利组建市级平台市城镇化公司。（陈恒林）

国家税务
State Tax Matter

【概述】 紧紧围绕改革主线，发扬盐都国税优良传统，克难求进，务实进取，各项工作取得显著成绩，为加快税收现代化进程奠定了坚实基础。2015年，区国税局被市政府表彰为“依法行政示范点”。

【组织收入】 2015年完成国税收入20.92亿元，较上年增收3.33亿元，增幅18.93%，入库公共财政预算收入37409万元，同比下降1.9%。其中入库增值税91580万元，较上年同期89579万元增收2001万元，增幅2.23%；“营改增”税收入库4231万元，同比增收1057万元，增幅33%；入库企业所得税59370万元，较上年同期54411万元增收4959万元，增幅9.11%。为全区经济社会发展提供可靠的财力保证。

【改革创新】 按照省局、市局顶层设计框架要求，严格“211”工程实施，全面推行风险应对模板和法律指引，基本完成改革三大战役目标。同时结合实际、大胆探索具有自身特色的改革模式，“风险应对标准化示范单位”创建通过省局验收。积极依托政府综合治税平台，加强与工商、供电、地税、质监等部门的涉税情报交换，拓展第三方情报采集。专项分析团队充分发挥数据平台作用，对纳税人进行全方位体检，初步建立完善企业虚开专用发票预警防范机制和熔断机制，对税收风险实行精确制导。应用管理部门规范应用风险应对工作模板和法律指引，加强应对过程控制，探索团队运作的专业化机制，强化应对跟踪质疑。按期开展成效分析，按月进行应对情况通报，税收遵从管理成效显著。全年共组织对410户企业实施风险应对，应对总成效达25597万元，实际入库成效7629万元，应对总成效、入库成效、户均成效等各项指标在全市各县（市、区）中均名列前列。

【服务发展】 服务经济发展是国税工作第一要务。全区国税系统以“两提高、两降低”为目标，在“面线点”服务框架内，严格服务标准，延伸服务外延，提供个性服务。2015年，全区国税系统以争创市级“纳税服务规范化管理示范单位”为载体，积极搭建“一体化”办税服务，完成办税服务厅搬迁区行政服务中心工作，实现基础事项全部前移目标。认真落实纳税服务岗责体系制度要求，进一步优化前期建立的预约服务机制、绿色服务通道机制、需求采集响应机制、服务性辅导账务处理机制、预警服务机制、韩资企业税收协调机制等六大机制，确保对重点企业和韩资企业服务到位。

【依法行政】 扎实完善内控机制。加强日常税收执法监控，充分运用省局执法管理信息系统和综合监督考评信息平台，依托科技力量和信息化工具实现对执法风险的事前提醒、事中控制和事后监督。明确税收征收管理事项各环节的操作标准，规范税务行政处罚基准，认真防范执法风险。建立区局、分局双层监控机制，定期组织人员会审办税服务厅基础事项，让每一个执法行为都经过多层次立体检验，及时发现问题，解决问题，杜绝风险发生。加大稽查力度，抽调精兵强将投入“黄金票案”检查工作，已立案检查10件，查补入库税款108.77万元，案件查办速度、质量均居全市之首；积极做好"12·29"涉嫌虚开发票案件的侦破工作。

【作风建设】 坚持群众路线教育，狠抓"三严三实"建设，严格八项规定落实，对作风之弊、行为之诟进行了大排查、大检修、大扫除。思想认识进一步提高，通过全系统干部集中学习、党组中心组学习交流会、领导干部上党课以及撰写心得笔记等活动，切实做到"思想上严起来、认识上高一层"，夯实廉洁从税的思想根基。作风建设进一步优化，聚焦"四风"，找准问题，亮丑揭短，动真碰硬，"庸懒散""中梗阻""门难进、脸难看、事难办"等不作为、乱作为现象得到明显改观，国税机关"为民、务实、清廉"形象进一步树立。 (王 凯 孙 凸)

地方税务
Local Tax Matter

【概述】 围绕"四个地税"建设主体，聚焦主业主责，主动顺应改革大趋势、积极适应发展新常态，全面推进税收现代化建设，各项工作在新的历史起点上实现新跨越。

【全面完成组织收入工作】 全年累计入库税收总收入29.69亿元，同比增长13.1%；入库公共财政预算收入25.36亿元，同比增长14.15%，地区财政收入贡献率达69.5%。加强税收分析研判。按月开展收入进度执行情况、重点税源监控分析，掌握税源走势预测，发挥税收分析联动机制的作用，为科学决策提供数据支撑。合力加强税源管理。发挥综合治税作用，强化挖潜增收。按照组织收入与税源管理差别化管理思路，制定出台《税收联络员制度》，建立区域加行业税源管理新机制。加强税收收入质量管理。加强收入质量监控，制定《组织收入"五方责任共担"管理办法》，将收入责任细化到与组织收入相关的部门，强调收入质量导向，实行捆绑考核，税收收入实现"量质并升"。

【规范税收执法管理】 年内，有序推进案件清理，抓好疑难案件、历史遗留案件集中处理，年内，共对27户无法查账的纳税人进行核定征收，补征税款211.3万元。通过与地方政府及其他相关职能部门协作，将153户失联户纳入正常管理范围，补征税款260.42万元。历史遗留案件从年初34户下降至年底6户。开展风险集中应对。在全区范围内开展"建筑、房地产"两业集中整治行动，共对137户房地产企业进行专项检查，对1026个建筑项目进行集中清算，应对入库税收绩效达3.56亿元，占收入总额的13.58%。高效发挥稽查作用。全年共计查补入库各项收入近1.3亿元，增长率达165.8%。其中查处千万元以上案件5件，税收贡献率达5%，查补收入数、千万元案件数与税收贡献率等指标均居全市首位。多措并举重拳清欠。追缴欠税953万元，清理入库5675万元，加征滞纳金983.4万元。全年陈欠清缴率达56.19%，新欠率达0.18%，位居全市第一。对创世纪房地产公司、新日月房地产公司等欠税单位采取税收强制措施。深入开展社会保险费清欠行动，累计追缴入库社保费349.5万元，欠费704.89万元的江苏海洋打捞公司进入法院强制执行程序。

【构建基础管理新模式】 年内，加强日常管理。严格执行《税源管理事项清单》，各月份申报处理组合指标均达100%。制定《非正常管户状态和长期零申报正常户清理办法》，比对核实异常户272户。强化各税种管理，企业所得税申报率、汇缴面达100%，全区年所得12万元累计自行申报1228人次，同比增长9.6%，土地增值税清算入库税收1.78亿元，同比增长16.9%。加强税源核查。实行按片划区负责制，扎实推进重点区域税源管理，新增管户315户，年增固定税源1700万元。有序落实重点企业税源核查。对1434户上年入库税款10万元以上的较大税源纳税人进行逐户排查，查补税款及滞纳金2401.5万元。对年缴税10万元以下的纳税人交由地方政府综治办核查并建立台账，由基础管理局定期核查。建立重点税源台账。建立纳税人明细报告制度，分项目建立税收管理台账，形成20个镇区涵盖所有建筑项目的管理台账和115个房地产项目"一户式"台账。

【风险管理新机制】 年内，加强涉税风险识别。围绕年度工作重点及各部门工作职责，结合税源结构状况，制定年度、月度识别计划，突出重点行业、重点企业风险监控，制定《风险应对绩效管理考核办法》，确保应对户次、绩效周有跟踪统计、月有考核通报。强化风险案件复审，结合《2015年度税收执法督察工作方案》，对风险应对情况实施质量审核管理，确保查深、查透风险疑点问题。成功导入风险应对第三方复审机制，年内，启动4户房地产行业风险应对情况的第三方独立复审，促进全系统风险应对质量的提高。

【提升纳税服务水平】 年内，坚持以经济发展为重点，服务党委政府。全年共上报收入预测分析报告16篇，形成7篇专题行业调研信息，其中，《我市房地产税收低谷徘徊亟需出台扶持下政策》信息被市委书记朱克江批示。上报4条信息被国办采用。坚持以形成管理合力为重点，服务相关部门。进一步健全与国税部门的联系沟通机制，完善互助举措，为信息共享、联合执法等工作夯实基础。切实加强与财政、住建、国土等部门的协作，推动数据信息及时互联互通，为社会管理现代化提供有效支撑。坚持以便民服务为重点，服务纳税人和群众。全年共为1603户次纳税人减免各类税费1853.1万元。对《纳税服务规范》中明确的9大类236个服务事项进行梳理，严格依据《税源管理事项清单》优化办税流程，办税速率提高30%以上。对纳税咨询实行集中扎口管理，成立税收政策咨询专家委员会，设计制作税收咨询问题回函(模板)、纳税人税收咨询问题回函审批单，全年共解答纳税人涉税问题1459个。进一步做好信访人员的服务对接，全年及时准确答复处理各类信息舆情事项48件。

【提升干部队伍活力】 年内，加强领导班子建设。认真贯彻《税务系统领导班子和领导干部监督管理办法》，注重班子内部、系统内部干部团结，不断完善领导干部与基层干部、纳税人沟通联系渠道和制度。加强干部能力建设。分部门、个人出台《绩效管理考评办法》,持续推动工作改进和个人全面发展;认真贯彻执行市局《干部能力素质提升工程五年行动规划》,建立"常态化"培训机制,全年共举办11期分类分岗业务培训班。1人获得"盐城市十大杰出青年"称号,多人次获得省、市局"稽查局重点税源企业稽查先进个人"称号,1人成功当选"全市十佳服务明星"。加强干部作风建设。践行"三严三实",修订完善公务接待、会议管理、重大事项议事规则等相关制度文件,量化管理考核办法,层层签订党风廉政建设责任书,将月度重点工作纳入日常检查考核事项,在月度局务会上进行督查通报,全年共开展明察暗访11次,有力地促进各项工作落实。 (沈 晨)

盐都地税各直属分局一览

(1)稽查局

负责人:程章红 电话:88436368

组织落实税务稽查法律、法规、规章及规范性文件,拟订具体实施办法;监督检查全区地税系统征管对象执行地方税收法规、政策及制度情况;查处税收违法案件;牵头组织全区地方税收专项检查工作;组织全区或区域性地方税收专项整治工作;协调公安、检察、审判等机关处理税务稽查有关工作。

内设综合管理股、案件审理股、检查一股、检查二股。

(2)第一税务分局(纳税服务局)

负责人:张 俊 电话:81088288

负责全区纳税人的宣传辅导、纳税咨询、办税服务、权益保护、信用管理、社会协作等工作;负责内部网站内容更新和维护工作;承担注册税务师的管理工作;受理纳税人发起的各类事项,征收税款、基金(费),纳税人设立、变更登记信息的审核确认,承担涉税备案及涉税审批的受理、税种(基金、费)认定、建筑房地产项目登记、税款划缴协议签订以及发票资格认定、申领、缴销、核销等部分管理事项,对前台工作中一般性违法行为的处理。

内设综合管理股、纳税宣传股、办税服务一股、办税服务二股。

(3)第二税务分局(风险监控局)

负责人:王晓春 电话:88436296

负责对全区税收风险监控工作的管理;承担风险识别、风险等级排序、风险推送、风险应对结果评价;统筹、管理风险识别模型(指标)的建设和维护;组织实施大企业税收风险管理工作。

内设综合管理股、信息采集股(与举报中心合署办公)、风险识别股。

(4)第三税务分局(基础管理局)

负责人:江 伟 电话:81081588

负责全区所有纳税人的户籍管理、认定管理、发票管理、涉税事项的调查核实、涉税审批事项的后续管理、催报催缴及其后续管理、欠税管理、任务执行等基础税源管理工作;承担有关发票投诉和举报的快速应急处置,一般涉税违法违规行为的处罚及其他特定的税源管理事项的调查处理工作;承担相关协税护税工作;参与定期定额管理中的典型调查,依流程组织初始定额调查核定;负责所辖纳税人的其他基础税源管理工作。

内设综合管理股以及按区域和事项设立四个基础管理股,其中:基础管理一股负责全区"房地产业"、"建筑业"、"金融业"、上市公司及其关联企业等重点税源企业基础管理;基础管理二股负责盐渎街道(含冈中街道)、盐龙街道、大冈镇、尚庄镇(含葛武街道)、大纵湖镇(含滨湖街道)、郭猛镇、农村经济开发区等行政区划内一般税源企业基础管理,并负责除区直、盐渎街道、潘黄街道、盐龙街道、张庄街道等主城区以外的对应区域个体零散税收管理;基础管理三股负责区直、潘黄街道、张庄街道、龙冈镇(含鞍湖街道)、秦南镇(含北蒋街道)、学富镇(含中兴街道)、楼王镇(含北龙港街道)等行政区划内一般税源企业基础管理,并负责除区直、盐渎街道、潘黄街道、盐龙街道、张庄街道等主城区以外的对应区域个体零散税收管理;基础管理四股专门负责区直、盐渎街道、潘黄街道、盐龙街道、张庄街道等主城区范围内个体零散税收管理。

(5)第四税务分局(中等风险应对局)

负责人:陈万喜 电话:88690222

负责"房地产业"、"建筑业"、"金融业"、上市公司及其关联企业的中等风险应对等工作。

内设综合管理股和风险应对一股、风险应对二股、风险应对三股。

(6)第五税务分局(中等风险应对局)

负责人:王卫华 电话:88535666

负责"制造业"中等风险应对等工作。

内设综合管理股和风险应对一股、风险应对二股、风险应对三股。

(7)第六税务分局(中等风险应对局)

负责人:徐思勇 电话:81088306

负责除第四、五分局应对范围以外的中等风险应对等工作。

内设综合管理股和风险应对一股、风险应对二股、风险应对三股。

审 计
Audit

【概述】 全区审计工作突出重点,统筹安排,依法履职,塑创盐都特色审计,全年共完成财政财务收支审计事项14项,审计调查部门、单位87个,对1145个政府投资预(概)算和决算项目进行审计,核减和节约财政建设资金5.33亿元,其中决算审计核减3.79亿元,收缴入库财政资金2045万元,向纪检部门移送案件线索4条,党政纪处分7人,对8起非法吸收公众存款案件进行专项审计,查实涉案金额1.2亿元。在全区目标任务综合考核中,获"五好班子建设"优秀奖、宣传思想和文化发展工作奖和作风建设工作奖等3个单项奖,1人被评为"全区目标任务综合考核先进个人",1人被评为"全区作风效能建设先进个人",1人事迹被表彰为区"十佳文明新事"。在全市审计机关综合考核中,获"综合考核先进单位",有6项工作分获全市单项考核一、二、三等奖。"政府投资审计管理平台"被评为"盐城市科学技术进步二等奖"。

【服务中心工作】 服务国家高新区建设,推行"3个2"工作法。派出2名审计人员常年服从服务于高新区、大纵湖旅游经济区等经济主战场,预(概)算审计2天内办结，特别事项出结果不超过24小时。年内，对高新区447个预（概）算和决算项目进行审计，报审金额9.25亿元，核减和促进节约财政资金1.08亿元。强化风险预警与防范，实行政府性债务“一年两审制”，年内，2次对全区政府性债务变动和监控目标实现情况进行跟踪检查，摸清底数，分析债务总量及其结构变化状况，揭示债务风险特征及其成因，为防控债务风险建言献策，促进社会借资规模和成本双降目标的实现。对区融资办、国投公司和瑞都公司2012年10月至2015年8月融资核算和过桥、外借资金及对外担保情况进行专项清理审核，促进相关制度出台，规范融入资金的核算和管理行为。提升交办事项工作效能。全年完成各类交办事项30件。对全区4个重点中小学招生政策情况进行跟踪检查，共发现有68名学生不符合施教区入学条件，区纪委对某重点中学启动问责机制。对全区2014年厉行节约情况、2015年春节慰问金发放进行专项审计，对部分镇（区、街道）和部门“两个责任”落实情况进行专项巡查，推动全区认真执行中央“八项规定”。对驿都办公楼工程造价、东晋古城节点工作量进行司法鉴定和审计。

【扩大审计影响】 年内，对区财政局、高新区和新区等21家重点单位市、区两级财政审计整改工作情况连续进行专项跟踪督查，对整改结果逐项逐条进行审核、梳理、汇总，形成专项整改结果报告。针对审计整改不到位和屡审屡犯的难题，认真调研剖析，提出针对性综合整治措施，促进相关单位制定修订9项管理制度，推动长效预防和化解机制的建立。两级财政审计分别发现的6个方面37个问题和11个方面38个问题，全面落实整改。内审工作有新提升。积极探索推进镇（区、街道）和部门内审工作规范化建设，对内审工作多次开展调研，全年共召开座谈会2次，多场合、多途径、多方法，广泛宣传做好内审工作的意义，推动工作“五有三提高”常态化运行，协助解决内审人员待遇，对内审工作进行专项考核，促进内审工作为全区经济社会发展务实靠前提供服务。

现场审计

【提升审计效能】 投资审计项目提高效率。从预（概）算审核、到建设过程的跟踪审计，再到竣工决算审计，分类均衡推进，实现对政府公共工程审计的全覆盖。在原有“主审终身负责”、“质量三级复核”基础上，在全市范围内挑选人才，设立工程质量审理专家库，对36个政府投资重大项目进行复审，对发现的问题，专门召开整改会，约谈职能科室负责人，对有问题的中介协审机构进行通报，按合同扣减费用。实施“限时审结”和“序时考核”制度，与年终考核直接挂钩，一般工程项目审计周期由过去的3个月缩短到2个月，效率提高三分之一。财务审计项目推行全面质量管理。对财务审计项目实行序时跟踪考核，对每个项目按审前准备、审计实施、审计报告、审计整改总结等4个阶段20个环节，按节点逐项逐环节考核计分，对出现问题及时记载，按实打分，并及时反馈给审计组进行整改，实现从事后考核向事中考核、程序考核向内涵考核的转变。

【加强队伍建设】 强化作风建设。深入开展“作风制度落实年”活动，以开展“三严三实”专题教育为契机，认真开展“党员活动日”，组织参观“盐城好人馆”等，弘扬正气，促进干部作风转变和各项工作落实。全年对机关人员工作纪律执行情况检查通报2次，审计信息化工作检查通报6次，推动广大审计人员严格执行纪律，从紧从快推进各项工作，提高工作效能。加强业务培训。通过业务培训、自主学习和参加审计署专项培训等，提升全员业务技能。安排3批次审计干部赴南京审计学院就投资审计、案件查处等进行专题培训，组织36名内审人员赴镇江参加经济责任审计与内部审计信息化培训班。强化党风廉政建设。落实中央八项规定、省、市区委十项规定和审计署“八不准”规定，抓好审计组现场廉政纪律和投资审计廉政建设。逐层签订廉政责任状，组织观看廉政微电影，邀请区纪委人员给审计人员上课，对在外审计组执行工作纪律进行明察暗访。（严　华　刘连宽）

金融 保险

Finance and Insurance

中国工商银行股份有限公司盐城盐都支行

Yandu Branch of the Industrial and Commercial Bank of China joint-stock Ltd.Co

【概述】 2015年，中国工商银行股份有限公司盐城盐都支行(简称盐都工行)，认真执行国家的金融方针政策和金融监管要求，积极落实省行、市行各项工作部署，顺应不断变化的经济金融形势，着眼长远，高标定位，强化基础管理，引导和凝聚全行力量，扎实开展各项业务攻关和市场拓展，全年安全运行无事故，发展基础进一步巩固。

【提振全员信心】 面对经济下行，经营风险压力，年内，全行员工统一思想认识，充分运用精神、行政、经济、制度等各种手段，提升执行力。年内，以“密切联系群众，主动经营、强化执行，全面提升市场竞争力”为主题，进一步激发全行市场竞争斗志。通过形式多样的宣传发动，认真贯彻市分行行长会议精神，把市分行讲话精神与全行的客户倍增计划、项目攻关计划、网点优化计划、服务提升计划、人才兴行计划“五大行动”紧密地结合起来，以“一个中心、两项重点”作为集聚全行精气神的行动纲领，从思想上、作风上实现全行高度统一。

【增添客户资源】 以“新市场、新产品、新客户”为抓手，提高全行抢抓市场资源能力。年内，通过“9944”“N+3”“175”等项目的推进，提升整体客户维护水平和服务能力，群策群力提质万元以上客户贡献度，通过组织各种形式的活动和一系列有针对性的项目实施，丰富客户产品内容，提高客户贡献度。全行中高端客户数明显提升，客户金融资产稳步提高，全年新增加客户资产增加绝对额达4000多万，千万元以上客户增加4户，储蓄存款长期稳定在12000万左右。

【调整信贷结构】 积极应对不利形势，年内，根据信贷企业实际经营现状，采取“优化结构、合理调整、适度控制”的原则，确保优质企业的合理资金需求，保持信贷有序投放，信贷业务和客户结构得到调整，信贷规模和总量有所扩大。全年单边新增贷款10850亿元，实现对盐城新滩建设投资有限公司、江苏剑桥涂装限公司、盐城市妇保健院等户企业的有效投放，保持资产业务的持续有序发展。把政府平台项目的营销工作作为发展信贷经营的重要抓手，与市级平台的盐城市城市公用设施建设投资公司、盐城市城市建设投资有限公司、盐城市海兴投资公司以及区级平台公司进行对接，逐一跟踪和对接项目，至年底，新区6亿元的新型城镇化项目获得省行审批同意。盐城高新区的3亿元水环境治理项目和市公投公司的2.8亿元城市生活用水水质提升项目已通过省行预审会，着手准备贷审会材料。

【提高执行效能】 年内，坚持“一手抓发展，一手抓风险防范”，规范经营，规范操作。切实按照“严明职责、严于律己、严守规章、严格管理、严格要求”的“五严”要求，继续实行“五制”工作法，即目标任务承诺制、重点工作督办制、周月季实绩公示制、条块工作包干制、绩效考核奖罚制。以制度化、正常化的督查与考核，激发全行员工工作热情。内控工作得到进一步重视与提高。对全员开展双聘双选工作，有效地调动员工的工作热情，对18人次进行岗位轮换，参加市行组织各项活动以及业务竞赛活动，安全运行无事故；通过开展各项专项检查和日常检查，发现整改各类问题158条，处罚违规操作及屡查屡犯人员16人次。全年内控管理工作一直保持在全市前3名，运行管理工作保持在全市前5名，支行风险暴露水平逐月递减，辖属网点10月、11月连续两个月被市分行评为“双无”网点。(董桂旭)

中国农业银行股份有限公司盐城盐都支行

Yandu Branch of Yancheng of the Agricultural Bank of China

【概述】 认真贯彻落实总行、省市分行工作会议精神和各项工作要求，用“六个坚持”主动适应新常态、有为新常态、服务新常态，走不断提升全行客户关系、管理基础、竞争能力、价值创造、服务水平的集约经营之路，在新起点上实现规模、质量、效益、稳健、和谐五个同步发展，全年综合绩效考评考核在市分行取得1100分满分。

【发展转型】 至年底，在存款业务上，全行本外币各项存款60.73亿元，比年初净增5.78亿元，其中人民币个人存款达成46.55亿元，比年初净增4.83亿元，人民币对公存款达成14.05亿元，比年初净增1.35亿元。全行人民币核心存款日平增量9.93亿元，完成全年目标的164%，其中人民币对公存款日平净增3.67亿元，完成全年目标的188%，人民币个人存款日平净增6.26亿元，完成全年目标的153%；在客户营销上，至年底，全行折效客户增加8203户，完成全年目标的113%，其中法人折效客户增加540户、个人折效客户增加3181户、信用卡折效客户增加4482户；在产品营销上，全行通过各类重点产品营销，实现预期收益，其中理财业务收益、代销基金收益、代理保险收益、贵金属收益、移动金融收益等重点产品营销指标完成全年目标。

【体现社会责任】 至年底，全行本外币各项贷款达成26.79亿元，比年初净增1.06亿元，个人贷款实现突破，全行全年新增个人住房按揭贷款楼盘6个，累计发放贷款3.39亿元，比年初净增1.54亿元，完成全年目标的128%；农户贷款投放49笔，4023万元。在“金农贷”和“惠农通”工程建设上实现突破，全年共有15个客户获得“金农贷”准入，“惠农通”升级为金融服务站的投放点已达4个。项目贷款营销实现突破，在一季度抢先发放项目贷款5亿元的基础上，全年营销项目贷款3个，申报用信6亿元。

【增强软实力建设】 全年未发生重大业务差错、客户投诉、安全事故等风险事件；成功处置化解与江苏驿都置业合建办公楼项目的保顿和纠纷，在“蓝盾建设”起诉支行的案件上取得胜诉；全行继续以内控一类行、运营“三化三铁”、信贷“三化”、安全“三化三达标”、市及区两级文明单位、平安金融示范单位“六大创建”全面达标。以开展“三严三实”和加强党的建设及党风廉政建设为主线，深入开展员工“两项行为”专项整治活动、运营“家家到”问题整改、征信业管理条例宣传、打击非法集资宣传、诈骗案件防控宣传月、以及开展青年员工读书活动和“我是农行新一代”“春天.我与农行有约”征文及宣讲活动、学会研讨活动、操作风险“大讨论”等活动，着力解决在业务经营和管理工作中存在的作风不实、管理粗放、监督不严、风险点整治不力等问题。全行服务工作考评取得历史性突破，三季度在考评中获得全省一级支行前10名的好成绩，全年服务考评工作一直保持全市农行一级支行前3名位次。

【推进企业文化建设】 在全行实施青年员工成长成才“双鹰工程”，并完成为员工办好“十件亲民实事”；在全行学会会员中开展读书征文、学术研讨活动，并在省、市分行获得征文奖项6项；加大对外宣传力度，在走进客户、走进社区、走进工业园区宣传的同时，有效通过媒体创树形象，全年被各类媒体宣传盐都农行的稿件达到26篇，其中省部级以上的达到11篇，获得省分行授予宣传品牌先进集体。积极开展“比学赶超”劳动竞赛活动，全行全年在上级行、市和区两级政府受到表彰的各项荣誉达到33项，涉及支行及下属单位71个(次)；受到上级行、政府部门、支行表彰的个人荣誉达到20项，涉及全行102人(次)。其中有1人荣登江苏农行“六月好人榜”、12人次分获省、市分行营销标兵、服务标兵、营销明星等。

(王　进)

中国建设银行盐城盐都支行

Yandu Branch of Yancheng of the Construction Bank of China

【概述】 2015年，按照上级行的总体工作要求，坚持高标准、高要求、高定位，加快重塑竞争优势，科学谋划各项业务发展，较好完成全年各项工作任务。

【主要经营指标】 全年实现一般性存款年日均新增2.15亿元，其中对公存款新增1.12亿元，储蓄存款新增1.03亿元；一般性存款年时点新增1.33亿元；中间业务净收入1532万元，计划完成率136.2%，年增长188%；新增贷款1.575亿元，其中个人贷款新增4750万元。全年新开结算账户115户，其中基本结算账户72户。主要业务经营指标全面超额完成分行经营计划，年度考核被市分行评为2015年度先进集体。

【信贷投放】 资产业务效率与质量双提高，稳建经营成效显著。年末贷款余额6.3亿元，全年贷款平稳有序投放。贷款投放新增2.5亿元。其中：公司类本外币贷款余额2.2亿元，全年投放1.7亿元；个人贷款余额达4.1亿元，全年投放额0.85亿元。

【合规经营】 正确处理业务发展与内部管理的关系，年内，消除各类风险隐患，确保安全运营。认真组织开展各类专项整治活动，加强干部员工的教育和管理，牢固树立正确的职业理想，规范职业行为。认真开展员工行为排查专项治理活动，建立全面的责任认定和追究制度，认真落实责任认定和追究制度，有效排查潜在风险隐患，坚决杜绝有章不循、违章操作现象。柜面员工规范操作意识增强，发生典型违规和严重违规的问题个数在系统内较少，全年实现安全运营无案件、无事故。

【创塑形象】 年内，组织召开新入行员工座谈会，编辑新入行员工特刊，落实新员工跟班学习和住宿安排；开展夏季“送清凉”活动；举办员工高考子女慰问、重阳节退休职工慰问活动，突出人本关怀，传递好声音，传递正能量；走访慰问困难员工、改善前台网点员工工作环境和服务设施、开展“旺季最可爱的人”演讲、青年员工座谈会、健身运动会等形式，在全行营造团结向上的氛围。积极组织扶贫解困活动，参与维持交通秩序等志愿行动，积极参加地方各类创建活动，取得良好社会效益。

【提升综合竞争力】 盐都建行深入挖掘全区金融资源、客户资源，优化业务结构、加强产品销售，提高精细化管理，实现业务、盈利来源的多元化，各业务条线、各网点都在同业及系统内找准业务坐标和发展位次，坚持高目标定位，积极应对同业竞争。通过多种形式教育传导、营销拓展活动，使"强化发展"转化为共同的工作标准和自发行动。

【推动业务发展】 根据上级行信贷政策导向，强化市场营销，做实平台项目储备、对接实体企业资金需求，坚持"有保有压"，调优信贷结构。在政策宽松之时，积极抢抓机遇，加大信贷投入。全年贷款新增2亿元，申报授信7.2亿元。在抓实传统业务的同时，加快发展信用卡、电子银行、国际等新兴业务。

【强化客户服务】 坚持"拓户强基"是业务可持续发展的根本，年内，对全区工业前100强、纳税前50强、进出口前20强企业全部分户到人，支行负责人带头，将中层团队、网点负责人和客户经理全部推向市场，走进高新区、产业园区，逐户走访宣传建行的信贷、结算、理财、国际业务和产品，寻找合作契机。建立客户走访周报制度，按周通报，加强推进。积极推广现金管理、善付通、回款通等新型产品应用，更加注重客户日常资金和结算量，以流量提升日均，拓展行外资金。

【提升风险防范能力】 年内，加强操作风险管理，强化柜面风险防范，传导会计"三铁"要求，认真落实基层机构关键风险点检查，对账回收率、电子对账签约率均居系统前列。注重合规文化建设，通过召开"学纪律、明规章、防风险"专题警示教育会、观看廉洁合规微电影等活动，塑造良好的内控文化。加强服务管理，持续开展服务星级评比活动，抓规范服务的固化工作，客户服务持续改善，龙冈支行获市银行业协会星级规范服务网点称号。加强员工教育，坚持从严治行，落实省分行"20条"禁令，扎实做好"一加强两遏制"专项检查和员工行为排查工作，坚决"零容忍"，查处2人，实现安全运营的目标。

【加强团队建设】 年内，积极开展省、市分行"党员之家"示范点创建工作，落实党委主体责任和纪委监督责任，加强党风廉政建设，提升队伍战斗力。加强人文关怀，关心关爱员工，出台员工学习培训激励办法，绩效向业务岗位、向一线倾斜，使支行员工充分享受到发展成果；强化业绩考核的导向，传导"绩效文化"，调动全员积极性，打造心齐风正的工作状态。注重人文关怀，开展行之有效的文化活动，营造积极向上氛围，确保各项业务全面均衡可持续发展。 （徐荣斌）

中国农业发展银行盐城市盐都支行

Yandu Branch of Yancheng of the Agricultural Development Bank of China

【概述】 围绕"构建新常态，绩效新提升"总定位，主动提升站位，强化职能履行，加快业务发展，各项工作取得显著成效，为支持服务盐都"三农"和城乡一体化做出贡献。

【提升效益】 全年累放各类贷款209308.71万元。其中政策性贷款151386万元；准政策性贷款30930万元；商业性贷款12992.71万元；贴现14000万元。各项存款增长幅度大。各项存款余额132176.59万元，全年组织存款日均达31246万元均为对公存款。中间业务开展良好。全年共取得中间业务收入102.75万元。实现账面利润1554万元。主要经营指标均完成上级行下达的目标任务。

【谋求业务发展】 牢固树立发展是第一要务的经营理念，在稳步开展传统业务的基础上，理清思路找出路，突出难点抓重点，不断转换观念、强化服务意识，把握总行不断推出贷款新品种，优化贷款条件的有利时机，主动拜访地方政府及有关部门，加强支行信贷政策宣传，加快项目对接，主动上门服务，中长期项目贷款营销取得有效突破。至年底，支行营销的盐城高新区20亿元整体城镇化中长期项目贷款和郭猛3亿元水环境整治中长期项目贷款均获批。区农村道路改造项目以及潘黄街道美丽居委会棚户区改造项目意向受理上报省行并获得批准。利用开展地方重点建设项目营销的有利时机，积极拓展国际结算客户和保险代理等相关中间业务，得到地方政府、有关部门及部分重点企业的大力支持，为业务的全面发展创造良好环境。

【稳步开展传统业务】 年内，实行托市收购政策，为支行履行政策职能提出更高要求，使市场收购业务信贷管理工作面临更加严峻的形势。为切实做好夏粮收购信贷工作，实现执行政策和防范风险"双到位"，支行组织全体人员深入学习文件，及早制定服务方案，全方位落实风险防范措施，及早完成评级授信、贷款资格认定、收购额度核定等基础性工作，保证夏收信贷工作稳步推进。合理把握资金投放节奏，优先保障托市收购和各级储备收购等政策性收购资金需求，对中储粮下划的托市资金以及地方储备粮贷款，根据企业需求及时足额下划，未发生因支行原因出现的"打白条"和"卖粮难"问题，积极宣传、推广非现金结算工作。进一步整合信贷政策和有关封闭管理的要求、操作流程，并通过召开银企座谈会的机会向企业进行传达，对长期存在的租仓经营、存放加工企业、多头开户、销售货款不及时归行等突出问题，严格禁止。在贷款发放、资金支付和库存管理方面严格执行上级行的批复要求，并实行码单换人核打、库存双人核查、影像资料全程反映收购进度，全年共发放托市收购资金10.17亿元、地方储备贷款4.96亿元、发放市场化收购贷款1.09亿元。

【强化服务管理水平】 以学习"三严三实"专题教育活动为契机，年内，认真学习《条例》和《准则》，用科学发展观谋划全行全年的各项工作，强化学习，进一步提高人员思想素质和业务技能；加大不良贷款清收力度；加大项目贷款的营销力度；加大检查监督和考核力度，把基础管理纳入长效管理轨道，树立业务发展、内控先行的思想，加大对财会、信贷人员的激励和约束力度，以此增强工作责任心和主人翁意识；强化内控制度执行情况的检查与督导，规范业务操作行为，切实防止各类差错和案件的发生，提高柜面服务质量；严格执行财经纪律，加强财务管理，使有限的财务资金使用合法合规；加大新客户营销力度，致力优化信贷资产质量，加大存款营销力度，保证存贷款业绩持续上升，努力完成上级行下达的各项目标任务，为支持地方经济发展作贡献。（谢玉玖）

中国银行盐城盐都支行

Yandu Branch of Yancheng of Bank of China

【概述】 围绕总行提出的“担当社会责任 做最好的银行”的经营理念及市行党委提出的“向南看，学南干，往南站”的战略目标，坚持以服务客户、服务地方经济为中心，以提高经营质效，紧跟经济转型步伐为目标，以强化全员营销、基层风险防控、提升服务质量为抓手，同时加强企业文化建设、人才储备，有力地推进支行各项业务的有序发展。

【负债业务稳步发展】 至年底，人民币存款余额9.08亿元。其中：人民币公司存款余额为4.91亿元；人民币储蓄存款余额4.17亿元，日均较年初新增5145万元。外币公司存款余额253万美元，外币储蓄存款余额91万美元。

【资产业务稳中有长】 至年底，支行各项人民币贷款余额为14.04亿元，较年初新增1.26亿元。其中：公司贷款余额为4.07亿元，较年初新增1.05亿元；个人贷款余额9.96亿元，较年初新增1.57亿元，全年实现外币现汇贷款投放471万美元。

【经营效益有序增长】 年内，实现中间业务收入1277.26万元，实现拨备前利润4960万元，11月支行绩效考核中经营效益项列小组第二。

【客户规模不断壮大】 至年底，公司金融有效户共计210户。企业网银交易客户数新增265户，列小组第一；养老金账管数新增200户，列小组第二。对私客户新增2659户。

【扩大贷款规模】 高度重视提高和改善银企关系，本着“助力中小企业、加大创业支持”的理念，积极对接政府“资金需求清单”中的企业客户，主动送产品上门，供客户所需。在公司信贷方面，全年取得大公司授信批复3户，授信总量合计1.83亿元，中小企业授信实现投放3860万元。至年底，储备大公司项目有交投非标1.5亿元、大纵湖东晋古城3亿元、盛洲环境河道治理项目1亿元、明华建设3000万元；储备中小企业贷款约4200万元。在个人贷款方面，加大零贷投放力度，12月末支行零贷余额9.91亿元，较年初新增1.52亿元。其中，大冈支行成功准入呈祥公寓、学府景苑、阳光雅苑等楼盘，实现自我突破，房贷共计投放1200万元。在银行卡业务方面，支行成功承接盐都区公务卡项目，办理180张信用卡。通过全员营销模式，各类卡分期、车分期共计实现7955万元。

【强化资产管理】 在做好贷款常规管理工作的同时，把不良压降、化解作为甩掉包袱、加快发展的工作重点。定期召开不良催收专题推动会，将不良催收直接与员工年终绩效挂钩，增强员工资产管控的意识，传递只有以资产高质量为前提的发展才是可持续的发展，才是创收的正道。制定个性化催收方案，积极协调各方面关系，员工不畏艰辛、持之以恒。至年底，支行零贷不良率0.3%、卡不良余额228.83万元；公司授信方面成功处置中航技、东威阀门、国荣建设、诚工种业等共计1892万元不良资产。

【创建企业文化】 在积极促进业务发展的同时，全面开展企业文化建设，在支行全行范围内营创努力拼搏、公平公正、遵纪合规的积极向上氛围。年内，加强培训工作，通过每周四例会、市行送培、支行理财讲座等方式，不断完善教育培训体系。组织重点产品、合规知识系统化培训，共举办和参加各类培训班41期，全年培训达1130人次，全行员工的业务水平、专业素质得到了提升。重视自我学习。通过支行公司、消贷客户经理后备人才评选，促进员工自主学习意识，对支行全员营销经营理念得以实现起到极大促进作用。改进服务工作，多次研究和制定改进服务的有效措施，例如“每周服务明星”评选等活动，营造全行文明优质服务的浓厚氛围，增强员工服务的主动性、积极性，提升支行整体服务水平。（胡婷婷）

交通银行盐城盐都支行

Bank of Communications Yandu Yancheng Branch

【概述】 围绕经营管理目标要求，支行全体员工坚定信心，真抓实干，开拓创新，统筹发展，较好地完成各项工作任务，荣获“盐都区文明单位”“综合先进奖”，综合竞争能力持续走强。

【各项业务发展突飞猛进】 年末各项存款余额较年初增长48%，为新年开门红年均存款即跳空增长奠定坚实的基础。全年开展“拓户强基”园区行、市场行、企业行、校园行等各类客户拓展活动十多次，客户工程建设初见成效，其中交易型零售客户净增长328户，计划完成率120%。对公业务方面，经过激烈竞争成功投放盐都水务1.5亿元、大纵湖3亿元项目贷款，与中国中车轨道交通项目投资方达成金融合作意向，响水县城市污水处理厂、盐都新区保障房等项目跟进情况较好；投行业务方面，市公投10亿元私募债、1亿元债券过桥融资成功落地，盐城高新区6亿元中小企业私募债通过江苏股权交易中心备案，并于新年第一个工作日成立首期；零售业务方面，主动退出有潜在风险的小企业4户，全年新签约4个楼盘，个贷投放147笔4112万元，个金客户类指标完成情况较好。

【推进转型发展】 调整内部营销体制，年内，重新划分营销版图，确保目标明确、守土有责；优化客户结构，坚决退出风险高、贡献度低的存量客户；改善业务结构，通过扩大一般授信、投行项目的营销范围和优势产品的组合运用，有力促地进支行业务多元发展。

【提升服务质量】 进一步加强服务建设，年内，建立神秘人暗访制度、后台专人录像监控制度、考核扣分奖惩制度，全方位打造服务理念。以网点转型为切入口，以大堂销售为重点，以员工能力为突破，进一步提升规范服务，加快形成特色服务价值，基本完成营业网点的客户分流工作，初步形成各自的服务特色；继续深化服务的规范化，建立标准化的规范体系。员工人人牢固树立“服务立行”的观念，以客户为中心，实施服务制胜战略，将文明规范服务的要求和标准嵌入到日常工作的各个方面。（黄新娟）

江苏盐城农村商业银行股份有限公司

Jiangsu Yancheng Rural Commercial Bank CO.,LTD

【概述】 面对复杂严峻的经济金融形势，盐城农商银行逆流而上、克难奋进，各项工作保持良好势头，在转型升级中实现了稳中有进、稳中向好。

【存款规模稳步增长】 至年底，各项存款余额达成177.78亿元，比年初增加27.95亿元，增幅18.65%。比全省平均水平高4.35%，居全省21位，比上年同期下降6个名次。在全市8家农商行排名第7位，同比下降4个名次。其中，储蓄存款余额131.18亿元，比年初增加22.81亿元，增幅21.05%；对公存款余额46.6亿元，较年初增加5.14亿元，增幅12.39%。

【信贷投放稳中有进】 至年底，各项贷款余额127.34亿元，比年初增加17.4亿元，增幅15.83%。比全省平均水平高4.43%，居全省19位，与上年同期相比下降3个名次。在全市排名第4位，同比下降1个名次。实体贷款86.2亿元，比年初增加1.67亿元，增幅1.97%；其中，个人贷款29.98亿元，比年初增加1552万元，增幅0.52%；公司贷款56.22亿元，比年初增加1.51亿元，增幅2.76%。

【强化不良清收盘活】 五级分类不良贷款余额2.95亿元，占比2.32%，比年初增加7120万元，上升0.28%，贷款利息收回率95.47%，隐形不良贷款1.03亿元。瑕疵类贷款余额4.27亿元，较年初增加3.22亿元，增幅3.3%；不良贷款风险拨备金6.48亿元，覆盖率达219.46%。

【经营效益持续增加】 全年实现各项收入12.65亿元，同比增加1.36亿元，增幅12.08%，居全省21位，在全市排名第7位。拨备前利润为4.34亿元，同比增加0.48亿元，增幅12.3%；利润总额2.21亿元，同比增长2659万元，净利润1.39亿元，同比增加487万元。金融增加值为6.23亿元，比年初增加3441万元，增幅5.85%。

【快速提升网络金融】 至年底，网上银行客户数达24842户，较年初增加5932户；新版手机银行开户数27780户，较年初增加18377户，增幅为195%；累计发行借记卡58.3万张，较年初增加17.2万张；发展汇金通商户达573户，较年初增加18户；自助设备243台，较年初增加77台，交易笔数共计305万笔，交易金额达79.17亿元；全行电子银行柜面平均替代率达63.53%，较年初上升11.53%，比全省平均水平高0.53%，居全省28位，在全市排名第5位。

【扩张理财业务规模】 实现非信贷业务收入5.46亿元，占全行营业收入的43.17%，比上年同期增加1.06亿元，增幅为24.13%。实现非信贷业务净收入4.32亿元，比上年同期增加1.1亿元，增幅为34.33%。全年共发行个人理财产品44期，同比增加32期，累计发行金额15.18亿元，同比增长11.61亿元；全年发行同业理财41期，累计发行金额38.6亿元；全年自有资金投资理财58期，累计投资金额119.61亿元。至年底，成功发行第一期同业存单。

【助力金融精准扶贫】 秉承“责任银行，和谐发展”的责任理念，在业务经营快速发展的同时，积极履行社会责任，开展扶贫济困、捐资助学、慈善捐赠等公益活动，树立良好企业形象。3月，借助更名之际，一次性向市残疾人联合会捐赠50万元；6月，总行团委组织12名青年员工，到市残疾人孤儿院，给残疾儿童送温暖献爱心；7月，向经济技术开发区步凤镇王姚村一次性捐款10万元；8月，总行举行“放飞希望、成就梦想”捐资助学活动，累计发放助学资金140万元，资助90名贫困学子实现大学梦想；每年向阜宁新沟镇捐资10万元，累计捐资40万元。

（姚万春）

江苏银行股份有限公司盐都支行

Yandu Branch of Yancheng of Jiangsu Bank Co.Ltd

【概述】 至年底，各项存款余额为19.3亿元，较年初增长3.24亿元，其中储蓄存款余额为3.55亿元，较年初增长3175万元；各项贷款余额13.1亿元，较年初增加2.62亿元，其中小企业贷款5.93亿元，完成率达122%；个人网银3450户，完成率104.86%，直销银行2136户，完成率159.4%；不良贷款较年初压降2221万元。支行共有从业人员39人，本科学历14人，大专学历16人，中专学历（含高中）14人，研究生3人。下设综合管理部、业务发展一部、业务发展二部、营业部、招商支行。

【加强队伍建设和企业文化建设】 大力提倡“服务是资本、服务是资源、服务是事业、服务是乐趣”的服务理念，时刻践行“真诚与您同在，服务就在身边”的承诺。以全国银行业文明服务示范单位的标准为标杆，开展争创文明单位活动，做到有方案、有目标、有组织、有计划、有步骤，建立责任制，层层抓落实。年内，加强服务制度建设，做到日有晨会，周有例会，月有测试，季有考核，年有评比，增强全员的服务意识，激发潜能，规范服务行为。按照总、分行“党员进社区”要求，为困难员工和贫困居民排忧解难，送去党和组织的温暖。如一份真情倡议书，支行员工捐款33400元，为杨佩梁家属带去一份慰问；党支部到张庄镇东升村走访结对帮扶的贫困村民，共计捐款2200元，进一步拉近银民感情。建立合理有效的利益分配机制，把员工的价值与行里的利益追求结合起来，通过科学的考核激励机制向一线员工倾斜，逐步提高员工对报酬的满意度，让员工有认同感、归属感、价值感和成就感。加强支行人才建设，增强履职尽责意识。让“想干事、能干事、干成事”的人才有为有位，积极推进人才工程建设，使一批年轻力量充实到管理岗位。

【抓业务经营】 围绕优质客户群体，全面提升“保、抢、挖”营销成效。年内，突出抓好大客户、大系统、大项目营销。扎实做好存量大客户挖潜工作，积极扩大合作范围，全面提升对存量客户的综合竞争能力和服务水平。积极做好新客户、新项目的营销工作，发挥各类产品的增存、稳存功能，积极争取与新增大客户、大项目建立密切的合作关系。下大力气抓好优质中小客户营销。把营业网点作为优质中小客户的营销主体，着力提升网点的营销意识和能力，利用开户资源挖掘优质中小客户。做大做强优质个人客户群体。按照分层维护要求，实行名单制管理，落实对应维护关系，加大对个人优质客户维护的奖励、惩罚力度。通过提供个性化、多元化的产品和服务，培育贵宾客户的忠诚度。加大业务分流力度，努力提高电子银行和自助业务的分流率。

（韩　悦）

中国邮政储蓄银行盐城市盐都支行

Yandu Branch of Yancheng of China Postal Savings Bank

【概述】 围绕年初制订的各项工作目标，通过支行全体员工的共同努力、勇于开拓、敢于创新，坚持规范经营、防范风险，圆满地完成了上级行下达的各项任务目标。在业务发展上，以争优创先为主线，以收入、利润为导向，坚持科学发展。在管理上，改进机制，严控风险，强化营销，以高品质、专业化服务为手段，积极扩展市场、培育客户，各项工作再上新台阶。2014年度，被团市委表彰为“市级青年文明号”，区委表彰为“目标考核综合先进集体”，区政府表彰为“盐都区金融先进单位”，省分行表彰为“船舶贷款特色支行”“特色商圈支行”“家用车贷款特色支行”。

【个金业务】 全年储蓄余额净增5195多万元，净增额列市区各支行之首，并率先完成市行下达的“开门红”储蓄竞赛任务；电子银行、信用卡业务分别完成5623个、567张，超额完成市行下达的竞赛指标；区支行在全行个金业务条线评比中排名前三。

【零售信贷业务】 2015年零售信贷年净增27286万元，计划完成率为125.3%，列全区第三，净增绝对值列全区第五。商务贷款余额净增4222万元，计划完成率为143.1%，净增额列市区各支行之首；消费贷余额净增5700万元，计划完成率为242.6%，净增额列市区各支行之首。小贷全年余额净增365万元，计划完成率73.0%；房贷年净增16999万元，计划完成率87.5%。自2013年3月支行开办零售信贷业务起，新增贷款逾期、不良率一直低于全区平均水平。

【公司业务】 对公存款基础不断夯实，日均净增3482万元，“强期固本促发展”竞赛完成率达233%；全年票据贴现收入达260万元，“扩规模”竞赛活动完成率达104%。支行业务的稳步发展也为支行赢得荣誉，获得省行颁发的“船舶贷款特色支行”称号、“特色商圈支行”称号、“家用车贷款特色支行”称号。

【信贷业务健康持续发展】 2015年，商贷、消费贷余额净增分别占市区余额总净增的62%、58%，船舶贷款未出现一笔不良。强化客户经理队伍建设，强化客户走访，完善晨、夕会制度，通过制定有效的奖、惩措施充分调动员工的积级性。提高综合客户经理的交叉营销能力。支行现有综合客户经理12名，信贷规模贷近9亿元。

【公司业务迎难而上】 2015年支行公司业务存款面临非常严峻的形势，进驻盐城的中信、兴业、华夏等股份制银行都对盐都经济发展提供信贷支撑，邮储银行克服自身产品的劣势，积极主动地服务企业，全年累计发放小企业贷款33笔，金额26450万元，为辖区小微企业的融资服务尽到应有贡献。　（邱秀青）

中国人民财产保险股份有限公司盐城市盐都支公司

Yandu Branch of Yancheng of Chinese Insurance Company

【概述】 围绕市财保公司年初提出“围绕一个目标：可持续发展；聚焦两个对标：对标市场、对标系统；实施五大战略：提升销售能力、盈利能力、服务能力、经营管理能力和幸福感动能力”的经营目标思路，上下同心、锐意进取、克难求进、顽强拚搏，在弹好“全面提升能力，持续超越市场”这根主旋律的同时，加强风险管控，增强依法合规经营意识；加强员工队伍建设，提升公司可持续发展能力；加强公司基础管理水平，提升公司服务能力和品牌形象。全年实现保费收入10183万元（其中：车险6178万元，完成年度计划的101.6%，同比增长26.74%，超越市场2PP，超越平安4.5PP；非车险实现保费收入1882万元，同比增长20.7%，超越市场0.6PP；农险实现保费收入2123万元，同比增长1.83%，低于市场-0.9PP，农险份额由2014年的85.3提升至91.8，上升6.5PP，12月22日，实收保费成功跨越亿元。

【优化车险结构】 车险业务结构，优质业务占比较往年有较大调整，车险业务质态趋好，盈利能力增强。公司优质业务续保率和家用车微信绑定率大幅提升。从业务来源看：1—11月新车保费1808万元，增速达19.65%，新车占比达32%，占车险保费近1/3，其中新车保费中家非车1487万元，增速21.24%，续保保费2813万元，同比增长25.04%，转入保费1006万元，增长49.16%，低于全市平均水平（68.52%）19.36PP。从客户分类看：家用车保费3034万元，占车险总保费54%，同比增长45.36%，非营业客车保费679万元，同比增长13.4%，家非车保费占公司车险总保费66.03%，近车险保费2/3。

【非车险新兴、传统两大板块】 2015年，公司非车险传统业务和新兴业务发展均衡。商品车货运险保费达663万元，同比增长30%，在盐城轿运车市场上的垄断地位进一步巩固增强，大型物流公司与人保合作的意愿日趋加深；意外险保费323.2万元，同比增长127.13%，成为分司非车险发展中最大的亮点。多渠道共同发展、大项目责任制有效落实、差异化的资源配置等管控措施，是非车险业务良性发展的有效保障。

【创新农险经营】 常规农业保险“稳中有进”，2015年，盐都水稻承保2.75万公顷，比上年增长0.9%，三麦承保2.64万公顷，比上年增长8.3%。高效农业保险“创新突破”，将大棚保额调高至9000元；农险合规经营“坚守底线”严格承保管理，杜绝虚假投保，联合现场查勘，防止虚假理赔，坚持一卡通赔付，防止理赔二次分配。

【三条线全面盈利】 每条线的利润率均超全市平均水平。1—11月，公司实现盈利751万元，赔付率59.4%，同比下降7.3%，低于全市平均8.21%；综合成本率90.6%，低于全市平均(98.84%)8.24%，综合成本率全市较低。其中车险盈利567万元，实现年初挑战目标；非车险盈利186万元；农险盈利-2万元(由于螃蟹强制立案导至未决多提500万元)，三条产品线和全险种盈利水平均超过全市平均水平。

(陶慧泉)

中国人寿保险股份有限公司盐城市盐都支公司

Yandu Branch of Yancheng of Life Insurance Co Ltd Of PICC

【概述】 2015年，中国人寿保险股份有限公司盐城市盐都支公司(以下简称中国人寿盐都支公司)着力抓好“标准化模式、规模化队伍、常态化机制、规范化标准、体系化文化”五化建设。实现首年标准保费2155万元，完成全年任务的100.3%，长期险新单保费0.879亿元，完成全年任务的110.4%，10年期及以上首年期交保费2548万元，完成全年任务的94.62%，短险保费1671万元，完成全年任务的86.54%，首年期交保费3847万元，完成全年任务的88.96%。荣获盐都区“2015年度综合考核先进集体”称号。

【开展自查整改活动】 为贯彻落实《中国保监会关于开展保险机构“两个加强、两个遏制”专项检查的通知》(保监稽查〔2014〕207号）和上级公司相关文件精神，年内，盐都支公司在全辖区全面开展“加强内部管控、加强外部监督，遏制违规经营、遏制违法犯罪”自查整改活动。认真排查公司在经营管理中存在的突出问题和风险隐患，边查边改；整章建制，建立长效管控机制，防范化解风险，严守不发生区域性、系统性风险的底线。

【勇担社会责任招募“惠民专员”】 10月12日下午，中国人寿盐都支公司举办首批“惠民保险服务专员”招募选拔大会，参会人数达160余人。活动得到区政府高度关注，区金融办主任王玉平应邀出席并发表讲话。

【开展“安康关爱行动”活动】 主动策应国家居家养老相关政策，积极与区民政局联合开展“安康关爱行动”活动。重阳节来临之际，中国人寿盐城市分公司与市民政局在张庄街道西徐社区居家养老中心，盐都支公司与盐都民政局在尚庄、学富镇敬老院分别开展共建活动，慰问居住生活在养老机构的老年人，并向养老机构赠送家电等生活用品。

(倪夕朝　戚　勋)

水乡春早　　顾正山　摄

综合管理与监督

General Management and Supervision

- ◆政务服务管理
- ◆招 投 标
- ◆国有资产
- ◆集中核算
- ◆市场监督管理
- ◆统计管理
- ◆价格管理
- ◆卫生监督管理
- ◆医政管理
- ◆房 地 产
- ◆安全生产

政务服务管理

Government Service Management

【概述】 深入贯彻落实中央、省、市、区关于深化行政审批制度改革系列文件精神，改革蹄急步稳，服务提质增效。全年共办结各类行政审批及便民服务事项385205件，按期办结率保持100%，企业群众评议服务窗口满意率99.8%。

【深化“三集中、三到位”】 7月，区行政审批服务中心正式更名为“区政务服务管理办公室”，区招投标采购服务中心更名为“区公共资源交易管理办公室”，并调整为政务服务管理办公室管理。“两办两中心”的设立，使全区形成区级行政审批和全区公共资源交易一体化运行格局。同时，按照“环境改善、功能提升、服务延伸”要求，启动实施政务服务中心搬迁改造工程。投入近4000万元，如期完成实体大厅装潢建设工程，并围绕“能进应进、应进必进”原则，全力推动33家行政审批职能部门，环评、工商代理、房产测绘、税务、价格认证等21家中介机构和银行、供水、供电、供气、通信等8家便民服务单位全部进驻新中心。进驻的行政审批服务事项由原来的271项增加到468项，实现由“分散独立”的小政务服务向“集中完整、五位一体”的大政务服务转变，由“零星自发”服务向“品牌化、标准化”服务转变和由“以人工物理作业方式为主”的政务服务向“在线电子”政务服务方式三大转型升级。

【优化审批服务流程】 按照行政审批服务公章最少、收费最少、中介最少、材料最少、时间最短“四少一短”目标，对全区行政审批事项全面梳理。年内，将全区原有的行政许可等各类项目506项核减为352项。推行“一审一核”制度，减少审批环节。同步开展非行政许可审批项目、行政事业性收费项目清理。加快电子政务建设，完善网上大厅咨询、申报、预审、查询等功能，简单事项可直接网上办理，有效解决审批周期长、盖章多、收费多、中介多、报送材料多等审批难题。出台《重大项目审批“容缺预审”实施办法》，扩大可容缺范围，梳理并公布全区重大项目“容缺预审”第一批事项目录，涉及7个部门、23个事项、51种附件材料。推行联合审批、联合勘察、联合验收工作，不断拓展联审联办范围，有效压缩审批时限30%以上。在国土窗口创新实施“全流程优化审批、全区域便民服务、全业务网上办理、全节点效能监督”“四全”审批模式，在大市区范围内跨区域接件、出件，实行内部区域间电子转件、异地办理。专门设立“三证合一”窗口，扎实推进营业执照、组织机构代码证和税务登记证“三证合一”制度改革，加快实现了“一窗收件、数据共享、并联审批、核发一照”模式。协助市场监督管理局不断完善服务创业“两站两员”网络体系（“红盾服务创业指导站”“服务创业工作站”和服务创业指导员，服务创业代办员），积极为实现“大众创业、万众创新”目标而努力。

【强化权力下放承接工作】 根据市委16号文精神，按照“减、转、放、免”工作的要求，在第一时间将市级下放到区各部门的权力事项梳理、对接到位，全年累计下放、取消、合并各类行政审批事项151项，暂停使用41项，建设项目行政审批周期从45个工作日缩短到35个工作日以内，实现了建设项目土地招拍挂到施工许可证79个工作日内完成。积极承接高新区范围内的项目建设、投资创业、人才招聘、招投标等领域47项市级审批权限。同时，建立了涉及全区33个部门的行政审批事项目录清单，将全区原有的296项审批事项精简为行政许可事项179项（常用127项，备案管理52项）。配合区编办，在全市率先启动权力事项责任清单编制工作，包括部门职责、职责边界、公共服务、对应行政权力、行政权力运行流程、涉及中介项目及收费和加强事中事后监管的制度措施等7个方面，建立了常用行政权力1448项，备案管理2214项的政府行政权力清单，切实落实“法定职责必须为”。配合区法制办、优化办深入开展非行政许可审批事项清理工作。经过集中审核、三报三回、合法审查、征求意见等环节，通过清理，共取消非行政许可审批事项128项。

【创新服务方式】 推进标准化服务。切实做好"国家级行政服务标准化试点"项目创建工作,完善标准体系,健全实施台账,努力做到"岗岗有标准规范,人人按标准履职,处处有标准服务",提升区政务服务大厅标准化管理水平,并以97.8分的高分通过国标专家评估组验收。开展涉企服务。积极组织涉企窗口开展"送服务到基层"活动,主动上门为46个企业办理"两证",做到"带着问题下去,带着成果上来",切实解决企业在办理审批手续过程中碰到的难题,为项目早落户、早开工、早投产提供便捷的经济环境。设立高新区"三重"项目服务热线,定期组织项目建设单位和窗口负责人召开碰头会,"一对一""面对面"进行业务交流。针对高新区提出的土地挂牌、环评审批、规划施工等方面优化审批流程、压缩办结时限的需求,中心迅即梳理、优化了高新区项目抢攻会战审批流程,给予入驻高新区的48个会战项目一路绿灯,审批上实现全面提速。提升"12345"便民服务。围绕"快捷、高效、至善、臻美"的工作理念,创新"工单办理零逾期、工单派发零失误、认真回访零投诉、上下沟通零距离""四零"工作法,积极开展学习调研、实地考察、业务培训等活动,致力于抓规范管理、提高整体形象,抓督办落实、提高办事效率,抓工作创新、提高服务水平,确保"事事有落实,件件有回音"。今年累计接到市长热线8968件,市长信箱1116件,区长信箱100件,直接接待群众来信64件,办结率100%,回访满意率超95%。推行特色服务。积极推行"一线工作法",大力开展"服务6+1""白加黑""大厅值班"活动,积极推行"六心"服务承诺、"五零四最三声两站一双手""两个主动、六项服务"等措施,进一步扩展服务内涵和外延,千方百计为民排忧解难,让企业群众办事无烦恼,深化"阳光行政、真情服务"品牌建设。

【建设高质量服务平台】 推进智能化建设。积极融入"互联网+",投入近5000万元,扎实推进新中心智能化建设。以"互联网+行政审批改革、互联网+便民服务延伸、互联网+权力运行监督、互联网+行政效能提升"为目标,突出并联审批、容缺预审、统一收件、网上审批、掌上审批、评价系统、中介管理等20个重点,着力构建实体服务大厅和网上虚拟大厅"线上线下、虚实一体"的智慧型服务体系。推进公共资源交易规范化建设。严格执行国家关于招投标的法律法规,统一招标文件格式,在全市创新实施"审计先行"举措,建立"经评审的合理低价法"评标制度,逐步推行电子化招投标,同时联合区监察部门建立投诉举报受理机制,严肃查处和坚决打击公共资源交易领域违纪违规行为,有效控制了招标限价的虚高,遏制了串标违标现象的发生,不断提高公共资源交易的公开化、规范化水平和监管工作的科学化、网络化水平。推进"市区联网"建设。积极推进"行政审批"、"效能监察"、"实时场景"和"视频会议"四个业务平台建设,通过光纤与市中心网上平台连接,形成市、区中心审批、服务、监管的联动,促进行政权力高效、规范运行。推进"区镇村三级联网"建设。积极推动区镇村服务网点全面联网,共享信息智能化优势,推行政务服务"一张网"建设,推动"互联网+政务服务"向基层延伸,使区镇村群众皆可享受网上审批、便民服务、缴费、咨询及互动交流等便捷线上服务。

【开展创先争优活动】 在强化全员学习教育上下功夫。坚持"请进来"与"走出去"相结合,认真组织党员干部深入学习国家、省、市、区有关文件精神和政策法规、服务礼仪和业务技能,尤其是强化进驻新中心人员的礼仪培训、业务讲座及智能化系统应用培训,提高全员履职尽责的能力。在强化中心文化建设上下功夫。积极开展"每周点评""服务标兵""每月一星""流动红旗"窗口、"创新奖""委屈奖"等评比活动,利用元旦、端午、五一、七一、十一等重大节日,开展征文、读书、演讲、包粽子、拔河等文体活动,组织爱心助残活动和党员志愿者等活动,进一步增强凝聚力和战斗力。同时,着力抓好中心新门户网站建设,加强对内对外宣传、上下沟通交流,引领全系统上下激发改革"正能量",传播服务"好声音"。在强化党风廉政建设上下功夫。严格按照"三严三实"专题教育要求,组织党员干部认真讨论研究"严以用权,真抓实干,实实在在谋事创业做人,树立忠诚、干净、担当良好形象"专题,并通过参观盐都检察院警示厅、观看警示教育片等方式,加强党风廉政建设,开展窗口行风整顿活动,切实增强服务人员的廉洁意识,致力培养廉洁高效、公道正派的服务作风。在强化工作绩效考核上下功夫。完善对各进驻窗口和项目代理员的行政服务绩效评估和考核办法,以及对各镇(区、街道)、区直部门、单位12345工作考核细则,加大对组织纪律、服务质量和"限时办结率、群众回访满意率"等重要指标的考核力度,动真碰硬兑现奖惩。强化考评结果运用,积极向区委、区政府推荐宣传各类先进典型,全面营造奋发有为、真抓实干的浓厚氛围,保持和维护全区政务服务系统的良好形象。 (周晶晶)

招投标管理

Bidding Management

【概述】 2015年,全区招投标工作以确保招投标交易活动"规范、高效、诚信、有序"为目标,以服务为己任,规范执行招投标相关法律法规,强化服务职能,创新监管方式,进一步规范全区招投标交易市场秩序,积极打造一流的招投标交易平台,全力推进招投标监管和服务工作再上新台阶,各项工作取得明显成效。

【各项指标逆势上扬创新高】 针对大市区成立综合性公共资源市场、盐都限额以上项目纳入市区范围交易的实际,充分发挥自身优势,在提升服务质量上下功夫,在优化服务流程上动脑筋,进一步夯实监管措施,全年工程类进场交易项目较上年不降反增,各项指标逆势上扬、再创新高。中心监管与服务限额以下工程类招标发包项目317个(计361个标段),预算金额累计达9.13亿元,中标金额达6.96亿元,合计节约建设资金2.17亿元,资金节约率达到23.76%。10—12月,进入市公共资源交易中心招标平台监管项目12个,预算金额6286万元,实际中标金额5040万元。

【贯彻法规条例规范交易行为】 年内，坚持宣教先行，形式多样抓学习，紧扣重点环节抓宣传，重点突破抓贯彻，学习宣传和贯彻落实《招标投标法实施条例》，积极参加上级组织的培训与座谈交流，全面清理、修改、补充和完善以往出台的规范性文件和制度性文件，加快研究制订交易服务和监管相关配套文件，确保交易规则和工作流程与条例规定的高度一致。进一步优化监管操作办法，完善招投标监管举措，修订完善管理制度，进一步规范交易行为，提升交易规范化水平。

【建立和完善操作规程】 2015年，全区交易信息透明。按照"统一管理、统一监督、统一交易"的要求，为进一步增强交易信息的透明度，进入中心交易的项目除网上公示外，中心还根据实际情况探索切实可行的公开方式，提交《关于进一步完善招投标活动的建议》实现除评标工作外的全过程透明，即预算、公告、招标文件、评标办法、中标结果等主要内容全部向社会公示，确保交易信息公开，过程公平，结果公正。交易程序透明。按照工作流程标准化的要求，建立并完善涉及项目审批、项目进场、项目实施、举报投诉、责任追究等8项业务流程，做到从进场咨询、申报受理，项目跟踪到资料存档等各个环节都有相应的制度规范和制约，形成全方位、多层次、相互制约，监督有力的公共资源交易监管体制，最大限度的将公共资源交易置于阳光下。

【创新方法监管国有资金项目】 2015年，全区招投标工作从严规范国有资金招投标项目的监管工作入手，建立分工明确、责任落实、执行有力、运转协调的招投标监管流程体系，强化重点环节监管责任，防止出现监督缺位的情况发生。在监管国有资金项目工作中，全面推行资格后审制度。与此同时，加强对开标厅、评标室的管理，加装监控系统，严格执行评标程序和纪律，杜绝一切与评标无关的人员进入评标现场，并对评标现场人员进行严格监督。进一步规范评标委员会成员的评标行为，严禁非评标委员会成员干预和影响评标工作，着力提高评标活动的公正性。加强对合同签订和履行的监督，防止签订"阴阳合同"，遏制非法转包和违法分包。建立对合同变更的监督制约机制，防止"低价中标、高价结算"等违法违规行为的发生。加强对招标人、招标代理机构、评标专家和投标人的行为监管，畅通投诉渠道，严肃查处违法违规行为。（倪 伟）

国有资产管理

State-owned Assets Management

【概述】 2015年，区国资管理部门贯彻执行国资管理的法律法规，积极履行监管职能，不断强化国有资产管理。

【开展专项清查】 年内，启动全区行政事业单位和国有企业土地、房产等国有资产的专项清查工作，全面核对、查实国有资产家底，完善国有资产台账，建立起比较完整的全区国有资产数据信息系统。

【加强制度建设】 年内，依据财务会计检查、审计监督、资产监管中发现的全区国有企业存在的问题，立足区情实际，就区属企业货币资金管理、对外投资管理、子公司控制、担保业务管理、合同管理和资产处置6个方面的突出问题，拟订《内部控制规范》，切实加强和规范全区国有企业内部控制，提高企业经营管理水平和风险防范能力。

【规范资产处置】 严格执行国有资产处置政策规定，全年共实施国有（集体）产权转让7宗；区供销社乡镇基层社为解决职工养老医疗保险，对部分闲置资产62.3万元进行拍卖；淘汰公安、法院闲置车辆20辆；核销相关单位固定资产报废账面价近60万元，全部实现场内交易，达到国有资产收益最大化，保证国有资产保值增值。

【深化国资服务】 年内，根据平台公司实际融资运作的需要，支持高新区投资集团公司实施资产整合，注入优质资产，剥离一般资产，调整经营范围、增加注册资本，优化资本结构，满足政府投资项目融资需要。

【强化预算管理】 为规范财政支出绩效评价行为，建立科学、合理的绩效评价管理体系，提高财政资金使用效益，年内，编制部门预算时，要求各预算单位在申报300万元以上的项目经费时，须提供项目绩效目标，经综合评审后，作为安排项目经费预算重要依据。（陈恒林）

会计集中核算管理

Centralized Accounting Management

【概述】 区会计集中核算中心主要承担全区区直行政事业单位会计核算及会计监督管理职能。2015年度，全区纳入会计集中核算的部门单位有214家，共设置139个账套。中心充分发挥会计服务和监督两大职能，创新会计监管方式，坚持财务监管原则性和灵活性相结合，实现由宽到严的突破，逐步形成覆盖事前、事中、事后的全程监督机制。严把报账"受理关"，既抓经费报支等基础方面，又加强日常消耗性支出动态监管，着力强化源头监管；严把报账"政策关"，从严控制"三公"经费各项规定，强化制度规范执行；严把核算"监督关"，加强报账业务审核力度，确保厉行节约措施落到实处。坚持规范服务和财务监管水平双促进、双提升。全区公务接待费、公务用车运行及维护费和出国（境）经费等"三公经费"得到有效控制，区直行政事业单位财务管理规范性和透明度进一步增强，会计信息质量进一步提升，有效压降行政运行成本，维护财经法规的严肃性。（陈恒林）

市场监督管理

Market Supervision and Management

【概述】 4月29日，由原盐都工商局、质监局、食药监局组建，正式挂牌成立盐城市盐都区市场监督管理局。深入贯彻落实市区党委政府和上级局有关会议精神，深入推进业务和体制改革，全面提升法治建设，便利服务措施，规范执法监管，强化消费维权，加强队伍建设，为推进市场监管职能到位，地方经济建设新跨越做出积极的贡献，各项工作都取得较好的成绩。

【市场主体发展】 全面贯彻落实市委、市政府"建设新盐城、发展上台阶"的部署，争当促进大众创业、万众创新的"先行官"，以工商登记改革为契机，充分发挥工商职能，大力推进营业执照、组织机构代码证、税务登记证"三证合一""一照一码"登记，加快实现"一窗收件、数据共享、并联审批、核发一照"，全面实行"三证合一"登记制度，切实降低准入门槛，方便群众创业。全年新登记公司1018户，注册资本合计1126069.39万元；新登记个体工商户5106户，新增资金数额130188.82万元。

【商标名牌发展】 坚持把商标注册作为实施商标战略的一项基础性工作来抓。对已具备一定生产规模和市场潜力的产品，指导生产经营者及时办理商标注册；对具有原产地特征的农副产品，指导有关组织申请注册原产地证明商标；指导企业对具有历史文化意义、地理特征的名称，在相关行业上申请商标注册；对已经具有相当知名度的商标，指导商标所有人注册防御商标。同时坚持把企业创名牌商标作为实施商标战略的关键环节来抓，积极向企业宣传名牌商标的评审标准、申报条件、认定过程等知识，引导企业加强对商标的形象宣传和广告宣传，不断扩大名牌商标产品在国内外市场的知名度。全年指导各类经济主体新申请国内商标注册491件、国际商标注册3件，新认定盐城市知名商标11件、江苏省著名商标5件、地理标志证明商标2件。"大纵湖大闸蟹""悦达农园""龙冈茌梨""海亚"4件商标被评为"2015盐城市民最喜爱的农产品商标"，上榜数名列各县、区第一位。区行政服务中心国家级标准试点项目通过验收，江苏神龙运输集团通过第三届市长质量奖考核验收。

【挂钩帮扶企业】 全区市场监管系统172名干部与115户企业结成了挂钩帮扶关系。把帮助盐城市广告产业园引企入园做为全年的重点立项工作，制订专门方案，引企入园12户。区个私协会帮助会员开展培训服务15场次计1080人次，提供经济信息62条，帮助引导137名普通党员、群众和大学毕业生自主创业，帮助企业招工1250人，为小微企业办理动产抵押设立登记35件，为企业担保主债权5.86亿元，盘活资产5.98亿元。

【市场监管】 主动适应"宽进严管"新要求，大力推进事中事后监管、市场主体信用监管和部门联动监管，更加注重信息化、大数据在监管中的运用。探索实施证照联动监管，实施企业分类分级管理，推动日常监管由巡查为主向抽查为主转变，构建随机抽查、重点检查、专项检查和在线监测相结合，涵盖各类市场主体的日常监管新机制。全年完成42家工业企业验审工作，检查各类市场主体2889户，依法责令改正不亮照经营户325户，发现无照经营户853户，引导办照728户，完成全区219家区级重守企业复查，新发展区级重守企业43家。全区现有国家级重守企业2家，省级重守企业8家，市级重守企业50家，区级重守企业262家。全区共有经营性网店1785户，1035户网店按照要求进行主体数据登记，网上电子亮照89户，建成网络交易平台3个，分别为盐渎商城、盐城送菜网和松鑫家电。

【建立健全食品药品安全】 年内，区政府调整并成立新的区、镇、村三级食品药品组织网络，组建信息员队伍，覆盖全区，层层落实食品药品安全监管责任。制定《盐都区食品生产加工企业分类分级分等监管方案》、《盐都区流通环节食品质量安全信用分类分级管理方案》，全区获证肉制品生产企业5家，获证食用植物油生产企业1家，完成食品流通经营者自查自评、问题整改、管理试点工作，全面实施餐饮服务食品安全量化分级管理。认真落实国家食药总局"两证合一"要求，重点抓好零售药店GSP认证推进工作，辖区内105家单体药店100%通过GSP认证换证。强化特殊药品检查，检查覆盖率达100%，未发生特殊药品、易制毒药品流弊事件。3家药店被评为盐城市五星级药店，6家被评为四星级药店，8家被评为三星级药店。

【推进实施新版GMP、GSP】 指导督促江苏克胜药业按照新版GMP要求，重视生产现场过程的管理，加快技改投入推进企业转型升级。保持特药监管的高压态势，药品生产、批发企业每季检查1次，零售药店、医疗机构与日常监管有机结合，检查覆盖率达100%，无特药流弊事件。积极稳妥推进新版GSP实施，制订分步实施改造工作计划，明确时间节点，做好两证有效期的延续工作，确保过渡期内药品经营企业行政许可的有序衔接。继续推进涉药企业自律化工作，不断强化企业第一责任人的意识。药品不良反应、医疗器械不良事件监测工作继续保持先进水平。全年上报药品不良反应852份，医疗器械不良事件报表355份，镇级以上涉药单位在线呈报比例达100%，不良反应监测工作位居全市前列。

【提高保化品监管能力】 开展保健食品、化妆品经营企业的监督检查。深入实施"361"、"331"管理规范，督促企业落实好进货验收、索证索票、台账记录等质量管理制度，加贴监管信息二维码图标。认真填写日常监督检查记录表和专项检查记录，根据检查结果，张贴"笑、平、哭"脸监督公示牌，全年共出动执法人员122人次，检查单位160家次，检查覆盖率75%。开展保健食品化妆品专业整治行动。开展"蓝剑"行动，多次对已停产的江苏科俐文生物工程有限公司突击检查，均未发现违法生产行为。开展保健食品标签标识和说明书专项整治，印发《盐都区关于开展保健食品标签标识和说明书专项检查的通知》(都市监〔2015〕9号)。开展辖区内食品生产经营企业使用问题银杏叶提取物生产经营食品(保健食品)的核查工作。拟定下发文件，迅速组织各分局开展核查，盐都辖区内无经营涉嫌问题银杏叶提取物的企业。开展国家局先后通告的8种不合格面膜和11种不合格面膜的核查，对辖区内化妆品批发单位和大型超市商场进行抽查，均未发现经营上述品种。开展保健食品降血糖、减肥、抗疲劳、改善睡眠四个重点品种的快筛工作，至年底，共完成17个批次的任务，未发现阳性产品，确保辖区内保化品安全。

【特种设备安全监察】 加强在用特种设备的定期检验工作。按照市质监局的部署与要求，逐台核对特种设备的检测检验计划，督促相关单位如期实施检测检验，督查检验检测进度，以不断提高特种设备检验率，及时发现安全隐患，落实整改措施。开展现场监察，及时排查事故隐患。强化在用特种设备的现场安全监察检查，对全区75个特种设备生产、使用单位实施现场安全监察检查（包括12个气体充装单位）。发现并整改特种设备隐患85条，发出特种设备安全监察指令书8份，严重事故隐患整改率达100%。督促企业全面落实安全主体责任，切实从源头加强安全管理，做到“三落实、两有证、一检验”，发现问题及时进行处理，以消除事故隐患，避免事故的发生，保障人民生命财产安全。组织开展节日期间特种设备安全大检查。在元旦、春节等重大节日，制定特种设备安全检查方案，成立专项检查组，对全区宾馆、商场、洗浴中心、学校等重点场所的特种设备进行全面检查。认真开展电梯专项整治行动。按照国家、省、市区相关要求，出动150多人次，组成12个检查组，对全区250个使用单位的1920台电梯进行全覆盖的检查，发现严重事故隐患（主要是超期未检和无物管）15条，涉及15个使用单位的85台电梯。10条已整改，另外5条在整改之中。充分发挥安全网络作用，确保安全监管到边到位。建立健全监管组织网络，全区共有特种设备28名安全监察人员、8名协管员、19名镇（区、街道）安全监管员，初步构建了监察员、协管员、监管员三位一体，覆盖全区城乡的特种设备安全监管组织网络。

【市场监管执法】 以党委政府和广大群众关注的重点热点为指向，相继开展打假保民生、打霸促公平、打传维稳定“三打”及“四品一械”专项执法行动，依法严厉查处生产销售假冒伪劣、商业欺诈、虚假宣传、行业垄断、不正当竞争等破坏市场公平竞争行为，切实加强竞争执法工作，重点查处工程建设、医药、教育三大领域的商业贿赂行为，公共服务行业滥用优势地位限制竞争行为，依法查处侵犯商业秘密行为，大幅提高竞争类、维权类案件的查处比重，不断提高执法办案的层次和水平。全年共查处各类案件101件。

【队伍建设】 围绕“进行一次专题党课辅导、组织一系列专题学习研讨、开展一次专题调查研究、召开一次专题民主生活会和组织生活会、着力完成一批整改落实任务”这“五个一”活动，推动“三严三实”专题教育，全年征集各类意见和建议近50条，订阅和发放200多本理论学习读本和资料。针对业务体制改革现状，自觉适应政府职能转变和部门改革发展的需要，制定系统而有针对性的教育培训方案，组织食品、药品、餐饮、特种设备专业培训5场次。 （苗才清）

统计管理

The Statistics Management

【概述】 积极发挥统计监测职能，以适应新常态为主攻方向，建立科学完备的统计指标体系和相关调查制度，使统计工作更好地反映发展成果、监测发展进程、服务发展决策、引导发展实践，不断优化提升统计服务水平，为全区经济发展大局做出积极贡献。

【全面建成小康社会综合得分苏北第一】 根据省统计局、省委研究室2015年8月数据反馈，全区全面建成小康综合得分92.7分，高于达标基准2.7分，在苏北排名第一，高出苏北平均水平7.6分，比全市第二名的县（市）高1.4分。36个监测指标中有31个指标达到全面建成小康社会验收标准，其中达标率达到或超过100%的指标18个。92.7%的实现程度表明，盐都全面建成小康社会已经具备良好的发展基础。

【完成人口抽样调查】 年内，扎实地开展机构组建、“两员”选配、业务培训、抽样框整理、小区地图绘制、调查宣传、清查摸底、入户登记、事后质量抽查、编码数据处理上报等一系列工作。全年共派出57名调查员和指导员对23个抽中小区1933户进行登记，调查成果明显。

【统计基础建设】 年内，全力推进乡镇统计站规范化建设，取得显著成果。全区12个建制镇统计站规范化建设全部达标，其中5家为省级示范单位，领先全市。机构建设率先：率先统计站“实体化”，全区12个建制镇统计站均为实体型，“实体化”水平领先全市其他县（市、区），统计队伍呈现出“人员增加、文化层次提高、年龄下降”的良好格局。预算管理领先：大力推动镇政府对统计站实施经费预算管理。联合财政部门下文，及时将第一批规范化建设奖补资金27万元全额拨付到各镇（区、街道），要求各镇统计站及时汇报资金使用情况，禁止截留、挪用。第二批奖补资金24万元已全部下拨。“软硬件”改善争先：所有镇（区、街道）均制定统计站工作制度及工作流程等，并制作版面统一上墙，同时实现统计资料纸质化、电子化并存，年内，对20个镇（区、街道）架设4兆数据专线，网络带宽的提升和架设，为“一套表”系统的顺畅操作提供良好的网络基础保障。

（侯兴安　王其虎）

价格管理

Price Management

【概述】 全区价格工作坚持市场导向，坚持改革创新，以价格惠民、力助转型发展为工作宗旨，积极履行价格服务职能，为构建和谐盐都提供良好的价格环境。

【价格监测管理】 年内，建立健全价格目标调控协同部门、镇（区、街）、村（户）价格监测点三级联动价格监测管理体系，形成区级价格联络员、镇级价格信息员、村（户）价格监测员等职责明确、责任明确、任务明确的价格监测网络。建立完善力求监测品种齐全、监测范围覆盖、监测经费落实的价格监测工作机制。建立市场价格监测数据直报汇总制度。各个市场价格监测点监测数据实现两天一报一旬分析，及时反映当期市场价格变化态势，为加强市场价格总水平调控提供一手依据。

【实施重要民生价格项目】 保障社会大局和谐稳定，年内，积极推进区域供水价格工程，开展区域供水运行价格成本监审，合理确定全区集中供水价格；开展农村“一户一表”供水改造费用调查，依据全区供水改造工程审计结果，明确与农村居民改造费用据实结算办法。积极实施辖区内居民用天然气价格改革，坚持“市区接轨、同城同价、价格惠民”，采取成本监审、风险评估、协商谈判等措施，稳妥确定居民用天然气价格，避免重大价格纠纷事件发生。工农业生产方面，积极化解热力供应价格矛盾，依据市场煤炭销售价格、企业转型发展状况，加强市场调研，多方沟通企业，及时调整发布全区热力供应价格，实现热力供用双方共赢。积极落实粮食收购最低保护价政策，督促粮食部门及时启动水稻、小麦托市收购，保护农民利益。社会保障方面。开展农村公益性公墓价格巡查，依法依规核定生态公墓价格；开展公办幼儿园保育收费调查，确定与市区标准一致，放开民办幼儿教育收费。开展城市公立医院价格改革，推进农村、社区居民家庭医生式医疗健康“签约包”价格服务。

【拓展工作领域】 年内，牵头实施“目录清单之外无收费”价格工程。积极落实国家、省、市各项清费减负价格政策，全年共编制发布《行政事业性收费目录》《经营服务性收费目录》《涉企涉房涉车收费目录》8000余册，为全区企业经营、投资提供价格指南。接受区、镇政府重大项目、投资认证服务。积极参与农村金融抵押物贷款扶持农业发展事项，对商业银行、农村金融担保公司拟据农村集体资产、农业设施装备等开展的金融贷款服务，提供标的物价格鉴证支持。接受高新区、新区、郭猛等镇(区、街道)委托对4个商业街区、工业厂房投资进行价格认证，成功化解6起地方经济转型发展上的矛盾。积极开展拆迁安置房、商品存量住房的价格认定，全年共实施潘黄、龙冈、大纵湖、张庄、盐龙5个镇(区、街道)近8万平方米拆迁安置房和3万平方米存量房的价格核定，化解价值1.2亿元336户近2万平方米的东方汽车广场商铺回购价格矛盾，为全区经济发展“保驾护航”。

【提升价格服务水平】 将日常巡查寓于市场检查首位，突出事中、事后监管，发现问题及时提醒纠正，防止和避免重大价格违法案件发生。通过市场巡查，全年发现纠正价格违法案件5起，接受价格咨询举报236件，主动巡查70个住宅小区物业收费、25个开发楼盘明码标价、16家零食药店、8家公办民办医疗机构，18所中小学教育收费、30个行政事业性收费单位，依法规范市场价格秩序。 (孔　蔚)

卫生监督管理

Health Supervision

【概述】 2015年，全区卫生监督工作主动应对和谋划各项改革，扎实开展“创新项目突破年”“办案质量提升年”“行风建设落实年”活动，强化管理、严格执法，锐意创新、优化服务，圆满完成年度各项目标任务。获省所表彰全市唯一“2015年度基层卫生监督工作先进单位”，在市卫生局、市卫生监督所综合目标考核中连续5年名列第一，实现“五连冠”，区行政审批中心卫生窗口连续7年被评为“红旗窗口”，潘立萍同志被市总工会表彰为“优秀工会干部”，“外来妹”徐夏娟同志爱心助春蕾、点滴为慈善，被区文明办评为“盐都区十佳文明新事”。

【创建国家文明城市】 根据市、区两级统一安排部署，年内，区卫生监督所制订创文工作方案、制度和考核细则，全力投入创建国家文明城市。制作发放“文明餐桌”桌卡10000只、公示牌600块，印制宣传单3000份、制度5000份、消毒标贴5000份、消毒记录1500份。全体卫生监督员对照创文标准，明确工作职责，强化督查指导，加大整治力度，在10—11月突击迎查，保证工作成效，全面完成创建全国文明城市工作任务。同时结合创文完善全区监管单位基础台账，强化办案，提高卫生监督整体工作水平。

【创新开展公共卫生监督】 扎实开展“创新项目突破年”活动。积极实施互联网+卫生监督，以二微码为载体，设计制作式样新颖、美观大方、内容全面的公共场所公示牌，大力推进卫生监督监测信息公示，保障群众公共卫生权益。扎实开展公共场所集中空调通风系统、住宿业等专项整治，强化游泳场所卫生监管，每月(夏季每周)开展游泳场所监督监测。年内，新建公共场所示范单位16个，新增A级单位8户。同时，探索卫生监督24小时在线监测项目，在市所的大力支持下，1户饮用水增压站、2户游泳馆试点水质在线监测。

【空调通风系统专项整治行动】 5月19日，召开培训部署会议，启动公共场所集中空调通风系统专项整治行动。专门制定《工作方案》，全区42名公共场所卫生监督员参加会议。会上，对空调通风系统的基本概念、结构、分类和《规范》进行讲解，对专项整治行动进行布置。5月底前对全区范围内各公共场所单位使用空调通风系统情况进行摸底；6月初，对相关单位负责人、卫生管理员召开培训会议；6—10月，进行专项检查，对不按要求的单位进行整改，集中空调通风系统未经卫生检测或者评价不合格而投入使用的单位，依法立案查处。积极研究建立长效管理机制，将公共场所集中空调通风系统清洗消毒、卫生状况和卫生学评价结果等信息，及时通过媒体向社会进行公示，不断强化公共场所经营单位的责任意识，营造全社会重视公共场所卫生的氛围。

【加强生活饮用水卫生安全监管】 6月底，区卫生局下发《关于开展全区生活饮用水卫生安全专项检查的通知》(都卫〔2015〕49号)。6月26日，区卫生监督所召开基层及区所卫生监督员饮用水安全专项检查培训会议，加强涉水产品

卫生监管业务知识的培训。加强涉水产品的监管，进行二轮销售涉水产品单位督导。对建成区金太阳、丰盛装饰城、城郊结合部等处涉水产品集中地进行拉网检查。通过这次专项检查，摸清全区涉水产品经营单位数、经营品种数，建立起全区涉水产品生产经营单位基本情况一本帐。共抽查涉水产品147件，能提供卫生许可批件38件，涉水产品标签合格数16件，并首次对2起销售无卫生许可批件涉水产品的经营户进行立案查处。对于现制现售水的管理，区卫生监督所参照卫生部办公厅《关于加强现制现售饮用水卫生管理的通知》(卫办监督函〔2011〕571号)要求进行管理，对管辖区域内小区逐一排查，监督员随身携带水样采集器材，请小区物管见证，填写调查表，抽检售水点水质，集中约谈各制水点负责人。共抽出水水样18份，按照《生活饮用水卫生标准》GB5749-2006进行检测，对不合格的8个现制现售水点，出具卫生监督意见书，责令停止供水，查明原因，消除污染，且要求所有业主提供水质处理器卫生许可批件；对不合格现制现售饮用水点均进行整改，并对水质进行再检测。

【开展“办案质量提升年”活动】 开展典型案例交流、执法文书制作竞赛、案件质量点评活动，强化行政执法案卷评查的指导，对发现的问题逐项限时整改。将“办案质量提升年”各项活动及办案质量纳入所对科考核。不断拓宽办案领域，注重办理事关广大消费者身体健康、危害性大、涉及面广的违法违规案件。新办涉水产品、医疗废物等案由6个。全年共作出卫生行政处罚案件115件，其中食品安全案件69件，公共场所案件35件，医疗市场案件8件，生活饮用水案件3件，共罚款258890元。 (周广海)

医政管理

Medical Affairs Management

【概述】 2015年，医政管理围绕医药卫生体制改革和卫生重点工作，以依法行政、依法监管、规范执业为重点，提升医疗服务能力和水平，建立以“医政电子管理运行手册”为平台，以质控网络、督查考核、人员培训、资料建设为依托的医疗机构基础管理体系。扎实开展医疗质量管理活动，以处方质量、住院病历评审、门急诊管理、护理工作、医院感染管理等工作为重点，定期不定期组织对基层医疗机构进行督查指导，夯实医疗质量控制与管理的基础。先后组织医护人员抗菌药物合理使用、院内感染管理、“三基”抽考、门急诊工作检查、麻醉精神药品管理互审、检验科室间质控、住院病历评审等20多项质量管理活动。加强重点科室院内感染管理，实行医疗废物分类收集、集中贮存、集中处置。开展平安医院创建，加强医患沟通，畅通投诉渠道。全区20家一级以上医疗机构全部参加医疗责任保险，投保总金额216.56万元，充分利用保险等手段，化解医疗风险，医疗纠纷得到妥善处理。加强继续医学教育工作，承办省、市继续医学教育项目14项、举办区级继续医学教育项目12项，对全区2816名卫技人员继续医学教育进行验鉴证，合格率97.80%。巩固全国社区中医药工作先进单位创建成果，组织实施中医药服务能力提升工程，大力推进基层中医药服务能力建设，基层医疗机构中医药综合服务区建设成效显著。

【“1+6”模式医疗联合体】 年内，以市三院为龙头，联合区内的2所二级医院(区二院、区中西医结合医院)、2所卫生院(大冈中心卫生院、郭猛镇卫生院)、1所社区卫生服务中心（潘黄街道社区卫生服务中心)等6个医疗单位组成医疗联合体。由市三院骨科、肾内科、呼吸科、内分泌科、康复科、肿瘤科等6个科室，分别结对帮扶6所基层医疗机构相关科室，在“技术支持、远程会诊、双向转诊、人才培训、业务管理、信息共享”等方面进行深度合作，促进优质医疗资源下沉，让群众在家门口就能享受到城市优质医疗资源。以“互联网+医改+医联体”的集成形式，将大医院优质医疗资源下沉到乡镇卫生院，做强基层特色专科，促进分级诊疗和城乡医疗服务均等化做法得到国家卫计委农村医改评估团队专家的高度评价。12月17日，《新华日报》头版头条以“盐都‘1+6’医联体趟出医改路”——“盐都，大医院团队空降基层医院”作专题报道。

【龙冈、郭猛急救医疗分站投入运行】 为保障人民群众身体健康与生命安全，进一步完善院前急救体系，根据《盐城市市区急救医疗体系建设规划(2014—2020年)》，年内，建成市急救中心龙冈、郭猛2个急救分站。2所急救分站的建立，大大缓解盐都中西部地区院前急救力量薄弱、急救半径过大、急救到达时间过长的矛盾。

【基层中医药综合服务】 开展“基层中医药服务能力提升工程”为抓手，全力

推进基层医疗机构中医药综合服务区建设。4月28日，出台《盐都区基层医疗机构中医药综合服务区建设基本标准》，全年共投入500多万元，建制镇卫生院全部建成中医临床科室集中设置、多种中医药方法和手段综合使用、中医诊疗设备配齐、中医药文化氛围浓郁、相对独立的中医药综合服务区。8月，全市“基层医疗机构中医药综合服务区建设工作推进会”在盐都召开，盐都加强基础设施建设、整合中医科室设置、优化中医人员结构、提高专业技术水平、提升综合服务能力的做法，得到市卫生计生委充分肯定。

【文化科普巡讲活动】 为促进中医药进乡村、进社区、进家庭、进机关、进企业、进学校，引领大众走进中医药、认识中医药、了解中医药、使用中医药、支持中医药，4月16日，省第五届“中医药就在你身边”中医药文化科普巡讲盐城站活动在区二院举行。国家中医药管理局中医药文化科普巡讲团专家、南京市中医院党委书记虞鹤鸣教授，省中医肝病专业委员会主任委员、南京中医药大学博士生导师薛博瑜教授，分别作题为《关爱生命，科学养生》《养肝保肝，防病治病》专题讲座，来自全区基层医疗单位中医药人员、楼王镇社区居民代表200多人聆听讲座。自2011年起，盐都成功举办4届中医药文化科普巡讲活动。

（孙书全　祁　俊）

房地产行业管理
Real Estate Industry Management

【概述】 实施房屋白蚁防治面积227万平方米，完成商品房测绘面积483万平方米。完成初始登记楼盘344幢，办理入网备案楼盘209幢，档案入库量35446件。加强房产权属管理，办理房屋权属登记业务34467件，颁发房屋权属证书49723本。全面实施二手房交易资金托管，托管资金总额达到1.54亿元。保障拆迁安置住房578户，新增经济适用住房、廉租房保障对象152户。

安全生产
Safety Production

【概述】 2015年度，全区共发生各类安全事故116起，死亡13人，占市下达控制指标的65%，其中：工商贸企业（建筑施工）事故1起，死亡1人，占市下达控制指标的50%；道路交通发生事故81起，生产经营性道路交通死亡12人，占市下达控制指标的70.6%；农机无事故；火灾事故34起，无死亡。亿元国内生产总值生产安全事故死亡率0.042，低于市考核指标，各项指标均未突破市下达安全生产目标控制值。

【签订安全生产责任状】 在年初的第一次政府常务会议上，区长吴本辉与各分管区长签订2015年安全生产领导责任书，与20个镇（区、街道）、27个区直部门、单位签订2015年安全生产目标责任书，签约率为100%。全区上下共签订安全生产责任书85000份，构建安全生产责任网络体系。

【推行安全生产责任“五覆盖”】 年内，按照国家、省、市要求，切实落实区、镇、村三级安全生产责任，在党政两个方面推行安全生产“党政同责”“一岗双责”责任的落实，区、镇两级政府主要负责人担任安委会主任，定期向党委组织部门报送辖区内安全生产工作情况，“管行业必须管安全、管生产必须管安全、管业务必须管安全”等五个方面做到全覆盖，全面加强安全生产各项工作。同时，根据国家安全监管总局《关于印发企业安全生产责任体系五落实五到位规定的通知》（安监总办〔2015〕27号）要求，在4月底前把通知的具体内容和要求下发至辖区内各企业，做到全覆盖、无遗漏，大多数企业都按照通知精神抓好落实；在夏季及以后的安全生产大检查中，全部列入“五落实五到位”的检查内容，实施专项推进。

【开展责任考核】 年初，区政府将2015年市政府下达的安全生产控制指标，通过年度工作要点、目标责任书的形式，把工作目标分解到镇（区、街道）、部门，在实行年度考核评优中，实施安全生产“一票否决制”。区委区政府在年度“三个文明”考核体系中，对安全生产工作实施单项考核、联合表彰，并严格实施安全生产“一票否决”，增加干部政绩业绩考核中安全生产的权重。特别是区委办公室区政府办公室在《关于印发2015年度全区目标任务综合考核单项工作先进奖考核办法的通知》（都办发〔2015〕7号）文件中，对《2015年度安全生产工作考核办法》更加细化。同时出台《2015年安全生产目标管理考核办法》，并根据《盐都区安全生产约谈制度》要求，对事故隐患整改不力的、发生事故的相关单位人员进行约谈，并根据法律法规对相关责任人进行处理。

【开展安全生产大检查】 年内，区委区政府党政领导按照工作职责分工和挂钩联系点分工，在部署、督促检查各项工作时，对职责范围和挂钩联系点安全生产工作一并进行检查与督查。党政主要领导在重点时段均带队检查安全生产工作，各分管领导除参加重点时段的检查活动外还多次带队检查全区安全生产突出问题、安全生产专项整治和重大事故隐患整改情况，均按照"一岗双责"要求，对分工范围和挂钩联系点开展安全生产检查均在4次以上。

【定期召开安全生产工作会议】 2015年，区委认真履行安全生产"党政同责"的职责，在区委扩大会议上经常有安全生产的议题，针对重大安全生产问题，专门召开常委会议，专题会办研究落实解决办法。区政府常务会议有9次列入安全生产议题，区长办公会议4次研究会办安全生产工作、协调解决重大隐患整改事宜。通过多次政府常务会议、区长办公会议、区长专题协调会议，使安全生产突出问题得到有效解决。年内，以区政府、区安委会、区安委办的名义召开18次全区安全生产工作会议，部署落实安全生产工作任务，通报安全生产工作情况，兑现奖惩年度工作考核结果。通过定期召开安全生产会议，及时传达上级安全生产工作指示要求，把各阶段的重点工作按照时序有序地推进。

【制订年度安全工作计划】 2月27日，以区安委会的名义，下发《关于印发〈盐城市盐都区2015年安全生产工作思路〉的通知》(都安发〔2015〕1号)，对全年安全生产工作进行周密部署安排，使各项工作有序推进；12月10日，区政府办下发《关于报送行政正职领导2015年度安全生产工作报告的通知》(都政传发〔2015〕316号)，要求各镇(区、街道)、区各有关部门和单位在12月25日前将行政正职安全生产述职报告报区安委办。

【政府加大安全生产投入】 全区的安全生产专项资金一直列入同级财政预算，并逐年增长。全年安排专项资金198.5万元，比上年增长98.5%。区政府专门设立安全生产教育培训专项资金50万元。区级安全生产投入进一步增大，使安全生产条件、监管监察装备等得到有效提升和改善。各镇(区、街道)均安排15万元以上的安全生产监管经费，保证当地安监站的日常工作经费支出。

【监管监察机构设置健全】 机构改革后，全区各镇(区、街道)均设立安监机构，区、镇两级安全生产监管监察体系全面形成。其中，区本级除安监局机关外，还单独成立盐都区职业卫生管理站和安全生产宣传教育中心，区安全生产监察大队升格为副科级。至年底，区安监局共有监管执法工作人员26人，其中：行政在职在编工作人员17人，事业编制人员9人。通过自学取得全国注册安全工程师资质的12人，取得高级工程师职称的2人。

【加强安监能力建设】 全区12家建制镇(区、街道)安监站，其中：大纵湖、楼王、龙冈、张庄、潘黄、郭猛、尚庄7家安监站已顺利通过省级基层安监能力建设达标验收，2015年区安监局机构能力建设顺利通过省级达标验收。为基层装备投入100多万元，全区基层安监站现有执法专用车辆5辆，执法电动车39辆、单警执法视音频记录仪20部，监管执法检查数据上传终端20部，电脑、打印机、摄像机、照相机等一些必备的专用设备及个人防护用品配置齐全，全区基层安监能力建设得到大幅度提升。

【推进安全生产标准化建设】 2015年，全区新创建二级安全生产标准化企业20家，三级安全生产标准化企业106家，小微安全标准化企业200家。累计通过二级标准化企业22家；三级标准化企业415家，小微安全标准化企业251家。

【推进隐患排查治理体系建设】 至年底，在隐患排查治理体系平台上，全区有20个镇(区、街道)，30个部门和单位都进行网上登录，已录入企事业单位2110家。全年共排查事故隐患18181条，其中企业自查自报事故隐患10732条，部门抽查事故隐患7449条，整改18129条，其中企业整改10690条，部门督促整改7439条，整改率为99.7%。

【推进安全生产宣传教育工作】 强化安全生产宣传。年内，利用报纸、网络、电视、微信、微博等途径，大力弘扬安全文化，普及安全生产知识。"安全生产月""职业病防治法宣传周""安康杯"等活动一着不让，咨询日、安全生产和职业病防治知识"五进"、应急救援演练、警示教育、答题竞赛、安全文艺演出等主题活动连续开展。区安监局李戎被中国安全生产网聘为网络评论员，并在该网站设立的个人专栏中占有一席之地，仅2015年就为网站撰写评论文章20多篇，为全区安监系统宣传提升层次。为让全社会各层各级及时掌握、了解新修改的《安全生产法》，组织开展"六个一"系列活动(组织参加一次知识讲座，组织一次知识竞赛，发放一本学习读本，开展一次集中培训，张贴一张宣传画，开展一系列宣传报道工作等)，8万人参加新安法知识竞赛，24个代表队70名个人参加区级电视大奖赛。加强安全生产教育培训。全年共组织安全生产培训班57期，培训"三项岗位"人员7632人。举办主要负责人和安全管理人员培训班47期，培训6270人，其中：工商贸企业培训班43期，培训5657人。举办专题培训班：标准化内审员培训班3期，培训257人；涉爆粉尘企业培训班1期，培训137人；危化品培训班2期，培训313人；烟花爆竹培训班2期，培训300人；特种作业培训班10期，培训1362人。此外，以农民工为重点的全员培训10082人。

【安全生产行政执法】 年内，全区共组织执法检查组175个，检查企业1854家，打击非法违法行为391起，整治违规违章行为649起，停产整顿5家，关闭取缔372家，其中烟花爆竹零售点367家。2015年，立案30起，其中事前处罚13起，共处罚金额155.2万元；执法检查企业15家，日常检查企业37家，检查出事故隐患279条，出具整改指令书45份，复查意见书40份，督促企业整改隐患257条。

【事故应急救援演练】 2015年，对到期的事故应急预案，按要求进行重新修订。7月21日上午，开展突发天然气安全事故应急救援演练活动，区委常委、副区长张建洋担任现场总指挥。9月2日下午，举办突发火灾事故应急救援演练。此外，生产经营单位都能按规定组织应急救援演练。通过演练，进一步锻炼应急队伍，提高相关人员在紧急情况下妥善处置事故的能力和部门间协调配合能力，充分检验政府在对待突发事故应急救援处置工作的能力。

【信访和政务信息工作】 抓好安全生产隐患举报工作。年内，共受理安全生产信访举报58件，都在规定的时间内办结。对重大隐患举报的，严格实施举报奖励政策。进一步开发安全生产举报信息平台终端和“安全生产服务牌”推广宣传，共计投入10多万元。对举报重大隐患有功的23人次全部实施奖励，奖励金额5.1万元。抓好安全生产政务信息和主题调研工作开展情况。动员全区各方面力量，多渠道对外宣传盐都安全生产工作，2015年在国家《安全生产报》《新华日报》《江苏法制报》《盐阜大众报》等主流媒体发表论文、专稿27篇，被国家安监总局网站、省安监局及市局网站采用信息400余条。

【工作场所职业卫生监管】 对部分重点职业危害企业进行专项监察检查。至年底，接触职业危害的职工共有3000多人进行健康体检，有3000多人次职业卫生管理人员接受职业卫生管理知识培训，有3家企业开展职业卫生现状评价，有10多家企业对作业现场进行定期检测，对40家企业的职业病防治工作开展评估，对30多家企业的职业卫生状况进行专项监察检查。根据国家安全监管总局和省、市安监局的部署，开展生产经营单位职业卫生摸底调查工作，对全区所有的工贸企业进行登记调查，形成基础表格汇总上报。

【安全生产大检查和专项整治】 强化重点时段、重大节日安全大检查和督查。全区开展元旦、“一节两会”“五一”和安全生产大检查、深化打非治违和专项整治行动等安全大检查，共组织各类检查组912个，参加检查的人员3691人，检查生产经营单位7098家(次)，排查各类隐患16286项，完成整改16137项，整改率99.1%。强化打非治违和专项整治行动。年内，以危险化学品、消防、交通运输、建筑施工、特种设备、燃气、粉尘涉爆等为重点，以铁的手腕、铁的措施、铁的心肠、铁的纪律“四铁”措施扎实开展“打非治违”和专项整治活动。对非法生产经营建设和经停产整顿仍未达到要求的，一律关闭取缔，关闭取缔生产经营单位372家；对非法生产经营建设的有关单位和责任人，一律按规定上限予以处罚，全年罚没金额203.91万元；对存在非法生产经营建设的单位，一律责令停产整顿，并严格落实监管措施；对触犯法律的有关单位和人员，一律依法严格追究法律责任，移送司法机关7人，组织处理9人。

【重点行业领域安全专项治理】 8月17日，区安委会下发《关于深入开展重点行业领域安全生产专项整治工作的通知》，决定在全区范围开展重点行业领域安全生产专项整治工作。9月28日至10月10日，区安委办组织6个督查组，对全区专项整治情况进行督查。行动开展以来，按照“全覆盖、零容忍、严执法、重实效”的要求，加大“四不两直”暗访暗查、专家检查、打非治违的力度，排查整改一大批事故隐患。消防：共检查单位478家，排查整治火灾隐患589处，行政处罚31家，临时查封3家，责令关停5家，罚款19.3万元，拆除搭建的彩钢板临时建筑5600平方米。道路交通：严格落实“定人、定片、定职责”的工作措施，深入开展道路交通安全专项整治活动，期间对3个企业、6个工地进行“四不两直”检查，排查出隐患115条，全部整改。建筑施工上，重点打击无资质施工、超资质范围承揽工程、违法分包转包挂靠等行为，整治不按专项设计方案施工、无相应资质证书从事建筑施工活动等问题，排查整改隐患456条。特种设备上，为认真吸取其他地方电梯伤亡事故的教训，举一反三，切实保障全区电梯安全运行，对电梯使用单位、维保单位、制造企业加强监管，组织开展特种设备安全大检查，排查整改安全隐患27条。海洋渔业上，共组织渔业安全生产大检查5次，检查渔船200艘，排查出隐患20余条，并做到及时整改。工商贸上，与省安科院盐城分院签订20万元的专项检查合同，由安科院聘请省市专家，对全区30家重点企业进行解剖式检查，整改隐患786条。

【抓好事故隐患整改】 认真组织暗查暗访。年内，多次组织“四不两直”暗访抽查活动。1月23日上午，副区长肖乐农率区安监局、住建局、商务局、经信委、消防大队、燃气办等部门和单位的工作人员，采取“四不两直”的方式，突击检查大通燃气马沟门站、柚尊家具厂、荣和烟花、盐城市佼隆招商场、盐宁路加油站、中海油加气站等辖区内企业，现场查看企业相关台账资料、现场基础设施等情况。2月10日上午，区委常委、副区长张建洋带队检查“一节两会”期间建筑和燃气安全生产工作，区政府办、住建局、安监局、消防大队等部门和单位主要领导参加检查。7月和11月，组织区公安局、安监局、市场监管局等部门，对相关镇(区、街道)烟花爆炸市场秩序进行整治，重点查处无证非法经营户。切实抓好安全隐患整改。年初，下发《关于对2015年度重大事故隐患实行挂牌整改督办的通知》(都安发〔2015〕2号)，对盐城天邦饲料科技有限公司等12家重大事故隐患实行挂牌督办整改。组织3个督查组，对挂牌隐患整改情况进行专项督查，以《关于第一批挂牌督办重大事故隐患整改情况的通报》文件进行通报，对各单位上报的整改材料进行审核后，对12家重大事故隐患均予以销号。认真整治市级挂牌隐患。年内，市级挂牌督办的盐城天邦饲料科技有限公司、江苏好人鞋业有限公司2家重大事故隐患，均已全部整改到位，市安委会已销号。（李 戎）

科学技术

Science and Technology

综　　述

Summary

【概述】 全区科技系统紧扣市“载体建设年”和区“项目载体突破年”活动目标任务，以“科技工作项目化”管理为抓手，切实履行职责，全力推进实施品牌创建、平台建设、科技立项、企业创新、知识产权、科技金融等科技六项重点工作，以令人瞩目的崭新业绩为“十二五”胜利收官画上圆满句号。

载体建设成效显著。成功推进两个国家级、三个省级科技品牌的创建工作。区科技部门充分发挥职能作用，牵头做好协调服务工作，为盐城国家高新区顺利获批并正式挂牌作出较大贡献。成功创建国家火炬盐都涂装设备特色产业基地(大纵湖镇)、国家级地震安全示范社区(龙冈华虹嘉园)、江苏省创新型试点乡镇(秦南镇)、江苏省科技企业孵化器(郭猛镇)、江苏省防震减灾科普示范学校(秦南泽夫初级中学)。着力推进“一镇一院一产业”建设，大纵湖镇与天津大学共建“天津大学盐城涂装设备装备研究院”、大冈镇与南昌航空大学共建“南昌航空大学盐城新材料及制鞋装备研究院”等五个特色产业公共研发平台均正式签约。中国银行高新区科技支行挂牌运行。新增省级以上企业研发机构10家，兰丰科技的“矿用干法除尘装备工程技术研究中心”、中恒宠物的“高掺量秸秆基木塑复合材料工程技术研究中心”获省级工程技术研究中心认定；华跃纺织获江苏省企业院士工作站认定；华东砂轮、神鹤科技等7家企业获江苏省企业研究生工作站认定。

科技立项喜结硕果。组织企业申报市级以上各类科技项目120项，已获立项96项，争取科技项目及奖励资金3000多万元。旭华机械、长城石油等8个项目获得国家星火项目立项；广盛源科技、驰翔齿轮等3个项目获得省产业前瞻与共性关键技术项目立项；坤泰机械获得省创新资金项目立项；翡翠湾花木、润春生态等5个项目获得省苏北农业专项立项。全区40个项目获得“苏科贷”项目立项，争取科技贷款1.53亿元，立项数和争取资金数再列全省县（市、区）第一。65家企业获得市“科技六项政策”奖励资金900多万元。2家企业、3名企业家分别被市政府授予“优秀科技型中小企业”和“优秀科技型中小企业家”称号，获奖总数占全市的1/4以上。华东砂轮的“大规格高速精密磨轧辊砂轮”等24个项目获得2015年盐城市科学技术奖，兰丰科技的“一种电袋复合除尘器”等4个项目获得2015年盐城市政府专利奖，总数均列全市第一。摩度空间、盐渎商城等两家企业被认定为首批省级众创空间。

高端培育再创新高。申江环境、瑞升齿轮等26家企业被认定为国家高新技术企业，康杰机械的“数字化精确控温钎焊成套装备铜硬钎焊炉”、坤泰机械的“智能型SBR卷片材复合一体化设备”等153个产品被认定为省高新技术产品，高企、高品认定数分别占全市的17%和28%以上，位列苏北各县(市、区)之首。维尔思机械、三川轴承等85家企业被认定为省民营科技企业。专利申请申报再创佳绩，全区专利申请量达2650件，授权量达815件，其中发明专利申请量达463件。中恒宠物用品公司境外申请德国专利1件、日本专利10件，康杰机械申请PCT专利2件，均已授权。剑桥涂装、神鹤科技等14家企业被省知识产权局认定为知识产权管理标准化创建单位。

产学研合作成效喜人。帮助康杰机械成功举办“中国盐城(康杰)第二届热交换器钎焊与装备国际研讨会”。组织企业参加各级各类科技成果交易会、展示会，支持企业与中科院、清华大学等单位开展产学研对接活动，引进、转化科技成果项目。组织23家企业参加全市产学研对接活动，签订科技及人才合作项目31项。组织华跃纺织、中联纤维、昶桦机械、润春生态园等20家企业赴东华大学、南京工业大学、中科院南京植物研究所、江苏大学等高校及科研院所开展产学研对接活动。组织郭猛镇与江苏大学签订政产学研合作协议，共建环保产业特色基地。组织50多家科技企业参加第一届界发明创新论坛,神鹤科技、东九重工、康杰机械等10家企业与相关发明家及教授进行项目签约,神鹤科技、华锐风电、维尔思环境等6家企业获得大会专利金奖,爱菲尔菌菇、赛福汽车、凯博电气等5家企业获得大会专利银奖。组织20家企业参加第五届省"科洽会",签订成果转化转移项目协议16项。全区新签产学研合作项目86项。（陈加强）

科技活动
Scientific and Technological Activities

【概述】 全区上下以加快建设创新型城市为契机,扎实开展各类科技活动,促进和带动各项科技工作的顺利开展,有效推进全区科技创新和经济社会发展迈上新台阶。

【马成志到盐都督查研发机构建设工作】 1月7日上午,副市长马成志带领市科技局、发改委、经信委、财政局等部门负责人组成的督查组到盐都区,督查企业研发机构建设情况。副区长肖乐农,区科技局局长陈镖等相关部门负责人陪同。马成志一行先后察看江苏双菊风机有限公司、江苏远华轻化装备有限公司等企业研发场地、研发设备现场,听取企业负责人对研发机构建设情况的汇报,详细了解企业研发投入,人才引进、生产经营等情况。

【苏州科技学院到盐都参加科技人才对接活动】 2月4—5日,由苏州科技学院科技产业部副部长顾坚、生化学院博导邱业先、省委党校教授董汉中等一行7人组成的苏州科技学院人才团队,到盐都参加由区科技局、区人才办联合举办的科技人才合作对接活动。副区长王善民主持科技人才合作对接会,区科技局、人才办与苏州科技学院分别就盐都科技情况、产业特色、技术需求、人才政策及苏州科技学院专业特色、科研成果等情况进行详细的介绍。活动期间,苏州科技学院人才团队参观郭猛镇红贵坊、高新区及农业园区相关企业,并与企业进行产学研、科技人才合作对接洽谈,初步达成一系列合作意向。

【邹毅实到盐都调研】 3月2日下午,市科技局局长邹毅实一行到区科技局调研科技创新工作,副调研员石春山、产学研处处长朱卫东等随同调研,区科技局全体班子成员参加调研座谈会。区科技局班子成员就全区2014年科技工作情况及2015年工作思路、科技创新调查统计、研发机构建设、科技政策落实等内容作交流汇报。

【全区科技工作会议】 3月10日,全区科技工作会议召开,镇(区、街道)分管科技工作的负责人、科技助理(主任),区住建局、经信委、财政局、人社局等部门分管科技工作的负责人,区科技镇长团成员,区科技局全体班子成员,国家高新技术企业负责人等出席会议。会议传达落实国家和省科技工作会议精神,总结2014年全区科技工作,研究部署2015年全区科技工作任务。区科技局局长陈镖作科技工作报告,副区长肖乐农出席并讲话。

【盐城国家高新区揭牌】 (详见49页)

【周捷一行到盐都企业开展"个性化"服务】 6月17日上午,市科技局副局长周捷、副调研员石春山带领分管职能处室负责人,赴北蒋街道开展"个性化"科技服务活动,向企业宣传、解读科技政策,现场指导企业如何挖掘项目源、申请专利、开展产学研合作、引进科技人才等,深得企业欢迎。区科技局相关负责人一同参与服务活动。

【中国矿大到盐都开展产学研对接活动】 9月30日上午,中国矿业大学科学技术研究院副院长董海林带领相关专家教授一行4人到龙冈镇开展产学研对接活动,商谈共建特色产业研究院事宜。副区长王善民、区科技局局长陈镖等接待并参加洽谈。中国矿大专家组与区领导就矿用设备设计发展进行技术服务对接,双方就开展技术合作进行深入交流,达成共建矿用设备研究院的合作意向,约定在中国矿业大学进一步洽谈商讨签订协议、筹建挂牌等事宜。

【盐城智能制造专家团企业服务行走进盐都】 11月20日上午,盐城智能制造专家团企业服务行走进盐都,特邀国内知名的智能装备制造商、智能系统集成商、设备融资租赁商、信息化服务商,以及本地高校、省行业协会技术专家为企业提供零距离接触。会上,徐工集团、徐工信息技术股份有限公司、南京埃斯顿机器人工程有限公司专家分别作题为"智能制造经验分享""两化融合管理体系贯标咨询服务方案"和"工业机器人应用案例分析"的讲座。随后,专家组就企业开发智能新产品、应用智能新装备遇到的技术难题,与参会企业面对面开展技术把脉诊断。

【启迪公司臧明到盐都考察】 11月20日下午,启迪商学院院长、启迪控股股份有限公司教育发展总监臧明一行来盐都区考察高层次人才创业项目。臧明一行先后参观江苏中色锐毕利实业有限公司、"思想家"众创空间、柚尊商学院、康林达公司等项目,详细了解企业生产经营、创新创业、科技成果转化、人才培养等方面情况,对盐都区积极搭建平台,以灵活的引才政策和激励措施,不断吸引高层次人才落户创业的举措给予赞赏。臧明表示,要以此次考察为契机,不断加强双方的沟通交流,进一步拓展合作空间,实现互利共赢。

【陶静到盐都巡视院士工作站项目】 12月9日上午,由省科技厅巡视员、纪检组长陶静带队、一行5人组成的省级科技计划项目管理巡视组到盐都开展专项巡视,巡视组检查江苏驰翔齿轮股份有限公司的省级企业院士工作站项目实施情况。市科技局党组书记周晓棣、纪检组长郭九地、副调研员石春山、区科技局局长陈镖陪同巡视。巡视会上,省巡视组一行详细了解驰翔齿轮的省院士工作站项目实施情况,对驰翔齿轮院士工作站项目实施进度、财务指标、经费内部控制、经费会计核算、执行预算、设备购置和管理、决算和财务验收的执行等情况进行检查。陶静巡视员对驰翔齿轮省院士工作站建设工作表示充分肯定，并建议盐都区进一步加强对省科技计划项目实施监督管理、推进项目更好地规范有序实施。

【葛启发到盐都调研高新技术企业】 12月15日，副市长葛启发一行到盐都盐城国家高新区调研高新技术企业。区委副书记、区长吴本辉，副区长肖乐农，市科技党组书记周晓棣、副局长缪志伟，区科技局局长陈镖等陪同调研。在江苏瑞和磨料磨具有限公司，葛启发一行参观企业磨料磨具生产线和产品展示馆，听取企业负责人对企业发展情况的介绍，详细了解企业技术创新、新产品开发和生产经营情况。葛启发指出，做好产学研合作、科技项目申报和产品研发工作，对于企业来说十分关键。希望企业加强与国内高校和科研院所的产学研合作，增强企业核心竞争力；要加大科技项目的申报力度，争取更多的资金支持；要强化宣传及后续产品的研发工作，丰富产品线，以此助推企业发展。

【全区科技统计年报培训会】 12月25日，区科技局和区统计局联合召开全区2015年度科技统计年报培训会议。辖区内17个镇(区、街道)分管科技工作的负责人、科技助理(或负责科技工作的人员)、统计站负责二产统计的人员参加会议。会上，区科技局局长陈镖传达上级科技年报会议精神，对2015年全区科技统计年报及企业创新调查工作进行全面部署，就进一步做好科技统计工作提出意见。 (陈加强)

科技成果
Scientific and Technological Achrievements

【概述】 区委、区政府十分注重提高企业的科技开发水平，采取一系列措施促进企业多出成果、快出成果、出好成果。积极组织企业申报省、市科技进步奖，以促进企业技术创新能力的进一步提高。2015年度，全区有24个项目获得“盐城市科学技术奖”，其中一等奖3项、二等奖7项、三等奖14项。

【大规格高速精密磨轧辊砂轮】 本项目采用高强度双相增强复合材料技术，以硫铁矿、轻质氧化镁，重晶石专用改性高聚合物基酚醛树脂结合剂与陶瓷微晶球形磨料，突破国外垄断，大幅度提高材料的抗拉抗折强度，形成点状磨削，磨削过程中保持一致的切除率、一致的粗糙度、一致的光洁度，磨削过程中其到优良的成核与润滑性能，抗工件烧伤，高速磨削条件下始终处于优良的磨削状态，持久性可达普通砂轮的4~12倍，线速度每秒50~80米，光洁度可达纳米级，打破国外垄断，已获3项发明专利。该项目完成单位是江苏华东砂轮有限公司，被评为2015年度盐城市科学技术奖一等奖。

【内镜粘膜下剥离术的临床研究】 内镜黏膜下剥离术(ESD)以内镜黏膜切除术(EMR)为基础，是一种安全有效的微创治疗早期消化道肿瘤和黏膜下肿瘤的新技术。ESD操作时间短、恢复快、住院时间短、医疗费用低等优点越来越为人们所关注。微探头内镜超声利用其超声和内镜结合的优势，能对消化道隆起性病变进行较准确的定位及初步定性诊断，同时也为临床选择治疗方案提供重要依据。该项目完成单位是盐城市第三人民医院，被评为2015年度盐城市科学技术奖一等奖。

【探讨组织因子 (TF) 在人肝细胞肝癌(HCC)组织中的表达与肿瘤组织侵袭转移之间的关系】 本研究创新在于，采用免疫组织化学EnvisionTM法测定人肝细胞肝癌中TF及CD34标记的微血管密度(microvesseldensity,MVD)，对比肝癌组织中TF表达与MMP-2表达的关系，了解TF在HCC组织的表达情况，探讨组织因子(TF)在人肝细胞肝癌(HCC)血管生成中的作用并及肝细胞组织中组织因子 (TF)的表达与肿瘤组织侵袭转移之间的关系。该项目完成单位是盐城市第三人民医院，被评为2015年度盐城市科学技术奖一等奖。

【RXL-5抽屉式预热炉】 项目产品创新点在于，采用具有自主知识产权的炉门快开装置，密封性好，提高使用安全性；采用集成式上下多层抽屉加热系统和碳纤维红外线加热管加热方式，有效控制不同温度控制区的温差，提高组件的预热效果，温升时间短，电热转换效率高。项目已获授权发明专利1件。该项目完成单位是江苏都盛科技发展有限公司，被评为2015年度盐城市科学技术奖二等奖。

【全胸腔镜肺叶切除术和传统开胸手术的比较研究】 本课题创新之处在于克服传统开胸肺叶切除手术创伤大、并发症多，恢复慢的缺点，达到微创治疗的目的，对肿瘤患者可以避免围手术期患者免疫功能的抑制，预防潜在的转移和复发。该项目完成单位是盐城市第三人民医院，被评为2015年度盐城市科学技术奖二等奖。

【MLCD-6000A型多轴联动三维移动头液压裁断机】 本项目产品根据加工成型材料种类的不同，由自动控制系统根据材料厚度、材质的不同而选择送料的速度，从而达到最佳裁切效果，实现快速分切。多轴联动三维移动头液压裁断机的主运动是工作机构(上机体)向工作台(下机体)的直线上下往返运动，输送带送料辅助运动是多轴三维旋转移动头刀模与材料的水平移动。该项目完成单位是江苏贸隆机械制造有限公司，被评为2015年度盐城市科学技术奖二等奖。

【YHHR-3000A型宽幅无缝墙布热熔复合机】 本项目着力通过技术集成创新，重点研究自动控制宽幅无缝墙布热熔复合机的机械结构及自动控制技术性能，以此提升全省轻工机械传统产业水平，增强全省特色支柱产业的再创新能力和产业化整体实力。该项目完成后，温度恒温控制、高精度光学成像探头定位、跟线纠偏感应等核心关键技术及其执行机构水平达到国内领先，并拥有自主知识产权。该项目完成单位是江苏远华轻化装备有限公司，被评为2015年度盐城市科学技术奖二等奖。

【HY-1600GMT多功能组合式平板复合机】 本项目产品为工业产品，属于光机电一体化中先进制造技术及其装备，为纺织机械产业领域，主要应用于汽车工业制品、汽车纺织内饰、过滤材料、航空集装箱、医疗防护等行业的新型机械。项目主要内容是，通过多组加热区、冷却区及对压辊的组合使用，实现三层或多层材料的复合；依靠上下平行转动的特氟隆平带的加热、压合及冷却定型，实现多层不同厚度材料的热塑性复合。该项目完成单位是江苏闳业机械有限公司，被评为2015年度盐城市科学技术奖二等奖。

【超低温球阀】 项目产品通过采用特殊的低温处理，减少温度变化造成的变形和泄漏；阀体采用PCTEF、金属硬密封，在-196℃时密封良好；阀体与阀盖、阀体与支架间、阀体下端与固定轴用榫槽连接，防止介质外漏，有效减少温度传递；阀杆材料采用F316固溶处理、深冷处理、表面渗氮处理，提高表面硬度；阀体采用不锈钢紧密锻造，减少加工余量，提高加工精度。以使项目产品耐受低温达到-196℃。该项目完成单位是江苏盐电阀门有限公司?? 盐城工学院，被评为2014年度盐城市科学技术奖二等奖。

【全液压节能带压作业组合装置】 项目是在带压修井工作状态下，油管运动或静止时，运用液压式不压井修井技术、反加压控制技术、蓄能器组合系统控制技术和液压传动技术，通过由具有各自特殊功能的防喷系统、安全卡瓦系统、操作台控制系统的新型机械结构系统，有效实现井口的动静密封。该项目完成单位是盐城市大冈石油工具厂有限责任公司，被评为2015年度盐城市科学技术奖三等奖。

【网眼布针边定型复合机】 项目产品采用针边定型技术与光电跟踪自动扩幅技术相结合的针边扩幅原理，解决网眼布复合幅面舒展、幅宽一致、网眼端正，适用于服装、装饰、绣花等行业生产女性时装、舞台服饰、工艺绣花等，具有复合速度快、品质高、自动化程度高等优点。该项目完成单位是江苏坤泰机械有限公司，被评为2015年度盐城市科学技术奖三等奖。

【HSDZ-1500型多层立体式精密裁切装备】 项目运用自主研发的柔性材料接送堆垛装置（发明专利），采用由固定移动输送带、牵引升降结构，通过智能控制的直线导轨和固定移动输送带系统，实现狭长的外形复杂的片状材料的堆垛，解决狭长的外形复杂的软性材料（安全气囊材料）的难堆垛难题；集成采用张力比例阀控制、行进间纠偏、精密四柱冲裁限位等技术，立体式软性材料的储料、间歇定长送料和位置的准确性。该项目完成单位是盐城市华森机械有限公司，被评为2015年度盐城市科学技术奖三等奖。

【全液压动力头顶驱钻采装备】 项目产品为全液压设计，建立同一液压站，实现全部运动功能；自动化程度高；控制精度高，能准确地控制和调节钻进速度，控制精度高；配置液压动力头，可实现顶驱钻进和加压钻进；整机集成度高，结构简化，省去盘刹等复杂能耗刹车系统，重量轻。该项目完成单位是盐城市华谊石油机械有限公司，被评为2015年度盐城市科学技术奖三等奖。

【电炉余热锅炉】 项目创新点在于，集汽化冷却烟道采用强制循环与自然循环流动方式，受热面采用灯笼管悬吊式于一体，且应用于电（弧）炉炼钢高温烟气余热回收发电锅炉技术。其中某些技术在国内属于首创，填补国内空白，总体达到国内先进水平。同时可以加速电炉炼钢的工艺更新，淘汰落后的工艺产品，提高产品市场竞争力，有利于钢铁行业结构调整和优化。该项目完成单位是江苏东九重工股份有限公司，被评为2015年度盐城市科学技术奖三等奖。

【XYJ-3/CX2000装饰材料自动裁切生产线】 本项目产品属于光机电一体化新型片材模切机械产品中的专用机械范畴，主要应用于主要适用于利用成型刀模裁切幅面宽、片状材料的建材装饰品、高档地板等，尤其对裁切料无规律、模具要求高的零部件进行批量连续裁切作业。该项目完成单位是盐城雄鹰精密机械有限公司，被评为2015年度盐城市科学技术奖三等奖。

【静电喷涂式钎焊机】 项目使用水融化钎焊剂粉末，节约大量生产用水，无需在钎焊机中设置加热干燥炉，平均节能25%，喷涂室内采用焊剂内过滤/循环技术，回收的焊剂重新进入焊剂送料斗，使钎焊剂的综合利用率大幅上升。避免原有液态喷涂工艺中钎焊剂废液的排放和环境污染。该项目完成单位是江苏康杰机械股份有限公司，被评为2015年度盐城市科学技术奖三等奖。 （陈加强）

盐都区2015年度获市科学技术奖项目一览表

表7

序号	项目名称	完成单位	奖励等级
1	大规格高速精密磨轧辊砂轮	江苏华东砂轮有限公司	一等奖
2	内镜黏膜下剥离术的临床研究	盐城市三院	一等奖
3	探讨组织因子(TF)在人肝细胞肝癌(HCC)组织中的表达与肿瘤组织侵袭转移之间的关系	盐城市三院	一等奖
4	RXL-5抽屉式预热炉	江苏都盛科技发展有限公司	二等奖
5	全胸腔镜肺叶切除术和传统开胸手术的比较研究	盐城市三院	二等奖

续表 7

序号	项目名称	完成单位	奖励等级
6	CMM2-18 型高效智能煤矿用液压锚杆钻车	盐城市恒越电气有限公司	二等奖
7	MLCD-6000A 型多轴联动三维移动头液压裁断机	江苏贸隆机械制造有限公司	二等奖
8	YHHR-3000A 型宽幅无缝墙布热熔复合机	江苏远华轻化装备有限公司	二等奖
9	HY-1600GMT 多功能组合式平板复合机	江苏闳业机械有限公司	二等奖
10	超低温球阀	江苏盐电阀门有限公司　盐城工学院	二等奖
11	全液压节能带压作业组合装置	盐城市大冈石油工具厂有限责任公司	三等奖
12	PICC 管配合便携式微量泵泵入吗啡治疗晚期癌痛	盐城市三院	三等奖
13	网眼布针边定型复合机	江苏坤泰机械有限公司	三等奖
14	HSDZ-1500 型多层立体式精密裁切装备	盐城市华森机械有限公司	三等奖
15	全液压动力头顶驱钻采装备	盐城市华谊石油机械有限公司	三等奖
16	临床路径系统软件	盐城市三院	三等奖
17	电炉余热锅炉	江苏东九重工股份有限公司	三等奖
18	XYJ-3/CX2000 装饰材料自动裁切生产线	盐城雄鹰精密机械有限公司	三等奖
19	糖尿病足介入治疗	盐城市三院	三等奖
20	2 型糖尿病血清胎球蛋白 A 及脂联素水平和糖脂代谢及其并发症的相关性	盐城市三院	三等奖
21	循证护理在乳腺癌手术患者心理护理中的应用研究	盐城市三院	三等奖
22	静电喷涂式钎焊机	江苏康杰机械股份有限公司	三等奖
23	经胃管鼻饲加味柴芍承气汤在治疗重症胰腺炎中的临床作用研究	盐城市三院	三等奖
24	无陪护妇科围手术期患者和护士自护角色转换的质性研究	盐城市三院	三等奖

盐都区 2015 年获国家及省科技计划立项项目汇总表

表 8

序号	项目类别	项目名称	承担单位	争取资金（万元）
1	国家火炬计划项目	大规格高速树脂精密磨轧辊砂轮	江苏华东砂轮有限公司	
2		MLCD-6000A 型多轴联动三维移动头	江苏贸隆机械制造有限公司	
3		冲振式螺杆钻具	江苏航天鸿鹏数控机械有限公司	
4		HY-1900Z1 针板式专用火焰复合机	江苏闳业机械有限公司	
5		YHHR-3000 宽幅无缝墙布热熔复合机	江苏远华轻化装备有限公司	
6	省重点研发计划(产业前瞻与共性关键技术)	高性能有机纤维纺丝线的设计和开发	江苏广盛源科技发展有限公司	120
7		高效高压大排量内啮合齿轮泵机理及关键技术研发	江苏驰翔精密齿轮股份有限公司	100
8		转炉煤气干法净化及中温段余热回收关键技术研究	江苏东九重工股份有限公司	200
9	科技富民强县项目	蕨类植物高效栽培技术示范	江苏翡翠湾花木有限公司	40
10		猕猴桃新品种引进及高效栽培技术示范	盐城市润春生态园农业发展有限公司	40
11		速生樱花快速繁殖及栽培养护技术集成示范	盐城市盐都区腾飞花木专业合作社	40
12		薄壳山核桃引种、快速繁殖和早实丰产技术研究及应用示范	盐城市康泰蔬菜产销专业合作社	40
13		耐盐木槿新品种的引种与示范	盐城市路路景观园林工程有限公司	40

续表 8

序号	项目类别	项目名称	承担单位	争取资金（万元）
14	省科技型企业技术创新资金	电动轿车电磁与摩擦制动集成系统研究开发	盐城振宇科技发展有限公司	27
15	双创博士项目	创新类	江苏航天鸿鹏数控机械有限公司	15
16		创新类	江苏悦达纺织集团有限公司	15
17		创新类	江苏瑞和磨料磨具有限公司	15

盐都区 2015 年获省认定高新技术产品汇总表

表 9

序号	产品名称	企业名称	认定证书编号
1	复方硫酸软骨素片	江苏克胜药业有限公司	150901G0001N
2	汉麻原纤/天丝等多组分抗菌弹力针织面料	江苏悦达纺织集团有限公司	150928G0003N
3	白椰壳炭天丝精梳棉衬衫面料	江苏悦达纺织集团有限公司	150928G0004N
4	载体式涡流纺天丝/精梳棉混纺纱	江苏悦达纺织集团有限公司	150928G0005N
5	商用汽车自动变速操纵装置	盐城市步高汽配制造有限公司	150928G0007N
6	全自动针织布热压定型复合一体化设备	江苏坤泰机械有限公司	150928G0012N
7	智能型 SBR 卷片材复合一体化设备	江苏坤泰机械有限公司	150928G0198N
8	KT-BM 1000B 全自动宽幅薄膜电晕上胶机	江苏坤泰机械有限公司	150928G0199N
9	WD-2000 网眼布针边定型复合机	江苏坤泰机械有限公司	150928G0200N
10	智能控制抛光片冲裁生产线	盐城市华森机械有限公司	150928G0029N
11	HSDZ 多层立体式精密裁切装备	盐城市华森机械有限公司	150928G0214N
12	HSSZ-1000C 型多层砂纸自动裁切成型机	盐城市华森机械有限公司	150928G0398N
13	HSCP-150 型智能控制高速百洁布切片机	盐城市华森机械有限公司	150928G0399N
14	蒸发萃取用可冷凝双层高硅氧分液漏斗	盐城市华鸥实业有限公司	150928G0006N
15	多级自动再生双锥组合干燥器(干燥机)	盐城市华鸥实业有限公司	150928G0106N
16	混合式蒸馏系统一体式蒸馏仪	盐城市华鸥实业有限公司	150928G0107N
17	多层复合导流双体壁耐热玻璃烧杯仪器	盐城市华鸥实业有限公司	150928G0183N
18	JF 高效节能磁流体温控省煤设备	盐城市劲风节能环保设备有限公司	150901G0053N
19	JF 高效节能多节刮板式除尘装置	盐城市劲风节能环保设备有限公司	150901G0054N
20	JF 回热节能循环系统省煤设备	盐城市劲风节能环保设备有限公司	150901G0136N
21	新能源及电动汽车领域用耐高温耐老化电缆	盐城利维线缆有限公司	150928G0048N
22	轨道交通用无卤低烟耐火阻燃电缆	盐城利维线缆有限公司	150928G0425N
23	轨道交通用耐火直流牵引电缆	盐城利维线缆有限公司	150928G0426N
24	HPC63 高效柔性加工中心	江苏恒力组合机床有限公司	150928G0008N
25	海上移动变电站	盐城华盛变压器制造有限公司	150928G0033N
26	环保型重型卡车刹车片	盐城市鑫浩机械制造有限公司	150928G0040N
27	基于环保型摩擦材料的矿用机械刹车片	盐城市鑫浩机械制造有限公司	150928G0041N

续表 9

序号	产品名称	企业名称	认定证书编号
28	可调式环保型鼓式刹车蹄片	盐城市鑫浩机械制造有限公司	150928G0416N
29	以稻麦秸秆摩擦材料为基底的离合器面片	盐城市鑫浩机械制造有限公司	150928G0417N
30	超低温固定球阀	盐城圣科球阀有限公司	150928G0042N
31	冲振式螺杆钻具	江苏航天鸿鹏数控机械有限公司	150928G0011N
32	压差离合式尾管悬挂装置	江苏航天鸿鹏数控机械有限公司	150928G0196N
33	防喷器高低压试压阀	盐城市大冈石油工具厂有限责任公司	150928G0016N
34	螺杆钻具传动轴锁紧装置	盐城市大冈石油工具厂有限责任公司	150928G0017N
35	高性能镍铬高电阻电热合金	江苏中钢合金材料有限公司	150928G0057N
36	45KV 单芯电力电缆	江苏亚特电缆有限公司	150928G0013N
37	防水型 45KV 三芯电力电缆	江苏亚特电缆有限公司	150928G0014N
38	高能效直套式绝缘电线电缆	江苏亚特电缆有限公司	150928G0373N
39	节能高效型三芯电力电缆	江苏亚特电缆有限公司	150928G0374N
40	多炉多层抽屉式纺丝组件预热炉	江苏都盛科技发展有限公司	150928G0015N
41	搪塑模具用热风循环凝胶炉	江苏都盛科技发展有限公司	150928G0201N
42	纺丝工件专用三氧化二铝流化床	江苏都盛科技发展有限公司	150928G0202N
43	双向拉伸光学膜过滤器清洗生产线	江苏鑫龙化纤机械有限公司	150928G0027N
44	气电两用热风炉	江苏自强涂装机械有限公司	150928G0032N
45	一种新型喷漆室	江苏自强涂装机械有限公司	150928G0402N
46	注塑设备用高频感应加热节电器	盐城市龙科电器有限公司	150928G0051N
47	循环内风槽电磁感应加热器	盐城市龙科电器有限公司	150928G0052N
48	环保控温水冷式铸铝加热器	盐城市龙科电器有限公司	150928G0434N
49	环保温控风冷式陶瓷加热器	盐城市龙科电器有限公司	150928G0435N
50	高温加热炉的传送带	盐城市飞亚利机械有限公司	150928G0055N
51	烟道余热可回收利用的燃气式铝搪瓷加热固化炉	盐城市飞亚利机械有限公司	150928G0056N
52	单区燃气钎焊炉	盐城市飞亚利机械有限公司	150928G0240N
53	节能环保型铜质散热器主片焊锡炉	盐城市飞亚利机械有限公司	150928G0241N
54	铝水箱散热器芯体脱脂炉	盐城市飞亚利机械有限公司	150928G0242N
55	燃气脱水烘干炉	盐城市飞亚利机械有限公司	150928G0436N
56	用于铝板与不锈钢板多层复合板热轧的无尘加热炉	盐城市飞亚利机械有限公司	150928G0437N
57	LCT 除尘脱汞设备	盐城市兰丰环境工程科技有限公司	150928G0018N
58	大型行喷脉冲长布袋除尘器	盐城市兰丰环境工程科技有限公司	150928G0019N
59	湿式电除尘器	盐城市兰丰环境工程科技有限公司	150928G0382N
60	旋转超重力脱硫装备	盐城市兰丰环境工程科技有限公司	150928G0383N
61	LXYS 型预粉磨选粉机	盐城市兰丰环境工程科技有限公司	150928G0384N
62	RF(X)-4-I 芳纶热定型机	江苏广盛源科技发展有限公司	150928G0023N
63	GSY-SSHG-I 松式烘干输送机	江苏广盛源科技发展有限公司	150928G0024N
64	GSY-PXJ-芳纶水洗机	江苏广盛源科技发展有限公司	150928G0025N

续表 9

序号	产品名称	企业名称	认定证书编号
65	GSY-FSJ 芳纶转向纺丝机	江苏广盛源科技发展有限公司	150928G0026N
66	节能型立式挤压淬火炉	盐城市广庆电器有限公司	150928G0020N
67	高精度柴油机调速杠杆	江苏新海科技发展有限公司	150928G0030N
68	XH-U 型抗振动柴油机水箱	江苏新海科技发展有限公司	150928G0120N
69	球形冷却水腔轴承座	江苏新海科技发展有限公司	150928G0121N
70	高品质外啮合双齿液压齿轮泵	盐城市盐都区鑫亮机械科技有限公司	150928G0031N
71	可搭载清洁能源高速插秧机左齿轮箱体	盐城瑞升齿轮有限公司	150928G0043N
72	可搭载清洁动力高速插秧机右齿轮箱体	盐城瑞升齿轮有限公司	150928G0044N
73	环保型节流降压消音器	盐城市高跃机械有限公司	150928G0045N
74	SLQM 气箱脉冲布袋除尘器	盐城市赛隆节能技术工程有限公司	150901G0049N
75	SLDM 大型行喷脉冲布袋除尘器	盐城市赛隆节能技术工程有限公司	150901G0427N
76	SLX 高效选粉机	盐城市赛隆节能技术工程有限公司	150901G0428N
77	矿用隔爆型变流移动变电站(KBZSGZY-3150/10/2×1.905)	江苏中联电气股份有限公司	150928G0114N
78	HY-1600GMT 多功能组合式平板复合机	江苏闳业机械有限公司	150928G0108N
79	HY-1900J2 循环水冷却双火口专用火焰复合机	江苏闳业机械有限公司	150928G0185N
80	HY-1900Z1 针板式专用火焰复合机	江苏闳业机械有限公司	150928G0186N
81	透明质酸敷料	江苏开源康达医疗器械有限公司	150928G0137N
82	多糖纤维素医用胶	江苏开源康达医疗器械有限公司	150928G0239N
83	电磁离合电动汽车自动变速箱	盐城市金洲机械制造有限公司	150928G0117N
84	高精度低静音两级传动伺服行星减速机	盐城市金洲机械制造有限公司	150928G0118N
85	同轴啮合齿轮减速机	盐城市金洲机械制造有限公司	150928G0119N
86	CHQZ 型快速支撑杆帐篷	盐城市昶桦户外用品有限公司	150928G0128N
87	CHSD 型隧道式户外帐篷	盐城市昶桦户外用品有限公司	150928G0129N
88	耐高温高压油管封隔器	江苏省金峰石油机械制造有限公司	150928G0205N
89	XHHY-2000A 全自动恒张力连续火焰复合机	盐城市旭华制鞋机械有限公司（原名为盐城市旭华机械厂）	150928G0206N
90	1-900*200*305 高速微晶陶瓷钢坯修磨砂轮	江苏华东砂轮有限公司	150928G0208N
91	1-915*150*305 高速精密磨轧辊砂轮	江苏华东砂轮有限公司	150928G0209N
92	1-915*150*305 高速重负荷磨削砂轮	江苏华东砂轮有限公司	150928G0210N
93	MLRQ-1500A 型叠加式柔性材料快速裁切机	江苏贸隆机械制造有限公司	150928G0217N
94	MLCD-6000A 型多轴联动三维移动头液压裁断机	江苏贸隆机械制造有限公司	150928G0218N
95	MLFX-2000A 型复合材料平板成型机	江苏贸隆机械制造有限公司	150928G0219N
96	MLZX-1500A 型 EVA 花样组合自动成型机	江苏贸隆机械制造有限公司	150928G0220N
97	YHHR-3000A 宽幅无缝墙布热熔复合机	江苏远华轻化装备有限公司	150928G0221N
98	YHRL-1800A 高效无溶剂热熔复合机	江苏远华轻化装备有限公司	150928G0400N
99	YHZR-1300A 油胶植绒专用机	江苏远华轻化装备有限公司	150928G0401N
100	螺杆钻具自动调节压力伸缩扶正器	盐城市新永佳石油机械制造有限公司	150928G0234N
101	一种旁通阀改进型防砂螺杆钻具	盐城市新永佳石油机械制造有限公司	150928G0422N

续表 9

序号	产品名称	企业名称	认定证书编号
102	智能降噪材料高速半切机	盐城庆隆机械有限公司	150928G0236N
103	自动套料模切机	盐城庆隆机械有限公司	150928G0237N
104	组合刀模冲切生产线	盐城庆隆机械有限公司	150928G0238N
105	数字化精确控温钎焊成套装备铜硬钎焊炉	江苏康杰机械股份有限公司	150928G0187N
106	高效节能智控型菌菇生产设施装备	盐城爱菲尔菌菇装备科技有限公司	150GX2G0215N
107	基于全天候光触媒空气净化技术的 16W 玻璃日光灯	江苏明钰新能源有限公司	150928G0251N
108	DKF 前向多翼式离心通风机	江苏双菊风机有限公司	150928G0191N
109	DKF(H)后向多翼式离心通风机	江苏双菊风机有限公司	150928G0192N
110	YDW 外转子离心通风机	江苏双菊风机有限公司	150928G0193N
111	YDFW 外转子低噪声三相异步电动机	江苏双菊风机有限公司	150928G0194N
112	脱水元件陶瓷面板	江苏信诺轨道科技有限公司	150928G0265N
113	带有稀释水装置的水力式流浆箱	江苏信诺轨道科技有限公司	150928G0266N
114	带有边缘流道的水力式流浆箱	江苏信诺轨道科技有限公司	150928G0267N
115	真空固化加热炉	盐城科奥机械有限公司	150928G0252N
116	多元合金共渗炉	盐城科奥机械有限公司	150928G0253N
117	带有防爆装置的渗锌炉	盐城科奥机械有限公司	150928G0254N
118	固定衬板式厢式加热炉	盐城科奥机械有限公司	150928G0440N
119	锅炉烟气脱硫一体化装置	江苏申江环境科技有限公司	150928G0233N
120	耐腐蚀玻璃钢排风管结构装置	江苏申江环境科技有限公司	150928G0421N
121	汽车配件碰焊机除尘装置	盐城市九洲汽车配件有限公司	150928G0235N
122	半发泡视频同轴电缆	江苏宝华电线电缆有限公司	150928G0195N
123	SYWV-75-9 型有线电视系统物理发泡聚乙烯绝缘同轴电缆	江苏宝华电线电缆有限公司	150928G0371N
124	RG11 型有线电视系统物理发泡聚乙烯绝缘同轴电缆	江苏宝华电线电缆有限公司	150928G0372N
125	RDMC 低压脉冲长布袋除尘器	江苏瑞洁环境工程科技有限责任公司	150928G0250N
126	高强高模聚乙烯纤维超长超宽牵伸热箱	江苏神鹤科技发展有限公司	150928G0375N
127	新型高强高韧 6XXX 系铝合金材料	江苏中色锐毕利实业有限公司	150928G0393N
128	金惠甫山人才心理测评网络版软件	江苏金惠甫山软件科技有限公司	150GX2G0446N
129	金惠甫山爱岗敬业人才心理测评软件	江苏金惠甫山软件科技有限公司	150GX2G0447N
130	金惠甫山团队合作人才心理评测软件	江苏金惠甫山软件科技有限公司	150GX2G0448N
131	金惠甫山人才招聘测评系统专业企业版软件	江苏金惠甫山软件科技有限公司	150GX2G0449N
132	金惠甫山在线人才心理测评软件	江苏金惠甫山软件科技有限公司	150GX2G0450N
133	三通止回阀	江苏盐电阀门有限公司	150928G0376N
134	大口径高温高压自密封闸阀	江苏盐电阀门有限公司	150928G0377N
135	TS 型涂装生产线	江苏剑桥涂装工程有限公司	150928G0380N
136	等离子体废气处理装置	江苏剑桥涂装工程有限公司	150928G0381N
137	HP-II 型高性能聚酯瓶片增粘系统装置	盐城市华普轻纺机械有限公司	150928G0429N
138	转盘式多工位成型机	盐城雄鹰精密机械有限公司	150928G0385N

续表 9

序号	产品名称	企业名称	认定证书编号
139	装饰材料自动裁切生产线	盐城雄鹰精密机械有限公司	150928G0386N
140	GH 高温电热合金	盐城市鑫洋电热材料有限公司	150928G0403N
141	稀土 Cr20Ni80 高电阻电热合金	盐城市鑫洋电热材料有限公司	150928G0404N
142	蒸汽驱井专用多功能防喷器	江苏贵鑫石油装备有限公司	150928G0456N
143	SL-1 型转盘式平移车	江苏苏力机械股份有限公司	150928G0391N
144	SL-1 型客车总装流水线	江苏苏力机械股份有限公司	150928G0392N
145	90 马力中置双向式旱田前驱动桥	盐城市荣南机械制造有限公司	150928G0412N
146	RN100S 大马力拖拉机用水旱两用高密封前驱动桥	盐城市荣南机械制造有限公司	150928G0413N
147	单泵导热油加热器	江苏中热机械设备有限公司	150928G0430N
148	安全型电加热管	江苏中热机械设备有限公司	150928G0431N
149	混合离子交换器	江苏中热机械设备有限公司	150928G0432N
150	尼龙 6/聚酯复合皮芯黑色短纤维	盐城市中联复合纤维有限公司	150901G0420N
151	基于旋风分离技术的半干法脱硫装置	江苏维尔思环境工程有限公司	150928G0423N
152	JY-2 型单缸柴油机	江苏江宇动力机械有限公司	150928G0442N
153	JY 多功能柴油机油箱	江苏江宇动力机械有限公司	150928G0443N

龙冈桃花园　　储启广　摄

教育　体育

Education and Sport

◆综　　述
◆学前教育
◆义务教育
◆高中教育
◆职业教育
◆盐都电大
◆教育管理
◆教师队伍
◆教育经费
◆教育督导
◆体　　育

综　述

Summary

【概述】 2015年，全区共有中小学44所，其中高中4所、小学17所、初中23所（含九年一贯制学校9所）。有在校中小学生59092人，其中小学34518人、初中15226人、高中9348人。中小学在职教职工6131人，其中专任教师5035人，离退休教职工2965人。有48个学前教育办园机构，在园幼儿16747名，教职工1526名，其中专任教师976名。有成人教育中心校（社区教育中心）17个，特殊教育学校1所，教师发展中心1所。2015年盐都区被省政府表彰为全省学前教育改革发展示范区、义务教育优质均衡发展区，被省体育局表彰为全省公共体育服务体系示范区，被省教育厅、体育局联合确定为全省青少年校园足球试点区。

【教育发展取得新进步】 政府、部门、镇（街道）合力建设教育现代化示范区的良好局面初步形成。葛武幼儿园回收公办，海阔路幼儿园，高新区实验学校二期，腾飞路小学、初中投入使用。信息化建设水平明显提升，5所学校建成无线校园。教育资源“校校通”“班班通”，网上学习“人人通”成为现实。学前教育服务区制度试点成功。义务教育公平度、满意度和适合度大幅提升，3月被命名为省义务教育优质均衡发展区。高中质量持续走高，本二达线人数全市第一，市一中本二达线人数位居全市四星级高中第一，获得全市高中教学质量优秀奖。成人教育菜单式培训，农村妇女“网上行”培训等成为新亮点，被推荐申报国家级社区教育实验区。特殊教育发展工程快速推进，重度残疾儿童送教上门服务在市内外获得广泛好评。

【素质教育取得新进展】 加盟新教育实验，制订实验区建设行动方案，组织专题培训，实现良好开局。市二小《六字美德育英才同心共筑中国梦》被评为全国中小学社会主义核心价值观教育优秀案例，大冈小学十岁成长礼、崇礼路小学入学礼得到社会广泛认同。时杨中学、大冈初中、神州路小学、潘黄幼儿园课程基地建设获省批准。市一中、毓龙路实验学校获得省基础教育前瞻性改革项目立项。毓龙路实验学校、市二小被命名为江苏省书法教育特色学校，毓龙路实验学校小学部和神州路初中分获全省艺术展演一、二等奖。

【队伍提升取得新业绩】 年内，共录聘用新教师200人，城郊和驻城学校选调教师90人。有2人被表彰为盐城市师德标兵，1人获得盐城最美教师称号。全年共安排国家级培训103人（含出国培训16人）、省级843人、市级96人、区级1374人。盐城市一中朱海彤、经海虎等多名教师在国家和省级比赛中获得特等奖或一等奖。教师岗位首聘基本到位，教师职称评审、优秀教育人才考核等工作规范有序。

【体育发展实现新跨越】 年内，4个镇多功能运动场地建设和43个行政村农民健身工程场地升级改造任务全面完成。成功举办全民健身大联动暨千人健步走活动和区级机关运动会等10多项常规体育赛事。参加市第七届运动会中小学部比赛，首次实现各类奖项“大满贯”。龙冈小学培智学校乒乓球队代表中国参加世界特奥会，斩获8枚金牌。校园足球推广成绩显著，5所学校被确定为全国校园足球特色学校，16所中小学被命名为全国青少年校园足球试点学校。新增体育社团2个，获得省体育产业引导金50万元。

【保障能力实现新提升】 2015年，党风廉政建设“两个责任”全面落实。“作风制度落实年”“三严三实”专题教育、警示教育、廉史育人等活动深入开展。校园“三产”经营规范，师生、家长满意。平安校园建设成效显著，被推荐申报全市唯一的省平安校园建设示范区。　（卞桂富）

学前教育

Pre-school Education

【概述】 深入贯彻国家、省、市关于发展学前教育的有关文件要求，强势推进各项工作落实，盐都区被表彰为全省学前教育改革发展示范区。

【第一期学前教育五年行动计划圆满收官】 累计投入资金5亿多元，新建、扩建幼儿园18所，新创省优质幼儿园9所，聘用公办幼师200名，各项发展性指标全省领先，被表彰为全省学前教育改革发展示范区。

【出台第二期学前教育五年行动计划】全面总结第一期学前教育五年行动计划实施成果，依据《全省实施第二期学前教育五年行动计划的意见》，年内，制定出台《盐都区第二期学前教育五年行动计划》，明确2016—2020年全区学前教育发展的主要思路、重点项目和保障措施。

【试行学前教育服务区制度】 根据省市有关文件，为减少全区校车交错、重复等隐性资源浪费，5月率先全市在大冈和新区试行学前教育服务区制度，秋学期开学，两地服务区制度试点取得圆满成功，为面上全面推行积累经验。

【省专家指导课程游戏化建设】 9月28日，省教科院幼教与特教研究所所长张晖到盐都区调研课程游戏化建设。张晖实地观看潘黄中心幼儿园办学条件、各班级游戏区的布置，与教师进行面对面的交流，对教师在课程游戏化过程中遇到的困惑给出较好的建议和解决方案。

【获省课程游戏化项目园立项】 4月，省教育厅基教处课程游戏化项目园立项审核答辩活动在南京举行，潘黄中心幼儿园和盐都幼儿园共同申报的课程游戏化项目，获省立项。省教育厅、财政厅拨款40万元资助项目建设园（潘黄中心园）和帮扶园（盐都幼儿园）开展课程游戏化研究。

【海阔路幼儿园投入使用】 9月1日，新建的海阔路幼儿园投入使用。该园是盐渎街道投资1500多万元，新建的2轨6个班的小区配套幼儿园，缓解城西南片区公办幼儿教育资源不足的矛盾。

崇礼路幼儿园教师正在指导幼儿进行绘画

【葛武幼儿园收归公办】 3月，葛武街道投入245万元，将原民办的葛武中心幼儿园收归公办。区教育局同期投入50万元，整体改善幼儿园的配套设施，提升办园层次。至此，各镇（街道）实现公办幼儿园全覆盖。

【组织学前教育青年教师基本功大赛】4月26—27日，全区学前教育青年教师基本功大赛在教师进修学校举行，共有44名青年教师参加。基本功大赛主要考查教师的通用技能（钢笔字、讲故事、教育活动设计、教育活动组织）和专业技能（专业基础理论、儿童活动观察记录、儿童歌曲弹唱及儿童舞蹈、绘画）。

【宁夏幼儿园园长培训班学员到潘黄观摩】 11月20日，宁夏幼儿园园长助力培训班学员（盐城师范学院国培点）到潘黄中心幼儿园进行半日活动观摩。该园的环境布置、区角活动、自主游戏、保教活动赢得学员的一致赞许。

【潘黄中心幼儿园教师获市教学展评一等奖】 6月11—12日，全市学前教育“同课异构”教学活动展评在东台举行。潘黄中心幼儿园老师刘琪颖围绕绘本故事《小房子》进行教学活动设计与展示，获得一等奖。

【高新区幼儿园商树成绘画获市特等奖】12月，全市教育系统“法在我身边”和“缅怀先烈、自强不息”主题儿童绘画比赛评选揭晓，高新区幼儿园幼儿商树成和老师黄尚均获特等奖。 （卞桂富）

九年制义务教育
Nine-year Compulsory Education

【概述】 2015年，全区义务教育以推进精致管理为重点，以深化教育教学改革为动力，以提升教育教学质量为目标，认认真真抓好常规工作，倾尽全力塑创特色品牌，各方面均取得良好成绩。

【获省义务教育优质均衡发展区表彰】3月，省政府办公厅发文命名表彰江苏省首批义务教育优质均衡发展区，盐都区名列其中，成为全省首批、苏北唯一获此殊荣的县（区）。6月18日，省教育厅厅长沈健代表省委教育工委、省教育厅、省政府教育督导委员会给盐都区委、区政府发来感谢信，感谢盐都区为江苏所辖县（市、区）全部通过国家义务教育发展基本均衡县督导评估认定作出的重要贡献，肯定盐都区为江苏义务教育优质均衡发展积累的宝贵经验，祝贺盐都区成为全省首批义务教育优质均衡发展区。

【教育厅肯定盐都特殊教育发展工程】11月4日上午，省教育厅基教处副处长徐

副市长葛启发在毓龙路实验学校调研

泰来率检查组到盐都检查特殊教育发展工程建设情况，对盐都以实施特殊教育发展工程为契机，积极改善办学条件，加强学校内涵建设，办人民满意的特殊教育的做法给予充分肯定。专家组希望盐都进一步加强随班就读、送教上门等工作的探索与推进，努力在重度残疾儿童送教上门等方面形成经验，并在一定范围进行推广。

【朱克江看望留守儿童】 8月9日上午，市委书记朱克江到盐都看望留守儿童暑期学习生活。在尚庄镇姚伙村绍琪农家书屋，朱克江得知书屋开展形式多样的活动，已成为孩子们课外学习生活的乐园十分高兴，称赞乐绍琪是盐城人的道德模范，勉励他继续建好用好这一关爱留守儿童的阵地。希望全社会热情关心留守儿童成长，主动回应他们心理诉求，甘做孩子们心中的一支蜡烛，点亮他们的心灵、撑起他们的信心，为他们快乐生活、健康成长营造良好环境，让留守儿童的心灵充满阳光、不再孤单。

【义务教育新增2个省级课程基地】 5月，大冈初中的“农村科技教育”和神州路小学的“快乐阅读校本课程”均顺利通过省、市级材料验收、现场答辩，成功获得省级立项。

【郝柏村在肇基小学设立励志奖学金】 12月24日上午，受郝柏村委托，台湾前“陆军学院”院长、国民党陆军中将黄炳麟(已退役)一行到肇基小学考察，并设立郝柏村励志奖学金，用于奖励品行端庄，心怀梦想、有爱心、懂感恩、负责任、能创新的优秀学生。

【市人大调研盐都义务教育集团办学】 7月21日下午，市人大常委会组织部分市人大代表到盐都调研义务教育集团办学，区人大副主任征书和陪同调研。市人大代表对盐都教育集团发展成绩给予肯定。

【开设生命安全教育课程】 2015年秋学期，区财政安排专项经费保障，区红会负责教材征订，区新华书店安排教材发放，在义务教育阶段五年级、七年级统一开设生命安全教育课程，全面提高师生安全防范能力。

【举办第二届书画篆刻大赛】 5月27日，区文联、教育局、文广新局联合发文举办“全区第二届中小学师生书画篆刻作品大赛”。比赛共收到372份参赛作品，按教师组和学生组，分类分别评选出一、二、三等奖，获奖作品在盐都教育网进行展览。

【教育部重点课题在市二小生根开花】 7月，市二小申报的全国教育科学规划“十二五”教育部重点课题《数学开放题促进小学生思维发展的影响评测研究》成功立项、开题，刷新盐城市基础教育领域课题研究新纪录。相关成果引起主流媒体关注，《江苏教育》(小学教学版)专题展示，《江苏教育报》整版推介。

【市二小获多项表彰】 6月，市二小《六字美德育英才·同心共筑中国梦》被教育部表彰为全国中小学社会主义核心价值观教育优秀案例，全市唯一。12月，江苏省少年儿童研究会少先队文化建设专业委员会第12次年会在市二小举行，市二小荣获全省“少先队文化建设特别贡献奖”。

【崇礼路小学入学仪式获省二等奖】 崇礼路小学将“崇德明礼·快乐成长”贯穿教书育人的始终，围绕“启蒙、知礼、快乐”主题，在一年级新生踏入校门之日，举行入学仪式，引领学生写方方正正中国字，做堂堂正正中国人。12月省文明办、省教育厅公布全省未成年人文明礼仪养成教育“四仪”创新案例评选结果，崇礼路小学《“崇德明礼·快乐成长”入学仪式》活动案例荣获二等奖。

【全市农村小学阅读现场会在盐都召开】 5月25—26日，盐城市农村小学语文课外阅读现场推进会在大纵湖小学召开。活动期间，与会代表参观考察大纵湖小学书香校园建设情况，察看各班读书节活动，参加“做读书种子，润美好心灵”校园读书节闭幕式，观摩课外阅读指导课。大纵湖小学、滨海五汛实验小学、射阳新坍小学和阜宁益林小学分别作课外阅读经验介绍。市教科院副院长陈小平就新出台的《盐城市小学语文课外阅读推荐书目》及《盐城市小学英语课外阅读推荐书目》进行解读。

【组织“中国梦·盐都情”学生演讲比赛】 9月26日，全区中小学生“中国梦·盐都情”暨纪念抗战胜利七十周年演讲比赛在神州路小学举行。这是全区教育系统纪念抗战胜利70周年系列活动之一，旨在进一步引导中小学生铭记历史、缅怀先烈、珍爱和平、开创未来，激励学生珍惜幸福生活，努力提升能力素养，积极争当美丽盐都合格建设者和接班人。

【学生自救自护知识竞赛获全国最佳组织一等奖】 9月，区教育红会收到中国红十字会寄来的荣誉证书，该会在“2015年全国红十字青少年自救互救知识竞赛”活动中荣获最佳组织一等奖。据统计，全区全年共有近50000名中小学生参加全国红十字青少年自救互救知识竞赛。

【学校体艺教育硕果累累】 全面推进学校体艺教育，积极组织参加省市各类竞赛，年内，获市“三独”(独唱、独舞、独奏)比赛一等奖22个、二等奖18个、三等奖5个；获市首届合唱比赛一等奖3个，二等奖2个；在全省中小学校园体育艺术节优秀节目展演中，毓龙路实验学校、神州路初中的节目分别获声乐一等奖和二等奖，并有2名学生获征文二等奖、6名学生获书画二等奖，4名教师获指导奖，区教育局被授予“优秀组织奖”。

【葛云翔被空军航校录取】 11月，义丰初级中学2015届初中毕业生葛云翔正式被空军青少年航空学校录取，成为南通中学航空实验班学员，是盐城大市区唯一录取学生。南通中学是经中央军委批准的全国首批16所空军青少年航空学校承办中学之一，学员除正常完成高中学业之外，还学习航空特色课程，参加空军组织的飞行体验训练。

【泽夫小学请抗日老战士给孩子上“开学第一课”】 9月1日，泽夫小学专门邀请抗日老战士张友林给孩子们上“开学第一课”，揭开全校纪念抗日战争胜利70周年“勿忘国耻，振兴中华”主题教育序幕。

【商羽获全省初中作文大赛特等奖】 12月27日，“苏教国际杯”江苏省第十五届中学生作文大赛(初中组)现场决赛在南京举行。区实验学校学生商羽获初中组现场决赛特等奖，区教育局和潘黄实验学校获优秀组织奖，另有6名学生获得现场决赛一等奖。 (卞桂富)

高中教育
Senior High School Education

【概述】 坚持优质和特色并举发展高中教育，强化高中课程基地建设和教学改革研究。2015年，全区高中阶段教育入学率始终保持在99%以上，教育教学质量始终走在全市前列，再次获得全市高中教学质量奖。

【高考质量再创新高获全市优秀奖】 2015年，全区3918人参加高考，参考人数比上年减少462人，本二以上达线1762人，比上年净增65人，本二上线率38.3%，较上年增长3%，列全市各县(市、区)第二。市一中本二以上达线1101人，较上年增加51人，达线人数列全市四星级高中第一，在全市高中教学工作会议上，作为四星级高中代表介绍办学经验。

【组织高一新生全员急救培训】 8月21—26日，区教育局、区红会联合对全区3374名高一新生进行应急救护知识普及培训。内容包括应急救护知识和心肺复苏实践操作培训。组织高一新生进行应急救护培训，是落实省“应急救护百万培训项目”安排的专项活动之一。

【时杨中学绿色教育课程基地获省立项】 6月，省教育厅公布2015年江苏省普通高中课程基地建设项目，时杨中学“绿色教育课程基地”项目获得立项，成为全市首家获批省级课程基地立项的三星级高中。

【团中央调研市一中共青团工作】 7月11日，团中央学校部副部长石新明、全国学联执行主席杨子强，团省委党组成员、省少先队总辅导员姜东、团省委学校部副部长薛保刚，团市委书记吴冈玉、团市委副书记夏威等领导出席第十四届全国大学生机器人大赛(在市一中举行)开幕仪式，并调研市一中共青团工作。

【卞瑛琪获全省高中作文大赛特等奖】 12月6日，“苏教国际杯”江苏省第十五届中学生作文大赛(高中组)现场决赛在南京举行，市一中学生卞瑛琪获得高中组现场决赛特等奖，另有5人获得一等奖，区教育局获得优秀组织奖。 (卞桂富)

职业教育与社会教育
Vocational Education and Social Education

【概述】 2015年，全区职业教育与社会教育以完善终身教育体系为总目标，以创建“人人皆学、时时能学、处处可学”的学习氛围为抓手，不断创新职社教育工作机制，优化职社教育工作环境，提高社区教育工作活力和服务能力。区教育局被推荐申报全国农民工工作先进集体，盐都区被推荐申报创建全国社区教育实验区。

【启动农村妇女“网上行”培训】 5月28日下午，盐都区农村妇女“网上行”培训启动仪式在北蒋街道举行，出席人员观摩北蒋街道社区教育中心“农村妇女网上行”培训现场。至年底，盐都区430名农村妇女培训任务全面完成。

【在线学习推广全省领先】 12月，省社会教育指导中心办公室发文表彰170名2015年度江苏学习在线“周末之星”，盐都共有11人受表彰，占全省总数的6.5%，位居全省前列。

【各类教育培训总人数创新高】 年内，盐都区实现劳动力转移培训2820人次，农业实用技术培训45615人次，退伍士兵、下岗职工、返乡农民工创业就业培训3310人次，新农民、新市民培训9532人次，农村妇女“网上行”培训430人，其他类培训15826人次。

【开展民办教育机构年检】 1—5月，区教育局分阶段对全区28家民办教育机构进行年检。在各单位自查的基础上，审核年检材料，通过听取自查汇报、查阅资料、现场察看、组织座谈等形式对民办教育机构进行实地检查。共评选出合格单位22个，基本合格单位1个，整改单位5个。

【无证幼儿园整治取得阶段成果】 9月起，区政府牵头，联合教育、公安、交运、市场监督和相关镇（区、街道）集中开展无证园综合整治，至年底，全区共撤并无证园3所，停办无证园1所，无证园在园人数从1065人消减到349人。

【楼王社区教育中心国家级课题立项】 12月28日，楼王镇申报的“社区教育乡土教材开发与应用的实践研究”课题，通过中国成人教育协会“十二五”成人教育科研规划课题立项审批。 （卞桂富）

盐都广播电视大学

Yandu TV University

【概述】 区电视大学是一所融本、专科等多层次、多形式学历教育于一体，集学历教育、社区教育培训、继续教育为一身多级管理的成人高等学校，隶属于区人民政府的正科级建制事业单位。学校以现代远程开放教育为主体，围绕“创新工作思路、强化招生服务、稳定办学规模、提升管理水平”的总体要求，加强内涵建设，不断提高办学质量和水平，为地方经济社会事业发展，培养和输送大批合格适用性人才。2015年，学校党建工作再次被上级党委表彰为“五好”基层党组织。

【开放大学更名】 结合广播电视大学转型发展的契机，按照省政府苏发〔2012〕146号文件《关于筹建江苏开放大学的通知》精神，积极参与开放大学的建设工作，经过创建申报，建设开放大学方案于2014年9月获得省政府同意，成立“盐都开放大学”，进入政府批准程序。

【省级社区学院成功创建】 为贯彻国家、省、市《中长期教育改革和发展规划纲要》关于构建终身教育体系的指导思想，落实《省政府关于加快完善终身教育体系的实施意见》（苏政发〔2011〕130号）、《省政府办公厅关于加强继续教育工作、推进学习型社会建设的意见》（苏政办发〔2011〕183号）等文件精神，完成区政府2015年政府工作报告中提出的建成省级“盐都社区学院”的目标任务。

【招生工作超额完成任务】 制定规划、落实责任、分解任务、政策激励等环节，不断加大宣传、创新思路、拓展渠道、全员参与招生工作，全年招收新生1034人，其中开放教育603人，网络教育431人，继续保持全省县级电大一流的位置，被评为全省电大系统招生工作先进集体。

【教学服务工作继续】 全校有本、专科二十多个专业，为弥补专业教师不足的现实，与盐城工学院、师范学院等高校合作，诚聘责任心强、学识水平高、具有现代化远程教育理念和娴熟远程教育手段的专家学者担任兼职教师，使专兼职教师队伍在全省县级电大处于一流位置。在教学过程中充分发挥现代远程教育手段，为学生的学习提供捷径和指导，用优质服务为学员营造一个良好的学习氛围，受到学员和社会的好评。全校全年有本、专科学员1154人顺利毕业，毕业率达96%以上，毕业率和毕业生数均列全市电大系统第一位。 （夏　军）

教育管理

Education Management

【概述】 认真落实国家、省、市教育工作会议精神和中长期改革发展规划纲要，切实规范教育管理，推进教育内涵发展，全区各类教育呈现出协调发展的良好局面。

【《中国教育报》关注盐都教育发展】 11月24日，《中国教育报》记者禹跃昆一行到盐都采访留守儿童关爱、学前教育和特殊教育发展相关情况。禹跃昆先后到尚庄小学、高新区幼儿园、潘黄中心幼儿园和聋哑学校进行实地走访。在后期出版的《中国教育报》相关报道中，例引聋哑学校、尚庄小学典型做法，还刊登盐都区开设生命教育课程和农村妇女“网上行”等经验做法。

【盐都区成为全国新教育第58个实验区】 8月，全国新教育发起人、全国政协副秘书长、民进中央专职副主席、中国教育学会副会长朱永新教授到盐都区作教育实践动员报告。同时，邀请新教育研究院专家进行培训讲学，制订出台新教育实验行动方案，组织校长教师赴郑州、海门学习取经。11月5日，盐都区中小学幼儿园新教育实验动员会议在市一中召开，新教育研究院副院长陈东强围绕“新教育是什么，为什么，有什么和怎么做”作介绍，专家张硕果、蓝玫、李西西分别围绕缔造完美教室、家校共育、新教育文学电影课程专题开设辅导讲座。

【吴本辉调研校车安全工程】 1月16日下午，区长吴本辉、副区长张云云率区相关部门负责人到高新区幼儿园和中太宏大接送学生服务中心调研校车安全工程。吴本辉要求区相关部门按照《校车安全工程实施方案》明确的职责，对照《校车管理办法》和《校车安全考核办法》，加强监管与考核，确保校车安全运行。

【朱金南调研党风廉政建设】 10月22日下午，区委常委、纪委书记朱金南到教育局调研系统党风廉政建设。朱金南先后参观毓龙路实验学校廉洁文化进国民教育系列展览，现场察看省级廉政文化示范点——市一中廉洁广场和宣传教育室，听取全区教育情况、教育局党委履行党风廉政建设主体责任情况和纪委履行监督责任情况的汇报。希望教育系统把“廉洁教育进国民教育体系”作为品牌进行打造，努力使之成为盐都廉政文化建设的新亮点。

【召开全区教育体育工作会议】 2月28日，2015年全区教育体育工作会议在毓龙路实验学校召开，副区长张云云出席会议并讲话。会上，对2014年度全区教育体育工作先进单位和教育工作先进集体、突出贡献奖、先进个人进行表彰，大纵湖镇、新区管委会和市二小作交流发言。

【教育教学管理考核全市领先】 2月，市教育局公布2014年全市教育教学考核评比结果，盐都区再获先进奖"大满贯"，其中学前教育、小学教育、高中教育为先进奖第一名。时杨中学获得三星级高中教育优秀奖。

【招生考试六项考核"项项优"】 2月，全市招生考试工作会议召开，会上公布2014年度考核结果，盐都区在全市普通高考、成人高考、自学考试、中考、证书考试、考试宣传六项考核中全部获得优秀等次，获得市招生考试中心表彰。

【组织廉政评议活动】 11月19日下午，区教育局在冈中初中举行廉政评议活动，4所学校负责人和机关2个科室负责人分别围绕党风廉政建设情况进行述廉，并接受教育系统行风监督员、特约监察员，部分党代表、人大代表、政协委员和家长代表的质询和评议。

【两项目入选省教改项目】 11月，市一中"普通高中促进学生自主学习平台的建设"和市毓龙路实验学校"初中数学实验课程的开发与实践"两个项目成功入选省基础教育前瞻性教学改革实验项目，占盐城市入选项目的三分之二。

【3所学校课程基地接受省级评估】 3月17日，省课程基地建设督查组一行4人到盐都检查评估课程基地建设工作。对龙冈中学乡村科技创新课程项目、郭猛实验学校数学实验课程项目和北龙港小学剪纸特色文化课程项目均给予高度评价。

【率先全市申报省首批平安校园建设示范区】 把校园安宁、师生安全作为教育和谐发展的重中之重。校车安全工程惠及千家万户，在省内外产生较大影响，《人民日报》主管的《平安校园》杂志针对盐都校车作专门介绍。校舍安全工程扎实推进，D级危房全面消除，所有校舍达到7度抗震设防标准。技防升级工程按步进行，所有学校幼儿园视频监控实现全覆盖。到2015年底，全区建成省平安校园57所，市平安校园71所，占比全市第一，被推荐申报省首批平安校园建设示范区（全市唯一）。

【组织校园卫生安全检查】 3月，区教育局联合卫生监督所、疾控中心对全区学校幼儿园卫生安全工作进行拉网式检查。检查主要包括饮用水卫生，食品安全、传染病防控和环境卫生等方面。对检查中发现的问题，检查组现场出具书面整改意见，并跟踪督查整改落实情况。

【组织国防教育日宣教活动】 9月18日，区人防办、教育局联合组织中小学生国防教育日主题宣教观摩活动。区委常委、副区长张建洋，区委常委、人武部长沈潜辉出席活动。神州路初中围绕"弘扬伟大抗战精神，同心共筑强大国防"主题，组织开展国防知识宣传展览、防空紧急疏散演练、消防演习、主题国防教育示范课观摩等活动。

【工会工作成为全区先进】 2014年盐都区教育系统新创市级模范职工之家1个，四星级教工之家1个，三星级教工之家2个，参加全市教职工乒乓球赛获得县（市、区）组第一名，教师孙峰在全市教职工"中国梦·劳动美"演讲比赛中获得特等奖。2月，区教育工会获区工会先进集体表彰。 （卞桂富）

教师队伍建设
The Construction of Teachers Rank

【概述】 年内，强化教师招录、培训、调配等工作，积极打造优质的教师队伍，涌现出一批先进典型，为全区教育更好更快发展提供人才保障。

【朱克江慰问教师】 9月10日下午，市委书记朱克江到郭猛实验学校看望慰问一线教师。区委书记羊维达、区长吴本辉、副区长张云云等陪同。朱克江充分肯定郭猛实验学校倡导"立德树人、快乐成长"理念和全面推进素质教育所取得的成效，高度评价学校老师为农村教育所作出的贡献。

【朱永新为全区教育管理干部作讲座】 8月14日上午，全国政协副秘书长，民进中央专职副主席、中国教育学会副会长、苏州大学博士生导师朱永新教授应邀为全区教育系统管理干部讲学，各学校班子成员、教育局机关工作人员共300余人参加。

【名师队伍建设成效显著】 年内，出台《盐都区优秀教育人才学年度考核实施细则（试行）》，优秀教育人才年度考核奖励兑现到位。有2人获市师德标兵称号、13人被表彰为市优秀教育工作者、28人被表彰为市优秀班主任；区政府表彰区优秀教师40人、区优秀教育工作者40人、区优秀班主任40人、区支教交流工作先进个人20人。共申报市中学学科带头人14人、教学能手30人、教坛新秀51人。

【《江苏教育》杂志介绍李建国名师工作室】 7月出版的《江苏教育》小教版在封二位置专题介绍李建国名师工作室的相关情况。李建国名师工作室倾情为年青教师专业成长服务，取得喜人成绩，工作室成员中有1人获全国赛课特等奖，有2人是省特级教师，有21人被评为市区学科带头人、教学能手。

【严谨规范教师资格认定】 根据市教育局关于2015年面向社会认定教师资格工作安排，盐城高等师范学校、阜宁高等师范学校、盐城师范学院2015届师范类毕业生申请初级中学以下教师资格均在盐都区认定。经过报名、资格审查、体检、教育教学基本素质和能力测试，共认定1484人具备相应类别教师资格。

【教师录聘用工作阳光透明】 严格规范程序，采取自主择岗的方式，公平公正公开录聘用新教师200人。8月中旬，组织新录聘用教师按照从高分到低分的原则进行自主择岗。8月26—27日，区教育局组织新招录的200名教师进行岗前培训。

【举办第二届班主任基本功大赛】 8月21日，全区第二届中小学班主任基本功大赛在神州路小学举行，49所中小学的选手参加比赛。根据比赛结果，分小学、初中、高中三个组别各推荐2名选手参加市赛。被推荐的盐城市第一中学教师朱海彤在省、市比赛中获一等奖，在长三角地区获二等奖。

【3名教师获评市德育学科带头人】 经个人报名、学校推荐，市、区教育局审核，市一中杨德明、毓龙路实验学校朱曦、潘黄中心幼儿园陈秀干三名教师被评为"盐城市第六批德育学科带头人"。

【举办首届青年教师教书育人技能大赛】 6月23—24日，全区首届青年教师教书育人技能比赛在区实验学校举行。区总工会主席周彩枫，区教育局党委副书记陈玉芳到场观摩。整个比赛包括活动方案撰写、教育案例分析、我的教育故事讲述三个组成部分，共有40多名青年教师参加。

【教师无偿献血超过10万毫升】 5月，区教育红会组织第十五次教师无偿献血活动，共有512人参加，献血总量超过100000毫升，另有近30名教职工接受造血干细胞采样。

9月建成投入使用的腾飞路初中、小学一隅

【孙峰获区读书演讲比赛一等奖】 9月18日，全区"中国梦·盐都情"暨纪念抗战胜利七十周年读书演讲比赛在区文化馆举行。龙冈小学教师孙峰夺得一等奖。

（卞桂富）

教育经费与设施改善

Educational Funds and Facilities to Improve

【概述】 2015年，全区教育经费总投入12.25亿元，其中，公共财政预算安排的教育经费11.12亿元（含教育费附加、土地出让金收益计提教育资金11495万元）；省市专项补助资金3812万元，新建的腾飞路小学、腾飞路初中、高新区实验学校二期工程9月份正式投入使用。义丰小学异地新建工程于12月份开工。

盐城市腾飞路实验学校

【副市长葛启发调研学校布点】 11月25日上午，副市长葛启发到盐都调研新规划学校布点工作。葛启发实地考察海阔路学校、盐都高级中学、吴抬路学校、东进路学校、大庆路学校5所拟新建学校的选址，并要求盐都高度重视新规划学校布点工作，按照标准化学校的建设要求，科学、合理地完善规划设计方案；适当控制周边土地资源，优先保障教育用地和学校发展；按照布点周边的实际情况，有序推进新学校建设，不断完善大市区义务教育布局。

【学生助学工作成为全省优秀】 认真落实学生资助政策，广泛筹措经费，建立学前教育、义务教育、普通高中、中职学校和普通高校全覆盖的学生资助体系，形成"政府主导、学校联动、社会参与"的学生资助格局。全年度共发放各类困难补助及助学金997万元，其中学前教育179万、义务教育阶段528万、普通高中290万元。在全省学生资助工作绩效评价中获得优秀等级(总分排名全省第四)，区教育局被表彰为全省学生资助工作优秀单位。

【学校基础设施建设再上新台阶】 全年共投入411万元，维修农村中小学校舍建筑面积约5.2万平方米，浇筑砼道路及场地约1.5万平方米；投入152万元添置、更新课桌椅、餐桌和学生用床；投入近1100万元，为全区各学校更新计算机网络教室、多媒体设备，建设实验室、功能室等。

【组织“爱心·圆梦”助学助困行动】 开展“送温暖、献爱心”活动，全年共资助困难学生1000多名，资金60多万元；组织第8次“献爱心·圆梦想”活动，资助困难大学新生48名，资助金18万元；组织开展第4次“金秋助学”活动，出资5万元救助100名中小学特困学生；组织实施胡友林基金方案，资助市一中高二学生10人，计3万元。

【创成市级“智慧校园”5所】 对照《盐城市中小学“智慧校园”创建工作方案》，加强学校信息化基础环境建设，强化教育信息化管理和应用，积极创建“智慧校园”。12月，毓龙路实验学校、神州路初中、神州路小学、崇礼路小学、郭猛实验学校5所学校通过市“智慧校园”评估验收。 （卞桂富）

教育督导

Education Steering

【概述】 全区教育督导紧紧围绕深入实施教育现代化提升工程，大力促进义务教育均衡发展，切实规范办学行为，全面提升素质教育实施水平，大力提高办学质量等重点，创建机制、全力推进督学责任区建设，圆满完成年初制订的各项工作任务。

【接受省中小学校责任督学挂牌督导创新县评估】 完善教育督导领导体系，调整区政府教育督导委员会成员，选聘33名责任督学和40名兼职督学，全面推行责任督学挂牌督导。10月21—22日，盐都区接受“全国中小学校责任督学挂牌督导创新县（市、区）”创建省级现场督导。

【盐都区教育工作省级督导获好评】 7月1—2日，省政府教育督导考核组对盐都区教育工作进行督导考核，考核组对盐都区教育工作给予高度评价，认定盐都区为考评优秀等次。

【教育现代化监测水平全省领先】 扎实做好省教育现代化示范区创建申报工作，积极开展教育现代化建设数据监测工作。省教育厅认定盐都区2014年度教育现代化综合指标为84.46，苏北领先，全市第一。

【“六五”普法工作圆满收官】 通过组织开展开学初法治宣传周、4月和9月法治宣传月、“12·4”国家宪法日暨全国法制宣传日、学法守法征文征图以及“夕阳红”法治宣讲团巡回宣讲等活动，全面加强系统法治建设。9月，潘黄实验学校“六五”普法工作代表区教育系统接受市检查考核组现场验收。年内，区教育局被市综治委表彰为“2013—2014年度全市预防青少年违法犯罪工作先进集体”。

【区政府表彰10个教育工作先进单位】 年初，区政府制订出台《盐都区2015年度教育工作先进单位考核办法》。年底，组织年度考核，区政府表彰高新区潘黄街道、秦南镇、高新区盐龙街道、高新区盐渎街道、大纵湖旅游经济区、北蒋街道、龙冈镇、楼王镇、学富镇、郭猛镇10个镇（区、街道）为教育工作先进单位。

【新创市级“依法治校示范校”11所】 年内，指导教师发展中心、毓龙路实验学校、盐都体校、崇礼路小学、泽夫小学、马沟小学、大纵湖镇幼儿园、尚庄中心幼儿园、郭猛中心幼儿园、高新区幼儿园、冈中幼儿园11所学校（幼儿园）成功创建市依法治校示范校。至年底，全区44所中小学校已全部创建成市级“依法治校示范校”，幼儿园建成数近半。 （卞桂富）

体　育

Sports

【概述】 2015年，全区体育工作着力构建更加完善的公共体育服务体系，不断满足人民群众日益增长的体育需求，体育事业发展态势良好。

【建成首批“省公共体育服务体系示范区”】 年内，区财政投入近400万元在龙冈、郭猛、大冈、秦南4个镇建成高标准多功能运动场地，完成对43个行政村篮球场的升级改造，并为近800名一线社会体育指导员购买服装和保险。扎实抓好区、镇、村三级群众体育服务网络建设和全民健身活动开展，全区共有提供公共体育服务的企事业单位和社会组织近200个，行政事业单位和体育社会组织公共体育服务从业人员近500人，每万人拥有社会体育指导员超过39人。建有授牌群众健身点285个，公共体育场所2000多个，人均公共体育设施面积达3.27平方米，公共体育服务体系日趋完善。4月，盐都区被命名为“江苏省首批公共体育服务体系示范区”。

【竞技体育实力倍增成绩显赫】 优化体育训练与竞赛，年内，组团参加市七届运动会，以人才输送第一名，赛会金牌数第一名、总分第二名，综合金牌数第二名、总分第二名的优异成绩分别夺得人才输送优胜奖、赛会优胜奖、综合优胜奖等三个最高奖项，被授予体育道德风尚奖。

【特殊人群体育工作成绩突出】 5月，龙冈小学培智学校乒乓球队代表江苏参加全国第九届残运会暨第六届特殊奥林匹克运动会，夺取金牌5枚、银牌3枚、铜牌2枚，金牌总数在全国35个代表团中位居前列。4名参赛运动员入选国家队出战7月在美国举行的第十四届世界特殊奥林匹克运动会，一举斩获8枚金牌，为全区体育工作赢得殊荣。

【学校体育工作成绩优异】 10月，毓龙路实验学校、郭猛实验学校被命名为第一批“全国学校体育工作示范学校”，在全市被命名的7所学校中，盐都区独占2席。市一中、毓龙路实验学校被省体育局、省教育厅命名为“江苏省青少年校园篮球特色学校”。泽夫初中被省体育局命名为“江苏省青少年奥林匹克体育俱乐部”，尚庄初中参加省中学生三门球比赛蝉联一等奖，毓龙路实验学校篮球队参加省中小学生篮球比赛多次取得较好成绩。

【青少年校园足球活动蓬勃开展】 年内，区政府成立青少年校园足球工作领导小组，大力推广青少年校园足球活动，组织全区第一届“区长杯”校园足球联赛。5月，盐都被确定为全市唯一的“江苏省青少年校园足球试点县(市、区)”，5所学校被教育部命名为“全国校园足球特色学校”，包括此前被国家体育总局命名为“全国校园足球试点学校”的16所中小学，被命名学校数量全市领先。

【老年体育健身队参加国际邀请赛夺取八项桂冠】 6月9日，应省武术协会邀请，北蒋街道老年体育健身队一行9人，在5月31日结束的2015年首届“大麦若叶杯”传统武术国际邀请赛中，一举夺得8项第一名，杨树萍一人独揽“武当剑”“42式太极拳”“24式太极拳”等3个项目的第一名。

【成功举行全民健身大联动启动仪式暨千人健步走活动】 6月13日，由区政府主办，区体育局、教育局承办的江苏省第十届“泛沿江体育带”全民健身大联动盐都区启动仪式暨千人健步走活动在世纪公园举行，6个镇(区、街道)和近20个机关单位的1100多人参加活动，副区长张云云出席活动并全程领走。

【成功举行“全民健身日”庆祝活动】 8月6日，由区政府主办，区体育局、教育局、郭猛镇人民政府承办的盐都区2015年“全民健身日”庆祝活动暨第九届乡镇全民健身运动会隆重举行，副区长张云云出席活动并讲话。庆祝活动的主题是：“全民健身促健康，同心共筑中国梦”。活动集中进行威风锣鼓和第五套健身秧歌等全民健身项目展示。展示结束后，举行第九届乡镇全民健身运动会乒乓球团体、中国象棋和健身秧歌等比赛。

【开展2014年度乡镇体育工作考核】 1月26—27日，区体育局对19个镇(区、街道)2014年度体育工作情况进行集中考核。考核工作涉及综合考核和体育工作先进奖单项考核。综合考核的内容为万人拥有公共体育设施面积，体育工作先进奖考核内容包括全民健身、青少年体育、体育竞赛、公共体育设施、体育产业和综合因素6个方面，涉及全民健身活动的开展、社会体育指导员队伍建设、青少年体育比赛的参与、体育竞赛的承办、健身步道建设、体育产业的推进、体育宣传等重点工作。

【区马术运动协会、户外运动协会成立】 3月20日，区马术运动协会和区户外运动协会在大纵湖镇同时成立。成立大会听取和审议马术、户外运动协会筹备工作报告，通过社团《章程》，并选举产生协会组织机构。

【国民体质测试工作正常开展】 6月28日，全区2015年国民体质测试工作在大纵湖镇启动。测试工作为期10天，测试对象为城乡成年居民，参加测试人数超过3200人。

【首届“区长杯”校园足球联赛揭幕】 4月25日，2015年全国校园足球特色学校联赛(盐都赛区)暨盐都区第一届“区长杯”校园足球联赛在市二小拉开帷幕。联赛分小学甲、乙组和初中组三个组别进行，参赛单位为全区12所申报全国校园足球特色学校的中小学。比赛主要利用双休日时间进行，整个联赛于7月中旬结束。

【举行中小学生跳绳、踢毽比赛】 1月10日，全区中小学生跳绳、踢毽比赛在郭猛实验学校举行。比赛分小学男、女组和初中男、女组，设有跳绳(2分钟速度双摇跳)、踢毽(2分钟盘踢)、集体3分钟穿梭8字跳绳、花样跳绳表演等项目。共有96名运动员分获不同组别各单项比赛前八名，32支代表队分获不同组别各集体项目比赛前八名，16所学校分别摘取不同组别团体总分前八名。

【举办中小学体育教师花样跳绳培训班】 1月21—22日，全区中小学花样跳绳培训活动在郭猛实验学校举行，30多所学校的近百名体育教师参加培训。培训旨在进一步提升各学校体育教师的花样跳绳水平和实践教学技能，推动全区中小学校园花样跳绳活动的全面普及和提高，保障和促进广大青少年学生的体质健康。

【开展中小学体育教师体能测试】 4月9日，全区中小学体育教师体能测试在神州路初中举行。各学校55周岁以下体育教师全部参加，测试项目包括“库伯”12分钟跑、3000米健身走跑、50米跑、30秒跳绳、左右横跨、坐位体前屈、仰卧起坐等。测试活动旨在促进和激励体育教师积极参加体育锻炼，提高体质健康水平，保障学校体育工作有序高效开展。

【举办三级社会体育指导员暨健身球培训】 4月18—19日，全区三级社会体育指导员暨健身球培训在教师发展中心举行，各镇(区、街道)和各老年体协分会的近80名体育爱好者参加培训，主要培训内容为第十套健身球操。

【举办三级社会体育指导员暨健身秧歌培训】 5月9—10日，全区三级社会体育指导员暨健身秧歌培训在教师发展中心举行，各镇(区、街道)和各老年体协分会的90多名符合三级社会体育指导员基本条件、从事社会体育管理工作且具有一定社会实践和工作经验的体育爱好者参加培训，培训内容主要为三级社会体育指导员规定学习课程和第五套健身秧歌规定套路基本技术。

【成功举行区直学校职工篮球比赛】 5月22—24日，区直学校教职工篮球比赛在毓龙路实验学校举行。9支参赛队伍，90名领队、教练员、运动员经过为期3天共15场比赛的争夺，市一中、毓龙路实验学校、龙冈中学分获前三名，教师发展中心、区实验学校获体育道德风尚奖。

【成功举行“阳光伙伴集体绑腿跑”比赛】 6月13日，全区中小学生“阳光伙伴集体绑腿跑”比赛在高新区实验学校圆满举行。比赛共有80支男、女代表队，超过

1600名中小学生报名参赛。经过紧张激烈的角逐，义丰小学、冈中小学、郭猛实验学校分获小学男子组前三名，秦南小学、中兴实验学校、鞍湖实验学校获得小学女子组前三名，冈中初中、北将实验学校、楼王初中分获初中男子组前三名，郭猛实验学校、盐都实验学校、鞍湖实验学校分获初中女子组前三名。

【成功举行小学生篮球比赛】 6月21日，全区小学生篮球比赛在郭猛实验学校圆满结束。比赛分预赛和决赛两个阶段进行，全区10所学校的19支男、女代表队报名参赛。经过4天共42场比赛的激烈争夺，最终毓龙路实验学校、秦南小学、义丰小学分获男子组前三名，秦南小学、大冈小学、毓龙路实验学校分获女子组前三名。

【举行中小学足球教练员培训】 7月14—17日，全区中小学足球教练员培训在神州路初中举行。培训班邀请盐城师范学院专职足球教练员授课，培训内容主要包括少年儿童足球基本功训练，基本技、战术配合和足球训练理论等。全区各校园足球特色学校和布点学校的35名足球教练员参加培训，培训旨在进一步提高全区中小学足球教练员的技战术水平和业务能力，推动校园足球的更快普及和全面提升。

【成功举行中小学生田径运动会】 11月14—15日，全区中小学生田径运动会在腾飞路实验学校举行。运动会共设置有小学男、女，初中男、女，高中男、女等6个组别，来自全区42所中小学的600多名运动员参加50米/100米、400米、800米/1000米、1500米/3000米、4×400米男女混合接力、跳远、立定跳远、立定三级跳远、跳高、前抛实心球等项目的比赛。市二小、神州路小学、龙冈小学分获小学组团体总分前三名，毓龙路实验学校、神州路初中、大冈初中分获初中组团体总分前三名，龙冈中学、时杨中学、大冈中学分获高中组团体总分前三名，市一中等9所学校荣获体育道德风尚奖。

【成功举行第二届"体彩杯"乒乓球比赛】 12月26—27日，教育系统第二届"体彩杯"乒乓球比赛在区体育馆举行，共有各镇（区、街道）和区直学校的33支代表队，150多名领队、教练员、运动员参赛。秦南镇、龙冈镇、尚庄镇分获乡镇组前三名，龙冈中学、区体校、时杨中学分获区直组前三名。 （葛留祥）

盐都区2015—2016年度中小学基本情况

表10

类别	学校所数	班级							学生数							教职工（人）	专任教师（人）
		计	一年级	二年级	三年级	四年级	五年级	六年级	计	一年级	二年级	三年级	四年级	五年级	六年级		
合计	44	1259	305	302	316	127	113	96	59092	14074	14200	14725	5979	5492	4622	6131	5035
普高	4	193	62	62	69	—	—	—	9348	3074	3104	3170	—	—	—	989	882
初中	23	342	115	110	117	—	—	—	15226	4961	4993	5272	—	—	—	2884	2254
小学	17	724	128	130	130	127	113	96	34518	6039	6103	6283	5979	5492	4622	2258	1899

2015年盐都区参加市以上比赛成绩

表11

姓　名	组　别	项　　目	成绩	名次	比赛名称	时间	地点
吴超梅	女子组	个人大组120公里		第一名	全国自行车公路冠军赛	2015.5	吉　林
吴超梅	女子组	个人单发20公里		第四名	全国自行车公路锦标赛	2015.8	内蒙古
吴超梅	女子组	个人全能		第一名	全国自行车场地冠军赛	2015.7	北　京
吴超梅	女子组	个人全能		第三名	全国自行车锦标赛	2015.7	北　京
赵　悦	女子组	73+kg		第五名	全国跆拳道锦标赛	2015.10	内蒙古
	男重甲组	重剑团体		第一名	江苏省少年击剑冠军赛	2015.11	如东县
王广聪	男子13岁以下	重剑个人		第二名	江苏省少年击剑冠军赛	2015.11	如东县
倪　祺	男子16~17岁组	重剑个人		第二名	江苏省少年击剑冠军赛	2015.11	如东县
	男重儿童组	重剑团体		第二名	江苏省少年击剑冠军赛	2015.11	如东县
	女重儿童组	重剑团体		第二名	江苏省少年击剑冠军赛	2015.11	如东县
李士豪	男子16~17岁组	重剑个人		第三名	江苏省少年击剑冠军赛	2015.11	如东县

续表 11

姓　名	组　别	项　　目	成绩	名次	比赛名称	时间	地点
	男重乙组	重剑团体		第三名	江苏省少年击剑冠军赛	2015.11	如东县
	女重甲组	重剑团体		第四名	江苏省少年击剑冠军赛	2015.11	如东县
	女重乙组	重剑团体		第五名	江苏省少年击剑冠军赛	2015.11	如东县
江　莹	女子 16~17 岁组	重剑个人		第五名	江苏省少年击剑冠军赛	2015.11	如东县
尹楠楠	女子 16~17 岁组	重剑个人		第六名	江苏省少年击剑冠军赛	2015.11	如东县
孙袁乾	女子 13 岁以下	重剑个人		第七名	江苏省少年击剑冠军赛	2015.11	如东县
张婷婷	女子 13 岁以下	重剑个人		第八名	江苏省少年击剑冠军赛	2015.11	如东县
章增琪	女子重剑乙组	重剑个人		第三名	江苏省少年击剑锦标赛	2015.8	无锡
	女子重剑乙组	重剑团体		第三名	江苏省少年击剑锦标赛	2015.8	无锡
	男子重剑甲组	重剑团体		第四名	江苏省少年击剑锦标赛	2015.8	无锡
	女子重剑甲组	重剑团体		第五名	江苏省少年击剑锦标赛	2015.8	无锡
王广聪	男子重剑丙组	重剑个人		第六名	江苏省少年击剑锦标赛	2015.8	无锡
	男子重剑乙组	重剑团体		第六名	江苏省少年击剑锦标赛	2015.8	无锡
李士豪	男子重剑甲组	重剑个人		第八名	江苏省少年击剑锦标赛	2015.8	无锡
王行璐	男子 13~14 岁组	56 公斤	172 公斤	第一名	省青少年举重锦标赛	2015.5	泗洪
周　杰	男子 13~14 岁组	62 公斤	168 公斤	第一名	省青少年举重锦标赛	2015.5	泗洪
韦兢业	男子 13~14 岁组	52 公斤	95 公斤	第三名	省青少年举重锦标赛	2015.5	泗洪
李小龙	男子 13~14 岁组	56 公斤	146 公斤	第四名	省青少年举重锦标赛	2015.5	泗洪
孟德树	男子 15~16 岁组	69 公斤	185 公斤	第八名	省青少年举重锦标赛	2015.5	泗洪
裴仁俊	男子 17~18 岁组	200 米	21.99	第一名	省青少年田径锦标赛	2015.7	南通
裴仁俊	男子 17~18 岁组	400 米	49.91	第五名	省青少年田径锦标赛	2015.7	南通
王海祥	男子 16 岁组	400 米	54.98	第八名	省青少年田径锦标赛	2015.7	南通
丁　盛	男子 15 岁组	跳远	6.17	第三名	省青少年田径锦标赛	2015.7	南通
陈远宁	男子 15 岁组	铁饼	42.34	第三名	省青少年田径锦标赛	2015.7	南通
陈熙平	男子 13~14 岁组	100 米或 200 米全能	13.50	第六名	省青少年田径锦标赛	2015.7	南通
秦　涛	男子 13~14 岁组	100 米或 200 米全能	14.65	第四名	省青少年田径锦标赛	2015.7	南通
王倩雯	女子 13~14 岁组	100 米栏全能	3.30	第五名	省青少年田径锦标赛	2015.7	南通
盐　都	儿童甲组	男子团体		第一名	盐城市七运会乒乓球比赛	2015.9	市一中
	儿童乙组	男子团体		第一名			
	儿童乙组	女子团体		第一名			
陈旭柯	儿童乙组	男子单打		第一名			
	儿童丙组	男子团体		第一名			
	儿童丙组	女子团体		第一名			
李建涛	儿童丙组	男子单打		第一名			
谢雨桐	儿童丙组	女子单打		第一名			
许　俊	儿童丁组	男子单打		第一名			
何佳沂	儿童丁组	女子单打		第一名			
	儿童丁组	女子团体		第一名			

续表 11

姓　名	组　别	项　　目	成绩	名次	比赛名称	时间	地点
	儿童戊组	女子团体		第一名			
	少年组	男子团体		第二名			
姚景文	儿童丙组	男子单打		第二名			
周绪峰	儿童丁组	男子单打		第二名			
	儿童丁组	男子团体		第二名			
季禾禾	儿童丁组	女子单打		第二名			
	儿童戊组	男子团体		第三名			
黄　鑫	儿童丙组	男子单打		第三名			
袁宇婷	儿童乙组	女子单打		第三名			
王梓茜	儿童甲组	女子单打		第三名			
唐　捷	少年组	女子单打		第三名			
	少年组	女子团体		第三名			
袁榕杰	少年组	男子单打		第四名			
杨　烨	少年组	女子单打		第四名			
黄中杰	儿童甲组	男子单打		第四名			
许鸣窈	儿童丙组	女子单打		第四名			
张佳文	儿童戊组	男子单打		第四名			
葛明慧	儿童戊组	女子单打		第四名			
潘昊阳	儿童丙组	男子单打		第五名			
张欣越	儿童乙组	女子单打		第五名			
黄奕程	儿童甲组	男子单打		第五名			
陈煜坤	儿童乙组	男子单打		第六名			
孙一杰	儿童甲组	男子单打		第七名			
韩筱语	儿童戊组	女子单打		第七名			
黄悦然	儿童戊组	女子单打		第八名			
孙　叶	女子少年组	200 米混	2:51.43	第一名	盐城市七运会游泳比赛	2015.9	市游泳馆
孙　叶	女子少年组	400 米自	5:52.08	第一名			
孙　叶	女子少年组	100 米蛙	1:29.05	第一名			
孙　叶	女子少年组	100 米蝶	1:18.39	第一名			
蔡昕昊	女子儿童甲组	100 米仰	1:22.93	第一名			
蔡昕昊	女子儿童甲组	100 米自	1:07.39	第一名			
蔡昕昊	女子儿童甲组	200 米混	2:49.78	第一名			
蔡昕昊	女子儿童甲组	200 米自	2:28.64	第一名			
胡　炀	男子儿童甲组	200 米自	2:45.53	第二名			
胡　炀	男子儿童甲组	100 米自	1:12.14	第三名			
胡　炀	男子儿童甲组	100 米蛙	1:33.70	第三名			
孙欣妍	女子儿童乙组	200 米自	3:10.04	第二名			
孙欣妍	女子儿童乙组	100 米自	1:26.14	第二名			

续表 11

姓 名	组 别	项 目	成绩	名次	比赛名称	时间	地点
孙欣妍	女子儿童乙组	100 米蛙	1:51.12	第二名			
孙欣妍	女子儿童乙组	100 米蝶	1:55.07	第二名			
戚诗铭	男子儿童乙组	200 米混	3:37.45	第六名			
戚诗铭	男子儿童乙组	200 米自	3:15.37	第八名			
蔡静怡	女子儿童丙组	100 米自	1:13.92	第一名			
蔡静怡	女子儿童丙组	100 米仰	1:23.81	第一名			
蔡静怡	女子儿童丙组	100 米蝶	1:31.00	第一名			
蔡静怡	女子儿童丙组	200 米自	2:50.40	第二名			
卞文韬	男子儿童丙组	200 米自	3:13.50	第四名			
卞文韬	男子儿童丙组	100 米自	1:30.54	第七名			
卞文韬	男子儿童丙组	100 米蛙	1:53.21	第五名			
黄剑锋	男子儿童乙组	100 米蛙	1:53.17	第四名			
吴彦霖	男子儿童丁组	50 米自	39.80	第三名			
吴彦霖	男子儿童丁组	50 米蝶	46.98	第三名			
吴彦霖	男子儿童丁组	50 米蛙	51.53	第三名			
吴彦霖	男子儿童丁组	50 米仰	48.26	第四名			
杨 野	男子儿童丙组	100 米自	1:27.69	第六名			
丁 盛	少年男子甲组	跳远	5.98	第一名	盐城市七运会田径比赛	2015.9	市体育场
陈远宁	少年男子甲组	铁饼	43.30	第一名			
侍 静	少年女子甲组	五项全能	1471	第一名			
秦 涛	少年男子乙组	100 米	11.93	第一名			
王倩雯	少年女子乙组	100 米栏	17.01	第一名			
孙 瑞	儿童男子甲组	400 米	1:07.07	第一名			
董益磊	少年男子甲组	铅球	10.40	第二名			
	少年男子甲组	4×100 米接力	47.93	第二名			
王海祥	少年男子甲组	800 米	2:16.92	第二名			
黄冬梅	少年女子甲组	200 米	31.97	第二名			
周 坤	少年男子乙组	100 米	12.17	第二名			
秦 涛	少年男子乙组	200 米	24.78	第二名			
	少年男子乙组	4×100 米接力	48.66	第二名			
王 璐	少年女子乙组	100 米	13.73	第二名			
王 璐	少年女子乙组	200 米	29.15	第二名			
郭 薇	少年女子乙组	跳高	1.23	第二名			
王金玲	少年女子乙组	铁饼	28.87	第二名			
孙 瑞	儿童男子甲组	1500 米	5:50.50	第二名			
陈薪宇	儿童女子甲组	跳远	3.87	第二名			
滕清清	儿童女子甲组	立定跳远	2.09	第二名			
陈薪宇	儿童女子甲组	实心球后抛	11.78	第二名			

续表 11

姓名	组别	项目	成绩	名次	比赛名称	时间	地点
王金玲	少年女子乙组	铅球	11.27	第三名			
王海祥	少年男子甲组	400 米	55.36	第三名			
徐庆威	少年男子甲组	跳高	1.71	第三名			
陈远宁	少年男子甲组	铅球	10.15	第三名			
黄冬梅	少年女子甲组	100 米	14.56	第三名			
	少年女子甲组	4×100 米接力	58.77	第三名			
周　坤	少年男子乙组	200 米	24.97	第三名			
	少年男子乙组	4×400 米接力	4:05.85	第三名			
卫振浩	儿童男子甲组	1500 米	5:52.57	第三名			
	儿童男子甲组	4×100 米接力	58.45	第三名			
	儿童男子甲组	4×400 米接力	4:58.32	第三名			
黄德俊	儿童男子甲组	跳远	4.29	第三名			
朱小莉	儿童女子甲组	100 米	14.80	第三名			
徐　婧	儿童女子甲组	400 米	1:13.47	第三名			
徐　婧	儿童女子甲组	800 米	2:54.37	第三名			
	儿童女子甲组	4×100 米接力	1:03.41	第三名			
	儿童女子甲组	4×400 米接力	5:54.24	第三名			
林汉涛	少年男子甲组	三级跳远	11.55	第四名			
	少年男子甲组	4×400 米接力	3:50.02	第四名			
丁　盛	少年男子甲组	100 米	11.66	第四名			
	少年女子甲组	4×400 米接力	5:35.14	第四名			
郑金来	少年男子乙组	800 米	2:29.20	第四名			
袁志杰	少年男子乙组	跳高	1.36	第四名			
王倩雯	少年女子乙组	100 米	14.33	第四名			
	少年女子乙组	4×100 米接力	58.77	第四名			
柏满森	儿童男子甲组	实心球后抛	9.29	第四名			
卞　盈	儿童女子甲组	立定跳远	2.06	第四名			
黄德俊	儿童男子甲组	100 米	14.29	第五名			
严晓岗	少年男子甲组	100 米	11.98	第五名			
严晓岗	少年男子甲组	200 米	24.82	第五名			
孙宇萱	儿童女子甲组	跳高	1.04	第五名			
高慧敏	儿童女子甲组	立定跳远	2.05	第五名			
侍瑞鑫	少年男子甲组	跳远	5.41	第五名			
张　浩	少年男子甲组	铅球	9.64	第五名			
董益磊	少年男子甲组	铁饼	28.50	第五名			
董小俊	儿童男子甲组	200 米	31.15	第五名			
卫振浩	儿童男子甲组	400 米	1:13.76	第五名			
卞　盈	儿童女子甲组	垒球	26.0	第五名			

续表 11

姓名	组别	项目	成绩	名次	比赛名称	时间	地点
朱一峰	儿童男子甲组	立定跳远	1.84	第六名			
	少年女子乙组	4×400 米接力	4:55.63	第六名			
王凌钦	少年男子乙组	跳高	1.33	第六名			
陈熙平	少年男子乙组	100 米	12.40	第六名			
周　璐	少年女子甲组	400 米	1:13.70	第六名			
孙苏贵	少年男子甲组	铁饼	28.31	第六名			
侍瑞鑫	少年男子甲组	三级跳远	11.19	第六名			
林汉涛	少年男子甲组	800 米	2:21.00	第六名			
胡亚波	少年男子甲组	400 米	58.29	第六名			
刘奇波	儿童男子甲组	垒球	39.96	第六名			
高敏慧	儿童女子甲组	800 米	3:29.38	第六名			
周　珍	儿童女子甲组	垒球	21.8	第六名			
沈紫心	儿童女子甲组	立定跳远	1.90	第七名			
徐庆威	少年男子甲组	400 米	58.91	第七名			
董小俊	儿童男子甲组	100 米	14.90	第七名			
刘奇波	儿童男子甲组	跳高	1.15	第七名			
周　珍	儿童女子甲组	200 米	32.90	第七名			
王之怡	儿童女子甲组	跳远	3.12	第七名			
姚思彤	儿童女子甲组	800 米	3:30.60	第七名			
孙大彬	少年男子甲组	100 米		第八名			
朱小莉	儿童女子甲组	200 米	32.93	第八名			
沈之鉴	男子儿童丁组	单打		第一名	盐城市七运会网球比赛	2015.6	大丰
彭云宵	儿童女子甲组	单打		第一名			
王梓莹	儿童女子乙组	单打		第一名			
盐　都	男子儿童丙组	团体		第二名			
倪安昡	儿童女子甲组	单打		第二名			
沈艳阳	儿童女子乙组	单打		第二名			
詹子尧	男子儿童丙组	单打		第二名			
程镜恒	男子儿童丙组	单打		第五名			
刘致和	男子儿童丙组	单打		第六名			
郜云天	男子少年组	单打		第一名	盐城市七运会羽毛球比赛	2015.5	东台
徐以航	男子儿童甲组	单打		第一名			
蒋皓文	男子儿童甲组	双打		第一名			
徐以航							
张　琪	女子儿童甲组	单打		第一名			
张　琪	女子儿童甲组	双打		第一名			
周　萌							

续表 11

姓　名	组　别	项　　目	成绩	名次	比赛名称	时间	地点
彭　超	男子儿童丁组	单打		第一名			
郜云天	男子少年组	双打		第二名			
陈培荣							
蒋皓文	男子儿童甲组	单打		第二名			
奚小雅	女子儿童乙组	单打		第二名			
陈培荣	男子少年组	单打		第三名			
王思睿	男子少年组	双打		第三名			
谭江哲							
彭星语	女子少年组	双打		第三名			
陈思逸							
葛昕晔	男子儿童甲组	单打		第三名			
吴其潼	男子儿童丙组	单打		第三名			
张璐涵	女子儿童甲组	单打		第四名			
张晖宇	男子儿童乙组	单打		第四名			
秦杨舒涵	女子儿童丙组	单打		第四名			
彭星语	女子少年组	单打		第七名			
张　伟	男子儿童甲组	42 公斤		第一名	盐城市七运会跆拳道比赛	2015.5	阜宁
张佳文	男子儿童甲组	46 公斤		第一名			
吕天娇	女子少年甲组	48 公斤		第一名			
范广祥	男子儿童甲组	-52 公斤		第二名			
许　磊	男子少年乙组	-56 公斤		第二名			
李　雯	女子少年乙组	44 公斤		第二名			
杨　伟	女子少年甲组	48 公斤		第二名			
徐　璐	女子儿童甲组	-46 公斤		第三名			
丁　烨	男子少年甲组	-60 公斤		第三名			
黄　鑫	男子少年甲组	54 公斤		第五名			
	男子少年组			第二名	盐城市七运会足球比赛	2015.5	建湖
	女子少年组			第二名			
	女子甲组			第二名			
	男子丙组			第三名			
	女子丙组			第三名			
	男子甲组			第四名			
	男子少年组			第一名	盐城市七运会篮球比赛	2015.5	滨海
	女子少年组			第一名			
	男子儿童乙组			第一名			
	男子儿童丙组			第一名			
	女子儿童丙组			第一名			

续表 11

姓 名	组 别	项 目	成绩	名次	比赛名称	时间	地点
	女子儿童乙组			第二名			
	女子儿童甲组			第三名			
	男子儿童甲组			第四名			
张 欣	女子儿童甲组	44 公斤	65 公斤	第一名	盐城市七运会举重比赛	2015.9	市运动学校
倪爱玲	女子少年甲组	53 公斤	102 公斤	第一名			
徐雨晴	女子少年甲组	63 公斤	108 公斤	第一名			
邱兴建	女子少年甲组	69+公斤	138 公斤	第一名			
王行璐	男子少年乙组	52 公斤	151 公斤	第一名			
李小龙	男子少年乙组	56 公斤	165 公斤	第一名			
周 杰	男子少年乙组	69 公斤	185 公斤	第一名			
廖仕佳	女子少年甲组	63 公斤	90 公斤	第二名			
薛森瀛	男子少年乙组	43 公斤	91 公斤	第二名			
韩大龙	男子少年甲组	62 公斤	170 公斤	第二名			
韦 沈	男子少年甲组	75 公斤	195 公斤	第二名			
卞晨静	女子少年乙组	58 公斤	70 公斤	第三名			
徐 磊	男子儿童甲组	40 公斤	66 公斤	第三名			
王 震	男子儿童甲组	48 公斤	82 公斤	第三名			
韦兢业	男子少年乙组	62 公斤	128 公斤	第三名			
唐 进	男子少年甲组	69 公斤	175 公斤	第三名			
沈明月	女子少年乙组	63 公斤	78 公斤	第四名			
聂 菁	女子少年乙组	63+公斤	89 公斤	第四名			
吴泳炜	女子少年甲组	53 公斤	84 公斤	第四名			
蔡宏章	男子少年乙组	43 公斤	85 公斤	第四名			
孟凡杰	男子少年乙组	56 公斤	95 公斤	第四名			
顾荥荣	男子少年乙组	62 公斤	113 公斤	第四名			
孙本奇	男子少年乙组	69 公斤	90 公斤	第四名			
王 禹	男子少年乙组	77 公斤	90 公斤	第四名			
李天赐	男子少年乙组	77+公斤	115 公斤	第四名			
顾 磊	男子少年甲组	69 公斤	165 公斤	第四名			
姜文杰	男子少年乙组	47 公斤	70 公斤	第五名			
季 敏	女子少年乙组	53 公斤	71 公斤	第六名			
朱一鸣	男子少年乙组	52 公斤	105 公斤	第六名			
张庭国	男子少年甲组	62 公斤	130 公斤	第七名			

文化 新闻

Culture and News

综　　述

Summary

【概述】 全区文广新工作围绕文化建设登台阶目标，深入实施文化惠民工程，再次荣膺全国文化先进县(区)。

新闻引导能力增强。精心谋划22个主题报道，电视新闻累计用稿3000多条，广播新闻累计用稿4000多条，全方位、立体式展示全区加快建设创业开放生态幸福新盐都的生动局面，外宣用稿取得历史性突破。

阵地建设强势推进。区图书馆少儿阅读互动中心、文化馆百姓剧场建成投入使用，全区12个镇(街道)获得国家二级以上文化站称号。

艺术生产持续繁荣。承办中国剧协第七届中青年编剧研修班、省第二届艺术展演月演出，淮剧《半车老师》获国家艺术基金资助，淮剧《菜籽花开》入选2015年度江苏省舞台艺术精品工程资助剧目(第一名)，并应文化部中国戏曲现代戏研究会邀请在北京、天津演出，大戏剧本《古城拉魂》搬上舞台，小品《真相》被评为全国小戏小品展演优秀入选剧目，王书龙、陈明获盐城市首届“盐渎文化奖章”，国画《芦花深处有雁声》等9件作品获市政府文艺奖。

惠民活动丰富多彩。全年共开展各类公益性展演展示活动260多场次，惠及群众50万人次，常态开展“三送工程”，共送戏68场次，送电影3600多场次，送图书1.8万余册。

“书香盐都”扎实推进。被表彰为全省全民阅读工作先进集体，举办“中国梦·盐都情”读书知识竞赛、“读书·创业·追梦”主题读书征文、红领巾读书征文等系列活动，重点打造“和悦读书会”品牌。

文化市场繁荣有序。进一步简化审批流程，大力开展文化市场专项整治和“扫黄打非”工作，盐都区被表彰为省“扫黄打非”先进地区。

(王晓亮)

文化场馆建设

Cultural Facilities Construction

【概述】 进一步提升现代公共文化服务体系建设，做到两头提升，中间逐步推进。三馆加快数字化建设步伐，全面推进图书少儿馆、盐都群众文化艺术馆建设。图书馆、文化馆、美术馆数字化建设稳步推进，盐都博物馆建成开放，完成省级文化馆法人治理试点的改革任务。文化馆百姓剧场建成启用，年内，演出话剧《咱们结婚吧》、淮剧《一家人》等专场演出50多场次。文化站建设提档升级，2500平方米的龙冈文化站建成开放，其一流的设施、丰富的活动得到社会各界的高度认可，被评为国家二级文化馆。至年底，完成装潢设计秦南文化服务中心5000平方米，2016年底建成开放。8500平方米的郭猛文化站完成前期规划和方案设计，2017年5月1日建成开放。文化中心户建设全面推进，通过星级评比和以奖代补方式，使“文化中心户”扩大规模、提升服务，全区现有文化中心户375户，2016年建成627户，实现全区自然村文化中心户全覆盖，真正构建起城乡一体化15分钟文化圈。

(苏万才　孟丽华)

戏剧创作及演出

Drama Creation and Performance

【概述】 全区戏剧创作及演出工作持续繁荣，承办中国剧协第七届中青年编剧研修班、省第二届艺术展演月演出，淮剧《半车老师》获国家艺术基金资助，淮剧《菜籽花开》入选2015年度江苏省舞台艺术精品工程资助剧目(第一名)，并应文化部中国戏曲现代戏研究会邀请在北京、天津演出，大戏剧本《古城拉魂》搬上舞台，小品《真相》被评为全国小戏小品展演优秀入选剧目，王书龙、陈明获盐城市首届“盐渎文化奖章”，国画《芦花深处有雁声》等9件作品获市政府文艺奖。

【淮剧《半车老师》获国家艺术基金资助】 9月，国家艺术基金2015年度立项资助项目名单出炉，市淮剧团创作演出的大型现代淮剧《半车老师》名列其中。国家艺术基金是由国家设立，旨在繁荣艺术创作、打造和推广原创精品力作、培养艺术创作人才、推进国家艺术事业健康发展的公益性基金。自成立起即受到社会各界的广泛关注，具有深远的历史意义和重要的现实意义。

【淮剧《菜籽花开》获2015年省舞台艺术精品工程资助】 12月，省文化厅公开2015年度江苏省舞台艺术精品工程资助名单，在10部剧目中，市淮剧团创作演出的大型现代淮剧《菜籽花开》位列榜首。

【淮剧《菜籽花开》赴京津展演】 11月，市淮剧团创作演出的大型现代淮剧《菜籽花开》远赴北京、天津参加"戏曲现代戏优秀剧目南北交流展演"。22日晚，在中国评剧院剧场，第十一届全国政协副主席、中国文联主席孙家正，文化部副部长董伟，海军原副政委、中将王兆海，解放军出版社原社长朱冬生，省文化厅副厅长吴晓林，副市长马成志，副区长张云云，以及姜志涛、周育德、赓绪华、王安奎、黄维钧等一批首都戏剧专家，与近千名首都观众一起观看演出，孙家正盛赞该剧"小戏演绎真情大义"，这是市淮剧团第四次进京演出。25日晚，该剧首次亮相天津舞台，在天津市中华剧院同样赢得好评。

【承办中剧协青年编剧研修班】 4月，中国剧协第七届中青年编剧研修班在盐都举行。本届研修班由中国戏剧家协会和中国戏曲现代戏研究会主办，《剧本》杂志社、省戏曲现代戏研究会、盐都区人民政府承办，区文广新局、市戏剧家协会协办。本届研修班共学习9天时间。中国文联、中国戏剧家协会和中国戏曲现代戏研究会的专家授课，全国各省、市、自治区的优秀中青年编剧齐聚盐都，参加培训学习。由季国平、沈虹光、孙德民、杨林、陈彦、罗周、罗怀臻7位戏剧专家，授课专家和参训学员还观摩市淮剧团新编大型现代淮剧《菜籽花开》。

【3件作品获省戏剧文学奖】 2015年江苏省戏剧文学剧本评选角逐激烈，仅12件作品获奖。盐都区3件作品在全省66件作品中脱颖而出，其中陈明创作的现代戏曲《遍地月光》获得二等奖(一等奖空缺)，邵秀华创作的古装戏曲《布衣青天》、曾汉才创作的现代淮剧《大湖泱泱》获得提名奖。

【大戏《大湖泱泱》位列2015年江苏省新剧本征选榜首】 7月2日，2015年江苏省新剧本征选活动结果揭晓，由区青年编剧曾汉才创作的大型现代戏曲《大湖泱泱》成功入围，位列榜首。此次征选共收到来自全省作者报送的大戏作品31部，省剧目工作室组织相关专家进行甄选后，共选出入围作品2部，重点关注作品4部。

【戏曲《古城拉魂》参加江苏省艺术展演月展演】 6月11日晚，由区青年编剧曾汉才创作、著名导演王咸俊执导、宿迁市柳琴剧团演出的大型现代柳琴戏《古城拉魂》，在盐都艺术中心参加第二届江苏省艺术展演月展演。省文化厅副厅长吴晓林，省舞台艺术精品工程领导小组办公室主任陈晶，宿迁市政协副主席、市文广新局局长武倩等与近千名盐城观众观看演出。

【淮剧《红尘遗恨》参加全市新剧目调演】 12月5日，由邵秀华创作、市淮剧团演出的大型古装淮剧《红尘遗恨》，在盐都文化艺术中心参加全市艺术节新剧目调

淮剧《菜籽花开》参加优秀剧目南北片交流展演剧照

演。该剧是本届戏剧节唯一一部古装戏，勾起众多老淮剧戏迷的回忆和想念，当晚的演出现场，年龄偏大的观众们不吝掌声和叫好声，情到深处，他们也抹泪叹息，淮剧的悲剧效果在这场演出中重回本色。（曾汉才）

电影放映
Film Screenings

【概述】 2015年，盐城电影院全年放映电影1651场，观影人数达5695人，放映收入156579元。盐都区电影公司“农村电影工程”255个村放映3060场，8个固定放映点放映416场，“影教育人工程”学生爱教片放映160场，观众近5万人。“农村电影工程”的实施，旨在加快构建农村电影公共服务体系，实现和保障农民群众基本文化权益，促进农村先进文化的发展，丰富农民的精神文化生活，提高农民群众思想道德素质和科学文化水平。（宋晓华）

社会文化
Social and Cultural Construction

【概述】 全区公共文化工作坚持走“文化兴区、文化强区”之路，抓住文化改革发展主线，突出现代公共文化服务体系建设重点，通过设施建设、文化惠民、塑创品牌、提升服务，不断提升区、镇、村、文化中心户四级现代公共文化服务网络体系，打造淮剧文化、水乡文化、社区文化三张名片，全力推动全区文化建设迈上新台阶，各项工作取得新进展和新成绩。

【文化惠民活动注重品牌建设】 进一步整合资源，不断塑创活动品牌。全年开展各类公益性展演展示活动400多场次，惠及群众30多万人次。“四送工程”形成常态，淮剧团送戏入村85场，文化馆送演出260多场次，送电影4210场，送图书16000册，送展览2个巡回73场。开展“夕阳惠民行”“风韵水乡·乐在盐都”文化馆站文化惠民行、“清风盐都·廉政文艺下乡行”等专场文艺演出80多场次。1月9日，在盐都文化馆百姓剧场举办“风韵水乡·乐在盐都——盐都区馆站联动文化惠民巡演”启动仪式。参加巡演的演职人员来自盐都区文化馆和各文化站，通过自编、自演、自导的小品、相声、快板、小戏等文艺形式，在全区19个镇（区、街道）巡回演出28场次，真正把文化惠民工作落到实处，让老百姓在家门口就能看到戏、看好戏，受到广大群众的极大欢迎，丰富基层群众的文化生活。为纪念抗日战争暨反法西斯战争胜利70周年，区委宣传部、区文广新局组织“唱响盐都·致敬英雄”抗战主题歌曲比赛，各单位近百支队伍参加初赛，选择40支队伍参加复赛，16支队伍参加决赛。一首首耳熟能详的抗战歌曲，激荡起人们内心深处对侵略者的愤怒与憎恨，对现代幸福美好生活的珍惜，共同助力中华民族伟大复兴的中国梦。

【全民参与艺术展演月】 11月，举办“风韵水乡·乐在盐都”艺术展演月，通过广场舞大赛、戏剧曲艺表演、书画展示、全民阅读等方式，将优秀文化产品送到基层、惠及百姓。文化馆自编自导自演的话剧《孩子他妈，咱们恋爱吧！》。大型淮剧《一家人》在文化馆小剧场演出30多场次。

【惠民演出季】 组织开展市淮剧团《菜籽花开》《春月奇情》等精品淮剧剧目“文化惠民”演出季（春、夏、秋、冬），由政府买单，免费赠票，每季连演三场，得到社会各界和广大戏迷观众的高度赞誉。

【举办艺术展】 1月7日，承办、主办“海天墨韵”盐城·秦皇岛两市书法作品新年联展，“铭阳”杯楹联书法展、董宏之书法篆刻作品展、江苏广东十人书法作品展、全国纪念抗日战争胜利七十周年新四军主题书画展、“军旅乡情——毕研顺·盐城书画作品联展”、盐都区文化遗产保护成果展、“水韵盐都”新年书画展、王柏林剪纸艺术展、“丹青墨韵盐都情”2015国庆书画展、江苏省“蛟龙杯”首届狮舞邀请赛摄影作品展等不同艺术门类展览50多场次，取得良好社会反响。

【出台文艺创作激励政策】 为鼓励多出精品，年内，出台文艺创作激励政策，对2014年度在市以上入选、入展、获奖兑现奖金10万元，调动广大文艺工作者创作的热情，区文化馆创作的小品《真相》参加11月4日张家港举办的中国第六届小戏小品展演。

文博工作
The Museum Work

【概述】 全区文博工作坚持“保护为主、抢救第一、合理利用、加强管理”的工作方针，认真贯彻落实党中央、国务院和省、市关于文博工作的各项任务，强化基础，突出重点，扎实工作，迎难而上，各项工作均取得较好成绩。新落成的盐都区博物馆，对外承接多次公益性临时展览，充分发挥收藏、学习、交流、展示和传承的作用；强化政府主导，齐抓共管，共同做好文化遗产保护工作；盐都民俗博物馆建成开放；加强民间收藏队伍管理，藏宝于民。

【举办文化遗产保护巡回展】 6月13日，在全国第十个文化遗产日，举办文化遗产保护巡回展，历时两个多月，在全区56所中小学进行巡回展出。得到《盐城晚报》《东方生活报》《鹤鸣亭》等10多家媒体关注和报道。

【推动非遗展演】 6月20日，举办江苏省“蛟龙杯”首届狮舞邀请赛，江苏省、上海、河北12支队伍参加比赛；国庆期间大纵湖镇举办第三届里下河地区龙舞邀请赛；10月14日，省乡镇旅游现场会在盐都召开，与会的200多名嘉宾观摩非物质文化遗产展示和展演，对民俗的民舞、民歌、非遗保护项目淮剧、龙舞、狮舞、湖船、旱驴、莲湘、高跷的精彩表演给予高度评价。9月27日，盐都威风锣鼓、湖船、狮舞、莲湘、旱驴、高跷、花担八支民俗表演队参加盐镇水街庙会巡街展演活动。

（苏万才　孟丽华）

非物质文化遗产

Intangible Cultural Heritage

【概述】 全区共有非遗保护项目国家级1项，省级5项，市级12项，区级25项。2015年义丰龙舞、北龙港剪纸、龙冈柳编、大纵湖里下河渔民婚俗礼仪、楼王打莲湘5个项目申报省级第四批非遗保护项目。

【出台非遗保护措施】 2015年，区政府出台《关于加强非物质文化遗产保护工作的意见》和《盐都区非物质文化遗产项目保护单位和代表性传承人管理暂行办法》，从非遗项目保护、传承、代表性传承人的补助、数据库的建设、专项资金等各个方面制定科学、规范的保护、传承、发展措施。年内，新建龙冈非遗陈列馆。

（苏万才　孟丽华）

送戏下乡

图书工作

Thw Library Work

【概述】 2015年，区图书馆积极探索，勇于创新。抓好基础设施建设，努力为读者提供舒适的阅读环境；坚持“读者第一，服务至上”宗旨，狠抓阵地服务，努力促进业务建设，最大限度满足读者阅读需求；注重发挥社会教育职能，利用图书馆阵地和人员，为读者开展形式多样的读书活动；强化内部管理，搞好综合配套改革，保证图书馆工作协调发展。4月23日，区图书馆被共青团盐城市委员会命名为“青年书香号”称号，被省社科联命名为“江苏省社会科学普及示范基地”称号。

【2015盐城首届网络春晚在盐都隆重举行】 1月24日和1月25日，由民进盐城市委员会、区文广新局主办，区图书馆、鹤鸣亭、盐城少儿艺术团承办的盐城首届少儿网络春晚、盐城首届网络春晚，让观众享受精彩的“饕餮盛宴”。

【送借书证进社区】 为切实满足广大居民对业余文化生活的需求，同时将图书馆的服务工作做细、做好。2月15日，区图书馆工作人员走进福才社区，将200个崭新的借书证送到福才社区的工作人员手中，为社区居民丰富业余文化生活提供便捷。

【举办消防知识讲座暨实战演习】 为增强区图书馆全体工作人员的消防安全意识，提高消防设施、设备的使用能力，提升工作人员处置突发事件和消防火灾事故的应对能力，有效防范事故的发生以及最大限度减少或降低事故损失，为全体读者提供一个安全可靠的阅读环境，3月9日下午，特邀江苏安居安防培训中心唐伟教官进行专业消防知识讲座，并进行实战演习。

【举办春季中医养生讲座】 3月21日下午，举办春季中医养生主题讲座。讲座邀请熊安俊老中医谈春季养生的基本知识，又从中医保健、春季预防多发病等多个角度，深入浅出的为大家讲述有关春季保健养生及常见疾病预防的相关知识与技巧。

【举办关爱盐城抗战老兵系列活动】 4月26日下午，由市老龄协会、浠沧月·湖畔诵读主办，区图书馆、盐城顾吾书社承办的关爱盐城抗战老兵座谈会、诗朗诵、合唱等系列活动在盐都区图书馆三楼学术报告厅举办，容纳90多人的学术报告厅座无虚席。活动由中国作协会员、国家一级作家张晓惠主持，特邀抗战老兵王维正参与。

【戴路到区图书馆指导工作】 5月7日上午，共青团江苏省委宣传部部长戴路、共青团盐城市委宣传部部长张健羽、共青团盐都区委副书记蔡正平一行到区图书馆参观并指导工作，对图书馆各项工作给予高度评价。

【联办护士节知识抢答赛】 5月11日下午，区图书馆与区二院联办护士节知识抢答赛。通过知识抢答，筑牢护理知识，提高团队协作意识。不断提高医疗护理质量和技术水平，更好地为人民群众的健康服务。

【举办亲子阅读活动】 5月30日下午，在六一儿童节来临之际，"亲子阅读"活动在区图书馆举行。邀请盐城师范学院教育科学学院的学生为小学生和家长们讲故事，陪他们玩小游戏。活动让家长和幼儿阅读更多优秀的绘本，共享阅读指导方法，增进彼此情感交流，共享读书快乐。

【红领巾读书征文活动】 6月，全区组织开展主题为"爱护环境从我做起"的红领巾读书征文评奖活动。共收到征文266篇，经专家认真评选，推选出30篇送市报省参加评奖。学富实验学校杨悦的征文《我爱学校，我爱我家——保护环境，从我做起》荣获一等奖；实验学校蔡宇轩的征文《爱护环境，实现人与然和和谐共存》荣获二等奖；龙冈初级中学洪雨欣的征文《倾听自然之声》荣获三等奖。

【"中国梦·盐都情"读书演讲比赛】 7月15日下午，由区文明办、区文广新局主办，区图书馆、区文化馆承办"中国梦·盐都情"主题读书演讲比赛决赛在区图书馆三楼学术报告厅举办。"中国梦·盐都情"读书演讲比赛分预赛、初赛和决赛三阶段进行。最终大纵湖代表队以他们优异的表现夺得本次知识竞赛一等奖，葛武代表队和郭猛代表队获得二等奖，潘黄代表队、学富代表队、盐龙代表队获得三等奖。

【"中国梦·盐都情"知识竞赛】 7月27日下午，由区全民阅读活动领导小组、区文广新局主办，区图书馆承办的2015"中国梦·盐都情"读书知识竞赛区直决赛在区图书馆三楼(南)小剧场举行。区卫生局代表队以他们优异的表现夺得本次知识竞赛一等奖，区人社局代表队和区法院代表队获得二等奖，区教育局代表队、区公安局代表队、区国土局代表队获得三等奖。

【盐都区图书馆消防大队分馆揭牌】 为丰富消防官兵的业余文化生活，进一步巩固军民共建成果。在中国人民解放军建军88周年来临之际，7月31日上午，区图书馆消防大队分馆揭牌仪式在盐都区消防大队举行。根据消防官兵的需求，开展讲座、读书会、展览、演讲、经典诵读等内容丰富形式多样的读书活动，使文化拥军工作不断向纵深推进。消防大队分馆成立，是军民共建的又一硕果。

【举办彭文高体育名人签名明信片展】 8月1日，区图书馆举办彭文高体育名人签名明信片展。自1980年起，彭文高共收藏到明信片2000多张，签名人数达4000多人，明信片展引来众多读者驻足观赏。

【民间藏品进农村展览】 10月14日，区文化广播电视新闻出版局主办，区图书馆承办的盐都区民间藏品进农村展览在秦南镇泾口村举办，主要有彭文高体育名人签名明信片、顾寿义盐城老家谱、仇养东艺术扑克、刘方钱币、夏天德红色藏品、杨健旅游门券、顾寿海烟标、夏志军名人字画、王继柏电话磁卡、王举彩票等。至年底，盐都区的民间藏品进农村展览已达56次，累计10多万农民在村头品尝到民间收藏精品大餐。

【全区图书馆业务知识培训班】 10月17日下午，区图书馆举办的公共数字文化发展背景下的图书馆数字资源建设讲座。讲座由南京图书馆副馆长、共享工程省分中心主任、研究馆员许建业主讲，通过对我国公共数字文化发展概况的梳理，探讨图书馆在公共数字文化建设中的定位与任务，围绕图书馆数字资源建设主要内容，提出相关建议和措施，以期有助于十三五图书馆事业发展规划的制定与发展战略的实施及基层图书馆服务和管理提升。

【地方文献征集】 盐都历史悠久，文化底蕴深厚，为寻觅盐都历史长河发展的踪迹，摄取盐渎历史留下的沧桑履痕，努力挖掘盐都丰厚的历史资源。区文广新局发出《关于开展地方文献征集工作的通知》，至年底，区图书馆征集地方史志、行业史志、年鉴和家谱、革命史料、盐城地方特色文化和个人著作等600多本。这些地方文献充分展示盐都历史文化的渊源和变迁，盐都地方文献的征集对盐都地方特色文化的传承、保护和开发，推进书香盐都建设，意义重大。

【学术研究硕果累累】 4月，区图书馆王登佐主持的课题"海洋强国战略背景下盐城海洋文化保护开发研究"，经江苏省哲学社会科学界联合会组织专家评审，省社科联党组批准，予以结项，证书号为：2015WC059。6月30日，王登佐主持的课题"盐城湿地文化生态保护研究"，经江苏省哲学社会科学界联合会组织专家认真评审，省社科联党组批准，确定为2015年度省社科应用研究精品工程课题(苏社联发〔2015〕42号)，项目号为：15SYC—106。2015年有两个市级课题立项。12月，王登佐撰写的论著《盐城地域文化保护研究—盐都区图书馆实践与探索》在盐城市图书馆学会成立三十周年图书馆学情报学学术成果活动中评为一等奖。6月，王登佐主持的课题"盐城海洋文化保护开发研究"在市社科应用研究优秀结项课题中被评为二等奖。王登佐撰写的《利用盐城湿地文化开展社会主义核心价值观教育》等10多篇论文在国家、省市级学术期刊(会议)发表(获奖)。

书刊出版管理

Publications Manggement

【概述】 区文化市场管理科严格执行新闻出版(版权)管理法律、法规，遵循加快发展，加强管理的工作思路，对全区印刷、出版物企业等新闻出版行业坚持常态化管理，积极做好证照年审等服务工

盐都区区、镇两级图书馆藏书一览表

表12

区(镇)街道	现有藏书
区图书馆	221000
大纵湖	20000
楼　王	16000
北龙港	20000
学　富	16000
尚　庄	12000
葛　武	12000
秦　南	22526
龙　冈	34562
郭　猛	11000
大　冈	28050
盐　龙	28700
潘　黄	30000
张　庄	23000
新　区	15000
滨　湖	15000
冈　中	11000
中　兴	9000
鞍　湖	10000
北　蒋	22300

（王登佐　蒋英姿）

作。全区80余家政府机关正版办公软件安装率达100%。区级政府机关软件正版化工作得到有效推进。2015年，对全区31家印刷企业和35家出版物企业进行网上年检及换证工作。日常积极开展“扫黄打非”工作，全力净化新闻出版市场，全年共查缴盗版音像制品220余张，盗版教辅、“口袋本” 图书等非法书刊320余册。区新闻出版物市场逐步净化，全区未发生新闻出版领域重大案件。（陈卫红）

新闻信息中心

Press Information Center

【概述】 盐城市盐都区新闻信息中心成立于2006年11月，具体承办区委区政府主办的《双新盐都报》，隶属区委宣传部。中心内设总编室、办公室、采访部、编辑部、专题部五个职能部室。《双新盐都报》为新闻信息综合类内部刊物，4开4版，双面彩印，一周三刊，正常逢周二、四、六出版，重大活动适时增刊。2015年，区新闻信息中心按照宣传部的工作部署，积极开展“主题策划、深入报道、对外宣传、队伍建设、管理提升”五项工作，牢牢把握正确的舆论导向，较好地完成宣传报道任务。

【深度报道】 《双新盐都报》扎实做好生态建设、产城融合、城乡统筹、民生导向、招商引资、党风廉政建设六大推进举措的跟踪并做深度报道。在区委全会、区“两会”期间，连续推出系列本报评论员文章，解读《政府工作报告》及区委全会精神。在高新区建设宣传方面，落实专人跟踪报道高新区项目会战推进情况，推出“聚焦高新区打造新高地”系列深度报道，营造高新区抢工会战、合力共建的舆论氛围，刊登报道稿件20余篇。在党风廉政宣传方面，推出“改进作风廉政过节从我做起”“作风建设永远在路上锲而不舍治四风驰而不息转作风”“清风盐都”“践行‘三严三实’争做‘四有’干部”等系列深度报道，全年共推出各类深度报道150余篇。

【重大活动报道】 年内，积极做好创建国家级生态区、国家环保模范城市和全国文明城市、国家级高新区建设、“畅游盐都金秋行”等重大活动的宣传。在创建国家级生态区和国家环保模范城市活动中，先后开设“持续深入推进农村环境综合整治”“推进绿色盐都建设争创全国绿化模范城市”“加快建设创业开放生态幸福的美丽盐都党政领导访谈录”等专栏，并做专版2期和横标7期宣传。在全国文明城市创建活动中推出专栏 “共创文明城市共建美好家园”“凡人善举厚德盐都”“身边楷模劳动最美” 等系列专栏报道，并做专版12期和横标20期左右的宣传。为“畅游盐都金秋行”活动推出5期专版。推出“首季‘开门红’”“大干二季度冲刺‘双过半’”“稳增长促转型夺全年”“回乡创业盐都人精彩动人好故事”“记者走基层”“防大汛抢大险救大灾保平安”“禁止秸秆焚烧保护生态环境”“人物风采”等系列报道。为配合春节慰问、节后复工以及清明节、植树节、五一劳动节、五四青年节、六一儿童节和“6·5”环境日、“6·25”土地日，推出“巾帼绽放美丽岗位再立新功创业之星风采录”“电商系列报道”“返乡创业盐都人精彩动人好故事”“园丁风采录”“纪念抗战胜利70周年”等专版、专栏、专题。

【注重外宣】 积极承担区委通讯站对外宣传的职能，年内，在《新华日报》《盐阜大众报》等上级媒体用稿数量和质量均有所提升。中心记者全年采写深度报道150多篇，贯彻“一稿多用”原则，这些稿件和图片在省、市级以上媒体刊发共120余篇幅。《新华日报》《盐阜大众报》 刊登54篇，在

《盐阜大众报》一版显眼位置24篇。舆情信息共报送82条，在省宣研究室发表舆情信息14条。新华日报刊登的《16部电话，架起农村居家养老网》《"市外桃源" 乐水泾口》，江苏民政刊登的《"民政超市"服务零距离》，江苏信访刊登的《坚守无悔促和谐》在多家网站得到迅速转载。

【资讯二次传播】 率先推出新版数字报，并推出数字报手机版以及适应苹果、安卓手机系统的APP客户端，新版数字报的转发分享功能使《双新盐都报》的内容即时分享至微信、微博、QQ等社交媒体，盐都资讯得到很好的二次传播。9月，新版数字报上线，至年底，《双新盐都报》数字报注册会员1450多人。 （王礼芹）

广播电视
Radio and TV

【概述】 2015年，区广播电视台始终坚持以新闻宣传为中心、以事业建设为基础、以安全播出为前提、以社会效益为目标，紧紧围绕区委、区政府中心工作，进一步创新宣传形式，对内提高质量，对上抬高音量，努力提高广播电视舆论引导水平。全年广播发播新闻4000余条，电视新闻3000多条，制播《致富万花筒》《盐都党建》等电视专题300多档。在2015年市文广新局的节目抽查中，《盐都新闻》位居全市各县(市区)前列。

【做优新闻内宣】 年内，坚持"新闻立台"，多措并举提升新闻质量。整合资源，优化机构，组建制作部、新闻部、外宣部、专题部和编播部，细化分工，明确职责，保证新闻节目生产质量。服务中心，注重策划，围绕区委、区政府中心工作，定期策划重大选题，规划新闻报道重点，细化实施方案，开设专栏，策划"聚焦高新区，发展上台阶""多彩盐都、欢乐水乡""稳增长、促转型、夺全年"等一批有影响力的专题报道、主题报道。同时，在服务"省乡村旅游推进会""区创新创业上海招商推介会""国家生态区创建" 等专项活动中，提前介入，全程参与，强势宣传，展示媒体影响力，为建设创业开放生态幸福厚德的美丽盐都提供良好舆论氛围。建立节目日评、周评和月评制度，成立专门新闻质量考评小组，聘请广播电视节目特约监评员，定期对节目进行全方位评议，并通过盐都广播电视信息平台定期进行发布，有效地促进节目的规范化运行和质量的不断提升。

【做靓新闻外宣】 瞄准"外宣进位次"的目标，立足市台、主攻省台、突破央视，围绕全区的特色、亮点和优势，精心策划题材，明确专人落实，落实考核奖惩，取得外宣用稿历史性突破。全年在市级以上电视台用稿450多条，其中中央电视台《新闻联播》2条，《朝闻天下》等新闻栏目2条，江苏卫视36条，盐城电视台新闻频道400多条。省台国际频道播出盐都专题片5部，《新盐城》栏目播出专题4部。12月24日，央视《朝闻天下》头条播出《转方式·调结构·现代农业新变革》稿件，时长7分钟，报道全区协调发展，优化农业结构的成功做法和经验。第四季度《江苏新时空》先后采用区广播电台报送的《江苏迎来海归创业潮·海归创业加速向苏中苏北转移》(头条)《全省乡村旅游推进会在盐召开—江苏乡村旅游形象标识首次发布》《"中国发明创业(华东)基地"落户盐城高新区》《国产大飞机闪耀江苏制造，七年磨一剑多系统江苏造》等11条稿件，全面展示盐都"十二五"经济社会发展的喜人成绩，提高盐都的美誉度和影响力。年内，完成区委区政府《创新创业魅力盐都》等十多部专题片制作任务。

【做强产业经营】 办好专题，促进增收。年内，和有关单位合作播出的《科普大讲堂》《盐都警方》《法耀盐都》《人民防空》等栏目，收到较好的经济效益和社会效益。精心策划，开拓经营。对《房产家居》《健康同行》《车界》等栏目精心选题和包装，提高收视率，吸引更多的客户。为提高频道收视率，增加客户群，加大频道影视节目的审核管理力度，精心选片，严格把关，播出节目层次清楚，各频道定位准确。新闻综合频道以正能量主旋律的题材为主，全年播出主旋律新电视剧50多部，经济生活频道以最新最热的情感生活片为主，赢得农村观众的口碑，影视频道播出各类题材的电影，巩固收视人群，深受观众好评。净化荧屏，规范经营。坚决贯彻执行国家广电总局61号令和新广告法，组织专题学习，要求创收人员全面吃透文件精神，并在实际工作中加以落实，进一步强化对电视广告经营管理，遵守法律法规，确保广告宣传导向正确，格调健康向上，实现经济效益和社会效益两不误。同时，进一步规范制度，把好签发播出关，杜绝事故发生，从承接到播出，环环相扣，严格把关，坚决将视觉、听觉污染的广告驱逐出"镜"。

【做实安全保障】 加强安全运行管理和安全监管力度，确保安全播出无事故。优化资源配置，成立制作部，实行《盐都新闻》《房产家居》等品牌栏目和经营栏目的统一制作、统一包装、统一审查，有效提升栏目的整体制作水平，保障节目的安全优质高效播出。做好设备维护，严格执行制播设备日检、周检、月检制度，保障安全播出。提供技术服务，完成省乡村旅游推进会的沿路直播和全区重大会议的直播任务。完善保障措施，结合安全优质播出工作实际，定期组织值机人员学习各项规章制度、操作规程，促进机房工作的规范化、制度化。制定应急预案，所有值机人员和技术人员手机24小时开机，做到联络畅通，反应迅速，确保在遇到突发事件和重大事故时，做到及时、准确、有效地处理。明确安全责任，严格落实"谁主管、谁负责"的要求，把责任落实到每个班次、每个人，全力以赴严防死守，确保"两会""9·3阅兵""12·13国家公祭日""国庆"等重要节日、重大活动、重点时段转播和传输广播电视节目的绝对安全。全年安全播出自办3个频道的电视节目共19800小时，安全播出自办广播节目5475分钟，安全转播中央、省、市有关电视信号200小时，圆满完成现场直播技术服务任务3次。 （戴启健）

卫　生

Health

综　述

Summary

【概述】 全区卫生系统着力深化医药卫生体制改革，创新举措，各项工作取得较好成绩。城市公立医院医药价格综合改革全面实施，实现市三院药品零差率销售；基层卫生机构标准化建设超额完成市目标任务，区公共卫生服务中心及3个卫生院整体搬迁工程项目启动实施；分级诊疗改革被列为省试点地区，成立市三院紧密合作型医疗联合体；新创省级临床重点专科3个，省示范乡镇卫生院3个，省家庭医生服务模式创新单位1个，省示范村卫生室5个；获省“六大人才高峰”项目3项，引进博士1人、硕士17人；新农合基金管理成效明显，在全省首家推行凭身份证就诊结报制度；卫生信息化二期建设项目全面启动，全省基于HIS系统的传染病报告工作现场会在盐都成功召开；农村改厕工作获省示范区表彰奖励，大纵湖镇创成全市首家国家卫生镇；区疾控中心荣获“全国疾病预防控制工作先进集体”；楼王中心卫生院被国家卫计委确认为全国首批群众满意卫生院。

深化医药卫生体制改革。年内，成立区深化医改暨综合医改试点工作领导小组，制定下发《关于深化医药卫生体制改革建设现代医疗卫生体系的实施意见》等一系列医改文件。城市公立医院改革初见成效，市三院11月1日起全面实行药品零差率销售，同步实施医药价格综合改革，年度财政补助1000万元，运行平稳，社会各界反映良好。卫生服务方式突破创新，省分级诊疗改革试点工作有序推进，成立市三院“1+6”模式医疗联合体；远程医疗系统初步建成，二级以上医疗机构预约诊疗体系全面建立；乡村医生签约服务全面推进，制订下发文件，统一印制签约服务手册、服务协议书和服务问答，在全区所有镇（区、街道）、23个村全面试点推广。人事分配改革不断深化，推进事业单位法人治理结构试点改革，成立郭猛镇卫生院理事会；创新基层单位人事编制管理，合理核定人员总量，实行“标准核定、备案管理、岗位设置、分类聘用”；完善“双考核、双挂钩”，进一步加大奖励力度，破除平均主义，充分调动医院职工积极性。11月，盐都代表省接受国家卫计委“巩固完善基层运行新机制”第三方评估，受到充分肯定。

提升新农合保障服务水平。全区新农合人均筹资标准480元，参合人口55.8万，共有279万人次得到医药费补偿2.4亿元，住院政策补偿比达75%，实际补偿比达54.5%。大病保险、大病救助、社会救助、农村小额人身保险保障网络日臻完善。坚持问题导向，强化新农合管理，实施网络动态监管，全面实施凭居民身份证读证就诊制度，对大处方、盗刷卡等违规违纪行为进行实时监管，全年查处违纪违法行为9起，下发处罚决定29份，挽回损失和处罚16.55万元。深化基金支付改革，实行“双指标分配”控制、混合支付方式结报，新农合资金使用效率明显提升。规范医疗服务行为，出台《关于加强医疗服务行为管理的通知》，对就医住院、检查检验、用药控制、耗材使用和优化服务等作出详细规定，从制度上遏制过度检查检验、过度用药等不合理诊疗行为的发生。

加强卫生服务能力建设。紧扣机构标准化建设、卫生信息化建设、示范创建等重点，加强基层卫生体系建设。基础建设成效突出，区一级，2.6万平方米的区公共卫生服务中心、1.5万平方米的市三院医师规范化培训中心综合楼项目启动建设；区精神病防治院改扩建工程列入计划；龙冈、郭猛急救分站投入运行。镇一级，楼王卫生院直线加速器试运行；秦南卫生院血透项目投入运营；盐龙、龙冈卫生院整体搬迁项目全面开建。村一级，投入2468万元，新建卫生室（站）62个、改扩建10个，超市下达任务数22个，区财政按每个村卫生室（站）1万元、3万元落实村级卫生机构运行经费和设备装配经费。楼王中心卫生院被国家卫计委确认为全国首批群众满意卫生院；北蒋、大纵湖、学富3个卫生院通过省示范卫生院验收；潘黄社区卫生服务中心被确认为省家庭医生服务模式创新建设单位；北龙港卫生院眼科创成省乡镇卫生院特色科室；楼王的顺北和丁马港、秦南的江窑、大纵湖的大范、龙冈的留璜5个村卫生室

创成省示范村卫生室。信息化建设更进一步，在建成区域卫生信息平台的基础上，立足务实应用，进一步拓展信息系统功能。在全省率先推进HIS系统传染病监测报告系统；新增老年人中医体质电子化辨识功能模块，启用抗菌药物分类分级管理系统，建成市三院与大冈、郭猛两个镇卫生院远程影像会诊。

推进公共卫生服务均等化。强化项目管理，夯实基础环节，扎实推进12大类45项基本公共卫生服务、6项重大公共卫生服务，考核管理台帐建设标准在全省公卫培训会上示范推广使用，代表市接受省基本公共卫生服务项目考核评估得到充分肯定。疾病预防控制高效运行，强化传染病疫情监控，规范处置学校结核病等聚集性疫情，扎实做好艾滋病防治工作，完成艾滋病防治“十二五”行动计划终期评估。加强免疫规划，基础“五苗”覆盖率99.75%，数字化接种门诊覆盖率达68.42%。重抓中东呼吸综合征防控，稳步推进寄地防工作，规范处置输入性疟疾疫情，代表市接受省消除疟疾达标验收。巩固“全国慢性病综合防控示范区”成果，建成慢病管理示范村19个。区疾控中心荣获全市疾控技能竞赛二等奖。卫生监督服务创新创优，全力保障过渡期食品安全，组织食品添加剂等专项检查、学校卫生专项检查、重大节日食品安全督查，圆满完成市区两会、中高考等14次食品安全保障任务。依法强化各类公共场所监管，量化分级管理实施率达100%，新创示范单位16家，新增A级单位8家。切实加强饮用水卫生监督监测，着力规范医疗服务市场秩序，深化卫生监督协管工作，全区19个镇(街道)全部通过市卫生监督协管合格镇评估验收。大力推行卫生许可“六制”服务，行政审批中心窗口连续七年被评为“红旗窗口”。盐都在全市卫生监督执法技能大赛中获团体三等奖，区卫生监督所被省电视台确认为“优秀管理示范单位”，被市监督所表彰为2015年度“卫生监督稽查工作示范单位”。妇幼卫生工作稳步推进，全区孕产妇和7岁以下儿童保健管理率分别为99.09%和98.79%，婴儿和5岁以下儿童死亡率分别为2.11‰和2.74‰、出生缺陷发生率2.46‰。完成农村孕产妇住院分娩补助2724人，农村妇女免费补服叶酸4097人，超额完成省市下达的时序目标任务。孕产妇艾滋病、梅毒和乙肝母婴传播血清学检测率100%，免费婚检率95.51%，产前筛查率91.76%。强化出生医学证明管理，深入开展托幼机构卫生保健服务，积极实施孕产妇中医药健康指导项目，区妇保所荣获“区五一劳动奖状”，潘黄街道社区卫生服务中心儿保医生王兰获全国第三届“最美基层儿童保健医生”称号。精神卫生工作深化提高，积极推进精神病患者免费治疗，全区精神病治疗率较上年提升5.3%。强化重性精神病患者治管网络建设，重性精神病检出率4.9‰、规范管理率98.5%、稳定率97.2%，患者肇事率较上年同期下降24.1%。爱国卫生工作完成改厕12600座，建成健康示范社区19个、健康主题公园6个、健康步道7处、健康小屋12所，大纵湖镇在全市首家通过国家级卫生镇考核评估。修订完善卫生应急预案，调整补充卫生应急队伍，强化应急物资储备，组织开展疫情防控和医疗救治综合演练，公共卫生突发事件应急处置能力有力提升。

提高医疗服务水平。坚持科教兴医战略，强化质量安全管理，不断提高医疗服务质量和水平。实施科教人才工程，新创省级临床重点专科3个，新评复评市重点学科5个、专科19个；获得省“六大人才高峰”项目3个、省卫计委科研项目4个、省医学新技术引进奖3个。全年引进博士1人、硕士17人。申报确认省333培养对象11人，市医学领军人才5人、重点人才11人，市111培养对象11人；先后举办医院感染管理、医疗质量管理等培训班8期，组织22名院长、23名业务骨干、561名村医参加省市相关专题业务提升培训。创新医疗卫生服务，积极实施省分级诊疗改革试点工作，制定下发远程医疗、预约诊疗服务工作实施方案，成立医疗联合体，推进市三院与6个镇级医疗机构紧密联合，在“技术支持、远程会诊、双向转诊、人才培训、业务管理、信息共享”等方面深度合作，促进优质医疗资源下沉，推动基层首诊、双向转诊、分级诊疗。重抓中医药服务能力提升，大力推进基层中医药服务能力建设，全区12家乡镇卫生院（中心）建成独立的中医药综合服务区。制定下发《中医药特色村卫生室建设标准》，大力推广应用中医药诊疗技术，全市基层医疗机构中医药综合服务区建设推进会在盐都召开。强化医疗安全监管，组织抗菌素合理使用、院内感染管理、检验科室间质控、住院病历评审等10多项质量管理活动，开展“三合理”专项检查2轮，抽查住院病历580份、门诊处方1.8万张。扎实开展平安医院创建，全区一级以上医疗机构全部设立医患纠纷投诉办公室、全部参加医疗责任保险，所有村卫生室参加医疗责任保险。

推进卫生系统党风行风建设。深入开展“三严三实”专题教育活动，强化惠民导向，提升服务效能，切实推进卫生系统党风行风建设和精神文明建设，区卫生局被评为“市文明单位”“市依法行政示范点”，获全区“中国梦·盐都情”读书知识竞赛一等奖、“唱响盐都、致敬英雄”抗战歌咏比赛一等奖。全面落实“一岗双责”，把党风廉政建设和反腐败工作与业务工作同部署、同落实、同检查、同考核，建立基层单位纪检监察员制度，在全市卫生系统率先开展“两个责任”落实和作风制度执行情况巡查。积极创新工作机制，进一步完善“三重一大”、关键岗位、重点环节监督制度，健全“阳光用药”预警机制，在全省率先推行基层医疗卫生机构患者满意度第三方评价全覆盖，成效明显。畅通信访投诉渠道，接受处理各类信访件367件，办结率100%。着力整治不正之风，扎实开展“作风制度落实年”活动，组织开展对奢侈浪费、作风纪律、红包回扣、商业贿赂、为官不为等系列专项整治，开展明查暗访6轮次，立案查处1人，处理违纪3人，诫勉谈话5个单位，廉政提醒谈话23人次。加大卫生新闻宣传力度，全年政务信息被区以上录用108条，新闻宣传被区以上录用680条。（孙颖春　陈昌帅）

卫生改革

Health Reform

【概述】2015年，卫生改革坚持“保基本、强基层、建机制”原则，以公平可及、群众受益为出发点和立足点，进一步筑

市三院微电影获全国医院微电影最佳纪录片奖

牢“维护公益性、调动积极性、保障可持续”的基层运行新机制，全面推进市三院城市公立医院改革，实施医药价格综合改革，探索创新公立医院管理模式。

【提升基本医疗保障水平】 全区全年参合农民55.8万人，参合率为100%；新农合人均筹资480元，“双指标分配”基金支付方式改革成效明显，实施大病保险和精神病免费治疗。

【改善医疗服务条件】 年内，投资1亿元建设区公共卫生服务中心，投资1.1亿元实施龙冈、盐龙、张庄卫生院整体搬迁。新建村卫生室(站)62个、改扩建10个，超出市下达任务22个。成立市三院“1+6”模式医疗联合体，远程医疗系统初步建成。

【完善基本药物制度】 年内，实行网上统一采购，统一配送、零差率销售。市三院全面取消药品加成，实施药品零差率销售。规范医务人员用药行为，降低群众用药负担。

【加强卫生人才建设】 年内，新创3个省级临床重点专科，引进博士1名、硕士17名，获省“六大人才高峰”项目3项、省卫计委科研项目4项、省医学新技术引进奖3项。

【提高公共卫生服务效能】 2015年，孕产妇和7岁以下儿童保健管理率分别为99.09%和98.79%。完成农村孕产妇住院分娩补助2724人，农村妇女免费补服叶酸4097人。建成慢病管理示范村19个。完成改厕12600座。

【深化人事分配改革】 年内，推进事业单位法人治理结构试点改革，郭猛镇卫生院理事会成立。实行“标准核定、备案管理、岗位设置、分类聘用”。完善“双考核、双挂钩”，充分调动医院职工积极性。代表省接受国家卫计委“巩固完善基层运行新机制”第三方评估，受到充分肯定。 (孙加富)

妇幼保健

Maternal and Child Health

【概述】 贯彻落实《江苏省实施〈中华人民共和国母婴保健法〉办法》，以项目实施为载体，科学防治妇女儿童疾病，努力降低孕产妇、婴儿死亡率和出生缺陷发生率。2015年超额完成省、市下达妇幼重大公共卫生项目任务，免费婚检率95.51%，孕产妇、7岁以下儿童保健管理率分别达99.09%和98.79%，孕妇产前筛查率91.76%，新生儿遗传代谢疾病筛查率99.72%，新生儿听力筛查率99.46%，婴儿、5岁以下儿童死亡率分别控制在2.11‰和2.74‰，出生缺陷发生率为2.46‰。区妇幼保健所荣获区总工会“五一劳动奖状”，潘黄街道社区卫生服务中心儿保医生王兰荣获全国第三届“最美基层儿童保健医生”称号。

【重大公共卫生服务项目】 强化督查指导、信息质控、资金运行，保证项目实施效果。强化宣传引导。年内，专门设计印制重大妇幼卫生项目宣传折页和宣传单，发放折页8000余份、宣传单1.5万余份，进一步提高广大居民的关注度和目标人群知晓率。统一印制区、镇、村三级预防艾梅乙母婴传播和服用叶酸预防神经管缺陷项目手册，建立健全项目管理台账，全面规范服务对象管理。创新服务模式。在基层医疗机构日常随访的基础上，针对HIV和梅毒阳性孕产妇，区妇保所设立专访电话宣传干预的重要性和必要性，了解她们的身体状况和治疗情况，解疑答惑。全区农村孕产妇住院分娩补助2895人，农村妇女免费补服叶酸4449人，孕产妇三项疾病血清学检测率达100%。

【爱婴医院长效管理】 组织专题督查，围绕产科和新生儿安全管理、爱婴医院及“绿色通道”执行等，年内先后两轮对全区13个基层医疗机构产科质量和服务安全开展专项突击检查。通过现场指导、落实改进措施，确保产科人员24小时在岗制，熟练掌握产科急救绿色通道流程，重点科室抢救药品和设施设备齐全、性能良好，严格执行手术审批和高危孕产妇分级管理制度，母婴同室、母乳喂养等，提升产科质量、维护母婴健康。开展专项评审，采取听汇报、查资料、现场查看、电话回访、医务人员考试、满意度调查等方式，对全区15家助产机构爱婴医院建设、助产技术服务质量进行复核和评价等，促进全区爱婴医院的长效管理，提高全区助产技术服务质量。

【基层妇幼保健机构建设】 落实巩固措施，加强基层妇保、儿保门诊标准化建设，按高标准创建要求，年内，新培植郭猛、潘黄和大纵湖等妇儿保门诊，供全区各单位观摩学习和借鉴；先后3批组织人员实地查看房屋设置、设备配备、人员配置、软件资料等建设情况，对不合要求的单位落实整改措施，加大改扩建单位现场督导频次等。通过典型引路、示范带动，引导各单位规范开展创建工作，确保基层妇儿保服务环境与流程得到优化，全区除张庄因整体搬迁外，其余18所镇级医疗卫生机构均已建成合格妇儿保门诊，从而为促进全区两个人群的身心健康、加快建设现代医疗卫生体系、合力打造健康盐都提供切实保障。

【托幼机构卫生保健工作】 3月、9月，区妇幼保健所联合区教育局职能科室、区疾控中心和卫生监督所开展春秋季幼儿园卫生安全专项检查。举办全区托幼机构卫生保健业务培训班，完成区直托幼机构1434名儿童的健康检查；组织人员为区、镇两级学龄前儿童龋齿防治、视力屈光筛查，开展口腔与眼保健知识宣传等服务。各卫生院按月对辖区内幼儿园进行1次卫生保健指导，组织开展“六一”儿童大体检等。同时，完成本年度1292名幼师《健康证》年检和46所幼儿园卫生保健合格证明换证评审工作，切实保障托幼机构儿童的身体健康。

【出生缺陷综合防治工作】 全面落实出生缺陷三级预防综合措施。全面推进一级预防。通过大众传媒、发放宣传单、张贴公示牌等，广泛宣传，形成浓烈氛围；与民政部门沟通协商，在婚姻登记处设立服务窗口，派人现场咨询服务，赢得服务对象认可；改造功能科室、加大硬件投入，强化业务培训、规范服务流程，完善婚检台帐、提升婚检质量等。全年免费婚检6367人、婚检率95.51%，疾病检出1788人、检出率28.08%，并及时给予分类治疗指导。不断强化二级预防。共有4318名孕妇接受产前筛查、筛查率91.76%。有效落实三级预防。新生儿疾病筛查继续保持高质量、高筛查率，29项遗传代谢疾病筛查9281例、筛查率达99.72%，确诊先天性甲减8例、苯丙酮尿症2例；新生儿听力筛查9257例、筛查率99.46%，确诊先天性耳聋20例，确保患儿得到及时康复治疗、避免残疾发生。

【中医药健康指导项目】 充分发挥区中医药服务的优势，全面实施国家基本公共卫生服务“孕产妇中医药健康指导”项目，努力为全区孕产妇提供优质的中医药特色服务。年内，加强人员培训，提高服务能力，加大宣传力度，编印孕产妇《中医体质辨识表》和《中医药健康指导手册》，制作5种孕产妇中医药健教处方和图文并茂的儿童中医药调养宣传单，专门配备中医药穴位按摩等宣传挂图等，并将中医药健康指导工作与孕产妇、0~3岁儿童健康管理工作同布置、同落实、同考核。

【出生医学证明管理工作】 根据国家省市卫生计生委、公安部门关于进一步加强新版出生医学证明管理的相关文件精神，10月23日，区卫生局、公安局联合下发《关于进一步加强出生医学证明管理的通知》(都卫〔2015〕78号)文件。12月3日，召开全区出生医学证明管理专题会议，严格落实出生医学证明终身责任追究制度，对出生医学证明管理的相关政策、签发管理、印章管理、废证管理、档案管理、监督管理、保管要求及工作中存在的问题进行业务培训，进一步规范出生医学证明的换发管理，由原签发机构负责换发签发。区妇保所积极做好全区出生医学证明管理工作，每季度开展出生医学证明管理工作专项督查和质量控制，对存在的问题及时反馈，提出整改措施，确保全区出生医学证明工作能按照要求，依法出具、良性运转和规范管理。

（侍瑞军）

大冈创建省级群众满意乡镇卫生院

疾病控制

Disease Control

【概述】 围绕“坚持充分履职，推进‘五优三先’”的“十二五”发展主题，圆满完成各项工作任务。2015年共报告甲乙类传染病12种731例，报告发病率102.24/10万，较上年同期下降4.19%。规范处置机电高职学校结核病暴发疫情和多起学校水痘、腮腺炎、手足口聚集性疫情。推进艾滋病防治工作，以第三轮全国艾滋病综合防治示范区建设为平台，实施外出务工人员综合干预等创新举措，完成艾滋病、结核病防治“十二五”行动计划终期评估工作，重点传染病的重点指标继续保持全市前列。推广“镇村流动儿童一体化管理软件”，村级使用覆盖率达100%；全区数字化接种门诊覆盖率达68.42%。参加全市卫生计生系统食品安全技能竞赛荣获团体二等奖。扎实开展生活饮用水监测，积极筹建水质检测中心，具备水质46项指标的检测能力。3月，获国家卫生计生委表彰“全国疾病预防控制工作先进集体”称号，8月，被中国卫生思想政治工作促进会疾病预防控制分会表彰为“思想政治工作先进单位”，市文明委表彰市“文明单位”称号。

【区疾控中心获国家级殊荣】 3月，国家卫计委召开2015年全国爱国卫生工作会议暨全国城乡环境卫生整洁行动现场会，区疾病预防控制中心被国家卫计委表彰为“全国疾病预防控制工作先进集体”。

【传染病报告系统建设现场会在盐都召开】 8月19日下午，省卫计委全省医疗机构传染病报告信息系统建设现场会在市三院南院召开。全省各市卫生计生委(卫生局)医政处处长、疾监处处长，各市疾控中心主任、急传科科长，盐城市卫计委、市疾控中心负责人等60余人参加会议。会上，市卫计委副主任孙长春致欢迎辞；省卫计委副处长葛均就医防结合共同抓好传染病预防控制以及医疗机构传染病报告信息建设等工作提出明确要求，并由省卫计委下发指导性文件。市三院和区疾控中心分别介绍市三院和全区各乡镇卫生院传染病报告信息系统建设的具体做法，并对建成并投入使用的两个信息系统向与会代表进行全面演示。

【全市食品安全技能竞赛喜获佳绩】 8月31日，由市卫计委、市总工会联合举办的全市卫生计生系统食品安全技能竞赛顺利结束。技能竞赛分为场外盲样检测、理论知识考试和食品安全事故案例桌面推演三部分进行。竞赛中，盐都参赛选手团结协作，奋力拼搏，展现出扎实的理论功底和良好的技能水平，荣获团体二等奖；区疾控中心郭俊荣获竞赛能手单项奖，区疾控中心实验室食品盲样考核总分排名第一。

【启动第三轮全国艾滋病综合防治示范区】 4月28日下午，区政府召开第三轮全国艾滋病综合防治示范区启动会议，各镇(区、街道)分管镇长(主任)、社事办主任、卫生院院长和分管院长，区艾滋病防治工作委员会成员单位分管负责人和联络员，区直医疗卫生单位负责人和分管负责人及区、镇相关业务人员参加会议。会议认真总结全区第二轮中央与省共建艾滋病综合防治示范区建设成效，部署第三轮全国艾滋病综合防治示范区工作任务，要求各地、各相关部门提高认识，增强做好艾滋病防治工作的责任感和使命感；多措并举，综合防治，提高艾滋病防治工作水平；加强领导，协同推进，确保艾滋病示范区创建工作落到实处。区艾防委对全区艾滋病防治工作先进集体和先进个人进行表彰。区政府与各镇(区、街道)、区艾防委成员单位签订示范区工作目标责任书。会议邀请省疾控中心性病艾滋病防制所所长还锡萍为与会人员作题为《艾滋病的防治、挑战与任务》的专题政策倡导和业务讲座。会上，区政府办下发《关于调整区艾滋病防治工作委员会成员的通知》和《盐都区第三轮全国艾滋病综合防治示范区工作实施方案》。

【重点疾病防治“十二五”规划通过省级评审】 9月16日，以省血寄防所所长羊海涛为组长的省评估督导组对盐都重点疾病防治“十二五”规划执行情况进行专题督导。专家组通过听取汇报、查看资料、核实数据等形式，对盐都艾滋病与结核病防治“十二五”各项工作指标完成及具体措施落实情况进行全面核查。专家组一致认为“十二五”期间，盐都区艾滋病与结核病防治工作紧扣目标，抬高定位，扎实措施，创新思路，积极探索低流行地区艾滋病防治新模式和结核病防治“三位一体”新机制，防治工作取得明显成效，总体完成“十二五”规划各项任务目标。（胥建军）

卫生保健
Health Care

【概述】 2015年，全面贯彻省卫计委《关于进一步深化城乡基层医疗卫生机构运行机制改革的实施意见》和市委市政府《关于进一步加强全市基层医疗卫生体系建设与发展的意见》，进一步创新镇村一体化管理体制，以城乡示范创建为抓手，加强人员培训和机构规范化建设，提升公共卫生、农村卫生和城市社区卫生服务水平和管理质量，切实保障居民身体健康。

【村级卫生机构规范化建设】 对照省市建设目标要求，全面推进全区村级卫生机构标准化建设。按照“厉行节约、注重实效，量力而行、分步实施，急需先行、示范带动”等原则，确定新建经费由区、镇、村三级按5:4:1比例分担，改扩建、修缮装饰经费由区、镇、村三级按6:3:1比例分担，并为所有村级卫生机构按3万元标准配套设施设备的建设政策，制定2015—2017年村级卫生机构规范化建设方案。经区政府3次组织专题会办，确认全区3年新建134个、改扩建41个标准化建设任务，列入区政府为民办实事内容，为全面提升村级卫生机构建设质量奠定基础。

【开展示范镇卫生院、村卫生室创建】 组织学富、大纵湖、北蒋3所卫生院争创省示范乡镇卫生院，对照《江苏省示范乡镇卫生院评审标准》，逐项落实功能合理、规模适度、服务规范、健康运行等指标，强化内部管理，完善服务流程，健全绩效考核机制，做到硬件到位、软件健全，11月，顺利通过省级评审，获得省示范乡镇卫生院称号。筛选楼王顺北和丁马港、大纵湖大范、秦南江窑及龙冈留璜等5个村卫生室开展省示范村卫生室创建，根据《江苏省示范村卫生室评估标准(试行)》，强化协调管理、加大硬件投入、充实服务内涵、提升创建质量，顺利通过省复核评估，被省卫计委确认为“省示范村卫生室”。

【试点启动乡村（家庭）医生签约服务】 为进一步发挥村级卫生机构的网底作用，为城乡居民提供质优价廉的基本医疗卫生服务，年内，区卫生局印发《盐都区乡村（家庭）医生签约服务实施方案(试行)》(都卫〔2015〕69号)，与区物价局联合下发《关于确定2015年度乡村（家庭）医生签约服务包收费标准的通知》(都价发〔2015〕35号)，统一印制《健康签约服务手册》《乡村医生签约服务协议书》和《健康签约服务问答》等。年内，组织5个镇、10个村积极开展试点，开展试点村服务人员规范培训等，完成签约493人，覆盖29722人，人口覆盖率1.66%，其中初级、中级、高级包签约分别为26、368和99人，分别占5.27%、74.65%和20.08%。

【加强村级医疗服务监管】 4月20日，下发《关于进一步加强村级医疗服务监管的通知》(都卫〔2015〕30号),先后组织三轮专项督查,明确工作目标,严格诊疗服务,规范结报行为,重抓违规处理,健全长效机制,落实监管责任等,切实规范村级医疗卫生服务。

【基层医疗卫生体系建设推进会】 9月19日，区政府召开基层医疗卫生体系建设推进会，贯彻全市基层医疗卫生体系建设、深化医药卫生体制改革工作等会议精神,部署落实深化医改工作任务。会议总结全区医改工作情况，就推进基层医疗卫生体系建设作出部署。市三院、大纵湖和大冈镇交流工作情况，实地观摩盐龙街道乔庄社区卫生服务站（与党群服务中心合建)、鞍湖街道刘垎村卫生室(扩建)和大纵湖镇迎阳村卫生室(新建)等三种类型的村级卫生机构标准化建设现场。

【基层卫生服务人员培训】 完善基层卫生人员培养机制,年内,先后组织19名管理人员参加全市基层医疗卫生服务能力提升培训，安排13名卫生院医生到市三院务实进修，后组织224名、246名、90名镇村卫生服务人员分别参加合理用药、中医药服务和全科医生适宜技术培训。

【新疆察布查尔卫生管理人员到盐都交流】 9月6—15日，新疆察布查尔县乡两级卫生管理人员一行20人,到盐都开展对接交流和培训学习活动。活动期间,区卫生系统围绕疾控控制、卫生监督、妇幼保健、临床专科、急救技能、新农合和绩效考核管理等15个专业,组织相关专业人员与新疆同行开展业务交流、讲座培训和现场观摩等活动。交流活动中,区医疗卫生专业人员认真准备,与新疆同行进行深度专业交流;观摩市三院、区疾控中心、卫生监督所、局合作医疗管理办公室以及镇、村医疗卫生服务等现场;组织参观新四军纪念馆、海盐博物馆等盐城红色和特色文化基地,参观大纵湖镇三官村、郭猛镇杨侍生态园等新农村建设现场。

【基层运行新机制第三方评估调研】 11月30日—12月1日，受国家卫计委委托，中国农村卫生协会会长朱宝铎、副秘书长高淑红等一行5人,在省卫计委基层卫生处处长姜仑陪同下，对盐都巩固完善基层运行新机制进行第三方评估调研。听取情况汇报，收集相关政策，组织卫生、财政、人社、基层医疗机构等相关负责人开展座谈，实地察看2所卫生院和2个村卫生室，对基层医疗卫生机构负责人和医疗卫生服务人员进行深度访谈等，并对盐都巩固完善基层运行新机制给予高度评价。 (徐玉国)

新型农村合作医疗

New-type Rural Cooperative Medical Care

【概述】 2015年，全区新农合工作以医改目标为指导,着重大病保障能力提升,创新基金管理改革，利用大数据先进管理手段,强化合管办监管内涵建设,成效明显。

【取消补偿封顶线】 2015年，全区新农合人均筹资标准从380元提高到480元,其中个人缴纳参合资金100元、各级财政补助380元。新农合参合人口55.82万人,筹集新农合基金26791.4万元。全年,新农合基金实际支出26249.4万元,有303.4万人次得到医药费补偿26249.4万元,其中298.2万人次得到门诊医药费补偿6643.7万元,5.18万人次得到住院医药费补偿19605.7万元。区、镇住院政策补偿比分别为75%，实际补偿比分别为65%、52%。精神病患者免费治疗8277人次。重大疾病补偿1020人、3659人次,计2122.6万元;大病保险赔付1681人,计840.5万元。取消补偿封顶线,个人补偿最高达到21.8万元，极大提升患病群众抗大病风险的能力。

【改革基金管理方式】 年内，基金总额在提取风险金和大病保险基金后，镇级基金分配指标按各镇参合人口全额核定到镇卫生院，区级及区外基金支出落实给市三院实行“总额包干”。区合管办每月对各医疗机构基金运行情况进行动态监控,及时预警,逐月限额控制下拨,专款专用,超支自付,从而形成合管办、市三院和各镇卫生院三级齐抓共管的有效态势。

【强化监管内涵建设】 年内，区合管办利用网络平台实时监管和后台大数据分析,开展违规违纪现象专项督查,对大处方、盗刷卡等违规违纪的责任单位、责任人进行处罚。查处大处方、盗刷卡等违纪违法行为6起,下发处罚决定29份,追回损失和处罚16.55万元。全面实施凭居民身份证读证就诊制度（18岁以上人员),有效地防止就诊卡被冒用、被盗用等现象的发生,查处冒名顶替就医3起、违规村卫生室35个。

【利用社会舆情监管】 年内,在区、镇、村各定点医疗机构醒目位放大张贴、在盐都网上公开发布区政府《关于调整新型农村合作医疗筹资标准和补偿方案的通知》,供群众可随时查阅和下载,各村卫生室每月张榜公布新农合基金结报情况。通过在盐都网设立群众监督台,公布举报电话,设置投诉信箱等手段,畅通多种举报通道,表彰奖励举报对象,形成全社会多方位监督的态势。 (徐庚祥)

爱国卫生

Patriotic Health

【概述】 2015年，全区爱国卫生工作以创建国家级卫生镇和省、市卫生镇、村活动为龙头,以农村改厕为抓手,积极开展城乡环境卫生整洁行动和健康教育、控烟禁烟活动，倡导全社会健康文明生活方式,进一步改善城乡环境面貌,打造和谐、绿色、宜居盐都。

【开展卫生镇、村创建活动】 完善爱国卫生组织管理,健全爱卫组织网络,从组织体系上,保证爱卫工作顺利开展。以改善镇、村环境面貌,提高环境卫生管理水平为目的,以加强镇、村环卫基础设施和建立长效管理机制为重点，全面开展创建国家级卫生镇和农村创建卫生村 (居)工作。研究制定创建工作方案,把创建卫生镇、村工作纳入年度考核目标和责任

状，切实加强对创建工作的组织领导，保证创建工作的有序进行。年内，大纵湖镇创成国家卫生镇。

【完成农村改厕年度目标任务】 年内，省、市下达盐都农村改厕任务数12000座，涉及到11个镇（街道）23个行政村。为做好全年农村改厕工作，区爱卫办编印130份改厕宣传海报，分别发放到各改厕项目村。内容涉及到农村改厕工作的重大意义、改厕的目的、改厕的好处、如何来改厕、如何来建三格式化粪池以及怎么样使用和管理厕所，让各个农户通过宣传板块清楚了解改厕的各项好处和怎么改厕。通过宣传，提高广大群众参与改厕的积极性，发挥对各施工队伍的施工质量和施工数量的监督作用，全区农村改厕工作进一步提高。全区全年完成农村改厕12353座，占总任务数的103%。

【开展爱国卫生月活动】 3月，以"全民参与爱国卫生，共建共享健康中国"为主题，成立专项工作领导小组，制定工作计划，明确专人负责，广泛宣传发动，组织广大群众清理河道，整治集镇市场环境，修筑城乡道路，清运处理垃圾，城乡环境卫生整洁行动有序开展。全区共悬挂过街宣传横幅189条，发放各种宣传资料58470份，清除卫生死角420处，清运垃圾2200吨，购置垃圾箱600多个，清理河道87条，平整道路35千米，全区所有建制镇均建成标准化垃圾中转站，城乡环境卫生面貌明显改善。

【推进病媒生物防治工作】 年内，爱卫办统一部署、积极开展春秋季灭鼠工作。印发《关于开展春季突击灭鼠活动的通知》，要求各镇（区、街道、中心社区）按照通知要求，做好宣传发动工作，制定好工作方案，组织好药物，为全区灭鼠统一投药奠定基础。区疾控中心严格按要求进行投药前的鼠密度监测和对投药人员进行灭鼠技术培训。并按照规定的时间，集中投放灭鼠药物近6.5吨。并发动单位职工和社区群众，积极开展环境卫生综合整治，铲除鼠类栖息场所。通过活动，消除四害孳生地，将密度控制在国家标准以内，预防和减少病媒生物传播性疾病的发生流行。

【加强水质监测工作】 年内，为掌握全区农村饮用水水质动态变化，保证农民喝上安全、卫生水，按照《2015年江苏省生活饮用水水质监测方案》要求，科学布点，加强质控，顺利完成枯水期水质监测任务。省级监测点共采集水样92份，水样合格率63.0%，项次合格率95.6%；区级监测点共监测水样30份，水样合格率56.7%，项次合格率94.2%。对区域供水新并网、春节期间供水不足启动备用水源的部分地区开展应急检测，共采集水样13份，检测149个项次，为全区安全供水提供技术支撑。

【全力推进健康教育工作】 以公卫服务项目为抓手，扎实开展常规健康宣传工作。定期开展健康巡讲活动，全年开展区级各类健康巡讲6次，开展"科普大讲堂"6期，内容涵盖中国公民健康素养66条，高血压、糖尿病等慢性病防治知识，结核病、艾滋病等传染病防治知识等。开展街头宣传、义诊咨询等活动共计240余次。以健康元素创建为抓手，全面推行全民健康生活行动，全年共建成健康示范食堂20家、健康示范餐厅20家、健康示范单位20家、健康示范社区19家，创建系统外无烟单位19家。新建三官村健康主题广场、大纵湖健康主题公园、龙冈毓龙健康主题公园和龙冈玫瑰园健康步道等健康场景。以专项特色工作为抓手，努力提高居民健康素养水平。扎实开展全国健康素养监测项目工作，抽调区、镇、村三级专业人员组成调查组和质控组，历时一个月完成420人的现场调查和资料收集质控任务，健康素养率达19.9%，位于全省前列。全年完成健康素养答题学习12000余人次，有效提高居民健康素养水平。 （薛有虎　张　辉）

医　疗
Medical Treatment

【概述】 2015年，区、镇两级有医疗机构21所，其中三级医院1所：盐城市第三人民医院；二级医院2所：盐都区第二人民医院、盐都区中西医结合医院；卫生院13所；社区卫生服务中心4所；专科疾病防治院1所：区精神病防治院。村级卫生室187所；社区卫生服务站62所。厂矿企业医务室（所）25所。区、镇两级有卫技人员2816人（其中高级职称442人、中级职称780人、初级职称1593人），有执业（助理）医师1865人，执业护士1381人，其中，有从事中医药工作的139人。村级有乡村医生938人。区镇两级医疗机构共开设病床2702张。全年区、镇两级医疗机构门诊231.78万人次，住院82094人次，实施各类手术30364台（次）。

（孙书全　祁　俊）

人民生活
社会事务
People's lives & Social Affairs

◆劳动保障 ◆社会救助
◆就业工程 ◆双拥优抚
◆劳动工资 ◆社会管理
◆劳动监察 ◆婚姻家庭
◆劳动仲裁 ◆权益保护
◆职业技能 ◆民族宗教
◆养老保险 ◆老龄工作
◆失业保险 ◆关心下一代
◆医疗保险 ◆诗书画社
◆工伤生育 ◆防震减灾
◆收入消费 ◆气象服务
◆社会救济

劳动和社会保障
Labor and Social Security

【概述】 2015年，全区劳动和社会保障系统服务民生、服务公众，品牌人社增光添彩，实力人社壮大家底，和谐人社注入活力。获区“2015年度全区目标任务综合考核综合先进奖”“工业经济和转型升级工作奖”“政法综治和信访稳定工作奖”“作风建设工作奖”。

【就业创业工作】 年内，以新春“圆梦”系列招聘会开局，举办各类大型招聘活动18场次，小型化、专业化招聘活动14场次。300多家企业参加各类招聘活动，达成就业意向32500人次。举办“农民班”“失业人员班”“电商班”“返乡农民工创业班”等专项创业培训班47期，实现创业培训3834人，城乡劳动者职业技能培训8274人，城乡新成长劳动力技能培训2593人。积极开展创业服务，认真落实创业扶持政策，全年实现援助就业1255人，发放社会保险补贴633.6万元，发放创业担保贷款2310万元。9月底，“中国创翼”(2015)青年创业创新大赛华东二赛区晋级赛中，“麦克爸爸少儿创客教育”创业项目(区人社局推荐)作为全市唯一参赛项目荣获大赛“银翼”奖。12月下旬，全市“创业之星”大赛中，佰瑞达体育用品和大道机电两个项目(区人社局选拔推荐)获全市2015年度“创业之星”称号。

【“515”引才计划】 积极实施市委市政府“515”人才引进三年行动计划，强势推进“515”引才政策。全年招引5673名大学生，1028名专门人才。设立省外高校“江苏盐都515引才工作站”10个，组织校园招聘活动16场。大力推进高技能人才工作，全年新增高技能人才647人。引进外国专家17人，新增留学回国6人。积极推进人才项目资助申报，有1家企业获得省双创资助，2家企业获得“省双创博士计划”资助，4人获江苏省“六大人才高峰”项目资助，帮助江苏神鹤科技发展有限公司成功申报国家级博士后科研工作站。

【基本实现社会保险全覆盖】 年内，全面展开立体式宣传发动、拉网式调查摸底、包干式跟踪服务，强势推进社会保险全覆盖。全年新增各类社会保险参保4.7万人次，实现基金总收入13亿元。严格执行省政府93号令和市政府关于被征地农民保障政策，建立征地农民刚性进保机制，103个征地项目经省人社厅审核批准纳入被征地农民保障体系，涉及征地农民1408人。

【依法行政】 年内，重新编制权力清单、行政责任清单，完善机关运行制度，优化业务经办流程，坚持依法行政，彰显公平正义。全年主动监察用人单位308家，组织开展各类专项行动4次，督促检查重点用人单位近百户，处置各类突发事件和群体性矛盾13起，追发拖欠劳动者工资(含农民工)300多万元。立案受理劳动争议仲裁案件171件，结案171件，结案率100%。受理工伤认定申请323件，作出工伤认定315件。全年接待群众来访171批次，共234人次。按时办结省委巡视组交办函11件，“市长信箱”21件，盐都网公众监督平台281件，区“12345”政府公共服务平台148件，群众来信29件。

(胡　平　柳　岚)

创业带动就业工程
Entrepreneurial Drive Employmene Engineering

【概述】 全年完成新增就业12536人，完成市目标157%；(请补充具体项目)4553人，完成市目标182%；就业困难人员再就业1600人，完成市目标400%；至年底，城镇登记失业率为1.93%；创业培训3834人，完成目标任务的148%。发放小额贷款2310余万元，扶持返乡创业501人。全年为1743名符合再就业援助条件的贴补养老、工伤、生育、失业、医疗五项保险937.7万元。

【“创业金桥计划”】 项目培育卓有成效。完善创业项目有效采集制度，年内，建成符合产业和经济发展要求、具有商业价值和市场前景、有较强操作性的200个创业项目库和50个创业成功案例库。“麦克爸爸(Makerpapa)少儿创客教育”创业项目(区人社局推荐)作为盐城市唯一参赛项目在“中国创翼”(2015)青年创业创新大赛中获得团队组第八名，荣获大赛“银翼”奖。省人社厅发文认定区高效布袋除尘器、燃煤锅炉脱硫系统项目、墨渎文化—“盐色”地域产品开发项目和MGCBOX户外活动集成系统(W)等三个项目为2015年江苏省大学生优秀创业项目。培训载体齐头并进。开发品牌创业培训项目，举办“农民班”“失业人员班”“电商班”“返乡农民工创业班” 等专项创业培训班26期；依托科技企业孵化器、开发园区、创业园区、农业产业园、城市配套商业设施、闲置厂房等现有资源，新建创业示范载体3个，新建创业孵化基地1个，农民创业示范园1个、大学生创业示范园1个。

(陈学兵)

劳动工资

Labor Wages

【概述】 劳动工资各项工作得到全面落实，全年共审批特殊工时23件，涉及15户企业，其中审批不定时工作制11件，综合计算工时工作制12件，使职工的工作、休息时间得到合理安排。审查集体合同1075份，审查企业工资集体合同315份。

【发布企业职工工资指导价位】 年内，转发盐城市人力资源和社会保障局《关于发布盐城市区2015年部分职位工资指导价位的通知》，转发盐城市人力资源和社会保障局《关于发布2015年度全市企业工资指导线的通知》，转发盐城市人力资源和社会保障局《关于发布盐城市企业人工成本水平的通知》。

(李　鹏)

劳动监察

Labour Inspection

【概述】 全年劳动保障投诉、举报案件结案率100%。主动监察用人单位375户，人均75户。完成对2296户用人单位的劳动保障审查工作，书面审查完成率达90%。“两网化”工作水平和效能进一步提升。组织开展农民工工资支付、规范劳动用工行为和劳务派遣行为等专项行动，涉及农民工10120人，责令支付农民工工资300万多元。

【组织专项行动】 年内，依据法律法规以构建和谐稳定劳动关系为主线，在日常巡查监察的基础上，以维护劳动者合法权益为重点，协调各类社会群体的利益关系，开展清理和规范人力资源市场秩序专项执法检查活动、用人单位遵守劳动用工和社会保险法律法规情况专项检查，开展劳动保障监察书面审查专项行动、开展农民工工资支付情况专项检查。督促检查重点用人单位近百户，正确维护农民工合法权益，对拒不支付劳动报酬罪案件及时移交司法处理，促进工资支付保障机制进一步健全。

【劳动保障监察联动平台建设】 年内，劳动保障监察网格化管理全面提升，全区19个一级网格、41个二级网格，覆盖率达100%。一、二级网格日常运行包括：协办记录、监测预警、指导服务、法规宣传、咨询、简单纠纷调处等工作。基层平台业务咨询达1200多条，基层矛盾调处109件，调处成功率90%。一、二级网格上网运行率100%。录入企业信息数2300多条，8人以上用人单位信息采集录入率达97%。提高企业的规范用工意识，实现劳资双方利益共赢。

(宋传标)

劳动人事争议仲裁

Arbitration of Labor and Personnel

【概述】 全年接待来电来访群众和用人单位代表约2200人次。立案受理劳动争议仲裁案件171件，按期结案率100%，其中调解结案108件，裁决结案63件。基层调解组织调解劳动人事争议600多件，占劳动人事争议案件总数的75%以上。在立案受理案件中，涉及劳动报酬101件，占受理数59.06%，涉及社会保险待遇38件，占受理数22.22%，涉及解除、终止劳动合同21件，占受理数12.28%。案件涉案金额895万元，其中支付劳动者劳动报酬290万元、经济补偿金71万元、工伤待遇等其他费用约534万元。

【仲裁工作】 规范案件处理流程，强调调解为先，年内，仲裁员采取各项措施，促进案件调解，提高案件调解的成功率，追求案结事的仲裁结果。发挥三方机制职能，开通绿色通道，抓住时机，及时化解群体争议。实时上传仲裁案件信息，推进管理信息化。年内，仲裁案件的网上运行率达100%。树立“预防为主”理念，强化宣传引导，从源头上减少劳动争议发生率。利用各种机会宣传劳动法律法规，进一步引导用人单位依法用工。落实人社部《关于印发基层劳动人事争议调解工作规范的通知》，帮助全区19个镇(区、街道)建立规范的劳动人事争议调解中心。全年基层劳动人事争议调解组织调解案件达600件以上，超过立案处理劳动人事争议案件数两倍以上。

(陈云林)

职业技能培训

Occupation Skill Training

【概述】 全年职业技能鉴定总人数6332人，其中初级工339人、中级工5993人；高技能人才647人，全国统考人数120人。

【全市率先实施高技能人才引进计划】 为积极实施人才强区战略，结合省人社厅关于企业技能人才质量管理的办法，年内，由区人社局牵头，聘请市技师学院、市工业学校的专家教授，针对企业的需求，为企业工人提供培训服务。悦达纺织集团范仲勤经选拔推荐，经过省专家

认证，获得“省高技能人才”“大师工作室”称号。（黄开宏）

企业职工养老保险
Enterprise Employees Pension Insurance

【概述】 以“实施推进社保全覆盖工作”为载体，以社保扩面征缴为重点，以确保养老金按时足额发放为中心，突出“为民、务实、清廉、高效”主题，关注民生，服务民生，坚持务实创新，内抓管理，外塑形象，社保工作强势推进，全面完成或超额完成年度各项工作目标任务。全年新增参保8520人、基金征收6.48亿元，分别完成年度目标任务的119%和102.34%。

【养老保险金发放】 至年底，全区企业离退休人员为35482人，全年按时足额支付基本养老金7.1亿元。养老金按时足额发放率、社会化发放率均达100%，企业退休人员档案接收管理率和社会化管理服务率均达100%。

【社会保险扩面征缴】 4月，区政府专门召开全力推进社会保险全覆盖工作动员会议，区人社局成立6个“全覆盖”工作指导督查小组，与6个工作服务小组协同动作，组织协调面上推进工作，切实做到宣传到位，措施到位，工作到位，使社保扩面工作快速推进，各类企业职工和灵活就业人员年底均纳入养老保险覆盖范围。

【调增退休人员养老待遇】 4月，为全区符合调整待遇的29982名企业离退休人员按规定标准调增养老金待遇，月人均调资210.90元，月增发总额632万元。待遇调整后，区企业退休人员养老金人均达1750元，调整审核测算工作在1周内顺利完成。（胡文魁）

机关事业养老保险
The Old-age Insurance of Institutions

【概述】 全年养老保险基金收入7163.71万元，其中基本养老保险基金收入7113.59万元，基金利息收入41.14万元；转移8.98万元；养老保险基金支出8067.03万元，其中基本养老金支出8066.57万元，转移支出0.46万元；基金年末滚存积累4505.26万元，按时并超额完成全年各项工作任务。

【基础管理】 年初，按要求整理稽核档案、财务档案、文书档案、业务档案，进一步完善内部控制办法，切实抓好内控制度的落实，规范业务流程，提高服务质量，坚持事事有责任人，项项有目标，全面提升经办工作的科学化、信息化、规范化管理水平。加强数据管理安全意识，严格执行数据异地和集中备份的制度，加强数据库建设。

【保险稽核】 加强缴费基数申报审核工作，有效防止瞒报缴费基数现象。加强退休人员养老保险待遇核准工作，由镇（区、街道）各社保中心做好离退休人员资格认证工作，离退休人员资格认证率达100%。全年稽核在职8296人，退休1547人，稽核率达72.9%，完成目标任务的182.3%。

【为离退休人员免费体检】 8月12—26日，组织868名实运转事业单位离退休人员在市三院进行免费体检。体检后，及时为参检人员建立健康电子档案。

【积累基金财政专户存储】 加强全区机关事业养老保险经办机构内部管理与监督工作，防范和化解运行风险，规范业务经办工作行为和社会保险管理服务工作。年内，按季、按月填报各类报表，认真记载各个单位缴费明细账和银行日记账，并根据基金收支分开核算的要求，在银行开设收入户和支出户，月底将收入户余额全额转存区财政专户，积累基金全部由财政专户存储，确保社会保险基金安全。（陈 颐）

城乡居民社会养老保险
Urban and Rural Social Pension Insuraance

【概述】 大力推进城乡居民养老保险全覆盖。2015年，全区新增参保16792人，征收保费9237万元，12万人续保缴费，12.8万人领取城乡居民养老保险待遇，基础养老金发放率100%，被征地农民社会保障覆盖率100%，全面超额完成年初市区政府下达的各项目标任务。

【推进村级（商户）平台代办保险业务】 在全力打造“四个不出村”、全区建成220

个村级平台的基础上，年内，重点培植19个商户平台代办城乡居保相关业务，让社会力量融入其中。通过商户宣传政策，动员续保，指导群众利用“村村通”POS机服务终端代存保费、查询信息等贴身服务，让老百姓在“家门口”就享受到城乡居保一站式全方位的服务。全区全年商户平台共代办参保登记3116人，代存保费30210人2512万元。

【远程服务到村（居）】 年内，利用区、镇、村三级互联互通的盐都城乡居民保险业务网络，建立“网上服务大厅”，业务网络化流转。参保登记信息网上传输，读入信息、输入账号、生成表格、网上审批，实时申报；人员生存状况数据、领取人员比对信息及时通过网络互相传输实时处理，实现远程服务无盲区，高效便捷。

【调增基础养老金】 根据苏人社发[2015]55号文件精神，自2014年7月起，全区城乡居民基础养老金由90元／月提高至105元／月。3月底，全区12万领取待遇人员基础养老金全部补发到位，并享受到调整后的待遇。

【参加省城乡居保制度书画摄影展】 6月，组织中心工作人员与各镇（区、街道）积极参与，从书画、剪纸等题材中共征集16幅参赛作品，经市局筛选后报送省厅参加省城乡居保制度实施一周年书画摄影展评比，北龙港的剪纸和大冈的绘画在全省分别获得三等奖和优秀作品奖。

【被征地农民社会保障工作全市领先】 2015年，盐都是全市、乃至全省执行93号省政府令，报批征地项目最多，实施征地保障人数最多的区。在实际工作中做到“三严格一全力”，打造征地保障经办管理示范区，确保被征地农民应保尽保、全员参保。至年底，全区19个镇（区、街道）全部按照93号省政府令开展相应的工作，共有103个征地项目经省人社厅审核批准，涉及1408人全部纳入被征地农民保障体系，其中享受养老待遇的551人，参加城乡居保571人，参加企业职工养老保险286人。全区全面实现禁止任何形式的货币化领取和安置，建立将被征地农民全部纳入社会保障的刚性进保工作机制。 （王杰章）

失业保险
Unemployment Insurance

【概述】 2015年，市局下达区失业保险参保人数为53400人，失业保险费征收目标任务为2890万元。至年底，全区失业保险参保人数为53552人，征收失业保险费3461.62万元。完成征收目标任务的120%。全年新增扩面140多家，新增参保人数6500人。

【催缴欠费企业】 8月，对参加养老、医疗未参加失业保险的三十多家企业进行核征，分别发放《催办函》《告知书》《通知书》，新增参保人数1932人，9—12月，新增缴费40万元；10月，对年内无欠费但有陈欠费的镇（区、街道）事业单位进行催缴，要求其核对缴费明细，对欠费无异议的，下达征缴计划调整书，11、12月共征缴清欠90万元。 （邹咏梅）

医疗保险
Medical Insurance

【概述】 2015年，区医疗保险参保人数持续增长，覆盖范围不断扩大，全区职工医保参保总人数达106935人，城镇居民医保参保总人数达50394人，全年新增扩面5188人。医保基金总量逐年攀升，全年征收基本医疗保险基金2.9亿元，较上年同期增长7.4%。

【优化医疗保险政策】 提高城镇居民医疗保险保障能力，年内，将财政补助标准提高到每人每年380元，并对大市区范围内的“低保、特困、重残、五保、城镇三无人员”医疗保险参保基金实行全额补助；进一步健全残疾人社会保障机制，为纳入城镇职工及居民基本医疗保险、新型农村合作医疗范围的城乡贫困精神残疾人免费提供基本的精神类药物治疗，切实减轻他们的医疗负担；调整完善大病保险政策，城镇职工、城镇居民大病保险基金均按每人每月2.5元的标准筹集，个人年度大病保险起付标准为1.2万元（低保、特困、重残人员大病保险起付标准为5000元），切实保障大病患者的医疗待遇。

【创新医疗监管措施】 4月16—17日，利用与“双定单位”签定医保服务协议的契机，邀请区检察院青年干警宣讲团分三场分别对定点医院、定点零售药店和定点卫生服务站进行守法经营宣讲。重点宣传《社会保险法》《刑法》等法律中涉及医疗保险基金管理内容及违法量刑规定，运用各地发生的医保骗保典型案例以案释法，提高定点医疗机构和定点零售药店规范经营、守法经营的意识。

【拓展个人医疗账户使用功能】 年内，根据《盐城市城镇职工医疗保险个人医疗账户用于运动健身实施办法（试行）》等相关文件规定，与市区三家运动健身机构签订服务协议，满足参保职工利用个人医疗账户进行运动健身和享受优质高效体育服务的需求。

【组织参保人员免费健康体检】 为更好地保障全区城镇居民基本医疗保险参加人员的身体健康，使参保人员有病早发现、早治疗，根据《盐城市市区城镇居民基本医疗保险办法》文件规定，11月15日至12月31日，组织对新参加城镇居民医疗保险人员和两年内未发生住院费用的参保人员共9593人进行免费健康体检。

【开展“五零服务”专题服务活动】 年内，组织开展以服务受理“零推诿”、服务事项“零积压”、服务方式“零距离”、服务质量“零差错”、服务对象“零投诉”为主要内容的“五零服务”活动，优化中心效能建设，改进工作作风，提升服务质量和服务水平，建立一支廉洁高效、办事规范、服务优质、制度健全、群众满意的医保工作队伍。 （成　萍）

工伤、生育保险
Industrial Injury and Maternity Insurance

【概述】 1月，全区机关事业单位职工全部纳入工作生育保险覆盖范围，实现机关事业单位职工与企业职工工伤、生育保险制度并轨，工伤、生育保险参保分别达82518人、54122人，分别完成年度目标任务的100.1%和101.3%。基金征缴收入分别为2394万元、900万元，分别完成年度目标任务的124.43%和131.41%。

【工伤生育保险待遇支付】 继续保持与市同城同待遇，全区全年工伤保险基金待遇支出1206.27万元，共1460人次享受工伤保险待遇(含旧伤复发人员)。生育保险基金待遇支出872.97万元，共有790名女职工领取生育保险金。 (胡文魁)

收入与消费
Income and Consumption

【概述】 随着全面小康建设进程的加快，人民生活水平明显提高。全区全年城镇居民人均可支配收入30316元，增长9.1%，农村居民人均可支配收入17271元，增长9.3%。

【城镇居民生活质量不断提高】 全区全年城镇居民人均消费支出23649元，比上年增长8.1%。其中人均食品烟酒消费7618元，人均衣着消费1965元，人均居住支出5057元，人均生活用品及服务支出1061元，人均交通通信支出1798元，人均教育文化娱乐支出4404元，人均医疗保健支出930元，人均其他用品和服务支出816元。城镇居民人均现住房建筑面积达52.82平方米。全区百户城镇居民家庭拥有汽车32辆、洗衣机106台、电冰箱99台、彩色电视机195台、电话357部、空调219台、计算机97台。

【农村居民生活水平不断改善】 全区全年农村居民人均生活费支出11296元，比上年增长9.6%。其中农民人均食品消费3947元，比上年增长9.1%。农村居民人均衣着支出600元，比上年增长8.7%。农村居民人均现住房建筑面积达53.34平方米。农民生活日益丰富多彩，不单单是彩电、手机普及，很多农村居民已经意识到知识和信息对发家致富的重要性，重视并加大对文化教育娱乐的消费投入。全年农民人均教育文化娱乐支出2115元，交通通信支出654元，医疗保健支出468元，生活用品及服务支出554元。全区百户农村居民家庭拥有汽车6辆、洗衣机89台、电冰箱94台、彩色电视机133台、电话270部、空调70台、计算机35台。(王悦峰)

·小康监测·

【概述】 至年底，省定县级全面建成小康社会五大类22项36个指标中，全区32个指标达到验收标准(比2014年多4个)，22个指标达到或者超过目标值，有4个指标实现程度低于80%(比2014年少1个)，综合得分测算为94.7分。 (季 勇)

社会救济
Social Relief

【概述】 2015年，全区社会救济工作坚持公开公平公正原则，不断加大投入，着力提升社会弱势群体保障水平和救济质量，努力改善社会弱势群体生存状态，建立常态化、长效化社会救济工作机制，促进社会救济工作深入有效开展。

【社会救济标准增长机制】 自7月1日起，城市低保标准从450元/人·月提高到490元/人·月，农村低保标准从340元/人·月提高到380元/人·月，重度残疾人生活救助标准随城乡低保标准提高而提高。农村五保分散供养标准为7200元/人·年，集中供养标准为8700元/人·年。同时，建立低收入群体价格上涨动态补贴机制，补贴范围覆盖城乡低保对象、重点优抚对象、五保供养对象、城市"三无"对象和孤儿等五大人群。20世纪60年代初精简退职老职工生活补助标准也从950元/人·月提高到1250元/人·月，老职工生活水平和质量得到持续改善。城市"三无"单列救助，供养标准从900元/人·月提高到1230元/人·月。

【提高五保老人的供养质量】 年内，深入开展农村五保供养服务机构等级评定工作，全区敬老院在年底前均通过星级验收，其中三星级3所(潘黄、郭猛、冈中)，二星级6所(大冈、大纵湖、龙冈、张庄、学富、北龙港)，一星级9所(新区、北蒋、楼王、鞍湖、中兴、秦南、尚庄、葛武、滨湖)。进一步规范敬老院人员管理，根据区政府办《关于进一步加强农村五保供养服务机构建设管理的通知》(都政办发〔2014〕92号)文件精神，联合财政部门对各敬老院人员数量依据供养人员数进行定补，在各镇(区、街道)对工作人员缴纳养老、医疗、工伤等保险基础上，区财政给予人员工资补助。 (郑 军)

社会救助
Social Assistance

【概述】 2015年，全区社会救助工作认真贯彻执行《关于做好社会救助工作的实施意见》《关于印发盐都区社会救助工作实施细则的通知》，积极争取财政向社会救助领域倾斜，广泛争取上级主管部门支持，建立"一门受理，协同办理"工作机制，全方位开展社会救助工作，着力探索建立社会救助工作长效机制，加快完善有盐都特色的社会救助体系。

【千万资金惠民生大行动】 春节前，全面整合各方资源，筹措资金4268万元，统筹做好春节救助和慰问工作，实施助医、助困、助学、助老、助残等系列救助计划，共救助和慰问各类群体12.42万户15万多人次。救助标准、范围及救助规范化水平领先全市。

【社会救助工作规范化建设】 年内，落实低保、五保"二级会审、二级公示"制度，对申报家庭实行家家到、户户访，逐一认定公示对象。全年新增五保户260户

264人，低保户126户305人。完善民政造册、财政审核、银行打卡的社会化发放模式，强化年度审查工作，确保低保、五保工作公开透明、科学公正、运作规范。

【病困户、低保边缘户】 健全城乡医疗救助机制，围绕医疗救助与新农合的无缝对接、即时结报目标实施医疗救助工作。强力推进广覆盖、多层次、立体式社会救助体系建设，全区全年共救助病困户124858人次，发放医疗救助金1701.7万元；救助临时陷困对象11119户，发放救助金573.18万元，有效帮助病困户、临时陷困家庭回归生活常态。

【防灾减灾日】 5月，利用全国第六个“防灾减灾宣传日”契机，组织各镇（区、街道）共编印下发各类防灾减灾知识宣传提纲20000余份，制作减灾图板30组500多块，悬挂过街横幅100条。区减灾委组织区民政局、科技局、人防办、教育局等部门进行防灾减灾宣传和演练活动，共发放宣传材料1000多份。利用区电视台、盐都报道对防灾减灾知识进行专题报道，不断提高广大干群抗灾救灾、自救互救能力。

【综合减灾能力建设】 年内，把社区减灾工作纳入民政重点工作进行综合考评，协调配合相关镇（区、街道）和部门，深入开展综合减灾示范社区创建活动。同时，按专款专用、保障重点原则，及时将省、市下达的灾民冬春生活款及台风紧急转移救灾款分发到有关镇（区、街道）。

【托底救助工作】 自2014年国务院《社会救助暂行办法》《江苏省“救急难”工作试点实施方案》和市委市政府《关于建立市区困难群众托底救助制度的实施意见》等文件下发以来，特别是区委区政府《关于做好社会救助工作的实施意见》和《盐城市盐都区社会救助工作实施细则》出台以来，全区进一步整合各类救助类型，弥补救助短板，加大财政投入（区财政按户籍人口每人每年10元的标准，镇级财政按户籍人口每人每年不少于10元的标准设立托底救助专项资金），完善社会救助体系，形成“一门受理，协同办理”、区镇村三级联动，快速响应和主动发现等机制，进一步提高全区社会救助水平。至年底，全区托底救助15402人次，发放救助金638万元。 （郑　军）

双拥优抚安置
Double-support Special Care and Placement

【概述】 2015年，深入开展军民共建、军地互动活动，促进军地融合发展。全面贯彻落实各项优抚政策，切实维护优抚群体合法权益和社会和谐稳定。全力做好退役士兵接收安置工作，拓展退役士兵安置渠道，推进安置工作改革创新。

市民政局局长谷红彬参观居家养老中心

【双拥共建】 巩固双拥创建工作成果，深入推进“双拥在基层”活动。完善双拥工作组织网络体系，培植双拥先进典型，拓展双拥文化建设，健全社会化拥军服务网络。年内，积极开展军民共建、军地互动活动，充分利用“八一”“春节”等重大节日，组织走访慰问驻区部队和全区重点优抚对象，牵头举办军警民迎新春茶话会，拓展和丰富优抚对象精神抚慰举措。利用清明节、国家公祭日开展凭吊先烈活动，营造缅怀烈士、祭奠英灵浓厚氛围，强化爱国主义教育，巩固拥军爱民成果。加强“慰烈工程”规范管理，将零散烈士墓和烈士纪念设施建设纳入长效管理机制，发挥爱国主义教育基地功能，继承发扬革命传统，弘扬民族精神。

【落实各项优抚政策】 按社会化要求发放各类优抚资金，调整完善重点优抚对象抚恤补助梯度结构和适度普惠的节日慰问制度。年内，强化优抚规范化、精准化建设，严格落实各项优抚政策，巩固抚恤补助标准城乡一体化进程。大力开展“优抚在基层”活动，逐步推进“优抚之家”工程建设。搭建优抚对象服务管理平台，提升优抚服务水平。积极组织开展重点优抚对象短期疗养和医疗巡诊服务，提升优抚对象荣誉感和自豪感。认真做好优抚定期生活补助申报工作，不断提升优抚对象精神抚慰水平，提高优抚对象满意度。

【退役士兵安置】 年内，完善退役士兵安置工作机制，继续坚持以自谋职业为主渠道的安置改革方向。做好四类重点对象政府指令性安置工作，维护退役士兵合法利益，大力推动退役士兵自主就业，加大培训力度，提高参训率和“双证”获取率，拓展退役士兵就业渠道。巩固城乡退役士兵经济补助金一体化标准，严格落实义务兵一次性经济补助按照不低于当地上年度城镇居民人均可支配收入的1.5倍发放，并实行自然增长机制。加强优抚事业建设，改善服务水平，提升服务功能。全面做好军队退休干部和伤病残退役军人及无军籍职工接收安置工作，推进军休服务提档升级，巩固“两个待遇”落实，搭建军休活动载体，深入开展多样化的文体活动，丰富精神文化生活，强化军休干部服务保障工作，不断提升军休服务保障水平。（郑　军）

社会行政管理
Social Administration

【概述】 围绕加强社会建设总体要求，加强基层民主管理工作，强化公共服务平台建设，创新基层社会管理，扎实做好基层群众自治和社区建设工作，规范社会组织建设与管理，统筹城乡发展，充分发挥其服务社会大局基本职能。

【推进村务公开民主管理工作】 年内，以开展“六五”普法、完善村务公开为推手，深入开展“和谐示范社区”“民主法制示范村”创建活动。配合搞好农村党务、政务、财务、事务“四公开”工作，创新村务公开形式，畅通监督渠道，提升公开质量。

【开展和谐社区建设工作】 积极推进社区管理体制改革，选择盐渎街道进行社区管理体制改革试点。年内，相继在盐渎街道的福才、兴城、开元路、神州路等社区成立社区管理服务站，分别配备工作人员4~6人。（郑　军）

婚姻家庭
Marriage and Family

【概述】 婚姻登记处主要负责为内地居民办理婚姻登记、补发婚姻登记证、撤销受胁迫的婚姻、建立和管理婚姻登记档案、宣传婚姻法律法规、倡导文明婚俗。12月25日，由盛世华城搬迁至区服务大厦五楼（世纪大道1188号）。

【婚姻登记】 全区全年登记结婚8843对，其中补办结婚登记2591对；离婚登记1349对，因婚姻登记证件遗失，补发结婚登记证1737对，补领离婚登记证26人。由于计划生育政策调整，结婚证是必备的条件，12月，出现补办结婚登记激增现象，共补办结婚登记747对，是平时的6~7倍。

【出具婚姻登记记录证明】 根据市民政局《关于转发省民政厅〈转发民政部关于进一步规范（无）婚姻登记记录相关工作的通知〉的通知》精神，全区自9月24日起，除涉台和通知附件中所列国家的公证事项仍可继续出具证明外，不再向任何部门和个人出具（无）婚姻登记记录证明。1月1日至9月23日，共出具婚姻登记记录证明6143条。（郑　军）

消费者权益保护
Consumer Protection

【概述】 紧紧围绕《消费者权益保护法》赋予的职权、立足工商总局“重要使命”的定位、树立“消费者至上”的理念，根据省工商局“金字招牌”的要求，以及盐城工商局“天天3·15，维权365”的承诺来扎实开展、有效推进各项工作。将消费者是否满意作为评判工作的重要标准，不断提升12315的公信力和社会满意度，积极探索消费维权社会共治机制建设，实现12315一个窗口对外，12345、市长信箱、网络舆情、来信来访等渠道的群众诉求一站式受理，深化放心消费“百千万工程”，着力提升消费投诉处理率和消费者满意率。全年处理投诉、举报425件中，处理率100%，满意率95%以上。

民族宗教事务
Ethnic and Religious Work

【概述】 2015年，全区民族宗教工作以安全稳定为底线，以“少数民族奔小康和宗教和顺促稳定”两大工程为抓手，大力开展民族团结进步创建活动，严字当头管理民族宗教事务，为经济社会发展做贡献。

【少数民族群众奔小康工程】 年内，加大对大棚果蔬、花卉苗木、水产养殖、清真食品等民族项目培植力度，新培植楼王彝族农民樊亚生猪养殖、大冈土家族农民张书碧螃蟹养殖、龙冈回族农民何芳、壮族农民蒙燕红蛋鸡养殖等一批少数民族致富典型。新组建少数民族帮扶中心，筹集解困资金、医疗补助金8万元，缓解少数民族特困群众的困难。

【服务民族团结】 以“十大”创建为抓手，年内，主动与工商、教育等部门联合为少数民族群众办理、换发各类证照3份，为25名少数民族群众解决子女中高考加分和变更民族成分手续，摸清5家少数民族拉面店情况，与公安部门合作建立外来少数民族流动人员网格化管理新机制，促进民族团结、和谐稳定。

【开展宗教文化创建】 年内，突出宗教旅游文化建设，以龙兴寺、大云山寺等宗教场所作为重点，加大旅游品牌创建力度，大云山寺创成国家AA景区，大纵湖龙兴寺扩建形成初步方案。突出宗教慈善文化建设，以“宗教慈善周”为引领，引导信教群众广泛开展赈灾济困等公益慈善活动，打造宗教慈善文化品牌。全年收到捐款捐物折合人民币25.3万元，资助518人。（万立娟）

老龄工作
Ageing Work

【概述】 2015年，全区60周岁以上常住老年人口为13.6万人，占人口总数的18.6%，空巢化平均率达57%。人口老龄化趋势的不断加剧，给全区经济发展、社会和谐带来挑战。

【提高老龄福利待遇】 全区全年共发放尊老金1158.2万元；为6419位老人办理老年优待证；对70周岁以上低保、五保、重残人员、重点优抚对象、省级以上劳动模范以及80周岁以上老年人共计发放居家养老服务券500万元；利用爱心助老维权站接待老年人来访，帮助老人解决相关问题，维护老年人合法权益；区政府为全区参与居家养老的23000老人免费购买老年人意外伤害险一份，鼓励社会及子女购买，参与投保的老人达8万多，占老年人口比率达57%；市、区财政共同出资30.76万元为全区养老机构及入住内的老人购买养老机构综合保险。

【老龄服务工作】 强力推进居家养老服务工作。年内，全力推进居家养老服务工作第三轮转型升级，通过“分类服务、上门服务、购买服务”的“三服务”模式进一步优化并提高居家养老服务质量，让老人能够进一步切实感受到居家养老服务所带来的方便、快捷、贴心服务。大市区居家养老服务信息平台接进亭湖区、开发区业务，40个坐席24小时正常运行，每天平均服务老年人达1000多人次。加大节日慰问力度。除正常“尊老金”发放外，重阳和春节期间，加大对有关老人的节日慰问：19名百岁老人每人1000元现金和200元慰问品；1650名90~99周岁老人和1400名困难失能半失能老人每人200元养老券；政府出资28万元为居家养老服务站、老龄协(分)会、敬老院以及70岁以上有阅读能力的失能半失能老人赠送订阅《老年周报》。开展区第二届“敬老文明号”的创建评比活动。对申报创建的单位进行评选，并推荐参加市第二届敬老文明号的创建。共有7个单位获得区敬老文明号的称号，3个单位获得市敬老文明号的称号。举办第五届老年文化节和首届孝亲敬老之星评选表彰活动。年内，老年文化艺术节活动的参与村居覆盖率达90%，全区活动72场次，自发组织的表演团队有18个，参加活动的老年人1.7万人，观看人员达3.8万人。对31名全区首届孝亲敬老之星进行表彰。推进老年助餐点建设。根据省老龄办《关于开展社区老年人助餐点项目建设的通知》精神，全区从建好的敬老院、村(居)居家养老服务站点以及签订服务协议的社会餐饮机构中，选择建立31家老年助餐点，为老人提供代餐、助餐、送餐等服务。 (郑　军)

关心下一代工作

Work of Caring About Next Generation

【概述】 2015年，全区各级关工组织和广大“五老”人员，积极主动地配合党委、政府有关部门和单位，关爱青少年，帮助青少年，服务青少年，努力为青少年健康成长办实事，解难事，做好事。

【开展“学法守法、崇德立德”主题教育活动】 3月12日，在大纵湖镇义丰初中举行“学法守法、崇德立德”主题教育活动启动仪式，编印下发宣讲材料。主题教育以纪念中国抗日战争暨世界反法西斯战争胜利70周年为契机，重点突出抗战精神的宣传教育，开展形式多样、内容丰富的宣传教育活动。其中组织青少年“寻访抗日老英雄”，江苏阳光少年网录用21个活动案例，区农委、郭猛镇关工委，将抗战史制成图板，到机关、学校、社区巡回展览。区夕阳红法制宣传队，自编“增强法纪观念，迈好人生之路”讲稿，深入全区25所中学巡回宣讲。3月4日，队长邵洪波《余热生辉夕阳红，助推法治践行中国梦》的材料得到中国关工委主任顾秀莲批示。

【组织“五老”关爱“五失”青少年】 2015年，全区共有“五失”青少年9200多人，其中，需帮教3126人，基本落实结对帮教措施。楼王、尚庄、潘黄、冈中等镇、街道，结对帮扶力度大，措施实、效果好。6月，分3个片召开“五老”帮“五失”工作汇报会，各镇、区、街道关工委作专题汇报，区关工委通报各地做法和经验。6月，组织扬子晚报利群阳光助学行动，帮助可能考上本科的贫困学子申报材料，年内，共报送材料49份，其中23个贫困学子获得每人5000元助学资金。因工作主动，组织周密，措施得力，秦南镇有7人受助，龙冈镇有4人受助。

【开展未成年人零犯罪社区创建活动】 组织163名“五老”，担任社区矫正志愿者，配合区司法局，对152名失足青少年做好矫正工作。11月18日，盐都作为县、市、区代表，出席省关工委、省司法厅在镇江召开的“五老”参与社区矫正工作座谈会，并作交流发言。组织115名“五老”担任网吧义务监督员，配合区文广新局对全区76个网吧、游戏厅进行明查暗访，防止未成年人进入网吧、游戏厅。11月15日，市关工委、文广新局联合召开网吧义务监督员表彰大会，潘黄、龙冈关工委被表彰为先进集体，蒋堂上，陈正隆、王鹤同等8人被表彰为先进个人。年内，继续开展“结对帮教，引领人生”活动，对全区需帮教的青少年，确定216个帮教对子，参加帮教的“五老”323人。4月29日，省关工委常务副主任李明朝到盐都调研创建未成年人零犯罪社区，对创建工作予以肯定。5月14日，中国关工委主任顾秀莲，在盐都总结的“发挥五老优势，为社区矫正工作多做贡献”材料上作重要批示。

【帮扶青年农民创业致富】 年内，动员180多名农业“老科技”出山，组成服务团队，开展“三扶两创”活动，帮扶青年农民就业创业。区农委关工委组织41名农业“老科技”，成立“不老松”专家服务团，分成农技、水产、农机、水利四个走基层服务队，常年进村入户，定点帮扶、挂牌服务。建立和完善10个青年农民科技服务示范基地，挂牌、定人、定点、定责服务。2月1日，农委关工委邀请全国5名知名蜂业专家，在盐城宾馆授课，全市132个蜂农听课。8月25日，农委关工委主任王云玲被中国关工委表彰为先进个人。

【关爱留守儿童工作】 年初，组织留守儿童基数的摸底调查，全区共有留守儿童8632人(不包括学前儿童)。随着返乡创业的农民工日益增多，外地放宽农民工子女入学条件，留守儿童呈逐年减少的趋势。针对留守儿童存在的“五失”问题，有效采取阵地教育，结对帮教、寄宿读书、齐抓共管等措施。6月19日，在尚庄镇召开会议，部署留守儿童暑假活动安排。6、7月，组织全区“走进千户留守儿童家庭，关爱千名留守儿童成长”活动。各级关工委组织268名“五老”进村入户，走访1262个留守儿童。8月，对全区需重点帮扶的2325个留守儿童，具体结对帮扶情况，进行认真督查，基本落实到位。8月9日，市委书记朱克江、区委书记羊维达，区长吴本辉、区委副书记顾其斌等到尚庄镇姚伙村校外辅导站看望留守儿童暑期生活。

【加大关心下一代工作宣传力度】 注重深入调查研究，总结典型经验，加大宣传力度。年内，在《双新盐都报》开辟一个主题教育和一个"五老"风采专版。在省、市关工委内刊用稿16篇，在《盐阜大众报》《盐城晚报》《双新盐都报》等用稿12篇，在新华报业网、光明网、中国关工委网、江苏阳光少年网、江苏少年网等网站用稿53篇。其中，《关工委特有的组织文化与中华民族优良传统文化一脉相承》为中关工委网、江苏阳光少年网、《江苏关工》录用，《关于关工委工作的探索与创新》被评为江苏阳光少年网《热门作品》第一名。区关工委被评为全国关心下一代宣传工作先进集体，受到中国关工委表彰。 (徐文彬)

盐都诗书画社

Yandu Poetry Betrieb

【概述】 2015年，盐都诗书画社坚持"二为"方向和"双百"方针。高歌时代，贴近生活，开展一系列诗词文化活动，认真抓好诗教工作，立足基层、面向社会，主动服务大局，发挥正能量，全年工作取得一定成绩。

【诗词书画弘扬主旋律】 年内，认真学习习近平总书记2014年文艺座谈会重要讲话精神，带领全区广大诗人和诗词爱好者弘扬主旋律，传播正能量。组织全区诗人和书画爱好者撰写创作纪念抗日战争胜利70周年的诗词书画作品。8月27日，和区退休干部协会联合举办"纪念中国抗日战争暨世界反法西斯战争胜利七十周年"诗词吟诵会，刊发"纪念抗战胜利70周年"诗词专辑。理事金富銮书写近百幅全区诗人诗词作品，在区农委、区老干部局、区退休协会、老年大学、各镇(区、街道)进行展览，扩大教育面。《盐都诗词》常年开辟《时代强音》专栏，刊登吟诵祖国全面深化改革，讴歌祖国大好河山，歌颂盐都建设发展、宣传时代典型、社会新风貌的诗词作品。年内，成功举办"端午诗会"和"重阳诗会"。

【诗教扎根校园】 年内，推进"中华诗教六进创先"工作，培养诗词创作接班人。巩固和提高诗教先进典型义丰初级中学和郭猛实验学校，抓好"百草园"和"绿草诗社"两个创作园地，逐步向全区和大市区推广。开展和实施对中小学语文教师的诗词培训工作。社长何玲龙编写对中小学语文教师诗词知识培训方案和工作计划及授课教材，并多次向教育部门和上级领导送达工作报告和实施方案。坚持走下去，以点带面，到有关学校举办诗词知识讲座。5月，到双语小学现场观摩诗教成果和汇报演出，小学生以朗诵、舞蹈、戏剧、书法等表现形式，将学校长期以来的诗教成果进行展示；并召开座谈会，讨论和交流诗教工作经验，从专业角度提出合理化建议。为传承传统文化，培养诗词新生力量，使大家更好地学习和交流，《盐都诗词》专门开辟《校园雏音》专栏，发表优秀诗词作品，展示学生创作实力和精神风貌。常务理事徐安华一直热心郭猛实验学校诗教，诗社副社长、义丰初中副校长乐焕平在校园第一线切实开展诗教工作，引导学生巩固和提高《百草园》诗刊质量，鼓励学生创作诗词作品。

【精心办好诗刊】 至年底，《盐都诗词》共出版88期，诗社人员在编稿、审稿、发行过程中一丝不苟。自2015年第1期起，由诗社顾问、著名散文作家邵玉田先生先后撰写的《点染春天》《问道·悟道·传道》《铭记历史缅怀先烈珍爱和平开创未来》等卷首语，以新颖、凝练、洞达、厚重的笔触，提升诗刊质量和知名度。诗刊在用稿、选稿、编辑过程中，尽量为本地诗友充分展示的同时，又借鉴和选用外地诗友的精品力作。在全国范围内，有24个省、市自治区诗友通过邮寄、快递、电子邮箱投送诗稿。对作者负责，对诗刊负责，为改好每一篇诗稿，编辑部人员查资料、翻字典，通过几个回合，直到编辑部全部通过。不少诗友把《盐都诗词》当成必不可少的精神食粮，未到发行期，许多老干部就翘首以待，纷纷打电话、发短信询问。

【创作成果多项获奖】 年内，区诗书画家在全国、全省权威性杂志和各种诗书画大赛中获奖。顾问程明新创作的书法作品在省老干部书画巡展中入展。理事丁冬晨的书法作品在中国传统文化诗书画协会，中国诗书画联谊社举办的2015年"纪念中国抗日战争暨世界反法西斯战争胜利70周年"诗书画大赛中荣获金奖、一等奖，并被授予"中国爱国书法艺术名家"荣誉称号；在中华魂·全球华人书画名家作品大赛中荣获金奖，被授予"中华红色艺术名家"光荣称号。理事杨飞2015年行草隶书作品获"黄山杯"全国书画摄影大赛金奖，自撰的双藏头诗隶书习作获"中华魂·纪念中国人民抗日战争胜利70周年"和"牢记历史珍爱和平振兴中华全国书画名家作品大赛"金奖，并申请通过"国家一级书法师"和"中国书法家协会会员"。理事张友福创作的《游普陀山途经舟山长桥即景》等10余首诗词被编入《中华诗词优秀作品选》并颁发荣誉证书。理事张中立创办《东方收藏》盐城版块已发表17期，共发表诗词楹联537首。常务理事成立斌热心诗词事业，理事徐荣娣获任"浠沧诗词网"执行站长。王龙友创作的兰花作品被评为诗词类兰花艺术奖银奖，作品编入《中国兰花诗书画大典》。诗人邱传保，作品《勿忘国耻》被选登在《铁军》杂志上。1月，理事李迪生由中华诗词出版社出版"逸趣"诗集。2月，副秘书长钱宗纯由中国文联出版社出版《二月春风》诗集。8月，《盐都诗词》副主编杨效成由中国文联出版社出版《苇荡吟声》诗集。大纵湖诗词创作协会，义丰初中"百草园"文学社联合编印《放歌大纵湖》诗集，该镇《诗词习作》已出版至17期。年内，《盐都诗词》共登载诗词楹联1218首，书法作品48幅，摄影绘画作品59幅。 (何玲龙 郭乃英)

防震减灾

Earth Precautions and Disaster Reduction

【概述】 按照省、市防震减灾工作会议的部署，认真落实区政府与市政府签订的《2015年防震减灾目标管理责任书》，突出地震监测预报、灾害预防、应急救援等三大体系建设，圆满完成全年防震减灾工作任务。区地震局被评为“2015年度江苏省防震减灾工作县级优秀单位”。

【防震减灾投入】 在编制财政预算时将防震减灾经费作为专项费用进行编制，2015年，全区防震减灾专项经费为26万元。区科技三项经费也不断加大对防震减灾项目的支持力度，全年安排防震减灾项目经费10万元，分别是龙冈华虹嘉园社区创建国家级地震安全示范社区5万元和秦南泽夫初级中学创建省级防震减灾科普示范学校5万元。

【地震测报网络系统建设】 年内，进一步完善地震测报网络系统，加强地震动物宏观测报点建设。在原有8个测报点的基础上，新增龙冈镇大吉村宏观测报点。不断完善“三网一员”工作机制，对相关人员进行业务培训，提高地震群测群防能力。

【建筑工程地震安评执法】 年内，对全区新建、改建的重大建设工程、可能发生严重次生灾害的工程和生命线工程，进行全方位地震安全性评价。现场办理一般建设工程审批事项14件、重大建设工程审批事项1项，安评率达100%。

【防震减灾宣传和演练】 自5月1日起，在全区范围内开展“防震减灾宣传月活动”。活动期间，举行宣传版展、知识咨询、分发资料、综合演练等活动。5月12日，在秦南泽夫中学举行“5·12”防震减灾宣传暨应急演练活动，该校全体师生参加演练。全区共组织开展防震减灾宣传活动6次，分发《防震减灾法》《防震减灾科普知识》2000多份，受众面达1万多人次。

【地震安全示范创建】 着力抓好地震安全示范社区创建工作，组织翠洲嘉园社区创建国家地震安全示范社区，全年投入资金15万元，对各项软硬件资料及设施进行完善，经国家地震局审核验收，龙冈华虹嘉园社区获批国家地震安全示范社区。全力推进防震减灾科普示范学校创建工作，秦南泽夫初级中学先后投入资金10多万元硬化基础设施，成功创建省级防震减灾科普示范学校。（陈加强）

查看已移栽2天的棉苗

气象服务

Meteorological Services

【概述】 树立“亲农务农、防灾减灾”服务理念，通过不断提升监测预报预警水平，提高气象防灾减灾服务及时性，扩大气象灾害监测预警信息覆盖面，稳步推进气象现代化进程，在政府主导、部门联动、社会参与下切实强化防灾减灾、为农服务两个体系建设，充分发挥气象服务地方经济、社会发展和人民生产生活的职能，努力当好地方政府防灾减灾、造福百姓的参谋。

【重大灾害性天气预测准预报早预警快】 积极做好春节、五一、十一等重大节日的天气预报，在节日和重大活动前发出专题天气预报，并随时提供天气情况和天气预报，为领导掌握气候利弊，指导生产提供依据，为广大人民群众过好节日提供气象安全保障服务。汛期，坚持局领导带班、24小时值守班和正副班等制度，并严格按《盐城市盐都区气象灾害应急预案》和《盐都区气象局气象灾害应急预案》的要求开展服务工作。针对高考和中考期间的天气情况，通过“重要天气报告”、“气象传真信息”进行广泛服务，并通过气象信息短信平台提前发布和更新考试期间的天气信息，为广大考生提供有关措施建议，取得良好社会效益。梅雨期间，在市气象台指导下提前通过“重要天气报告”和短信平台等进行服务。2015年，共发布重要天气报告11期，专题气象服务22期，开展灾害天气预警服务，并多次向地方政府领导当面汇报天气实况、分析天气形势。为有关部门单位及广大市民合理安排生产生活提供便利。

【两个体系建设更加成熟】 年内，全区8个镇、3个区、4个街道办事处、7个社区街道都成立了由分管农业领导担任组长的气象灾害防御领导小组。明确镇、街道、社区领导责任和成员职责。全区建设20个六要素自动气象站、5个农业气象小气候观测站，自建气象电子显示屏10个，合建20个，2015年在盐都区农科所、丽都公园又新建气象电子显示屏两块，安装168套预警大喇叭、建立20个气象信息服务站、50平方米宣传栏、人工影响天气基地1个。利用现代化气象科学监测设备，在盐都七星现代化农场试验田安装气象设备仪器，全程监测作物生长，在土壤不利于作物发育和气象灾害影响作物生长时，可根据监测数据，启动自动灌溉、开沟降渍和自动喷洒农药等措施防灾减灾。利用监测数据进一步研究本地农作物与气象条件的关系，推广和应用冬小麦渍害防御技术。通过省、市、区三级联动，就关键农事天气、农业气象旬、月报、农用天气预报、春播、夏收夏种、秋收秋种、特色农业气象服务、作物病虫害预报等服务开展会商，为我局提出切实可行的指导服务意见。经常性地组织服务人员深入基层、示范园、种植大户、养殖大户开展调研，了解广大农民在作物生长和农业生产、水产养殖、稻麦制种方面对气象服务的需求、建议和意见，并形成专题调研报告。在市局指导下及时开展大棚草莓、葡萄、大纵湖大闸蟹、淡水龙虾、台湾花卉等全生育(长)过程的气象条件分析、预报，提供准确及时精细化专题服务产品和灾害气象预警。与产业园区、种植大户、农民专业合作社、涉农企业等建立“直通式”联系，明确服务对象及服务产品发送方式、渠道、流程，将重点服务对象纳入信息库并开展服务。充分利用建成的气象灾害发布平台、无线气象“LED”信息发送平台、气象预警接收机发送平台、手机短息发送平台、中国飞信发送平台、风信短信发送平台，及时传递灾害气象信息，实现信息发布渠道广泛化。

直播水稻生育期大田调查服务

【提高气象综合监测能力】 监测是预报的基础。1—11月，盐都观测站各项工作开展顺利，未出现大的错误。1—10月，盐都观测站本站长Z文件传输率为99.99%；1—10月，综合质量指标为99.94%，未出现迟报漏报现象，定时观测长Z文件未出现错误；1—10月，区域站传输率为99.97%；3月下旬，气溶胶观测项目开始运行，运行状态良好。1月，盐城机场开始在盐都观测场东北方向76米处扩建航管楼工程，建成后会对观测环境产生破坏，扩建航管楼及塔台已建好。3月5日，中国气象局综合观测司发布气测函〔2015〕22号文，同意盐都迁站的要求。后续工作正有条不紊进行。4月，本站人员对本站及所有本区域自动站开展了汛期检查工作，各自动站都运行良好。6月，省气象装备中心还对本站仪器统一标效，所有仪器都符合规定要求。7月，根据气测函〔2015〕45号文件精神，全国开始实现实时历史地面气象资料一体化业务运行，台站除自己台站的资料处理，备注等工作，还要在MDOS平台上进行资料处理和情况备注。8月，本站安装3G通信报警一体机，加强资料传输故障预警功能，避免因业务人员长时间工作疲劳，导致数据传输迟到现象。10月1日，所有区域站维修维护开展社会化保障管理，区域站的资料传输及时率和正确率都有所提高。5月和10月，对台站能见度仪器进行标效，标效结果均合格。11月，根据盐气发〔2015〕80号文件精神，台站业务人员组织参加市局组织的综合气象业务之星评选活动，并取得较好成绩。

【防雷减灾零事故、行政审批零投诉】 切实履行依法行政暨防雷规范化管理，积极配合市安委办认真开展安全生产月、安全生产大检查、“打非治违”活动，做好防雷安全生产工作。从新工程的跟踪监督、竣工验收到老项目的年度检测，从工作的规范化管理到台帐资料的建立完备，投入大量的时间和精力，制作完善全年的工作台账和业务卷宗，在保证创收额度的同时，努力规范防雷工作的各项流程，同时严格遵守各项规章和纪律制度，严格执行防雷工作“十个严禁”，该办的项目绝不以任何借口延办，不该办的项目也不因人情关系等而开绿灯，切实履行防雷减灾社会管理职责。至11月底，颁发防雷装置核准意见书431份，核准建筑面积283.26万平方米，颁发防雷装置竣工验收核准书383份，核准建筑面积246.91万平方米，完成防雷装置检测报告354份，其中年度检测报告64份，竣工检测报告290份，1—11月防雷技术服务创收总金额237.83万元。

【加快台站基础设施现代化】 国家财政部2013年投入60万，2015年投入40万，深化盐都农业气象服务体系建设，地方政府配套300万元，投资建设盐都气象监测预警中心。在省市局和区政府的大力支持下，监测预警中心主体工程已建成，正加紧后续装潢工作，争取尽快投入使用。

（刘　雯）

镇、街道、区

Town, Street and Sub-district

◆盐　龙　◆大纵湖
◆新　区　◆秦　南
◆冈　中　◆郭　猛
◆潘　黄　◆楼　王
◆滨　湖　◆学　富
◆葛　武　◆尚　庄
◆龙　冈　◆北龙港
◆鞍　湖　◆中　兴
◆大　冈　◆北　蒋
◆张　庄

盐龙街道

Yanlong Street

【概述】 街道土地面积5263公顷，其中耕地面积2657公顷，下辖6个村、9个居委会，总人口49102人。实现国内生产总值60.71亿元，增长8.9%，财政总收入7.3亿元，公共财政预算收入5.26亿元，分别增长9.9%和24.3%。

高新项目攻坚进展加快。成功举办2015中国手机产业年会，扎实开展沪深德韩等系列专题招商推介活动10多次，拜访国内外客商200多批次，新签约3D打印、工业机器人等各类项目30个，协议总投资50多亿元；新开工东九重工、东风李尔等项目28个；新竣工胜达包装、星宇汽配、正昀新能源等项目20个，完成投资36亿元，发展后劲显著增强。一批标志性项目扎实推进，总投资150亿元的智能终端产业列入全市产业创新“十大工程”，签约入驻华星光电、峰汇智联、乐洲科技等项目20个，呈现出项目梯次落户、聚集发展的良好态势。

科技引领创新发展增强。组织筹办十四届全国大学生机器人大赛、首届世界发明创新论坛，中国发明创业（华东）基地成功落户。定报企业研发机构覆盖面达97%，新增省级研发机构6家、市级研发机构2家、国家高新技术企业8家。创成省级知识产权示范园区，完成中小企业园“苗圃—孵化—加速器”科技孵化链条建设试点工作，建成柚尊思想家、中恒跨境贸易平台2家。蔚联机械、汉印机电在新三板成功挂牌，恒力机床为首家国产大飞机的制造提供唯一国产成套设备。“515”人才申报量大市区领先，在北京、武汉等地举办高层次人才专场推介会，全年引进高校毕业生1100人，专门人才226人，入选省“双创”人才1人，市领军人才8人，江苏瑞和海因茨·戴恩博士入选国家“外专千人计划”，实现盐都零的突破。

产城融合步伐加快。高新区中心区建设列入市城市提升“十大工程”。坚持依法、和谐、智慧拆迁，拆迁工作快速推进，组织实施“两园两区两路”等动迁项目15个，共拆迁近1000户，安置400户，完成嘉诚塑胶、恒翔工艺品等5个企业搬迁协议。项目建设有序推进，盐渎路跨宁靖盐高速立交获准立项，盐渎路西延、秦川路南延北延等主干道工程提前完成，翔宇商业综合体一期顺利完成，居然之家元旦试营业，公交枢纽中心、智创园邻里中心等功能配套项目加快推进，园区环境整治出新、世纪大道绿化美化工程成效明显，核心区形象得到明显提升。

投融资工作取得突破。坚持“疏堵结合、分清责任、规范管理、防范风险、稳步推进”原则，建立“借、用、还”相统一的债务管理机制，规范举债融资机制，盐高新

市委书记朱克江参观智能终端产业园

2015年盐龙街道各村(居)负责人

表 13

村(居)名	村(居)书记	村(居)主任
乔　庄	孙安林	王兆林
黄　刘	黄建胜	刘基坤
吴　徐	阮东生	阮东生
大　李	许汉权	许荣良
丁　晏	孙红祥	孙红祥
先　锋	徐银山	吴林生
合　心	孙龙俊	张鸿学
健　仁	徐文刚	韩剑琴
古　亭	徐大海	张志军
跃　马	王国森	王国森
北　港	孙士斌	张尔斌
蟒　南	张文杰	秦以奎
益　民	徐洪祥	韦正军
方　向	徐大亚	裔　江
孙　吴	吴玉华	孙保生

投资发展集团投入实质性运作,企业债、中票、短融、PPN等定向融资工具取得突破,10亿元企业债、农发行20亿元城镇化项目、国开行地下管廊1亿元基金成功获批,全年共组织资金31.6亿元,提供过桥资金9.5亿元,自营创收4530万元,节约融资成本近2亿元,制约经济社会发展的资金瓶颈得到有效破解。

民生事业协调发展。始终坚持"民生优先、量力而行、急需先行",不断加大民生投入,群众生活进一步改善。高新区实验学校二期工程秋学期投入使用,教育教学硬件设施跨入苏北先进行列。社会保障扩面提标,各类社会保险覆盖率保持在95%以上,新型农村合作医疗参保率和基础养老金发放率均达100%。深入推进环境整治"五位一体"长效管理,秸秆综合利用和禁烧工作继续保持"零火点、零通报",园区环境更加宜居宜业。安全生产、信访化解、治安防控等工作均取得新进展,维稳1234机制在全市作典型发言,社会大局和谐稳定。

全面提高社会治理水平。加快诚信体系建设,开展宣传最美人物、道德模范和身边好人。加强民主法治建设,开展"七五"普法教育,实施法治社会"456"特色工程,做好村(居)换届选举工作。推进社区"两网化"管理,推行"一委一居一站一办"社区管理新模式。完善"大防控"体系和"大调解"机制,加强安全生产标准化建设,大力实施技防"村村通"工程,强化治安、交通、消防等安全隐患排查,严厉打击各类违法犯罪活动,保持对涉羟犯罪、食品药品安全犯罪严打态势,全面提升公众安全感,巩固高新区盐龙街道和谐稳定局面。　(陈中华　李桂媛)

新　区

New District

【概述】 作为盐都区服务业发展主阵地,2015年新区坚持问题导向、突出创新驱动、推进智慧发展,重点打造城西南现代物流园和电商快递产业园两大园区,全面推动现代物流、电商快递等协同发展。城西南现代物流园是江苏省重点物流基地、江苏省现代服务业集聚区,年内,申报江苏省省级示范物流园区,公示结束,2016年3月前授牌。自2010年6月启动建设以来,围绕打造"区域性商贸物流中心"的目标,引进、建设亿元以上项目27个,其中建成14个,在建8个,形成以悦达摩比斯和神龙物流为代表的汽车整车和零部件物流、以苏宁云商和格力电器为代表的家用电器物流、以华晓医药和万佳医药为代表的医药物流、以天地汇亚邦公路港和神龙公路港为代表的公路港物流、以中邮EMS和顺丰速运为龙头的快递物流的集群式发展态势。全年实现主营业务收入60亿元,税收2.7亿元。电商快递产业园是江苏省电子商务示范基地,规划总面积82公顷。自2014年3月正式启动建设以来,共招引入驻项目60多个,快递日处理量占全市60%以上,产业发展初具雏形。顺丰速运、百世汇通、香港兴泰、宠物银行等知名快递和规模电商企业入园。成立南京大学—盐城电子商务研究院、团中央青年就业创业见习基地、江苏大学MBA实践基地,恩源科技与盐城师范学院、盐城工学院等本土6所高(职)院校合作成立实习基地、创业基地。2015年,实现电子商务营业收入约12亿元,税收约3000万元。

2015年新区各村(居)负责人

表 14

村(居)名	村(居)书记	村(居)主任
福　才	倪海荣	孙祥银
刘　朋	蔡中军	王　军
兴　城	黄传军	张　华
万　胜	王如华	秦佳灿
兴　民	陈长松	刘荣桂
野　丁	柏　峰	严绍林
新　伙	倪者林	柏友华
福　利	陈　群	蔡金顺
伍　康	徐永祥	李正彬

经济运行呈现新亮点。在经济增长“换挡期”、结构调整“阵痛期”,科学谋划,主动调整,经济运行实现“三个转变”,呈现“稳中有进、进中趋好”的新优势,提前完成公共财政预算收入9.2亿元,同比增长15%,总量全区第一。传统服务业向现代服务业转变:在持续推进餐饮住宿、批发零售等传统商贸服务业优化升级的同时,大力发展现代物流、电子商务等现代服务业,促其落地生根、开花结果,全年新增规模以上服务业企业10家,位居全区第一;62家规模以上服务业企业实现营业收入128亿元,同比增长16%,超出全年任务15%,占全区营业总额55%。住宅地产向商业地产转变:全年销售商品房57.8万平方米、销售总额30.6亿元,分别占全区51.8%和57.4%,在大力去库存化基础上,主攻商业地产,碧桂园、恒大名都、国投·幸福嘉园等城市综合体相继建成销售,楼宇经济、总部经济效益初显,新增注册企业310家,注册资金12.4亿元。粗放型工业企业向集约型城市工业转变:经7年努力,45家工业企业全部退出城市中心区,保留的星宇科技、悦达纺织等城市工业,向集约化、高效化发展,全年实现规模以上工业增加值23.1亿元;全口径工业开票销售55.3亿元;税收3.1亿元,同比增长32.2%,依然保持全区第一位次。

转型升级实现新跨越。现代物流、电商快递、汽车消费三大新兴服务业加速集聚,营业总额达130亿元,税收7.5亿元(含车购税4.1亿元),新产业、新业态、新模式、新技术“四新”经济竞相发展,第三产业增加值占GDP比重52%,现代服务业增加值占第三产业增加值比重达65%以上。10月,现代物流园天地汇亚邦公路港正式运营,开创江北首家“物流+电商”O2O模式,其平台汇集全国性物流信息;全省首批示范物流园区争创工作有序推进。电商快递产业园入驻项目65个、快递日处理量占全市60%以上,成功创建全市首批“省级电子商务示范基地”,松鑫电器、盐渎商城分别获批“省级电子商务示范企业”“省级众创空间”;中恒宠物跨境电子商务交易额5300万美元,荣获“全省唯一商务部跨境电商类电子商务示范企业”称号。东方汽车广场汽车综合服务模式迈开新步伐,DCC营销模式全面推行,奔驰、宝马等25家4S店全面进入电商平台,千车渡精品二手车、金阳光保险等新兴业态不断拓展,逐步形成市场综合服务体系与现有整车4S店、汽配销售产业联动发展之势。全年实现汽车消费服务营业总额近60亿元,销售新车3.05万台,新车销售额48亿元,税收4.6亿元(含车购税4.08亿元),新车销售台数和销售额占盐城大市区市场份额均达63%以上。

城市环境展示新形象。坚持管治并举,对三河家园、清华学仕园、金域华府等小区门口,以及主要干道的占道经营进行重点整治,对流动摊点实行集中管理,做到坐商归店、行商归市,公共秩序井然有序。加大违章建筑拆除力度,全年累计拆除违章建筑95起,面积约1万平方米。投入资金8000万元,完成前进河、西干渠、三河子、向阳河等河道2万多米的整治工程;栽植西干渠、向阳河、前进河滨河绿化6万平方米,改造提升南环路、争进路、盐岭路等道路绿化。人居环境明显改观,城市管理更加规范,文明程度不断提高,在创建国家级文明城市过程中,增设的500块公益广告,"秀"出文明新风尚,成为新城一道亮丽的文化风景线,多次为国家和省、市领导检查验收提供观摩现场。

城乡统筹迈出新步伐。着力推进"盐渎"城区与"冈中"乡村发展一体化。投入近4000万元完善基础设施,大杨线、大书线乡村公路提档升级,以及民生、杨韦等六个村庄9千米便道全面竣工,盐枕路、盐岭路、珍时路近4000米管网实施雨、污分流;维修闸站9座、疏浚农村河道9条、新建桥梁15座;农村环境"五位一体"综合整治和清洁乡村行动,在三、四季度全区考核排名中名列第二板块第一的好成绩,全年秸秆"双禁"卫星监测"零火点"、省市区巡查"零通报",乡村板块的7个村面貌焕然一新、形象大幅提升;全面推广联耕联种666.67公顷,超额完成区下达任务;全力构建覆盖村居的农村电商,使农村实体经济与互联网产生叠加效应,推动村居发展、农业升级、农民增收。冈中街道针对违章建设屡禁不止、乱搭乱建随处可见问题,创新民房建设管理模式,推出六道审核流程,及时张榜公示,实施阳光操作;开展"全天候""全方位"巡查,对新生违建"露头就打",全年未发生一例新生违章建筑。

民生改善谱写新篇章。紧扣民众关切,办好民生实事,全年融通资金30.5亿元,在保证正常运转前提下,将新增财力重点投向民生领域,共建共享增进群众幸福感。年内,完成恩源、顺丰、125省道、"四河"整治等项目征收219户,自建的冈中开元一品小区主体竣工、盐塘家园一期和向阳秀水佳苑二期验房交付,新安置万胜、兴民征收户708户,安置房源1127套,真正实现即征即安;对中马、刘朋等老旧小区进行用电改造,提升居民生活用电安全;海阔路幼儿园秋学期如期开学、神州路小学和初中增班扩轨;用三天时间,将双冈148名幼儿平稳分流到冈中幼儿园,成为全区唯一一家取缔无证规模幼儿园;计生中心积极实践探索,对外来人口实行计划生育居民化待遇,亲情化服务,信息化管理,人性化执法,逐步实现外来人口与户籍人口同管理、同宣传、同服务,人社中心提前完成年度目标,全区排名第一;安全条线全年检查生产经营单位230家,查处整改安全隐患545个;神州路、开元路服务站,秉承"热心、耐心、爱心"和"便民、利民、亲民"服务宗旨,切实解决联系服务群众"最后一公里"问题,推动联系服务群众常态化、长效化。

作风建设形成新常态。利用班子成员每月第一周周六驻点办公时间,扎实开展以"学条规、守纪律、讲廉洁、做表率"为主要内容的专题教育;按照上级部署要求,对奢侈浪费和为官不为两种行为进行专项整治,党的群众路线教育实践活动成果得到巩固拓展。纪检巡查工作组不断加大制度执行监督检查力度,明确违规处理的具体办法,始终坚持对踩"红线"、闯"雷区"零容忍,发现一起、查处一起、追责一起,触犯法律的及时移交司法机关处理,不搞法不责众、不搞下不为例、不搞情有可原,将作风建设向纵深推进,促使街道上下工作作风更加务实严谨,干部队伍廉洁有为。

(夏正跃 蒋旭中)

冈中街道
Cangzhong Street

【概述】 街道下辖6个村居:杨韦村、同桂村、书楼村、花吉村、民生居委会、凤楼居委会,行政面积29.29平方千米,耕地面积1867.53公顷,总人口24982人。全年完成地区生产总值19.5亿元,完成年度计划的109%,同比增长8.7%;定报工业增加值4.4亿元,完成年度计划的107%,同比增长11.7%;公共财政预算收入1550.92万元,完成年度计划的101%,同比增长12.16%;固定资产投资4.1亿元,完成年度计划的102%,同比增长7.6%;农民人均纯收入18401元,完成年度计划的103%,同比增长9.1%;规模企业开票销售23224万元,完成年度计划的103%,同比增长2.7%;服务业增加值15760万元,完成年度计划的107%,同比增长3.5%。

发展后劲有效加强。街道坚持把特色赶超作为持续跨越的重要支撑,以项目建设提升可持续发展的能力水平。对在建项目,强化班子成员负责制,落实专门人员协调服务,做到一个项目、一个领导、一套班子、一条龙服务,确保项目建设顺利推进,努力形成投产一批、在建一批、开工一批的递次推进格局。围绕盐南机电产业园产业发展规划,集聚街道上下智慧和力量,活化招商选资形式,人人

2015年冈中街道各村(居)负责人

表 15

村(居)名	村(居)书记	村(居)主任
民　生	丁言仁	丁言仁
凤　楼	王长德	王长德
同　桂	王传堂	陈　芳
杨　韦	张荣龙	罗维华
书　楼	李同林	戴汝琪
花　吉	吴晓华	陈安珍

提供信息，班子成员牵头洽谈，广招博引、精挑细选“高、大、新、外”项目。

镇村面貌焕然一新。完成原水产村100户渔民安置工作;垃圾中转站正常运行,每月量化考核在全区名次靠前;集镇管理重点整治出店经营、公共卫生、沿街路灯亮化等;启动区域供水工程,主、支管网铺设工程量全部完成；为切实解决群众出行难等实际问题，在街道范围内新建42条道路和40座桥梁；村庄生活垃圾集中处理率达100%,农村脏、乱、差得到根本治理;全面加强“美丽乡村”建设,彻底治理脏、乱、差,形成“五位一体”常态化、长效化管理体制。严把审批手续，民房建设秩序进一步规范，依法拆除违法违章建筑,违建势头得到有效遏制。

“三农”注重强农富农。街道狠抓区级造林绿化重点工程建设，完成成片造林36.13公顷,四旁植树5万株,建成林业示范村1个，新建和完善农田林网400公顷，全面完成区政府年初下达的目标任务。通过加兵农机合作社市场化运作,重抓水稻机插秧、秸秆还田面积及机械落实,加快推进农机和农艺的融合发展。全街道新增插秧机10台，机插秧面积333.33公顷，秸秆机械化还田面积达99.8%以上。夏秋两季秸秆“双禁”真正做到严防死守、全员参与，秋季真正实现“零焚烧、零抛河”。新增高效农业66.67公顷,设施农业16.66公顷,高效养殖面积20公顷,新培植“一户一棚”150户。

社会事业和谐发展。街道完成城居保扩面任务;创建人社平台,实现市、区、镇、村四级平台联网,实实在在为老百姓办事提供便利。在财力吃紧的情况下,街道拿出300多万元对敬老院餐厅、厨房、仓储等进行改造,更换有线电视线路,添置空调40台、电视机42台,为创建三星级敬老院创造条件。积极开展医疗救助和临时救助，切实帮助困难群众解决实际问题,春节期间发放救助金达70万多元,6个村居的家居养老站点正常运转。持续深入开展“四项排查”活动,对排查出的问题,责任到人、跟踪到底、解决到位,化解矛盾175件,化解率达92.8%。

党建工作凝聚合力。街道坚持以党建创新促进经济社会建设。组织开展工作效能提升年活动,加强机关作风建设,大力整治机关作风；认真贯彻民主集中制,严格执行班子会议制度,重大事项均由班子集体研究决定；坚持民主生活会制度,全面推进党务公开;从严落实党风廉政建设责任制，认真贯彻落实条例和准则,切实规范工程建设招投标,推行重点项目纪检监察巡查，深化拆迁领域廉政风险防范管理，有效防范违法违纪现象的发生，为街道经济社会持续跨越发挥积极作用。（刘丛华）

潘黄街道

Panhuang Street

【概述】 街道区域面积27.72平方千米，总耕地面积950公顷，户籍人口44894人,外来流动人口近10万人,下辖11个居委会、2个行政村。街道党委下设一个二级党委,22个党总支,134个党支部,共有党员2162人。2015年,实现地区生产总值55.21亿元；公共财政预算收入5.25亿元；规模以上工业增加值19.09亿元；固定资产投资40.22亿元；注册外资实际到账1000万美元;城镇居民可支配收入实现35188元，农村居民可支配收入实现20043元；服务业增加值占GDP比重达到45.1%；获全区年度综合先进奖。

招商选资和项目建设高效快速。牢固树立“项目为王”理念，整合资源，强化服务,强势推进。全年完成向高新区输送项目1个（惠普华东区创新基地),城市经济项目1个(万达广场),总部平台项目1个(杨坝上海唯溢置业),总部类注册经济项目16个,服务类项目2个。15个涉区八大类重点工程项目全部开工建设并达时序进度要求,其中青年华都、西城华寓等房地产业项目如期建成。全力推进房屋征收,做好各项目前期工作，河道整治工程全面实施到位，投资1.85亿元的腾飞路实验学校秋学期如期招生入学。

城乡统筹和生态建设纵深推进。按照“生态、有机、高效、观光”目标定位，加快推进三新观光小农场，全面提升“葡萄、草莓、蔬菜、良田、园林”五大特色农产品基地,推行联耕联种、高效设施农业,新上甜瓜、水蜜桃、樱桃、油桃、弥猴桃、火龙果等新品种,全程实现机械化和植保服务社会化。实施节水灌溉,实现区域供水,二期普通农田节水灌溉受益面积达100公顷。全年共投资150多万元发展农家乐,6家农家乐餐馆开业。放大仰徐省四星级乡村旅游示范效应,成功举办2015盐城“美丽仰徐”第四届草莓节及“畅游盐都金秋行”2015潘黄·仰徐葡萄采摘节,聚集人气,拉动乡村旅游,增加农民收入,促进了地方经济快速发展。

创卫创文和城市建设巩固提升。稳步推进创建国家卫生城市、国家园林城市、江苏省优秀管理城市和国家文明城市工作，成效显著。实行常态化管理，建立长效管理制度，切实巩固创卫成果。积极推进大市区范围内退耕造林、退养保洁，扩大绿量、优化环境，全力推进“绿色银行”建设。先后实施了12条河道整治工程，做到路通岸绿、截污水清。实施完成家家爱地块、东进路西延、开创路基础设施项目等房屋征收工作，有力保障市、区、街道重点工程顺利建设。在河道整治和房屋征收过程中将所涉及存量违建全部拆除到位，实现零违建目标。集镇建成区生活垃圾无害化处理率达98%，生活污水处理率达83%。

民生工程和社会事业协调发展。全力推进学校建设、供水管网改造、城中村改造、东进路西延、水环境整治等实事工程。全面落实学校安全责任制，积极做好清理整治工作，重抓校园周边环境整治，确保境内校园环境安全有序。学龄前儿童入园率和小学、初中升学率继续保持100%。人社工作基层平台建设走在全市前列，提前超额完成区下达新农保扩面任务；计划生育工作保持较高水平，人口出生率9.6‰，优质服务率达98%，群众满意率达98.5%。积极深化医药卫生体制改革，扎实推进公共卫生服务均等化。成功举办街道第三届老年文化艺术节，并获区先进组织综合奖。认真落实安全生产责任制，建立健全安全生产检查、监督和巡查制度，做到守土有责。

党的建设和服务效能全面加强。扎实开展“三严三实”专题教育活动，聚焦反对“四风”，严格“四查四治”，班子成员每人联系1个村居、1个部门单位和1个企业，参加并指导联系点的党日活动，扎实开展“真情家家到、争当五大员”，“双融双解”，无职党员“十项承诺”活动，推动基层党组织统一活动日开展制度化、常态化、长效化。加强干部教育培训，坚持网络培训、集中学习、自主学习相结合，对各类人员进行系统的、全面的知识培训。建立重点工作跟踪考核管理机制。街道14个党员干部现代远程教育管理工作站点全面升级，按照“一站多能”要求，做好农村党员干部和群众的教育、培训、咨询工作。加强廉政准则的学习、宣传与落实，扎实抓好廉政风险防范管理工作，积极开展“五治理一查办”工作，加大党员干部违纪案件查处力度，强化党员干部教育、监督和管理，增强服务意识和能力，提升机关效能。

腾飞路实验学校

【万达城市综合体项目入驻潘黄】 11月4日，大连万达商业地产股份有限公司成功竞得家家爱地块，标志着万达广场项目正式入驻潘黄街道。万达城市综合体项目，计划总投资60亿元，占地面积18.4公顷，建设集商办、购物、餐饮、娱乐、休闲和住宅于一体的城市综合体。12月28日，万达广场正式开工建设，计划2017年7月1日正式营业。

【腾飞路实验学校如期建成】 腾飞路实验学校是市、区重点民生实事工程，占地面积7.07公顷，建筑面积4.3万平方米，总投资1.85亿元，建设8轨72班九年一贯制学校。学校建设融入现代城市校园、绿色生态校园、集约环保校园的先进理念，规划布局合理，建筑风格独特，主要分中学部、小学部、行政办公、文体中心、活动广场、餐饮宿舍六大功能区域，各教学单元体现庭院设计，相互之间既有机衔接，又景观通透，富有时代气息，2014年10月正式开工建设，2015年秋学期如期招生入学。

【党建工作塑创特色】 年内，在党员干部中扎实开展“五个一”特色活动，走访党员群众3600人次，召开座谈会110多次，化解矛盾216起，解决具体的民生问题160多个。成立14个督查指导组对街道46个党组织的党务工作进行全面督导，着力推进无职党员承诺践诺，全年承诺事项1956条，兑现承诺1890件，群众测评满意率达98%以上。10月10日，省党员干部现代远程教育工作推进会在盐城召开，与会人员实地观摩仰徐村远程教育终端站点、远程教育实训基地和“580”党员志愿者服务现场。10月28日，中组部副部长陈向群率队，省委常委、组织部长王炯陪同到仰徐村实地调研。11月20日，中组部党员教育中心一处调研员、副处长刘世茹一行到街道仰徐村调研党员干部现代远程教育工作。

【仰徐乡村乐园一体化推进】 依托仰徐村全国文明村品牌，新建采摘广场、采摘中心、河道景观带、停车场，计划改建南北、东西生态路、采摘园区道路共3条，总投资900万元，新规划面积200公顷，打造集农产品种植生产、采摘体验、休闲娱乐、特色餐饮、果品深加工等于一体的农耕文化乐园。街道投资150多万元发展农家乐，为游客提供餐饮服务及场所，加快旅游业发展，促进农民增收。至年底，共有田园百味馆、蒋家大院、美味大院、乡里乡亲、农家菜馆、新农家酒楼6家农家乐建成开业。12月，仰徐村被省农委认定为首批江苏省农家乐聚集村示范村。

【廉政文化建设成为全省典型】 9月，江苏卫视《廉政时空》栏目组完成对街道仰徐村“道德银行”建设情况专题宣教片拍摄工作，11月，江苏卫视、江苏电视台公共频道、盐都电视台等专题播出。11月18日，盐阜大众报刊登专版文章《十三年写就道德仰徐》，介绍仰徐廉政文化建设先进经验。

【被表彰为市双拥模范街道】 在集镇最繁华地段——菜场路小商品一条街，创建“双拥一条街”。街道东起西环路，西至镇中路，全长600多米，有复退、现役军人家庭23家26人。设置制作双拥过街横匾、简介牌、导示牌、图片、道旗等；社区党员干部走访慰问优抚对象形成制度化、正常化；各项优抚政策宣传落实到位，优抚资金足额发放到位；与盐都消防大队等结成军民共建对子，实行军民同创建、同联欢、同服务。双拥一条街成为红色文化潘黄的一道靓丽风景线。6月，街道被市委市政府、盐城军分区表彰为双拥模范街道。

仰徐葡萄节

【打造仰徐乡村旅游创客基地】 仰徐乡村旅游创客基地由潘黄街道与南京农业大学、上海艾谷农业科技有限公司合力打造，吸引有能力有潜力创客入驻，为乡村旅游的蓬勃发展提供智力、技术、人才支持。至年底，创客基地设有“乡村旅游新业态创新研发室”“旅游纪念品创意设计室”“线路策划与品牌推广室”“互联网+乡村旅游制作室”等不同类型的创客空间，进行线上线下同步开发，走特色化创新发展道路。

【科学发展草莓园】 仰徐草莓园位于具有“中国草莓产业基地”之称的潘黄街道

2015年潘黄街道各村(居)负责人

表 16

村(居)名	村(居)书记	村(居)主任
新　民	董兆付	韦学明
仰　徐	徐荣春	徐荣春
朱　庄	董金玉	张俊良
何　桥	童金顺	
大　孙	孙建国	孙建国
美　丽	郑　明	孙宏祥
新　阳	孙　军	孙　军
兆　泉	张　勇	刘汉萍
吴　杨	蔡龙群	徐金霞
宝　才	商兆华	陆众山
旭　日	朱其东	朱　亮
东　升	陈长林	滕长忠
杨　坝	徐建虎	时兰湘
新　英	徐兆扣	

新民村，是仰徐乡村旅游的重要景点之一。至年底，草莓种植面积104公顷，主要有红艳、丰香、宁玉、法兰娣等10多个品种；全面采用日光温室小高垄栽培、膜下滴灌、生物菌肥、脱毒种苗繁育、蜜蜂授粉、硫磺熏蒸等多项草莓生产新技术；成立草莓专业合作社，注册商标，提升草莓种植产业化水平，提高抗御和降低市场风险能力。仰徐草莓园连片种植规模大、管理水平高，随着草莓节等各类节庆活动的举办，全年接待游客3万人以上，亩均年效益2万元以上。10月，草莓园区带头人董兆付被省农委评为“中国乡村旅游致富带头人”。　（肖国前　葛金霞）

滨湖街道
Binhu Street

【概述】　街道土地面积4301公顷，其中耕种面积999公顷，下辖4个村，2个居委会，人口16240人。2015年实现地区生产总值8.14亿元，同比增长8.4%；固定资产投资7.6亿元，同比增长24.6%；农村居民可支配收入18990元，同比增长9.3%；

服务业稳步推进。以区委、区政府举办的“畅游盐都金秋行”活动为契机，精心组织策划大纵湖湿地生态旅游节、首届户外露营节和第六届螃蟹节等系列活动，同时办好“盛世横空，飞越大纵湖”——世界级水上特技表演、“大纵湖杯”首届盐城少儿艺术电视大赛、狂欢泼水节、浑水摸鱼之摸鱼达人评比等特色活动，切实增强品牌的吸引力。9月，在大纵湖影视城揭牌的首部电视剧《我的绝密生涯》分别在央视8套和1套公映，5月，第三部电视剧《胜算》杀青。在旅游开发带动下，餐饮、住宿、商贸等三产服务业呈现良好发展势头，全年实现服务业增加值5.6亿元，批零住餐销售额1.1亿元，增幅分别达10.5%、14.6%。

农业经济提速发展。造林绿化工作取得新进展。完成农田林网33.2公顷，绿色通道10公顷，四旁植树10万株，“草镶边”绿化面积4.8万平方米，超额完成区下达的任务；农村环境整治顺利实施。全面启动农村环境“五位一体”长效管理和“清洁乡村”行动，进一步健全保洁队伍，细化工作责任，农村生产生活环境明显改善，农村环境综合整治高分通过省验收组验收，率先完成潘黄朱庄水上居住区10户船户带回工作；深入整治倪杨村村容村貌，实施码头、进入口广场、休闲广场、休息亭、木水车、村标入口等景观建设，10月，被省住建厅评为“江苏省最美乡村”。联耕联种强势推进。联耕联种面积率高出区平均水平35.8%；完成整村推进示范村1个；除北宋、平湖外，其他4村都建立百亩示范匡，完成区下达的任务。品牌创建取得新突破。在南京成功举办“纵湖十鲜”美食节，大纵湖白壳螺蛳被省餐饮协会评为“江苏名菜”。“秸秆双禁”继续加强。禁烧工作全年卫星监测零登记、市区巡查零通报；秸秆还田率夏秋季分别达100%和98%。

招商融资成绩显著。在加快建设和服务好现有项目的基础上，围绕旅游发展需要，不断加大外出招商力度，着力推动旅游开发向更高层次迈进。成功招引签约总投资5600万元婚纱摄影基地项目，由苏州爱菲凡文化传媒有限公司和江苏悦达大纵湖影视城有限公司合资建设，用地约3.33公顷，一期影楼、花海、马场及外景场地建成，二期1万平米室内影棚基本完成内部装饰，即将对外开放；总投资2亿元温泉度假村项目，由江苏大纵湖炬通温泉度假村有限公司投资，用地约4.6公顷，计划建筑面积2.76万平方米，计划2016年建成。总投资5300万元房车露营地项目，由广东惠州市恒诺房车有限公司和盐城市大纵湖湖区资源开发有限公司共同出资建设，占地约6.67公顷，建筑面积约2000平方米，建成开放。9月，成功举办“中国大纵湖首届户外露营节”，12月上旬，成功获批江苏省首批房车露营地。加大与各大银行、证券公司、信托公司等金融行业的沟通联系，积极申请项目贷款和发行债券，最大程度筹集资金，保证旅游开发需要。至年底，累计实现融资6.8亿元。

集镇面貌明显改善。集镇建管水平明显提升。配强队伍力量，整合村建中心、公路站、城管中队等单位，新招录6名城管队员，成立度假区建设管理办公室，充实集镇建管力量，同时，强化内部管理，10月，档案室被省住建厅评为“省特级档案室”。补全设施装备，共投入100多万元，购置保洁车15辆，割草机6台，绿化修剪机1台，新增河面水草清理船3艘，垃圾桶260个等，新建四座水冲式公厕，并在主要路段配置果壳箱。美化集镇环境，对潘大路两侧、平湖路、陈琳路、宋曹路、健康路绿化带进行除草、除农作物、补种三叶草，面积达1.56万平方米；建成环湖大道绿化带和滨湖公园，新增绿化面积20万平方米；全面清理人民公园环境，修建广场，安装路灯，满足了居民广场舞的需求。整治集镇环境，先

2015年滨湖街道各村（居）负责人

表 17

村（居）名	村（居）书记	村（居）主任
北宋居委会	宋传勇	刘顺志
平湖居委会	李兆明	徐德华
镜湖村	宋本山	徐　勇
迎湖村	高洪华	高洪华
倪杨村	宋孝亮	宋孝亮
陈庄村	郝亚中	王顺余

区委常委、副区长张建洋走访慰问北宋居委会困难群众

后组织5次大规模的突击整治行动，集中整治乱停、乱堆、乱放，拆除违章建筑23个、建筑面积1300平方米，集镇环境明显改善。全面提升散装水泥、预拌混凝土及预拌砂浆使用率，4月，荣获"江苏省发展散装水泥示范乡镇"称号。加强垃圾处理，按照"组保洁、村收集、镇集中、区转运"的要求，实现生活垃圾收集处理全覆盖率，日产日清。

社会事业全面发展。以创建活动为载体，扎实推进生态区、文明单位、文明村居、文明新事等系列活动，广大干群的整体素质和社会文明程度进一步提高。积极发展文化广电事业，有线电视用户入户率达95%，继续位于全区前列；人口与计划生育工作水平进一步提高，继续在全区保持先进水平；社会保障覆盖面进一步扩大，新型农村合作医疗参合率100%。教育工作亮点纷呈，成人中心校扎实推进国家级社区教育示范镇（街道）创建工作，成功迎接中国成教协会、省成教协会对"三项国家标准"的调研指导；大纵湖初中中考实绩再创新高，4星级高中考取24人，三星级高中录取92人，分别占学生总数的20%、75%；大纵湖小学为全市农村小学语文课外阅读现场推进会提供现场，获批全区首批关工委工作常态化建设合格学校。

党建工作水平明显提升。冬训取得预期效果。根据冬训计划安排，主要围绕八个专题进行学习教育，通过10多天学习，党员干部思想政治素质显著提高。基层党建得到加强。严格执行党建工作责任制，不断创新基层党组织工作方式和活动内容，统筹推进度假区各领域党建工作创新发展。勤走访、勤会办、勤推动，"真情家家到，争当五大员"、"双融双解"活动进一步扎实，群众满意度不断提高。党风政风明显改善。以"三严三实"主题教育实践活动为契机，巩固党的群众路线教育实践活动成果，着力解决一些干部精神萎靡不振、办事推诿扯皮、工作效率低下等突出问题，强化对重点项目建设的督查，推行机关干部考勤机制，实行干部月度例会汇报制度，干部作风明显好转，工作效能显著提高，工作落实扎实有力。认真执行党风廉政建设各项规定和中央、省市区改进作风的相关要求，广泛开展群众评议活动，大力推进党风廉政建设，严肃查处损害群众利益的行为，着力解决群众反映强烈的突出问题，进一步密切与广大群众的联系。（王　佳）

葛武街道

Gewu Street

【概述】 全街道土地面积9.66平方千米，耕地面积426.67公顷，1个行政村，2个居委会，3763户，人口10010人。全年实现地区生产总值24977万元，增长8.2%；全社会固定资产投资完成24354万元，增长23.9%；公共预算收入完成1152万元，增长12.7%；规模工业增加值完成5667万元，增长11.5%；服务业增加值完成14000万元，增长10.2%；工业投资完成17834万元，增长16.9%；服务业投资完成5920万元，增长27.5%；批零住餐销售5420万元，增长13.4%；城镇居民可支配收入30081元，增长9.2%；农村居民可支配收入16498元，增长9.6%；新发展私营企业74户，新增一般纳税人工业企业2个。

项目建设扎实推进，年内，出台《2015年招商选资工作实施意见》，加大考核奖励力度，明确班子成员、机关中层干部、村（居）单位具体任务，把长三角地区特别是沪、宁、苏、锡、常等地作为重点区域。组织到上海、浙江、苏州等地敲门招商。全年完成5000万元以上开工项目1个（钢构项目）；竣工亿元以上项目1个（康达夫新材料）；为高新区招商跟踪项目2个（上海日资电子和苏州加益不锈钢制品项目）。

现代农业提速发展，坚持把现代农业发展作为统筹城乡的基础性工程、致富农民的关键性工程，以项目建设推动农业转型升级。绿岛农场项目二期2000平方米鸡舍、有机肥仓库竣工，有机肥生产设备投入使用，是全市唯一通过国家农业部蛋鸡标准化示范场验收的项目，全部建成后将形成栏存蛋鸡10万只、年产商品鲜鸡蛋100万千克、有机稻米近8万千克的能力，致力打造成农牧循环互动、生产与环境有机协调的良好生态健康发展格局。葛武畜禽合作社虫草鸡、蛋项目新建3幢鸡舍，草鸡存栏2.55万只，与华润万家等27个超市签订"农超对接"，打通苏北禽蛋向长三角大城市销售的绿色通道，年销售实现1000万元。

集镇整治初具成效，年内，新郝大道南段实现通车，老牛桥、净土桥投入使用。全年投入180万元，改造育才路790米；投入7.3万元，改造老街路105米；投入10.2万元，改造菜场路160米，均通车；投入24万元，改造育才桥东180米驳岸，新植小游园、人民公园等公共绿地节点4处共1公顷。加大集镇秩序整治力度，重点整治车辆乱停乱放、占道经营，强化城管队伍责任落实，加强对农贸市场管理，

2015年葛武街道各村(居)负责人

表18

村(居)名	村(居)书记	村(居)主任
葛　武	郝乃华	葛富荣
育　才	孙茂厚	杨龙根
郝　荣	孙晓平	郝瑞荣

整治脏乱差现象，完善长效管理机制实现管理常态化，集镇形象得到提升。

社会管理工作呈现新局面，全年共投入200多万元，回收幼儿园实施公立化办学，购买教学一体机7台、空调6台、桌椅72个、幼儿床75个、各类玩具280多个，安装全方位监控设备，改善办学条件；投入40多万元，实施工业集中区下水道、人行道、绿化、亮化工程，提升园区承载能力；投入35万多元，实施公墓广场改造、新设护栏护网、绿化补植等相应配套设施完善。计生工作扎实开展，为1856人次育龄妇女开展免费B超见面服务，为42对新婚夫妇开展孕前检查，为59人办理独生子女光荣证。文化事业繁荣发展，举办迎新春慰问、乒乓球比赛、象棋比赛、庆“六一”文艺演出等一系列文娱活动；完成广电站与网络公司的整合。居家养老服务全覆盖，五保、低保一户多残、无固定收入“阳光操作”；持续提高社会保障水平，3月，完成城乡居民养老保险全年扩面任务，社会保险全覆盖超序时完成，为企业招工45人。积极开展“五项排查百日会战攻坚化解行动”、“三解三促一加强”、“金桥行动”等活动，全年未发生重大安全事故。

加强党的建设，积极推进共产党员、盐都e站等微信平台订阅工作，至年底，订阅数达400多人，党员在新形势下运用信息化手段学习的能力不断提升；全面启动党代表工作室正规化建设，党代表密切联系群众的作用进一步发挥。严格落实党风廉政建设责任制，街道党工委与班子成员及各支部、部门和单位共签订党风廉政建设责任状42份；扎实开展党风廉政教育，进一步增强党员干部的拒腐防变能力；持续加强机关作风建设，加大对机关工作人员的日常督查考核力度，机关工作效能得到进一步提升。

【完成农业发展目标任务】 年内，在葛武居、育才居全村推进联耕联种，面积分别达142.4公顷和127.93公顷，顺利通过区验收；全年新组建农机合作组织1个，农业机械化水平达87%；“长江1号”河蟹和“太湖1号”青虾养殖面积推广分别达66.67公顷和53.33公顷，新建生态健康养殖示范场1个，重大动物疫病免疫密度100%，免疫抗体检测合格率90%；农产品农残抽检率100%，村级协管员到位率100%；村级集体经营性收入190万元，村级债务下降17万元。

【旅游产业加快推进】 年内，通过招标，由熟悉盐都旅游发展情况的江苏大纵湖顺景旅游规划管理有限公司，对东至上官河、西至迎春河、北至三组北河、南至兴盐界河，面积约65公顷的区域，在台湾农民创业园总体规划的指导下，重新编制郝荣旅游策划、总规、修建性详规(包括重要节点的立面图)，策划方案通过专家评审。年内，规划定位将郝荣景区打造成双新大道城乡统筹带的示范窗口、盐台合作交流的重要窗口、盐城乡村旅游精品窗口。聘请盐城师范学院旅游专业团队提供3A级创建提升咨询；净土寺内部装修装潢完工，庙前广场完成搬迁扫尾；景区设施出新、厕所改建进场施工；标识标牌更新、故居宗祠布展、Wifi全覆盖、创建台帐整理等全部竣工。

【优化生态环境】 年内，对完成的1个三星级康居乡村、3个一星级康居乡村和4个环境整洁村进行回头看，进行沿途沿街整治，按照“五位一体”综合管护要求，落实好长效管理。增设152个垃圾桶、更换28个垃圾池门，疏浚河道78条、土方64.04万方，硬化水产和育才四组村庄道路1.82千米，新植绿化2万株、成片造林13.33多公顷、新培育苗圃19.33公顷，改善农村环境。全面落实秸秆“双禁”工作，坚持疏、堵、包并举，426.8公顷农作物秸秆全部还田，实现“不着一把火、不冒一处烟、不污一条河”目标。　(孙晓东)

龙冈镇

Longgang Town

【概述】 全镇区域面积96.83平方千米，其中耕地面积4756公顷，下辖1个街道，1个办事处，1个果树良种场，20个行政村，12个居委会，3个管理区，145个村(居)民小组。共有29946户，人口77370人。2015年，全镇实现地区生产总值51.2亿元，公共财政预算收入19800万元，工业开票销售收入15亿元，固定资产投资32.3亿元，农村居民可支配收入21236元，分别是2011年末的1.4倍、1.7倍、2.2倍、1.6倍和1.5倍。三次产业的比例调整为7.2:56.6:36.2。

强力推进产业升级，经济运行呈现出企稳攀升的良好态势。招商选资成效明显，先后洽谈项目26个，成功签约亿元以上项目15个，开建5000万元以上项目10个，总投资7.1亿元；在手跟踪项目10个；为高新区招引的昆山同创智能物流项目、上海交大科技孵化器项目成功签约，完成为高新区招商的任务；对上争取项目资金1.5亿元，新增注册经济50个。转型升级步伐加快、发展质效迅速提升，全镇工业实现开票销售14.2亿元，入库税金6800万元，分别比上年同期增长26.7%和2.6%。创新创牌成效明显，对上争取科技创新专项资金近400万元，其中省级项目2个；申报省企业工程技术中心1家；市企业技术中心3家；高新技术企业

3家；认定省高新技术产品6只；申报各类专利产品近30只，授权12只；申报国家驰名商标1家（中联德瑞奇）；申报省科技民营企业5家。盐都输变电被认定为省优质产品生产示范区，华鸥实业认定为省科技小巨人企业。

强力推进“五园十事”，市、区及镇重点工程得到了全面实施。年初排定的90个产业项目、重点工程基础设施项目、民生工程和创建特色工作项目，全部开工建设，完成78项，12项跨年度工程作为2016年重点项目实施。工业项目上，康泽源新上点面心生产线、集成房屋项目、明都环保项目竣工投产；晨曦电气、森昇服饰、明峰电器、明山化工、向前软件、科艺电子、园区电子商务中心等项目主体完成，园区绿化栽植、土方平整、路灯安装全部到位，创业园基础设施上网招标。基础设施项目上，改造三条高压走廊线路；新建黄庄停车场；万亩良田土地整理项目进行扫尾；新冈、许巷、储巷、杨斌村中低产田改造333.33公顷基本完成；龙腾路配套设施工程道路绿化得到完善；完成蟒蛇河大桥接线工程、经一路南延即将竣工。生态环境项目上，完成盐宝河驳岸绿化景观工程；完成331省道两侧各30米13.33公顷地绿化。民生实事工程项目上，提升安置小区龙湖新村环境，改善集镇内部巷道，收购农贸市场，有序落实污水处理厂建设，完成凤凰幼儿园基础设施完善，新老镇区循环公交4辆通龙冈，完成全镇113座闸、站的检修工作，完成1500米圩堤患工阶段的加修工作，新建水泥硬质道路14条12458米，新建桥梁44座。项目的强力支撑和快速推进，促进全镇经济社会又好又快发展。

强力推进统筹发展，生态旅游发展融城带乡步伐明显加快。全力打造桃花园，积极创建国家AAAA级景区，完成寿星山填土、绿化、游路、曲桥的建设，完成生态停车场、南北入口道路、中心路及其配套工程的建设，完成了桃红柳绿、生态护坡、盐淮路节点绿化等工程。完成牌坊、南北入口标志，寿星广场建设。加快实施空中栈道、观光阁、公厕、自行车环道、污水处理系统、游客接待中心、广场、停车场、闲休点6个节点、南入口围墙等一系列的基础设施项目。积极申报国家4A级旅游景区，全力加快建设文化园，全面提升软实力，完善文化广场，聘请苏州设计院专家进行设计，对凤凰古街以“修旧如旧”进行恢复和复建，方案即将评审，准备启动建设。全力打造现代高效农业示范园，发展集体经济致富农民。围绕青年路、龙腾路和龙吉大道，新增农业适度规模经营176.87公顷，完成53.33公顷设施农业，万家1.5万平方米高规格智能大棚、5万平方米连栋大棚搭建成功。全镇夏季完成联耕联种面积1306.67公顷，其中机插秧333.33公顷、机条播973.33公顷，注册家庭农场13家。全力抓好农村环境综合整治，提升集镇对外形象。重点打造盐宝河南侧沿河12千米长18公顷景观绿化带、331省道3900米28公顷“生态走廊”、盐兴路南侧宽30米长1860米绿色通道，打造黄庄、杨斌两个村庄绿化示范村。全镇夏季3320公顷三麦面积全面实现秸秆全量还田全覆盖的目标，彻底解决秸秆禁烧禁抛的难题，全面实现了“不着一把火、不冒一处烟、不污一条河”目标。

省公安厅副厅长谢晓军到龙冈镇调研

强力推进创新创优，各项社会事业发展取得新的显著成绩。在文化广电、教育卫生计生工作上，全力推进数字化、全新拓展电视用户；充分发挥市民广场功能，开展系列活动，丰富市民文化生活；完善新建幼儿园的各项设施；启动卫生院整体搬迁工作，加快村级卫生室标准化建设。毓龙居委会被国家计生协会授予“全国人口和计划生育基层群众自治示范村（居）”的荣誉称号。在劳动保障、工会工作上，全面推进社会保险全覆盖工作，组织20多个企业、400多名求职者参加区级洽谈会，举办400多人的创业培训班。工会工作取得新成效。龙冈镇总工会在全省财贸轻纺工会工作会议上工资协商作典型发言，全国总工会财贸轻纺烟草工会主席秦鲁隼到龙冈镇调研工资协商工作。在民政、“三老一关”、红十字会工作上，认真做好最低生活保障工作，真正地做到“应保尽保”“应退尽退”“应补尽补”；按照三星级评定的标准，对敬老院现有的硬件和软件进行改善；推进全镇殡葬管理和改革，积极完善农村公益性公墓建设；“三老一关”工作多次为市、区提供现场；红会工作得到领导肯定，作为全市唯一基层代表参加全国红十字第十次会员代表大会。在安全稳定工作上，定期进行安全生产大检查，共排查各类事故隐患497条，整改隐患493条；打击危化品非法经营单位2家，取缔不具备安全经营条件的烟花爆竹零售点15家；积极开展五项排查，化解各类矛盾40多件，为全镇经济社会发展赢得了和谐稳定的环境。加强党风廉政建设，切实转变党员干部工作作风，紧紧围绕中央八项规定和省市区的相关规定，积极开展审计月活动，全年审计27个项目，完成工程项目预算审价43个，核减金额365万元，核减率达25.48%。镇监察室、督查办做好相关制度执行和各项资金发放到位的督查及信件的查访清理，为全镇经济社会的健康发展提供保障。

【龙冈镇召开安全生产工作会议】 1月10日上午，召开全镇安全生产工作会议，镇各条线分管的班子成员、安委会成员单位主要负责人、村(居、管理区)书记、主任、安全员、规模重点企业负责人参加会议。会上副镇长蒋树森通报近期全国各地先后发生的重特大生产安全事故，上海市发生群众聚集踩踏事件，江苏昆山中荣金属有限公司粉尘爆炸事故相关人员追责处理情况。镇长王羽传达了全市安全生产电视电话会议精神，强调做好当前安全生产工作的重要性，全面部署安全生产各项工作。期间派出所、村建中心、企服中心、毓龙居委会就进一步做好2015年度安全生产工作作表态发言，镇各条线、安委会成员单位、村(居、管理区)、规模重点企业负责人递交2015年度安全生产目标责任书。

【召开盐酸羟亚胺专项整治工作推进会议】 1月23日上午，召开盐酸羟亚胺专项整治工作推进会议，镇领导班子成员、镇机关全体工作人员、各村(居、管理区)及企事业单位主要负责人、派出所全体干警参加会议。镇长王羽在会上认真分析全镇盐酸羟亚胺专项整治工作所面临的形势、任务和要求，对进一步做好盐酸羟亚胺专项整治工作作动员部署，镇党委书记葛序亮主持会议并作讲话，他要求全镇各级干部要思想上高度重视，采取扎实有效措施，明确工作责任，切实做好盐酸羟亚胺专项整治工作。

【市长王荣平视察龙冈镇】 3月10日上午，市长王荣平、区委书记羊维达、区长吴本辉等市、区领导到龙冈镇，视察调研龙冈桃花园创建国家AAAA级景区一期改造工程建设情况，并听取龙冈镇建设情况汇报。镇党委书记葛序亮、镇长王羽、副书记王其华、果林场场长陈国良等陪同。对龙冈镇瞄准3年创建国家AAAA级旅游景区目标，王荣平要求，龙冈桃花园要加快推进，利用独特生态优势，提升景区内涵和品位，注重游览线路、公共配套等细节设计，带动市区旅游业发展。

副市长朱传耿等市党代表在仇家村党代表工作室开展活动

【《龙冈镇志》荣获“首届江苏省优秀镇志”】 3月26日，省地方志编纂委员会办公室发出通报：授予《龙冈镇志》为首届江苏省优秀乡镇(街道)志、村志综合类二等奖和单项类装帧精美三等奖。据悉，龙冈镇编纂的《龙冈镇志》是全市唯一获得省表彰的优秀镇(区、街道)地方志书。

【毓龙居委会获中国计生协会表彰】 在4月2日召开的省计生协五届二次常务理事会上，龙冈镇毓龙居委会被中国计生协命名表彰为第五批全国人口和计划生育基层群众自治示范村(居)，是全区唯一获此殊荣的村居，全市共有8个村居获得命名表彰。

【第三届桃花艺术节成功落幕】 4月16日，历时16天的龙冈桃花园第三届桃花艺术节完美落幕。4月1日，以花为媒，以节促旅，第三届桃花艺术节在龙冈桃花园寿星广场盛大开幕，节庆活动彰显“缤纷桃花秀、多彩新龙冈”的策划主题，突出主题上水平，阵容壮观显档次，形式多样有内涵的要求。使整个节庆活动具有观赏性、特色性、娱乐性、乡土性，强势推动龙冈桃花园创建国家AAAA级景区进程，提高龙冈桃花园的知名度和美誉度，拉动全镇旅游景区、景点开发，推动生态休闲旅游业聚集带建设和乡村旅游的提速发展。活动期间，组织“踏青赏花”摄影大赛、桃园祈福、桃林惊喜寻宝、迎春骑马、地方特色艺术表演等系列活动，让游客们在漫步花海、领略大自然风光的同时尽享春天的视、听、游盛宴。据不完全统计，第三届桃花艺术节活动期间景区游客量超5万人次。

【朱传耿等在仇家村党代表工作室开展活动】 4月20日，市党代表、副市长朱传耿等一行在副区长张云云、镇党委书记葛序亮、副书记滕长春等陪同下，到龙冈镇仇家村党代表工作室开展活动。朱传耿一行在仇家村党员活动室与30多名党员和群众代表座谈，广泛听取基层党员和群众的意见。座谈中，大家纷纷就关心的农村交通、道路桥梁、农村产业结构调整、村落文化等问题踊跃发言，吐露心声。座谈会结束后，到仇家村大学生创业基地、村卫生室、老年活动中心和规模种植养殖大户进行调研。下午，朱传耿一行带着党员、群众代表座谈提出的问题，现场察看村庄道路、桥梁、农田等，并与农民群众进行交流。

【全国总工会调研龙冈镇工资协商工作】 4月24日下午，全国总工会财贸轻纺烟草工会主席秦鲁隼一行到龙冈镇，调研工资协商工作。市总工会党组书记仇鼎文、区人大主任穆琴陪同调研。镇

表 19

2015年龙冈镇各村(居)负责人

村(居)名	村(居)书记	村(居)主任
龙湖新村	洪正勇	潘扣红
毓龙居委会	夏东桂	仓定亮
坊桥居委会	李文高	郑兆柏
永明居委会	周凤权	许志军
凤凰居委会	熊洪军	申爱芳
青龙居委会	韩世民	李仁贵
兴龙居委会	周维权	周维权
新冈居委会	许洪荣	季汉林
万家居委会	范玉琪	祁太福
港北村	周文亮	周文亮
曲东村	张国顺	季登成
兴福村	万一明	徐万宏
徐庄村	徐龙富	郝成兰
晓庄村	封成林	张　权
三旺村	潘万明	徐金华
大吉村	葛玉军	刘恩旺
桂吴村	吴先兵	吴从刚
大潘村	潘万前	万益圣
留璜村	潘同诗	潘万华
军营村	范才存	周焕登
仇家村	陈以德	仇必勇
高范村	陈仕林	刘德凤
黄庄村	陈心标	黄　忠
杨斌村	徐发明	黄兴武
储巷村	许冬春	刘金楼
许巷村	陈秀干	许兆连
冈南管理区	刘志祥	刘志祥
冈中管理区	许杏东	许杏东
冈北管理区	王新华	王新华

党委书记葛序亮、镇人大主席王启明一同参加调研。秦鲁隼一行视察龙冈镇工会工作现场，认真听取市、区工会工作和龙冈镇开展工资协商工作的情况汇报，并与输变电行业、玻璃行业、针织服饰行业等协会负责人和企业职工代表进行座谈交流，对镇工会工作给予充分肯定。

【开展无偿献血活动】 5月20日上午，盐都区在龙冈镇开展第七个博爱月暨教育红会第15次无偿献血活动。区政协主席陈广平、副区长张云云等区领导在镇党委书记葛序亮、副镇长李金宝的陪同下视察献血现场。来自龙冈镇和鞍湖、盐龙、中兴、张庄等街道的130名红会志愿者参加无偿献血和造血干细胞采样活动，现场共采血达28600毫升。

【谢晓军到龙冈镇调研工作】 5月21日上午，省公安厅副厅长谢晓军一行在区委常委、区政法委书记陈育群的陪同下，到龙冈镇调研盐酸羟亚胺专项整治工作。镇党委书记葛序亮、镇长王羽、副镇长李金宝等陪同。在听取龙冈镇工作汇报后，谢晓军对龙冈镇高度重视盐酸羟亚胺专项整治工作所取得的成绩给予充分肯定，并就做好下一阶段的工作提出具体要求。

【龙冈小学原培智乒乓队员特奥会展风采】 5月17日，在全国第九届残运会暨第六届特殊奥林匹克运动会上传来喜讯，由龙冈小学培智学校乒乓球队培养的张旗、张良忠、夏锦兰、翟金铃等4名运动员和滨海1名运动员代表江苏参赛，一举夺得5金3银2铜的好成绩，金牌总数位居35个代表团前列。

【吴本辉调研督查禁毒工作】 6月26日，是第28个国际禁毒日。区委副书记、区长吴本辉，区委常委、常务副区长陈志会到龙冈镇督查督办禁毒工作。镇党委书记葛序亮、镇长王羽、副镇长李金宝等陪同。吴本辉视察龙冈镇社区戒毒(康复)管理中心、禁毒工作集中宣传点和禁毒重点村黄庄村，详细了解龙冈镇禁毒工作的主要措施和开展情况，认真听取当地群众的意见和建议。他要求龙冈镇和全区各地、各部门要高度重视禁毒工作，突出重点，充分发挥禁毒工作职责；要加强组织领导，严格对照禁毒工作要求，排查问题，不断完善工作方法和机制。要加强队伍建设，充实禁毒队伍，加强业务培训，进一步提高工作人员能力和水平；要加强宣传教育，将日常宣传与重点宣传相结合，进一步提高宣传覆盖率和入户宣传率，营造浓厚氛围；要强化村(居)在禁毒工作中的作用，进一步摸清涉毒人员底数，重点人员布控要做到全覆盖、面对面；要加强沟通衔接，区各有关单位要主动积极配合，协同作战，共同打击毒品犯罪，全力维护社会和谐与稳定。

【羊维达到龙冈镇调研】 7月9日下午，区委书记羊维达在镇党委书记葛序亮、镇长王羽、镇人大主席王启明陪同下，到龙冈镇视察调研新冈村高效设施农业、华都森林公园桃花园AAAA级景区创建和新园区工业项目建设情况。镇党委副书记王其华、市果树良种场场长陈国良等一同参加。

【龙冈镇卫生院获省乡镇卫生院示范中医科称号】 8月，省卫计委、省中医药局联合发出《关于确认第三批江苏省乡镇卫生院示范中医科名单的通知》，龙冈镇卫生院榜上有名。自2013年被原省卫生厅、省中医药局遴选确定为乡镇卫生院示范中医科建设单位后，龙冈镇卫生院严格按照《江苏省乡镇卫生院示范中医科建设项目实施方案》要求，认真开展创建工作，顺利通过省卫生计生委、省中医药局的考核验收，最终被确认为第三批江苏省乡镇卫生院示范中医科。

【龙冈桃花园景区被命名为全市首批市级风景名胜区】 8月，市政府正式发文，同意龙冈桃花园景区为盐城市首批市级风景名胜区。龙冈镇借助“南水北绿”生态资源优势，以桃花园“三年创成国家AAAA级旅游景区”为目标，加大旅游景区的规划、建设、管理力度。9月中下旬，桃花园景区将举办第三届金秋采摘节，进一步展示景区生态旅游魅力。为加强对风景名胜区的规范化保护及管理，引领全市风景区行业发展，市园林局依据《盐城市风景名胜区管理办法》，会同环保、文化、林业等部门对桃花园景区进行了现场勘查、评审，最终认定龙冈桃花源景区具备市级风景名胜区的条件，报请市政府批准后，决定命名龙冈桃花园景区为盐城市首批市级风景名胜区之一。

【召开农村环境综合整治暨涉羟专项整治工作推进会】 9月6日，召开全镇农村环境综合整治暨涉羟专项整治工作推进会，镇领导班子全体成员、各村(居、管理区)和部门单位全体干部以及党员、群众代表参加会议。镇党委书记葛序亮就切实抓好农村环境综合整治和涉羟专项整治工作进行专项部署。副镇长马德海、李金宝在会上分别通报农村环境综合整治和涉羟专项整治工作开展情况，对下阶段工作进行了动员。储巷村、军营村、青龙居委会、村建中心和政法综治中心等村居和单位负责人在大会上作交流发言。

【桃花园第三届金秋采摘节盛大开幕】 9月20日上午，2015盐城龙冈第三届金秋采摘节正式开幕，来自四面八方的数千名游客相约龙冈桃花园参加开幕式。在活动现场，游客们观看了文艺节目、书画才艺、旅游商品展示、寿星开光仪式等，还在梨园里尽情享受采摘的乐趣。盐城晚报的50名小记者在桃花园景区里一睹盛景，领略梨园风光，度过一个愉快又有意义的周末。

【周德祥、吴晓丹视察调研龙冈镇冬春水利造林绿化工作】 12月24日下午，市人大副主任周德祥、副市长吴晓丹、区人大常委会主任穆芹、区委副书记顾其斌等领导，在镇党委书记葛序亮、镇人大主席王启明、副镇长马德海的陪同下，视察调研龙冈镇冬春水利造林绿化工作，对龙冈镇重视冬春水利造林绿化建设工作给予高度评价。

鞍湖街道
Anhu Street

【概述】 街道总面积833.33公顷，耕地面积740公顷，总人口10108人，下辖大顾、九曲、洪渡、许桥、刘垎、张本6个村居。全年实现地区生产总值7亿元，全社会固定资产投资1.45亿元，增长11.8%；规模以上工业增加值1亿元，增长10.2%；实现公共财政预算收入1146.86万元，增长14.18%；实现财政总收入1948.49万元，增长4.9%；农民人均纯收入达19450元，增长9.6%。

【项目建设扎实推进】 街道始终将招商选资和项目推进作为各项工作的第一抓手。招引项目：复合短纤维(二期)项目。项目由市中联复合纤维有限公司投资建设，计划于2016年8月开工建设，总投资5000万元。项目新上2条纤维生产线，形成1万吨/年的生产销售能力，投产后预计年销售8000万元，税收300万元。开工项目：精密模具项目。项目由苏州市乐钛精密模具有限公司投资建设，计划总投资8000万元，征地1.33公顷，建筑面积1.05万平方米，建成2条精密模具生产线，投产后预计可形成销售6000万元，税

2015年鞍湖街道各村(居)负责人

表20

村(居)名	村(居)书记	村(居)主任
大顾居委会	顾洪左	顾仁武
九曲居委会	洪成善	洪成善
洪渡居委会	高长忠	袁加林
张本村	武华民	罗登高
许桥村	张广勇	黄韦党
刘垎村	时学干	朱宏祥

收300万元。森昇服饰项目。项目由南通盛佳服饰有限公司投资建设，计划总投资5000万元，征地0.67公顷，建筑面积6000平方米，主要生产服装，投产后预计可形成销售5000万元，税收200万元。至年底，厂房主体建成，安装附属设施及电力设施。

【科技创新成果】 江苏弘昕邮箱有限公司成功申报科技项目“动车油箱”参加省展；盐城中联复合纤维有限公司成功申报省级高新技术产品“黑纤维”；盐城市富源油箱有限公司成功申报科技项目“一种柴油机排气微粒处理装置”；盐城市压力容器制造厂成功申报科技项目“高效、环保、活性炭吸附罐的研发与生产”。盐城市劲风节能环保设备有限公司获批省高新技术企业及获批省高新技术产品3个分别为：JF高效节能多节刮板式除尘装置、JF回热节能循环系统省煤设备、JF高效节能磁流体温控省煤设备；盐城市盐都区弘升机械厂成功申报科技项目“数控母线冲压机床控制系统的研究与应用”。

【现代农业提速发展】 新型经营主体培植。成立家庭农场2个，分别是大顾的家家乐家庭农场有限公司和盐城市盐都区九曲现代家庭农场。农机作业专业合作社5个，分别是盐城市盐都丰顺农机专业合作社、盐城市盐都区大顾农机作业专业合作社、盐城市盐都区鞍湖永兴农机作业专业合作社、盐城市盐都区建武粮食专业合作社和许桥农机作业专业合作社。农业种植大户卞义明，在九曲、许桥、洪渡三个村居共流转土地26.78公顷发展适度规模粮食种植。高效设施农业发展，许桥村张登群流转土地2公顷发展大棚蔬菜。大顾居委会原顾东自然村发展20公顷高效设施渔业。张本村发展20公顷荷藕套养小龙虾，发展3.33公顷茭白种植。刘垎村流转土地13.33公顷进行农业招商。其中大顾居委会设施渔业发展的大棚南美白对虾养殖被列入区八大类农业工程，至年底，顺利收获第一批。

【环境整治初具成效】 绿化成效显著。年内，完成331省道两侧10公顷背景林建设，重点推出大顾段蟒蛇河大桥下节点建设，突出331省道非字河、非字路绿化。建设许桥经济林3.33公顷、张本桃树林1.33公顷。强化村(居)保洁队伍的组织建设和业务培训，使保洁人员熟悉掌握业务操作知识和安全操作知识。街道、村居成立环境卫生领导小组，对全街道保洁人员按区域、工作量配置不同的岗位，划分包干责任区，并完善对环卫工作的督查考核机制，真正达到保洁有人管，垃圾有人清，违纪有人惩，群众守规矩的管理效果，使环卫工作逐步走上正轨。加大投入，增加环卫基础设施建设。自农村环境卫生管理工作实施起，积极向上级争取设备、资金等。在原有设备的基础上，年内，添置垃圾桶200个，新建垃圾池25座，修缮陈旧破损垃圾池32座，全年清运垃圾3500吨左右。定期对所内机械进行维修与保养，确保拉得出打得响。

【致力改善民生】 积极开展民生工程建设，不断提升居民幸福指数。加大力度实施环境整治。年内街道共投入资金80余万元，对街道主要干道两侧、青年路两侧墙面进行出新，共计出新墙面4万平方米，清除广告、横幅500余处，清除乱堆乱放10余处，清理破旧广告店牌8处，对街道284面道旗进行全面拆除。投入资金20余万元对街道沿街绿化进行进一步提升。投入资金9万元对街道集镇范围内雨污水管道进行修理与疏通。同时加大对农村环境整治的投入，计出新墙面10万平方米，清理陈旧垃圾150吨，新增路面4条，整理沟塘20余处，整治自然村11个，顺利通过省市验收。认真抓好建筑燃气安全，始终把安全生产工作作为头等大事，所有建筑工程项目施工期间均派专人进行安全巡查，结合安全生产大检查、日常巡查等方式排查安全隐患，落实整治措施，整改措施不到位的坚决停工。全年未发生一起建筑领域与液化气经营领域安全事故。公益性公墓建设顺利通过验收。10月，张本村公墓一次性验收成功，总投资300多万元，累计创收100万元，公墓正常投入运作。 （周建华）

大冈镇

Dagang Town

【概述】 全镇土地面积101.42平方千米，其中耕地面积48.69平方千米，下辖一个街道办事处和16个村、5个居委会，总人口6.3万人。全年实现地区生产总值33.4亿元，公共财政收入9520万元，全口径工业企业开票销售10.17亿元，固定资产投资14.6亿元，城镇居民可支配收入31374元，农村居民可支配收入17888元。

新型工业化步伐加快。主要领导带

新年度冬春水利建设高潮

召开。社会治安保持稳定。投资200多万元，增设村级监控摄像头162个，提档升级镇区监控摄像头43个，在派出所建成高清视频监控中心，实现天网监控全覆盖。7月4日，全区社会治安防控体系建设现场推进会在大冈镇召开。

城乡统筹亮点纷呈。围绕"三轴、两心、五组团"，进一步完善各类规划，集镇总规通过评审。邀请东南大学城市规划设计研究院，高起点规划1.4平方千米呈祥路核心板块城市设计。拓展集镇发展新空间。错位发展，有序推进土地开发经营，学府景苑项目竣工，呈祥公寓二期、翔龙家园2个项目在建。吴江大润发超市、聚龙精品酒店2个项目建成营业。以"道路相通、绿树相连、路灯相接、美景相映"为取向，大力实施老镇区改造，有序推进新镇区建设。新军路、文昌路改造、广文路建设工程竣工通车，法制广场、拥军广场全面建成，高速出口LED屏建成投入使用，安装路灯84盏，疏通雨水管道7千米，新建改造公厕4座，改造内街里巷8条1千米。人居环境更加优美。坚持建管并重，深入开展"清洁乡村"行动。全面实施沟河三年整治行动，整治农村河道146条，全部通过区级验收。7月，市、区农委在大冈镇人工放流鱼种460万尾，水环境得到明显改善。全镇162个村庄整治点高标准通过省级全域验收。镇成立"五位一体"长效管理办公室，全镇路面保洁、河道保洁、绿化管护、道路养护和公共设施维护"五位一体"全覆盖。大力实施造林绿化工程，全面建成与兴化交界2.3千米景观绿化，建成高标准农田林网666.67公顷、成片林46.67多公顷、绿色通道2条(东南公路、大歧线)，提档升级农村公路绿化6条48千米，新栽植文汇路、开元北路道路绿化2条，对9条62千米骨干道路进行"草镶边"，创成林业示范村2个(丰乐、北杨)、森林生态示范村庄1个(北杨凌朱庄)，全镇绿化覆盖率增长1%，达到21%。畜禽粪便处理中心启动运行，夏季秸秆全量还田，全年保持"三零、三不"的好成绩。

民本大冈建设取得实效。实施"最后一匡田"通达建桥工程项目，新建机耕桥73座。提档升级农村公路9条、58.28千米，改造公路桥梁10座，方便广大群众出

队"走出去"招商，外出招商近20批次，3月26日，参加中国国际石油石化技术装备展览会。5月28日，参加首届上海3D打印产业大会暨增材制造产业推进和应用技术论坛。11月20日，参加宁波市盐城商会成立庆典大会。热忱请进来考察，接待德国、澳大利亚、北京、台湾、上海、广东、新疆、南京、苏锡常等国内外客商近30批次、150多人次。10月16日，在上海漕河泾开发区松江新兴产业园召开盐城国家高新区3D打印产业洽谈会，12月7日至8日，参加"2015盐都(上海)创新创业暨智能终端招商推介会"，现场成功签约项目2个。通过"走出去招商、请进来考察"，全年新签约项目17个，在手跟踪项目10个。高新区与上海市3D打印协会签订长期合作协议。转型发展步伐加快。通过实施技改扩能、转型升级等举措，年内培植销售超5000万元的企业1家(申源)，培植纳税超50万元企业24家，其中超百万元企业14家。项目建设成绩显著。48个重点项目，其中，农业项目13个、工业项目15个、三产项目9个、社会事业项目11个，竣工投产37个、在建11个。14个列入区"八大类"重点项目，竣工投产8个、在建6个。创新创牌成效明显。加快创新步伐，新立国家星火、火炬计划6项，认定国家高新企业4家、市高新企业18家，省高新产品30个，省院士工作站1家(华跃)、研究生工作站2家(申源、华东)、市工程技术研究中心1家(中钢合金)。组织申报国家专利460件、授权50件。积极实施市"515"人才引进"三年行动计划"和镇"312"招才引智工作三年计划，入选国家"千人计划"1项，申报省"双创"人才计划2项，新立省科技副总1项、市领军人才计划2项，获得市科技进步奖8项、市专利银奖2项、市高层次创业大赛三等奖、市科技创业大赛优胜赛各1项。

农业现代化彰显特色。围绕"让农业更强、农民更富、农村更美、农村更稳""四更"目标，现代农业加速发展。着力打造"一园三带"，新流转土地406.67公顷，招引百亩以上高效农业项目22个，市级现代农业示范园建成46.67公顷设施大棚，大歧线千亩应时鲜果基地16.33公顷大棚西瓜建成投产，骨干道路沿线新发展设施农业17.33公顷，经济苗木产业带、时令鲜果产业带、休闲观光产业带初具规模。12月8日，为全市家庭农场发展培训班提供现场。8月13日，全区农业农村工作现场推进会在大冈镇召开。新拓展联耕联种1733.33公顷。加快培植新型经营主体，新组建家庭农场21个，创成省市级家庭农场2个，成立农民专业合作社2个，成立都冈为农服务专业合作社联合社。10月31日，全区供销系统为农服务载体建设暨秸秆还田现场推进会在大冈镇

招商引资项目实现“开门红”

行。3月6日，市长王荣平等视察，给予充分肯定。10月13日，区委书记羊维达到大冈镇调研扶贫攻坚工作，慰问同兴、联合贫困家庭4户，建成应急备用水源4个，铺设污水二级管网12.5千米，敬老院二期、8个村级卫生室提档、46户困难群众危房改造等一批民生实事工程建设。高度关注、关爱、关心留守儿童，与留守儿童结对帮扶100多对，新增“爱心妈妈”10名。5月29日，协助区妇联成功举办庆六一“爱心妈妈”结对关爱活动启动仪式。加强关心下一代工作，通过开展爱国主义教育等活动，促进青少年健康成长。依法打击非法接送幼儿车辆，取缔非法接送车3辆。扎实推进人口计生工作，“十二五”创建代表全区通过市级复查。住房公积金完成扩面人数1000人。大冈镇被省民政厅评为江苏省和谐社区建设示范乡镇(全区唯一)、胜利居委会被授予“江苏省和谐社区建设示范社区”称号。大冈镇老龄协会被评为市、区第二届敬老文明号。退休干部杨长春被省残联评选为“全省自强模范”(全市2名，全区首次)。

2015年大冈镇各村(居)负责人

表21

村(居)名	村(居)书记	村(居)主任
抬　头	王胜国	周彩云
勤　加	李乃宏	王殿宏
光　华	卞荣春	徐正华
丰　乐	魏朝文	魏朝文
联　合	张红云	仇正中
傍　徐	凌龙友	朱新祥
北　杨	杨月凯	杨月凯
岐　山	徐蓉蓉	钱龙尧
新　利	顾宏江	陈荣友
瓦　屋	王翔宏	王翔宏
吴　港	顾桂林	顾桂林
兴　隆	翟永林	翟永林
佳　富	丁云銮	袁绍波
同　兴	颜桂年	陈绍值
戴　伙	戴玉军	戴玉军
光　明	施镥堂	瞿安全
富　港	郭乃武	郭乃武
野　陆	王金平	杨国帮
胜　利	陈有鸿	王友珠
卧　龙	邵　萍	王桂祥
团　结	蔡士兰	葛　青

【在上海举办投资说明会】 5月11日，大冈镇联合高新区在上海浦东新区举办投资说明会，采取现场推介与网上直播同步的方式进行，81家企业现场参会，100多家企业在中国产业升级网参会，现场签订正式协议3个、意向协议4个。

【罗志军到大冈视察】 7月2日，省委书记罗志军就推动全面从严治党迈上新台阶到大冈镇佳富村调研。市委书记朱克江、市长王荣平，区委书记羊维达以及相关部门的负责人陪同。

【徐晓到大冈调研】 9月10日，共青团中央书记处书记徐晓到大冈镇调研农村共青团工作。对佳富村农村青年电商创业平台的环境、管理、建设等情况表示赞赏，鼓励电商创业平台继续加强组织建设，为创业青年做好服务。

【张桃林到大冈调研】 12月3日，农业部副部长张桃林一行在副市长吴晓丹陪同下，到大冈镇视察农业农村工作。

【全民创业园一期6幢厂房建成】 大冈镇高起点规划、高标准建设全民创业园。创业园一期占地7.8公顷，规划建设9幢标准厂房，建筑面积9万平方米，建成6幢，多层厂房占比90%。全民创业园入驻项目5个、重点跟踪洽谈项目3个。5月7日，市委书记朱克江到大冈镇全民创业园视察，对大冈镇引进民资建设园区的做法给予肯定。

【建成"中国砂带基布产业示范基地"】 8月4日，"2015年中国砂带基布产业创新发展论坛"在盐城举行，大冈镇被中国纺织协会等授予"中国砂带基布产业示范基地"称号。 (仇玉章 陈宏元)

张庄街道
Zhangzhuang Street

【概述】 街道辖区面积2280公顷，其中耕地面积835公顷，总人口30490人，下辖6个行政村，3个居民委员会。全年实现地区生产总值23.53亿元，同比增幅8.6%；一般公共预算收入18095万元，同比增幅2.6%；全口径工业开票销售17.18亿元，同比增幅3.3%；规上工业增加值17.05亿元，同比增幅11.7%；固定资产投资16.39亿元，同比增幅25.6%；城镇居民可支配收入32547元，同比增幅9%；农村居民人均可支配收入18557元，同比增幅9.3%。

项目建设扎实推进。全年共招引实施各类项目17个，总投资15.2亿元，其中，农业项目1个，工业项目14个，三产项目2个，至年底，竣工项目12个。年内，为高新区招引新开工项目1个，为总投资1亿元的亚美锐汽车内饰件项目，连续三年完成为高新区招引新开工项目任务。重点跟踪拟落户高新区项目1个，为总投资1.5亿元的思辟德智能包装设备项目。重点跟踪项目3个，分别为：总投资2500万元灰太狼食品加工、总投资600万元的城市智能供水设备、总投资1亿元的南顺粮食物流。

重点工程有序开建。2015年，列入区"八大类"重点工程项目共15个，总投资11.8亿元，年内，完成投资9.76亿元。分别是农业项目1个，工业项目9个，服务业项目2个，基础设施项目2个，社会事业项目1个。其中，总投资1亿元的迅兴增压器列入市"三百"工程项目。至年底，全部开工，其中农兴设施草莓观光园、鼎佳机械二期、英利光伏发电、迅兴增压器、五联物流商贸中心等10个项目竣工。

工业载体快速扩张。工业集中区扩容与提质同步推进，完成园区支路小兴路建设，对政通路和建业北路进行亮化提升，园区的各项基础设施得到进一步完善。园区东北角占地7.46公顷、总投资1.5亿元的全民创业园基本建成，建设厂房10幢，建筑面积8万平方米，签约企业12家，全部投产达效后，年可实现销售3.6亿元。园区和企业创新创牌取得新突破，驰翔公司成功上市，成为全区首家、全市第五家"新三板"挂牌企业，瑞升齿轮获批国家级高新技术企业。

城乡面貌显著改善。根据街道实际情况，适度推进房产项目开发建设，续建完成振兴嘉园、新世家一期、华泰景城南苑等房产楼盘，新增高品质商住楼15万平方米，促进集镇区人气积聚提增。建成康庄大道六纵沟桥；对建业路、康庄大道、宝庆路、盐淮线等四条主干道的路牙进行扩建和修补；完成集镇区各新建道路的亮化；新建农村公路6条、7千米，"最后一匡田"农桥11座。制定并实施"五位一体"农村环境长效管理制度，将农村道路、河道、绿化、垃圾处理和设施设备维护五个方面的工作纳入一体化管理；盐淮线、新204国道两侧、东三村全域和集镇区域，开展创建国家文明城市行动，实施清除乱堆乱放、流动摊点整治、加强公共场所和老旧小区管理、设立文明礼仪宣传栏等措施，进一步改善居民生活环境。

开展造林绿化活动

民生事业普惠全民。民生实事工程顺利实施，社区卫生服务中心土建竣工；实验幼儿园进行内装；张庄初中扩改建工程完成内部装修；公益性公墓新建排灌系统和600个墓穴；敬老院完成环境提升。生态文明建设成果显著，污水处理厂投入使用，配套主支污水管网17千米，日处理污水能力可达1000吨；新流转土地33.33公顷建设设施大棚；实施联耕联种面积超过200公顷；新栽植苗木6万株，完成成片造林16公顷，补植田块20公顷；夏秋两季秸秆综合利用率分别达98%、90%，并实现“零焚烧”“零抛河”。新农保、企业职工养老保险、工伤保险、医疗保险、基础养老金直发超额完成年度目标任务，新缴纳住房公积金近600人。新增数字电视600户、网络电视300户，数字电视、网络电视综合入户率达到95%，计划生育率和优生优育率分别达到99.5%和100%。

社会大局和谐稳定。深入开展“五项排查”活动，自排信访事项63件，化解58件，结案率同比上涨60%；市、区交办7件，化解5件，稳控2件。高标准建立街道社会服务中心，将便民中心、矛盾调解信访接待中心与社会服务中心实行资源整合，并帮助9个村居建立起社会服务站，建立五级共290个网格；建成覆盖街道、村居两级的综治信息网络，建立治安技防监控指挥中心，进一步完善全街道的治安技防监控系统。创成“省级法治街道”“省级无邪教街道”，开展创建“法治江苏”先导区活动，东升、东徐、钱庄3个村居创成“省级民主法治村居”。

党的建设得到加强。坚持并完善党委中心组和机关周会学习制度。健全和落实班子成员分工负责制，认真贯彻民主集中制，严格执行班子会议制度。坚持民主生活会制度，全面推进党务、政务、村务公开和公共企事业单位办事公开。从严落实党风廉政建设责任制，围绕贯彻落实《廉政准则》，坚持一把手“四个不直接分管”，推行领导干部“三责联审”。强化对公共权力行使的规范和制约，切实规范工程建设招投标程序，推行重点项目纪检监察巡查，规范和压降“三公”经费支出，有效防范了腐败案件的发生。成功召开党代会，并在广大党员中组织开展“党员示范岗”“我为企业献一策”“党员示范经营户”等活动，提升党员荣誉感和责任感。实行党委派员参加学习的方式，认真开展“党员活动日”活动，积极开展基层党员素质培训，全年开设各级党员特别是农村实用技术培训12场次，培训农村党员1400多人次。利用网络平台加强流动党员与组织的联系，提升活动参与率。街道及9个村居都利用微信或QQ群建立流动党支部，帮助372名流动党员重新找到组织，组织868名党员关注共产党员、盐都党员e站微信公众号，强化流动党员与组织的联系。

市委朱书记朱克江到张庄调研

作风建设全面深化。制定《张庄街道纪律作风及考勤办法》、《张庄街道机关干部绩效考评办法》等多项制度，强化机关管理，全年共开展明察暗访60余次，内部巡查21次，会风会纪督查10次，下发通报5次，上报警示提醒人员6人，对上班时间不在岗、在岗不在位、在位不在职的人员，进行警示谈话、停发工资、岗位调整等处置，并对屡教不改者进行清退；将业务工作考核等次纳入到年终绩效考核当中，严查办事拖沓、推诿等行为，对农村环境综合整治工作排名靠后4个村居书记进行大会通报批评并扣发部分绩效。全面推进作风效能测评，通过OA系统将行风、政风、效能测评覆盖全街道，推动作风建设向村、部门拓展延伸，实现监督检查的全覆盖、无死角。严格贯彻落实中央“八项规定”和“三严三实”教育实践活动，深入查找和整改在公款吃喝、公车私用、收送节礼、以权牟利等方面存在的“隐形四风”问题；认真查办上级交办、群众举报的信访件，全年共受理信访举报32人次，信访件21件，结案21件，查处农村党员干部违章建设2起；严肃查处群众身边“四风”和腐败问题，重点查办基层农村“三资”管理、土地流转、公款吃喝、政风行风等问题，对违规出租村级资产、违反财金纪律的东徐居委会书记、主任、会计辅导员予以立案调查，另查处“吃、拿、卡、要”等破坏招商选资和企业“三服务”的行为1件，将当事人调离岗位，起到警示作用，有效规范基层党员干部行为，扼杀“四风”蔓延。

【央视《城市1对1》栏目组走进张庄】 4月11日，中央电视台中文国际频道CCTV-4《城市1对1》栏目摄制组走进张庄，拍摄张庄藕粉圆的制作过程。《城市1对1》是全球唯一一档固定时长45分钟的境内外城市交流访谈节目，节目通过中央电视台中文国际频道CCTV-4面向全球播出。《城市1对1》栏目组走进张庄，拍摄盐城市农副产品“八珍”之一的藕粉圆，从材料的选择、材料的调配、秘制的馅等方面，详细拍摄张庄藕粉圆的制作过程，充分展示传统美食的独特魅力。

【金秋助学托起学子读书梦】 9月4日下午，街道民政办工作人员将2.06万元“金秋助学金”发放到24名贫困家庭上学困难的学生手中。为了帮助贫困学生顺利走进校园，鼓励贫困学生勤奋学习，新学期开学前夕，街道组织工作人员走村入户进行调查，共筛选24名贫困家庭上学困难的学生。

【重阳节活动丰富多彩】 在重阳节前夕，由街道办事处和区粮食局联合承办的盐都区第五届老年文体艺术节，在张庄敬老院内隆重举行。艺术节上，区民政局、老龄委、老龄协会、体协、街道党委等相关单位领导和各村居近千名老年人观看演出。区粮食局、街道夕阳红表演队和9个村居的代表队190多名演员演出涵盖手拍鼓、淮剧、绸子舞等22个特色文化节目。

·江苏驰翔精密齿轮股份有限公司·

江苏驰翔精密齿轮股份有限公司（由原江苏驰翔精密齿轮有限公司整体变更设立）创建于2002年4月，系国家高新技术企业，“新三板”挂牌公司（股票代码：831860）。公司位于中国齿轮特色产业基地江苏省盐城市张庄工业园区，毗邻204国道、宁靖盐高速，地理位置优越，交通十分便捷。是盐城市高端齿轮制造的龙头骨干企业，为中国齿轮产业联盟常务理事单位。公司共有员工270人，占地面积11万平方米，总资产3.3亿元，固定资产1.6亿元。

为充分利用资本市场，做大做强企业。在区委区政府的正确领导下，在区金融办的精心指导下，在公司财务部和相关单位的共同努力下，先后5次赴京，从挂牌材料申报到各项大量工作的有序开展，1月7日，公司收到全国中小企业股份转让系统同意“新三板”挂牌的批复，标志着该公司已步入资本市场的快车道，这在发展史上具有里程碑的意义。1月26日，“新三板”在北京成功挂牌，2月3日，在北京举行“新三板”集体敲钟仪式，3月，启动定向增发融资计划，先后三次募得资金1.3亿元，从根本上解决公司长期以来在发展过程中面临资金瓶颈的复杂难题，为公司资本运作成功地迈出坚实的第一步，成为全区首家“新三板”挂牌的企业。

专业从事各类硬齿面、高精度齿轮的研发、制造、销售。先后被认定为江苏省企业院士工作站、省级企业技术中心、省级起重机行星减速机工程技术研究中心、省科技型民营企业、省创新型企业、省中小企业管理创新优秀企业、省管理创新示范企业、省重点企业研发机构、省两化融合试点企业、省企业信用管理贯标企业、盐城市重合同守信用企业、A级纳税企业、AAA级资信等级企业。

企业产品

公司生产的“驰翔”牌系列精密齿轮为“三高一长产品”即：高硬度、高精度、高性价比、长寿命，产品达到国内领先水平。拥有泵类齿轮、减速机齿轮、电动汽车齿轮、农高装齿轮、高精度高端齿轮等五大系列产品，具备年产500万件的生产能力。

制造装备

公司拥有国际、国内一流的精密齿轮制造设备，德国卡帕KX300P高速蜗杆磨齿机、德国纳尔斯ZE800高速成形磨齿机及各类型号的秦川数控高速磨齿机30余台以及精密加工机床设备260余台（套），在硬件配套上满足从Φ18至Φ1500各种高精度圆柱齿轮的生产；拥有国际一流的美国格里森Φ1000、Φ350齿轮检测中心、CONTUA G2 10126 AKTIV蔡司三坐标测量仪和国内一流的JD45型、JD32型齿轮检测中心、TCR-XA驰翔15:50:53全自动颗粒检测仪及国内领先的全套超声波清洗设备、检测手段先进，能够满足公司生产的各类齿轮高精度的质量检测；拥有国际一流的日本东方公司热处理生产线，能够满足各类精密齿轮热处理加工工艺的要求；公司分别通过ISO/TS16949质量管理体系认证、ISO14001:2004环境管理体系认证、GB/T28001-2011/OHSAS18001:2007职业健康安全管理体系认证和国家二级安全标准化。

创新实力

公司现有各类高中级技术人员50人，其中高级工程师15人，工程师20人，建有江苏省企业院士工作站、省重点企业研发机构、省级技术中心和精密齿轮

2015年张庄街道各村（居）负责人

表22

村（居）名	村（居）书记	村（居）主任
东升村	张文国	无
仓头村	刘寿井	无
东徐居委会	徐志斌	张洪高
西徐居委会	葛长安（兼）	徐杏之
成庄村	刘　忠	张文中
钱庄居委会	盛　洪	宋祥英
王庄村	张永清（主持工作）	张永清
龙海村	徐保国	何新龙
郑通村	徐加龙	陈　荣

检测中心。始终坚持以高端精密齿轮研发为主线，积极采用国内外高端齿轮新技术、新工艺、新材料、新装备等，分别与东南大学、浙江大学、哈尔滨理工大学、国家齿轮产品质量监督检验中心、盐城工学院等科研院所签订产学研合作协议，推进公司与科研院所的深度合作，形成专业、产业相互促进共同发展。成功研制PUNCH CVT汽车自动档变速箱齿轮、美国康明斯ISG汽车发动机齿轮、PTO汽车取力器总成、比亚迪电动汽车齿轮、电机齿轴、行星减速机齿轮等高端齿轮产品。组织技术攻关，重点将高端发动机齿轮、8AT及其它汽车自动变速箱齿轮、油电混合动力汽车齿轮作为研发主攻方向。“驰翔”牌6B型机油泵齿轮、高精度硬齿面行星减速机齿轮等获江苏省高新技术产品。拥有国家专利30项，其中发明专利8项。

典型客户

公司生产的精密齿轮产品主要配套世界500强企业美国卡特彼勒、美国康明斯、意大利卡拉罗、意大利帮飞利、比利时(邦奇)自动变速箱、北京福田康明斯、湖南机油泵、常州国茂、山东盛瑞、山西贝斯特、比亚迪汽车、江苏沃得、绍兴前进等国内外大企业、大集团(公司)及上市公司，并成为其重要的战略合作伙伴。(周红蔓)

大纵湖镇
Dazonghu Town

【概述】 全镇土地面积93.03平方千米，耕地面积5143.27公顷，下辖16个村，4个居委会，总人口5.8万，实现公共财政预算收入8391万元，增长12%；地区生产总值25.6亿元，固定资产投资17亿元、定报工业增加值10亿元，分别增长10%、19.9%和17%；农民人均纯收入18943元，增长11%；全年新发展私营企业185家、个体工商户513户，新增城镇就业1238人，超额完成全年任务。

招商选资显现新成效。充实招商力量，出台激励政策，创新招商手段，全年共签约工业项目12个，新开工项目7个，竣工项目7个。紧盯上海斐讯通信、德国KUKA机器人等项目，为高新区招商取得进展。中小企业科技创业园一期有硕果科技、凯通高尔夫观光车配件、嘉和机械、江洲环保4家企业入驻；10月，占地4.59公顷的自强环保项目开工建设，年底主体封顶；投资8000万元的电商服务中心主体竣工；占地1.93公顷的瑞源科技项目设计规划等前置手续就绪，2016年春天开工建设；投资4000万元的荣泉科技项目盘活闲置厂房1.33公顷，投资4000万元的亚中铝材项目盘活闲置厂房1.33公顷，投资5000万元的航闽机械项目盘活闲置厂房2公顷，投产达效；占地2公顷的昶桦二期项目、占地1.33公顷的荣邦高铁风机项目办理前置手续。

国家卫生镇考核验收

转型发展形成新优势。启动电商培训，新增规模以上工业企业电子商务平台8家，个人网店120多家，鱼范村被认定为江苏省第二批电子商务示范村，石庄村成为市电子商务示范村，申报省电子商务示范村，大纵湖镇积极申报省电子商务示范镇。获批国家高新技术企业5家，市高新技术企业3家，市级以上工程技术中1个，省两化融合示范企业1家、示范试点企业1家、深度融合企业1家，市示范试点企业1家，省科技型中小企业1家，省知识产权贯标企业1家；8月，“剑桥”创成国家驰名商标，全镇创成省著名商标4个，市知名商标1个，高新技术产品19个，获批专利320项；成功获得“涂装设备产业基地”称号，“涂装设备产业院”与天津大学环境科学与工程学院签订合作协议；飞亚利风机、新星科技、镇瀚电器等7个企业的技改扩能项目年内竣工投产。

城乡统筹开创新局面。投入500万元改造出新振兴路、经一路、经二路等集镇主道路；投资1000万元的中兴南路拓宽改造工程快速推进。投资300万元的人民路接231省道等工程竣工，投资300万元的绿化小游园方案落实，2016年春天建成；投资500万元的义丰路接231省道工程竣工，投资400万元的中兴南路竣工，镇区实现大循环，人民东路按“硬化、绿化、亮化”和西部有机衔接要求，进场施工。占地6.67公顷的新镇区休闲公园竣工，为全镇人民提供新健身休闲场所；建筑面积2.5万平方米的阳光御园桩基完成，将集聚新镇区人气。总投资6000万元、占地2.87公顷，8轨48个班的义丰小学开工建设，将建成苏北一流的现代化学校；总投资2000万元，12月22日，建筑面积2500平方米的警民服务中心项目主体开标，2016年春天开工建设。投资1500万元的农田节水灌溉项目竣工，占地43.33公顷的设施观光农业项目开工建设，快速推进总投资1000万元的市投高标准农田建设项目；大纵湖大闸蟹成为国家地理标志产品；陈长荣大闸蟹有限公司被江苏省出入境检验检疫局授予“出口水生动物注册企业”，获出口资格，11月22日，首批产品出口韩国。映阳水产养殖基地创成部级渔业健康养殖示范场；益明泥鳅养殖和陈长荣大闸蟹作为全市现代农业标杆登上央视舞台。三官农民集中居住点二期安置公寓、别墅竣工，总建筑面积9000平方米，30多户农民乔迁新居。总投资3000万元的开心农场竣工，骑马、露营、烧烤、拓展、真人CS、种植体验等休闲项目建成；投资1000万元的宴会大厅竣工，增强旅游接待能力；爱情岛竣工，望湖阁装潢，丰富旅游内容。总投资1000万元的三官老村庄改造项目进行扫尾，三官农家乐人气迅速集聚，成功为省乡村旅游工作现场会提供观摩现场，创成省五星级乡村旅游点。

镇村面貌发生新变化。胥仇新流转13.33公顷土地拓展花卉苗圃基地，双龙、永新两个村（居）的2个自然村建成林业示范村，学义线北段、农村提档升级公路和湛龙沟沿线绿化竣工，村庄“四旁”绿化水平提高，全镇森林覆盖率进一步提高。一支河、朝阳河为重点的老镇区毁绿种菜全部整治到位，落实管护责任。按二类公厕标准新建3座、改造3座公厕，方便老百姓生活。人民路、建丰路、朝阳河、一支河、二支河两侧新安装景观灯近200盏，维修干道路灯200多盏。2月，获全国文明镇称号；5月，为盐城市创建全国文明城市提供现场观摩；11月，通过国家卫生镇考核验收；12月，为市“清洁乡村行动”推进会提供现场。深入开展以拆除废旧畜禽圈舍、整治乱堆乱放、硬化巷道、完善卫生设施、清除河面水生作物为主的农村环境综合整治。镇财政每年拿出300多万元，建立覆盖全境的“五位一体”农村公共服务运行维护机制，农村人居环境进一步提升。代表盐城市高分通过省农村环境综合整治明查暗访，三官村成为省水美乡村。

民生事业取得新进步。“最后一公里”通达工程38座桥梁、机耕道建设竣工；3年河道整治工程疏浚河道42条，46.64千米，32.96万立方米。总投资近4000万元，总长度19千米的学义线、大沙线改造工程竣工；农村提档升级桥梁新建桥梁12座，全镇硬化巷道3万多米。投资200万元，新建6个村（居）卫生服务站，并为全区基层医疗卫生机构建设会议提供现场。迎阳、花陇等3个公益性公墓基础设施进一步完善，绿化水平进一步提高，顺利通过区规范化验收。新增各类参保人员15000多人。新农合人均筹资提高到480元，全年共投入社会救助资金400余万元，农村、城镇低保月度标准分别达到380元、490元。法治大纵湖、平安大纵湖建设扎实推进，社会大局和谐稳定。

党的建设得到新加强。镇财政对新建党群服务中心的村（居）每家贴补10万元，全镇改建1家（双官）、招标1家（鱼范）、筹建1家（三庄）党群服务中心；投入20多万元，对全镇20个村（居）的远程教育平台进行完善；对村级班子进行调整，一批政治素质好、年富力强、能带领群众致富奔小康的优秀党员进入新的村级领导班子。落实“两个责任”，健全责任体系，逐项分解反腐倡廉和作风建设任务；综合运用人大监督、群众监督等形式，开展服务部门述职述廉活动。对全镇20个村（居）、31个镇直单位进行审计，规范村（居）、单位的财务管理制度，对所有离任干部进行离任审计，并对审计出的问题进行销号式整改；加大“三公”经费管理监督力度，“三公”经费较上年度下降22%。围绕中央和省、市、区作风建设规定，开展“作风制度落实年”活动，加大对创建全国卫生镇、全国文明镇、项目推进等重点工作督查督办力度。明确万元以上的工程必须招投标，万元以下工程必须由纪委、财政、人大联合询价；加强对村（居）集体资源发包的管理，全年共公开招标村（居）鱼塘近333.33公顷；对2012年以来的工程建立“一工程一档案”，加强对工程资金兑付的监管。严肃查办违纪违法案件，全年立案7件，查处违纪党员10人。

【荣膺全国文明镇称号】 2月28日，全国精神文明建设工作表彰暨学雷锋志愿服务大会在北京召开，会议隆重表彰第四届全国文明城市、文明村镇、文明单位和未成年人思想道德建设工作先进代表，大纵湖镇荣膺“全国文明镇”称号，成为全区获评的第一个全国文明镇。

【鱼范村成为江苏省电子商务示范村】 5月27日，全省第二批农村电子商务示范村名单出炉，全市共有5家入选，大纵湖镇鱼范村榜上有名（全区唯一入榜村居）。

【召开盐城市创建全国文明城市现场观摩会】 6月17日，盐城市创建全国文明城市盐都区“公益宣传”现场观摩会在大纵湖镇召开，市委宣传部常务副部长、文明办主任姜友新，市文明办副主任陈中才，区委常委、宣传部长葛建华，区委宣传部副部长、区文明办主任唐玲出席会议，镇党委书记冯林宏、镇长杨春陪同。

【于康震到大纵湖镇调研】 9月11日下午，国家农业部副部长于康震，省政府副省长徐鸣一行到大纵湖镇调研水产养殖

全市清洁乡村行动现场会

2015年大纵湖镇各村(居)负责人

表23

村(居)名	村(居)书记	村(居)主任
兴湖居	徐　峰	卞根成
鱼范村	宋从武	宋　林
向阳村	季美春	严书元
振兴村	刘继松	刘庆明
陈捷村	单永田	姜中周
兴盛村	郭余良	倪仁全
晨阳村	姜奎章	杭洪标
胥仇村	仇从祥	王学松
三官村	吕汉书	耿晔成
花陇村	朱荣华	朱荣华
双官村	刘景勇	王中海
于任村	杜红中	杜红中
三庄村	张玉华	张玉华
石庄居	姜大生	胥爱灿
双龙居	宋金奎	陈连英
迎阳居	郭友春	王硕秋
骏马村	陈洪明	杨加山
永新村	郭冬祥	温茂旺
红星村	严志华	严　浩
大范村	聂庭海	王美珍

业发展工作。市委书记朱克江，市委常委、秘书长潘道津，副市长吴晓丹，区委书记羊维达，区长吴本辉，区委副书记顾其斌，区委常委、政法委书记陈育群，镇党委书记冯林宏，镇长杨春等陪同。于康震、徐鸣一行先后察看位于省级盐都现代渔业产业园内的陈长荣大纵湖大闸蟹养殖基地，听取相关情况介绍。参观陈长荣大纵湖大闸蟹养殖有限公司的展厅、产品检测中心、网上销售中心、园区监管平台，了解了生产销售情况，于康震、徐鸣对公司按照“模式生态化、生产标准化、管理智能化”的思路，着力建设集健康养殖、科研示范、生态休闲、旅游观光于一体的综合性示范基地的做法给予充分肯定。

【三官村获“全国民主法治示范村”称号】 9月中旬，大纵湖镇三官村被授予“全国民主法治示范村”光荣称号。成为继潘黄街道仰徐村之后又一全国民主法治示范村。三官村在民主法治建设工作中紧密结合实际，充分发挥村(社区)党支部的领导核心作用，不断加强村(居)委会及治保会、人民调解委员会等组织机构建设，建立健全民主选举、民主决策、民主管理和民主监督制度，把法治宣传、依法治理与村级服务有机结合，使民主法治建设各项措施落实到位，形成了群众广泛参与、社会治安稳定、经济持续发展的大好局面。

【三官民俗婚庆节开幕】 9月20日上午，“畅游盐都金秋行”活动之一——三官民俗婚庆节正式开幕，区委常委、副区长张建洋，镇长杨春出席。“金秋行”期间三官村将推出民俗婚礼体验、华东七省市“吉祥杯”民间艺术表演邀请赛多个项目，活动一直持续到10月7日，全程共计18天。

【陈长荣大纵湖大闸蟹成功获得出口资质】 10月9日，大纵湖镇举行“大纵湖大闸蟹出口注册企业”授牌仪式，陈长荣大纵湖大闸蟹成功获得出口资质。大纵湖大闸蟹是大纵湖农业的一个特色产业、富民产业。按照“政府引导、协会牵头、企业主体、市场运作”的总体思路，大力实施品牌化发展战略，积极推广标准化养殖技术，强势开展宣传推介，全力拓宽销售渠道，有力提升大纵湖大闸蟹的品牌知名度和市场竞争力，依托大纵湖大闸蟹养殖精品园，建成全市唯一的省级现代渔业产业园。

【三官村为省乡村旅游工作推进会提供现场】 10月14—15日，全省乡村旅游工作推进会在盐都召开，省旅游局党组成员、纪检组长詹庚庆，市区领导张京麒、羊维达、吴本辉、张建洋出席会议。全省各市旅游局领导、部分县区旅游部门负责人、江苏省乡村旅游创新项目单位代表以及相关企业代表共计100多人参加会议。三官村为会议提供观摩现场，镇领导冯林宏、杨春、徐九林陪同。

【通过国家卫生镇考核评估】 11月19日，大纵湖镇迎来国家卫生镇专家组的考核验收。经过专家组认真检查，各项指标均达到考核标准，顺利通过考核，成为全市首家通过国家卫生镇考核的镇（区、街道）。

【为市“清洁乡村”行动推进会提供现场】 11月20日，大纵湖镇为市“清洁乡村”行动推进会提供示范现场，市领导戴元湖、王荣，区领导陈志会，全市建制镇党工委书记参加会议。 （宋全中）

秦南镇

Qinnan Town

【概述】 全镇面积115平方千米，下辖25个行政村，3个居委会，人口7.6万人。先后荣获“中国潜水打捞之乡”“中国高空作业之乡”称号，是全国重点镇、江苏省重点中心镇、省新型示范小城镇、省卫生镇、盐城市工业主导镇。2015年，全镇实现地区生产总值38.33亿元，完成定报工业增加值12.00亿元，实现全口径开票销售9.17亿元，完成固定资产投资12.57亿元，实现一般预算收入7648万元，财政总收入11306万元，城镇居民人均可支配收入31777元，农村居民人均可支配收入18085元。

转型升级步伐加快、发展质效不断提升。产业结构进一步优化，二三产业占比不断提升。税源基础夯实，税源结构不断优化。疏浚打捞、高空作业等特色产业完成税收2912万元，增长15.3%。建筑安装企业税收1037万元，增长12.8%。定报企业实现入库税收3147万元，同比增长9.3%。全镇纳税超百万的企业达18家，比上年增7家。园区建设取得新的突破。中小企业园和电缆电器特色产业园影响力不断扩大，入园企业不断增多。乡村旅游活力迸发。游客接待量、旅游总收入年均增幅出现质的突破，泾口村成功承办全省乡村旅游现场推进会。企业升级取得新成效。先后引导亚特电缆等企业与南京财经大学等多家高等院校、科研院所加强技术合作，并引进高级人才15名、中级人才30名以上，被省科技厅成功认定为“江苏省创新型试点乡镇”。

统筹发展扎实推进、城乡面貌深刻变化。坚持示范引领、重点突破，城乡一体化有序推进。现代农业加快发展。农业现代化综合排名位居全区前列。秦南农民综合服务合作社作为部级试点，成功接待省内部分全国人大代表和专家调研，泾口村、红沥村为市级农业现场会、全省旅游现场推进会等市级以上现场会多次提供观摩点。实施规模经营，推广“联耕联种”，夏秋两季落实联耕联种面积4376公顷，匡口574个，数量和质量列全区之首。城镇空间布局更加优化。以泽夫大道为主轴向东扩展，规划建设新镇区3平方千米，新园区2平方千米，“两区”硬化、美化、绿化、亮化工程等全面配套到位。基础设施日臻完善。城乡交通实现互联互通，新331省道、331省道接线、农村公路提档升级、汞北路改造等道路改造工程全面完成，秦南大桥桥面成功接拢，即将建成。区域集中供水通村达户，全镇居民用上与城市区同源同质同网的自来水。

生态建设持续发力、人居环境明显改善。生态文明建设协调推进。建成“组保洁、村收集、镇转运、区处理”的垃圾处理体系，从农村环境连片整治的点上突破，到农村环境综合整治的面上开花，再到“五位一体”长效管护机制的全面建立，显著改善全镇生态环境质量。景观生态建设投入加大。高档次的朱沥沟驳岸、朱沥沟生态景观带和滨河公园即将竣工并对外开放。农村秸秆“双禁”和综合利用再创佳绩。夏秋两季5733.33公顷农作物秸秆切碎还田全覆盖、卫星监控“零火点”、群众反映“零投诉”，得到上级部门充分肯定。绿色秦南彰显底色。亭湖等12个村、224条、总长达104.5千米的河道整治任务全面完成。新S331、S233及盐金线绿色通道建设不断完善，林业示范村创建力度不断加大，实现全镇森林覆盖率20%目标。

人民生活显著提高、社会大局和谐稳定。社会救助力度不断加大。居家养老服务全面加强，全镇28个村居居家养老示范站点建设实现全覆盖，千秋公墓8月13日一次性以高分通过区政府联合检查组验收。社会事业协调共进。投资近3000万的省级优质幼儿园，2014年6月投入使用，顺利通过了省优质园的复检抽查，幼儿生源成倍增长，12月，为全市学前教育工作会议提供观摩现场。卫生惠民工程扎实推进，农村改厕工作全区领先。中西医结合医院新置核磁共振、血滤机等设备，基础设施和设备达到乡镇卫生院的领先水平，新农合参合率连续多年保持100%。“青狮舞”“腰鼓队”等民间传统文化得到传承和光大，6月20日，成功举办2015年江苏“蛟龙杯”首届狮舞大赛并获得表演一等奖。镇村两级服务平台建设和网格化管理扎实推进，突出问题排查整治力度加大。“群众利益无小事”和“守土有责”观念牢固树立，来信来访接待制度不断健全、包案处理制度和挂钩负责制度不断完善，带案下访、登门拜访、定期会办等一系列措施全面落实。矛盾纠纷的排查化解和分析研判全面开展，2015年，全镇共受理各类矛盾纠纷420件，调处420件，调处调成率均达到100%。村级平安志愿者队伍建设持续加强，两级信息化专业网络形成，技防建设成果进一步巩固，群众的公共安全感和对法治建设的满意度逐步提高。

基层基础夯实牢固，从严治党全面推进。镇党委建立党建责任清单，签订目标责任书，明确全年党建工作任务，组织全镇党组织负责人到高新区、泾口村等地参观学习，将党代表工作制度与“三个结合、三个一线”相结合，为群众解决困难和化解矛盾400多件。按照“四有一责”的要求，投入近300万元，建设凤翔村、亭湖村、福泉村党群服务中心，基层组织作用明显增强。坚持教育引领。全年共查处违纪案件14件，对作风建设规定执行不力的党员干部实行谈话4人，确保干部队伍心齐气顺、风清气正，为全镇经济社会发展提供有力的政治和组织保证。

【风韵水乡·乐在盐都《百姓大舞台》在秦南镇巡演】 3月2日下午，风韵水乡·乐在盐都《百姓大舞台》馆站联动文化惠民巡演在秦南镇如期演出，节目形式多样，内容丰富，多次赢得群众掌声。

【省市农委调研农业工作】 3月6日上午，省农委副主任张坚勇，市农委主任乐超、副主任滕友仁一行，在副区长陈育群、区农委主任张鸿新和镇领导徐加晔、郜顺利陪同下，到南环村高产创建示范点调研，对秦南镇加强农业实用技术培训和推广联耕联种工作的做法给予肯定。

【江苏蛟龙组队赶赴"东方之星"救援现场】 6月3日凌晨，江苏蛟龙打捞航务工程有限公司紧急组织的潜水精英到达"东方之星"游轮沉船事故现场。公司在获悉"东方之星"游轮6月1日夜遇险的消息，并接到江苏海事局及其所属南京海事局水上搜救中心指令后，紧急组织施工中的潜水员，并抽调潜水装备，立即委派公司副总经理、安全部主任陶立贵，总船长、安全体系指定人员周建兵率两组潜水精英从南京赶赴事故现场，进行协助救援。途中克服风大、雨

2015年秦南镇各村(居)负责人

表 24

村(居)名	村(居)书记	村(居)主任
亭　湖	彭扣芳	彭扣芳
风　翔	黄成华	
南　环	周扣兰	周扣兰
贺家驿	何国占(主持工作)	何国占
孙　伙	王红干	田　勇
关　陈	王兰珍	陈忠干
三　河	陈友春	陈桃武
灯　塔	鱼瑞忠	
秦　北	石春景	石春景
美　满	王国军	宋广荣
东方红	严大勇	严大勇
秦　兴	潘翠粉	王荣中
富　康	邱达文	邱达文
宝　奎	还立广	还增奇
千　秋	朱留海	武成明
泾　口	周向东	蔡明祥
南　蒋	蒋茂瑞	蒋茂瑞
雨　生	张云芳	李加红
楚　九	耿荣齐	曾万芳
江　窑	徐万国	耿青明
盛　花	成立中	成立中
红　沥	周　林	茆庆年
合　兴	胡殿兵	孙章生
陇　尖	葛　俊(主持工作)	成金根
福　泉	施中平	陈　强
砖　桥	周建林	周建林
虹　桥	何俊林	朱广来
虹　园	杨明忠	杨明忠

急，堵车等困难，6月3日凌晨1时左右到达事故现场。

【在苏部分全国人大代表到秦南调研】 6月18日，全国人大代表、省人大常委会常务副主任、党组副书记蒋宏坤率在苏部分全国人大代表到盐都，就深化农村改革开展专题调研。全国人大代表、国务院国有重点金融机构监事会主席于学军，全国人大代表、南京市人大常委会主任、党组书记陈绍泽等参加。市委书记、市人大常委会主任朱克江，市长王荣平等陪同。代表们先后察看秦南镇农业综合服务专业合作社和红沥村联耕联种及机插秧现场，对秦南镇种植业全程托管模式和推广联耕联种等工作给予高度评价。

【成功举办2015年江苏“蛟龙杯”首届狮舞邀请赛】 6月20日上午，由江苏省群众文化学会、现代快报社、市文广新局主办，江苏蛟龙集团承办的“舞动狮乡多彩盐都乐水泾口”2015年江苏“蛟龙杯”首届狮舞邀请赛在秦南镇泾口村成功举办，来自全国各地的12支代表队各展绝技，为2万名群众呈上一场精彩的文化视觉盛宴，经过2个多小时的精彩竞技，最终盐城秦南、河北沧州等6支狮舞队获得最佳奖。

【“畅游盐都金秋行，泾口湿地垂钓节”在泾口村拉开帷幕】 9月5日上午，“畅游盐都金秋行，泾口湿地垂钓节”在秦南泾口村拉开帷幕，区人大常委会主任穆芹出席开幕仪式。活动是“畅游盐都金秋行”十大系列活动的内容之一，以“垂钓大赛”为主题，果品采摘、舞狮表演、农家乐体验等为辅的一次大型旅游盛会。活动融休闲、采摘、观光、娱乐为一体，对进一步打响“市外桃源、乐水泾口”生态旅游品牌，提升泾口湿地风情园的知名度和美誉度，展示独特的旅游文化，有着积极的推动作用。

【为全市秋播农业结构调整现场推进会议提供观摩】 9月29日，市委市政府召开全市秋播农业结构调整现场推进会议，与会人员观摩秦南镇泾口生态观光农业产业园、红沥村水稻联耕联种现场。会议就贯彻落实中央、省关于农业农村工作的最新部署要求，及早落实和推动全市秋播农业结构调整工作，深入推进联耕联种，努力促进农业增效、农民增收进行安排和部署。

【市政协到秦南调研】 10月13日，市政协主席李驰，副市长吴晓丹，市政协副主席李长见、陈还堂、吕拔生、孙长春、李纯涛、王锦胜、尹金来到秦南镇泾口村调研镇村经济发展情况。区委书记羊维达、区长吴本辉、区政协主席陈广平，区政协副主席段学标、张荣銮，镇党委书记张国胜等陪同。

【全市公益性公墓建设推进会集中观摩秦南镇松鹤园】 10月29日，全市农村公益性公墓现场推进会在盐城召开，各县、市（区）民政局分管领导、各镇（区、街道）民政助理近200名与会人员参观千秋公益性公墓。会议对秦南镇不断加大对公墓建设的投入，各项附属功能设施配套到位，科学规划设计、现代殡葬管理理念的做法给予高度评价和充分肯定。镇长徐加晔，副镇长温学良陪同接待。

【李建华到秦南调研】 11月2日上午，国家殡葬协会会长李建华率国家殡葬协会成员一行到秦南调研殡葬改革工作，并深入松鹤园视察指导工作。对秦南大力推行殡葬改革，实施殡葬惠民，节约利用土地，提倡生态安葬的做法给予肯定。区委常委、常务副区长陈志会，区民政局局长杨森，镇党委书记张国胜等陪同调研。

【秦南镇潜水打捞业再获殊荣】 11月6日，在厦门召开的中国潜水打捞行业协会第二届第三次会员大会及国际海洋工程与潜水救捞展览会上，秦南人创办的扬子航道工程有限公司和江苏蛟龙打捞航务工程有限公司，因积极参与“东方之星”沉船事件的搜救和打捞行动，被中国潜水打捞行业协会表彰为优秀会员单位。

【中国诗书画校园行公益活动创业基地在盐城（泾口）成立】 12月5日，中国诗书画校园行公益活动创业基地在盐城（泾口）成立，中国诗书画校园行活动是一项大型系列校园文化工程，是进行文学、书画艺术推广和研习的公益活动品牌，自2006年2月26日在江苏盐城启动起，受到广大师生一致好评。 （蔡长生）

郭猛镇
Guomeng Town

【概述】 全镇总面积43平方千米，人口近4万人，下辖10个村居。全年实现地区生产总值29.8亿元，增幅8.6%；服务业增加值9.7亿元，增幅10.8%；规上工业增加值13亿元，增幅11.6%；固定资产投资15.1亿元，增幅25.2%；财政总收入12880.6万元，增长15%，其中一般公共预算收入9137万元，增幅12.4%；农村居民可支配收入18829元，增幅9.3%。

转型发展。全年新招引、新开工千万元以上工业项目分别为12个、7个；全民创业园新建标准化厂房近4万平方米，创成省级科技孵化器；双菊风机获批国家高新技术企业，恒康、松立等8家获批省民营科技型企业，兰丰公司被授予省创新示范企业，获批省级工程技术研究中心。

镇村面貌。乡村旅游质量不断提升，杨侍相继承办江苏盐城和新疆察布查尔文化旅游周、盐都与上海旅游直通车等活动。生态环境不断改善，实施村庄环境提升工程，整治出新的民乐村多次为市、区提供观摩现场；启动河道整治三年规划两年实施工程，全年共疏浚河道179条161千米，顺利实现“农田最后一匡”通达目标。

招商选资。打造优质项目载体。规划建设3000亩的节能环保装备产业园，至年底，建成一期1000亩，绿化、污水处理、天然气等均到位，承载重特大项目优势凸显；规划建设1000亩的全民创业园，至年底，建成一期200亩，新建标准化厂房26幢，入园项目28个，总建筑面积10万平方米。至年底，建成标准厂房7.5万平方米，二期300亩规划形成，10月启动；在护西路2000亩特色果蔬基础上，规划建设

5000亩郭猛现代农业科技示范园。积极推进招商选资。该镇利用区位和平台优势，围绕节能环保、特色果蔬等产业定位，坚持绿色生态底线，招引近40个工业项目和36个农业项目进驻园区，快速推进一产和二产的发展。全力鼓励全民创业。该镇采用“走出去、请进来”的模式，相继举办新春企业家恳谈会、“中秋家乡行”“圆梦行动”暨人才招聘会等活动，吸引在外成功人士回乡创业，鼓励群众就近就地创业。

项目推进。至年底，全镇企业数近100家，规模企业24家，其中工业园区新增企业26家，投产达效21家；全口径开票销售10.9亿元，全口径入库税款3666万元。重抓三产服务业。大力发展杨侍乡村旅游，全年接待量近60万人次，营业额8000万元；带动近千人的就业和创业。着力培育新业态。主动顺应社会发展方向，“三管齐下”打造电商平台。以久丰生态园为切入点，与上海农科院合作，逐步建立郭猛现代农业科技示范园区电商平台，培育特色农业品牌，签订初步意向性协议；以创业园服务中心为载体，搭建3至4个电商品牌；以杨侍生态园为载体，5月，新搭建融宣传、销售等为一体的电商平台。

创新创业。培养村级经济带头人。2011年，以杨侍村为新农村建设试点，号召稳强公司董事长王文祥回乡创业，围绕现代观光农业，发展乡村旅游，带领群众致富。盘活村级闲置资产。摸排全镇闲置校舍、厂房等16处，镇统一面向社会招租，本地群众优先，出租收益归各村居所有，全镇可实现发包212.4万元。探索绿化苗圃经营新模式。按照属地原则，将全镇3396亩苗圃中的近2000亩分割给所在村居，每村100亩左右，自主经营、自主收益；2014年，村均收益30万元左右。对废沟、废塘等闲置土地利用河道疏浚之机，进行整理，作为集体资产流转。发展高效农业，全镇共有耕地面积3353.33公顷，土地流转规模经营面积1180公顷，高效农业面积500公顷。通过土地流转服务及盛溢面积，增加村级经营收入共91.2万元。

社会事业。始终把推进民生改善、共享发展成果作为城镇建设的出发点和落脚点，总投入1300万元兴建的郭猛污水处理厂，是盐都区首批日处理能力达千吨的镇级污水厂之一。采用先进的污水处理工艺和在线监控系统，并配套建设2万多米的污水收集管网，覆盖全镇21个单位和集镇周边村居。以创建国家级生态镇、省级文明镇为契机，大力开展造林绿化，打造天然氧吧。建设盐淮高速、郭西路等道路高品味绿色景观带；扎实推进生态村建设，杨侍村创建成为省级森林生态示范村，彰显“家在树中、田在网中、路在绿中、房在园中、人在景中”的水绿郭猛特色。不断提升公共卫生服务水平，投入资金300多万元，对镇卫生院门诊楼、预防保健楼进行装修，省级社区卫生服务站实现全覆盖。

党的建设。实施新跃、护西等5村党群服务中心新改建工程，启动杨侍村等5个党建示范点建设；下派10名青年干部到村任职锻炼。推进“厚德郭猛”建设，先后涌现出中国好人1位、江苏好人2位，央视媒体专题报道道德模范孙益海的先进事迹。

杨侍国盛家庭农场

【新春项目恳谈会】 2月21日，举办2015年新春项目恳谈会，共邀请80多位企业家朋友共商郭猛发展大计，现场签约项目8个，总投资近6亿元。镇党委主要负责人为盐都区、高新区和郭猛镇作招商推荐。参会的企业家建言献策，提供有价值的信息近30条。

【秦景安到杨侍村调研】 5月7日下午，省旅游局局长秦景安到杨侍村调研。区委书记羊维达，区委常委、副区长张建洋及相关板块、部门主要负责人随同调研，镇党委书记吴军，党委副书记、镇长李天青陪同。

【朱克江调研创业园】 5月7日下午，市委书记朱克江带队到镇创业园调研企业建设、运行情况。区委书记羊维达，区长吴本辉及相关板块、部门单位主要负责人，镇党委书记吴军陪同。

【城乡统筹】 坚持规划引领，主攻新型城镇化建设，实施郭猛实验学校、文化中心、卫生院改扩建等重点项目，拉开集镇“七纵七横”高标准道路框架，建成宝林冠城、向阳小区、幸福嘉园、景苑小区等9个居住小区，为群众提供宜居生活环境。杨侍村是郭猛镇统筹城乡发展中打造的亮点，以乡村旅游为突破，充分挖掘村内资源，新建美食园、温泉、游乐场等设施，发展现代观光农业，成为全市新农村建设的典范，荣获省新农村建设先进村、省康居示范村、省文明村、省级生态村、省最美乡村、省最具魅力乡村等荣誉称号，并被农业部确定为全国“美丽乡村”试点村。放大杨侍乡村旅游品牌效应，贯通杨侍与镇区的交通网络，形成杨侍村和镇区一体化发展格局，集聚全民创业、高效农业、乡村旅游、美丽乡村建设等优势发展资源，培育20平方千米新的经济增长极，打造郭猛“十三五”期间发展新引擎。

（郭大林）

·“红色特工”革命烈士葛启鑑传奇人生·

葛启鑑，男，1922年11月初八出生于江苏省盐城县护陇区新和乡薛庄村（现为盐都区郭猛镇新跃村）一个贫苦农民家庭。父亲葛寿焘，母亲徐小妹共生育六男一女，他是长子。他从小饱受苦难，目睹日寇暴行、国民党腐败、社会黑暗，因而更加向往光明，渴望幸福，追求进步，于1941年5月经人介绍秘密加入中国共产党，先后任过地下党联络员，乡民兵中队长，区联防队队长等职，与素有“双枪陆文龙”之称的陆宝才等同志演绎了一幕幕杀敌除奸的动人故事。1946年秋，他受当时县委委员、公安局长严跃开的派遣，与当时县委文印室负责人、《方向报》主编徐兆元同志，秘密潜往上海，由他只身打入敌人内部，收集我盐城人在上海做还乡团的情况……1947年以后，受组织派遣，继续打入敌人内部做地下工作，1949年夏受中共华东局派遣随国民党部队一同溃逃台湾做地下工作，为解放台湾做准备…… 由于中共台湾省工委书记蔡孝乾背叛，葛启鑑于1950年6月10日在“轰动一时”的“吴石案”中牺牲，遇难时年仅28岁。

解放前，他祖父和父亲一直在上海靠拉黄包车养家糊口，母亲在乡下带着他们兄妹靠租种富人家几亩薄地艰难度日，那时连肚子都吃不饱，哪有钱供子女读书，生活真是苦不堪言！然而祖父和父亲看到他从小聪明懂事，于是就把振兴家道的希望寄托在他身上，他们宁愿过着“骆驼祥子”式的非人生活，拼命拉车挣钱，也要全力培养葛启鑑读书，其他几个弟弟没上一天学，而他却从六岁，一直读书到十六岁，成了远近闻名的“小秀才”。十七岁的他因家贫便辍学在家，帮妈妈干着干那，以减轻家庭负担。他从小饱受苦难，目睹日寇暴行、国民党腐败、社会黑暗，因而他更加向往光明，渴望幸福，追求进步，于1941年5月经人介绍秘密加入中国共产党，成为当时地方上最早的地下党员之一，同时他还做过地下党的联络员、乡民兵中队长、区联防队队长等职，他经常身挎盒子枪出没在敌伪区，摸情况、收情报、惩恶霸、除汉奸，与素有“双枪陆文龙”之称的陆宝才等同志演绎了一幕幕杀敌除奸的动人故事。现在地方五十出头的人，一提到他的名字或事迹，几乎是无人不知、无人不晓，一些老党员、老干部及其后代尤然。由于他党性强、觉悟高、品德好，又有文化，加之工作积极肯干，又任劳任怨，经常受到当时区、县领导的表扬。1946年秋，他受当时县委委员、公安局局长严跃开的派遣，与当时县委文印室负责人、《方向报》的主编徐兆元同志，秘密潜往上海，由他只

2015年郭猛镇各村(居)负责人

表25

村(居)名	村(居)书记	村(居)主任
新　星	周维安	陈金平
西　湖	胡安顶	胡安顶
新　跃	吴龙才	王加扣
杨　侍	蔡文涛	蔡文涛
护　西	凌兆俊	蒋明富
民　乐	刘万益	朱学友
孙　英	孙正堂	侍永红
明　朗	邵井安	孙广安
刘　垛	王荣来	王德标
护　陇	侍金华	严根红

身打入敌人内部，收集我盐城人在上海做还乡团的情况……1947年春夏之交返盐向组织汇报情况后，他受组织派遣又打入敌人内部继续做地下工作。1949年夏受中共华东局派遣随国民党军队一同溃逃到台湾做地下工作，为解放台湾做准备。

1949年10月31日，中华人民共和国成立不久，国民党保密局由一连串案子引发，首先逮捕了台湾省工委委员陈泽民，再根据其供词，于1950年1月逮捕了蔡孝乾。意外的是，作为台湾省地下党最高领导人，拥有丰富革命斗争经验的工委书记蔡孝乾，在一周内即投降，供出了所有打入台湾地下党同志名单，造成其他领导干部在内的400多名共产党员被抓，并悉遭枪决，这便是国民党退守台湾后制造的第一宗“轰动一时”的政治大案——“吴石案”(吴石，台湾国防部参谋次长，是何遂策反的共产党打入国民党内部的最高情报官，被毛泽东称为“秘使一号”)。吴石、副官聂曦、原联勤部中将第四兵站总监陈宝仓、中共华东局派遣人员朱谌之、葛启鑑等，在法庭上被判处死刑，随后被送往台北马场町刑场枪杀，遇难时间是1950年6月10日，葛启鑑就义时，年仅28岁。

烈士遇难迄今66个年头，他一天也没有享受过解放后的自由幸福的生活，更没有盼到与父母、兄妹、亲友的团聚，“红色特工”革命烈士葛启鑑永垂不朽!

缅怀“红色特工”革命烈士葛启鑑(七言律诗)

赤色特工葛启鑑，赴汤蹈火气如檀。
分田斗富民心暖，反霸除奸敌胆寒。
效国焉辞千里远，忧民何惧入龙潭。
台湾有幸埋忠骨，烈士魂垂大地间。

徐安华　泣挽

楼王镇
Louwang Town

【概述】 全镇土地面积12723公顷，耕地面积4694公顷，21个村，3个居委会，人口56198人。全年地区生产总值23.5亿元，城镇居民人均可支配收入26625元，农村居民人均可支配收入17739元。

转型发展形成新优势。招商选资取得丰硕成果。成立专职招商办，在苏州驻点招商，先后赴上海、天津、北京、苏州等地敲门招商。全年共签约5000万元以上项目5个，其中：亿元以上项目4个，为高新区签约项目1个；开工亿元以上项目4个。招商选资工作完成区下达任务的200%。项目推进实现重大突破。区八大类重点工业项目全部开工建设，金丽华科技投产达效，明星涂装、臻鑫(海科)机械相继竣工。苏力公司与中国联合工程公司实现合作重组，新上斯比得智能装备项目投产运营，涂装机器人生产线项目快速推进，“新三板”挂牌加快运作，全年实现开票销售1.1亿元、税收超千万元，在全区50强中分别列17位、12位，分别增长100.9%和383.5%，增幅均居全区第一。企业创新能力日益提升，苏力公司2个产品被认定为省高新技术产品，5件专利获得国家知识产权局授权。存量资产盘活稳步推进。全力盘活天瑞环保、仲记酒厂存量土地，全民创业园一期破土动工，3个入园项目主体封顶，预计2016年上半年竣工投产。

现代农业实现新突破。农业园区层次稳步提升。9月，被农业部认定为第五批“全国一村一品示范村镇(楼王异育银鲫)”，年内，渔业示范园被命名为“市渔业示范园”，设施果蔬园被评为“市绿色防控基地”。农村综合改革不断深化。扎实开展土地经营权确权登记颁证工作，24个村(居)全部进入登记颁证阶段，圆满完成市、区试点任务，联耕联种有序推进，被表彰为“市联耕联种工作先进集体”。秸秆“双禁”实现卫星监测“零记录”、市区巡查“零通报”。“互联网+农业”初见成效，以水产品物流园为核心，建成“互联网+水产品”交易平台。农村环境整治成效明显。扎实推进23个一星级康居乡村和98个环境整洁村环境整治工作，3月，通过省专家组验收。对新331省道两侧、盐金路、楼大线以及农村公路提档升级道路两侧村庄环境进行全面整治，9月，通过省市区复检。

集镇建设展现新形象。切实做好规划编制。配合区政府编制《盐都区新型城镇化与城乡发展一体化规划(2014—2020年)》以及新331省道沿线城乡一体化规划，高标准修编全民创业园规划，高起点编制旅游战略发展规划。扎实推进集镇建设。启动总投资2000万元的乐购超市项目。投入1000多万元，完成人民路、新风路、文昌路、开放路等路面黑色化；老镇区新建停车场3个，增设停车位近300个；投入160万元，实施开放路、新风路、盐金路、文昌路、人民路等两侧办公楼、住宅小区和居民楼、河滨驳岸亮化工程；建成小游园、休闲广场、道路公共绿地等节点绿化6个，对新风路、北环路、文昌路、开放路花池绿化进行改造提升。

节水灌溉

有效加强集镇管理。扎实开展“清洁乡村”行动和“五位一体”长效管护工作，重点整治车辆乱停乱放、商贩占道经营等不良行为。镇村联动开展防违治违，集镇承载能力和宜居水平持续提升。

民生事业取得新进展。实事工程快速推进。重点实施新331省道接线、丁马港南出口、振兴路和反修河路改造、北广线提档升级、通组通巷道路等民生实事工程。完成农村危房改造61户、渔民上岸39户。社会事业统筹发展。严格落实农村公路管理和养护工作，成功创建全市唯一“省乡村公路管养及安保工程示范乡镇”。中心卫生院建成直线加速器放疗中心，12月，被国家卫计委命名为“2014—2015年度群众满意的乡镇卫生院”；村级卫生服务站提升工程加快实施，新建“省示范村卫生室”5个。完成幼儿园户外场地现代化改造，楼王初级中学被表彰为“省平安校园”，楼王小学获评“省绿色学校”，文昌、潭溪居民学校创成“省标准化居民学校”。文化事业繁荣发展，莲湘参加市国庆期间水街庙会踩街活动。计生工作扎实开展，为全镇380对夫妇免费开展孕前优生健康检查。社会保障水平稳步提升，新增城乡居民养老保险、住房公积金等各类参保人员2000多人，人社中心被命名为“市示范农民工综合服务中心”，社会救助体系更加健全，新增低保户18户、56人，帮扶临时救助对象426人。投入1200多万元，对朝阳、江庄公墓进行完善提升。社会治理全面加强。建成镇社会服务中心和平安法治文化广场，24个村（居）全部设立“一站三室”，群众办事更加便捷。持续加大对涉羟犯罪、非法集资的防范打击力度，扎实开展“民主法治村”创建工作，“市民主法治村”实现全覆盖，创成“省民主法治村”1个。深化和谐社区建设，莘野村被授予“省和谐社区建设示范村”。积极开展“五项排查百日会战攻坚化解行动”，信访形势平稳可控。认真抓好安全生产监督管理，安监站通

2015年楼王镇各村（居）负责人

表 26

村（居）名	村（居）书记	村（居）主任
庆　丰	张金明	张仁姝
花季园	马　斌	陈翠萍
江　庄	姚成琳	苏延国
新　祥	刘　俊	仇国伟
姚　顾	姚留成	姚国荣
丁马港	李广仁	刘　斌
仁　和	王祝一	吴国明
庆　西	张桂林	冯荣进
凤　南	王扣珍	王如桂
莘　野	姜金灿	姜金灿
潭　溪	张益华	张益华
潭　田	陶如言	殷永荣
凌　庞	顾建成	顾建成
凤　池	秦力生	周青松
城　头	陶保久	王开法
果　林	徐伟年	徐伟年
蟒　河	朱玉富	宋扣宏
新　楼	黄广亚	马丰群
公　兴	蒋瑞华	王义伯
郭　杨	王义军	俞石明
汉　张	俞文楼	单锦明
文　昌	陈友亮	王　刚
朝　阳	树玉成	顾立华
利　民	王遵刚	王遵刚

过“省基层安监机构能力建设”验收。

党建工作迈上新台阶。基层组织建设持续巩固。深入开展“三严三实”专题教育，巩固拓展党的群众路线教育实践活动成果；全面完成24个村（居）党代表工作室正规化建设，市、区、镇党代表入驻办公；实施村级党群服务中心提档升级三年计划，新建、改建新祥、潭溪村党群服务中心；推进“共产党员”“盐都e站”等微信平台订阅工作，广大党员运用信息化手段学习的能力不断提升；基层党组织全面建成网络党支部，每月正常开展党员活动日活动。党风廉政建设不断加强。严格落实党风廉政建设责任制，镇党委与班子成员及各支部、部门和单位签订责任状63份；扎实开展党风廉政教育，大力提升党员干部拒腐防变能力，派出所被评为“省公安机关党风廉政建设成绩突出基层所队”；切实加强机关作风建设，作风效能持续优化；严肃查处违纪违法案件，向区报送案件线索7件，立案查处党员干部违纪违法案件6件，形成风清气正的政治生态。精神文明建设大力推进。扎实开展社会主义核心价值观教育，认真组织“孝亲敬老之星”和“身边好人”推选活动，不断汇聚健康向上的正能量；做好各类文明创建工作，大力配合市、区创建“国家文明城市”；认真组织党委中心组学习和“镇村大讲堂”培训活动，提高党员干部理论素养。统筹抓好人武工作，朝阳、凌庞等9个村（居）通过盐城军分区基层民兵营（连）规范化建设达标验收。工会、妇联、共青团、“三老一关”、食品药品等工作也取得新成绩。

【张淑萍获印刷媒体技术项目银牌】 8月，庆丰村张淑萍赴巴西圣保罗摘得第43届世界技能大赛印刷媒体技术项目的银牌，成为继2013年我国首次参加比赛获得铜牌后的新突破。世界技能大赛印刷媒体技术项目共有中国、瑞士、德国、日本、法国、巴西等11个国家的11名选手参赛，比赛包括双色印刷、数字印刷、数码产品印刷、印刷品裁切、四色活件印刷等十多项分项目。

【“2014—2015年度群众满意的乡镇卫生院”】 年内，邀请市级医院专家，采取业务讲座、教学查房、案例分析等方式，对医务人员进行传、帮、带。定期开展业务练兵、技能竞赛、病历及处方点评、医疗质量及医疗安全分析评议等活动，采取住院病人座谈、出院病人回访、门诊随机调查等方式，主动贴近群众，及时了解群众的就医需求。通过设立投诉电话、明查暗访等方式，畅通投诉渠道，及时处理群众反映的问题，提高群众的满意度。转变观念，主动服务群众。建立由全科医生、护士、乡村医生组成的服务团队，开展家庭医生签约式服务。定期对签约群众进行基本公共卫生免费服务，对年老体弱、行动不便的签约群众提供上门诊疗服务，保持健康服务的连续性、主动性、综合性，12月，被国家卫计委命名为“2014—2015年度群众满意的乡镇卫生院”。

【被农业部认定为第五批全国一村一品示范村镇】 9月，农业部下发通知，认定306个村镇为第五批全国一村一品示范村镇，楼王镇（楼王异育银鲫）为盐城市唯一上榜村镇。

【创成“省级乡村公路管养及安保工程示范镇”】 年内，楼王镇成立创建领导小组，制定实施方案，对站务建设、资料规范、界沟开挖、安保工程、绿化补植和环境整治等工作进行落实。共完成土地流转17.87公顷，拆除临时建筑38座，整治路肩边坡42.5千米，维修破损砼路面16800平方米，新栽植苗木6万多株，新添置警示牌314块、警示桩1138根，路名牌、百米桩、里程碑全部安装到位，11月，一次性通过省级验收。 （胡兴扣）

学富镇
Xuefu Town

【概述】 全镇土地面积8333公顷，其中耕地4630公顷，下辖14个村，2个居委会，人口42160人。全年实现地区生产总值9.5亿元，同比增幅8.8%；完成财政总收入5331万元，其中一般公共预算收入3530万元，同比增幅16.2%；规模以上工业增加值3.1亿元，同比增幅11.6%；完成全社会固定资产投资8亿元，同比增幅24.8%；工业投资5.9亿元，同比增幅17.4%；服务业投资1.5亿元，同比增幅29.2%；城镇居民可支配收入30105元，同比增幅9.2%，农村居民可支配收入17149元，同比增幅9.4%。

新型工业化取得新进展。把握招商选资、项目推进第一抓手，大力实施招商选资“1+2”工程，完成1个为高新区招商任务，2个为本镇园区招商任务；通过重点重抓，全年9个列区八大类重点工程项目全部按时间节点推进；全镇13个定报企业开票销售增长的有8家，增长面高于全区平均水平，金松生物、维尔思环境、耀晖人防工程等项目全面转型升级，为

全镇工业经济发展注入强劲动力。

新农村建设取得新成效。重抓331省道沿线生态环境和产业发展规划编制，大力流转土地，整理田容田貌，进行适度规模经营；启动陈祁村全省美丽乡村建设项目；投入300多万元，兴建小农桥12座，兴建最后一匡田通达工程桥梁16座，疏浚河道23条计23.44千米22.76万方；新成立家庭农场9家，新创建区级家庭农场1家，新办农机合作社2家；全面启动农村土地承包经营权确权登记颁证和村务公开工作，农村环境综合整治高标准通过省、市、区考核验收。

集镇建设展示新形象。扎实开展“清洁乡村”行动，坚持镇村联动、全民参与、综合整治，为全市推进会议提供现场观摩点；集镇区全面增绿补绿，新增绿化面积7000平方米，15条河道全部纳入长效管理，交通秩序得到有效整治，新增停车位130多个，店招店牌全面提升，主次干道实现全天候保洁，全力打造“空气清新、河道清澈、镇区清洁”的集镇新形象。

社会事业取得新提升。幼儿园教学楼、卫生院发热门诊楼建成使用；全年开建7个省达标卫生室和示范卫生室建设；计生工作实现越位前移；社会救助工作正常开展，保障能力逐步增强；安全标准化建设有效推进，食品药品安全工作坚持常态监管，社会大局保持基本稳定。

花担队参加区文化艺术节活动

【建成首批百兆宽带示范村】 10月15日，三永村举行“首批百兆宽带示范村”揭牌仪式，成为全镇首个“光纤全覆盖村”。至年底，三永村光纤接入达91%，共有宽带用户115户，其中百兆宽带用户达40户，平均网速达50.1兆，基本实现辖区光纤全覆盖。工程自7月启动，杆线扩容、宽带提速、铜改光，完善光网覆盖，建成三永、时杨、蒋河三个“光纤全覆盖村”。

【“清洁乡村行动”】 11月20日，全市“清洁乡村行动”现场推进会召开，学富镇作为全市4个现场观摩点之一，接受与会人员观摩，并得到充分肯定。为扎实开展“清洁乡村行动”，顺利通过省级农村环境综合整治全域验收，切实加强薄弱环节整改提升，坚持督查力度不减，始终保持整治常态，加大人员投入，对河道、路道再进行任务布置，确保不留死角。每个村(居)结合自身实际，在沿重点公路、沿重要河道、沿中心村庄处精心打造亮点区域，通过一个亮点一个亮点的精心打造，连点成线，连线成片，进一步提升整治效果。把“长效管护”责任细化落实到每个责任人，每条责任河道，每个整治点。安排专人每天对辖区内一些重要地段、交通干线、主要出入口等节点的自然村庄进行督查，形成日日查、处处到的督查机制，有效保证“清洁乡村”行动和农村环境综合整治两项工作高标准、高分值通过省、市考核验收。

【引进创新人才】 年内，积极落实市、区“515”人才工作会议精神，完善引才策略、拓宽引才渠道、营造引才氛围，为“大众创业、万众创新”厚实人才土壤。重点掌握金松生物、明环医疗、耀晖人防工程、维尔思环境工程等企业的人才需求情况，实行“1+1+1”服务模式，对每个重点项目、重点企业安排镇机关1名科级干部、1名中层干部、1名工作人员跟踪挂钩服务，确保每个有需求的企业都能招引到专业人才。积极搭建平台，打开引才绿色通道，充分调动用才主体积极性，强化镇企联动，定期发布引才信息，召开人才招聘会。大力加强引才载体建设，扶持镇内企业发展，对落户企业的专业领军人才，除享受市、区激励政策外，在奖励资助、补贴补助、创业扶持、资金服务等方面提供全方位支持。

【电子商务新业态】 7月24日，举办为期三天的培训班，课程围绕电商创业培训和网商运营培训展开，内容丰富，安排紧凑，适用实践，培训结束后进行严格的理论考试和实操考核。培训中许多参训青年对电商创业表现出浓厚兴趣，积极与讲师沟通求教，提高自身的电商技能和创业能力。为积极发展新型业态，制定出台系列鼓励全民创业的优惠政策，在土地征用、贷款融资、税收征管等方面为创业项目争取政策倾斜，降低准入门槛，安排专业人员提供“一条龙”帮办服务，全力推动全镇创业规模不断发展壮大，增强经济发展活力。

【搭建在外务工人员“圆梦”平台】 年内，积极开展全民创业和招商选资活动，启动“返乡圆梦行动”，鼓励引导在外创业有成人士回乡创业，多渠道、多措施促进就业，广泛吸纳人才资源。借助在外人员回乡过春节的有利时机，采取镇、村两级联动方式，深入农户，对回乡高校毕业生、农民工、在外创业有成人士等重点对象进行摸底调查，做到底数清、情况明。

2015年学富镇各村(居)负责人

表 27

村(居)名	村(居)书记	村(居)主任
戚　庄	王俊贵	姚昌林
联　河	张殿华	郑春华
车　林	车招汉	林主军
同　港	杨树华	林　刚
白　阳	王加高	冯殿国
学　中	许成全	杨喜林
时　杨	杨成林	徐九根
蒋　河	杨灯明	刘　平
园　垛	张荣义	李峰林
三　永	张桂华	张申祥
华　府	徐兴和	朱广忠
大　成	成玉榜	滕国民
大　同	张士祥	姚如新
陈　祁	陈建华	王玉琴
略　沿	王传俊	陈长宏
连　心	刘玉仁	阚治扬

通过宣传标语、广播、村务公开栏、发放致群众的一封信、创业典型宣传等形式，广泛宣传全民创业优惠政策，形成“人人搞创业、大家齐招商”的良好氛围。新春劳动用工洽谈会上，12家企业提供近500个就业岗位，共吸引700多名返乡农民工、高校毕业生和下岗失业人员咨询、应聘，签订就业合同216份，达成就业意向283人。

【土地确权“四到位”】 精心组织、分步落实，坚持“四个到位”，确保严格、公平、公正地做好农村土地确权颁证工作。组织保障到位，镇村两级形成一套有效的领导体系，年内，专门成立农村土地承包经营权确权登记颁证工作领导小组，由镇主要主责任亲自抓，相关部门各司其职，密切配合，各村(居)坚守一线做好组织动员、政策解释、矛盾协调。宣传发动到位，镇村两级先后召开土地确权工作动员会，提高干群对确权登记颁证工作重要性的认识，科学部署土地确权和登记颁证工作的步骤流程。通过印发政策问答、召开群众代表大会等让群众明白目的、积极参与。调查测量到位，镇、村确权工作小组人员深入村(居)田头，挨家挨户进行地块权属调查了解，严格公正地进行确权登记颁证，确保“确地不漏一块、确权不漏一户”，让群众满意。后勤保障到位，对全镇一些二轮承包期间基础较差、档案资料缺失、干群矛盾突出和人地矛盾较多的村组，提前做好风险防范预案，及时做好沟通协调，化解冲突，确保土地确权登记颁证工作顺利推进。

【“三维课堂”全覆盖】 年内，提出“三维课堂”新载体，按照“对象化、形象化、分众化”的要求，全力打造理论、实践、文艺“三维课堂”。“理论课堂”夯实冬训工作深度。始终把大集中、大课堂、大会场作为冬训的主要形式，采用送学上门、后期补训、寄送学习材料等形式，确保不让一名党员漏训。“实践课题”加大冬训工作力度。邀请境内的企业家代表参加经济形势分析研讨，组织农村种养殖带头人、农村经济合作社负责人等农村经济能人为农村党员群众现场答疑、传授技术、讲解经验。“文艺课堂”增强冬训工作热度。组织镇文化骨干深入村(居)，开展党员学习小课堂、理论政策宣讲站、文艺演出大舞台等学习活动，将理论教育蕴含于文化活动中。

【“三步走”做实低保核查】 坚持“三步走”方略，扎实做好全年低保核查工作，促进低保工作的公平、公正、公开。年内，加强组织领导，成立镇社会救助工作领导小组，抽调20人组建4个核查工作组，进村入户进行实地摸底排查。制定《学富镇社会救助工作实施意见》，核查标准和要求，严格按照意见执行。深入宣传发动，各村(居)通过张贴低保明白纸、召开会议、广播等形式，把低保政策、保障条件、办理程序、审核结果，保障对象、保障人口、困难原因、保障资金等内容进行张榜公示、宣传入户，扎实做到政策入心，群众监督。严格审核把关，按照低保、五保、重残的评定标准和实施意见的要求，逐户进行审核排查，并实行核查责任追究制，对不符合低保条件的坚决予以核销，坚决杜绝不经入户调查和群众评议而擅自确定低保对象，确保做到应退尽退、应保尽保。

【基层武装工作建设规范化】 对照基层武装工作规范化建设标准要求，严密组织、分步推进。2013—2014年期间，镇人武部率先完成规范化建设要求，连心、大成等9个村(居)民兵营(连)规范化建设先后达标，2015年最后一批7个村(居)民兵营(连)规范化建设全部完善到位。注重加强长效管理机制建设，各村(居)民兵营(连)完善“一部两室”阵地建设，各项规章制度牌一一悬挂上墙，将防暴防汛器材全部配备到位，落实日常制度和经常性工作，进一步巩固创建成效，推进基层武装工作科学规范高效发展。

(杨　刚)

尚庄镇

Shangzhuang Town

【概述】 全镇土地总面积72.57平方千米，其中耕地面积4045公顷，下辖14个行政村、4个居委会，人口45149人。2015年实现地区生产总值22.31亿元，规模工业增加值5.45亿元，公共财政预算收入4431万元，固定资产投资7亿元，城镇居民可支配收入29324元，农村居民可支配收入16875元。

工业经济增势强劲。全镇新增加申刹车配件、江苏莱纳克规模工业企业2家，一般纳税人11家，定报企业增长面达83.33%。盐电阀门实现销售1.81亿元，比同期增长11.5%，税收800万元，同比增长18.8%；金火炬公司实现开票销售1.28亿元、税收450万元，比同期增长167%、91.8%。

招商选资成效显著。签约落户高新区项目2个，分别是投资8500万元的无锡泛亚互联网+电子商务项目、投资1亿元的江苏珠花集团特种电线电缆项目。签约落户本镇项目2个，分别是投资1.8亿元苏州协鑫能源光伏发电项目、投资1.1亿元的苏州英诺普银行智能终端项目。竣工项目1个，为投资2500万元浙江好又

多超市广场项目。全镇新发展江苏沧砼实业等注册经济10家。

项目推进快速突破。总投入5.8亿元、列为市“三百”工程、区八大类金火炬精品精钢线项目6月18日点火试车；番茄公园新建成游客服务中心、3000平方米标准化采摘大棚、绿化景观等节点，申报省三星级乡村旅游点，成功举办第二届番茄节和盐都金秋行番茄狂欢节；投入1650万元，实施16千米农村公路提档升级二期工程，投入2600万元建成朱沥沟驳岸6千米；投入550万元，疏浚河道94.7千米；投入550万元，完成最后一匡田项目建设、新建桥梁52座；总投入4400多万元的高标准农田项目开工建设；总投资7500万元，建筑面积1.5万平方米尚城华庭二期、建筑面积1.5万平方米美佳房产一期项目开盘销售，投入1亿元的中储粮二期建成投入使用；投入270万元，新建污水二级管网4600米，天燃气通达镇区和金火炬公司；集镇新增绿化2万平方米。

重点企业创新创牌。年内，盐电阀门推动新三板上市，进入审计阶段，公司成为美国美孚石油公司一级供应商，“YDF”自主品牌获批中国驰名商标殊荣，全国液化石油行业协会年会在盐电召开；金火炬公司南理工产学研基地挂牌成立，与南理工朱荣教授合作，成功申报盐城市领军人才项目，实现尚庄人才项目零的突破。

现代农业不断提升。新建10公顷东塘芦笋、10公顷北堡猕猴桃、10公顷南吉黄秋葵、10公顷五瑞农牧循环4个项目基地。全镇新增土地流转66.67多公顷，新创办家庭农场8家，其中瑞北贵航家庭农场创成省级示范家庭农场，东塘浩铭林木农场、南吉万德福农场创成市级示范家庭农场。番茄公园农村电商、姚伙、界河等5家村级电商服务站正式运营。全镇实现秸秆双禁、全量还田全覆盖。新推广联耕联种1366.67公顷，在全区位于前列。

社会事业日益发展。年内，镇敬老院创成省级三星级敬老院，卫生院新建600平方米儿童防保门诊楼，投入100多万元的1500平方米全民文化活动中心建成使用。计划投入400万元的技防入户村村通项目进入招投标。全力推进生态文明建设，投入30多万元，对集镇老镇区店面出新，实施清水“雷霆行动”，搬迁整治养殖场3家。组织部门单位开展文明创建活动，实施门前三包、对内达标。累计投入资金300多万元，加大镇村环境整治力度，农村环境整治顺利通过省级验收，“清洁乡村”行动通过市级验收，全面推行“五位一体”长效管理，镇村环境整洁优美。紧扣全覆盖目标，加大村(居)党群服务中心、社区卫生服务站建设力度，姚伙、北堡、古殿、万和、民胜等村开工建设。群众文化丰富多彩，友于垛民间文化活动全市闻名，成功举办华泽书社第二届农民读书节，绍琪农家书屋接受市委朱克江书记视察指导。

【贵航家庭农场创牌】 贵航家庭农场位于瑞北居委会境内，面积26.8公顷，租期10年。为便于大型农业机械化操作，秸秆全量还田，全年共投入220万元，将原有

的零散地、废沟废塘进行农场化平田整地，购置大型农业作业机械10多台套，新建电力打水设施4处，浇筑生产用房和场地1000多平方米。三麦、粳稻、籼稻、杂交稻种子均达到了优质无公害要求，注册“盐航”牌商标，生产的粮食被国家粮食部门按高于市场价格全部收购。2015年，贵航家庭农场纯收入达24.4万元，带动周边300多户科学种田，年内，获省级“示范家庭农场”荣誉称号。

【水利设施建设】 全镇全年水利设施建设共投入6810万元，实施农村河道疏浚整治、中小河流治理重点县、中央财政小型农田水利重点县、规模化节水灌溉、农村小型桥梁建设和国家农业综合开发增量项目等6大工程建设。疏浚河道74条、114.7千米，新建桥梁57座、排涝泵站2座、防洪闸4座、供水泵站11座、灌溉站19座，完成配套路渠建设，年内全面竣工。

【建成钜峰窗饰项目】 钜峰窗饰盐城有限公司由上海钜十峰遮阳技术发展有限公司投资新办，拥有“台湾—钜峰”和“GREENSEEDLING”两个品牌。公司在尚庄阀门产业园征地1.33公顷，年内，新建1万平方米标准厂房，新上6条年生产2万门套新型纱窗纱门生产线。年内，企业申报4项新型外观专利，至年底，厂房竣工投产。项目达产后年产隐形纱窗、隐形纱门、固定防护窗、活动防护窗2万门套，铝合金百叶帘、工程系列卷帘、智能化遮阳系统3万平方米，可实现销售收入2600万元，税收150万元。

【举办首届番茄狂欢节】 10月，在番茄公园举办盐都金秋行——尚庄番茄狂欢节，开展青少年科普知识宣传、大棚番茄采摘、番茄大战、农特产品展示、风筝放飞、野营烧烤等系列活动，接待游客1万多人次。

【集镇建设】 整治出新老镇区，按照“统一设计、统一标准、统一制作”的要求对沿街店面破损标牌进行重新制作和更换，镇区主干道人民路、健康路、文化路划设道路交通标线、停车线，打造健康路、昌盛路绿化节点。开展清洁乡村行动，按照“十提升”要求，重点整治路边河道、背街后巷卫生环境，整顿集镇经营秩序，推进长效管理。加大集镇开发建设力度，建筑面积1.5万平方米尚城华庭二期竣工交付，建筑面积1.5万平方米的美佳房产一期首个小高层开盘销售。继续加大尚湖新镇区建设力度，实施绿化、亮化、美化工程，完善提升尚湖建设规划，加快新老镇区无缝对接。

【司法工作争先领先】 尚庄司法所以“司法为民”为宗旨，深入推进“矛盾纠纷排查调处、公共法律服务、特殊人群管理、法治宣传教育”四个全覆盖工作体系建设，坚持矛盾纠纷“防调结合”、宣传教育“德法相融”、重点对象“帮爱并用”，加强硬件建设、制度建设、队伍建设、业务建设，注重规范，提高实效，内强素质，外塑形象，为群众服务，让群众满意，全面实现司法行政工作提质增效。全年共调处纠纷356件，接收社区矫正人员19人，按期解除16人。村村建成市级民主法治示范村。镇司法所创建江苏省人民调解委员会规范化建设示范点，司法工作连续多年受到区表彰。所长何同华被授予“盐城市优秀政法干警”荣誉称号。

（朿殿旺）

·1983年全国“三八”红旗集体登记单位·

——盐城市郊区尚庄公社野塘大队妇代会负责人唐红粉

唐红粉自1980年担任妇代会负责人以来，组织开展“五好”家庭活动，建立总结评比制度，用光荣榜将83户“五好”家庭进行宣传表扬，同时大队干部敲锣打鼓将“光荣证书”和奖品一起送上门。全大队共8个“五保”老人，除大队将人平收入300元给他们补助外，全部生活都由妇代会承担，妇代会成员带头为“五保”老人做好事。80岁高龄的“五保”老人唐侯氏，一切家务由她和女儿包下来，唐红粉家不管做什么好吃的东西，首先送点给唐奶奶。唐侯氏临终前拉着她的手说：“你比我亲闺女还要亲！”在唐红粉的积极倡导和努力下，1982年大队建起了敬老院，彻底解除了“五保”老人们的后顾之忧。

她积极组织妇女参加农副业生产，全大队出现了7户专业户。为了适应联产到劳承包责任制的新形势她和妇代会还动员组织妇女参加大队举办的业余技术班，学科学、学技术，妇女们都认认真真、兢兢业业参加学习，在农副业生产中作出了贡献，1982年年底，有82名妇女得奖。

她想方设法维护妇女合法权益，当时，全大队400名妇女中有60多人经常受到家庭暴力和虐待，唐红粉和妇代会组织妇女认真学习贯彻中央办公厅(82)20号文件和省委(82)14号文件精神，坚决抵制虐待妇女的恶劣行径，为妇女讲话，为妇女维权，到1982年年底，基本没有虐待妇女的现象。

在计划生育方面，妇代会成员中有4个生育能力的委员都自觉领取独生子女证，全大队独生子女领证率达98%，1982年，被区委、区政府表彰为先进集体。

·乡村庙会热闹非常·

大年初五是民间迎“财神”的日子，在这一天举办“民间民俗传统庙会”是盐都区尚庄镇友于垛的过年传统，今年已经是举办民间民俗传统庙会延续第十三

2015 年尚庄镇各村(居)负责人

表 28

村(居)名	村(居)书记	村(居)主任
吉　爱	胥忠勤	王加元
庆　福	宗　俊	包耐群
姚　伙	王文俊	陈如华
荣　昌		王荣芳
古　殿	徐正新	殷纯传
界　河	王　珊	张文生
民　胜	尹洪刚	徐炳生
万　和	谭义刚	谭义刚
联　胜	刘道胜	胥爱芳
南　吉	季中洲	胥传还
塘　桥	杨绍宽	
北　堡	孙开林	孙开林
五　瑞	侯爱春	刘永根
瑞　南	陈　龙	陈　龙
瑞　北	胥加网	胥加书
上　潘	张称华	潘荣明
东　塘	刘卫红	朱正满
花　村	魏华忠	花茂桥

个年头了。在村头人们打扮成济公、花仙子、河蚌、大头蛙蛙、唐僧师徒、文武判官、莲湘、腰鼓、花担、荡湖船、男女双龙舞、狮子跳跃，旗幡招展、红灯高挂，敲锣打鼓，成群结队，尽情舞蹈。乡亲们把举办庙会当成一件大事来做，在腊月里就做了各项准备，一个自然村家家都有演员，他们自编自演，载歌载舞，你方唱罢我方登场。庙会将传统性、现代性、群众性、艺术性融为一体，热闹非常，引来十里八乡的乡亲一起来看热闹。村里家家都摆上供桌，敬上水果，鱼肉酒，点上斗香，摆上象征越来越甜的甘蔗，迎接走村串巷的踩街队伍。锣鼓声、鞭炮声此起彼伏，“祈福吉祥，带福回家”。祥龙在街巷桥头舞动着，乡亲们对来年的祝福与期望。

当地政府给这场民间文化活动提供了很大支持。全体村民热情参与，尽心投入。主办人周奎富今年81岁，豪情满怀，细心安排，服务周到。为办好乡村庙会提供有力保障，进一步打造传统文化特色乡镇。（周晨阳　许志和）

北龙港街道

Beilonggang Street

【概述】全街道土地面积21.32平方千米，下辖1个行政村，3个居委会，人口15053人，国内生产总值7.27亿元，财政总收入3298万元，农民人均纯收入16624元。

经济稳增促转势头强劲。主要指标再创新高，一般公共预算收入、地区生产总值、全社会固定资产投资、工业开票销售收入、农民人均纯收入等各项主要经济指标全面超额完成区委、区政府年初下达的任务。3家定报企业实现税收正增长，完成区政府落实的定报企业增长面任务。项目招引力度不减。重点突出产业招商，放大机械铸造、空调暖通设备两大传统特色产业优势。突出政企互动，通过以商引商提高招商选资实效，全年签约太阳能光伏发电亿元项目2个，实现新能源项目质的突破，后续可跟进二期；与盐高投集团签订项目，完成为高新区招引项目的任务。23.33公顷南龙果蔬基地顺利竣工，实现街道高效设施农业项目零的突破。产业加快转型升级，通过深化“三服务”，积极引导铸造、中央空调两大特色产业转型升级，空调企业逐渐由玻璃钢风管向金属风管转型，铸造企业逐渐由传统铸造向精密铸造转型。雷击科技公司新型缠绕管烘箱、一种新型高低压绝缘子制作工艺取得发明专利证书，实现工业企业科技工作的新突破。

统筹协调发展增创优势。强化农业基础地位。投资158万元，完成小沟级河道疏浚45条计17.92万立方米；争取总投资600多万元迎春河驳岸2400米、河道疏浚6800米项目；全年维修排涝站8座，维修圩口闸25座，顺利实施总投资181万元的农机到达最后一匡田工程，新建桥梁19座，机耕道4.4千米；争取龙兴村庄道路、南龙农业园生产道路、北龙韩家沟桥等3个财政奖补项目。完成成片造林11.8公顷，栽植各类苗木总量达2万株，实施“草镶边”工程，街道境内的圩堤全部绿化到位，打造公路绿化和南龙公墓绿化，圆满完成区委区政府下达的绿化造林任务。实施土地开发复垦项目1个，新增耕地1.07公顷，完成城乡增减挂钩项目2.36公顷。放大特水养殖优势。街道400公顷无公害基地水样、土样顺利通过省复检。史氏鲟工厂化养殖场新申报部级健康示范养殖场，中华史氏鲟新注册“兴鲟”牌商标，“北龙港”牌青虾申报市级名牌产品。突破农村热点难点。按照“分级储备、分级管理”的原则，储全备足防汛抢险物资，强降雨期间全区第一家关闸开机排涝，进行腾空预降，圩区内10座位排涝站16台（套）泵站累计开机排涝2997小时，加上冬训排涝时间，累计达3100小时，在复杂天气环境下，实现了安全度汛。扎实开展农村环境综合整治，完善“五位一体”运行模式，配备专业清运人员4人，保洁员87人，新建垃圾池42个，摆放垃圾桶569个，配运输车辆1辆；对一星级康居示范村、环境整洁村继续加大投入，累计投入60多万元，在绿化补植、刷白出新等方面再完善、再提升，顺利通过省、市组织的验收。秸秆“双禁”和综合利用工作成效显著，通过严明责任，“疏”、“堵”结合，夏、秋两季秸秆整街道、整村（居）全量还田，实现“不着一把火，不冒一处烟，不污一条河”的目标。土地确权登记颁证工作有序进行，各村居入户调查核实，协助测绘公司进村入户进行绘图，测量、地界指认工作。

集镇集聚效应持续放大。集镇商气人气两旺。以招商选资激活民间资本，强化集镇功能设施和环境建设，凝聚人气、商气，打造集镇经济亮点，全年共新办私营企业65家，新发展个体工商户200户，新增注册资本2.4亿元。土地经营扎实推进。积极做好以地生财、自身造血文章，供销社地段商贸中心重新启动，拆迁安置接近尾声；禽蛋加工厂地段1.2万平方米高品位“水上人家”住宅小区桩基进场。完善集镇基础设施。鉴于街道集镇基础设施投入欠账较多、配套功能不够完善的实际，通过积极争取、协调推进、精心组织，基础设施环境得到有效改善，群众期盼、搁置多年的文化路南延工程正式启动，投资近500万元的“两园”通达工程（龙岳路）竣工通车；对集镇绿化、亮化工程进行完善，清理疏通集镇区下水道，对破损路牙进行了修复。加强集镇日常管理。强化巡查监控，突出整治占道经营，加大对乱搭乱建的查处力度，清理乱贴乱画、乱摆乱放、占道经营现象。规范清理各类不合规定的户外广告、门头牌匾30多处，对集镇商铺实施门前三包责任制，引导督促商户做到门前三清。

民生幸福指数快速攀升。加大社会事业投入。对无证幼儿园进行综合整治，以中小学教育资源整合解决公办幼儿园问题。卫生院创新改革，眼科医院获批省特色专科（系盐都区唯一，全市仅两家），眼科特色门诊重振雄风，社会影响力进一步提高，龙兴、顺北卫生室提档升级工程顺利实施。殡葬改革平稳顺利，制定和完善永逸陵公墓的各项管理制度。丰富群众文化生活。全年组织小业余剧团在村（居）文化广场演出淮剧上百场，近1万多人次农民群众享受精神文化大餐；送电影下乡132场，送戏下乡4场，送图书下乡8次，中老年广场舞得到蓬勃发展，文化站在全国乡镇综合文化站评估定级中定为三级文化站。旅游产业有序推进。将旅游产业作为无烟工业和无形贸易打造，进一步完善“朱升文化生态园”总体规划方案，对朱升墓周边环境进行综合整治，建设力度不断加大。放大剪纸特色效应，在北小成立剪纸艺术工作室，组织师生按照高规格的要求剪出一些作品、装裱一些作品，在剪纸艺术工作室陈列。扶贫帮困做在经常。居家养老服务全区示范效应进一步放大，为北中患原发性淋巴癌的学生朱景伟发起爱心募捐倡议，帮助其筹集爱心款2万多元；街道全年新增农村低保11户18人，享受低保182户337人；全年发放低保金（含补助金）91万多元。开展临时救助300人次，救助金额13万元，低保户、特困户、五保户、三老对象全部参加新型农村合作医疗保险。

社会管理创新成效明显。切实维护社会稳定。坚持把来信来访作为畅通群众利益诉求的重要渠道，实行领导班子定期下访制度、每天1名班子成员带班接访制度，对基层信访事项，做到“件件有着落、事事有回音”。区交办的5件共性问题、1件个性问题和街道自排的7件重大信访问题，全部按照“一名包案领导、一个工作班子、一个化解稳控方案”的要求落实好化解稳控责任。安全生产常抓不懈。加强事故隐患整改，朱庄水上集中居住区消防安全隐患整治圆满完成区下达的任务；组织开展了道路交通、特种设备、危险化学品、冶金企业、持证上岗、建筑场地、职业危害、公共聚集场所、学生接送车辆和农机安全等专项整治活动；全年安全生产大检查17次，检查生产经营单位81个，整改事故隐患611条。

党建、精神文明建设全面加强。把“三严三实”贯彻工作全过程，坚持和完善民主集中制，坚持每月至少一次的中心组学习，高质量召开了班子民主生活会，自加压力，将龙兴居委会作为党建工作示范村居创建。加强干部队伍建设，选拔任用干部坚持德才兼备、以德为先的标准；认真抓好党员发展工作，按照“坚持标准、保证质量、改善结构、慎重发展”的十六字方针，积极稳妥地做好党员发展工作，全年共发展党员15名。坚持党管武装，民兵阵地建设得到进一步规范，超额完成夏季6名征兵任务，实际征兵9名。“三老一关”的作用得到进一步体现，老年工作搞得有声有色；重视发挥工会、共青团、妇联等群团组织联系群众的桥梁和纽带作用。从严治党落到实处。认真组织学习新的《中国共产党纪律处分条例》。坚持标本兼治、综合治理、惩防并举、注重预防的方针，重视廉政文化建设，剪纸廉政文化成为品牌。加大违纪党员的惩处力度，全年立案3件，处理违纪律党员6人。从严落实党风廉政建设责任制，健全各项管理制度，做到用制度管权、管事、管人。

【创新廉政文化建设模式】 街道精心谋划和有序实施“五个一”工程。即，建立一个廉政剪纸人才库，共有剪纸队伍300多人、剪纸能手超百人；举办一系列廉政剪纸展览活动，抓住党员冬训、各类会议、传统节日、重大活动等契机，精心制作廉政剪纸展板，组织党员干部观看；制作一本廉政剪纸集册，通过榜样励廉、案例警廉、花木寓廉、故事说廉、铁军护廉，努力渲染“以廉为荣，以贪为耻”的浓郁氛围，切实营造“莫伸手，伸手必被捉”的高压态势；开展一次廉政剪纸作品进机关活动，每个办公室都挂有廉政剪纸作品；建起一个区级廉政剪纸展示点，北龙港小学成功创建为“盐都区廉政文化建设示范点”。

【村（居）干部作风专项整顿】 通过“三看、三查、二访”检验村（居）干部作风

2015年北龙港街道各村（居）负责人

表29

村（居）名	村（居）书记	村（居）主任
顺　北	刘景标	刘景标
龙　兴	蔡大春	杨步成
北　龙	朱康付	朱党林
南　龙	戚思元	戚思元

专项整顿的效果。三看：一看干部的精神状态是否良好，工作是否到位；二看工作开展的是否有序，有无拖、软、散、浮、虚、差、等不负责任的现象和行为；三看服务态度是否生冷硬，只当干部不解决问题的现象。三查：一查会议精神的贯彻落实；二查工作效率、服务水平、工作制度建设的执行情况；三查干部为民办实事、排忧解难促发展的落实情况。二访：一访村干部和代表，了解两委、人大代表、政协委员对干部作风建设的意见和建议；二访群众，了解人民群众对开展干部作风建设的反映。

（梁立涛）

中兴街道
Zhongxing Street

【概述】 全街道下辖河夹、中徐、施湾、周伙四个村（居），总面积10平方千米，耕地面积608.07公顷，共2497户，9106人。街道办事处驻河夹居委会。实现地区生产总值45150万元，占区下达指标的100.3%；完成财政总收入1704万元，占区下达指标的108.5%；完成公共财政预算收入1051万元，占区下达指标的102%；实现固定资产投资2.68亿元，同比增长103.2%；实现居民人均可支配收入25286元，同比增长100.5%。

招商选资再创新业绩。成功招引深圳市宝晶达光电科技有限公司入驻高新区智创园二期，新上手机玻璃屏项目，连续3年完成区下达的为高新区招商任务。

项目建设展现新形象。3月，投资1.1亿元、征地1.33公顷的汽车刹车片项目开工建设，11月建成，12月完成开票销售1060万元，入库税收60多万元，实现当年开工、当年竣工、当年达效，12月29日，作为同类街道唯一项目接受全区观摩，连续2年为区委全会提供项目现场。投资5000万元、征地1.04公顷的全民创业园项目，办公楼、4号厂房主体工程竣工，1号厂房基础出正负零。完成投资550万元的中央财政优质稻米基地项目。快速推进以曹文轩故居为核心规划建设的草房子乐园项目，项目区内房屋修复、墙面装修、新建图书室、河塘整治、生态驳岸等工程到位，项目区周边道路、桥梁等基础设施施工，配套绿化工程启动。投入100多万元，同步建设的周伙市级电子商务村成功获批。

城乡面貌得到新提升。投资1.2亿元、征地0.84公顷的中兴商业广场主体工程封顶；开展集镇环境百日整治行动，巩固提高现有村庄整治成效，会办出台“五位一体”工作方案，建立长效管护机制；9月，农村环境综合整治、清洁乡村两项工作均高分通过上级验收；投资600多万元高标准建设施湾公益性公墓，骨干道路、河道沿线近3000座散坟全部迁进公墓；投入100多万元，推进盐淮高速、331省道沿线环境整治工作；投入70多万元，建设反帝河周伙段生态驳岸；投入80多万元，启动街道内中、小河流集中连片整治，对4个村17条河道进行全面整治。

农业农村工作开创新局面。扎实做好秸秆“双禁”工作，夏秋两季零着火点目标圆满实现。积极推广联耕联种发展模式，全年新增联耕联种200公顷；精心优化农业结构，全年新流转土地73.33公顷；坚持直面矛盾，土地确权调查摸底工作基本到位；加大对经济薄弱村的帮扶力度，实现村级集体经营性收入稳步增长；从严推进“村务公开”，确保村里大小事项及时公开到位；全年新办家庭农场2个，合作社1个，新发展种养大户14户；认真开展美国白蛾防治、农产品质量安全监管等工作。

民生事业取得新进展。超前做好青年路接线的拆迁清障、路面土方配套等工作，确保投资3000多万元的裕兴路、新关线两条接线先后进场施工；投入135万元的中华路、中兴北路提档升级工程实施到位，中华路绿化同步启动；投入近200万元的新关线北段提档升级工程、周伙村一事一议道路全部进场施工；浇筑通村公路6千米，新建各类桥梁15座；全面启动最后一匡田通达工程，打通联系群众最后一公里。2015年中考各项指标在全市185所镇（区、街道）初中中排名前10位，连续12年获得全区教育教学质量综合评估一等奖；强化软硬件投入，成功创建市级社区教育中心。高度重视信访积案化解，全年化解上级交办信访积案1件，化解全区共性问题5件；集中排查整治公共安全和社会治安隐患；抓好高危行业、重点企业和重点领域特别是校车安全、食品安全监管等，坚决杜绝重特大安全事故发生，为全国“两会”胜利召开和纪念抗日战争胜利70周年活动成功举办营造了良好社会环境。

党建工作。切实推进全面从严治党，严格落实“两个责任”，深化惩治和预防腐败体系建设，严肃查处党员干部违法违纪行为，进一步形成风清气正的政治生态。深入开展“三严三实”专题教育，巩固拓展党的群众路线教育实践活动成果，组织专题党课3次、专题交流研讨4次，召开班子民主生活会2次，开展奢侈浪费、为官不为等专项整治，作风效能持续优化。

2015年中兴街道各村（居）负责人

表 30

村（居）名	村（居）书记	村（居）主任
河　夹	徐　俊	曹芳萍
中　徐	徐　松	王太英
施　湾	徐国群	沈洪章
周　伙	杨寿宝	周友铭

【戴元湖到中兴视察秋粮收购工作】 11月24日下午，市委副书记戴元湖一行在区委书记羊维达陪同下，到中兴街道调研秋粮收购工作，详细了解粮食收购流程，重点察看粮食烘干设备，并与农民深入交谈，了解农民售粮意愿及对政府的期盼和要求，深入粮仓现场查看入库粮食的存储情况。

【吴本辉到中兴调研】 4月10日，区长吴本辉到中兴街道民营创业园，视察金麦穗汽车配件和松琳机台设备底座等项目建设，详细了解在建项目进展情况和企业生产、经营、销售等方面情况，询问工程建设和企业运行所面临的困难，认真听取情况反馈和建议。对中兴街道在推进八大类重点工程建设方面取得的成绩给予充分肯定。

【周伙村获批市级电子商务示范村】 10月，周伙村成功获批盐城市电子商务示范村。投入100多万元，建成电子商务办公场所及物流仓储，并制定一系列政策鼓励回乡创业，吸引人才。全村电子商务年交易额700万元，开设网店的村民户数达135家，日发货量300单，带动就业人数200余人。（唐文峰）

北蒋街道
Beijiang Street

【概述】 街道土地面积12.75平方千米，人口1.2万人，下辖童成、卢村2个行政村和远景、厉民2个居委会，共有17个村（居）民小组。全年实现地区生产总值6.7亿元，增幅8.6%；全社会固定资产投资完成5.02亿元，增幅24.4%，其中工业投资完成4.1亿元，增幅17.3%，服务业投资完成5540万元，增幅28.7%；规模工业增加值完成1.55亿元，增幅11.7%；服务业增加值完成2.3亿元，增幅10.3%；一般公共财政预算收入累计完成2467万元，增幅12.6%。城镇居民人均可支配收入实现29224元，增幅9.3%；农村居民人均可支配收入实现16662元，增幅9.6%。提前3个月完成民营经济两大指标任务，新增私营企业63户，新增个体工商户205户，分别占年计划的105%、102.5%。

工业经济运行总体向好。全年规模企业实现增加值15463万元，开票销售15998万元，入库税收810.3万元，分别同比增长11.7%、23.8%和10.8%。全口径实现开票销售31462万元，入库税收1479万元，同比增长21.9%、20.5%。其中，骨干企业继续发挥支撑作用。全街道共有7个规模企业，50%的企业运行态势良好。沙子电器、艾斯特、苏鑫贷款、昌国木业、远景房产、悦富电子、鹏飞机械、国盛纺织等实体企业和注册企业为全街道财税任务的完成奠定坚实基础。佰瑞达、忆童年、圆融建材等一批项目相继竣工投产，培植新增长点，佰瑞达体育用品有限公司左洪亮董事长参加全市创业大赛，获评盐城市“创业之星”称号。

招商选资、项目推进富有成效。全年新签约各类项目15个，其中亿元以上工业项目1个，5000万元以上项目2个。全年新开工项目2个，盐城市圆融新型建材有限公司的商品混凝土项目，项目新建1200平方米办公楼一幢，新建桥梁一座，新建散装混凝土生产楼一座，大型储罐2座；江苏欧迈机械工程有限公司的二期6000平方米标准厂房项目。1月，开工建设，8月，全面竣工。全年新竣工项目4个；市佰瑞达体育用品有限公司，项目征地1.67公顷，总投资1亿元，建筑面积1.5万平方米，2014年12月开工建设，2015年8月竣工投产；盐城忆童年儿童用品有限公司与苏州“好孩子”集团合作，新上儿童用品项目，全面投入生产；圆融建材有限公司；欧迈机械的二期工程6000平方米标准厂房。

农业农村工作成绩显著。实施“生态北蒋”建设，新增成片造林面积10公顷，建成厉民村庄绿化示范村1个，使全街道绿化覆盖率达23%。农村“三夏”、“双秋”工作安全无事故。新发展卢村113.33公顷、童成86.67公顷机条播联耕联种稻麦。年内，新发展家庭农场2个，总面积达13.33公顷。夏秋两季秸秆综合利用和“双禁”工作取得历史性的好成绩，秸秆全量还田率分别达99.1%和98.1%，同时全面实现零焚烧、零下河目标。夏季防汛防旱工作准备充分，保证年内出现强降雨日降200毫米雨量时，全街道能够安全度汛，未受一处灾。农村河道整治工作有序推进，全面推进“河长制”长效管理模式和农村环境“五位一体”长效管理机制，农村河道三年行动方案全面启动，三年任务一年全部完成。实施最后一匡田通达工程，新建农桥13座，农村一事一议奖补工程新建农桥1座，硬化道路累计达3700米。实施中央小型农田水利重点县项目，项目总投资累计达1020万元。

镇村建设稳步有序推进。扎实抓好“五个一”重点工程建设，年内，投入200多万元，实施农村公路提档升级、桥梁拓宽工程，北卢线5座公路桥梁全面竣工通车；投入35万元，完成通村公路5000米长绿色通道建设。成立农村环境“五位一体”长效管理办公室，组建5个河道保洁作业组，配备了10名专职人员，新购置5条小型水泥船、2台割草机和2台电动修剪机等设施，“五位一体”长效管理机制全面落实。投入200多万元，对农村环境综合整治工作进行完善，实施厉民节点绿化打造和集镇路灯改造工程，农村环境综合整治工作一次性通过省全域验收。投入100多万元，实施“清洁乡村”行动，对集镇破损路面、堵塞下水道、破损桥头及破损通道等进行修补；对主要道路花池进行绿化美化，面积达1000平方米；对康宁路两侧人行道进行硬化，达500平方米；对艾斯特厂、康宁路两侧影响美观的墙体及乱涂乱画的垃圾池进行刷白，达2000平方米，顺利通过市区验收。完成8户低保户、五保户及困难户危房改造和10户渔民上岸工程建设任务。

社会事业同步协调发展。教育教学工作再创佳绩，实验学校158名学生参加中考，680分以上的有6人，一中达线22人，龙冈达线35人，男幼师2人；成人教育中心校成功创建省级社区教育中心。投入30多万元，实施卢村省标卫生室改扩建工程，中心卫生院积极创建省级示范乡镇卫生院，群众就医条件日益改善。居家养老工作走在全区前列，成功打造“居家养老”星级站点。社会救助体系进一步完善，新审批五保户4人，低保户1户2人，全年累计发放各类救助资金120多万元，临时救助312户957人次。成立街道“残疾人托养中心”和卢村残疾人托养所，帮助12名残疾人就业，对5名白内障患者进行免费手术治疗。投入150多万元，实施童成公益性公墓提升工程，对停车场、绿化和墓区内道路等基础设施进行进一步打造，安装全角度监控系统，新建墓穴442座，绿化率达85%。敬老院投入60多万元，精心打造北侧休闲小游园，积极创建二星级敬老院。人社中心组织开展创业培训85人，劳动力技能培训95人。成功举办第五届老年文化艺术节，街道老年健身队多次参加省市区太极剑、功夫扇等集体舞比赛和表演活动，多次获奖。

党的建设进一步加强。扎实开展党的群众路线教育实践活动后续整改和“三严三实”专题教育，作风建设持续深入。党建载体建设和宣传工作不断创新，全街道4个村居全部组建网络党支部，对所有流动党员纳入管理，全街道830名党员，有228人订阅共产党员、江苏先锋、盐城党建等微信公众号，宣传覆盖面进一步扩大。继续推进党代表工作室建设，为群众解决实实在在的难题，融洽党群关系。继续开展“真情家家到，争当五大员”“评定升”和“三学三比三促”活动，广大党员的素质和能力得到进一步提升，服务群众的意识和水平得到进一步强化。上半年预备党员到期转正12名，新发展预备党员11名，培养积极分子33名，基层党支部的战斗堡垒作用和党员干部的先锋模范作用得到充分发挥，党的凝聚力、战斗力得到进一步加强。

社会大局保持和谐稳定。全面落实上级有关文件和会议精神，继续明确领导干部“一岗双责”包保责任，按照区委、区政府的统一部署，扎实开展了“五项排查”、领导干部下访金桥行动、“三解三促一加强”和“安全生产月”、重大节日安全生产大检查等活动，成立各个活动的专项领导小组，召开了专题会议，使活动有力有序顺利开展。在全国两会、“9.3”阅兵、五中全会和省委巡视组巡视以及重大节日期间，实现“四个确保”目标，全街道保持安全生产无事故，为经济社会发展营造和谐稳定的社会环境。

【成人教育中心校成功创建省级社区教育中心】 2015年，北蒋成人教育中心校成功建成省级社区教育中心，成人教育工作受到国家和省市区成人教育协会领导的高度肯定。2014和2015年，街道围绕创建省级社区教育中心目标，投入100多万元，对成人校内外环境和软硬件设施进行打造，进一步整合资源，建成集成人教育中心、文化服务中心、老年人活动中心、全面健身中心等为“四位一体”的“北蒋文化教育活动中心”，全街道凡是涉及培训的项目与活动全部到社区教育中心举行。按照省级标准化社区教育中心的要求，配齐各类功能室，配置好相关装备，对校园亮化、绿化和美化进行提升，布置文化长廊、画墙等，建成灯光篮球场和高标准乒乓球训练馆。在成人教育培训方面，重点围绕地方特色产业，采取独立办学与协作办学的工作思路，开展园艺苗木、电子装配等岗位技术等级培训和涉农中专学历提升培训，邀请省农科院专家举办水稻机插秧和病虫害防治农业实用技术培训班，配合街道相关部门举办农村土地确权登记培训班和农村电子商务培训，加快农民致富奔小康的进程。

【居家养老“童成模式”为全区树立典型】 年初，在童成村率先成立“居家养老”社会服务站，投入60多万元打造居家养老“星级站点”，成立专业的家政服务站，建有日间照料室、亲情视频室、助餐点、儿童关爱之家、助医服务、洗衣室及综合活动中心等设施，全村人口3120人，其中60岁以上老人754人，主动申请政府购买服务的143人，对象分别为80岁以上老人、70岁以上五保老人、70岁以上的低保对象、低保中的残疾人员及重点优抚对象。

【引进人才获评全市“创业之星”】 街道高度重视人才引进和招商选资工作，2014年，通过招商选资，成功引进盐城市佰瑞达体育用品有限公司落户工业集中区，公司董事长左洪亮系留学回国人员，2014年到北蒋投资兴业，在北蒋工业集中区征地1.67公顷，投资1.5亿元，建成包括营销中心、研发中心、生产中心、行政服务中心和职工培训中心在内的1.1万平方米厂房设施，8月全面投产。公司重视产品研发，拥有包括足球训练人墙、折叠温室、隧道式种植篷等8项国家专利，产品涵盖体育用品、户外用品和园林用品三大类，主要出口欧美市场。公司的体育用品包括青少年训练用的折叠足球门、足球包、足球短装、足球袜、高尔夫练习网、棒球网等；公司的户外用品包括儿童帐篷、沙滩帐篷、野营帐篷、宠物帐篷等；公司的园林产品包括折叠温室、隧道式种植篷、折叠防鸟网、植物种植袋等。公司重视自主品牌建设，在国内注册“佰瑞达”商标，在美国注册“PORAY”商标，计划用三年的时间把自主品牌的产出比重提升到总产出的80%以上，实现从代工企业向自主品牌企业的根本转变，从而大大提升企业的盈利水平。公司重视互联网工具的利用，在阿里巴巴、亚马逊、慧聪、中国制造网都有网络推广，公司业务收入的的90%以上来自网络销售，计划在三年内建成100人以上的网络销售团队，解决500人的就业，实现2亿元左右的销售收入，为地方经济建设和社会发展做出积极的贡献。2015年，在盐城市创业大赛中荣获一等奖，董事长左洪亮被评为盐城市年度“创业之星”。

（吴红斌　钱晓洁）

2015年北蒋街道各村(居)负责人

表31

村(居)名	村(居)书记	村(居)主任
远景居委会	蒋中友	杨秀云
厉民居委会	周龙余	潘秀萍
卢　村	倪扣才	卢玉江
童成村	吉安邦	朱安兵

人 物

Figures

◆新闻人物

◆一对夫妻同时“落户”好人馆

新闻人物

People in the News

孙益海

孙益海，男，1969年10月出生，江苏盐都人，中共党员，高中文化，盐都区公安局郭猛派出所民警。2015年3月27日，被省委、省政府表彰为全省人民满意的公务员。1995年11月30日，在治爆缉枪行动中英勇负伤，手术后左腿高位截肢，被省民政厅评定为因公三级伤残。1997年底，经过康复治疗，他以惊人的毅力克服身体遭受重创、生活无法自理及手术后遗症等困难，戴着假肢，带着残留在体内的20余颗铅弹，毅然重返工作岗位。17年来，他坚持用一条腿走村入户，为群众办理户口和身份证件1.2万多人次，调解矛盾纠纷280多起无反复，是群众公认的好警察。其事迹先后被《法制日报》《中国青年报》《新华日报》《人民公安报》、人民网、中央人民广播电台、江苏电视台等数十家媒体报道，被150多家网站转载，受到近万网民跟帖、留言、赞誉。曾获“江苏最美警察”“全国公安系统二级英雄模范”等称号，记个人一等功1次、个人三等功2次，多次被评为优秀共产党员，其家庭被省妇联评为全省五好家庭。

张大友

张大友，男，1961年7月出生，中共党员，大专学历。盐城市盐都区农业科学研究所农业技术推广研究员，享受盐城市政府特殊津贴专家，2015年4月被中共中央、国务院授予“全国劳动模范”荣誉称号。

1980年2月参加工作。主持育成水稻新品种10个通过省级品种审定，其中，扬育粳2号2015年被农业部确认为“超级稻”品种。获国家植物品种权10项、研制省级农业地方标准8部，获省农业推广一等奖1项、三等奖1项，省丰收奖二等奖1项、市二等奖5项、市三等奖2项。发表论文60余篇，其中独著7篇，第一作者10篇。先后获江苏省农业科技先进工作者、江苏省粮食生产突出贡献农业科技人员、全省科普工作先进工作者、全省农业科技推广先进个人、全省“送科技下乡 促农民增收”优秀科技特派员、盐城市优秀科技工作者、盐城市农业科技先进工作者、盐城市农业科技创新工作先进个人、江苏省第五批“六大人才高峰”培养对象、盐城市优秀党务工作者等10多项荣誉称号。

张 梅

张梅，女，1964年2月出生，大学本科学历，经济师职称。民建盐都总支部主委、盐城市人大代表、盐都区司法局副局长，2015年12月，在中国民主建国会成立70周年纪念大会上，被表彰为“全国先进个人”。

1985年8月参加工作，先后在东台市城北职业中学任英语老师，盐城市郊区养老保险管理中心任财务会计，盐都县医改办任财务科科长。2001年10起在区劳动和社会保障局工作，先后担任财务审计科科长、副主任科员、局长助理。2010年1月任区建设局副局长，2010年10月任盐城市科教城开发建设指挥部副指挥长，2012年5月，任盐城市区司法局副局长。工作期间，先后担任政协盐都区第十一届、第十二届委员会常委，2012当选为盐城市第七届人民代表大会代表；2007年-2016年期间，先后担任民建盐城市第三届、第四届委员会委员;2011 年 7 月，当选为民建盐城市盐都总支委员会主委。

在担任民建盐都总支主委期间，积极开展党派特色公益活动，先后组织开展对青海玉树藏区竹巴寺贫困小学、四川省凉山彝族自治州四合小学、云南偏远地区多民族磨憨小学的“同心助学”活动，给那里的孩子们带去电脑、图书、文具、衣物、食品等学习生活用品;坚持开展总支品牌公益活动“慰问空巢老人”，五年来，每年的春节、端午、中秋三大节都带着红包和食品用品前往探望老人，关心他们的健康，解决他们的困难，安抚他们的心灵;组建“爱心妈妈”团队，结对帮扶三名留守困境儿童等等。总支活动的信息和图片在中新网、人民网、新华网等都有报道，网络媒体覆盖全国。认真做好参政议政工作，积极报送社情民意、建议、意见、议案，每年都有信息材料被民建中央网站、民建省委、省委统战部、民建市委、市委统战部采用，多篇材料被作为民建市委报送市政协会议的集体提案，如 2015 年报送的“关于市政府重大协议行为建立法律咨询和合法性审查”的建议被列为市政协重点提案，由主席督办。积极开展党派理论研究，撰写理论研究论文，其中 2013 年报送的“关于加强党派基层支部组织建设的几点思考”，2015 年报送的“民建党派基层组织应在全面推进依法治国进程中发挥积极作用”两篇论文获得民建省委理论调研文章优秀成果奖。2014 年 4 月，民建盐都总支被民建江苏省委表彰为“先进基层组织”。

谢先中

谢先中，男，1976 年 3 月出生，中专文化，中共党员，盐城市盐都区水务局郭猛水务站站长。2015 年 2 月获得第七届江苏省农业技术推广奖二等奖。

1996 年 12 月参加工作。先后从事水利财务管理，水利工程建设、施工管理工作。参与江苏省国家首批高标准农田建设项目的设计和施工管理工作，为江苏省高标准农田建设的示范引导工作提供依据。在江苏沿江沿海地区防渗渠机械化现浇成型技术推广过程中与相关设计、施工单位认真研究，针对不同地区的地貌特征、土壤特性，从节约水资源、有利于工程施工的角度提出多种技术方案，为本地区农业综合开发项目顺利实施提供了有力的保障。

王金海

王金海，男，1974 年 7 月，出生于盐都区秦南镇，大学文化。盐都区红十字会志愿服务部部长、盐都区互联网协会副会长、民建江苏省委第八届理论研究委员会委员、民建盐城市社会工作委员会委员。2015 年 9 月，被中国红十字会总会授予“2015 年度中国红十字会总会报刊宣传先进个人”。

1996 年参加工作，热心公益、乐于助人，在服务好智慧化红会建设，推进备灾救灾、募捐筹资、献血捐髓、救护培训和社会救助工作长足进步同时，利用负责文字材料、志愿服务、救护培训、网站建设和宣传工作的优势，运用成功实施国际合作防艾项目工作经验，深入研究传播理论，组织特色活动，并通过中新网、新华网等主流媒体和国家、省市报刊推荐盐都好人好事，传播博爱文化，影响和带动区域内外一大批爱心志愿者在传播健康生活方式、净化网络舆论空间、消除误解歧视隔阂、及时帮助困难弱势群体、共建共享美好家园的具体实践中倡导道德新风尚、传递社会正能量，多次受到中国红十字会总会、江苏省红十字会、盐城市委统战部、宣传部、民建盐城市委和盐都区委、区政府及相关部门的表彰。

王云玲

王云玲，男，1940 年 8 月出生，中专文化。1961 年从省淮海农校毕业后，统一分配到盐城县副业局工作，历任技术员、副股长、股长、副局长，1992 年任局长，1981 年入党，1994 年任党委书记，1991 年技术职称为高级畜牧师。1996 年底退到二线。2015 年，被评为全国关心下一代先进工作者、全省离退休干部先进个人、全市“老有所为”之星、全区优秀共产党员。他退休后担任老干部党支部书记。20 年来，坚持认真学习，不断提高自己的思想觉悟和为农服务的本领。他觉得:“牛扣在桩上也是老”，退休不等于退党，有一技之长不用是人力和智慧资源最大的浪费。为此，他利用老领导、老同行等关系，搭建了多个服务平台。他组建了“不老松”农业老专家服务团，亲自担任团长。为加快科技推广速度和效果，在全区建成了徐炳玉良种猪场、李桂发良种蛋鸡场、江苏泰和农牧循环基地、盐城市绿发特种水产养殖有限公司、夏吉萍智能自动化养鸡场、夏建明鸽场、加兵农机专业合作社等八个农业科技服务示范基地，实行挂牌、定点、定人、定责服务。多年来他坚守“讲给农民听，做给农民看，指导农民干，帮助农民赚”的诺言。下乡进行技术讲座 30 多场次，听课 1 万多人次，解答农民科技咨询 3000 多人次，帮助农民成立 6 个专业合作社。为解决养蜂业下滑的问题，他主动邀请国家养蜂顶尖知名五位科学家，在盐城宾馆和瀛洲宾馆两次举办养蜂技术培训班，听讲蜂农 120 多人，个个觉得“到嘴到肚、解饥解渴”。他约请几位老专家编写了“科学养猪八法”、“规模养鸡九改”、“杂交。他热爱党，热爱社会主义，热爱事业。他多次获得上级党政部门和社团表彰奖励。

熊新华

熊新华，男，1964年7月出生于盐都区秦南镇，区教育局局长、党委书记，区委教育工委书记，江苏省特级教师，教授级中学高级教师，江苏省教育学会化学教学专业委员会理事，盐城师范学院兼职教授，盐城工学院兼职辅导员，盐都区党代表，盐都区人大代表。2011年5月，被江苏省人民政府授予省劳动模范。2015年1月被表彰为享受国务院特殊津贴专家，同年，被确定为江苏省人民教育家培养对象。

1984年起，历任盐城市第一中学教师、教务处副主任、主任、年级主任、副校长、党委委员等职，2005年11月调至龙冈中学任校长、党总支书记。2010年4月调至盐城市第一中学任校长、党委书记。2015年3月调任区教育局局长、党委书记。1995年被评为市首批中学化学学科带头人，2010年被评为省特级教师。他坚持以人为本，积极推进管理改革，科学定位管理目标，积极推进教育改革，深入实施素质教育，倾力打造办学特色，全力办好面向百姓的优质教育，取得一流的工作业绩。先后获得省优秀教育工作者、省“333工程”培养对象、省青少年科技活动优秀组织工作者，市劳动模范、市优秀党务工作者、市有突出贡献的中青年专家、市名校长、市教育国际交流与合作先进个人等荣誉称号。

武红梅

武红梅，女，1970年9月出生于盐都区郭猛镇，1991年毕业于盐城师范音乐专业，大专文化、现在盐城市郭猛实验学校工作。2015年被全国妇联、公安部授予“全国好警嫂”受到中央领导亲切接见；2015年11月被中央宣传部、中央文明办评为“中国好人”。

1995年11月份，丈夫孙益海因公负伤，左腿被高位截肢。在住院的100多个日日夜夜里，孙益海先后经过四次大手术。面对繁重而又单调、枯燥的生活，其妻武红梅一个人承受了好几个人的艰辛，喂药、喂水、导尿，每天上百次的重复，细心而周到。孙益海出院后，为了帮助丈夫克服心理阴影，武红梅始终陪伴左右，用爱慢慢点燃起孙益海生的希望。正是在她的鼓励下，1997年底，孙益海带着没取出的36颗弹珠，戴着假肢，毅然重返工作岗位。在此后近20年里，武红梅甘当丈夫孙益海的“另一条腿”，以超乎寻常的毅力和信念撑起家庭的全部风雨。2007年武红梅老师被共青团省委、省妇联、省公安厅、省宣传部联合表彰“江苏十大优秀警嫂”；2012年被省妇联评为“五好文明家庭”。武红梅老师用自己微薄的力量，担当起家庭的重担，重燃丈夫生命的希望，支持他重返工作岗位先后获得全国公安系统“二级英模”、省人民满意公务员、江苏最美警察、荣立“一等功”一次、“二等功”一次、“三等功”3次，做到工作与家庭兼顾，集体与个人并重。

·一对夫妻同时“落户”好人馆·

至2015年年底，经市文明办证实，全市首对夫妻共同入住好人馆，这在盐城市尚属首对。这对夫妻就是盐都区公安局郭猛派出所民警孙益海、盐都区郭猛实验学校老师武红梅。

1995年11月份，孙益海因公负伤，左腿被高位截肢，几乎失去生活信心。关键时刻，武红梅不离不弃，始终陪伴左右，不仅帮助丈夫克服了心理阴影，在后来的日子里，还用真爱激起丈夫顽强拼搏的干劲。

丈夫重返工作岗位后，武红梅不仅以超乎寻常的毅力和信念撑起家庭，还甘当丈夫的“另一条腿”。有好多次，丈夫下乡开展调查不方便时，她二话不说，就会自己驾驶着摩托车，陪着丈夫去工作。多少年过去了，对她而言，就没有“假日”两个字。

“组织和妻子的关爱，让我更加懂得了活着的意义。既然重返岗位了，就要干好，即使再平凡不过的事情，即使再枯燥无味的工作，也要认真对待，这就是我对自己的要求。唯有如此，才能回报组织和妻子。”这是孙益海1997年底重返工作岗位时说过的一句话。

1997年底，孙益海带着没取出的36颗弹珠，戴着假肢，毅然重返工作岗位，行走近2万公里，办理居民身份证或户口1.2万余人，化解矛盾纠纷约300起。不仅如此，他还决心“一辈子做人民群众的老熟人”，被辖区群众称为贴心的“独腿硬汉”。

武红梅当选2015年11月“中国好人”。在此之前，她还被表彰为“全国好警嫂”、第五届“江苏十大优秀警嫂”、首届“盐城市十大优秀警嫂”；今年1月份，她又被表彰为“盐城最美教师”。同样，孙益海在平凡的岗位上做出了不平凡的业绩，荣获“全国公安系统二级英模”、“全省人民满意的公务员”、“江苏最美警察”、个人一等功等多项荣誉，当选2013年12月“江苏好人”，其家庭也曾被表彰为“江苏省五好文明家庭”。

附　　录

Appendix

◆荣 誉 栏

◆文件选编

◆统计资料

荣誉栏

Honor Bar

·省(部)级表彰的先进集体·

盐都区	2015年2月，被省政府表彰为全省学前教育改革发展示范区;3月，被省政府表彰为全省义务教育优质均衡发展区;4月，通过国家级生态区考核验收
区教育局	2015年7月，被中国红十字会总会表彰为2015年全国红十字青少年自救互救知识竞赛活动最佳组织一等奖;9月，被中国红十字会总会授予报刊宣传先进集体三等奖
泽夫初中	2015年7月，被教育部授予全国青少年校园足球特色校称号
楼王初中	2015年7月，被教育部授予全国青少年校园足球特色校称号
北蒋实验学校	2015年7月，被教育部授予全国青少年校园足球特色校称号
潘黄实验学校	2015年7月，被教育部授予全国青少年校园足球特色校称号
市二小	2015年7月，被教育部授予全国青少年校园足球特色校称号
毓龙路实验学校	2015年10月,被教育部授予全国学校体育工作示范校
郭猛实验学校	2015年10月,被教育部授予全国学校体育工作示范校
江苏亚特电缆有限公司	2015年10月,被科技部认定为国家高新技术企业
大纵湖镇	2015年2月，被中央精神文明建设指导委员会表彰为“全国文明镇”
大纵湖镇三官村	2015年9月,被司法部、民政部表彰为“全国民主法治示范村”
盐城高新技术产业开发区	2015年2月，被国务院认定为盐城国家高新技术产业开发区
(中恒宠物)	2015年7月,被商务部表彰为2015—2016年度电子商务示范企业
楼王镇	2015年9月，被农业部认定为全国一村一品示范村镇
楼王中心卫生院	2015年12月，被国家卫计委表彰为2014—2015年度群众满意的乡镇卫生院
盐城市淮剧团	2015年12月,被中宣部、文化部、广电新闻出版总局表彰为第六届“全国服务农民服务基层文化工作先进集体”
淮剧《半车老师》	2015年9月,入选国家艺术基金2015年度舞台艺术创作资助项目大型舞台剧和作品
区红十字会	2015年7月,被中国红十字会总会表彰为“全国红十字青少年自救互救知识竞赛”活动最佳组织一等奖;9月,被中国红十字总会表彰为2015年度中国红十字会总会报刊宣传先进集体二等奖
仰徐现代农业科技有限公司科普示范基地	2015年6月,被中国科协、财政部联合表彰为2015年“基层科普行动计划”先进单位
盐都二院	2015年12月,被国家卫计委确认为全国首批“群众满意的乡镇卫生院”
区疾病预防和控制中心	2015年3月,被国家卫计委表彰“全国疾病预防控制先进集体”荣誉称号
区政务办	2015年11月，被国家标准化委员会表彰为“国家级行政服务标准化试点单位”

·市(厅)级表彰的先进集体·

盐都区	3月,被全国全民终身学习活动周工作领导小组、中国成人教育协会联合授予“2014年全民终身学习活动周“优秀组织奖;4月,被省体育局表彰为省公共体育服务示范区;被省教育厅、体育局认定为省青少年校园足球试点县;10月,被旅游局表彰为江苏省乡村旅游创新发展示范区;10月,被省残疾人工作委员会授予“残疾人专项调查先进集体”称号;12月,被省新闻出版广电局授予江苏省2015年度实施农家书屋提升工程试点工作示范县称号;12月,被省“扫黄打非”办公室评为省“扫黄打非”工作先进地区;2016年3月,被市委市政府表彰为“2015年度农业现代化和统筹城乡发展工作先进单位”;2016年4月,被市委市政府授予2015年度“政法综治和信访稳定工作奖”
区教育局	3月,被省学生体育协会授予省中学生体育竞赛培训活动优秀组织奖;8月,被省教育厅授予省第五届中小学生艺术展演活动优秀组织奖;9月,被省教育厅、财政厅授予全省学生资助工作绩效评价优秀等级;12月,被省教育厅授予全省中学生作文大赛优秀组织奖(高中组、初中组)
泽夫初中	11月,被省体育局命名为省青少年篮球俱乐部
市一中	12月,被省体育局、省教育厅命名为“江苏省青少年校园篮球特色学校”
毓龙路实验学校	12月,被省体育局、省教育厅命名为“江苏省青少年校园篮球特色学校”
区住房和城乡建设局行政许可服务科	2015年11月,被团省委表彰为江苏省青年文明号;2016年2月,被省住房和城乡建设厅市政务服务管理办公室表彰为全市政务服务工作优秀服务窗口
区卫生局	2015年5月,被市政府评为“2015年—2016年市级依法行政示范点”
大纵湖镇卫生院	2015年12月,被省卫计委确认为省示范乡镇卫生院
秦南镇北蒋卫生院	2015年12月,被省卫计委确认为省示范乡镇卫生院
学富镇卫生院	2015年12月,被省卫计委确认为省示范乡镇卫生院
楼王顺北村卫生室	2015年12月,被省卫计委确认为“省示范村卫生室”
楼王丁马港村卫生室	2015年12月,被省卫计委确认为“省示范村卫生室”
大纵湖大范村卫生室	2015年12月,被省卫计委确认为“省示范村卫生室”
秦南江窑村卫生室	2015年12月,被省卫计委确认为“省示范村卫生室”
龙冈留璜村卫生室	2015年12月,被省卫计委确认为“省示范村卫生室”
区卫生监督所	2015年12月,被省卫生监督所表彰“2015年度基层卫生监督工作先进单位”
盐城高新技术产业开发区	2015年9月,被省人力资源和社会保障厅表彰为省级创业示范基地;被发明家协会表彰为中国发明创业(华东)基地;11月,被省科技厅认定为江苏省“苗圃—孵化器—加速器”科技创业孵化链条建设试点单位;12月,被省商务厅省知识产权局认定为江苏省知识产权试点园区
潘黄街道	2015年3月,《大孙居志》被省方志馆表彰为优秀村志;6月,被市委、市政府、军分区表彰为双拥模范街道;
潘黄宝才居委会	2015年3月,被省民政厅表彰为和谐示范社区;
潘黄仰徐村	2015年11月,被省旅游局、中国江苏网表彰为2015江苏首届网络乡村旅游评选活动“最具人气乡村旅游镇村”
潘黄仰徐村	2015年12月,被省农委认定为首批江苏省农家乐聚集村示范村
盐城仰徐乡村旅游创客基地建设项目	2016年1月,被省旅游局表彰为创新发展优秀项目
潘黄街道	2015年12月,被省委组织部、省委宣传部表彰为2014年度全省基层党员冬训工作示范乡(镇、街道)
盐城市唯佳草莓专业合作社	2016年2月,被市委市政府表彰为2015年度推进农业现代化工程建设先进单位
潘黄宣传办	2016年,被市委市政府联名表彰为市宣传思想和文化发展工作先进单位
尚庄司法所	2015年1月,被省司法厅表彰为“江苏省社区矫正工作先进集体”
尚庄东塘村	2015年3月,被省民政厅表彰为“江苏省和谐社区建设示范村”
尚庄初级中学	2015年1月,被江苏省环境保护厅、江苏省教育厅联合表彰为“绿色学校”;11月,被省教育厅、省体育局联合表彰“江苏省第十六届中小学生三门球锦标赛初中女子组一等奖”
贵航家庭农场	2015年5月,被省农委表彰为“江苏省示范家庭农场”
江苏盐电阀门有限公司	2015年10月,被国家工商行政管理局商标局认定为“YDF中国驰名商标”

大冈镇	2015年3月，被省民政厅表彰为江苏省和谐社区建设示范乡镇；8月，中国纺织工业协会表彰为被中国砂带基布产业示范基地
大冈镇胜利居委会	2015年3月，被省民政厅表彰为江苏省和谐社区建设示范社区
大纵湖镇鱼范村	2015年5月，被省商务厅认定为“江苏省电子商务示范村”
北龙港业斌水产养殖专业合作社	2015年12月，被农业部办公厅表彰为农业部水产健康养殖示范场
北龙港卫生院眼科	2016年1月，被省卫生计生委办公室表彰为江苏省乡镇卫生院特色科室(系盐都区唯一，全市仅两家)
盐城瑞升齿轮有限公司	2015年8月，被省国税局、省地税局、省财政厅、省科技厅认定为国家高新技术企业
盐城市金州机械制造有限公司	2015年1月，被省教育厅、省科技厅获准建设省企业研究生工作站
盐城大纵湖湿地旅游度假经济区	2015年6月，被省政府表彰为江苏省盐城大纵湖旅游度假区
区妇联	2015年5月获省妇联表彰为江苏儿童慈善“创新组织奖”，8月，获省文明办“文明江苏”志愿服务行动创新案例二等奖
团区委	2015年7月，被团省委表彰为“优秀项目办”
区司法局	2015年12月，被省法宣办、省司法厅表彰为“法润江苏”活动先进集体
潘黄司法所	2016年1月，被省司法厅表彰为优秀司法所
张庄司法所	2016年1月，被省司法厅表彰为优秀司法所
区工商联	5月，被中华全国工商业联合会办公厅表彰为“全国‘五好’县级区工商联”；12月，被江苏省工商业联合会表彰为“全省先进集体”
区农工办	2016年1月，被省委农村工作领导小组办公室授予创新奖
仰徐现代科技农业有限公司	2015年6月，被中国科协、财政部表彰为科普惠农新村先进单位
滨湖街道工委	2015年8月，被团省委评为2015年度“先进单位”
寿保公司	2016年1月，被省老龄委、省寿保公司联合表彰为“2015年度安康关爱行动先进单位”
区审计局	2015年3月，政府投资项目审计管理平台软件V2.0项目被市政府表彰为2014年度科学技术奖二等奖
区档案局	2016年2月，被省档案局表彰为2015年度“全省档案系统先进集体”
区党史办	2015年12月，《盐城市盐都区志(1983—2005)》被省档案局授予江苏省档案文化精品奖三等奖
粮食购销总公司	2015年10月，被粮油市场报社、中国粮油组委会评为“2015中国百佳粮油企业”、“2015中国十佳粮油创新引领企业”
区人防办	2016年2月，被省民防局表彰为2015年度县(市、区)民防工作先进单位
区关工委	2015年9月，被中国关工委评为全国关心下一代宣传工作先进集体
区检察院	2015年8月，被省检察院表彰为全省检察文化先进单位
中兴供电所	2015年12月，被省电力公司表彰为“2015年度乡镇供电所管理提升劳动竞赛农电管理先进供电所”
郭猛供电所	2016年2月，被省电力公司表彰为“2015年先进供电所”
葛武供电所营业班	2015年8月，被省质量管理协会、省总工会表彰为“2015年江苏省质量信得过班组”
大纵湖供电所	2015年8月，被市精神文明建设委员会表彰为“2013—2014”年度文明单位
楼王镇	2015年11月，被省交通厅认定为省级农村公路管养工程示范镇，2016年2月，被市政府评为市联耕联种工作先进集体、市绿化工作先进单位
楼王小学	2015年1月，被省教育厅评为省绿色学校
楼王中学	2015年11月，被省教育厅评为省平安校园
区政务办	2015年3月，被省妇联、省城镇妇女“巾帼建功”活动领导小组表彰为“江苏省巾帼文明岗”
淮剧《菜籽花开》	2015年12月，被省文化厅评为2015年度江苏省舞台艺术精品工程资助剧目
小品《真相》	2015年11月，被中国戏曲家协会表彰为第六届全国小戏小品展演优秀入选剧目
区红十字会	2015年11月，被省红十字会评为2015年度《江苏红十字》报刊发行先进单位县(市、区)级三等奖
区人武部	2015年6月，被市委市政府、盐城军分区表彰为“双拥模范”单位
农行盐都支行	1月，被农行省分行评为2015年度省分行内控评价“一类行”、安全保卫“三化三达标”优秀支行，信贷“三化”单位；2月，被市委市政府表彰为2015年度盐城市文明单位；7月，被农行省分行评为2015年省分行品牌宣传先进集体

秦南支行	1月，被农行省分行授予2015年度“三铁”单位
城南支行	1月，被农行省分行授予2015年度“三铁”单位
龙冈支行	1月，被农行省分行授予2015年度安全保卫“三化三达标”先进集体
中兴支行	1月，被农行省分行授予2015年度安全保卫“三化三达标”先进集体
大冈支行	1月，被农行省分行授予2015年度安全保卫“三化三达标”先进集体
农行龙冈支行	1月，被中国农业银行授予2015年度“三铁”单位
农行高新区支行	1月，被中国农业银行授予2015年度“三铁”单位
农行郭猛支行	1月，被中国农业银行授予2015年度“三铁”单位
农行秦南支行	1月，被中国农业银行授予2015年度安全保卫“三化三达标”先进集体
中国邮政储蓄银行盐都支行	2015年1月，被中国邮政储蓄银行省分行授予“船舶贷款特色支行”“特色商圈支行”“家用车贷款特色支行”
秦南镇泾口村	2015年12月，被省科学技术协会命名为省科普示范村；2016年2月，被市政府评为2015年度镇村经济工作先进村
盐城市久恒工贸有限公司	2015年12月，被省民营科技企业协会评为省民营科技企业
盐城市华阜服饰玩具有限公司	2015年12月，被省民营科技企业协会评为省民营科技企业
盐城市华峰化工机械制造厂	2015年12月，被省民营科技企业协会评为省民营科技企业
盐城市海马纺织机械有限公司	2015年12月，被省民营科技企业协会评为省民营科技企业
盐都区祥荣家庭农场	2015年9月，被省农委认定为省级示范家庭农场
秦南镇农业综合服务专业合作社	2015年9月，被省植保站授予“五有五好”植保专业合作社称号；2015年10月，被省农委认定为省级农民专业合作示范社
盐城市翡翠湾花木专业合作社	2015年12月，被省农委认定为省级农民专业合作示范社
盐城市盐都区好友渔业专业合作社	2015年12月，被省农委认定为省级农民专业合作示范社

·省（部）级表彰的先进个人·

王金海	区红十字会	2015年9月，被中国红十字会总会表彰为报刊宣传先进个人三等奖
王云玲	区农委关工委	2015年8月，被中国关工委、中央文明办被表彰为全国关心下一代工作先进个人
熊新华	区教育局	2015年3月，被人社部确定为2014年度享受国务院特殊津贴专家
武红梅	郭猛实验学校	2015年10月，被公安部、全国妇联授予首届全国“好警嫂”称号；11月，被中央文明办表彰为“中国好人”
谢先中	郭猛水务站	2015年2月，被省政府表彰为江苏省沿海地区防渗渠机械化现浇成型技术推广先进个人
孙益海	区公安局	2015年3月，被省委省政府表彰为“江苏人民满意的公务员”
张大友	区农科所	2015年4月，被国务院授予“全国劳动模范”称号
张　梅	民主建国会	2015年12月，被民建中央表彰为先进个人
张淑萍	楼王镇	2015年8月，被世界技能大赛组委会授予第43届世界技能大赛印刷媒体技能项目银牌

·市（厅）级表彰的先进个人·

熊新华	区教育局	2015年1月，被省教育厅确定为江苏省人民教育家培养对象
经海虎	市一中	2015年12月，团中央学校部举办的全国中学中职团委书记职业技能大赛二等奖
史高勤	大冈镇科协	2015年6月，被省科协、省人社厅联合表彰为全省科协工作先进个人
徐东华	区畜牧兽医站	2015年6月，被省科协、省财政厅联合表彰为2015年“基层科普行动计划”先进个人
杨瀚清	区住房和城乡建设局	2015年11月，被团省委、省住房和城乡建设厅表彰为省青年岗位能手
徐　静	郭猛镇卫生院	2015年10月，被团省委、省人力资源和社会保障厅授予“江苏省青年岗位能手”
王　兰	潘黄街道社区卫生服务中心	2015年10月，被中华预防医学会儿童保健分会表彰为“最美基层儿童保健医生”
陆德荣	区农工办	2016年1月，被省委农村工作领导小组办公室评为“扶贫工作先进个人”
董兆付	潘黄街道	2015年10月，被省农委表彰为职业农民创业带动之星

许　龙	潘黄统计站	2016 年 2 月，被省统计局表彰为省月度劳动力调查先进个人
商兆华	潘黄宝才居委会	2015 年 4 月被市委市政府授予创文创卫工作嘉奖
徐启楼	潘黄街道	2015 年 6 月，被市委市政府、军分区表彰为双拥工作先进个人
乐华泽	尚庄镇	2015 年 12 月，被省新闻出版广电局表彰为“2014—2015 年度江苏省优秀农家书屋管理员”
乐绍琪	尚庄镇	2015 年 4 月，被省全民阅读活动领导小组表彰为“2014 年度江苏省全民阅读工作先进个人”
何同华	尚庄镇	2016 年 2 月，被盐城市委政法委表彰为“全市优秀政法干警”
陈　霞	大冈镇	2015 年 2 月，被市委市政府表彰为盐城市信访工作先进个人；2016 年 1 月，被省村庄环境整治推进工作领导小组表彰为 2014—2015 年度村庄环境整治工作先进个人
杨长春	大冈镇	2015 年 12 月，被省人事厅、省公务员局、省残联表彰为全省自强模范
史高勤	大冈镇	2015 年 6 月，被省科学技术协会表彰为全省科协工作先进个人
周向东	秦南镇泾口村	2015 年 9 月，被省委组织部表彰为“吴仁宝”式优秀村书记
徐万国	秦南镇江窑村	2015 年 9 月，被省委组织部表彰为“吴仁宝”式优秀村书记
刘万益	民乐村	2015 年 9 月，被省委组织部和省委宣传部联合表彰为“吴仁宝式优秀村书记”
徐　静	郭猛镇卫生院	2015 年 10 月，被团省委和省人力资源资源和社会保障厅表彰为“江苏省青年岗位人手”
左洪亮	北蒋街道	2015 年 12 月，被市委市政府授予盐城市十大“创业之星”称号
郁洪军	盐都供电营业部	2016 年 1 月，被省电力公司表彰为“2015 年度班组建设工作先进个人”
孙雪梅	盐都供电营业部	2015 年 12 月，被省电力公司表彰为“2015 年度乡镇供电所管理劳动竞赛先进农电员工
杨　磊	盐都供电营业部	2015 年 8 月，被省电力公司表彰为 2015 年电能计量专业岗位能手
宋艳彬	区地税局	2015 年 8 月，被省地税局授予“江苏省首批‘首席办税员’”称号；2016 年 2 月，被市委市政府授予全市 2015 年度“十佳服务明星”称号
王书龙	盐城市淮剧团	2015 年 6 月，被市政府授予“盐渎文化奖章”
陈　明	盐城市淮剧团	2015 年 6 月，被市政府授予“盐渎文化奖章”获得盐城市政府“盐渎文化奖章”
沈光吼	区老龄协会	2016 年 3 月，被全国老龄办表彰为“老有所为”先进典型人物
吴启珍	张庄街道钱庄居委会	2015 年 10 月，被省老龄办表彰为“百佳孝星”
谢兆标	区农委林业站	2016 年 1 月，被市政府表彰为 2015 年度绿色盐城建设先进个人
程来品	潘黄农业中心	2015 年 3 月，被中宣部、中央文明办表彰为“中国好人”
朱海彤	市一中	2015 年 6 月，省班主任基本功大赛特等奖，长三角地区班主任基本功大赛二等奖
祝　伟	市一中	2015 年 6 月，省高中地理基本功比赛一等奖
张　卫	市二小	2015 年 6 月，省小学体育教师基本功大赛一等奖
王　芳	潘黄中心幼儿园	2015 年 6 月，省幼儿教育教学基本功三等奖
王　艳	毓龙路实验学校	2015 年 6 月，省初中英语教师优质课评选一等奖
曾　斌	神州路小学	2015 年 6 月，省小学体育优质课评选一等奖
孙　霞	聋哑学校	2015 年 6 月，省少先队辅导员风采展示活动一等奖
熊新华	区教育局	2015 年 1 月，被省教育厅确定为江苏省人民教育家培养对象
经海虎	市一中	2015 年 12 月，团中央学校部举办的全国中学中职团委书记职业技能大赛二等奖
史高勤	大冈镇科协	2015 年 6 月，被省科协、省人社厅联合表彰为全省科协工作先进个人。
徐东华	区畜牧兽医站	2015 年 6 月，被省科协、省财政厅联合表彰为 2015 年“基层科普行动计划”先进个人。
杨瀚清	区住房和城乡建设局	2015 年 11 月，被团省委、省住房和城乡建设厅表彰为省青年岗位能手
徐　静	郭猛镇卫生院	2015 年 10 月，被团省委、省人力资源和社会保障厅授予“江苏省青年岗位能手”
王　兰	潘黄街道社区卫生服务中心	2015 年 10 月，被中华预防医学会儿童保健分会表彰为“最美基层儿童保健医生”。
陆德荣	区农工办	2016 年 1 月，被省委农村工作领导小组办公室评为“扶贫工作先进个人”。
董兆付	潘黄街道	2015 年 10 月，被省农委表彰为职业农民创业带动之星
许　龙	潘黄统计站	2016 年 2 月，被省统计局表彰为省月度劳动力调查先进个人
商兆华	潘黄宝才居委会	2015 年 4 月被市委市政府授予创文创卫工作嘉奖
徐启楼	潘黄街道	2015 年 6 月，被市委市政府、军分区表彰为双拥工作先进个人
乐华泽	尚庄镇	2015 年 12 月，被省新闻出版广电局表彰为“2014—2015 年度江苏省优秀农家书屋管理员”。
乐绍琪	尚庄镇	2015 年 4 月，被省全民阅读活动领导小组表彰为“2014 年度江苏省全民阅读工作先进个人”。
何同华	尚庄镇	2016 年 2 月被盐城市委政法委表彰为“全市优秀政法干警”
陈　霞	大冈镇	2015.2 月，被市委市政府表彰为盐城市信访工作先进个人；2016 年 1 月，被省村庄环境整治推进工作领导小组表彰为 2014-2015 年度村庄环境整治工作先进个人

杨长春	大冈镇	2015 年 12 月，被省人事厅、省公务员局、省残联表彰为全省自强模范
史高勤	大冈镇	2015 年 6 月，被省科学技术协会表彰为全省科协工作先进个人
周向东	秦南镇泾口村	2015 年 9 月，被省委组织部表彰为“吴仁宝”式优秀村书记；
徐万国	秦南镇江窑村	2015 年 9 月，被省委组织部表彰为“吴仁宝”式优秀村书记；
刘万益	民乐村	2015 年 9 月，被省委组织部和省委宣传部联合表彰为“吴仁宝式优秀村书记”。
徐　静	郭猛镇卫生院	2015 年 10 月，被团省委和省人力资源资源和社会保障厅表彰为“江苏省青年岗位人手”。
左洪亮	北蒋街道	12 月，被市委市政府授予盐城市十大“创业之星”称号
郁洪军	盐都供电营业部	2016 年 1 月，被省电力公司表彰为“2015 年度班组建设工作先进个人”。
孙雪梅	盐都供电营业部	2015 年 12 月，被省电力公司表彰为“2015 年度乡镇供电所管理劳动竞赛先进农电员工
杨　磊	盐都供电营业部	2015 年 8 月，被省电力公司表彰为 2015 年电能计量专业岗位能手
宋艳彬	区地税局	2015 年 8 月，被省地税局授予“江苏省首批‘首席办税员’”称号；2016 年 2 月，被市委市政府授予全市 2015 年度“十佳服务明星”称号
王书龙	盐城市淮剧团	2015 年 6 月，被市政府授予“盐渎文化奖章”
陈　明	盐城市淮剧团	2015 年 6 月，被市政府授予“盐渎文化奖章”获得盐城市政府“盐渎文化奖章”
沈光吼	区老龄协会	2016 年 3 月，被全国老龄办表彰为“老有所为”先进典型人物
吴启珍	张庄街道钱庄居委会	2015 年 10 月，被省老龄办表彰为“百佳孝星”
谢兆标	区农委林业站	2016 年 1 月，被市政府表彰为 2015 年度绿色盐城建设先进个人。

·区委、区政府2014年度目标任务综合考核先进集体、先进个人名单·

综合奖

镇(区、街道)综合先进奖

高新区盐渎街道　高新区潘黄街道
大冈镇　张庄街道　郭猛镇　楼王镇
北蒋街道　大纵湖旅游度假区

区直部门综合先进奖

发改委　住建局　经信委　环保局
民政局　财政局　交运局　水务局
政务办　教育局　农　委　人社局
卫生局　统战部　农工办　信访局
档案局　妇　联

市属驻都单位综合先进奖

地税局　国土分局　国税局
农行盐都支行　盐都供电营业部
规划分局　农发行盐都支行

市属驻都单位综合先进集体

邮政局　电信局　气象局
工行盐都支行　建行盐都支行
中行盐都支行　江苏银行新都支行
邮储盐都支行　盐城农商行盐都支行
交行盐都支行　昆山农商行盐都支行
浦发行城南支行　财保公司　寿保公司

特别贡献奖

1.智能终端产业园建设工作先进单位——高新区盐龙街道

2015年，高新区盐龙街道紧抓国家级高新区获批机遇，乘风乘势，瞄准创新、人才、产业“三大”高地目标，始终把打造智能终端产业作为新兴产业培植的首位度，快速推进智能终端创业园建设，仅用不到半个月时间完成850亩范围内200多户的拆迁，用不到两个月时间新建15幢20万平方米标准化多层厂房，成功签约20家企业，首批15家已进场装修，真正体现了“盐都速度”。

2.全面建成小康社会争先工作先进单位——区统计局

2015年，区统计局紧扣全面小康建设，切实加强各项指标的跟踪监测，积极为区委、区政府出谋划策，提出合理化建议，当好参谋助手。围绕重点难点，制定推进措施，主动与省市主管部门沟通对接，及时修正和认定相关指标，完善台帐资料。根据2015年8月省统计局公布的数据，我区全面建成小康综合得分达92.7，苏北排名第一。

3. 旅游业发展创牌工作先进单位——区旅游局

2015年，区旅游局突出重点重抓旅游业创牌工作，成立专门班子，制定旅游景点创牌计划，紧密跟踪对接，全省乡村旅游现场推进会首次在我区召开，会上我区荣膺“全省首家乡村旅游创新发展示范区”。另外，我区还被新华网和中国旅游协会认定为“最美中国·绿色生态乡村旅游目的地”；三官村、杨侍村获评“全国乡村旅游模范村”；大纵湖景区创成省级旅游度假区、绿丘露营地获批“江苏省首批房车露营地”。

4. 城市环境综合整治工作先进单位——区城管局

2015年，区城管局切实加大城市综合整治力度，全力开展“净化道路、净化工地、净化车辆”活动，重抓长效管理，圆满完成20多项整治任务。特别是在大市区清理杂船、消除隐患方面，主动牵头协调，专门班子推进，提前实现预定目标，受到省、市相关领导的充分肯定。

·区委、区政府联合表彰单项奖·

招选招商选资和项目推进工作奖

招商选资先进奖

高新区盐龙街道　高新区盐渎街道
大纵湖旅游度假区　高新区潘黄街道
张庄街道　政协办　水务局　发改委
住建局　民政局　商务局

项目推进工作奖

高新区盐龙街道　高新区盐渎街道
张庄街道　龙冈镇(含鞍湖街道)
大纵湖镇　秦南镇　楼王镇　学富镇
中兴街道　北龙港街道

财税贡献工作奖

高新区盐龙街道　高新区盐渎街道
龙冈镇(含鞍湖街道)　郭猛镇　学富镇
大纵湖旅游度假区
江苏中恒宠物用品股份有限公司(高新区盐龙街道)
江苏东九重工股份有限公司(高新区盐龙街道)
江苏华晓医药物流有限公司(高新区盐渎街道)
江苏悦达棉纺有限公司(高新区盐渎街道)

工业经济和转型升级工作奖

高新区盐龙街道　张庄街道　郭猛镇
尚庄镇　龙冈镇(含鞍湖街道)
高新区盐渎街道　秦南镇　大冈镇
楼王镇　大纵湖镇　学富镇
高新区潘黄街道　中兴街道　北蒋街道
财政局　国税局　科技局　人社局
金融办　安监局

开放型经济工作奖(含对台招商引资)

开放型经济工作综合优胜单位
高新区盐龙街道　高新区潘黄街道
高新区盐渎街道　张庄街道　尚庄镇
大纵湖镇

对台招商引资工作先进单位

高新区盐龙街道
农村经济开发区(含葛武街道)
高新区盐渎街道　秦南镇

服务业和旅游业发展工作奖

服务业发展工作奖

高新区盐渎街道　高新区潘黄街道
龙冈镇(含鞍湖街道)　商务局　地税局

旅游业发展奖

大纵湖旅游度假区　大纵湖镇
高新区潘黄街道　龙冈镇(含鞍湖街道)
秦南镇

农业现代化和统筹城乡工作奖

农业现代化工作奖

楼王镇　大冈镇
农村经济开发区(含葛武街道)　秦南镇
郭猛镇　高新区潘黄街道　大纵湖镇
七星现代化农场

统筹城乡发展工作奖

秦南镇　楼王镇
农村经济开发区(含葛武街道)　大冈镇
龙冈镇(含鞍湖街道)　张庄街道
秦南镇泾口村　郭猛镇杨侍村

“强基工程”和“五好班子建设”优秀奖

“强基工程”先进集体

张庄街道　楼王镇
龙冈镇(含鞍湖街道)
高新区潘黄街道　学富镇　机关工委
卫生局

“五好班子建设”优秀奖

高新区盐渎街道　高新区潘黄街道
大冈镇　大纵湖旅游度假区　住建局
公安局　信访局　审计局

宣传思想和文化发展工作奖

高新区盐渎街道　大纵湖镇　秦南镇
大冈镇　龙冈镇(含鞍湖街道)　尚庄镇
中兴街道　环保局　住建局　城管局
教育局　交运局　卫生局　统计局
审计局

政法综治和信访稳定、安全生产工作奖

政法综治和信访稳定工作奖

龙冈镇(含鞍湖街道)　大冈镇
张庄街道　高新区盐龙街道
高新区潘黄街道　学富镇　秦南镇
楼王镇　高新区盐渎街道　大纵湖镇
人社局　公安局(610办)　安监局
住建局　城管局　农工办　统计局
法　院　检察院

安全生产工作奖

高新区盐龙街道　郭猛镇　张庄街道
龙冈镇(含鞍湖街道)　大纵湖镇
尚庄镇　北蒋街道　中兴街道

生态文明工作奖

高新区盐龙街道　龙冈镇(含鞍湖街道)
高新区潘黄街道　张庄街道　学富镇
农　委　住建局　城管局　安监局
交运局

反腐倡廉和作风建设工作奖

反腐倡廉工作奖

龙冈镇(含鞍湖街道)　学富镇　楼王镇
张庄街道　教育局　交运局　住建局
环保局　市场监督管理局　农工办

作风建设工作奖

大冈镇　高新区潘黄街道　北蒋街道
安监局　民政局　人社局　信访局
政务办　审计局　城管局

科技和人才工作奖

高新区盐龙街道　大冈镇
高新区盐渎街道　郭猛镇　秦南镇
张庄街道　尚庄镇　大纵湖镇　科技局
教育局

村级集体经济发展工作奖

高新区潘黄街道　大纵湖镇
大纵湖旅游度假区　郭猛镇　尚庄镇
学富镇　高新区潘黄街道吴杨居委会
大冈镇佳富村

高新区潘黄街道宝才居委会
楼王镇姚顾村
大纵湖旅游度假区平湖居委会
张庄街道东升村
高新区盐渎街道福才社区
大纵湖镇陈捷村　尚庄镇瑞北居委会
郭猛镇杨侍村　楼王镇莘野村
龙冈镇兴龙居委会
北龙港街道顺北村　秦南镇泾口村

全民创业和园区经济工作奖

全民创业工作奖

大冈镇　龙冈镇(含鞍湖街道)　郭猛镇
高新区潘黄街道　张庄街道　大纵湖镇
高新区盐渎街道

园区经济工作奖

盐城高新区智能终端产业园（高新区盐龙街道）
盐城市盐都区医疗用品产业园(学富镇)
盐城市秦南凤翔民营创业园(秦南镇)

民生幸福和社会事业工作奖

高新区潘黄街道　大冈镇　北蒋街道
高新区盐渎街道　高新区盐龙街道
张庄街道　秦南镇　民政局　卫生局
住建局

新型城镇化工作奖

大冈镇　大纵湖镇　学富镇
高新区盐龙街道　高新区潘黄街道
高新区盐渎街道　楼王镇
龙冈镇(含鞍湖街道)　张庄街道
大纵湖旅游度假区

先进企业奖

江苏中恒宠物用品股份有限公司（高新区盐龙街道）
江苏东九重工股份有限公司（高新区盐龙街道）
盐城宝鼎电动工具有限公司（高新区盐龙街道）
星宇科技汽车部件(盐城)有限公司(高新区盐渎街道)
盐城华鸥实业有限公司(龙冈镇)
盐城市新永佳石油机械制造有限公司(大冈镇)
江苏台普动力机械有限公司(张庄街道)
江苏驰翔精密齿轮有限公司(张庄街道)
江苏宝丽斯新材料有限公司(学富镇)
江苏亚特电缆有限公司(秦南镇)
江苏双菊汽车配件有限公司(郭猛镇)
江苏苏力机械有限公司(楼王镇)
江苏金松生物科技有限公司(学富镇)
江苏金火炬金属制品有限公司(尚庄镇)
江苏中石纤维股份有限公司(龙冈镇)
江苏悦达摩比斯贸易有限公司（高新区盐渎街道）
盐城市永宁实业有限公司（高新区盐渎街道）
江苏悦达包装储运有限公司（高新区盐渎街道）
江苏神龙明物流有限公司（高新区盐渎街道）
盐城亚邦物流中心有限公司（高新区盐渎街道）

先进个人
（排名不分先后）

优秀企业家

陈昌华　葛玉华　吴文杰　仲　秋
徐学海　葛成奇　文　成　仇　斌
徐万书　聂庭森　刘祥斌　李海伟
吕海峰　郭友春　范　兰　陈　曾
高大庆　尧亮明　刘大伟　袁　波

招商选资先进个人

程廷亚　栾卫红　丁美俊　徐启楼
倪才春　陈　峰　丁玉炎　金明花
郝春荣　陆爱军

创业先锋

程德林　左洪亮　潘会琴　徐　铁
陈　亮　吕成岗　丁晓国　吴亚军
刘　玮　王　荣

综合先进个人

王纯国　彭向洪　王益林　倪自祥
徐启楼　陈　霞　苗久成　李　益
吕　杨　李晓东　李天青　周学东
顾善荣　汪一江　马　骏　唐小荣
吴　军　曹志伟　李庆銮　王　勇
徐洪顺　吕明光　杨　森　杨佩礼
顾　勇　朱金标　耿龙才　熊新华
张鸿新　马大庆　蔡金道　郝汉金
徐永生　王迎春　刘安红　邵仁鸿
唐锦涛　徐金文　卞爱群　张兆祥
王安根　崔学祥　徐文才　程　稚
孙云华　朱洪斌　范龙华　蒋　红
冯一飞　王　智　郑进顺　程　治
张芙蓉　梁庆莉　宋建军　丁美俊
孙德华　钮留洋　王　惠　徐锦荣
金建国　王少华　王爱骅　王其华
江　政　何　立　戈　展　郭宗标
倪才春　朱　静　周　冉　卢雯雯
栾卫红　杨卫军　封　浪　王蓉蓉
郁祖良　黄约波　商兆鑫　吕洪明
王红光　卞金信　刘　华　吕道洲
武荣富　陈万喜　曹　虎　史荣财
何　丹　陈阿娣　周文仁　刘晶晶
刘道奎　郭　剑　郭　亮　颜　军
宋　鑫　任野兰　刘茂康　杨　勇
吴红斌　高　磊　陈　惠　徐加峰
王旭红　嵇维广　张正余　江正朝
倪文祥　童正宇　孙　凸　蒋维军

2015年度盐城区“十佳文明新事”事迹

一、不顾安危、见义勇为的邮政职工——李勇

李勇，男，35岁，大冈邮政支局职工。

2015年11月5日，大冈镇文昌桥西东方艺剪理发店门市着火。当时店主高鹏琴将衣服沾湿来灭火，并不停地往衣服上浇水。着火原因系煤气罐泄漏造成的，现场很危险。关键时刻，下班路过的大冈邮政支局李勇不顾危险冲了进去，及时将煤气罐阀门关掉，后又与高鹏琴一起将大火扑灭。李勇多次见义勇为，助人为乐。2014年6月6日，成功拦截一起通讯网络诈骗案件，避免当事人约3万元的损失，获区见义勇为基金会表彰。2013年3月21日中午，大冈镇勤稼村六组李松富家厨房着火，他不顾个人安危，冲进去灭火，获市、区见义勇为基金会慰问。

二、深情暖春蕾、点滴为慈善的爱心妈妈——徐夏娟

徐夏娟，女，29岁，中共党员，区卫生监督所卫生监督员。

来自浙江义乌的徐夏娟到盐都工作后积极参与公益慈善活动，采购学习用品看望华府村留守儿童、为残疾人捐赠寒衣、积极捐资中华博爱基金……2013年她加入了“春蕾助学”计划，常年资助失去母亲的小女孩，每年资助小孩生活费、学费，关心小孩健康成长。每年利用寒暑假将小女孩接到盐城，为她买新衣新鞋，陪她看电影，还带她到大纵湖、三官村参加文明旅游乡村行，尽自己绵薄之力当好“爱心妈妈”。身为一名基层公职人员，徐夏娟将自己的青春岁月燃烧出爱的能量，她是一名优秀的新盐城人。

三、一心为公、废寝忘食的审计守门人——郝梁

郝梁，男，49岁，中共党员，区审计局法制科科长。

自担任法制科科长以来，他利用业余时间学习《AO实用手册》《审计法》《国家审计准则》等专业书籍，充实业务知识；通过实践中摸索积累、向老同志虚心求教等方式，提升工作能力；经常利用中午和周末休息时间来检查审计项目质量、审核审计报告等文书，一心为公，废寝忘食。2015年，他完成了36个投资审计项目的复查工作，复查项目涉及金额12.8亿元，通过复查共发现审计质量问题100多个，严把审计大门，有效促进了投资项目的资金管理；建立了审计复核“质控420”机制的审计特色项目；起草并建立了《审计项目质量检查考核办法》等审计业务制度。区审计工作连续三年获得市局业务单项考核先进；个人连续多年被评为区优秀共产党员。

四、立足环保岗位，传播生态理念的“环保卫士”——周雄

周雄，男，34岁，中共党员，区环保局监测站副站长。

他在工作中坚持“环境有限、服务无限”的理念，对准则常怀“敬畏心”，对诱惑常怀“明白心”，对权力常怀“平常心”，在金钱面前不伸手、在行政处罚上手不软，在每年踏勘的1000余次现场监察和处理的100余起环境信访中，以理服人、以情感人，文明执法树形象。在国家生态区创建中，他三年如一日加班加点不懈怠，全区创成国家级生态镇9家、市级生态村218家，我区顺利通过国家生态区评估，这些都凝聚他的心血和汗水。在农村环境整治中，在全市率先构建“组保洁、村收集、镇运转、区处理”的生活垃圾处置机制。他多次被省、市、区环保系统评为“先进工作者”。

五、孝亲敬老、自强不息的好少年——吴童

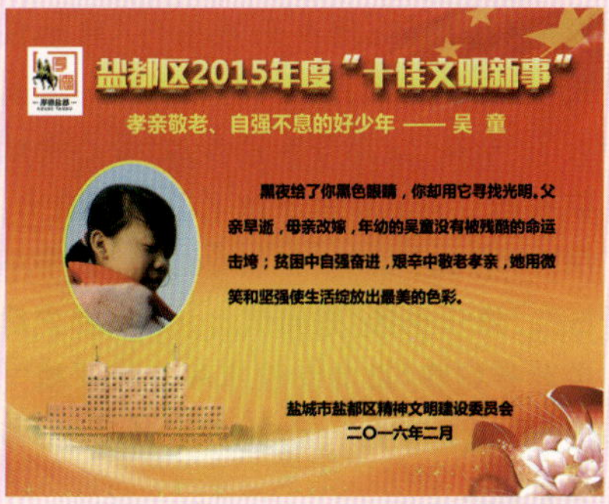

吴童，女，11岁，学富实验学校学生。

她出生在一个不幸的家庭，很小的时候父亲患病去世，母亲改嫁他人。生活的重担全部压在了年迈的爷爷奶奶身上。小小年纪的她，成绩优秀，年年被评为“三好学生”，她乖巧懂事，关心体贴家人。她把爷爷奶奶的辛劳和关爱点点滴滴记在了心上，也默默用自己的行动，感恩着爷爷、奶奶和那些帮助她的人。从小学一年级开始，她就坚持自己洗衣服、洗袜子，她还经常给爷爷奶奶叠被子、倒洗脚水、洗衣服、煮饭。她觉得只有这样才会减轻爷爷奶奶的负担。晚上一家人围坐，她都陪着爷爷奶奶聊聊天，说一些趣事逗爷爷奶奶开心，帮他们捶背揉肩。她的孝顺和坚强赢得了邻里乡亲的赞扬。

六、老有所为、欢乐邻里的好居民——戴红娣

戴红娣，女，68岁，潘黄街道新阳居委会居民。

退休后的戴红娣组建了春晖老年艺术团，下设合唱队、舞蹈队、说唱队三个小分队，共有演职人员50多名。她通过活动积极倡导全民尊老、敬老、为老、助老，大力弘扬孝道文化，培育良好人文环境，大力宣传老年法规，积极树立敬老典型。参加盐城市“公民道德宣传周”暨盐都区“俏夕阳欢乐行”启动仪式；与区民政局青年文艺演出队一起到大冈、学富、秦南等乡镇参加“爱心奉献促和谐”志愿者牵手敬老院文艺演出；深入“瑞尔小区”、“光明小区”、“新丰小区”、“康乐小区”慰问演出。戴红娣先后荣获省妇联“最美女性草根组织领袖”、区“最佳演唱奖”、区“优秀退休干部”等荣誉称号。

七、让生命尊严谢幕，为逝者“临终关怀”的火化工——陈法宏

陈法宏，男，51岁，区殡仪馆火化组组长。

陈法宏摒弃世俗的偏见，面对死亡，亲情化服务着每一位逝者。2015年9月份他们接到一具车祸尸体，逝者头与身体被撞分离，面目全非，陈法宏师徒二人对着逝者的生前照片整整花了6个多小时，用他们娴熟的整容技术，一步一步，一针一线，终将逝者恢复原来容貌。他18年如一日，任劳任怨，默默的为殡葬事业奉献自己的青春，用自己的青春年华和朴实理念诠释了殡葬事业的崇高与神圣。他积极建言献策，为全区贫困家庭在亲属去世时提供一场告别仪式、赠送一束鲜花、敬献一只花圈的免费服务。他先后被授予“优秀共产党员”和民政系统“十大服务标兵”等称号。

八、“铺平群众门前路，点亮百姓窗外灯”的开元路服务站

2015年盐渎街道福才社区开元路服务站正式运行，服务站以“铺平群众门前路，点亮百姓窗外灯”为服务理念，设立了儿童之家、健身房、棋牌室、图书室、开元讲堂等居民休闲娱乐场所；实地走访小区住户600多户，为困难家庭送物资、送服务20余次；开展业主座谈会、棋牌比赛、中秋晚会、趣味运动会等大型亲民、乐民活动6次；搭建微信公众号、QQ群平台，线上线下累计答疑、帮办120余次；建立小区志愿服务队伍，在册志愿者90余人。

九、“崇德明礼 快乐成长”入学仪式——崇礼路小学

盐城市崇礼路小学在培育和践行社会主义核心价值观、加强“八礼四仪”教育方面，坚持国学传承与创新德育教育与时俱进，将“崇德明礼 快乐成长”贯穿教书育人的始终，围绕“启蒙、知礼、快乐”主题，朱砂破蒙、开笔启智，在一年级新生踏入小学校门之日，从学写“人”字开笔，写方方正正中国字，做堂堂正正中国人……留下别样的“入学礼”。在2015年12月份省文明办、省教育厅公布的未成年人文明礼仪养成教育“四仪”创新案例评选中，《“崇德明礼 快乐成长” 入学仪式》活动案例荣获二等奖。

十、医护人员精心守护，“袖珍妈妈”顺利产子——市三院

湖南娄底的彭女士是一位身高仅90厘米，怀孕36周体重只有29公斤的特殊孕妇，因侏儒症和多发性畸形，生产过程中存在着极大的风险。市三院产科在科内会诊的基础上，在院领导和兄弟科室的支持下组织了多科会诊，成立了

由妇产科副主任李兴海、副主任医师王锋，麻醉科主任吉林、儿科副主任尹同进、产科护士长程桂凤、手术室护士长江露等骨干医护人员组成的抢救小组，就分娩和麻醉方式的选择、分娩后腹压骤降引起循环障碍、术后的补液、新生儿抢救等等制定周密的安排，最终帮彭女士顺利娩出了一个体重2850g的健康男婴。市三院以此为题材用纪实手法拍摄的微电影《袖珍妈妈》一举荣摘第二届中国医院微电影节唯一的“最佳纪录片奖”。

·盐都区“十三五”（2016~2020年）发展蓝图·

指导思想

高举中国特色社会主义伟大旗帜，全面贯彻党的十八大和十八届三中、四中、五中全会精神，以马克思列宁主义、毛泽东思想、邓小平理论、“三个代表”重要思想和科学发展观为指导，深入贯彻习近平总书记系列重要讲话精神，紧紧围绕“五位一体”总体布局和“四个全面”战略布局，坚持发展是第一要务，以提高发展质量和效益为中心，加快形成适应经济发展新常态的体制机制和发展方式，围绕“率先全市全面建成小康社会”总目标，以“五大发展理念”为引领、“强富美高”为方向、“打造新高地、迈上新台阶”为定位、绿色发展为路径，统筹推进经济建设、政治建设、文化建设、社会建设和生态文明建设，加快建设创业、开放、生态、幸福、厚德的美丽盐都。

贯彻上述指导思想，必须认真落实好中央“六个坚持”原则，深刻理解、准确把握、自觉践行创新、协调、绿色、开放、共享的发展理念，并结合盐都实际优化发展思路。

把创新作为引领发展的第一动力，置创新于发展全局的核心位置，大力推进制度、科技、文化等经济社会各领域创新，加快形成以创新为主要引领和支撑的产业体系、发展方式，走出一条质量更高、效益更好、结构更优、优势充分释放的转型发展路子。

把协调作为持续健康发展的内在要求，正确处理发展中的重大关系，不断增强发展协调性和整体性。重点促进城乡协调发展，着力推进新型城镇化和城乡发展一体化，积极探索具有时代特征、盐都特点的新型城镇化和城乡统筹协调发展之路。

把绿色作为永续发展的必要条件，突出绿色发展导向，把生态文明理念融入“十三五”发展的全过程，坚定走生产发展、生活富裕、生态良好的文明发展道路，构建绿色增长模式、绿色产业结构、绿色城市形态、绿色生活环境，打造绿色发展的盐都样本。

把开放作为繁荣发展的必由之路，坚持对外对内两个开放并举，在扩大开放中拓展新空间。抓住“一带一路”、长江经济带、长三角一体化、江苏沿海发展等国家战略机遇，优化开放布局、创新开放路径、完善开放体制。全面融入区域协作，积极承接产业转移，广泛集聚资金、项目、技术、人才资源，加快形成“东南西北”全方位开放格局。

把共享作为全面建成小康社会的根本要求，将保障和改善民生作为经济社会发展的出发点和落脚点，深化推进民生幸福工程，全面提高城乡群众生活品质，努力让群众享有更好教育、更稳定工作、更满意收入、更可靠社会保障、更高水平医疗卫生服务、更舒适居住条件、更优美环境，让全区人民在共建共享中拥有更多获得感。

发展战略

为实现“十三五”定位与目标，按照中央提出的创新、协调、绿色、开放、共享发展的理念，结合发展趋势与我区实际，重点实施五大发展战略。

产业兴区战略。以经济发展为中心，着眼于“高轻优强绿”取向，实施先进制造业和现代服务业“双轮驱动”。工业突出量质并举，培育壮大战略性新兴产业，推进传统支柱产业高端发展，服务业突出提质增效，积极发展现代服务业，推进经济保持中高速增长，产业迈向中高端水平，全区综合竞争力全面提升。

创新驱动战略。坚持把创新贯穿于经济社会发展全过程，深入实施创新驱动战略，发挥国家级高新区品牌优势，以经济体制改革为突破口，加快完善区域创新体系，着力拓展发展新空间，培育发展新动能，使创新成为盐都经济社会发展的主引擎，力争使自主创新能力全面提升。

绿色发展战略。抓住盐城市建设国家可持续发展实验区的历史机遇，突出盐都区生态优势，坚持生态立区方针，把生态文明建设深度融入经济社会发展的各方面和全过程，强化绿色产业体系、绿色生活方式，加强资源节约、环境保护和生态修复，力争使生态文明建设水平与可持续发展能力全面提升。

民生优先战略。贯彻习近平总书记“七个更”的民生建设要求，进一步树立发展成果普惠于民的战略意识，着力落实民生发展实事，全面提升社会保障水平和公共服务水平，加快推进社会保障提质扩面和基本公共服务均等化步伐，力争使民生福祉与经济发展同步改善。

依法治区战略。把保障经济社会发展、维护人民群众合法权益作为法治社会建设的出发点和落脚点，加快推进社会治理创新步伐，不断完善法治体系，推进严格执法、公正司法、全民守法，加快建设法治政府、法治社会、法治市场，把经济社会发展纳入法治轨道，力争使社会文明与经济发展同步提升。

发展目标

“十三五”时期盐都区经济社会发展总体目标是：紧盯一个总目标：率先全市全面建成小康社会。突出一个总定位：打造新高地、迈上新台阶。建设“五大盐都”：努力建设活力迸发的创业盐都、合作包容的开放盐都、绿色宜居的生态盐都、共建共享的幸福盐都、文明向上的厚德盐都。

未来五年盐都经济社会发展的主要目标是：

综合实力显著增强。经济保持中高速增长，到2020年，地区生产总值年均增长10%左右，一般公共预算收入年均增长10%以上，全社会固定资产投资年均增长15%，社会消费品零售总额年均增长10%，注册外资实际到账年均增长10%。

转型升级成效明显。产业结构持续优化，现代服务业加速发展，一、二、三次产业比重达8:47:45。现代产业体系基本形成，战略性新兴产业实现规模扩张，传统产业实现提质增效，新兴产业年均增速保持20%以上，高于全市平均水平和二三产业增幅。现代农业迈上新台阶，基本实现农业现代化。户籍人口城镇化率提高到63%。

创新创业活力彰显。自主创新体系逐步建立，科技研发经费支出占地区生产总值比重提高到2.6%，信息化发展水平超过90%，科技进步贡献率提高到65%。众创空间建设、创业主体培育、创业企业孵育、投融资体系建设、创业服务提升、创业文化营造等工作成效明显，“创业盐都”活力充分释放。

改革开放不断深化。在重要领域和关键环节改革上取得实质性成果，形成系统完备、科学规范、运行有效的体制机制。企业、城市、人才国际化水平显著提高，全方位开放新格局基本形成、新优势不断放大，开放型经济主要指标增幅高于全市平均水平，利用外资、对外贸易、对外投资规模保持全市领先，“开放盐都”建设取得显著成效。

生态环境品质提升。生态文明建设取得重大进展，生态文明建设投入增幅高于地区生产总值增幅，能源资源使用效率大幅提高，主要污染物排放总量大幅减少，城乡生态环境和人居环境明显改善，生态文明制度体系更加健全，人民群众对“生态盐都”建设满意度不断提高。

民生幸福全面推进。全体居民人均可支配收入人均增收超万元，城镇常住居民人均可支配收入达到49000元，农村常住居民人均可支配收入达到29000元。城镇调查失业率控制在5%以内，城镇常住居民保障性住房覆盖率达到23%，教育现代化综合得分达90分以上，全区人民的获得感、自豪感和幸福感显著增强，“幸福盐都”深得百姓认同。

社会文明大幅进步。公民思想道德素质、科学文化素质、健康素质明显提高，公共文化服务体系更加完善，“盐都好人”评选活动持续开展，文化事业文化产业繁荣发展。法治建设扎实推进，社会治理水平和公共安全感明显提升，法治建设满意度达到93%，“厚德盐都” 建设取得丰硕成果。

到2020年，全区综合经济实力、转型升级能力、绿色发展水平和区域竞争力明显增强，全面小康水平进一步提高，展现出经济实力强、创业活力足、开放程度高、百姓生活富、生态环境美、社会风气好、法治意识浓的全新面貌。

三官村

·重要文件摘要·

中共盐都区委　盐都区人民政府
关于进一步加大全民创业工作力度的意见

都发〔2015〕2号　2015年3月2日

一、指导思想

深入贯彻落实区委十三届六次全会精神，紧扣“打造新高地、迈上新台阶”总定位，以提升创业质量和效益为中心，以实施创业项目和培植特色产业为根本，以强化主体培育和载体建设为抓手，以开拓“四新”(新技术、新产品、新业态、新模式)和优化服务为动力，推动全民创业总量扩张、升级发展，为全区全面建成高水平小康社会提供有力支撑。

二、主要目标

新发展私营企业1800户，新增工业企业一般纳税人250户，新发展个体工商户5500户，新增规模以上企业40户，新建标准厂房30万平方米，其中多层厂房10万平方米，新增入园企业100家，开展创业辅导培训1万人次。

三、工作重点

(一)加大宣传培训力度，在激发创业活力上取得新突破。一是突出创业政策宣传。区内，深入发动机关干部走村入户宣讲创业政策，在主要街道、道路和全民创业园区等场所张贴悬挂全民创业标语，开展政策咨询活动。区外，向在外创业人员发慰问信、创业政策汇编手册，编发创业短信，组织开展在外人员回乡创业恳谈会、引才用工招聘会、招商推介等活动，确保全民创业激励政策宣传实现区内广大群体和区外创业人士“两个‘全覆盖’”目标。二是突出创业典型宣传。筛选科技创业、青年创业、回乡人员创业、大学生创业、下岗职工创业、巾帼创业、退役军人创业等八大类主体创业典型，制作专题宣传片，赴各地巡回宣传；组织召开全民创业典型事迹报告会，在报纸、电视、网络开辟专版、专题、专栏，宣传创业典型；在全区范围内开展“创业先锋”评选活动，评选十大创业先锋。以身边人、身边事引领、激发更多的人支持创业、参与创业、投身创业。三是突出创业辅导培训。依托区、镇(区、街道)二级创业指导服务中心，组织实施“万千百”培训计划，通过免费创业辅导、专家指导、创业基地实训、研修班学习等培训形式，力争年内辅导培训各类初始创业者10000人次，网络创业和个体经营户1000人次，中小企业高管100人次。四是突出创业示范观摩。扎实开展“创业示范园、创业示范街、创业示范市场、网络创业示范企业、种养示范大户”等五项观摩活动，以典型示范引路，进一步解放思想、创新理念，形成竞相创业、比学赶帮的发展新格局。

(二)加大主体培植力度，在发展新产业上取得新突破。一是大力支持全民网络创业，发展新业态。出台鼓励扶持网络创业优惠政策，引导青年大学生等创业主体利用知识和信息优势，开设网店和网站，创办网上商城等网络创业实体。年内力争培植发展网络创业主体200个以上，网络创业企业(网店)100家以上，创建电子商务示范企业30家以上，网络创业示范集聚(园)区2家以上，网络创业示范村(居)3家以上，电子商务交易额达10亿元以上，网络零售交易额突破5亿元。二是大力引进高层次人员创业，突破新技术。鼓励引导科技人员发挥专业和技术特长，搭建创业团队，开展网络营销、技术和创意服务。加快引进我区先进制造业铸造扩张、高端服务业提速发展急需的高层次技术人才和创新创业团队，年内力争引进“国家千人计划”人才1~2名、博士10名以上、硕士50名以上、高端人才创业项目5个以上。同时，吸引1000名以上高校毕业生来盐都创业就业。三是大力招引在外能人“回乡”创业，实施新项目。积极实施“凤还巢”工程，广泛引导他们带资金、带信息、带技术、带产品、带管理回乡创业，力争年内回乡人员兴办企业30家以上，投资2000万元以上项目达20个以上。四是大力推动社会群体投身创业，拓展新模式。引导和鼓励大学生村官、村居干部、新型农业经营主体依托本地资源和产业特色，利用农村党群服务中心、创业园服务中心、电教中心阵地开展创业，充分利用自身劳动、知识、技术、管理和资本等方面的优势，找准创业项目和商业发展模式，积极创办各类家庭农场和专业合作社，大力发展镇村经济。年内力争新发展个体工商户5500户、新发展私营企业1800户，新办家庭农场100家。

(三)加大载体建设力度，在招引入园项目上取得新突破。一是加快创业园区建设。要围绕网络创业等新业态建设载体，高新区、新区、潘黄等地每家要力争建成创业载体不少于3万平方米。龙冈、大冈、大纵湖、郭猛、尚庄、张庄等6个全民创业园和盐城中小企业(创业)园要全力推进二期工程建设。年内力争新建标准厂房30万平方米，其中多层厂房达10万平方米以上，新入园企业达到100家以上。二是加快入园项目推进。积极组织到沿海发达地区开展民资招商活动，全力做好中秋家乡行暨全民创业恳谈会和珠三角地区招商推介活动中签约项目的跟踪服务工作，保证项目落地生根，力争新建园区企业入驻率达90%以上。三是加快创业街和专业市场建设。各镇(区、街道)要统筹规划创业特色街和创业专业市场等大型创业载体，着力打造餐饮、休闲、文化、小商品夜市等创业阵地，引导初创人员入驻创业。年内力争创建区级创业示范街和创业专业市场达15个以上，创建市级创业示范街和创业专业市场2个以上。四是加快服务平台建设。按照全市创业园区“六个一”质量提升工程的要求，完善园区的管理服务体系，整合服务资源，加快园区服务平台建设步伐；不断提升融资平台的服务能力，融资性担保公司要优先对有成熟产品、专利技术、高端人才参与新办的创业实体提供融资担保支持。增加创业小额担保贷款的额度，为各类创业主体提供创业资金支持，切实帮助解决创业人员和小微企业融资难题。年内力争创建省二星级以上服务平台12家以上，融资担保额达16亿元以上。

(四)加大转型升级力度，在提升创业质量上取得新突破。一是重抓“个体转企业”行动。制定实施全区“个转企”行动计划，在便捷准入、政策奖励方面予以支持，力争全年引导50户以上个体工商户转型升级为一般纳税人企业。二是重抓民营企业科技创新。鼓励中小企业加强产学研合作，积极采用新技术、新工艺、新装备、新材料，广泛应用信息化技术，大力发展电子商务、交通物流等多种创业业态，大力拓展传统专业品牌、地方名特优产品。年内力争创建市级以上科技小巨人企业、“专精特新产品”企业和科技型中小企业10家。三是重抓小微企业提档升级。引导小微企业大力发展都市产业和楼宇经济，利用闲置楼宇、厂房、仓库，从事产品设计、技术开发和轻型加工制造；支持实体企业自建门户网站，搭建网络营销平台，实现多元化发展；鼓励小微企业转型升级，年内新增一般纳税人工业企业250户以上，新增规模企业40家以上。四是重抓中小企业股改入市。推进一批成长性较好的中小企业在“新三板”、E板、Q板挂牌，通过场外股权交易，实施战略合作，促进企业转型升级。力争年内在股权交易市场挂牌企业达10家以上。

(五)加大创业服务力度，在优化发展环境上取得新突破。一是不断创新服务方式。大力推进并联审批工作，实行工商营业执照、组织机构代码证、国地税税务登记证“四证一体”登记，做到“一岗受理、一表填报、信息共享、共同办理、全程监察”，提高登记效率和服务质量。二是切实降低创业门槛。按照“非禁即可”原则和省、市“六放”要求，对初期创业的各类费用能免则免、能减则减、能缓则缓。清除不合理的前置审批和前置收费，积极推进“一元注册”、“试营业”制度，实行创业手续办理“零成本”。三是注重拓展信息服务。在充分运用“全民创业突破年专题”网页的基础上，进一步完善创业信息网络，建立区、镇、单位、创业主体互联互通的全民创业信息化平台，设立便民服务模块，提供及时、有效的信息定制服务，实现创业信息资源共享，营造有利于创业的政务环境。四是着力提高服务质量。建立区直部门与创业载体挂钩的帮办服务制度，建立定期走访创业园区、问题集中会办制度，帮助创业主体解决劳动用工、资金筹措、市场开拓等难题，落实创业政策，加强创业过程服务，为全民创业开辟绿色通道。

四、保障措施

一是强化部门职责。明确工作目标，细化主要任务，落实农工办、人社局、科技局、商务局、工商局、财政局、国税局、地税局、发改委、经信委、农委、民政局、妇联、团委等相关全民创业领导小组成员单位为八大类创业主体创业工作责任单位，围绕“六个一”(培育一批新主体，培训一批新人员，培植一批新典型、主抓一批新项目、发展一批新业态、开展一项新服务)，全力开展各项活动，推进全民创业工作，确保完成创业主体培育的目标任务。二是强化政策扶持。全面落实好市、区关于鼓励全民创业方面的各项扶持政策，出台鼓励网络创业发展电子商务的政策意见，进一步加大政策扶持力度。简化审批手续，在贷款发放、政策奖励、创业补贴等方面做到快速办结，及时兑现。从而使创业激励政策达到便利化、有形化、边际效应最大化的效果。三是强化项目推介。认真做好小本创业项目的征集和梳理工作，编制涉及一、二、三产业的创业项目清单，通过报刊、电视台等媒体和小本项目推介活动免费提供给创业主体。四是强化督查考核。将全民创业工作纳入全区目标任务综合考核，设立全民创业工作单项奖。建立和完善全民创业考核评价体系，强化全民创业督查推进，实行每月督查一次载体建设和项目入园情况，每季通报一次全民创业主要指标完成进度情况，每半年对评定一次全民创业指标完成、工作推进、政策落实等情况，力促各地真抓实干，确保全面完成年度全民创业各项目标任务。

附件：2015年全区全民创业主要目标任务分解表

2015年度全民创业工作主要目标任务分解表(一)

表32

序号	单　　位	主要经济指标					载体建设			
		新发展私营企业(户)	新增工业一般纳税人企业(户)	新发展个体工商户(户)	新增规模以上工业企业(户)	“个转私”企业(个)	新建标准厂房面积(万平方米)	新入园企业数(户)	创建区级创业示范街和创业专业市场(个)	二星级以上服务平台(个)
	区总计	1800	250	5500	40	50	30	100	15	12
1	新区(盐渎、冈中)	130	20	400	2	3	3	10	2	1
2	高新区(盐龙、马沟)	130	30	300	8	3	4	15	1	1
3	农发区(葛武)	60	5	150	1	2	0.5	1	1	0
4	大纵湖旅游经济区(滨湖)	60	1	200	0	2	0.5	0	1	0
5	龙冈镇	130	25	400	3	4	3	10	1	1
6	大冈镇	130	25	400	3	4	3	10	1	1
7	潘黄街道	130	18	350	2	3	2	5	1	1
8	张庄街道	130	18	350	3	3	3	5	1	1
9	大纵湖镇	130	20	350	3	3	2	10	1	1
10	秦南镇	130	20	400	2	3	2	5	1	1
11	郭猛镇	100	18	350	3	3	2	10	1	1
12	楼王镇	100	10	350	2	3	1	5	1	1
13	学富镇	100	10	350	2	3	1	5	1	1
14	尚庄镇	100	10	350	2	3	1	5	1	1
15	北龙港街道	60	5	200	1	2	0.5	1	0	0
16	中兴街道	60	5	200	1	2	0.5	1	0	0
17	鞍湖街道	60	5	200	1	2	0.5	1	0	0
18	北蒋街道	60	5	200	1	2	0.5	1	0	0

2015年度全民创业工作主要目标任务分解表(二)

表33

序号	单　　位	创业辅导培训			创业主体培植			
		辅导培训各类初始创业者(人次)	网络创业和个体经营户培训(人次)	中小企业高管培训(人次)	培植发展网络创业主体(人)	网络创业企业、网店(家)	创建电子商务示范企业(家)	新办家庭农场(家)
	区总计	10000	1000	100	200	100	30	100
1	新区(盐渎、冈中)	600	70	7	20	10	3	2
2	高新区(盐龙、马沟)	600	70	10	20	10	3	0
3	农发区(葛武)	600	50	3	10	5	1	7
4	大纵湖旅游经济区(滨湖)	300	50	3	10	5	1	2
5	龙冈镇	800	70	7	15	10	2	9
6	大冈镇	800	70	7	15	10	2	12
7	潘黄街道	650	70	7	15	10	3	1

续表33

序号	单位	创业辅导培训			创业主体培植			
		辅导培训各类初始创业者(人次)	网络创业和个体经营户培训(人次)	中小企业高管培训(人次)	培植发展网络创业主体(人)	网络创业企业、网店(家)	创建电子商务示范企业(家)	新办家庭农场(家)
8	张庄街道	650	70	7	15	5	2	3
9	大纵湖镇	600	60	7	10	5	2	9
10	秦南镇	800	60	6	10	5	2	15
11	郭猛镇	600	60	6	10	5	2	8
12	楼王镇	600	60	6	10	4	1	12
13	学富镇	600	60	6	10	4	1	7
14	尚庄镇	600	60	6	10	4	1	8
15	北龙港街道	300	30	3	5	2	1	1
16	中兴街道	300	30	3	5	2	1	1
17	鞍湖街道	300	30	3	5	2	1	2
18	北蒋街道	300	30	3	5	2	1	1

中共盐都区委　盐都区人民政府
关于支持镇村经济发展的政策意见

都发〔2015〕5号　2015年4月22日

一、提质增效发展现代农业

1.加快发展设施农业。区继续安排专项资金对新发展设施农业进行激励扶持。新建连片30~49亩、50~99亩、100~199亩、200亩以上的标准钢架大棚（一般跨度6米左右），分别补助1000元/亩、1500元/亩、2000元/亩、3000元/亩，补助资金分两年到位。对新发展的非标钢架棚、连栋大棚、日光能温室、食用菌菇房等园艺设施，按审计部门核定设施造价的30%给予补贴，补助资金分两年到位；对露地蔬菜、果园自主投入铺设喷滴灌设施且连片面积在50亩以上的，一次性补助100元/亩；对新建设施园艺工厂化育苗中心，按照固定资产投资的30%给予奖励，固定资产投资额以审计部门核定数为准；对新建标准钢架大棚用于水产养殖的，参照设施果蔬补助标准执行，对当年建成物联网推广应用体系的养殖企业补助3万元；对新招选的台资项目、高大新外项目，奖补政策实行“一事一议、一项一策”。(责任部门:区农委)

2.支持农业品牌创建。对新获得国家、省、市级名牌的，区每个分别奖励50万元、5万元、3万元；新通过有机食品、绿色食品、无公害农产品认定的，在享受上级补助的基础上，分别奖励5万元、2万元、0.7万元；对新创成国家、省级的农业高新技术企业(研发平台)，分别奖励20万元、10万元；对自主育成主要农作物新品种通过江苏省品种审定和列入江苏省主推品种名录的，每个分别奖励科研单位或品种所有权人20万元、10万元；鼓励本地农业企业参加省以上举办的各类农产品展会，并给予适当的参展补贴。(责任部门:区农委)

3.鼓励农业园区创牌。对当年新创成国家、省、市级现代农业产业园区、农产品加工集中区、农产品专业特色市场、休闲农业与乡村旅游示范点的镇(区、街道)或实施主体分别奖补50万元、30万元、15万元；鼓励大纵湖大闸蟹养殖基地申报大闸蟹出口示范基地，对通过认定的基地，按照申报必备硬件投入的50%给予补贴（塘口建设投入除外)，鲜活大闸蟹出口按照出口额的10%对基地和牵头机构给予奖励。(责任部门:区农委)

4.鼓励开展农业社会化服务。对专业化植保统防统治面积达1000亩以上、3000亩以上、5000亩以上的，分别奖励专业服务组织1万元、2万元、5万元。对农机合作组织新建400平方米以上、地面硬质处理、高处4.5米以上、低处3.5米以上、钢结构或砖混结构的机库，停放社员机具20台以上的，补贴合作组织15万元，当年已享受市以上项目补贴，不足15万元的，由区财政补足。(责任部门:区农委)

二、创新驱动提升特色工业

5.促进园区标准化建设。对在园区内新建500平方米以上，具备行政、信息、技术、商务、金融(财务)、人力资源等方面服务功能且运转正常的公共服务平台项目，一次性奖励20万元；获得国家、省、市公共服务平台认定，按照都发〔2012〕7号文件规定奖励；鼓励各镇(区、街道)园区建立网络信息平台，经市评审认定合格，给予一次性奖励10万元。(责任部门:区经信委)

6.支持创业园区建设。鼓励镇(街道)和有条件的村(居)建设中小企业创业园。对新建创业园区内单层面积在1000平方米以上的多层标准厂房，第一层每平方米奖励50元，每多一层按每平方米增加奖励50元；四层以上厂房安装货运电梯，按电梯价格的30%予以补贴。对当年新招引入驻投产企业5家以上且基础设施配套完善的创业园，按每亩5000元奖励镇(街道)或村(居)，每多招引入驻投产1家企业，每亩再增加1000元奖励。(责任部门:区经信委)

7.加快园区项目推进。对在园区内建设周期不超过12个月的工业项目，并在投产后一年内实现开票销售达1000万元以上的，每个项目奖励镇(街道)或村(居)10万元。对租赁园区内标准厂房新办的工业企业，年开票销售达500万元以上且税收达20万元以上的，按年租金30%予以补助。(责任部门:区经信委)

8.鼓励小微企业提档升级。重点镇(街道)确保每年净增规模以上工业企业2户，入库税收超300万元企业1户，其他镇(街道)确保每年净增规模以上工业企业1户，入库税金超100万元企业1户。对完成净增规模以上工业企业任务的，按每户10万元标准奖励镇(街道)；对完成入库税收培植任务的，按照新超100万元、300万元、500万元、1000万元工业企业(且增幅达20%以上)，每户分别奖励镇(街道)10万元、20万元、30万元、50万元。区中小企业信用担保公司对各镇(街道)工业企业优先提供担保服务，担保保证金按不超过5%的比例收取。(责任部门:区经信委、区财政局)

三、网络营销搞活农村服务业

9.加快发展农村电子商务。行政村(居)居民从事电子商务首超10户、30户、40户的，分别给予每村2万元、3万元、5万元奖励；种(养)殖业专业大户、家庭农场、农业专业合作社等经营主体，通过网络销售盐都鲜活类农产品，年网络交易额30万元以上的，按年网络交易额3%给予奖励，最高奖励不超过30万元；对首次获得省级、市级、区级电子商务示范村的，分别给予该村一次性30万元、10万元、8万元奖励。(责任部门:区商务局)

10.发展新型为农服务实体。延长产业链、拓展供应链、完善利益链。对建成“基层供销社+村+专业合作社”、“基层供销社+专业合作社+农户”等新型为农服务实体，每个奖励5万元；对新认定的省级为农服务社样板社，每个奖励5万元。(责任部门:区供销总社)

四、提速发展乡村旅游业

11.支持乡村旅游景点建设。对评为省五星级、四星级、三星级、二星级乡村旅游点的，分别奖励40万元、30万元、20万元、10万元；对举办有一定影响力的特色乡村旅游节庆活动，一次性给予不超过30%的费用补助；对在规划范围内，发展农家乐、乡村客栈等乡村旅游的，基础设施和公共服务配套由区、镇、村共同建设，对农户发展餐饮、住宿，规模达3户以上(含3户)的，给予农户装(改)修房屋总费用50%的一次性补助，最高补助不超过5万元。(责任部门:区旅游局)

五、鼓励支持全民创业

12.开展全民创业指导培训。按照组织、人员、经费、场地、制度、任务“六到位”的标准，建好镇级全民创业指导中心、村级全民创业指导站。积极为镇村创业主体提供免费创业培训，每举办一场达100人以上规模的创业培训活动，对活动组织的镇村一次性奖励2000元。开展新型职业农民定向培养活动，每年安排100万元专项资金，对专业从事粮油果蔬、苗木花卉种植业、畜牧业、农机业、水产业的种养大户、家庭农场、合作组织，每个专业每年选择15~20人，委托大专院校，采取请进来与送出去的方式，进行专业职称和学历素质培训。(责任部门:区人社局、区经信委、区农委)

13.支持创业载体建设。鼓励镇(街道)和有条件的村(居)建设创业特色产业基地、创业一条街和专业市场等创业载体。对当年获得市、区“创业示范基地、创业示范特色街、创业专业市场、创业示范园、创业示范镇或村”分别给予20万元、10万元奖励。(责任部门:区经信委)

14.促进农民多渠道创业。鼓励在家农民利用闲置房屋进行自主创业，引导在外能人返乡创业。鼓励各村(居)组织本地农民因地制宜发展家庭工厂、利用人脉资源开展招商引资。凡招引落户高新区、新区及各镇(街道)工业园区和全民创业园的项目，由收益的镇(区、街道)对相关村(居)予以奖励。(责任部门:区经信委)

15.降低全民创业门槛。切实清理和压降注册登记和各项后续费用，农村流动性小商贩和农民在集贸市场销售自产农产品，免于工商登记。(责任部门:区市场监督管理局)

六、加快发展村级集体经济

16.拓宽村级集体经济发展路径。坚持因村制宜，强化分类指导，发展壮大村级集体经济。对当年组建运营的镇级集体资产集团公司，每个奖补30万元；对当年新组建的社区股份合作社，每个奖补3万元。(责任部门:区委农工办)

17.鼓励村级开展土地规模经营。对当年新连片流转土地100亩以上、200亩以上、300亩以上，流转期限在5年以上，并成立家庭农场或组建土地股份合作社的，分别给予流出土地的农户和村(居)一次性补助40元/亩、50元/亩、60元/亩。对当年新创建成的省级、市级、区级示范家庭农场一次性补助10万元、5万元、3万元。对当年新组建合作经营型土地股份合作社、土地入股面积300亩以上、社员分配1100元/亩以上(含土地入股保底分红)的，每个补助3万元。(责任部门:区委农工办)

18.支持村级发展经营性项目增收。区设立镇村发展专项引导资金3000万元，其中1000万元专项用于支持低收入村兴办经营性物业、开展农业社会化服务、发展其他经营性项目。(责任部门:区委农工办、区财政局)

七、提高镇级财政运行质量

19.增强镇级财政实力。继续加大对镇(区、街道)财力倾斜力度，在新一轮区对镇财政结算体制中，对一般公共预算

收入增幅超过全区平均水平的，提高镇级财力留成比例。(责任部门:区财政局)

20.促进镇级财政健康发展。严格按照省市要求，对镇一级政府性债务实行总量控制，通过优化债务结构，切实防范债务风险。研究探索PPP模式，引导社会资本参与镇域公益性基础设施投资运营。(责任部门:区财政局)

八、加大镇村基础投入

21.加大基础设施投入。积极向上争取项目、政策、资金支持，在此基础上，区财政每年预算安排5500万元用于农村河道整治三年行动计划，安排2500万元用于农机作业"最后一匡田"通达工程，安排1700万元用于农村环境"五位一体"长效管理，安排8000万元用于农村公路提档升级。实施村居党群服务中心提升工程，凡新建村居党群服务中心建筑面积在300平方米以上，经验收合格的，一次性奖补20万元；党群服务中心改扩建达300平方米以上，按实际投入的50%给予奖补(最高不超过10万元)。(责任部门:区委组织部、区水务局、区城管局、区交运局)

22.加大发展要素支持。积极破解镇村发展要素制约难题，对土地利用规划空间、土地指标适当给予安排；对镇级新实施基础设施配套工程的，按实际投资额，给予一定比例的补助；区财政出资1000万元，建立涉农贷款风险补偿基金，引导农村金融服务模式创新，探索解决各类新型农业经营主体贷款担保和抵押问题。促进农村要素流转交易规范化、市场化，对镇(街道)新建达到场所、人员、制度"三落实"要求的农村产权交易服务站，每个奖补5万元。(责任部门:盐都国土分局、区发改委、区委农工办)

繁荣镇村经济，责任重大，使命光荣。区委、区政府从2015年开始，将把镇村经济发展列入镇(区、街道)、区直部门年度目标任务绩效考核的内容之一，并设立镇村经济发展奖，切实加强对该项工作的督查考核。区相关部门要结合部门职能，密切配合协作，提升服务水平；各镇(区、街道)要强化责任意识，细化目标任务，硬化工作举措；各村要挖掘资源优势，求真务实创新，共同推动我区镇村经济不断迈上新台阶。

本意见从2015年1月1日起执行。此前，区委、区政府其他文件规定的支持与激励标准与本意见不一致的，以本意见为准；其他涉及镇村经济激励内容的，仍按原文件规定的标准执行；同一事项市、区不重复奖补。本意见有效期三年。

中共盐都区委　盐都区人民政府
关于深化医药卫生体制改革建设现代医疗卫生体系的实施意见

都发〔2015〕9号　2015年10月8日

进一步深化医药卫生体制改革，加快建设现代医疗卫生体系，是满足群众医疗卫生需求的重要保障，是推进民生幸福工程的具体举措。根据市委、市政府《关于深化医药卫生体制改革建设现代医疗卫生体系的实施意见》(盐发〔2015〕17号)文件要求，结合我区实际，制定本实施意见。

一、总体要求

(一)指导思想。坚持以邓小平理论、"三个代表"重要思想、科学发展观为指导，深入贯彻党的十八大、十八届三中、四中全会和习近平总书记系列重要讲话精神，围绕率先全面建成更高水平小康社会、率先基本实现现代化，以深化医改为动力，统筹推进医疗保障、医疗服务、公共卫生、药品供应、监管体制改革，突出公益公平，创新体制机制，着力建设适应人民群众健康需求、适应盐都经济社会发展的现代医疗服务体系，促进医疗卫生资源配置进一步优化，全民医疗保障制度运转效率进一步提升，药品供应保障机制进一步完善，公共卫生和基本医疗服务的公平性与可及性进一步增强，医务人员积极性和创造力进一步激发，人民群众对医疗卫生服务满意度进一步提高，努力建设"健康盐都"。

(二)基本原则。

1.坚持政府主导、社会参与。确立政府在深化医药卫生体制改革建设现代医疗卫生体系中的主导地位，强化政府保基本职责，同时发挥市场机制作用，鼓励和引导社会力量办医，提高医疗卫生运行效率和服务水平，满足群众多层次、多样化的健康需求。

2.坚持三医联动、协同推进。加强整体设计，创新医疗、规范医药、健全医保，"三医"联动，增强改革的系统性、整体性和协同性，使各项改革措施相互衔接、相互促进。

3.坚持以人为本、创新发展。以保障人民健康为中心，强化医疗卫生事业公益性和健康公平，大力推进医疗卫生改革创新、率先发展，让人民群众更多更公平地分享改革发展成果。

4.坚持统筹兼顾、突出重点。既着眼长远，统筹谋划，完善制度体系；又立足当前，坚持问题导向，着力解决就医热点难点问题，不断提高人民群众满意度。

(三)主要目标。到2017年，全面完成市委、市政府《关于深化医药卫生体制改革建设现代医疗卫生体系的实施意见》(盐发〔2015〕17号)明确的医改任务，市三院公立医院改革全面深化，基本医疗卫生服务能力和技术水平明显提升，分级诊疗的就医秩序基本建立，全民医保制度和药品供应保障制度有效运行，社会办医规模不断壮大，基本医疗卫生体系进一步完善，为建立现代医疗卫生体系打下良好基础。到2020年，医疗卫生发展整体水平位于苏北前列，城乡居民健康主要指标位于全市先进水平，基本建成以医疗保障、医疗服务、卫生监管、公共卫生服务、药品供应保障为重点的现代医疗卫生体系框架。

二、重点任务

（一）创新体制机制，构建现代医疗服务体系。

坚持公立医疗机构为主导、公立与非公立医疗机构共同发展，优化结构布局，提升服务能力，强化分工协作，建立健全“维护公益性、调动积极性、保障可持续”的运行新机制，提升医疗服务水平和便利性，有效缓解看病就医矛盾。

1.健全完善城乡医疗服务网络。贯彻落实大市区医疗卫生机构设置规划要求，整合基层医疗卫生资源，优化基层医疗卫生机构布局，提升基层医疗卫生服务能力。强化区一级。新建市三院北院急诊、住院医师规范化培训中心综合楼，将区中西医结合医院(秦南中心卫生院)改造提升为开放床位200张以上的二级甲等中西医结合医院，启动公共卫生服务中心建设；利用龙冈镇卫生院搬迁扩建区精神病防治院，建立区肇事肇祸精神病人救治中心。优化镇一级。做大3个中心卫生院，做强5个建制镇卫生院，做优6个非建制镇卫生院。深化村一级。按省定建设标准新(改、扩)建村卫生室、社区卫生服务站。

2.着力深化公立医院改革。启动市三院医药价格综合改革，取消药品加成，全面实施药品零差率销售，破除“以药补医”，构建稳定长效的公立医院补偿机制。按照“总量控制、结构调整、有升有降、逐步到位”的原则，制定价格综合改革政策措施。合理提高诊疗、手术、护理、床位和中医服务等项目价格，降低药品、高值医用耗材、大型医用设备检查治疗价格，加快建立有利于费用控制、以合理成本定价为基础的价格动态调整机制，做好与基层医疗卫生机构医疗服务价格的政策衔接。加大财政投入，2015年底前全面落实政府对市三院符合规划和医疗资源配置要求的各项投入政策。将经核定的市三院长期债务纳入政府性债务，逐步予以化解。加快建立现代医院管理制度，推动公立医院去行政化，逐步建立以理事会等为核心的公立医院法人治理结构，完善院长负责制，制定院长任职资格、选拔任用等制度，强化医院科学化、精细化管理。

3.大力推进社会办医。鼓励社会资本举办二级及以上有规模、有特色的专科医疗机构，及中医医院、康复医院、老年病医院、护理院、临终关怀医院等医疗机构。促进医疗机构与养老机构等加强合作，大力推进医养一体化。按照国家、省、市有关规定，对民办非营利性医疗机构享受与公立医疗机构同等待遇，在技术、设备、人员、医保定点等要素准入方面一视同仁。符合条件、提供基本医疗卫生服务的非公立医疗机构，其专科建设、设备购置、人才队伍建设纳入财政专项资金支持范围。对非营利性民办健康服务机构给予投资奖励。推进医师多点执业，放宽多点执业职称限制，完成住院医师规范化培训并取得合格证书的，或从事临床工作累计5年以上的执业医师，均有资格多点执业。认真执行江苏省医师多点执业管理办法，医师在完成单位核定工作任务、合理分配劳动时间等情况下申请多点执业，单位应予支持。鼓励二级以上中医院中具备中级以上职称的中医类别执业医师到医养一体化医疗机构或乡镇、社区医疗卫生机构多点执业。到2017年，全区非公立医疗机构床位数量和服务量占比达到20%以上。

4.加强基层医疗卫生体系建设。推进阵地建设，完善服务网络。每个镇(区、街道)建好1所卫生院(中心)，每个村(居委会)建好1所卫生室(站)，全部达省定标准，积极创建群众满意乡镇卫生院、省示范乡镇卫生院、省规范化社区卫生服务中心。推进队伍建设，壮大服务主体。创新编制管理，合理核定基层医疗卫生机构人员总量，加大年度用编计划许可倾斜力度，加强空编人员补充工作；加大引才力度，积极组织公开招聘、农村订单定向培养，基层医疗卫生机构每年最大限额招录专科以上毕业生；强化人员培训，建立高效的进修培训制度，村级所有卫技人员年度培训全覆盖；提高卫技人员待遇，稳定优化乡村医生队伍，同步建立村医生医疗责任保险、工伤保险等制度，并建立镇医疗事故风险基金。推进能力建设，提升服务水平。增强公共卫生和基本医疗服务功能，提升基层养老、保健、康复等特色医疗服务能力，扶持中心卫生院发展，增强辐射带动作用；转变服务模式，推进乡村医生签约服务；积极探索组建医疗集团，通过多种方式，推进城市优质卫生资源向基层流动。推进机制建设，增强发展活力。健全机构负责人选拔聘任机制，实行任期目标责任制。完善财政补偿机制，政府足额安排基层医疗卫生机构基本建设、设备购置和人员经费等支出，村卫生室日常运行经费纳入财政预算。完善绩效考核分配办法，重点考核服务质量数量、患者满意度、任务完成情况和农村居民健康状况，考核结果与绩效工资总量、财政补助、医保支付、干部使用、个人职称晋升等挂钩。

5.加快构建分级诊疗制度。综合运用医保、医疗、价格等引导措施，推动形成基层首诊、分级诊疗、双向转诊的就医秩序。充分发挥医保杠杆作用，拉开不同级别定点医疗机构间的报销比例差距，实行定点医院按病种定额报销，引导建立合理的就医流向。加强专科建设，市三院对卫生院特色专科建设给予扶持。大力推行城市社区家庭医生制度、农村乡村医生签约服务和健康管理团队服务。以市三院为龙头，探索实施区镇村医疗服务体系一体化改革，以人、财、物、服务、信息、管理一体化为核心，积极组建医疗集团，加大对口支援力度，促进基层服务能力提升和分级诊疗制度建设，为基层群众提供全面的优质医疗服务。

6.探索建立符合医疗行业特点的人事薪酬制度。深化人事分配制度改革，创新编制和人事管理，实行“标准核定、备案管理、岗位设置、分类聘用”，合理核定人员总量，原核定的事业编制按原办法管理，空编编制主要用于引进高层次人才和关键岗位、骨干人员，按标准核增的人员总量由编办实行备案管理，动态调整。备案管理人员在岗位设置、收入分配、职称评定、管理使用等方面与在编人员同等对待，实行同岗同酬，并按照国家规定参加社会保险，参照事业单位职业年金水平建立年金制度。改革完善收入分配制度，合理确定绩效工资总量和水平，适当放宽绩效工资总额控制，提高人员经费支出占业务支出比例，力争到2017年基层医疗卫生机构达到55%、公立医院达到40%；对年度绩效考核合格并超额完成定额任务的基层医疗卫生机构，从收支结余中提取不高于40%的职工福利基金、奖励基金，用于提高绩效工资总量；公立医院可在核定的绩效工资总量内试行年薪制等多种形式的自主分配，体现多劳多得、优绩优酬；按照国家、省有关规定调整提高医疗卫生津贴标准，医疗卫生人员可通过多点执业或从事其他超额劳动获取合规报酬；试行公立医院院长年薪制，采取定性与定量相结合、年度与日常考核相结合的方式对院长进行全面考核，考核结果与院长年薪挂钩。

7.强化科教人才支撑。大力推进“科教兴卫”工程和市“515”人才引进三年行动计划，构筑盐都卫生人才高地。组织实施基层卫生人才“强基工程”，通过实施全科医生特岗计划、免费定向培养、基层骨干培训等办法，加强基层医疗卫生人才队伍建设。建立以全科医生为重点的住院医师规范化培训制度，所有新进入医疗卫生机构临床岗位工作的医师必须接受规范化培训。到2020年，力争使每个乡镇卫生院（中心）均有10名以上合格的全科医生。加强医疗卫生管理队伍建设，提高人员素质和管理水平。加快医疗卫生信息化建设进程，提升卫生信息平台，到2017年全面建成区域远程影像、区域检验、区域心电等系统，发展远程医疗、网络诊疗和健康咨询，促进医疗卫生服务便利化、规范化和管理精细化。

8.切实发挥中医药特色优势。巩固全国社区中医药工作先进区创建成果，市三院创成中医药工作示范单位，区中西医结合医院建成二级甲等医院。大力实施基层中医药服务能力提升工程，镇卫生院（中心）配备中医药人员、设置中医药综合治疗区，村卫生室（站）配备针灸器具等传统特色诊疗设备，提供适宜中医技术服务。推进治未病中医科室建设，发展中医药预防保健服务。建立健全投入补偿机制，进一步发挥中医药“简、便、验、廉”的特色优势。

（二）注重公平可及，构建现代公共卫生服务体系。

贯彻预防为主方针，加强公共卫生服务网络建设，增强公共卫生服务能力，落实疾病预防控制各项措施，保障公共卫生安全，促进基本公共卫生服务公平可及、水平提升。

1.加强公共卫生服务机构建设。新建区公共卫生服务中心，扩建区精防院，规划建设区妇幼保健院，配齐配强人员，优化设施设备。加强专业公共卫生机构、基层医疗卫生机构和医院之间的协作，实现功能互补、防治结合，促进城乡居民均等享有公共卫生服务。到2020年，区疾控中心达到现代化标准。

2.提升公共卫生计生服务水平。认真实施基本公共卫生服务和重大公共卫生服务项目，逐步提高人均经费标准，到2017年基本公共卫生服务经费人均标准提高到60元、力争达到80元。完善公共卫生服务项目绩效考核和日常监管机制，强化资金管理和使用，提升服务效益。推进计划生育基本公共服务标准化建设，为育龄群众提供免费优质的生殖健康服务。建立流动人口卫生和计划生育基本服务制度，实施“流动人口卫生和计划生育基本公共服务均等化工程”，缩小城乡、区域和不同人群之间的服务差距，进一步提高服务可及性和均等化水平。提高妇幼保健服务水平，孕产妇、7岁以下儿童保健管理率稳定在95%以上。

3.落实重大疾病防控措施。健全完善传染病监测系统，提高各类传染病的早期发现、诊断和处置能力，保持传染病防控的平稳态势。扎实开展艾滋病、结核病等重点传染病防治工作，加强地方病防治，落实各项防治措施。继续精神病患者免费治疗政策，提高治疗率和管理率，对肇事肇祸等严重精神障碍患者做到应收尽收、应管尽管、应治尽治。进一步落实扩大儿童免疫规划，推进数字化预防接种门诊建设，提高预防接种服务水平，到2020年各镇（区、街道）适龄儿童免疫规划疫苗接种率稳定在95%以上。

4.强化健康教育与促进。实施全民健康素养促进行动，建立“政府主导、部门合作、全社会参与”的长效机制和工作体系，加强高血压、糖尿病等慢性病预防控制，落实职业病防治措施，全面推行公共场所禁烟，积极开展健康城市创建。

（三）突出制度管理，构建现代医疗保障体系。

按照“增强公平性、适应流动性、保证可持续性”的要求，加快建立和完善医疗保障体系，以基本医疗保障为主体，其他多种形式医疗保险和商业健康保险为补充，多层次，广覆盖，不断提升医保制度运行质量和效率。

1.健全基本医保制度。建立全民参保登记制度，大力推进非公经济组织从业人员、农民工等特殊群体参保，稳定城乡基本医保参保率，提高城乡基本医保筹资和保障水平，2017年人均财政补助标准最低达470元，人均筹资600元以上。实施城乡居民大病保险制度全覆盖，提高重特大疾病患者保障水平。建立健全疾病应急救助制度，完善城乡居民医疗救助制度，提高救助标准，加大救助力度，加强与基本医保、大病保险的衔接。逐步完善和落实职工医保、居民医保和新农合之间的衔接办法，建成覆盖城乡、统一管理的城乡居民基本医疗保险制度。

2.深化医保支付方式改革。发挥医保基金资源优势，强化医疗服务供需双方的引导，合理制约医疗费用。完善医保支付方式，建立医保经办机构与医疗机构、药品器械生产流通企业之间的谈判机制。深化付费方式综合改革，推行按病种付费、按服务单元、按人头付费、按病种分值结算等办法，开展部分日间手术按病种付费试点，规范医疗服务行为，有效控制医疗费用不合理增长。

3.提高基本医保管理服务水平。加快推进基本医保统筹管理，提高运行质量。全面建立风险调剂金制度，防范基金风险。以信息化为支撑，进一步提高重特大疾病的医保统筹管理层次，完善基本医保关系转移接续办法，规范建立转诊管理制度，全面实现省内异地就医联网即时结算，积极推进跨省联网即时结算。构建医保诚信服务体系，防范医保欺诈行为。加强对医保基金筹集和使用的监管，保障人民群众合理医疗需求，保证医疗机构合规医疗费用及时按标准支付。

4.积极发展商业健康保险。丰富商业健康保险产品，加快发展医疗责任保险、医疗意外保险，积极开发面向老年人、残疾人等的保险产品。支持社会保险经办机构与商业保险公司进行必要的信息交换和数据共享，实现大病保险“一站式”即时结算服务。加大政府购买力度，引入竞争机制，支持商业保险机构参与各类医疗保险经办服务。鼓励医疗机构成为商业保险定点医疗机构，降低不合理医疗费用支出。鼓励企业和个人通过参加商业保险及多种形式的补充保险，解决基本医保之外的需求。加强监管，规范商业健康保险市场秩序，查处违法违规行为，确保有序竞争。

（四）规范药品流通秩序，构建现代药品供应保障体系。

巩固完善基本药物制度，建立规范高效的药品生产流通机制，健全量价挂钩、招采合一的药品和高值医用耗材集中采购制度，保障药品质量可靠、价格合理、供应及时。

1.完善基本药物制度。在政府办基层医疗卫生机构全面实施基本药物制度的基础上，进一步扩大制度实施范围，采取政府购买服务等方式，将承担基本公共卫生和基本医疗的非政府办基层医疗卫生机构全部纳入制度实施范围。调整完善基本药物配备使用政策，允许基层医疗卫生机构按规定比例配备使用国家基本药物目录和省增补目录外、医保目录和新农合目录内的药品，并实行零差率销售。

2.建立廉价、短缺药品供应保障机制。对部分临床必须、企业不常生产的廉价、短缺药品，开展动态监测，利用省级药品集中采购平台功能，从生产、流通、库存到使用全过程监测，及时分析研判药品供应保障形势，做好供需衔接，满足群众基本用药需求。

3.改革完善公立医院药品集中采购办法。探索基本药物和非基本药物在同一个平台、用同一种办法采购，发挥批量采购优势。在以省为单位药品集中采购基础上，实行统分结合、分类采购，综合评价、竞价议价，供需见面、带量采购，量价挂钩、招采合一，进一步提高医疗机构在药品招标采购中的参与度。根据省集中招标采购入围结果，区政府组织卫生计生、医保、物价、食品药品监管、公立医院等部门单位，与入围企业进行价格谈判，确定采购产品及价格。公立医院不得采购中标目录外产品，不得与企业进行“二次议价”。提高采购透明度，药品和高值医用耗材采购数据实行部门和区域共享。健全药品采购服务体系，强化药品采购服务监管，落实机构、人员和工作经费。

4.推进药品流通领域改革。建立便民惠民的农村药品供应网，探索建立社区基本医疗远程服务系统和电子处方系统，利用现有零售药店网点优势，构建方便、快捷的社区药品供应服务网络。针对药品购销领域中的突出问题，开展专项整治，严厉打击药品生产经营企业挂靠经营、租借证照、销售假劣药品、商业贿赂等违法违规行为。加强药品不良反应监测，健全完善药品安全预警和应急处置机制。强化药品安全监管，将质量安全责任落实到药品生产、经营、使用的每个环节，确保人民群众用药安全。

（五）提升治理能力，构建现代医疗卫生监管体系。

坚持政府监管、行业自律和社会监督相结合，健全医疗卫生准入制度、服务标准和质量评价体系，完善监管体制，创新监管方式，提高人民群众对医疗卫生服务的满意度。

1.建立协调统一的医疗卫生管理体制。按照属地化管理原则进行全行业管理，所有医疗卫生机构，不论所有制、投资主体、隶属关系和经营性质，均由区卫生局实行统一规划、统一准入、统一监管。推进医疗卫生管理体制改革，进一步转变政府职能，区卫生局主要承担卫生发展规划、资格准入、规范标准、服务监管等行业管理职能，其他有关部门按照各自职能进行管理、提供服务。强化区域卫生规划，优化配置医疗卫生资源，提高利用效率，建立监督评价机制。

2.进一步加大卫生计生监督执法力度。完善卫生计生监督体制，建立规范统一、运转高效、执法有力的工作机制。强化医疗机构、从业人员、医疗技术应用、大型医疗设备等医疗服务要素准入管理，深入开展打击非法行医、非法医疗广告、非法采供血、非医学需要的胎儿性别鉴定和非医学需要的人工终止妊娠等专项行动，维护医疗服务市场秩序。加强对学校卫生、公共场所卫生、生活饮用水安全、职业病防治、医疗废弃物处置等社会公共卫生的监管，定期向社会公布监督检查情况，依法严厉打击危害人民群众身体健康和生命安全的违法行为。

3.强化对各级医疗卫生机构的监管。进一步完善政府对公立医疗卫生机构履行功能定位、经济运行和医疗卫生服务等的监管，强化社会监督。建立科学的绩效考核和收入分配制度。强化医疗服务管理，落实诊疗责任制，改进服务流程，改善服务态度，提高服务水平。研究制定控制医疗费用不合理增长的政策措施，有效遏制过度检查、用药和过度服务。积极鼓励使用国产医用耗材和设备，有效降低群众医药费用。公立医疗卫生机构要定期将财务状况、绩效考核、质量安全等情况向有关部门报告，并对社会公开，建立医疗卫生服务持续改进机制。

4.努力构建和谐医患关系。健全和落实医疗卫生行风管理制度，强化职业道德教育，增强服务意识，提高服务质量。建立完善医患沟通制度，严厉打击涉医违法犯罪行为，维护正常医疗秩序。加强医患纠纷人民调解制度和医疗责任保险制度建设，将区医患纠纷人民调解中心日常工作经费纳入财政预算。

三、保障措施

（一）加强组织领导。各级党委、政府要充分认识深化医药卫生体制改革、建设现代医疗卫生体系的重要意义，将其作为推进民生幸福工程的核心内容，摆上重要议事日程，切实做到思想认识到位、工作责任到位、资金投入到位、政策措施到位。各镇(区、街道)、各部门要加强组织领导，明确职责，形成主要领导负总责、分管领导具体抓、各有关部门分工协作、密切配合、合力推进的工作机制。要结合工作实际，制定具体实施方案和年度工作计划，层层分解目标任务，保证工作顺利推进。

（二）加大投入力度。建立区、镇两级政府主导的多元投入机制，确立政府在提供公共卫生和基本医疗服务中的主导地位，切实加大财政投入，重点投入公共卫生、基层医疗机构建设和基本医疗保障，加大对公立医院改革、卫生科技、人才队伍建设等方面的投入。探索实行政府购买服务等多种形式的政府卫生投入方式，鼓励社会力量投资发展医疗卫生事业，形成政府主导、社会参与的多元投入格局。

（三）强化督查考核。各地、各部门要按照职责分工，将深化医改及现代医疗卫生体系建设纳入日常工作内容，加大工作力度，确保工作稳步推进。要强化目标导向，建立考核考评体系，完善督查、考核、奖惩等制度，建立健全问责机制，切实推进医改及现代医疗卫生体系建设。

（四）营造良好环境。广泛宣传医疗卫生改革发展的典型经验和进展成效，加强政策宣传解读，合理引导社会预期，及时回应社会关注，营造良好的舆论氛围和社会环境，确保深化医改和建设现代医疗卫生体系工作有力有序向前推进。

中共盐都区委　盐都区人民政府
关于推动全区文化建设迈上新台阶的意见

都发〔2015〕10号　2015年12月18日

一、总体要求

（一）指导思想

高举中国特色社会主义伟大旗帜，深入贯彻落实党的十八大和十八届三中、四中全会精神，全面贯彻落实习近平总书记系列重要讲话精神特别是视察江苏重要讲话精神，紧紧围绕“四个全面”战略布局，坚持中国特色社会主义文化发展道路，以培育践行社会主义核心价值观为主心骨，以深化文化体制改革为主动力，以深入推进文化建设工程为主抓手，以满足人民群众精神文化需求为根本出发点和落脚点，紧紧抓住“一带一路”发展的重大机遇，充分挖掘文化资源，着力培育盐都精神，全面提升文化建设质量，全面提升人的现代化水平，努力为“打造新高地、迈上新台阶”提供强大的价值引导力、文化凝聚力和精神推动力。

（二）总体目标

围绕实现文化凝聚力和引领力强、文化事业和产业强、文化人才队伍强和构筑思想文化建设高地、道德风尚建设高地的“三强两高”目标，到2020年全区文化建设取得显著进展：科学理论武装不断深入，社会主义核心价值观引领作用更加突出，文化传承与创新高度自觉，公共文化服务能力全面提升，文化市场和文化产品繁荣丰富，文化体制改革稳步推进，文化产业成为国民经济支柱性产业，文化对外开放水平显著提高，文化人才队伍形成优势，全区文化建设总体水平全市领先，建成独具魅力的文化强区。

二、重点任务

（一）深入推进思想理论建设

1.强化理论武装。紧紧围绕“四个全面”战略布局，强化党的创新理论学习宣传和研究阐释，把学习宣传习近平总书记系列重要讲话精神不断引向深入，使中国特色社会主义和中国梦宣传教育、党的十八大和十八届三中、四中全会精神宣传教育不断深化。创新党委（党组）中心组学习制度，深化学习型党组织建设，活化干部轮训、基层党员干部冬训等教育形式，优化“盐都大讲堂”等学习载体，整合理论宣讲资源，不断提高理论武装效果。加强对盐都协调推进“四个全面”实践问题研究，为“打造新高地、迈上新台阶”提供理论和决策支撑。

2. 加强意识形态领域引导和管理。建立健全意识形态领域情况分析研判机制，健全和落实情况通报制度。加强意识形态阵地管理，完善哲学社会科学报告会、研讨会、讲座论坛等阵地管理办法。抓好网上舆论工作，积极开展网上舆论斗争。各级党委（党组）对本地区本部门本单位意识形态工作负主体责任，坚持守土有责、守土负责、守土尽责，决不给错误思想观点提供传播渠道。

3. 提升新媒体格局下的舆论引导力。充分发挥双新盐都报、广电台和政府网站的核心作用，整合媒体资源，发挥政务微信和微博作用，壮大主流舆论。健全新闻发布和政策解读机制，完善应急报道和舆论引导机制，创新主题宣传、形势宣传、成就宣传、典型宣传，加强深度报道，提高引导艺术。进一步推动党员团员上网发声，发挥网络积极分子作用，团结引导网络名人，有效集聚和传播正能量。

（二）培育和践行社会主义核心价值观

1.推动社会主义核心价值观落地生根。深入解读阐释“三个倡导”，利用通俗读物、讲座巡讲、视频展播等形式，推动核心价值观向各类媒体、各类公共空间、各类宣传文化阵地、各类人群全面覆盖。创新开展公益宣传，建设一批公益宣传主题公园、街道、小区、广场，营造浓厚生活情境和社会氛围。积极拓展微博、微信、微视、微电影、手机客户端等网上传播平台，充分运用各类文艺作品和群众性文艺活动，活化核心价值观传播形式。广泛开展市民文明行为养成、公民道德宣传周等道德实践活动，促进社会主义核心观内化为全社会的群体意识。充发发挥政策法规制度的导向和约束作用，把培育和践行社会主义核心价值观落实到经济社会发展各领域，确保制定经济社会发展目标规划、出台经济社会政策和重大改革措施、开展各项生产经营活动都遵循核心价值观要求。健全和规范制度设计，完善规章制度、行为准则和行业标准。开展规范守则教育实践活动，强化人们的准则意识、律己意识。

2.深化“厚德盐都”建设。完善区、镇（街道）、村（社区）三级典型推荐、评选、发布、宣传、激励机制，在全区农村、社区、单位普遍建立“厚德榜”，普遍建立和运用好道德讲堂，大力选树“时代先锋”、道德模范、“最美人物”和身边好人。突出抓好领导干部、企业家、知识分子、青少年等重点人群，推动公众人物发挥示范引领作用。深化拓展“八礼四仪”未成年人文明礼仪养成教育。大力推进志愿服务制度化常态化，到2020年注册志愿者人数占城镇人口比例达16%以上。推进诚信建设制度化，完善“红黑榜”发布制度。深入推进文明城市、文明村镇、文明行业、文明单位创建，建立常态长效机制。深化文明交通、文明旅游、文明餐桌等行动和“最美乡村”创建，注重家庭、家教、家风建设，着力塑造崇德向善、见贤思齐的美好城市形象。

(三)加快建设现代公共文化服务体系

1.加大公共文化设施建设投入。贯彻中办、国办印发的《关于加快构建现代化公共文化服务体系的意见》，合理规划布局城乡公共文化设施，打造城乡一体“15分钟文化圈”。到2017年，全面完成区有四馆、镇(街道)有一站、村有一室、文化中心户实现自然村全覆盖的目标；在大纵湖镇、尚庄镇已创建成省公共文化服务体系示范镇的基础上，学富镇、龙冈镇再创建成省公共文化服务体系示范镇；所有镇(街道)文化服务中心(文化站)面积达2000平方米以上，村文化室面积达100平方米以上。2020年，全区人均公共文化设施面积达到0.30平方米。

2.提升公共文化服务能力。发挥省级公共文化服务体系示范区引领作用，完善公共文化设施运行管理和服务标准，提升公共文化服务水平。以区图书馆和文化馆为中心推进总分馆制建设，2017年实现农家书屋通借通还，实现公共文化服务资源有效整合和互联互通。大力开展城市社区文化建设，乡村实现文化中心户自然村全覆盖，打通公共文化服务“最后一公里”。加快推进公共文化资源数字化，纳入城乡信息化建设规划，建设数字图书馆、文化馆、博物馆、美术馆和农家书屋等，增强公共文化服务现代传播能力。重视和保障特殊群体基本文化权益，将老年人、未成年人、残疾人、农民工、农村留守妇女儿童、生活困难群众作为公共文化服务的重点对象，促进城乡基本公共文化服务均等化。将政府购买公共文化服务所需资金列入财政预算，制定指导性目录，完善购买机制，积极有序推进政府向社会力量购买公共文化服务，为公共文化提供更多更好的文化产品。

3.丰富群众精神文化生活。深入推进文化惠民工程，着力加强特色文化品牌建设。每年举办“喜庆欢乐季”、“和悦读书季”、“纵湖旅游季”、“精品展演季”四大季节性公共文化活动，丰富群众文化生活。广泛开展城乡文艺演出活动，提升“市淮惠民季”、“淮剧大家唱”、“馆站乡村行”、“百姓大舞台”等一批文化活动品牌影响力。深入开展全民阅读，打造“中国梦·盐都情”、“盐都大讲堂”、“和悦读书会”等活动品牌，推进书香盐都建设，到2020年，全民阅读率达90%以上。精心组织“结对子、种文化”活动，深入开展送戏、送书、送电影下乡活动，支持夕阳红、风铃儿等群众文化团队发展，鼓励艺术家、专家学者参加文化志愿服务，促进城乡结合、专业业余融合。

(四)大力推进文化传承创新

1.发掘历史文化底蕴。开展历史文化资源普查，制定出台《文化遗产保护和利用规划》，加快大纵湖水乡博物馆建设，保护挖掘龙冈商代古墟文化遗址，恢复大纵湖东晋古城、龙冈凤凰古街、楼王丁马港、薛氏老宅等一批古街区、古村落、古民居历史文化遗存。加强省级文保单位郝氏宗祠及旧居，市级文保单位胡乔木故居、宋泽夫故居、王家宅院、朱升墓等7处和区级文保单位郭氏古民居、龙冈古井等23处的保护范围和建设控制地带的划定工作，对胡乔木故居、宋泽夫故居等部分重点文保单位实施维修和所在地域环境改造。发掘人文历史资源，打造朱升文化园，提升三胡纪念馆，建成宋曹、陈琳等文化名人陈列室。

2.传承保护“非遗”文化。健全完善非物质文化遗产保护机制和措施，编制并实施非物质文化遗产项目中长期保护规划，建立优秀传统文化传承和发展体系。通过“文化遗产日”，加大社会宣传和知识普及，持续推进大纵湖龙舞、北龙港剪纸、楼王打莲湘等非物质文化遗产进校园、进社区、进乡村。完善非物质文化遗产数据库建设，进行抢救性记录、建档和数字化保存；推动非物质文化遗产展示馆和传习所提档升级，创建市级非物质文化遗产生产性保护和传承示范基地，促进非物质文化遗产保护工作规范化、标准化。立足市场需求和展示地方文化底蕴，开创特色非遗产品，尚庄老虎鞋、北龙港剪纸、龙冈柳编、面塑等逐步打造成我区特色文化产品的名片。

3.打造淮剧文化名片。放大中国戏曲现代戏创作基地效应，立足盐城，面向全国，加强与中国戏剧家协会、中国戏曲现代戏研究会的深度合作，积极开展创作研讨、人才培训和课题研究，培养一批淮剧编导演人才。全力扶持市淮剧团发展壮大，建立健全淮剧传承保护和普及推广机制，将淮剧纳入公共文化服务体系，加快镇区剧场建设，开展淮剧进校园、进社区、下基层等推广活动，提升淮剧文化的影响力。通过专题立项、以奖代补等形式，在人财物方面提供保证，整理复排一批传统剧目，创作一批现实题材淮剧重点剧目，全力打造“市淮”品牌。积极实施“名家传戏——戏曲名家收徒传艺”计划，采取“一带一、一带二”等方式，向“小淮班”学员和中青年演员传授戏曲表演艺术精粹。广泛与戏曲院校和研究机构合作，提升“小淮班”的品质，提高学员的艺术素养。

4.展示红色文化魅力。区镇联动，系统挖掘、整理全区红色文化资源，编纂出版红色文化手册，开展系列红色文化活动。修建楼王“七烈士墓”等一批红色文化遗址，收集整理宋泽夫、潘克、黄炜、郭猛、杨学富等革命志士烈士事迹，强化文物征集、布陈展示，争创红色革命教育基地。

(五)推动文化市场和产品繁荣丰富

1.积极培育文化消费市场。加强公共文化产品供给，打造民俗文化、水乡文化街区。着力培育文化消费观念，引导文化消费行为。推行票价补贴、运营补贴等公益性演出补贴制度，鼓励在商业演出和电影放映中安排低价场次和门票，通过发放文化惠民卡、消费卡等方式为困难群众和农民工文化消费提供适当补贴。优化文化消费发展环境，加强文化消费金融服务，强化文化消费权益保护。积极支持文化消费项目建设，推进文化市场发展繁荣，提高文化消费对经济增长的贡献率。到2020年，全区居民人均文教娱乐服务支出增长速度全市领先。

2.创作生产优秀文艺作品。深入贯彻中央《关于繁荣发展社会主义文艺的意见》和习近平总书记在文艺座谈会上的讲话精神，坚持以社会主义核心价值观引领文艺创作。坚持以人民为中心的创作导向，深入开展“深入生活、扎根人民”主题实践活动。完善规划引导和扶持激励机制，设立政府文艺奖。大力推动以“中国梦·盐都情”为主题的现实题材，以胡乔木、宋泽夫等为主题的历史题材,以里下河水乡文化为主题的地域题材和以人文情怀、厚德农家为视角的民生题材作品创作生产。优先扶持以李有干等为代表的水乡儿童文学和陈明等为代表的水乡现实题材的艺术创作,大力促进舞台艺术、群众文化、书美摄发展,到2020年,各艺术门类获得国家级奖项不少于10个,省级不少于30个,市级不少于50个。

(六)提升文化产业整体实力

1.优化产业结构。优先发展文化服务业和文化贸易业,巩固提升文化制造业,加快文化产业结构调整和转型升级。重点发展文化旅游、创意设计、广告服务、工艺美术、演艺娱乐和艺术培训等六大行业,努力构建结构合理、优势突出、竞争力强的现代文化产业体系。到2020年,全区文化产业增加值占GDP的比重达到7%。

2.做强发展主体。按照"合理布局、错位发展"思路,建立主业突出、链条完整、效应聚集的重点文化产业集聚区。重点培植盐城中小文化企业集聚区、盐渎明城、大纵湖影视基地等载体,完善提升服务功能,加快引进文化项目和文化企业,争创省级重点文化产业基地。建立区级文化产业公共服务平台,加快推进重大文化产业项目建设。

3.培育新兴业态。积极顺应"互联网+"发展趋势,积极发展基于网络的文化产品,推动文化生产方式、消费方式和服务方式创新。加大招商引资力度,加快引进一批新兴文化业态,在土地使用、资金投入等方面给予支持。鼓励和扶持文化创客,加强对小微文化企业的培育和扶持,促进文化领域创业创新。

大力推动文化创意设计与装备制造业、旅游业、农业和体育产业等深入融合,提升文化产业发展综合效益。重点挖掘大纵湖旅游以建安七子为主要内涵的人文文化,以东晋古城为主要载体的历史文化,以柳堡故事为主要特色的红色文化,以纵湖十鲜为水乡土菜的餐饮文化,以鱼鹰捕鱼为参与项目的渔家文化和以龙兴寺为佛教活动中心的祈福文化,建成5A级景区。做足乡村文章,挖掘开发里下河地区民俗婚礼、沈拱山传说、龙冈沙岗传说等水乡文化与旅游深度融合,全面打造乡村文化旅游产业。

(七)深化文化体制改革

1.引导社会资本参与文化建设。进一步落实和完善相关政策,鼓励社会力量、社会资本捐赠和兴办公益性文化事业,参与公共文化服务体系建设。完善文化市场准入和退出机制,鼓励和支持各类文化企业从事国家法律法规允许经营的文化及相关产业,引导社会资本以各种形式投资文化产业,并享有同等待遇。支持民营文化企业参与文化产业项目和文化产业园区(基地)建设。

2.推动公共文化服务体系创新。进一步落实公益性文化事业法人自主权,区文化馆先行试点,逐步在全区文化事业单位建立法人治理结构。创新基层公共文化管理机制,探索试点公共文化设施社会化运营模式。调动基层单位、企业和社会组织等多方面力量,统筹资源,共同参与基层文化的管理和服务,形成多元联动格局。建立群众文化需求反馈机制和配送机制,制定公共文化服务目录,开展"菜单式"、"订单式"服务。

(八)强化文化人才队伍建设

1.培引领军文化人才队伍。组织实施文化名人名品工程,以项目为依托,加强文化事业与产业人才培养,造就一支业内有影响、社会公认的文化领军人才队伍。落实"515"人才引进行动计划,加大紧缺领军文化人才引进力度。优化人才引进的政策环境和文化环境,鼓励支持文化单位重点引进文化创意领军人才和具有战略眼光、熟悉市场运作的文化经营管理人才。完善激励机制,对作出突出贡献的领军人才给予重奖,放大激励效应。区文联要创新管理体制、运行机制、组织形式、活动方式,密切与文艺工作者的联系,全力做好组织、引导、维权、服务工作。要发挥好区内优秀文艺领军人才的传帮带作用,为培养新一代拔尖人才创造良好条件。

2.培优青年文化人才队伍。深入实施青年文化人才培育工程,推进青年文化人才脱颖而出。鼓励领军文化人才与优秀青年文化人才开展交流合作,充分发挥文艺名家的传帮带作用。探索建立优秀文化人才驻学校、驻文化场馆、驻社区制度,为青年文化人才提供专业指导。大力实施青年文艺人才引进计划,采用公开招录等方式引进、培养有实力有潜力的青年人才。

3.培强基层文化人才队伍。鼓励支持基层文化能人、民间文艺团队发展,建立地方特色文化人才库。建立基层公共文化服务队伍上岗制度,对基层文化干部、文艺骨干进行培训,全面提高从业人员素质,举办采风、通稿、展演、比赛等活动,着力培育各具特色的优秀文化活动品牌、各展其长的优秀群文团队、各显其能的优秀文艺骨干。

三、保障措施

1.加强组织领导。各级党委、政府要把文化建设摆上全局工作突出位置,及时研究解决文化改革发展重大问题,切实担负起政治责任和领导责任。健全文化建设工作责任制,落实党政"一把手"的"第一责任"。坚持党管干部原则,选优配强基层文化单位领导班子,确保人岗相适、适岗适任。把文化建设成效作为各级党政领导班子和领导干部政绩考核的重要内容,提高考核权重。

2.强化政策支持。落实中央和省、市关于支持文化改革发展的各项政策,制订财税、人才、土地、金融等政策实施细则。建立公共文化财政投入稳定增长机制,将重点文化项目纳入财政预算安排。探索建立各级财政共同分担、社会力量广泛参与的文化事业建设投入机制。设立区文化发展专项资金,支持文化事业和文化产业发展。镇(区、街道)将文化事业发展经费和重点文化项目建设资金纳入财政预算,为文化发展提供资金保障。配齐配强镇(街道)专职党委宣传委员和村(社区)宣传文化单位工作人员,每个镇(街道)综合文化站(中心)编制配备不少于2人,规模较大的镇(街道)适当增加。设立城乡基层公共文化服务岗位,配置由公共财政补贴的工作人员。每个行政村(社区)设有不少于1个政府购买的宣传文化公益岗位。

3.形成工作合力。建立健全党委统一领导、党政齐抓共管、宣传部门组织协调、文化等职能部门分工负责、社会力量积极参与的文化建设新格局。积极搭建群众参与文化建设的载体平台,及时总结基层和群众创造的新经验,在全社会形成关心文化、支持文化、建设文化和共享文化的生动局面。

盐城市盐都区人民政府
关于推进2016年度农村水利工作的意见

都政发〔2015〕128号　2015年12月15日

一、指导思想及目标任务

深入贯彻党的十八大和十八届四中、五中全会精神，坚持以科学发展观为指导，以“节水优先、空间均衡、系统治理、两手发力”为遵循，按照“科学规划、综合治理、整体推进、建管并重”的原则，深入开展农田水利基础设施建设，提高农业综合生产能力和灾害防御能力；提速推进农村河道整治三年行动，扎实改善农村水环境；持续深化小型水利工程管理体制改革，努力发挥工程长久效益；着力加强基层水利服务体系建设，不断提高基层水利服务能力，为促进水利现代化建设、保障农业农村稳定发展和粮食生产安全提供更好的基础保障。

2016年度全区农村水利工作总体目标：疏浚整治大沟4条、28.92公里，中沟49条、209.43公里，小沟1113条、1080.45公里；新（拆）建防洪闸9座、新（拆）建排涝闸站5座、新建灌排闸站3座、新建防渗渠道9.1公里、新建低压灌溉管道3.1公里、新建灌溉站63座、新建渡槽1座、新建小沟建筑物108座、新（拆）建机耕桥703座。

二、工作重点

2016年，全区农村水利工作要以进一步夯实农田水利基础设施建设、改善农村水环境、深化小型水利工程体制改革为重点，规范项目管理，强化质量监督，加快推进步伐，着力构建标准较高、协调配套的农村防洪减灾工程体系和功能配套、长效管护的农村水利工程体系。具体工作中要突出以下重点工程：

1. 农村河道疏浚整治工程。根据《盐都区农村河道整治三年实施方案（2015—2017）》（都办发〔2014〕37号）要求，认真编制《2016年度农村河道疏浚整治方案》，对大、中沟实施轮浚，对小沟集中连片推进、整镇整村治理。健全农村河道长效管护机制。2016年计划疏浚大中小沟河道1166条、1318.8公里，其中大沟4条、28.92公里，中沟49条、209.43公里，小沟1113条、1080.45公里。

2.中小河流重点县工程。以恢复河道引排和调蓄能力为主要目标，进一步沟通水系，加强拆坝建桥和配套建筑物改造建设，在生态河道创建上加大工作力度，抓好典型示范，形成农村河道综合整治示范区，进一步改善农村水环境和人居环境。2016年计划综合整治12条河道，其中清淤疏浚河道59.59公里、新建护岸18.08公里、植物护坡119.18公里、更新改造建筑物14座。

3.小型农田水利重点县工程。按照灌溉与排涝并重，骨干工程与田间工程配套的要求，侧重开展灌溉工程和节水工程建设，因地制宜地推广渠道防渗、管道输水、喷灌、微灌等节水灌溉技术，有效提高农田灌溉保证率、挡排设计标准和灌溉水利用系数。2016年工程涉及龙冈、鞍湖两镇（街道），计划新建四米人字门闸6座、新建四米直升门闸2座、新建排涝闸站4座、新建灌排闸站2座、新建防渗渠道9.1公里、新建低压灌溉管道3.1公里、新建渠道灌溉站13座、新建管道灌溉站3座、新建渡槽1座、新建小沟建筑物108座。

4.节水灌溉工程。积极推进规模化节水灌溉增效示范项目，做好自动化控制灌溉技术的试点工作，有效提高水资源利用率。2016年计划实施节水灌溉面积28032亩。

5.新增千亿斤粮食产能规划田间工程。项目涉及学富、楼王两个项目区，建设面积1.0万亩，其中：学富项目区0.7万亩、楼王项目区0.3万亩。主要新建灌排闸站工程1座，排涝闸站工程1座，防洪闸工程1座，灌溉泵站47座，机耕桥3座，机耕路4.52公里等。

6.农村小型桥梁建设工程。要依据规划和项目建设管理要求，继续加快实施农村小型公益设施桥梁和农机作业“最后一匡田”通达工程建设，全年计划新建改造农村小型桥梁700座。要进一步规范农桥建设管理程序，提高农桥建设质量标准，落实管护主体，发挥应有效益。

7.农村水利工程维修养护项目。把建立农村水利工程长效管护机制作为当前农村水利工作的一项突出任务。以省农村水利工程养护资金为引导，深入推进小型水利工程管理体制改革，积极落实小型水利工程长效管理方案，做好确权划界工作，明确管理主体、职责分工、管护标准，加大财政管护资金投入力度，确保农村水利工程长效运行。

三、主要措施

1.强化组织领导，全面落实责任。农村水利是实现水利现代化的重点和难点所在，各地各有关部门要从全局的高度，充分认识农村水利工作的重要性和紧迫性，抢抓当前有利时机，大兴农村水利建设。各镇（区、街道）人民政府（管委会、办事处）主要负责人是农村水利建设的第一负责人，要亲自过问，抓好组织发动；分管领导是具体负责人，要亲临一线，抓好工作协调和措施落实，确保2016年各项工程项目顺利推进。区各有关部门要加强配合，协同推进。水利部门要切实履行职能，做好顶层设计、项目规划、施工组织、技术服务、质量监督和运行管理等工作；农办、财政、审计、发改等部门要做好项目资金的争取对接、计划指导、资金保障及规范监管等工作；农委、开发、国土等部门要做好高标准农田建设、植树造林、土地整理等项目与农村水利建设整合工作，协调规划，统筹安排，切实提高涉农项目建设综合效益；住建、环保、卫生等部门要做好农村河道控源减排、水质监测等工作。

2.多方筹措资金，加大投入力度。各地要将农村水利作为公共财政投入的重点领域，建立健全公共财政对农田水利投入的稳定增长机制。要认真研究国家、省市的补助政策，组织项目包装，争取上级更多的农村水利投入。通过鼓励企业资助、名人捐助、能人赞助等方式，广泛动员社会力量支持水利基础设施建设。采取组建股份制项目公司的方式，鼓励和引导用水大户和其它民间资本、国有企业进入水利工程投资和运营领域。严格“一事一议”程序，通过政策优惠、资金扶持、技术服务等工作，引导农民投入，形成政府与广大农民群众共同兴修水利的局面。

3.严格建设管理，保证工程质量。随着农村水利投入的加大，农村水利工程建设和管理工作必须进一步加强。要全面落实项目法人负责、监理单位控制、施工企业保证、政府部门监督相结合的水利工程质量管理体系，正确处理好设计、施工、管理与质量安全的关系，切实加大水利工程质量监督和安全监管力度，防止发生质量和安全事故。

4.深化水利改革，创新管理模式。根据省、市、区深化小型水利工程管理体制改革实施方案要求，各镇(区、街道)在基本完成确权发证、产权移交工作的基础上，要进一步落实管护模式，明确管护资金渠道，对小型水利工程进行全面清理、维修和移交管护，进一步完善基层水利服务体系建设。各责任主体要切实做好小型水利工程管护考核工作，强化督查，定期通报，严格考核。同时，要抓好相关资料收集整理、查漏补缺，健全管理档案，早日实现产权明晰、制度健全、管护有力、运行高效的小型水利工程改革目标。

5.强化队伍建设，提升服务效能。以高层次人才、高技能人才培养和基层水利队伍建设为重点，大力实施人才兴水战略，建立健全用人机制，把人才队伍建设作为加快推进水利现代化的根本，每年有计划地招录一定数量的专业水利人才，不断加强人才招引、培训、储备工作。同时，要切实加强基层单位和队伍建设，严格规范管理，坚持依法管水治水，不断提升服务发展大局的效能。

6.强化督查考核，促进创先争优。各地要按照全区的统一部署，细化制定符合本地实际的2016年度农村水利工作实施方案。区政府将建立严格的考核奖惩机制，将水利工作完成情况纳入镇(区、街道)年度目标考核，对完成任务和做出突出贡献的单位给予通报表彰，对工作落后、未完成任务的单位要追究有关人员责任。加大督查力度，特别是对重点工程、重点区域、重要项目和行动滞后的地方，采取得力措施，进行巡回督导、跟踪督导、驻点督导、舆论督导，将检查督办贯穿到水利建设管理的全过程。适时组织现场推进，激励先进、鞭策后进，大力营造创先争优的浓烈氛围，加快建设功能齐全、长效管护的农村水利工程体系，进一步提升全区水利现代化水平。

盐城市盐都区人民政府
关于推进2016年绿色盐都建设的意见

都政发〔2015〕129号　2015年12月15日

一、指导思想及目标任务

深入贯彻落实党的十八大及十八届五中全会精神，充分发挥城郊区位优势，以生态环境建设为统领，牢固确立绿色发展理念，坚持绿化与美化结合、发展与改革同步，深化科技、机制创新，促进林业提质增效，努力构建城乡林业统筹发展新格局，促进绿色盐都建设再上新台阶。2016年全区造林绿化目标任务是：全区新造成片林1万亩，四旁植树150万株，创建村庄绿化示范村36个(其中高标准绿化示范村庄10个)，实现森林覆盖率提高0.6个百分点以上。

二、发展思路及工作重点

2016年造林绿化工作的发展思路是：着力提升绿色通道，重抓圩堤河堤绿化，续建城郊生态林，加快推进村庄绿化，努力促进林业可持续发展。组织实施“33322”重点工程，即每镇完成圩堤河堤绿化30公里以上；每镇新建村庄绿化示范村3个以上；每镇新发展特色经济林果300亩以上；着力建设盐龙湖保护区二期、盐龙街道等2个千亩生态林；完善提升新331、231省道等2条骨干道路两侧绿色通道。

(一)完善公路绿化，提升绿色通道。按照“路成绿化成、城乡绿化一体化”的要求，全面完善县乡级以上道路两侧绿色通道建设。突出抓好新331省道两侧背景林断档补齐、5条接线绿色通道建设、沿线1公里纵深范围内的林网栽植，力求有品位、有特色。背景林地势低洼段面栽植水杉、池杉等耐水树种；林网要按照“丁”字路和“非”字河一边一排树、村庄立面2排高大树木的标准栽足栽全。重抓231省道等道路两侧绿色通道修复完善，按“内侧常绿苗木、外侧高大乔木”的标准栽植，全面提升道路绿色屏障建设水平。着力抓好新建和改造的县乡道路、提档升级的通村道路绿化，按照“一边一排树”的基本要求栽植到位，提高路网绿化建设标准。所有乡村以上道路都要种植绿化花草，实现“草镶边”工程全覆盖。

(二)重抓圩堤植树，栽足绿色河道。圩堤河堤是造林绿化的薄弱环节，也是潜力所在。全面启动河堤(圩堤)绿化三年(2016—2018年)行动计划(方案另发)，建设沿河水土保持林和观光景观林，全面提升农村生态环境建设水平。突出抓好朱沥沟、盐宝河、蟒蛇河、东涡河、冈沟河、上官河、团结河、直挺河、中干河等大中型圩堤造林，全部“灭荒”披绿，确保圩堤绿化全覆盖。蟒蛇河圩堤要结合乡村旅游项目建设，科学规划设计，及时绿化造景，全力打造生态景观长廊；朱沥沟要根据河道整治工程进度，及时做圩植树，实现“整治完成一段、绿化到位一段”。按照农村河道整治三年行动计划、中小河流治理、航道整治等工程项目实施进度，实行同步绿化、同步验收，及时高标准、高质量栽足补全河堤应有绿量，确保“整治一条河道，建成两条林带”。每镇完成河堤圩堤绿化30公里以上。

（三）发展经济林果，壮大绿色产业。结合现代农业示范园区和乡村旅游项目建设，突出重点区域、专业村居，充分挖掘宜林地块，着力发展高效经济林果，推进规模化、基地化生产，加快形成区域优势特色产业。以龙冈果园为基础，利用沙岗地带土壤优势，适度发展“三水”梨、黄金梨、早酥梨，打造特色梨果生产基地；以双新大道、新331省道、229省道沿线为重点，突出大冈佳富、郭猛杨侍、潘黄仰徐、大纵湖三官、秦南泾口、农开区三湾等示范村居，积极发展猕猴桃、油桃、水蜜桃、柚子等特色果品，挖掘自采体验、农家乐等多种功能，放大旅游经济效应，推进高效经济林果跨越发展；以现有的葡萄生产基地为基础，实施品种更新改造，优化品种布局，促进提质增效。每镇新建高效特色经济林果面积300亩以上。

（四）推进生态创建，打造绿色城镇。进一步巩固园林城市创建成果，突出增绿添景提质，致力打造精品工程。重抓公园绿化、道路绿化、节点绿化工程建设；全面开展绿化模范单位、园林式单位、园林社区创建活动，提高单位庭院绿化水平；以盐龙湖保护区二期、盐龙街道为重点，组织实施千亩生态林建设工程，按照土地整体流转、集体栽植造林的原则，科学规划设计，多树种应用，以林增绿添景，不断提升城郊生态林整体建设水平。以创建园林式小城镇为目标，大力实施镇区绿化工程，全面提升集镇绿化水平。扎实推进各类园区绿化，强化环园区生态防护景观林带、居住区周边公园绿地、主要道路、重要节点的绿化美化，进一步提升生态防护和景观效果。

（五）加快村庄造林，建设绿色家园。坚持“科学规划，适地适树”原则，结合美丽乡村建设，推进村庄造林，因地制宜搞好村庄绿化和四旁（村旁、路旁、水旁、宅旁）植树。扎实推进绿化示范村（居）建设，村部绿化按园林式要求建成1亩以上供村民休闲和健身活动的公共绿地；村内道路两侧各栽1排高大乔木，过村公路两侧各栽2排以上林带；河边、沟边、塘边等水体沿岸各栽1排以上耐水性能较好、乔灌搭配林带，实现农田林网全覆盖；有条件的地方，要结合通村公路绿化、河道植树造林，努力建设围村林、围庄林；鼓励农户利用房前屋后空地，栽植经济林果和花草灌木，做到能栽则栽、宜绿则绿。每镇新建村庄绿化示范村3个，其中建成高标准绿化示范村庄1个；新建和完善农田林网不少于1万亩。

三、保障措施

绿色盐都建设是一项复杂的系统工程，时间紧、任务重、要求高，各地、区各有关部门必须精心组织安排，深入宣传发动，强化推进，严格督查考核，圆满完成各项目标任务。

（一）广泛宣传发动，造浓绿化氛围。党的十八大指出“建设生态文明，是关系人民福祉、关乎民族未来的长远大计”，造林绿化是生态文明建设的重要内容。各地、各有关部门要采取多种形式，向广大干群宣传当前造林绿化工作面临的新形势、新要求，切实增强全民绿化意识、生态意识、责任意识和大局意识，使绿色盐都建设成为基层广大干群的自觉行动和共同追求。

（二）坚持规划引领，创新造林机制。围绕目标任务，深入调查研究，科学制定规划，将造林任务细化到具体田块、圩堤、地段，并建立造林规划图和林带建设登记表，实行定位造林、挂图作战，提升造林绿化的整体水平和形象效果。对村庄绿化、圩堤河堤绿化，要深入研究建设机制和管理办法，通过公开拍卖、土地流转、管护承包、乡规民约等办法，理顺树木权属和利益分配关系，切实落实管护措施和保护责任，确保苗木栽得活、留得住、长得好。要广辟渠道，利用市场化的办法，积极招引投资主体参与绿化造林，助推林业加快发展。区级“以奖代补”重点绿化工程，实行最严格的保护管理，除经济主体区外，各地建设的绿色通道等成片林都必须长期保有，不得存在短期行为，如有缺损地块，镇（区、街道）要负责及时补植恢复到位。

（三）加大投入力度，落实资金保障。按照公共财政向农村倾斜的要求，区财政安排专项资金，采取“以奖代补”的办法，对区级重点工程予以补助奖励。绿色通道、规模经济林采取招商选资方式建设的，按500元/亩进行补助，连补5年，并在第一年补助青苗费300元/亩；镇（区、街道）利用宜林农用地田块直接占地造林的，以1000元/亩的标准进行补偿，按“4、3、2、1”的比例分4年补偿到位，对绿色通道、围村林和城郊千亩生态林栽植景观树造林的另补苗木款1000元/亩；绿色通道（或围村林）的隔离沟每公里补助5000元。高标准绿化示范村庄经验收合格的每个奖励8万元。各镇（区、街道）要加大本级财政对绿化建设的投入，用足用好“一事一议”筹资政策，对符合生态保护等上级扶持政策的绿化工程，区农委、环保、住建等部门要积极帮助向上争取项目资金。

（四）强化科技支撑，提升造林水平。科技支撑是保证造林绿化质量的关键。各地要从实际出发，科学选择造林树种，优化林种、树种结构。推广应用榉树、中山杉、水杉、池杉、垂柳、香椿、柿树、薄壳山核桃等群众乐于接受、兼顾生态效益和经济效益的适宜树种。严格造林质量管理，把好整地、水系、种苗、栽植、管护等关口。坚持选用胸径3公分以上、景观苗木苗高1.8米以上、速生树种苗高3米以上的大苗，按3米×4米的株行配置栽植，确保造林质量和效果。要高标准建设田间水系，所有地块都必须抬田造林，确保不受涝渍危害；高亢地段要坚持大塘、足水栽植，栽后及时浇水促活棵。要切实抓好以美国白蛾为重点的林业病虫害防治工作，保护林业生态安全。

（五）落实工作责任，严格督查考核。各镇（区、街道）包干负责区域内的绿化建设任务，行政主要负责人是第一责任人。继续强化部门分工负责制，全区造林绿化分农村绿化、公路绿化、城镇绿化、河堤绿化四条线作战，分别由区农委、交运局、住建局和水务局牵头负责，定期开展督查，及时通报情况，严格组织考核验收。区政府将对造林绿化工作，实行专项考核，并与绩效考核挂钩。在造林绿化期间，区里将组成专项督查工作组开展督查指导。区有关新闻单位要加强宣传报道，造浓舆论氛围。

附件

盐都区2016年造林绿化任务分解表

表34

镇别	33322重点工程							四旁植树（万株）
	每镇至少30千米圩堤河堤绿化（千米）	每镇3个村庄绿化示范村（个）	其中		每镇300亩经济林果（亩）	2个千亩生态林（亩）	2条道路绿化提升（亩）	
			高标准绿化村庄（个）	农田林网（万亩）				
合计	400	36	10	10	3000	6000	1000	150
大纵湖	30	3	1	1	300			15
楼王	30	3	1	1	300		310	15
学富	30	3	1	1	300		310	15
秦南	30	3	1	1	300		27	15
郭猛	30	3	1	1	300			15
大冈	30	3	1	1	300			15
龙冈	30	3	1	1	300	1700	92	15
尚庄	30	3	1	1	300			15
潘黄	10	1		0.1	100			2
张庄	20	3	1	0.2	200			5
盐龙	20					4200	6	2
新区	20					100		2
冈中	10	1		0.2				2
北蒋	10	1		0.2				2
中兴	10	1		0.2			105	2
葛武	10	1		0.2				2
鞍湖	10	1		0.2			150	2
北龙港	10	1		0.2				2
滨湖	10	1		0.2				2
开发区	20	1	1	0.3	300			5

盐城市盐都区人民政府
关于调整新型农村合作医疗筹资标准和补偿方案的通知

都政发〔2015〕15号　2015年2月11日

一、参合对象与参合办法

1.辖区内农村居民（含农村中小学生）以户为单位参加户籍所在地的新型农村合作医疗。居住在乡镇的城镇居民和其他人员，可以参加当地新型农村合作医疗；已参加城镇职工、城镇居民和中小学生等基本医疗保险的人员，不得参加新型农村合作医疗。已参加新农合的人员，需要参加其他基本医疗保险的，其本人应于下一年度退出新农合。

2.农村居民因婚嫁、就学、来盐务工等原因户口迁入本地或在本地长期生活，未参加或者停止参加其他基本医疗保险的，可参加当地的新农合。

3.在新农合上一个缴费期至下一个缴费期之间出生的婴儿、退役的士兵，可以参加当年度的新农合。

4.农村五保、低保、孤儿、重点优抚

对象和精减职工等民政救助对象，愿意参加新型农村合作医疗的，由民政局核准后报区合管办统一办理。

二、资金筹集与使用

(一)筹资标准

2015年我区新农合筹资标准为480元，其中各级财政补助为380元、个人参合资金为100元。农村低保、五保、孤儿、重点优抚对象和精减职工等民政救助对象的个人参合资金，由区财政在民政救济资金中安排。

个人参合经费的收缴工作原则上在上年12月底前完成，外出务工人员可延长到当年2月底。

当年出生的婴儿、退役士兵，在筹资结束后到2015年2月底前参合的，缴纳个人费用部分，在2015年3月1日至当年年底参合的，缴纳筹资标准全额费用。

外来务工、就学等在我区长期居住人员，缴纳筹资标准全额费用。

(二)筹资办法

1.各镇人民政府、街道办事处负责新农合筹资工作，村民委员会协助镇政府做好筹资与宣传发动工作，镇村医疗卫生机构要积极配合参与筹资工作。

2.积极推行定时间、定地点的"两定筹资"。村民委员会要通知辖区居民在规定时间到指定地点缴纳个人参合费用，并向办理缴费人员提供全省统一的基本信息。

(三)资金使用

1.新农合资金用于参合病人的门诊和住院费用补偿，以及为参合群众缴纳新农合大病保险参保费用。实行门诊、住院总额预算管理，门诊统筹资金占20~25%，用于住院补偿的资金占比不超过75%；农村居民大病保险保费按每参合居民不低于15元提取。

2.新农合基金年度结余控制在10%以内，累计结余控制在20%以内(含风险基金)。

三、补偿范围

(一)统一药品目录。定点村卫生室(社区卫生服务站)全部使用江苏省网上采购监管平台公布的《国家基本药物目录(基层部分)》内药品；镇级定点医疗机构全部使用江苏省网上采购监管平台公布的《国家基本药物目录(基层部分)》和《江苏省基层医疗卫生机构增补药物目录(基层部分)》；区级定点医疗机构使用江苏省网上采购监管平台公布的省标目录并符合《江苏省新型农村合作医疗基本药物目录(2009修订版)》的药品，住院患者《江苏省新型农村合作医疗基本药物目录》内药品使用达90%(实行按病种付费的除外)，达不到此标准的按此比例与患者结算，经办机构据实与医疗机构结算。转区外就医者对照《江苏省新型农村合作医疗基本药物目录(2009修订版)》和《盐城市新农合市级定点医疗机构补充药物目录(2013修订版)》执行。

(二)统一诊疗项目目录(见附表：新农合诊疗项目表)。异地就医患者的诊疗服务项目执行《盐城市新农合异地就医诊疗服务项目目录》规定。

四、补偿标准

(一)门诊补偿

1.普通门诊。普通门诊医药费补偿限于镇、村两级定点医疗机构，不设起付线，补偿比例分别为45%、50%，年度最高支付限额为700元。区级以上（含区级）医疗机构普通门诊费用不予报销。镇、村定点医疗机构收取的一般诊疗费统一为10元/人，其中新农合补偿80%。

2.门诊特殊病种。需要长期门诊治疗的慢性病纳入门诊特殊病种管理，针对慢性病或特殊病种的专项且在政策范围内的门诊医药费用，以合规费用的10%为起付线，参照同级医疗机构住院补偿比例予以结报。

慢性病病种：高血压(Ⅱ、Ⅲ级)、糖尿病、慢性溃疡性结肠炎、结核病、慢性肾脏疾病、甲状腺功能亢进或减退、银屑病、类风湿病、冠心病、肺心病。年度封顶线4000元。

特殊门诊病种：恶性肿瘤(纳入重大疾病保障病种除外)、慢性肾功能不全、再生障碍性贫血、精神病(纳入重大疾病保障病种除外)、脑血管意外(出血)恢复期、慢性活动性肝炎、重症肌无力、系统性红斑狼疮、皮肌炎、强直性脊柱炎、帕金森病。年度封顶线20000元。

3.镇、村两级定点医疗机构日门诊处方限额分别为50元、30元。

(二)普通住院补偿

1.起付线(单位：元)。

镇级	县级	市级	省级	省外三级
200	500	700	1200	1500

2.政策补偿比。

镇级	县级	市级	省级	省外三级
85%	70%	3万元以内60% >3万元65%	3万元以内50% >3万元55%	3万元以内40% >3万元45%

转诊到区及区外定点医疗机构住院治疗的参合人员，如医药费用实际补偿比低于30%，按实际补偿比30%执行。

未经转诊到区级及区外定点医疗机构住院发生的医药费用按规定标准50%补偿。

3.封顶线。取消个人年度医药费用补偿封顶线。

(三)重大疾病补偿

纳入农村重大疾病医疗保障范围的病种有：儿童先天性心脏病、白血病，宫颈癌，乳腺癌，重性精神病，终末期肾病，耐多药肺结核，艾滋病机会性感染，肺癌，食道癌，胃癌，结肠癌，直肠癌，慢性粒细胞白血病，急性心肌梗塞，脑梗死，血友病，Ⅰ型糖尿病，甲亢，唇腭裂，儿童苯丙酮尿症和尿道下裂。以上病种的救治补偿，按照省、市制定的实施方案执行，实行限额收费、定额补偿。

（四）意外伤害补偿

意外伤害患者发生的医药费用，经村卫生室调查、公示一周，镇经办机构核实、区大病保险承办机构调查复核，应当由第三人负担医药费用的，不在新农合补偿之列；无第三人负担、第三人无法确定或者无支付能力的（凭权威部门出具的相关手续），由新农合按政策补偿比30%进行补偿（起付线同普通住院起付线）。转区及区以上医院住院就医的意外伤害病人的医药费用，原则上凭相关手续回所在镇卫生院合管办结报。

（五）大病保险

参合人员发生的高额合规医药费用，经新农合补偿后，纳入大病保险。

五、就医补偿程序

1.参合者凭新农合卡和身份证或户口簿在村、镇医疗机构就诊；根据病情需要逐级转诊至区级、市级、省级、省外医院。因病情需要转诊到区外定点医疗机构住院治疗的参合人员，由盐城市第三人民医院出具转诊手续。常年在外地工作生活的参合者须办理异地就医登记，在工作生活所在地约定医院就医。

2.盐都区域内就医实时补偿，转诊到市内、省和省外签约联网医院的病例联网的实时补偿；办理转诊或者异地居住登记、持有异地长期工作、生活的暂住证（居住证）、房产证，并在指定医院就诊的病例，出院后凭本人身份证或户口本，转诊证明或暂住证（居住证）、房产证，新农合卡、出院记录、费用清单、原始发票，在镇经办机构办理住院费用审批补偿手续。

六、其它规定

1. 以家庭为单位未全员参合的，符合补偿政策的医药费用在原结报比例的基础上，再按家庭参合人口比例折算补偿。

2. 新生儿自出生之日起15个工作日内，父母（均需参加新农合或城镇居民医保、城镇职工医保）为其申请参加新型农村合作医疗的，其自出生之日起产生的医药费用纳入新农合基金补偿范围。新生儿出生后15个工作日内，其父母（均需参加新农合或城镇居民医保、城镇职工医保）未为其参加新农合的，自补办之日起计算，3个月后发生的医药费用纳入新型农村合作医疗基金补偿范围。

3.跨年度住院患者，仅参合年度发生的医药费可予补偿。未连续参合和新参合人员，参合当年4月1日以后发生的医药费方可按政策补偿。婚进人员上一年度在原户籍地参合的，可视为连续参合。

4.孕妇产前筛查、新生儿疾病筛查费用纳入门诊报销，区级定点机构产前筛查门诊补偿比例参照乡镇执行。计内正常分娩、阴道手术助产和剖宫产医药费用，按病种定额标准扣除政府补助的500元，剩余部分按比例进行补偿；计外正常分娩、阴道手术助产和剖宫产医药费用，在计内人员按病种定额标准基础上减500元后，剩余部分按比例进行补偿。

5.接受的医疗服务有专项资金补助的、有相关机构减免费用的，以实际支付的合规部分为基数给予补偿。

6.参合人员经民政、总工会、劳动保障等部门审定的医疗救助对象，就诊医药费除按新农合、大病保险规定补偿外，再根据医疗救助补偿标准同时进行相应的“一站式”补偿。

七、规范定点医疗服务机构管理

1.严格执行分级诊疗规定，各定点医疗机构要将新农合补偿实施方案以通俗语言和模拟案例进行解读，并制作宣传板，进行长期宣传、公布，着力引导参合农民首选当地基层医疗机构就诊，理性选择定点医疗机构就诊，减少医疗广告对参合农民就医的误导。对于基层医疗卫生机构违反规定推诿本级承担的病人、越级转诊病人，卫生行政部门要加大对基层医疗机构和接收医院的处罚力度，以维持正常的诊疗秩序。乡镇之间取消转诊制度，就诊医药费实时结报；镇卫生院（一级医院）因条件所限不能诊治的患者，应视病情就近转诊到具备服务能力的中心卫生院（二级医院）进行治疗，按镇级卫生院补偿标准补偿。盐城市第三人民医院负责全区转区外就医患者的审批，公示审批流程，制订转外就医审批制度和规范，确保区外转诊率控制在10%以内。

2.严格执行公示制度，定点医疗服务机构应公示服务项目收费标准、药品价格、合作医疗基金收支情况、监督举报电话等；镇级定点医疗机构每月15日前公示辖区内上月参合人员补偿情况，村卫生室每月6—20日公示上月参合人员的补偿明细情况，公示的位置要醒目，内容要清晰，保证参合群众的知情权和监督权。

3. 推进新农合基金管理方式改革。新农合基金实行“总额控制、按月下拨、年终考核、超支自付”。加强核心运行指标监测，做到机构和病种全覆盖；稳步推行“按床日付费”制度。全面开展定点医疗机构信用等级评价，强化定点医疗机构基金风险共担机制，促进定点医疗机构主动参与做好支付方式改革工作，保障基金安全平稳运行。

4.对定点医疗机构实行绩效考核管理，对不能履行合作医疗职责，不遵守合作医疗有关规定，不合理检查、用药、治疗、将门诊病人转作住院病人、“挂床”住院或分解住院的单位，按实际费用的2~3倍予以处罚。

5.对定点医疗机构医师实行新农合服务协议管理，强化医疗保障对医疗服务的监控作用，建立激励与惩戒并重的有效约束机制，提高定点医疗机构执业医师新农合服务质量，促进合理检查、合理用药、合理治疗，实现以低廉的费用提供优质服务的目标。对徇私舞弊、弄虚作假骗取结报资金的相关人员，除责令其退回骗取的基金外，处骗取金额3倍的罚款，对责任单位通报批评、限期整改，逾期不改或整改不到位的，暂停或取消定点医疗机构服务资格，并追究相关人员责任。

6.参合群众应持本人身份证（户口簿）和新农合卡就医，未持卡就医发生的医药费用不予结报（急诊患者除外）；参合人员将新农合卡转借他人使用的，一经发现，当年予以冻结处理并按相关规定追究医疗机构、责任医生、出借人和使用人的责任。

7. 参合群众在定点医疗机构就医，按补偿方案直接办理医药费用补偿，费用由定点医疗机构先行垫付，逐月统计报区合管办，经核实后，按各定点医疗机构全年核定的总额序时拨付。对定点医疗机构原则上实行新农合经费定额管理、总额控制、超支自负的办法，强化自我约束。

8.各定点医疗机构按参合群众住院医药费总额的1%结算上解资金，每年年底统一汇到区合管办，作为合作医疗工作考核奖励基金。

9.改善定点医疗服务机构服务态度和条件，提高服务质量和效率，使参合群众综合满意度保持在95%以上。

附表：

新农合诊疗项目表

表35

类别	内　　　容
一、不予补偿范围	(一)综合医疗服务类。挂号费、体检费、救护车费、陪护床费、会诊费、静脉氧输液仪给氧、家庭病床费、家庭巡诊费、围产保健访视、传染病访视、出诊费、建立健康档案、疾病健康教育、尸体料理费等。包床费、特护费、病区消毒费、远程诊疗费、中药煎药费、中药加工费等。
	(二)医技诊疗类。尸体解剖与防腐处理、性病、各种不育(孕)症、性功能障碍的诊疗项目、自身免疫病的实验诊断蛋白芯片法、遗传疾病的分子生物学诊断、分子病理学诊断技术等、医疗鉴定及各种科研性临床验证诊疗项目、正电子发射计算机断层显象(PET)、电子束CT、照相与录像监测、省物价部门未定价的项目(除医用特殊材料外)。
	(三)临床诊疗及手术项目类。皮肤、血管、骨、骨髓、角膜、瓣膜、肾、肝以外的组织移植(移植手术后服用抗排异药物纳入新农合支付范围)。口腔科类正畸、正颌、口腔种植、口腔修复、镶牙、牙列不齐矫治等诊疗项目；涉及义眼、助听器、眼镜、近视眼的诊疗项目。各种美容、健美项目，减肥、增胖、增高项目以及非功能性整容、矫形手术、运动和康复治疗等。各种纠正生理缺陷(如鞍鼻、隆鼻、隆胸、视力矫正、脱发(含斑秃)、治疗腋臭、口吃、斜视、"O"形腿、"X"形腿等)项目等。特需服务类。未开展项目及其他功效不确切、科研性、临床验证性的诊疗项目。
	(四)中医及民族医学诊疗类。磁热疗法、微波治疗、射频、内科病推拿、中药蒸汽浴、足底反射治疗、医疗气功治疗、辩证施膳指导、煎药等。
	(五)特殊医用材料类。各类进口材料；物价、卫生部门规定不可单独收费的一次性医用材料。属于美容、健美、保健项目及非功能性整容、矫形手术使用的特殊医用材料类。自费治疗项目使用的医用材料。各种自用、家用检查检测仪、治疗仪、理疗仪、按摩器和磁疗用品等器械；如健脑器、皮(钢)背心(背甲)、各种围腰、钢头颈、胃托、肾托、阴囊托、子宫托、拐杖、轮椅、畸形鞋垫、矫形鞋、药枕、药垫、热敷袋、压脉带、输液网、提睾带、疝气带、护膝带等器具；腹带、牵引带、气垫床、一次性卫生洁具。各类器官或组织移植的器官源或组织源。
	(六)生活服务项目和服务设施类。空调(含取暖)费、电视费、电话费、食品保温箱费、电炉费、电冰箱费及损坏公物赔偿费。膳食费。文娱活动费以及其他特需生活服务费用。
	(七)其他。省市物价、卫生部门未明确规定的医疗服务项目及价格的医疗费用。超过物价部门规定标准多收取的各项费用。因酗酒、吸毒、自伤自残、自杀、工伤、交通事故、医疗事故、打架斗殴、违规违章、违法、犯罪、计划生育手术及后遗症、法规规定的其他情形所发生的医药费用。按照规定应当由工伤或者生育保险基金、第三人、公共卫生负担的医药费用。各种医疗咨询(包括心理咨询、健康咨询、饮食咨询、疾病咨询)、各种预测(包括中风预测、健康预测、疾病预测)、健康指导等项目；糖尿病决策支持系统、睡眠呼吸监测系统、人体信息诊断、电脑选择最佳妊娠期、胎儿性别与胎儿发育检查等诊疗项目。各种预防、保健(除围产期保健)的诊疗等项目。区外单纯大型设备检查费用。挂名住院或不符合条件住院的医疗费用；与参合人病情无关的药品、检查、治疗费以及其他不属于合作医疗基金支付范围的费用；参合住院病人不遵医嘱拒不出院者，自通知出院第二天起的一切费用。已参加城镇职工、城镇居民、工厂企业或单位医保者的费用。境外就医发生的医药费。
二、60%纳入补偿范围的项目	应用立体定向放射装置(伽马刀、X-刀)、中子刀、超声刀、细胞刀、聚焦刀、心脏射频消融、X-射线计算机体层摄影装置(CT)、心脏及血管造影X线机（含数字减影设备）、核磁共振成像装置（MRI）、单光子发射电子计算机扫描装置(SPECT)、彩色多普勒仪、动态脑电图、动态心电图、血液流变分析、脑地形图等大型医疗仪器进行检查治疗的诊疗项目；
	涉及各类电子内窥镜和腔镜的诊疗项目、经心脏、血管介入的诊疗项目、核素内照射类诊疗项目、体外震波碎石、高压氧治疗等诊疗项目；
	各种体内置换人工器官、置放材料的安装或放置项目；
	心脏搭桥、心导管球囊扩张、心脏射频消融、冠状动脉造影、心脏激光打孔术、超声乳化、肿瘤生物治疗中的T淋巴细胞回输法、肿瘤热疗法等诊疗项目；
	肝脏、肾脏、角膜、皮肤、血管、骨、骨髓移植手术项目；
	各种微波、频谱、远红外线等辅助治疗项目，特殊放射治疗；
	手术中使用的电切、电凝、超声刀、氩气刀等；手术后的镇痛项目；
	各种材料，如永久性心脏起博器、各类介入诊疗用的一次性导管和支架、吻合器、缝合器、人工瓣膜、人工关节、人工晶体、人造血管、埋植式给药装置等体内置换或安装的人工器官以及骨关节内固定材料等，按60%折价后记入合规费用，每次住院医用材料折价后合规费用不超过10000元。
三、床位费	一级医疗机构(含乡镇卫生院)：每人每天超过25元的，按每人每天25元计算。每人每天25元以下的，据实计算； 二级及二级以上医疗机构：每人每天超过28元的，按每人每天28元计算。每人每天28元以下的，据实计算。

盐城市盐都区人民政府
关于印发2015年度全区生态建设和环境保护责任目标的通知

都政发〔2015〕16号　2015年2月11日

一、镇(区、街道)部分

(一)共性目标

1.推进生态文明建设。认真落实《关于开展全国生态文明建设试点工作的通知》精神,围绕“经济发达、生活富裕、环境优美、社会和谐、行为文明”的目标,对照《盐城市生态文明建设规划(2013—2022)》(盐政发〔2013〕306号)要求,加强组织领导,健全工作机制,统筹规范实施镇(区、街道)生态文明建设规划编制,并组织评审、批准实施,力争2015年6月底前通过国家生态区创建验收工作。

2.落实环境保护责任。实行环境保护辖区行政首长负责制,配有专兼职环境保护工作人员,并将环境保护工作纳入各镇(区、街道)国民经济和社会发展规划,切实履行环境保护职责,年度专题研究环保工作两次以上。

3.加强环境项目管理。全面贯彻落实《“十二五”节能减排全民行动实施方案》,开展节能减排行动,全面完成污染减排年度目标任务;遏制环境违法行为,切实做好辖区内环境污染纠纷的调处工作;无未批先建、边批边建违法现象发生,确保辖区内工业园区(集中区)全部通过环评;新扩改建设项目环评率和“三同时”执行率达到100%;加强对辖区内重点污染企业的管理,严禁废水、废气、噪声超标排放。

4.做好生态创建工作。按照《盐都区创建国家级生态区工作实施方案》要求,抓好国家生态镇创建工作的同时,加速推进国家生态区创建进程,确保按规定时限通过验收。

5.抓好城镇环境整治。落实秸秆双禁村组包保责任制,推广秸秆综合利用技术,确保秸秆双禁工作取得实质性成效;生活垃圾集中收集,有专门机构负责处置;未经处理,废水不得直接排放河道;禁止有毒有害物质进入饮用水源保护区;城镇医疗废物安全处置率达到100%。

6.强化环境隐患排查。全年无重大环境污染事故发生,环境信访处理及时,做到无越级上访、无积案、存案。

7.促进减排项目实施。加快发展低能耗低排放产业,推动能源生产和消费方式变革。落实《江苏省2014年大气污染防治工作计划》(苏大气办〔2014〕6号)文件精神,推进全区10蒸吨/小时及以下的燃烧高污染燃料锅炉实现清洁能源、可再生能源,热电联产机组替代或淘汰,完成2015年锅炉淘汰和整治任务。

8.突出环保宣传教育。开展普及环保法律法规教育和环境保护宣传活动。组织好“6·5”世界环境日等各项宣传活动,采取多种形式做好宣传教育活动,引导鼓励全社会力量参与生态建设和环境保护。积极报送环境信息,每年报送不少于2条。

(二)个性目标

大纵湖镇

1.尽快组织评审《生态文明建设规划》,申请人大批准实施,力争2015年6月前完成工作任务。

2.积极开展市级以上生态村和绿色细胞工程创建,年内创成1个省级生态村(居)。

3.加强垃圾收运体系管理、污水处理设施管理维护,确保建成区生活污水处理率达到85%以上,城镇生活垃圾无害化处理率达到100%。

4.加快推进生活污水处理厂及配套管网建设,集镇范围内污水管网上半年建设到位,污水处理厂正常投入运行,完成年度减排工作任务。

5.加强水源保护,认真落实《盐城市盐都区第二轮清水走廊建设三年行动方案》责任制度。

6.年内新增1家企业通过ISO14000环境管理体系认证。

滨湖街道

1.加强水源保护,认真落实《盐城市盐都区第二轮清水走廊建设三年行动方案》责任制度。

2. 巩固农村环境综合整治成果,建立长效管护机制确保生活垃圾定点存放清运率90%,无害化处理率达到100%。

楼王镇

1.尽快组织评审《生态文明建设规划》,申请人大批准实施,力争2015年6月前完成工作任务。

2.积极开展市级以上生态村和绿色细胞工程创建,年内力争创成1个省级生态村(居)。

3.加强垃圾收运体系管理、污水处理设施管理维护,确保建成区生活污水处理率达到85%以上,城镇生活垃圾无害化处理率达到100%。

4.加快推进生活污水处理厂及配套管网建设,集镇范围内污水管网上半年建设到位,污水处理厂正常投入运行,完成年度减排工作任务。

5.加强水源保护,认真落实《盐城市盐都区第二轮清水走廊建设三年行动方案》责任制度。

6.建成1家规模化农业废弃物综合利用单位。开展畜禽养殖场养殖污水治理工作。

7.年内新增1家企业通过ISO14000环境管理体系认证。

北龙港街道

1.加强水源保护,认真落实《盐城市盐都区第二轮清水走廊建设三年行动方案》责任制度。

2.做好盐城纽曼铸钢有限公司铸造烟尘、粉尘、噪声、废水治理,确保放射源安全,危险废物得到规范化处置。

学富镇

1.积极开展市级以上生态村和绿色细胞工程创建,年内力争创成1个省级生态村(居)。

2.加快推进生活污水处理厂及配套

管网建设，集镇范围内污水管网上半年建设到位，污水处理厂正常投入运行，完成年度减排工作任务。

3.加强垃圾收运体系管理、污水处理设施管理维护，保证其正常运行，确保建成区生活污水处理率达到85%以上，城镇生活垃圾无害化处理率达到100%。

4.加强水源保护，认真落实《盐城市盐都区第二轮清水走廊建设三年行动方案》责任制度。

5.加大对供销浴室、锦盛浴室、时荣天地浴室的烟尘治理力度，确保烟尘稳定达标排放。

6.年内新增1家企业通过ISO14000环境管理体系认证。

中兴街道

1. 巩固农村环境综合整治成果，建立长效管护机制，确保生活垃圾定点存放清运率90%，城镇生活垃圾无害化处理率达到100%。

2.争取新增1家企业通过ISO14000环境管理体系认证。

尚庄镇

1.尽快组织评审《生态文明建设规划》，申请人大批准实施，力争2015年6月前完成工作任务。

2.加强垃圾收运体系管理、污水处理设施管理维护，确保建成区生活污水处理率达到85%以上，城镇生活垃圾无害化处理率达到100%。

3.积极开展市级以上生态村和绿色细胞工程创建，年内创成1个省级生态村(居)、1个国家级生态村。

4.加强水源保护，认真落实《盐城市盐都区第二轮清水走廊建设三年行动方案》责任制度。

5.加快推进生活污水处理厂及配套管网建设，确保投入正常运行，完成年度减排工作任务。

6.督促江苏金火炬金属制品有限公司完成闲置酸洗磷化车间危险固废的规范化处置。

7.争取新增1家企业通过ISO14000环境管理体系认证。

葛武街道

1. 巩固农村环境综合整治成果，建立长效管护机制，确保生活垃圾定点存放清运率90%，城镇生活垃圾无害化处理率达到100%。

2.加强对盐城市丽凯毛绒制品有限公司印染废水处理的监督管理，确保稳定达标排放。

3.年内完成1个畜禽养殖农业源污染减排项目。

秦南镇

1.争取2015年创成省级生态镇。

2.加强垃圾收运体系管理，保证其正常运行，确保城镇生活垃圾无害化处理率达到100%。

3.积极开展市级以上生态村和绿色细胞工程创建，年内力争创成1个省级生态村(居)。

4.加强水源保护，认真落实《盐城市盐都区第二轮清水走廊建设三年行动方案》责任制度。

5. 完成饮用水源一级保护区内的盐城市亚华玻璃有限公司搬迁或关闭任务。

6.加强对秦南镇区特别是饮用水源保护区新建项目管理，杜绝未批先建，批建不符，项目建成未经验收擅自投入生产行为，关闭上海南汇肖俊蓄电池助剂厂盐城分厂、盐城市合力电机有限公司内化层车间。

7.争取新增2家企业通过ISO14000环境管理体系认证。

北蒋街道

1.加强水源保护，认真落实《盐城市盐都区第二轮清水走廊建设三年行动方案》责任制度。

2. 巩固农村环境综合整治成果，建立长效管护机制，确保生活垃圾定点存放清运率90%，城镇生活垃圾无害化处理率达到100%。

龙冈镇

1.尽快组织评审《生态文明建设规划》，申请人大批准实施，力争2015年6月前完成工作任务。

2.积极开展市级以上生态村和绿色细胞工程创建，年内力争创成1个省级生态村(居)。

3.加强垃圾收运体系管理、污水处理设施管理维护，保证其正常运行，确保建成区生活污水处理率达到85%以上，城镇生活垃圾无害化处理率达到100%。

4.加强水源保护，认真落实《盐城市盐都区第二轮清水走廊建设三年行动方案》责任制度。

5.年内组织凤凰社区开展市级绿色社区创建活动。

6.继续做好饮用水源保护区内非化工类污染源清理整治工作。

7.争取新增2家企业通过ISO14000环境管理体系认证。

鞍湖街道

1.加强水源保护，认真落实《盐城市盐都区第二轮清水走廊建设三年行动方案》责任制度。

2. 巩固农村环境综合整治成果，确保生活垃圾定点存放清运率90%，城镇生活垃圾无害化处理率达到100%。

3.加强对鞍湖镇区特别是饮用水源保护区新建项目管理，杜绝未批先建，批建不符，项目建成未经验收擅自投入生产行为。

郭猛镇

1.尽快组织评审《生态文明建设规划》，申请人大批准实施，力争2015年6月前完成工作任务。

2.积极开展市级以上生态村和绿色细胞工程创建，年内力争创成1个省级生态村（居）、1个国家级生态村、1个国家级生态文明示范村。

3.加强垃圾收运体系管理、污水处理设施管理维护，保证其正常运行，确保建成区生活污水处理率达到85%以上，城镇生活垃圾无害化处理率达到100%。

4.加快推进生活污水处理厂及配套管网建设，污水处理厂正常投入运行，完成年度减排工作任务。

5. 年内争取新增2家企业通过ISO14000环境管理体系认证。

大冈镇

1.尽快组织评审《生态文明建设规划》，申请人大批准实施，力争2015年6月前完成工作任务。

2.积极开展市级以上生态村和绿色细胞工程创建，年内力争创成1个省级生态村(居)。

3.加强垃圾收运体系管理、污水处理设施管理维护，确保建成区生活污水处理率达到85%以上，城镇生活垃圾无害化处理率达到100%。

4.加快推进生活污水处理厂及配套

管网建设，集镇范围内污水管网上半年建设到位，污水处理厂正常投入运行，完成年度减排工作任务。

5.建成1家规模化农业废弃物综合利用单位。确保畜禽粪便处置中心正常运行。

6.加强对江苏庆华精密铸造有限公司监督管理确保噪声、废水达标排放，减少环境信访。

7.争取新增2家企业通过ISO14000环境管理体系认证。

冈中街道

1.加强对工业园区建设项目的环境管理，确保环评审批率达100%。

2. 巩固农村环境综合整治成果，建立长效管护机制，确保生活垃圾定点存放清运率90%，城镇生活垃圾无害化处理率达到100%。

3.加强盐城市核青电子科技有限公司放射源监督管理，确保核与辐射安全。

潘黄街道

1.尽快组织评审《生态文明建设规划》，申请人大批准实施，力争2015年6月前完成工作任务。

2.积极开展市级以上生态村和绿色细胞工程创建，年内创成1个省级生态村(居)、1个国家级生态文明示范村。

3.加强垃圾收运体系管理、污水处理设施管理维护，保证其正常运行，确保建成区生活污水处理率达到85%以上，城镇生活垃圾无害化处理率达到100%。

4.建成1家规模化农业废弃物综合利用单位。开展畜禽养殖场养殖污水治理工作。

5.年内组织美丽、新阳社区开展市级绿色社区创建工作。

6.争取新增1家企业通过ISO14000环境管理体系认证。

张庄街道

1.尽快组织评审《生态文明建设规划》，申请人大批准实施，力争2015年6月前完成工作任务。

2.加强垃圾收运体系管理，城镇生活垃圾无害化处理率达到100%。

3.加快推进生活污水处理厂及配套管网建设，集镇范围内污水管网上半年建设到位，污水处理厂正常投入运行，完成年度减排工作任务。

4.积极开展市级生态村创建，年内力争创成1个省级生态村(居)。

5.年内组织2家企业开展ISO14000环境管理体系认证。

盐龙街道

1.尽快组织评审《生态文明建设规划》，申请人大批准实施，力争2015年6月前完成工作任务。

2.完善盐城苏水水务有限公司配套管网建设，提高收集处理率，建成区生活污水处理率达到85%以上。

3.积极开展市级以上生态村和绿色细胞工程创建，年内力争创成1个省级生态村(居)。

4.完善江苏锐毕利实业有限公司废水治理及相关项目报批手续，按规定废水接入苏水水务污水处理厂尾水管网。

5.年内组织健仁社区开展市级绿色社区创建，益民社区争创省级绿色社区。

6.年内组织2家企业开展ISO14000环境管理体系认证。

新区管委会

1.加快污水集中处理设施及配套管网建设步伐，辖区生活污水处理设施全部投入运营，处理率达90%。

2.积极开展市级以上生态村和绿色细胞工程创建工作。

3.年内组织兴城、伍康社区开展市级绿色社区创建并通过评审验收。

4.年内组织1家企业开展ISO14000环境管理体系认证。

农村经济开发区

1.加强农业开发过程中生态环境保护工作。

2.建成1家规模化农业废弃物综合利用单位。开展畜禽养殖场养殖污水治理工作。

3.完成1个畜禽养殖农业源污染减排项目。

二、各有关部门部分

(一)共性目标

1.强化组织领导体系。实行一把手负总责、分管负责人具体负责的环保工作责任制。健全环境与发展综合决策制度，切实履行环境保护义务，部门年度工作责任目标中有环保工作措施，积极支持环境执法工作。

2.落实生态创建责任。各部门按照《盐都区开展创建国家级生态区建设的实施意见》的要求逐一分解、落实建设内容，围绕考核指标体系，督查指导各镇(区、街道)开展生态工程建设、农村环境综合整治、秸秆双禁、绿化造林等重点工作，按时限完成阶段性建设任务。同时积极开展节能减排政府机构行动。

3.实施生态工程项目。按照《盐城市盐都区创建国家生态区工作方案》要求，抓紧组织实施重点生态工程项目，确保完成部门年度目标任务。

4.抓好农村环境整治。按照部门分工和要求，做好农村环境综合整治工作的组织、督查和指导，确保职责范围内环境安全。

5.加大环保宣传力度。积极开展进企业、进社区、进镇村、进学校环保宣教活动，开展绿色学校(幼儿园)创建。调处好下属企业污染纠纷、集体上访和越级上访事件，杜绝污染事故发生。

6.强化建设项目管理。严格执行《环境保护法》、《环境影响评价法》和环保“三同时”管理等法规制度。对国家明令淘汰和禁止发展的能耗高、污染重、不符合产业政策和环保准入条件的建设项目，一律不得审批其环境影响评价文件，各级投资主管部门一律不得审批、核准或备案。对应履行环境影响评价的建设项目，要严格执行环境影响评价制度。

7.促进减排项目实施。加快发展低能耗低排放产业，推动能源生产和消费方式变革。落实《江苏省2014年大气污染防治工作计划》(苏大气办〔2014〕6号)文件精神，推进全区10蒸吨/小时及以下的燃烧高污染燃料锅炉实现清洁能源、可再生能源，热电联产机组替代或淘汰，完成2015年锅炉淘汰和整治任务。

8.完成省、市、区政府下达的其它环保目标任务。

(二)个性目标

区发改委

1. 执行环境与发展综合决策制度，负责编制生态区建设重大项目年度投资计划，督促相关部门按照生态区建设规划与全区国民经济和社会发展计划实施进程的衔接。

2. 执行建设项目分级审批制度，按照部门职责分工，严把建设项目准入关，对新、扩、改建项目应严格执行项目审批、核准或备案有关规定。

3.杜绝引进不符合国家产业政策和高污染、高能耗的工业企业。会同各执法部门,关闭"十五小"、"新五小"企业,淘汰落后生产工艺和生产能力。

4.组织盐城市高新技术开发区和市级重点镇工业集中区全面启动生态工业园区建设工作,指导、督查生态工业园区建设规划的编制、评审和报批工作。

区经信委

1.牵头指导全区工业企业节能减排工作,大力推行清洁能源和替代能源,配合环保部门指导企业按清洁生产要求进行生产,降低能耗,指导建设一批工业循环经济示范企业。确保单位 GDP 能耗≤0.9 吨标煤/万元、单位工业增加值新鲜水耗≤20 立方米/万元、工业用水重复使用率≥80%。

2.制定循环经济发展计划和实施方案,逐步在社会、区域、企业间推行循环经济,负责全区企业清洁生产审核工作。年内完成 2 个(园区)企业的循环经济试点建设任务。

3. 执行建设项目分级审批制度,按照部门职责分工,做好全区技改项目的审批、核准或备案工作。

4.加大名牌产品申报的环境保护工作力度,及时向环保部门通报审查情况。

区环保局

1.履行环保工作职责,负责全区环境保护工作的统一监督管理。

2.完成市、区长年度环境保护目标责任状分解落实和组织协调工作。做好全区年度镇(区、街道)和部门环境保护责任目标的年度考核总结工作。

3. 按要求完成污染物总量减排任务,确保化学需氧量(COD)排放强度<3.5 千克/万元(GDP),二氧化硫(SO2)排放强度<4.5 千克/万元(GDP),工业固体废物处置利用率≥90%且无危险废物排放,集中式饮用水源地水质达标率达100%。

4.指导各镇(区、街道)开展生态镇、生态村、绿色社区(家庭)、绿色学校(幼儿园)等创建工作。

5. 负责生态区创建工作的综合协调,做好生态区创建指标统计汇总,督促各成员单位按时序完成各项创建任务,确保 2015 年上半年国家生态区通过验收。牵头实施主要污染物排放总量控制和削减工作;加强环保执法监督,做好污染防治工作,确保区域内水、大气和噪声环境质量达到功能区标准,化学需氧量、二氧化硫、氨氮和氮氧化物排放强度以及工业固废处置利用率等指标达到考核要求。

6.严格执行项目建设和资源开发的环境影响评价和"三同时"制度。确保项目审批和"三同时"执行率达 100%。

7.加强饮用水源保护力度,落实责任制度。确保集中式饮用水源地水质安全。

8.完成省、市、区政府下达的其它环保目标任务。

区安监局

1.抓好企事业单位安全生产,确保环境安全,防止突发环境污染事件的发生。

2. 抓好企业突发安全事件的环境安全应急预案的制定工作,督促企业配齐应急器材,并定期组织突发事件应急演练。

3.做好打击侵犯知识产权和制售假冒伪劣商品收缴、销毁的环境安全工作。

区商务局

1.在招商选资工作中,严格产业政策,招引符合区域规划、节能、环保优质项目,并严格环评审批程序。

2.会同有关部门制定全区商品流通业、餐饮服务业、食品业发展规划,积极倡导绿色消费。

3.加强油品储、运、销环境管理,积极开展加油站油气回收治理工作,有效控制油气排放。

4. 督促指导企业执行环境保护法律、法规。积极开展循环经济和清洁生产审核工作。

区城市工业办

1.督促指导所辖企业执行环境保护法律、法规。

2. 确保盐城市江洲染整有限公司、江苏鱼跃医用仪器有限公司废水、废气稳定达标排放,固体废物规范化处置。

区住建局

1.加快推进污水处理厂(泵站)及配套污水收集管网工程。加快镇(街道)污水处理设施建设,不断提高污水集中处理率,确保城镇生活污水集中处理率:2015 年大于 80%以上。

2. 逐步提高城镇公共绿地面积,确保 2015 年城镇人均公共绿地面积≥12 平方米。

3.按照蓝天工程要求,加强扬尘污染防治和渣土车辆的管理,推进"绿色施工"。确保噪声环境质量达到功能区标准。做好建筑工地扬尘污染防治工作。

4.按照《盐都区开展创建国家级生态区建设的实施意见》的要求,指导、督促镇(村)生活污水处理等生态工程项目建设,按时限完成阶段性建设任务,配合完成城镇污水处理厂减排工作任务。

5.督查、指导农村环境综合整治工作,优先将涉及农村环境综合整治方面的各类工程项目安排到试点村,确保整治质量。巩固农村环境综合整理成果,确保全区生活垃圾池、中转站等设施建设处于良好运转状态。

6.配合市建设局完成城南污水处理厂二期工程验收工作,加大辖区内管网工程建设力度,确保应接尽接。积极配合市相关部门抓好盐龙湖周边生态工程建设。

区城管局

1.牵头负责全区各镇(区、街道)农村生活垃圾收集清运,完善农村生活垃圾处理调度中心建设,确保城镇、村生活垃圾收集率达 85%以上,无害化处理率达 100%。

2.负责规范餐厨垃圾收集、处置管理。加强居民区和城郊结合部的环境卫生管理,做好生态区创建现场考核沿线环境卫生整治,确保无暴露垃圾和卫生死角。

3.指导、督查农村环境综合整治工作,优先将涉及农村环境综合整治方面的各类工程项目安排到村组,并建立长效管护机制,确保整治效果。

4.按照蓝天工程要求,加强扬尘污染防治和渣土车辆的管理,推进"绿色施工"。加强对辖区内车辆停、洗场地的管理,确保污水排放达标。

5.协助江苏大吉发电有限公司规划化填埋焚烧飞灰。

区交通运输局

1.采取有效措施，控制船舶水上污染。所有交通运输船只必须建立废油回收系统，安装油水分离装置或集油设施。督促内河航运船舶，妥善处理含油废水、生活垃圾，不得直排水体。

2.负责汽修厂、停车场石油类污染防治，做好交通道路的扬尘防治和道路建设工地扬尘整治工作，确保路面平整，道路两侧绿化植被清洁。

3. 加大对市区饮用水源保护力度。按照市政府要求，对进入市区饮用水源保护区运输有毒物质、油类等船舶实行申报准入制，禁止危险品、有毒有害物品水上运输，禁止在市区饮用水源保护区内从事与水源保护无关的一切水上活动。

4.指导、督查农村环境综合整治工作，优先将涉及农村环境综合整治方面的各类工程项目安排到试点村，确保整治效果。

区农委

1. 进一步提高森林覆盖率，确保2015年森林覆盖率≥18.5%。

2. 积极开展农业源污染减排工作，年内完2个畜禽养殖农业源减排项目。牵头负责全区农村畜禽养殖污染防治工作，确保2015年规模化畜禽养殖场粪便综合利用率≥95%。指导农民科学施用化肥、农药，降低化肥使用量，提高有机肥施用量，2015年确保化肥施用强度(折纯)<250千克/公顷。

3. 组织开展农作物秸秆综合利用，多渠道提高秸秆综合利用率，确保2015年秸秆综合利用率≥95%；积极推广新能源(主要是太阳能、沼气和天然气)在农村生活中的应用，确保2015年农村生活用能中清洁能源所占比例≥60%；提高农用塑料薄膜(育种、育苗、覆盖土地、塑料大棚使用的薄膜及塑料膜)回收率，确保2015年农用塑料薄膜回收率≥90%。

4.做好绿色、有机农产品开发，提高比重，确保2015年主要农产品中有机、绿色及无公害产品种植面积的比重≥60%；负责收集有效的外来入侵物种对生态环境未造成明显影响的证明材料和影响分析报告。

5.继续组织实施《全区生态食品建设规划》，做好绿色、有机农产品开发，提高比重，确保无公害、绿色食品和有机食品基地面积不少于耕地面积的比重≥60%。

6.指导、督查农村环境综合整治工作，优先将涉及农村环境综合整治方面的各类工程项目安排到试点村，做好农村环境连片整治工作，确保整治质量。

区水务局

1.完成区域供水一体化工程，加强对饮用水源地一级保护区的监管，在饮用水源保护区确定地理界线，设立警示标志，确保集中式饮用水源水质安全。

2.加强水利基础设施建设，推行节水灌溉技术，确保灌溉水有效利用系数≥0.55。

3.加强对饮用水源地一级保护区的监管，确保集中式饮用水源地水质安全。

4. 对全区流域水环境实施综合整治，实施水系沟通、调水和河道清淤综合整治工程，改善区域水环境质量。

5.指导、督查农村环境综合整治工作，优先将涉及农村环境综合整治方面的各类工程项目安排到试点村，确保整治质量。

区公安局

1. 加大对机动车尾气污染监管力度，切实做好机动车尾气检测和道路抽检工作，车辆排放污染物达不到国家标准(环保检验合格标志)要求的不得上路行驶、不得通过年检。依法强制性淘汰二冲程燃油助力车。

2.建立和完善化学品、剧毒品监管机制，规范化学品、剧毒品运输安全管理工作，有效预防运输过程中污染事故的发生。

3.加强放射源的安全保卫和道路运输安全的监管，强化放射源的放射性污染事故应急工作。

4.负责汽车尾气污染和社会噪声整治工作，配合城管局查处违规渣土车辆，打击影响生态区创建的违法行为。

5.做好打击侵犯知识产权和制售假冒伪劣商品收缴、销毁的环境安全工作，确保职责范围内环境安全。

区教育局

1.积极开展环境保护教育，大力宣传环保法律、法规，把环境教育纳入中、小学生素质教育的必学课程，做到教学有内容、有教案、有课时，确保效果，中小学环境教育普及率≥90%以上。

2.结合纪念"6·5"世界环境日、植树节、爱鸟周和科普宣传周等活动，组织全区中、小学生开展第二课堂环境教育社会实践活动，不断提高广大师生环境保护意识。

3. 年内组织盐城市大冈初级中学、盐城市北龙港小学开展省级绿色学校创建工作;盐城市崇礼路小学、盐城市泽夫小学、盐城市张庄小学开展市级绿色学校创建工作，确保按省市规定通过评审验收。

4. 积极开展节能减排学校行动，倡导绿色、节约、低碳环保的消费模式和生活习惯。

区卫生局

1.负责全区医疗废水和医疗废物的综合整治工作，加强对全区各卫生院(所)废水治理设施运转情况及医疗废弃物的监督管理，确保医疗废水达标排放率及医疗废弃物集中处理率达到100%。

2.加强对全区医用放射性同位素和射线装置的监管工作，对存有安全隐患的放射性废源，要督促医院及时送交省放射性废物库保存。督促全区内医疗机构于2016年元月31日前完成上年度的辐射安全评估工作。

3.督导下属职能单位，加强对全区集中式饮用水源地水质进行监督监测，健全监管台帐，按时向区环保部门通报监测分析结果。

4.按照《盐城市盐都区创建国家生态区工作方案》要求，组织实施城乡清洁行动，改善农村卫生状况，提高卫生厕所普及率，确保镇村饮用水卫生合格率达100%，农村卫生厕所普及率≥95%。

5.指导、督查农村环境综合整治工作，优先将涉及农村环境综合整治方面的各类工程项目安排到试点村，确保整治效果。

区文广新局

1. 继续开设生态区创建宣传专栏，提高宣传频率，利用多种形式，全方位宣传生态区创建工作，进一步提高广大群众对生态区创建工作的知晓率。

2. 继续做好国家级生态区创建电视广播新闻宣传报道工作。重点宣传环保重大活动事项:“6·5”世界环境日专题报道、生态工程建设、农村环境综合整治、污染减排、水源保护、绿色创建等重点工作。

3.组织环保题材优秀文艺作品参加省、市文艺调演。

4.做好打击侵犯知识产权和制售假冒伪劣商品收缴、销毁的环境安全工作,确保职责范围内环境安全。

盐都工商局

1. 严格执行《环境影响评价法》和《建设项目环境保护管理条例》,落实建设项目环境影响评价制度。对应履行环境影响评价的建设项目,而未经环评和环保部门审批的,不予登记注册发放工商营业执照。

2.凡未进行环保年度排污申报登记或年检的、“三同时”未经验收的工业企业、饮用水源保护区内明令关闭的企业和其它排污单位不得通过工商营业执照年审。

3.加大工商监督检查力度,全区范围内禁止生产、销售和使用含磷洗涤用品、一次性发泡塑料餐具、超薄塑料袋和高汞电池。

4.做好打击侵犯知识产权和制售假冒伪劣商品收缴、销毁的环境安全工作。

盐都国土分局

1. 执行建设项目《环境影响评价法》,对未办理环保审批手续的工业新建项目、技术改造项目和区域开发建设项目,以及对环境有影响、污染重的项目,不得办理征地手续和临时用地执照。

2.按照《盐城市盐都区创建国家生态区工作方案》要求,抓紧组织实施重点生态工程项目建设,确保完成年度目标任务。

盐都质监局

1.加大质检监督检查力度,做好锅炉年检,按规定淘汰不合格锅炉,及时向环保部门通报锅炉被淘汰企业的名单。

2.在全区范围内禁止生产、销售和使用含磷洗涤用品、超薄塑料袋和高汞电池,杜绝污染源生产渠道。

3.做好打击侵犯知识产权和制售假冒伪劣商品收缴、销毁的环境安全工作。

盐都规划分局

1.负责按生态区创建要求,优化总体规划,做好规划审批。对各项考核指标和工程项目支撑材料整理归档,并进行汇总。

2.严格执行《环境影响评价法》,对区域规划、编制、评审报批环境影响评价文件。

盐城市盐都区人民政府
全面改善义务教育薄弱学校基本办学条件项目规划(2014—2018)

都政发〔2015〕26号　2015年3月23日

一、基本情况和现状分析

(一)基本概况

全区总面积1046平方公里,人口71.5万,现辖8个镇、3个街道办事处、1个新区,现有义务教育阶段学校40所,其中小学17所、初中14所、九年一贯制学校7所,另有聋哑学校、体育学校各1所。在校中小学生47096人,教职工4475人。先后被表彰为全国义务教育发展基本均衡区,省全面实施素质教育先进区、义务教育均衡发展先进区。

(二)现状分析

1.办学规模过大与过小并存。义务教育采取的是按照施教区就近入学制度。因城镇化和家长追求优质教育资源等因素影响,乡镇人口逐步向城市聚集,导致驻城和城郊学校办学规模过大,边远乡镇学校办学规模逐渐萎缩。驻城的市二小、城郊的龙冈小学、郭猛实验、潘黄实验等学校学生总数均突破了3000人,毓龙路实验学校学生总数已突破5000人,龙冈初级中学学生总数达1800多人。而北龙港初级中学、葛武初级中学、张庄初级中学等学校学生总数均不足300人,办学规模均在3轨以下。

2.师资队伍超编与短缺并存。农村边远乡镇学校生源不足,按师生比计算,教师总体超编,难以补充青年教师,加之学科门类众多,一名教师兼任多门学科,教师年龄结构和学科结构不合理的现象日益突出。城郊和驻城学校生数急剧增长,新教师补充数量有限。教师超编与短缺并存的矛盾影响了教育均衡发展和教育质量整体提升。

3.教育资源闲置与紧缺并存。生源急剧减少的学校校舍过剩,设施设备因资金短缺维护更新不到位,存在陈旧、老化现象;办学规模偏大、生数急剧增加的学校虽然设施设备齐全先进,但生均资源相对不足,学校添置设备的债务压力很大,对学校正常运转和良性发展有一定的影响。

二、标准制定

根据《江苏省义务教育学校现代化办学标准》(2012),对照《江苏省义务教育学校办学标准》(送审稿),结合我区各学校的实际情况,制定相应标准。

1.校园建设标准。新建学校按《江苏省义务教育学校办学标准》进行规划建设;新建单体建筑,教学及教学辅助用房按《江苏省义务教育学校办学标准》建设;现有学校中的教学及教学辅助用房,本着节俭、安全、适用、够用,缺什么、补什么的原则,基本达到《江苏省义务教育学校办学标准》;结合校舍安全工程,在加固时能进行使用功能调整进行加固调整,对使用功能不合理又不能调整的校舍进行拆除重建,达到改薄标准。

2.教育装备标准。按《江苏省义务教育学校办学标准》(送审稿)进行配备。

三、规划目标及主要任务

(一)规划目标

到2018年底,所有义务教育学校教

学和生活设施基本满足优质办学需要，城乡义务教育保持优质均衡。具体指标要达到：

1. 全区所有义务教育学校的教室、实验室、图书室等校舍，桌椅、图书、实验仪器等内部装备、运动场等配套设基本达到江苏省义务教育学校办学标准。

2.有寄宿生学校的学生宿舍、床位、厕所、食堂、饮水、洗浴热水等生活设施均满足需要。

3.通过城镇一体化建设，学校布局调整，消除区内大班额现象，逐步做到小学班额不超过45人、初中班额不超过50人。

4.镇及以上农村中小学网络宽带全部接入且带宽达到100M及以上，镇以下农村小学网络宽带全部接入且带宽达到10M及以上；全面完成校园网等网络教学环境建设，实现优质数字教育资源全覆盖。

5.教师配置趋于合理，数量、结构和素质基本适应教育教学需要。

6.区内在校生年辍学率，小学、初中均控制在0.1%以下。

(二)主要任务

1.老校区的迁建和扩建。由于部分镇中心小学生数增幅大，原有校区发展受到限制，需易地新建或扩建。如义丰小学2015年迁建，占地面积约50亩，规模7轨42个班，建筑面积约2万平方米；张庄小学2017年改扩建，占地面积约52亩，规模6轨36个班，建筑面积约8552平方米；龙冈小学2015年扩建，新建约6000平方米的教学及教学辅助用房。

2.新校区建设。由于城镇化建设推进，在大市西城区2014年新建腾飞路实验学校，占地106亩，规模8轨72个班级，建筑面积约5.2万平方米；新建高新区实验学校，占地160亩，规模9轨81个班级，建筑面积约6万平方米；2018年新建海阔路小学和初中，占地130亩，规模各8轨，建筑面积约6万平方米。

3.改造校舍206770平方米(包括改扩建)；增加课桌椅16530套、学生用床834张；新增图书571160册；新增及更新网络多媒体教室821间，电脑6082台；新增实验实习设备24874台件；新增音体美器材9999台件。

四、规划资金和年度安排

(一)规划资金

义务教育薄弱学校改造，资金投入是关键，区政府努力筹集本级应分担的资金，确保经费到位。校舍改造、专用教室建设及设备添置五年共需投入50636万元，按中央、省、县财政分担比例，其中争取中央补助资金2520万元、省补助资金1157万元，区配套46959万元。区级改薄资金在教育费附加及专项资金中安排，列入年度财政预算。

(二)年度安排

1.2014年规划投资1.61亿元，其中中央农村义务教育薄弱学校改造计划资金建议数500万元，省级资金建议数350万元，地方配套资金1.525亿元。

重点任务是：完成新建崇礼路小学、开始新建高新区实验学校；完成部分学校教学及辅助用房、生活服务用房建设；完成部分教育技术装备配备工作等。

2.2015年规划投资1.93亿元，其中中央农村义务教育薄弱学校改造计划资金建议数500万元，省级资金建议数350万元，地方配套资金1.845亿元。

重点任务是：完成腾飞路实验学校、义丰小学、张庄初中改扩建、高新区实验学校建设；完成部分学校教学及辅助用房、生活服务用房建设；完成部分教育技术装备配备工作等。

3.2016年规划投资8800万元，其中中央农村义务教育薄弱学校改造计划资金建议数500万元，省级资金建议数350万元，地方配套资金7950万元。

重点任务是：开始新建海阔路小学、初中；完成部分学校教学及辅助用房、生活服务用房建设；完成部分教育技术装备配备工作等。

4.2017年规划投资5000万元，其中中央农村义务教育薄弱学校改造计划资金建议数500万元，省级资金建议数350万元，地方配套资金4150万元。

重点任务是：完成海阔路小学、初中新建工作；完成部分学校教学及辅助用房、生活服务用房建设；完成部分教育技术装备配备工作等。

5.2018年规划投资1500万元，其中中央农村义务教育薄弱学校改造计划资金建议数500万元，省级资金建议数350万元，地方配套资金650万元。

重点任务是：完成部分教育技术装备配备工作等。

六、保障措施

1、强化组织领导。将义务教育学校改薄工作列入区政府的重要议事日程，作为一项事关教育事业发展的重要战略措施来抓，成立由区发改委、财政局和教育局等部门主要负责人为成员的义务教育学校改薄工作领导小组，加强对改善义务教育薄弱学校基本办学条件项目规划工作的组织和领导。明确相关部门的工作责任，通力协作，形成合力，扎实推进义务教育学校改薄工作深入开展。

2、确保资金投入。积极发挥区财政对教育投入的主渠道作用，将学校改薄所需资金纳入财政预算，并与中央和省、市中小学校舍安全工程、校舍维修改造长效机制方面资金统筹安排，确保集中投入，发挥资金使用效益。

3、加强规范管理。新建设校舍严格按照工程建设规范进行运作，加强工程建设管理，确保工程质量。规范配套设备集中采购行为，所有设备分类入库，及时登记造册，同时对电教管理员、设备仪器管理员等专职人员进行培训，做到管好用好维护好各种设备。

·主要文件目录·

表36

文　号	发文时间	文　件　标　题
都发[2015]1号	1月23日	关于印发2015年全区八大类重点工程项目任务的通知
都发[2015]2号	3月3日	关于进一步加大全民创业工作力度的意见
都发[2015]3号	3月3日	关于进一步组织推动学习贯彻习总书记系列讲话精神的意见
都发[2015]4号	3月27日	转发《中共盐城市委关于认真落实全面从严治党要求的规定(试行)》的通知
都发[2015]5号	5月7日	关于支持镇村经济发展的政策意见
都发[2015]6号	5月11日	关于加快推进新型城镇化与城乡发展一体化的实施意见
都发[2015]7号	6月15日	关于2015年度全区目标任务综合考核的意见
都发[2015]8号	6月29日	关于2015年人口和计划生育工作考核评估意见
都发[2015]9号	10月9日	盐都区深化医药卫生体制改革建设现代医疗卫生体系的实施意见
都发[2015]10号	12月18日	关于推进全区文化建设迈上新台阶的意见
都政发[2015]2号	1月19日	关于实施2015年为民办实事项目的通知
都政发[2015]3号	1月6日	关于请求落实城西片区城市河道整治一期500万元启动资金的请示
都政发[2015]4号	1月8日	关于公布2014年度安全生产工作考核结果的通知
都政发[2015]6号	1月21日	关于请求同意盐城高新区400亩融资性地块挂牌的请示
都政发[2015]7号	1月26日	关于争取省“土地执法模范县(市区)”的请示
都政发[2015]8号	2月2日	关于公布2014年度农村环境管理工作考核结果的通知
都政发[2015]9号	2月2日	关于请求安排1000万元城建资金用于归还城投集团世纪大道北侧拆迁资金的请示
都政发[2015]10号	2月3日	关于印发蟒蛇河朱沥沟水源地环境整治管护工作方案的通知
都政发[2015]11号	2月4日	关于印发盐都区农村产权交易管理办法(试行)的通知
都政发[2015]12号	2月6日	关于印发2015年政府工作报告主要目标任务分解表
都政发[2015]13号	2月9日	关于2014年度更低保护责任目标履行情况的自查报告
都政发[2015]15号	2月11日	关于调整新型农村合作医疗筹资标准和补偿方案的通知
都政发[2015]16号	2月13日	关于印发2015年度全区生态建设和环境保护责任目标的通知
都政发[2015]17号	2月27日	关于表彰2014监督目标任务综合考核先进单位的决定
都政发[2015]18号	3月2日	关于印发《盐城市盐都区财政专项资金管理办法》的通知
都政发[2015]19号	3月3日	2015年全区节能工作意见
都政发[2015]20号	3月5日	关于兑现2014年度全民创业和民营经济发展奖扶资金的通知
都政发[2015]21号	3月12日	关于下达2015年度盐都区国有土地上房屋征收计划的通知
都政发[2015]25号	3月23日	关于奖励兑现2014年度区级旅游业发展专项引导资金的通知
都政发[2015]26号	3月23日	关于审定盐都区全区改善义务教育薄弱学校基本办学条件项目规划的请示
都政发[2015]27号	3月24日	关于申请对我区2015年度城乡建设用地增减挂钩复垦项目进行备案的请示
都政发[2015]28号	3月24日	关于请求解决盐城高新区部分道路用地指标的请示
都政发[2015]29号	3月27日	关于表彰2014年度全区红十字工作先进集体和先进个人的决定
都政发[2015]30号	3月27日	关于报备2015年村级公益事业建设一事一议财政奖补工作实施方案的请示
都政发[2015]31号	3月30日	关于举办大纵湖湿地生态旅游节的请示

续表36

文　　号	发文时间	文　　件　　标　　题
都政发[2015]33号	4月2日	关于下达2015年人力资源和社会保障工作目标任务的通知
都政发[2015]34号	4月2日	关于做好2015年民兵组织整顿工作的通知
都政发[2015]35号	4月2日	关于创建全国绿化模范城市的实施意见
都政发[2015]36号	4月7日	关于申报创建2016—2020年度省级科普示范区的请示
都政发[2015]37号	4月7日	关于修改盐都区土地利用总体规划的请示
都政发[2015]38号	4月8日	关于加快电子商务发展的若干意见
都政发[2015]39号	4月9日	关于明确2015年度财政收入目标的通知
都政发[2015]40号	4月9日	关于印发各镇(区、街道)2015年主要经济目标任务的通知
都政发[2015]41号	4月10日	关于恳请协调解决我区区域供水有关问题的请示
都政发[2015]42号	4月11日	关于成立南京大学——盐城电子商务研究院的请示
都政发[2015]43号	4月20日	关于请求调整盐城高新区投资集团有限公司高管人员的请示
都政发[2015]45号	4月24日	关于请求同意盐城市盐都区国有资产投资经营有限公司发行债务融资工具的请示
都政发[2015]46号	5月6日	关于请求解决西城中央房地产项目日照间距问题的请示
都政发[2015]47号	5月12日	关于请求返还吴杨农贸市场及社区用房地块土地出让金市本级部分的请示
都政发[2015]48号	5月19日	关于驿都置业与农行合作建设大楼资产处置问题的请示
都政发[2015]50号	5月27日	关于聘任区政府兼职督学的通知
都政发[2015]51号	6月1日	关于下达2015年全区教育事业招生计划的通知
都政发[2015]52号	6月3日	关于申报2015年度“盐城市一镇一示范区”的请示
都政发[2015]56号	6月3日	关于请求对盐都新区境内两宗电子商务用地挂牌价格给予支持的报告
都政发[2015]57号	6月4日	关于举办首届“世界发明创新论坛”的请示
都政发[2015]58号	6月5日	关于江苏盐城大纵湖湿地公园相关利益主体无争议的报告
都政发[2015]59号	6月5日	关于江苏盐城大纵湖湿地公园土地权属情况的报告
都政发[2015]60号	6月13日	关于请求落实南环路接线(高架、匝道)工程土地指标的请示
都政发[2015]61号	6月15日	关于对全区2015年人口和计划生育工作实施分类管理的通知
都政发[2015]62号	6月15日	关于帮助盐城高新区申请省级外资审批权限的请示
都政发[2015]63号	6月16日	关于请求同意盐城高新区投资集团有限公司发行企业债的请示
都政发[2015]64号	6月18日	关于请求支持盐城高新区终端产业园用地指标的请示
都政发[2015]67号	6月30日	关于公布2014年度征兵工作考核结果的通知
都政发[2015]68号	7月3日	关于增加2015年小麦最低收购价委托收购库点的请示
都政发[2015]69号	7月18日	关于审批我区2013、2014年度城乡建设用地增减挂钩实施规划的请示
都政发[2015]70号	7月25日	关于调整盐城华都森林公园省级生态公益林部分小班的请示
都政发[2015]71号	7月31日	关于盐靖高速盐城西互通改造工程周边农户拆迁的请示
都政发[2015]72号	8月12日	关于请求同意盐城市盐都区国有资产投资经营有限公司发行公司债券的请示
都政发[2015]73号	8月12日	关于出具盐城市政府性债务有关情况报告的请示
都政发[2015]77号	8月13日	关于调整东进路西延段盐城高新技术产业开发区境内局部线形的请示
都政发[2015]78号	8月27日	关于请求同意盐都新区境内一宗住宅用地挂牌上市的请示
都政发[2015]79号	8月27日	关于万达广场建设和家家爱地块棚户区改造相关事项的请示
都政发[2015]80号	8月31日	关于请求支持盐城市盐都区国有资产投资经营有限公司发行企业债券并向

续表36

文　　号	发文时间	文　件　标　题
都政发[2015]81号	9月2日	关于设立盐城市城镇化建设投资有限公司的请示
都政发[2015]82号	9月3日	关于促进农家乐(客栈)发展的实施意见
都政发[2015]83号	9月8日	关于表彰优秀教育工作者、优秀教师、优秀班主任和支教交流工作先进个人的决定
都政发[2015]85号	9月9日	关于创建省级社区学院的请示
都政发[2015]86号	9月9日	关于协调解决盐城秦川华兴机床有限公司老厂区收储剩余补偿款的请示
都政发[2015]88号	9月12日	关于全面推进财政预决算公开工作的通知
都政发[2015]89号	9月15日	关于恳请拨付盐龙湖水源地建设工程补助资金的请示
都政发[2015]90号	9月16日	关于审批我区工矿废弃地调整利用专项规划(2014—2016年)的请示
都政发[2015]91号	9月17日	关于兑现2014年度服务业引导资金的通知
都政发[2015]92号	9月17日	关于兑现2014年度区电商快递产业引导资金的通知
都政发[2015]93号	9月17日	关于提请将盐城市盐都水务有限公司实施的盐城市盐都区集镇污水处理设施工程项目的财政补贴纳入同期年度
都政发[2015]95号	9月1日	关于请求批准盐都区潘黄街道境内两宗商住用地挂牌上市的请示
都政发[2015]96号	9月25日	关于协调解决盐龙湖饮用水源生态精华工程建设用地欠缴占用税的请示
都政发[2015]97号	9月25日	关于请求安排2015年度涉及城建交通重点项目建设土地指标的请示
都政发[2015]98号	10月8日	关于盐城高新区投资集团有限公司增资的请示
都政发[2015]99号	10月9日	关于盐城高新区投资集团有限公司应收账款情况说明和偿还计划的报告
都政发[2015]100号	10月10日	关于申请创建江苏省乡村旅游创新发展示范区的请示
都政发[2015]101号	10月10日	关于请求协调高新区境内一挂牌出让土地规划问题的请示
都政发[2015]102号	10月12日	关于请求将家家爱棚户区改造地块土地出让金有限用于征收补偿的请示
都政发[2015]103号	11月3日	关于公布盐都区建制镇2014年度基准地价更新成果的通知
都政发[2015]105号	11月6日	关于请求同意黄标车淘汰报废更新的请示
都政发[2015]106号	11月10日	关于促进和扶持建筑业发展推进建筑产业现代化加快建成建筑强区的实施意见
都政发[2015]107号	11月11日	关于审批盐都区2015年度城乡建设用地增减挂钩(第一批)实施规划的请示
都政发[2015]108号	11月11日	关于江苏盐渎建设发展有限公司向北京银行股份有限公司南京分行融资的资金列入区财政预算的请示
都政发[2015]109号	11月16日	关于将台创园花卉港二期项目挂钩资金列入财政预算的请示
都政发[2015]111号	11月25日	关于撤销盐都区人民政府驻南京等4个办事处的通知
都政发[2015]116号	12月1日	关于协调城南新区收储西环路西、学海路南地块的情况报告
都政发[2015]118号	12月1日	关于审批我区2014、2015年度城乡建设用地增减挂钩实施规划(第二批)的请示
都政发[2015]119号	12月3日	关于2015年度推进依法行政工作情况的报告
都政发[2015]120号	12月10日	关于请求落实南环路工地指标的请示
都政发[2015]121号	12月10日	关于请求同意我区龙冈镇、大冈镇等六镇总体规划审批的请示
都政发[2015]122号	12月11日	关于设立科教城街道办事处的请示
都政发[2015]123号	12月11日	关于市三院北院总体改造一期人防易地建设保证金缓交的请示
都政发[2015]128号	12月15日	关于推进2016年度农村水利工作的意见
都政发[2015]129号	12月15日	关于推荐2016年绿色盐都建设的意见
都政发[2015]130号	12月18日	关于审批盐都区2015年度城乡建设用地增减挂钩(第三批)实施规划的请示
都政发[2015]131号	12月30日	关于将城西片区小马沟体育公园等公建配套项目列入2016年城建重点工程的请示
都政发[2015]132号	12月31日	关于印发区级各部门行政权力事项清单的通知

统计资料

Statistical Data

2015年全区国民经济和社会发展主要指标

表37

指标名称	单位	2015年	增幅(±%)	指标名称	单位	2015年	增幅(±%)
一、人口、村居、土地及耕地面积				利税总额	亿元	111.30	23.1
土地面积	平方公里	1015.00	0.0	#利润总额	亿元	45.90	6.4
耕地面积	万亩	84.70	0.0	建筑业总产值	亿元	209.39	16.2
年末总人口(户籍)	万人	71.41	-0.1	房屋建筑施工面积	万平方米	3750.49	45.7
#城镇人口	万人	42.20	1.2	六、批发零售贸易、外经			
年末常住人口	万人	64.17	-0.2	社会消费品零售总额	亿元	187.80	11.8
#城镇人口	万人	39.21	2.3	进出口总额(海关数)	亿美元	5.54	-4.0
居委会	个	80	0.0	#出口总额	亿美元	3.14	1.5
村委会	个	170	0.0	实际到帐外资(商务部口径)	万美元	8658	0.3
二、综合经济				七、人民生活			
地区生产总值	亿元	407.06	10.9	从业人员平均工资	元	51099	14.6
第一产业	亿元	41.99	3.7	全体居民人均可支配收入	元	24867	9.2
第二产业	亿元	202.77	11.3	#生活消费支出	元	18488	8.5
#工业	亿元	175.06	11.6	城镇居民人均可支配收入	元	30316	9.1
第三产业	亿元	162.30	12.5	农村居民人均可支配收入	元	17271	9.3
人均地区生产总值(按常住人口计算)	元	63435	10.0	八、农业产品产量			
三、固定资产投资				农作物总播种面积	万亩	154.6	-0.1
固定资产投资	亿元	307.50	23.3	其中:粮食播种面积	万亩	123.5	-0.3
#工业投资	亿元	198.20	20.0	粮食产量	万吨	63.2	0.0
#服务业投资	亿元	103.40	33.0	棉花产量	万吨	0.2	17.6
房地产开发投资	亿元	56.00	3.0	油料产量	万吨	1.6	0.6
商品房销售面积	万平方米	110.00	2.0	蔬菜产量	万吨	43.2	0.5
四、财政				生猪饲养量	万头	83.8	1.1
财政总收入	亿元	59.84	-9.1	生猪存栏	万头	28.9	-0.7
#一般公共预算收入	亿元	36.48	17.0	生猪出栏	万头	54.9	2.1
一般公共预算支出	亿元	60.52	16.0	家禽饲养量	万只	2122	-1.6
#一般公共服务	亿元	4.89	25.1	家禽存栏	万只	941	-4.9
五、规模以上工业、建筑业				家禽出栏	万只	1181	1.3
工业增加值	亿元	214.60	11.6	肉类总产量	万吨	6.4	-1.8
工业主营业务收入	亿元	885.39	15.2	水产品产量	万吨	12.6	0.2

2015 年各镇(区、街道)主要统计指标

表 38

镇别	地区生产总值(万元)		服务业增加值(万元)		规上工业增加值(万元)		固定资产投资(万元)		工业投资(万元)		服务业投资(万元)		批零住餐销售额(万元)		城镇居民可支配收入(元)		农村居民可支配收入(元)		一般公共预算收入(万元)	
	实绩	增幅(%)	实绩	增幅(%)	实绩	增幅(%)	实绩	增幅(%)	实绩	增幅(%)	实绩	增幅(%)	实绩	增幅(%)	实绩	增幅(%)	实绩	增幅(%)	实绩	增幅(%)
盐渎街道	384798	8.7	200200	11.1	231098	11.7	433394	25.8	81682	17.7	351712	30.9	1197436	16.0	34206	8.8	18401	9.1	92010	15.0
张庄街道	235320	8.6	52000	10.8	170485	11.7	163898	25.6	118731	17.9	45167	29.5	31468	15.6	32547	9.0	18557	9.3	18095	2.6
盐龙街道	607070	8.9	65000	11.2	568679	11.6	663342	26.0	554367	18.0	93975	27.8	176342	15.5	33299	8.8	18961	9.0	52590	24.3
潘黄街道	552102	8.5	248900	11.1	195937	11.6	402223	25.8	246054	17.8	155169	30.7	125361	16.2	35188	8.9	20043	9.1	52499	-8.1
大纵湖镇	252495	8.7	112800	10.8	110508	11.6	177504	25	149185	17.7	18019	30.1	32242	15.2	32746	9.1	18670	9.4	8391	12.0
滨湖街道	81422	8.4	55600	10.5	15047	11.6	76449	24.6	0		76449	31	10743	14.6	33369	9.2	18990	9.3	3136	51.1
楼王镇	234375	8.9	71000	10.6	53032	11.8	80723	24.9	63162	17.5	13561	29.6	192768	15	29177	9.1	16651	9.5	4522	12.8
北龙港街道	72737	8.5	23260	10.4	39219	11.5	49282	24.3	33582	17.5	13700	30.5	16324	14.4	29945	9.2	16624	9.5	1870	12.5
学富镇	95467	8.8	40500	10.6	30871	11.6	80058	24.8	58698	17.4	15360	29.2	52230	14.9	30105	9.2	17149	9.4	3530	16.2
中兴街道	45460	8.5	20200	10.3	11011	11.8	27562	24.5	14431	17.4	12631	28.3	4552	14.5	30248	9.3	17246	9.6	1051	13.8
尚庄镇	223085	8.7	111600	10.5	61051	11.7	83214	24.8	65092	17.4	15122	29.4	74301	14.8	29624	9.1	16875	9.3	4431	12.1
葛武街道	24977	8.2	14000	10.2	5067	11.5	24354	23.9	17834	16.9	5920	27.5	5420	13.4	30081	9.2	16498	9.6	1152	12.7
秦南镇	383342	8.6	133000	10.7	120005	11.7	125714	25.1	94282	17.6	28432	29.7	40320	15.3	31777	9.2	18085	9.3	7648	15.6
北蒋街道	66850	8.6	23200	10.3	15463	11.7	50233	24.4	41393	17.3	5540	28.7	7720	14.2	29224	9.3	16662	9.6	2467	12.6
龙冈镇	544220	8.6	198200	11.0	256509	11.7	338611	25.5	222591	18.1	101020	30.2	40681	16.1	35236	9.1	20053	9.2	19898	13.0
郭猛镇	298330	8.6	97200	10.8	130054	11.6	150602	25.2	111579	17.7	37023	30.4	85563	15.4	33054	9.1	18829	9.3	9137	12.4
大冈镇	333742	8.7	125000	10.9	143961	11.8	146328	25.5	109274	17.6	34054	29.8	86561	15.8	31374	9.0	17888	9.3	9520	13.4

2015 年盐都区全面建成小康社会指标评价表

表 39

指标名称	指标单位	目标值	实现值		实现度		得分	
			2014 年	2013 年	2014 年	2013 年	2014 年	2013 年
一、经济发展					89.9	82.0	23.4	21.3
1、人均地区生产总值(2010 年不变价)	元	90000	59007	52293	65.6	58.1	3.93	3.49
2、二、三产业增加值占 GDP 比重	%	92	89.3	88.9	97.1	96.6	2.91	2.90
3、城镇化率	%	55	59.6	58.1	108.4	105.6	3.00	3.00
4、信息化发展水平	%	80	80.4	78.4	100.5	98.1	5.00	4.90
5、现代农业发展水平	%	85	81.2	74.0	95.5	87.1	4.77	4.36
6、研发经费支出占 GDP 比重	%	1.5	1.41	1.00	94.0	66.7	3.76	2.67
二、人民生活					82.0	75.2	18.0	16.5
7、居民收入水平								
(1)城镇居民人均可支配收入	元	46000	27788	25447	60.4	55.3	1.61	1.48
(2)农村居民人均可支配收入	元	20000	15801	14146	79.0	70.7	2.11	1.89
(3)城乡居民收入达标人口比例	%	>50	18.1	15.6	36.1	31.2	0.96	0.83
8、居民住房水平								

续表39

指标名称	指标单位	目标值	实现值		实现度		得　分	
			2014 年	2013 年	2014 年	2013 年	2014 年	2013 年
(1)城镇家庭住房成套比例	%	90	80.3	80.2	89.2	89.1	1.78	1.78
(2)农村家庭住房成套比例	%	80	62.9	56.4	78.6	70.5	1.57	1.41
9、公共交通服务水平								
(1)城市万人公交车拥有量	标台	15	15.0	8.7	100.0	58.0	2.00	1.16
(2)行政村客运班线通达率	%	100	100.0	100.0	100.0	100.0	2.00	2.00
10、城镇登记失业率	%	<4	1.9	1.9	209.4	206.2	3.00	3.00
11、恩格尔系数	%	<40	33.0	33.5	121.2	119.3	3.00	3.00
三、社会发展					92.3	90.6	20.3	19.9
12、现代教育发展水平	%	85	84.5	80.0	99.4	94.1	4.97	4.70
13、基本社会保障								
(1)城乡基本养老保险覆盖率	%	97	95.5	95.6	98.4	98.6	1.57	1.58
(2)城乡基本医疗保险覆盖率	%	97	96.6	96.5	99.6	99.5	1.59	1.59
(3)失业保险覆盖率	%	97	95.1	95.1	98.0	98.0	1.57	1.57
(4)城镇住房保障体系健全率	%	90						
(5)每千名老人拥有养老床位数	张	32	49.8	37.0	155.6	115.8	1.60	1.60
14、文化产业增加值占 GDP 比重	%	3	3.2	2.9	105.0	96.7	3.00	2.90
15、人均拥有公共文化体育设施面积	平方米	2.3	3.20	2.57	139.2	111.6	3.00	3.00
16、每千人拥有医生数	人	2	2.1	2.0	104.0	100.0	3.00	3.00
四、民主法治					99.4	96.0	11.9	11.5
17、党风廉政建设满意度	%	80	79.0	71.2	98.7	89.0	3.95	3.56
18、法治和平安建设水平								
(1)法治建设满意度	%	80	91.2	91.0	114.0	113.8	2.00	2.00
(2)公众安全感	%	90	90.0	93.0	100.0	103.3	2.00	2.00
19、城乡居民依法自治								
(1)城镇居委会依法自治达标率	%	92	96.8	95.1	105.2	103.4	2.00	2.00
(2)农村村委会依法自治达标率	%	97	96.0	95.1	99.0	98.0	1.98	1.96
五、生态环境					97.5	89.2	17.6	16.1
20、单位 GDP 能耗	吨标煤/万元	<0.62	0.339	0.366	182.9	169.4	5.00	5.00
21、环境质量								
(1)空气质量达到二级标准的天数比例	%	60	73.8	82.2	123.0	137.0	2.00	2.00
(2)地表水好于Ⅲ类水质的比例	%	60	75.0	100.0	125.0	166.7	2.00	2.00
(3)城镇污水达标处理率	%	90	78.1	69.5	86.7	77.2	1.73	1.54
(4)村庄环境整治达标率	%	95	95.0	46.2	100.0	48.7	2.00	0.97
22、绿化水平								
(1)林木覆盖率	%	22	20.4	17.9	92.7	81.4	2.32	2.03
(2)城镇绿化覆盖率	%	38	39.0	38.4	102.5	101.1	2.50	2.50
综　　合					91.2	85.4	91.2	85.4

索　引

Index

◆说　明

◆A B C……

说　明

一、条目索引采用主题分析法编制，按标引词第一个汉字拼音字母顺序排列。同音字按声调排列，音调相同按所在页码先后顺序排列。

二、区情总貌中的特载、大事记，附录中的荣誉栏、文件选编、统计资料，总目、分目、综述、概述和图照表格未编索引。

三、条目索引标引词后数字表示内容数字的页码，数字 a、b、c 表示左、中、右版面区域。

四、索引标引词一般采用中心词或简称。

A

B

C

D

E

F

G

H

J

T

W

X

Y

Z